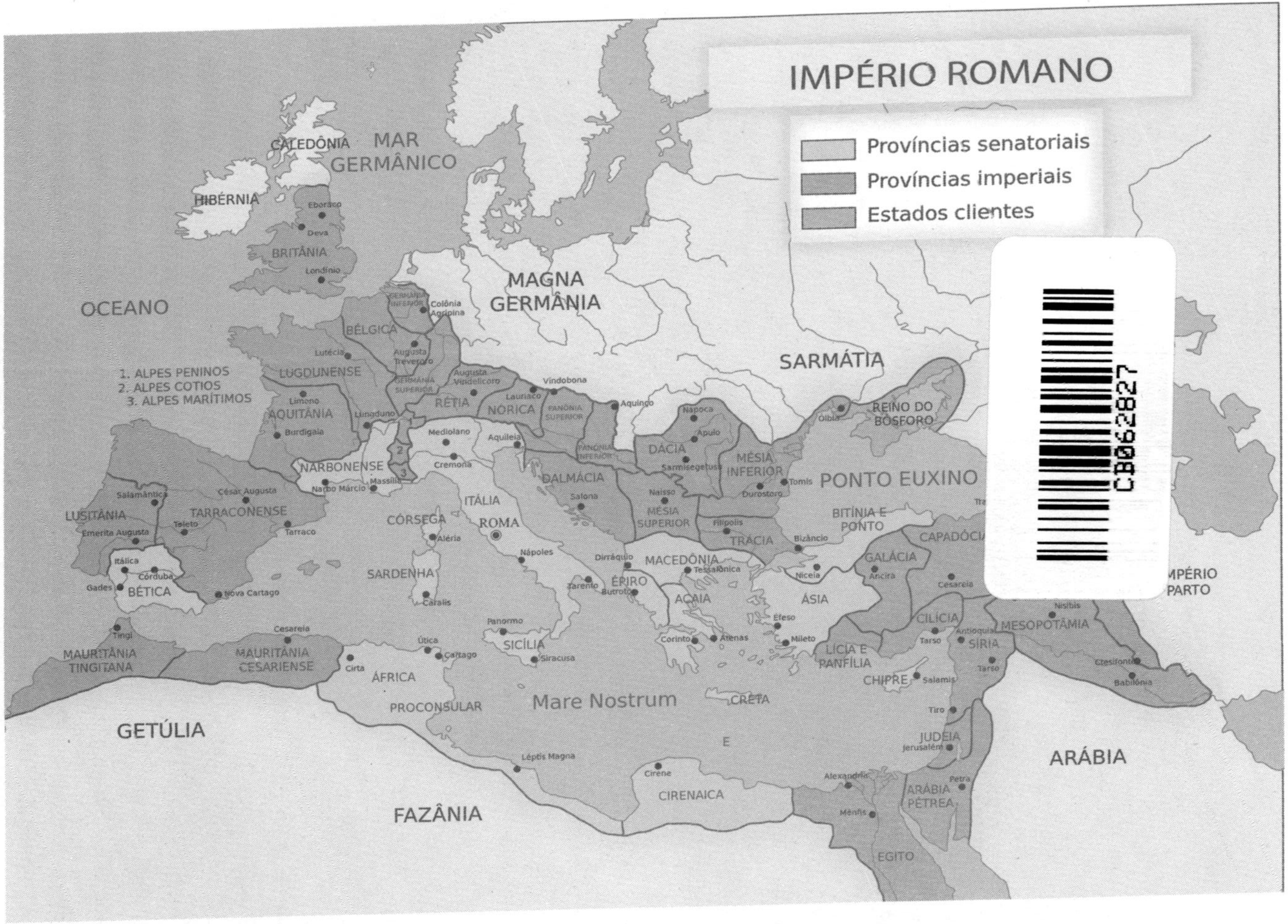
IMPÉRIO ROMANO
Províncias senatoriais
Províncias imperiais
Estados clientes
OCEANO
MAR GERMÂNICO
CALEDÔNIA
HIBÉRNIA
BRITÂNIA
MAGNA GERMÂNIA
SARMÁTIA
REINO DO BÓSFORO
PONTO EUXINO
1. ALPES PENINOS
2. ALPES COTIOS
3. ALPES MARÍTIMOS
BÉLGICA
LUGDUNENSE
AQUITÂNIA
NARBONENSE
LUSITÂNIA
TARRACONENSE
BÉTICA
RÉTIA
NÓRICA
DALMÁCIA
DÁCIA
MÉSIA INFERIOR
MÉSIA SUPERIOR
TRÁCIA
MACEDÔNIA
ÉPIRO
ACAIA
ÁSIA
BITÍNIA E PONTO
GALÁCIA
CAPADÓCIA
CILÍCIA
LÍCIA E PANFÍLIA
SÍRIA
MESOPOTÂMIA
JUDEIA
ARÁBIA PÉTREA
EGITO
CIRENAICA
CRETA
CHIPRE
ITÁLIA
ROMA
CÓRSEGA
SARDENHA
SICÍLIA
ÁFRICA PROCONSULAR
MAURITÂNIA TINGITANA
MAURITÂNIA CESARIENSE
Mare Nostrum
GETÚLIA
FAZÂNIA
ARÁBIA
IMPÉRIO PARTO

INTRODUÇÃO AO NOVO TESTAMENTO

HISTÓRIA, LITERATURA E TEOLOGIA

Volume I

QUESTÕES INTRODUTÓRIAS DO
NOVO TESTAMENTO E ESCRITOS PAULINOS

Editores responsáveis
Rico Silva
Prof. Dr. Paulo Cappelletti
Prof. Dr. Waldecir Gonzaga (PUC-Rio, Brasil)

ACADEMIA CRISTÃ

CONSELHO EDITORIAL

Prof. Dr. Abimar Oliveira de Moraes (PUC-Rio, Brasil)
Prof. Dr. Adelson Araújo dos Santos (Gregoriana, Roma, Itália)
Profa. Dra. Andreia Serrato (PUC-PR, Brasil)
Profa. Dra. Aparecida Maria de Vasconcelos (FAJE, Brasil)
Prof. Dr. Carlos Ignacio Man Ging Villanueva (PUCE, Equador)
Profa. Dra. Edith Gonzáles Bernal (PU Javeriana, Bogotá, Colômbia)
Profa. Dra. Eileen Fit Gerald (UC de Cochabamba, Bolívia)
Prof. Dr. Erico João Hammes (PUC-RS, Brasil)
Prof. Dr. Fernando Soler (PUC-Chile, Santiago)
Profa. Dra. Francilaide Queiroz de Ronsi (PUC-Rio, Brasil)
Prof. Dr. Francisco Nieto Rentería (UP, México)
Prof. Dr. Gabino Uríbarri (UP Comillas, Espanha)
Prof. Dr. Gilles Routhier (U. Laval, Quebéc, Canadá)
Profa. Dra. Gizela Isolde Waechter Streck (EST, Brasil)
Dr. Júlio Paulo Tavares Zabatiero (FTSA, Brasil)
Profa. Dra. Maria Isabel Pereira Varanda (UCP, Portugal)
Profa. Dra. Maria Teresa de Freitas Cardoso (PUC-Rio, Brasil)
Profa. Dra. Sandra Duarte de Souza (UMESP, Brasil)
Prof. Dr. Valmor da Silva (PUC-GO, Brasil)
Profa. Dra. Vilma Stegall de Tommaso (PUC-SP, Brasil)
Prof. Dr. Waldecir Gonzaga (PUC-Rio, Brasil)
Profa. Dra. Gleyds Silva Domingues (FABAPAR)

M. EUGENE BORING

INTRODUÇÃO AO NOVO TESTAMENTO

HISTÓRIA, LITERATURA E TEOLOGIA

VOLUME I

QUESTÕES INTRODUTÓRIAS DO
NOVO TESTAMENTO E ESCRITOS PAULINOS

Tradutores:
Adenilton Tavares Aguiar
Darcy Propodolski Pinto
Diego Rafael da Silva Barros

São Paulo - SP
2022

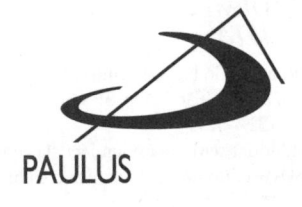

ACADEMIA CRISTÃ

PAULUS

© by WJK Press
© by Editora Academia Cristã

Título do original inglês: An Introduction to the New Testament

Editores:
Paulo Cappelletti
Rico Silva

Diagramação:
Cicero Silva

Revisão:
Darcy Propodolski Pinto

Capa:
James Valdana

Dados Internacionais de Catalogação na Publicação (CIP)
(Câmara Brasileira do Livro, SP, Brasil)

Boring, M. Eugene.
 Introdução ao Novo Testamento: história, literatura, teologia / M. Eugene Boring; tradução Adenilton Tavares Aguiar. – Santo André (SP): Academia Cristã; São Paulo: Paulus, 2015.

 ISBN 978-85-98481-94-4 (v. 1)

 1. Bíblia – N.T. - Introdução. 2. Novo Testamento – Introdução. I. Título.

CDD -225.61

Índices para catálogo sistemático:

1. Bíblia – N.T. - Introdução – 225.61
2. Novo Testamento – Introdução – 225.61

ACADEMIA CRISTÃ

Rua José do Passo Bruques, 181 - Jardim Avelino
03227-070 - São Paulo, SP - Brasil
(11) 3297-5730
editorial@editoraacademiacrista.com.br
www.editoraacademiacrista.com.br

PAULUS

Paulus Editora
Rua Francisco Cruz, 229
04117-091 - São Paulo - SP
Tels.: (11) 5087-3700
editorial@paulus.com.br
www.paulus.com.br

Sumário

Lista de Ilustrações XIV

Lista de Quadros XVII

Prefácio XVIII

Abreviaturas XXIII

1 O que é o Novo Testamento? 1
   1.1 "Testamento" 2
   1.2 "Novo" 5
   1.3 "Novo Testamento" 6
   1.4 O Novo Testamento como Epístola e Evangelho ... 9
       1.4.1 Ambos os gêneros fundamentais da literatura do Novo Testamento são formas narrativas 11
   1.5 O Novo Testamento como Narrativa 12
       1.5.1 A figura central do Novo Testamento é uma figura histórica, um ser humano que viveu e morreu no mundo da história atual 13
       1.5.2 Do início ao fim, a Bíblia é uma história deste mundo 13
       1.5.3 A Bíblia projeta uma macronarrativa que envolve suas histórias individuais de uma maneira abrangente 14
   1.6 Para leitura adicional 15

2 Formação: "O Novo Testamento como o livro da Igreja" ... 17
   2.1 O Novo Testamento é o livro da igreja no sentido de que ela o *escreveu* 19

2.2 O Novo Testamento é o livro da igreja no sentido de
    que a igreja o *selecionou*.. 20
    2.2.1 Esboço histórico 22
    2.2.2 Reflexões Teológicas... 29
2.3 O Novo Testamento é o livro da igreja no sentido
    de que a igreja o *editou*.. 33
2.4 Para leitura adicional.. 37

3 Crítica Textual: dos manuscritos ao texto eletrônico 39
  3.1 Materiais para a reconstrução do texto do
      Novo Testamento 39
  3.2 As variações e suas causas 45
  3.3 Crítica Textual – Em busca do "texto original" 52
  3.4 Resultados: O(s) Novo(s) Testamento(s) Grego(s)
      moderno(s) impresso(s)... 56
  3.5 Implicações para a Tradução..................................... 58
  3.6 Implicações Teológicas 59
  3.7 Para leitura adicional.. 59

4 Da LXX à NRSV: Não há tradução sem interpretação 60
  4.1 O Novo Testamento é o livro da igreja no sentido de
      que a igreja o *traduziu*.. 60
  4.2 A Tarefa da Tradução 61
  4.3 História da Tradução Bíblica 62
      4.3.1 A tradução na comunidade judaica 63
      4.3.2 Do Protocristianismo até a Reforma 67
      4.3.3 A Bíblia Inglesa 68
      4.3.4 "Qual é a melhor tradução?" 83
  4.4 Para leitura adicional.. 87

5 O Novo Testamento Interpretado.. 88
  5.1 O Novo Testamento é o livro da igreja no sentido
      de que a igreja o *interpreta*... 88
      5.1.1 Interpretação: Necessidade, Natureza e Valor 89
      5.1.2 Toda interpretação é *perspectiva*, dentro de uma
            comunidade de interpretação 90
      5.1.3 O Fluxo Contínuo de Interpretação Histórica 93

5.1.4 A Interpretação do Novo Testamento na
       História da Igreja 98
 5.2 Para leitura adicional 119

6 O Novo Testamento dentro do Mundo Helenístico 120
 6.1 O Novo Testamento como História 120
 6.2 O Mundo Helenístico de Alexandre até Adriano 121
    6.2.1 Helenização 122
    6.2.2 A Crise dos Macabeus 124
    6.2.3 A Chegada dos Romanos 129
    6.2.4 Herodes, o Grande (74 a.C. – 7 d.C.) 130
    6.2.5 A Judeia como Província, 6 a.C. – 66 d.C. 134
    6.2.6 As Revoltas de 66 – 70 e 132 – 135 d.C. 135
 6.3 Para leitura adicional 138

7 O Judaísmo Palestino dentro do Mundo Helenístico 139
 7.1 Principais Fontes Primárias 140
    7.1.1 Josefo 140
    7.1.2 Filo 142
    7.1.3 Pseudoepígrafos 142
    7.1.4 Rolos do Mar Morto 145
    7.1.5 Literatura Rabínica 150
 7.2 O Templo, o Sumo Sacerdote e o Rei 151
 7.3 A Sinagoga 153
 7.4 Dos saduceus aos Sicários: O Espectro Pré-70
    do Judaísmo Palestino 154
    7.4.1 Samaritanos 156
    7.4.2 Judeus Helenistas e Helenísticos 157
    7.4.3 Essênios, Terapeutas e os Participantes de Qumran 158
    7.4.4 Movimentos Batistas Sectários 161
    7.4.5 Zelotes, Sicários, a "Quarta Filosofia",
         o "banditismo social" e outros movimentos
         militaristas revolucionários 163
    7.4.6 Os Herodianos 165
    7.4.7 Os Saduceus 165
    7.4.8 Os Fariseus 167

7.4.9 "O Povo da Terra", ʿam-haʾaretz, "o povo comum",
"o judaísmo comum" 170
7.5 A Profecia e o Espírito 171
7.6 O Espectro da Esperança Apocalíptica,
Messiânica e Escatológica 172
    7.6.1 Os Traços Típicos da Escatologia Apocalíptica 175
    7.6.2 Apocalíptica e Império 178
    7.6.3 "Aquele que virá" – Variações da Esperança Messiânica ... 180
7.7 Jâmnia e a "Divisão dos Caminhos" 190
    7.7.1 A Academia em Jâmnia 191
    7.7.2 Uma liderança rabínica mais institucionalizada 192
    7.7.3 Um senso crescente de um cânon autoritativo 192
    7.7.4 O Judaísmo da Sinagoga substitui o Judaísmo
        do Templo 194
    7.7.5 O Birkath ha-Minim 195
    7.7.6 Perseguição judaica aos primeiros cristãos? 196
    7.7.7 Quando a "Divisão dos Caminhos" aconteceu? 197
7.8 Para leitura adicional 198

8 Jesus no Judaísmo 200
8.1 Terminologia 201
8.2 As fases da "Busca do Jesus Histórico" 202
8.3 Um esboço do que podemos saber sobre o Jesus histórico ... 208
8.4 Para leitura adicional 222

9 De Jesus a Paulo 223
9.1 A Primeira Geração de Cristãos, 30-70 d.C. 223
9.2 Os Primeiros Vinte Anos: de Jesus a Paulo,
de Jerusalém a Corinto 224
    9.2.1 Fontes para esse período 224
    9.2.2 De Jesus a Paulo – Eventos-Chave 228
9.3 Para leitura adicional 299

10 Paulo e Suas Cartas 301
10.1 Vida e Missão de Paulo até 50 d.C.:
Um Esboço Preliminar 301
    10.1.1 Nascimento e Primeiros Anos 301

10.1.2 Paulo, o Perseguidor 304
10.1.3 Chamado ao apostolado 305
10.1.4 Paulo em Damasco e na Arábia 307
10.1.5 Jerusalém (1) – Visita a Pedro (Gl 1,18) 309
10.1.6 Paulo na Síria e Cilícia (e Galácia?)
 ("Primeira Viagem Missionária"?) 310
10.1.7 Jerusalém (2) – O Concílio (Gl 2,1-10; At 15,1-29) 314
10.1.8 Confronto e Separação em Antioquia 317
10.1.9 A Missão ao Egeu (ao que tudo indica,
 "a Segunda e Terceira Viagens Missionária") 319
10.2 Introdução às Epístolas **324**
10.2.1 As Cartas no Novo Testamento e no
 Cristianismo Primitivo 324
10.2.2 Cartas no Mundo Antigo 327
10.2.3 Forma e Estrutura das Cartas Paulinas 336
10.2.4 Perspectivas Teológicas sobre o Gênero Carta 339
10.3 As Cartas de Paulo **343**
10.4 Para leitura adicional **343**

11 Cartas da Missão ao Egeu **345**
11.1 Interpretando 1 Tessalonicenses **345**
11.1.1 Tessalônica 345
11.1.2 Contexto Histórico 346
11.1.3 A Igreja em Tessalônica 348
11.1.4 Unidade e Interpolações 350
11.1.5 Estrutura e Esboço 352
11.1.6 Sumário teológico-exegético 353
11.2 Interpretando Filipenses **360**
11.2.1 Filipos: Cidade e Igreja 361
11.2.2 Data e proveniência: o cenário da vida de Paulo 363
11.2.3 Gênero 370
11.2.4 Unidade Literária 371
11.2.5 Estrutura e Esboço 372
11.2.6 Síntese teológico-exegética 373
11.3 Interpretando Filemom **381**
11.3.1 Gênero 381
11.3.2 Autoria 382

        11.3.3 Ocasião 382
        11.3.4 Data, Origem e Destinatários 385
        11.3.5 Escravidão no Mundo Antigo e na
               Igreja Primitiva 386
        11.3.6 Estrutura e Esboço 392
        11.3.7 Sumário Exegético-Teológico 392
    11.4 Para leitura adicional **393**

12 Paulo e os Coríntios **395**
    12.1 Interpretando 1 Coríntios **395**
        12.1.1 Corinto: Cidade e Igreja 395
        12.1.2 Cenário Histórico de 1 Coríntios 397
        12.1.3 Integridade Literária 398
        12.1.4 Estrutura e Esboço 398
        12.1.5 Sumário Exegético-teológico 400
    12.2 Interpretando 2 Coríntios **422**
        12.2.1 Estrutura e Esboço 442
        12.2.2 Síntese Exegético-Teológica 443
    12.3 Para leitura adicional **456**

13 As Últimas Cartas de Paulo **458**
    13.1 Interpretando Gálatas **458**
        13.1.1 Quem eram e onde estavam os gálatas? 458
        13.1.2 Data e Origem: como ela se encaixa na vida e
               missão de Paulo? 460
        13.1.3 Resultados: A história à qual a carta pertence 465
        13.1.4 Tipo da Carta 467
        13.1.5 Estrutura e Esboço 468
        13.1.6 Síntese exegético-teológica 469
    13.2 Interpretando Romanos **484**
        13.2.1 A Igreja em Roma: a primeira geração 485
        13.2.2 Integridade Literária 487
        13.2.3 Tipo da Carta, Ocasião e Propósito 488
        13.2.4 Estrutura e Esboço 492
        13.2.5 Síntese exegético-teológica 493
    13.3 Questões Contínuas e Abrangentes **519**
        13.3.1 A "Nova Perspectiva" sobre Paulo 519

13.3.2 A Centralidade da Participação "em Cristo" 520
13.3.3 Apostolicidade e os desafiantes do apostolado
de Paulo: detratores, rivais e oponentes 523
13.3.4 A "Vida de Paulo": Questões Cronológicas 526
13.4 Para leitura adicional 532

14 Éfeso e a Escola Paulina 534
14.1 O que aconteceu depois de Romanos? 534
14.2 A Tradição da Escola Paulina Continua 536
14.3 Para leitura adicional 550

15 Colossenses, Efésios e 2 Tessalonicenses 552
15.1 Interpretando Colossenses 552
    15.1.1 Cinco cenários para a origem e interpretação de
         Colossenses 552
    15.1.2 Autoria 555
    15.1.3 Data 565
    15.1.4 Estrutura e Esboço 566
    15.1.5 Síntese Exegético-Teológica 567
15.2 Interpretando Efésios 580
    15.2.1 Efésios: Um Texto Didático da Escola Paulina 580
    15.2.2 Estrutura e Esboço 590
    15.2.3 Síntese Exegético-Teológica 591
15.3 Interpretando 2 Tessalonicenses 606
    15.3.1 Autoria e Contexto Histórico 606
    15.3.2 2 Tessalonicenses como um Produto da Escola Paulina. 609
    15.3.3 Conclusão 615
    15.3.4 Estrutura e Esboço 615
    15.3.5 Síntese Exegético-Teológica 616
15.4 Para leitura adicional 623

16 As Pastorais e a Luta pela Tradição Paulina autêntica 624
16.1 Interpretando as Pastorais 624
    16.1.1 As Pastorais como Cartas Reais de Paulo a
         Timóteo e Tito 625
    16.1.2 As Pastorais como Documentos Pseudoepígrafos
         Escritos por um Mestre da Escola Paulina 626

16.1.3 Data, Testemunho, Canonicidade 645
16.1.4 Procedência 647
16.1.5 A Teologia das Cartas Pastorais: Continuidade e
       Mudança 647
16.1.6 Ordem, Estrutura e Esboço 655
16.1.7 Síntese Exegético-Teológica 657
16.2 Retrospecto: A Luta pela tradição paulina autêntica.......... **671**
16.3 Para leitura adicional... **673**

Índice de Autores Citados 675

Índice de Passagens Bíblicas 681

Lista de Ilustrações

Mapas
1 – A região do Mediterrâneo no primeiro Século .... Abertura
2 – Mapa da Atividade Missionária de Paulo 322
3 – Palestina no primeiro Século d.C. .... Final

Fotos
1 – Pôncio Pilatos em Cesareia 12
2 – Papiro 52 Fragmento 41
3 – O início do Evangelho de João, na edição de Nestle–Aland,
    Novum Testamentum Graece 46
4 – Dr. Marie-Luise Lakmann 47
5 – O aparato crítico de Atos 1.1 no processo de revisão 48
6 – Páginas do Códice Vaticano, mostrando Lucas 24 – João 1 55
7 – M. Eugene Boring (esquerda) e Bruce M. Metzger (sentado)
    examinando o texto de Hebreus no Códice Vaticano na Biblioteca
    do Vaticano, em 1981 55
8 – Dr. Klaus Watchel 56
9 – Teatro Romano em Cesareia 130
10 – Cesareia de Filipe 132
11 – Arco de Tito em Roma, descrevendo sua vitória sobre
    Jerusalém e a Judeia 136
12 – Relevo sobre o Arco de Tito em Roma 136
13 – massada, mostrando a rampa construída pelos romanos 141
14 – Caverna 4 de Qumran 145
15 – Séforis 209
16 – Inscrição no altar em Perge 243
17 – Uma imagem em alto relevo em Tessalônica 244

18 – Oferendas votivas 246
19 – Templo de Apolo em Corinto, Grécia 247
20 – Delfos 249
21 – Altar de Mitra em Roma 250
22 – Modelo de culto de mistério, no centro de Elísios 252
23 – *stoa* reconstruída da Ágora em Atenas 256
24 – Ascensão do César deificado 259
25 – Uma inscrição latina onde se pode ler "do imperador
      César Augusto 260
26 – Inscrição do teatro em Mileto 275
27 – Porta da cidade de Mileto 277
28 – Uma das inúmeras casas ricas e grandes,
      escavadas recentemente em Éfeso 281
29 – Principal rua de Antioquia da Pisídia 311
30 – Ruínas de uma estrada romana perto de Tarso, na Turquia 333
31 – Ruínas de uma prisão em Filipos 361
32 – A Via Egnatia em Filipos 361
33 – Ruínas do fórum romano em Filipos 362
34 – Fórum romano em Filipos 362
35 – Templo em Corinto, Acrópolis 396
36 – Bema Coríntio 396
37 – Esta pegada esculpida numa calçada em Éfeso 406
38 – casal em relevo, segundo século, Bereia 407
39 – Hierápolis 554
40 – Inscrição de advertência no Templo 598

LISTA DE QUADROS

1 Formação Literária do Novo Testamento 10
2 A Bíblia como uma história narrativa em cinco atos 14
3 O livro da Igreja 19
4 Exemplos para esclarecimento da RSV para a NRSV 75
5 Perguntas em grego que antecipam uma resposta particular 76
6 Reformulação com linguagem de gênero inclusivo 76
7 Comparação de Romanos 12,6-8 82
8 Comparação de Gênesis 1,26 82
9 O Império, do Nascimento de Jesus à Revolta de Bar Kochba 128
10 Comparação da Estrutura de Gálatas e Romanos de Schnelle 464
11 Uso de Paulo de "em Cristo" 521
12 Visitas a Jerusalém 528
13 Contornos sugeridos da vida e Ministério de Paulo 533
14 Nomes Mencionados em Filemom e Colossenses 556
15 Comparação entre Colossenses e Efésios 583

Prefácio

Este livro foi escrito a partir das seguintes perspectivas e convicções:
O Novo Testamento é um livro de histórias. Não é um livro de ideias, ideais e princípios religiosos, mas narrativas e interpretações de eventos relacionados à vida de Jesus e seus seguidores, os quais se tornaram a comunidade cristã primitiva. O Novo Testamento é mais (e não menos) do que um livro de histórias em que esses eventos são interpretados como revelação dos atos de Deus em favor da salvação do mundo. Em sua interpretação da história, os autores do Novo Testamento usam as ideias de seu mundo (judaico e gentio, religioso e secular). Cada escrito do Novo Testamento está arraigado na história dos próprios autores, a história da igreja primitiva. O Novo Testamento como um todo contém uma história de coleta, transmissão, tradução e interpretação. O Novo Testamento não apenas comunica uma história, ele tem sua própria história. Desse modo, um vislumbre histórico é um elemento necessário para uma compreensão autêntica.

O estudo do Novo Testamento requer um método crítico prático. Como um livro de histórias, o Novo Testamento requer um método crítico. "Quem escreveu o quê, quando, onde, para quem e por quê" são questões inevitáveis à compreensão histórica, ainda que essas questões não possam ser definitivamente respondidas. Este livro não tenta explorar cada ponto seguindo detalhes metodológicos; porém, a partir dos casos analisados pretende fornecer uma base suficiente para ilustrar evidências e argumentos. Em quatro pontos, questões gerais de introdução ao Novo Testamento são tratadas em extensas divagações, explorando evidências e argumentos sobre os quais estão fundamentadas algumas conclusões acadêmicas típicas: a unidade literária de 2 Coríntios, a pseudepigrafia, o problema sinótico e as marcas de paralelos nos evangelhos sinóticos. Em vez de meramente fornecer aos estudantes os resultados do que "os estudiosos pensam", evidência e argumentos são dados de modo a permitir que os estudantes julguem por si mesmos o grau de confiança que podemos ter sobre tais conclusões e que diferença elas fazem teologicamente. Estudantes que seguem os detalhes da evidência e argumento reforçam sua habilidade de navegar e avaliar o oceano da literatura secundária sobre o Novo Testamento, e desenvolver suas próprias aptidões como intérpretes do Novo Testamento.

"*Quem começa pelo início vai mais longe*". Este livro foi escrito para iniciantes, pressupondo estudantes com grande interesse em explorar o assunto, mas ainda sem a experiência em um estudo detalhado da Bíblia. Trata-se de um livro consideravelmente técnico, o qual reflete muito da história e posição atual da pesquisa em Novo Testamento. Às vezes, conservei citações em grego, como um lembrete de que o engajamento com o Novo Testamento implica um estudo transcultural, e que aqueles que querem compreendê-lo precisam entrar em seu mundo linguístico. O livro é completamente inteligível mesmo para aqueles que não dominam o grego e o hebraico. Tudo está traduzido, e também frequentemente transliterado a fim de facilitar a pronúncia. Tenho em mente o tipo de leitores que encontramos no seminário ou pastorado, muitos dos quais são estudantes de nível secundário, os quais não passaram por uma graduação em estudos de religião ou línguas bíblicas. Embora as pressuposições sejam mínimas, o livro procura levar o estudante a uma compreensão e competência mais profundas como um intérprete do Novo Testamento.

O Novo Testamento é um livro de fé e teologia. Os autores do Novo Testamento expressam sua fé de que Deus agiu na vida de Jesus e nos eventos da igreja primitiva. Quando a fé é expressa conceitual e verbalmente, o resultado é teologia, "fé que busca compreensão", para usar a frase histórica de ANSELMO. Embora fé e teologia não sejam a mesma coisa, não pode haver reflexão sobre a fé, e nem comunicação de fé, à parte da teologia. "Teologia" não se refere apenas ao discurso sistemático e abstrato de segundo ou terceiro nível, mas ao discurso de primeiro nível, a qualquer articulação da fé. O Novo Testamento é, portanto, um livro inteiramente teológico. Isto significa que entender o Novo Testamento em seus próprios termos requer reflexão teológica, quer seus leitores compartilhem sua fé ou teologia, ou não. Uma introdução ao Novo Testamento deve ser, em certo sentido, teológica, ainda que apenas no nível descritivo.

O Novo Testamento é essencialmente composto de Cartas e Evangelhos. O processo histórico que levou à formação do Cânon resultou em um Novo Testamento composto de apenas dois tipos de literatura. Isto ainda se reflete na leitura litúrgica da Escritura, na qual todos os textos do Novo Testamento ou são "Epístola" ou "Evangelho". Essa estrutura genérica bipartida do Novo Testamento tem sido frequentemente percebida. Contudo, até onde eu saiba, este livro representa o primeiro esforço de estruturar uma introdução ao Novo Testamento nesses moldes. Isso está em harmonia com a teologia e a história protocristã; há também uma razão pedagógica. As Cartas são tratadas primeiro, na ordem histórica discutida aqui: 1 Tessalonicenses a 2 Pedro. Somente então nos voltamos para os Evangelhos e os Atos. Na metade do curso, os estudantes começam a perceber que havia uma extensa tradição, completa em si mesma, em expressar a fé inteiramente dentro dos limites do gênero epistolar. Eles se tornam conscientes de que estudaram a maioria dos livros do Novo Testamento sem encontrar sequer uma história sobre Jesus. Eles veem as Epístolas como um gênero paralelo dos Evangelhos, e o enxergam com novos olhos, novas questões, novas ideias. Perto do fim do curso, eles percebem, pela primeira vez, que Epístola e Evangelho estão combinados na comunidade joanina, a prolepse do Cânon do Novo Testamento.

Existe uma subestrutura narrativa do Novo Testamento e suas teologias. Tanto as Cartas quanto os Evangelhos compartilham uma base comum: narrativa. Todos os documentos do Novo Testamento confessam a fé dentro de uma estrutura narrativa. Os evangelhos e Atos são obviamente narrativos. Mas as epístolas são também um gênero narrativo; cada carta funciona projetando um mundo narrativo. Este livro está em harmonia com esse modo narrativo; ele próprio é um tipo de narrativa. Ele conta a história do Novo Testamento, desde o judaísmo pré-cristão, passando por Jesus, a igreja primitiva, Paulo e a tradição das cartas, a tradição de Marcos e o Evangelho, até a combinação de Cartas e Evangelho na comunidade joanina. Isto envolve uma possível (re)construção de histórias. A alternativa é estudar os documentos do Novo Testamento como textos de flutuação livre, não ligados à História. Uma vez que o Novo Testamento é uma história, ou coleção de histórias dentro de uma história maior, este livro é uma narrativa. Ele conta a história do Novo Testamento.

A teologia do Novo Testamento é mais bem feita como exposição diacrônica de textos. Este livro é uma síntese dos gêneros tradicionais *Introdução ao Novo Testamento* e *Teologia do Novo Testamento*. A teologia do Novo Testamento está entrelaçada na descrição narrativa da formação do Novo Testamento. Em vez de atentar para ensaios temáticos sob categorias do tipo "Cristologia" e "Eclesiologia" de cada livro ou do Novo Testamento como um todo, uma síntese exegético-teológica de cada documento do Novo Testamento apresenta sua teologia estruturada ao modo do próprio texto. O próprio ato de teologizar do Novo Testamento está no modo narrativo. O caminho adequado para compreender a teologia de cada livro é processando cada texto em seu próprio gênero e estrutura.

O Novo Testamento é o livro da igreja. Muito do que foi mencionado pode ser resumido nessa frase familiar, a qual, seguramente, não é original.[1] Há cinquenta anos, eu fiquei impressionado com a importância central dessa chave hermenêutica nas palestras de Leander Keck's Vanderbilt. Eu tive outro professor, Fred Craddock (também aluno de Keck), que frequentemente se referia ao diálogo essencial entre Livro e Comunidade. A Comunidade precisa do Livro como norma e ponto de equilíbrio. O Livro precisa da Comunidade como seu contexto para compreensão. Eu devo muito a Keck, Craddock e a todos os meus professores, assim como tenho uma dívida com todos os meus alunos, com quem também aprendi muito. Dedico este livro aos meus alunos das classes de "Introdução ao Novo Testamento", no Seminário da Phillips University (1967-1986), Texas Christian University e Brite Divinity School (1987-2006).

Ao longo dos anos, minha compreensão do Novo Testamento foi alargada e aprofundada pelo diálogo sobre o material deste livro com inúmeros colegas e estudantes. Valorizo especialmente o que aprendi com Leander Keck, Fred Craddock, Russell Pregeant, Udo Schnelle, David Balch e William Bird, tanto em função de seus escritos quanto

---

[1] Cf. e.g. Willi Marxsen, *The New Testament as Church's Book?!* Trans. James E. Mignard (Philadelphia: Fortress Press, 1972); Sandra Schneiders, *The Revelatory Text: Interpreting the New Testament as Sacred Scripture*, 2nd ed. (Collegeville, MN: Liturgical Press, 1999), chap. 3, "The New Testament as the Church's Book.".

a partir de conversas pessoais. Sou profundamente grato à equipe de edição e produção da Westminter John Knox Press, que me ofereceu não apenas habilidade profissional, mas também conselhos e encorajamento. Ao concluir esse projeto, ofereço minha sincera gratidão a JON L. BERQUIST, que era o Editor Executivo para a área de Estudos Bíblicos na Westminster John Knox, quando fui convidado a escrever este livro, em 1994. Ele me acompanhou ao longo do caminho com muitas e úteis conversas; a MARIANNE BLICKENSTAFF, Editora da área de Estudos Bíblicos, que dirigiu o processo até sua edição final, e a JULIE TONINI, Diretor de Produção. Esses dois manusearam um longo e complexo manuscrito; a DANIEL BRADEN, Editor-Gerente, por seus conselhos. Sou também grato a JERRY L. COYLE, BOBBY WAYNE COOK e JAMES E. CROUCH, pela leitura perspicaz do penúltimo rascunho. Sua diligência resultou em diversas sugestões incorporadas ao texto atual. Um agradecimento especial vai para VICTOR PAUL FURNISH, que leu as seções sobre Paulo e a tradição epistolar paulina, oferecendo muitas e valiosas sugestões. Porém, posso afirmar com segurança que nenhum desses nomes mencionados acima deve ser responsabilizado pelas imperfeições deste livro. Quanto a isto, assumo totalmente o ônus.

Abreviaturas

2DH	[Hipótese dos dois Documentos]
2GH	[Hipótese dos dois Evangelhos ou Hipótese de Griesbach]
2SH	[Hipótese das duas Fontes]
AB	Anchor Bible
Abraham	Philo, *On the Life of Abraham*
ABRL	Anchor Bible Reference Library
Ag. Ap.	Josefo, *Contra Apião*
Alleg. Interp.	Philo, *Allegorical Interpretation*
Ant.	Josefo, *Antiguidades Judaicas*
ANTC	Abingdon New Testament Commentaries
Apc.	Apocalipse
Apol.	Justino Martir, *Apologia*
ASNU	Acta seminarii neotestamentici upsaliensis
ASV	American Standard Version
AV	Authorized Version
B	Codex Vaticanus
b.	Babylonian tractate (of the Talmud)
B. Bat.	Bava Batra
Bar	Baruch
BETL	Bibliotheca ephemeridum theologicarum lovaniensium
BJ	Bíblia de Jerusalém
BJRL	*Bulletin of the John Rylands University Library of Manchester*
BZNW	Beihefte zur Zeitschrift für die neutestamentliche Wissenschaft
CBQMS	Catholic Biblical Quarterly Monograph Series
CD	Documento de Damasco
CEB	*The Common English Bible*

CJA	Christianity and Judaism in Antiquity
Clem.	*Clemente*
Col	Colossenses
Cor	Coríntios
Cr	Crônicas
D	Bezae Cantabrigiensis
De Princip.	Origen, *De principiis*
Did.	*Didaquê*
Dn	Daniel
Dt	Deuteronômio
Ecl	Eclesiastes
EDNT	*Exegetical Dictionary of the New Testament.* Edited by H. Balz, G. Schneider. ET. Grand Rapids, 1990-1993.
Ef	Efésios
EKKNT	Evangelisch-katholischer Kommentar zum Neuen Testament
Ep.	Sêneca, *Epistulae morales*
Ep. Brut.	Cícero, *Epistulae ad Brutum*
Esd	Esdras
Êx	Êxodo
Exc.	Excursus
Ez	Ezequiel
FGH	Farrer-Goulder Hypothesis
Fl	Filipenses
Fm	Filemom
FRLANT	Forschungen zur Religion und Literatur des Alten und Neuen Testaments
GCS	Die griechische christliche Schriftsteller der ersten [drei] Jahrhunderte
Gl	Gálatas
Gn	Gênesis
GTA	Göttinger theologischer Arbeiten
Hb	Hebreus
Heir	Philo, *Who Is the Heir?*
Hist. eccl.	Eusebius, *História eclesiástica*
HNTC	Harper's New Testament Commentaries
HTS	Harvard Theological Studies
HUT	Hermeneutische Untersuchungen zur Theologie

ICC	International Critical Commentary
Ign. *Eph.*	Inácio *aos Efésios*
Ign. *Phld.*	Inácio *aos Filipenses*
Ign. *Pol.*	Inácio *a Policarpo*
Ign. *Rom.*	Inácio *aos Romanos*
Ign. *Smyrn.*	Inácio *à Esmirna*
Is	Isaías
JBL	*Journal of Biblical Literature*
Jr	Jeremias
Js	Josué
JSNTSup	Journal for the Study of the New Testament: Supplement Series
Jt	Judite
Jub.	*Jubileus*
Jz	Juízes
KEK	Kritisch-exegetischer Kommentar über das Neue Testament (Meyer-Kommentar)
KJV	King James Version [Versão Rei Tiago]
LCL	Loeb Classical Library
Life	*Josephus, The Life*
LJS	Lives of Jesus Series
Lv	Levíticos
LXX	Septuaginta
Mac	Macabeus
Mal	Malaquias
MAs	Minor Agreements
Mq	Miqueias
Mt	Mateus
NAB	*The New American Bible*
NACSBT	New American Commentary Studies in Bible and Theology
NASB	*New American Standard Bible*
NEB	*The New English Bible*
NICNT	New International Commentary on the New Testament
NIGTC	New International Greek Testament Commentary
NIV	*New International Version*
NJB	*The New Jerusalem Bible*
Nm	Números
NovTSup	Novum Testamentum Supplements

NRSV	New Revised Standard Version
NT	Novo Testamento
NTL	New Testament Library
NTS	*New Testament Studies*
Os	Oseias
ÖTK	Ökumenischer Taschenbuch-Kommentar
Pd	Pedro
Pol. *Phil.*	Policarpo *aos Filipenses*
Pv	Provérbios
Q	Fonte Q
Rab.	*Rabbah*
REB	The Revised English Bible
Rm	Romanos
RSV	Revised Standard Version
Salm. Sal.	*Salmos de Salomão*
SBLDS	Society of Biblical Literature Dissertation Series
SBLSBL	Society of Biblical Literature Studies in Biblical Literature
SBLSBS	Society of Biblical Literature Sources for Biblical Study
SIG	*Sylloge inscriptionum graecarum*. Edited by W. Dittenberger. 4 vols. 3rd ed. Leipzig, 1915-1924
Sir	Siríaco
Sl(Sls)	Salmo(s)
Sm	Samuel
SNTSMS	Society for New Testament Studies Monograph Series
SP	Sacra página
T. Levi	*Testamento de Levi*
t. Suk.	*Tosefta Sukkah*
TDNT	*Theological Dictionary of the New Testament*. Edited by G. Kittel and G. Friedrich. Translated by G. W. Bromiley. 10 vols. Grand Rapids, 1964-1976.
TEV	Today's English Version
THKNT	Theologischer Handkommentar zum Neuen Testament
Tm	Timóteo
TM	Texto Massorético
TNIV	*Today's New International Version*
TNTC	Tyndale New Testament Commentaries
TOB	Tobias
Ts	Tessalonicenses

TUGAL	Texte und Untersuchungen zur Geschichte der altchristlichen Literatur
War	Josefo, *Guerra Judaica*
WBC	Word Biblical Commentary
Wis	Wisdom of Solomon
WMANT	Wissenschaftliche Monographien zum Alten und Neuen Testament
WUNT	Wissenschaftliche Untersuchungen zum Neuen Testament
Zc	Zacarias
ZNW	*Zeitschrift für die neutestamentliche Wissenschaft und die Kunde der älteren Kirche*

1

O QUE É O NOVO TESTAMENTO?

O Novo Testamento é a seleção dos escritos protocristãos que se tornaram a Bíblia Cristã. Abrir suas páginas é mergulhar numa história que está em curso há muito tempo. Trata-se do ato subsequente de um drama que se aproxima de sua cena culminante, uma história que alega comunicar o significado do universo e da vida humana. Com efeito, não é necessário ler essa coleção de cartas e narrativas como Santa Escritura. A mesma coleção de textos pode, legitimamente, ser chamada de *Seleções da Literatura Religiosa da Antiguidade* ou algo do tipo, e ser lida, portanto, pelo viés de um valor educativo de expansão horizontal. Certamente, o Novo Testamento é um tesouro cultural, o livro mais influente na formação da literatura, da arte e da filosofia da civilização ocidental. Não obstante, quase todo indivíduo que se debruça sobre esses textos os lê como parte da Bíblia cristã, como o "Novo Testamento". A fim de entender por que a própria Bíblia (tanto o Antigo Testamento[1] quanto o Novo Testamento) fala

---

[1] Os judeus, é claro, não se referem à sua Escritura Sagrada como o "Antigo Testamento", uma designação desses primeiros escritos recebidos como parte da Bíblia cristã. Eu sigo o modelo de SANDRA SCHNEIDERS, WALTER BRUEGGEMAN e diversos outros que preferem "Escrituras Judaicas", quando querem se referir à Bíblia dos judeus, antiga e moderna, e "Antigo Testamento", quando se referem à primeira parte da Bíblia cristã (SCHNEIDERS, *Revelatory Text*, 6; WALTER BRUEGGEMANN, *An Introduction to the Old Testament: The Canon and the Christian Imagination* (Louisville: Westminster John Knox, 2003), 1–3). Para uma coleção de ensaios que discutem

de um "Novo Testamento", precisamos tentar entender a linguagem bíblica da aliança. O que significa chamar essa coleção de documentos de o "Novo Testamento"?

1.1 "Testamento"

Um poderoso rei do Antigo Oriente Próximo envia um exército durante a noite para cercar uma cidade a certa distância. Pela manhã, o mensageiro do rei fala aos habitantes da cidade, os quais ficaram tomados de surpresa: "Eu sou seu novo rei. Vocês são o meu povo. Esta é a minha aliança com vocês. Eu os protegerei de seus inimigos, e garantirei sua paz e prosperidade. De agora em diante, vocês devem obedecer às seguintes leis...". As pessoas não tinham direito a voz, nem tampouco a voto, na decisão de tornar-se parte do reino. A única coisa que podem escolher é como irão responder...

Terminologia. As traduções portuguesas da Bíblia usam os termos "testamento" e "aliança" de modo intercambiável. Portanto, "Antigo Testamento" e "Novo Testamento" significam, respectivamente, "Antiga Aliança" e "Nova Aliança". Embora o português contemporâneo utilize tanto o termo "aliança" quanto o termo "testamento" nos contextos não bíblicos, eles são usados em seus sentidos restritos: o termo "aliança" é usado como sinônimo de "contrato", e na cerimônia de casamento tradicional, sendo bilateral e voluntário; o termo "testamento" pode ser encontrado na frase "última vontade e testamento", sendo unilateral e imposto. O significado bíblico dos termos não pode ser determinado com base no seu uso na língua portuguesa, mas no seu uso nos contextos bíblicos. O termo consistentemente usado para "aliança" no Antigo Testamento é בְּרִית (*berith*); na LXX e no Novo Testamento, διαθήκη (*diathēkē*). A linguagem da aliança no Novo Testamento, como muito da sua terminologia e conceitualismo teológicos, deriva do Antigo Testamento. Embora o Antigo Israel pudesse falar de um "livro da aliança" (e.g. Êx 24,7;

---

essa questão a partir de diversas perspectivas, ver ROGER BROOKS e JOHN J. COLLINS, eds., *Hebrew Bible or Old Testament? Studying the Bible in Judaism and Christianity* (CJA 5; Notre Dame, IN: University of Notre Dame Press, 1990).

2 Cr 34,30-31; 1 Mac 1,57), a aliança em si não era um livro, mas uma ação unindo duas partes.

Unilateral. A terminologia da Aliança já estava presente no Antigo Oriente Próximo, antes e durante o tempo de Israel, que adotou o termo tanto no seu aspecto secular quanto no sagrado. No Antigo Testamento, as alianças eram basicamente de dois tipos: aquelas entre os homens, e aquelas entre Deus e os homens.

As alianças entre os seres humanos eram frequentemente bilaterais, recíprocas e mútuas – como a "aliança" na tradicional cerimônia de casamento. (cf. e.g. 1 Rs 15,19, onde *berith* é um pacto negociado, traduzido como "aliança"; *diathēkē* de 1 Mac 11,9 é mútuo e bilateral). Contudo, mesmo no nível humano, as alianças são frequentemente do parceiro superior para o parceiro inferior. A aliança era, assim, unilateral e não negociada, como o uso que fazemos do termo "testamento" na língua portuguesa, mas não como nossa "aliança" de casamento. A aliança não era um contrato, nem mesmo um contrato sagrado. No *berith* entre Jônatas e Davi (1 Sm 18,3), Jônatas [o filho do rei] fez uma aliança com Davi [plebeu, pastor], e 'não' Jônatas e Davi fizeram aliança.[2] A aliança real na qual uma aliança é concedida/imposta sobre o inferior por um superior serve como modelo para a compreensão da relação entre Deus e Israel. Não se trata de parceiros iguais, numa relação em que cada um, livremente, escolhe e negocia os termos. Na Bíblia, Deus sempre fala da "minha aliança" (56 vezes), nunca da "nossa aliança". Assim, no texto chave de Jr 31,31-34, citado em Hb 8,8-12, Deus é o sujeito que faz toda a aliança e fala da "minha" (e não da nossa) aliança.

Evento. Na Bíblia, o divino *berith* é um evento, e não um ideal ou princípio. A aliança é um ato gracioso de Deus, realizado por iniciativa divina para o benefício da humanidade. Está sempre associada a livramento, validação de vida e segurança, total bem-estar e paz, *shalom* [שָׁלוֹם], i.e., a aliança é um *ato salvífico*. O ato salvífico fundamental de Deus para Israel no êxodo foi interpretado à luz da história de Abraão

---

[2] Na versão inglesa da Bíblia utilizada pelo autor, o texto de 1 Sm 18,3 lê-se: "Then Jonathan made a covenant with David" [Então Jônatas fez uma aliança com Davi] (cf. English Standard Version, New American Standard Bible, etc.), enquanto que a na versão portuguesa Almeida Revista e Atualizada, usada nesta tradução, o texto lê-se: "Jônatas e Davi fizeram aliança", que está em consonância com a tradução da versão KING JAMES: "Then Jonathan and David made a covenant" [Então Jônatas e Davi fizeram uma aliança]. N. do T.

e Noé, e foi visto como o paradigma da maneira como Deus lida com o mundo como um todo. Os autores do Antigo Testamento tomaram como ponto de partida o ato histórico de Deus ao formar Israel livrando-o do Egito e concedendo-lhe, graciosamente, a aliança – incluindo seus deveres – e então utilizaram isto como seu modelo para compreender a relação do Criador para com toda a criação. Aqui e em outras partes da teologia bíblica, a ação é primária em relação ao ser, a história em relação à ontologia, o particular em relação ao universal. A Bíblia não é uma discussão do ser de Deus, mas o testemunho dos atos de Deus.

Indicativo e Imperativo. A graça de Deus precede e é a base para o chamado à responsabilidade humana, algo também presente na aliança do Antigo Testamento. O judaísmo compreendeu isto. A graça redentora de Deus precede a exigência, e a iniciativa divina de fazer uma aliança precede a resposta humana. Contudo, a aliança requer uma resposta humana, e a reclama. As boas novas da salvação oferecida por Deus, o ato de fazer a aliança (indicativo) carrega consigo a exigência da resposta humana (imperativo).

Comunidade. A aliança não é com indivíduos, mas com o povo de Deus. Sempre que a aliança é feita com uma pessoa (Noé, Abraão, Davi), esta pessoa representa uma comunidade. O povo escolhido é o povo da aliança, que se tornou o que é pela ação de Deus. Essa comunidade é encarregada de uma missão: ser o meio pelo qual a bênção de Deus pode alcançar a todos (Gn 12,1-3), e ser uma luz para as nações (Is 42,6). Assim, mais tarde na história israelita, a aliança com Israel é compreendida em termos de uma aliança com Davi e seus descendentes, o meio para a bênção de Deus ao mundo inteiro (cf. 2 Cr 7,18; 13,5; 21,7; 23,3; Sl 89,3; Is 55,3; Jr 33,21).

Já/ainda não. Isto significa que há uma dimensão já/ainda não na linguagem da aliança de Israel, desde o início. Uma vez que Deus é já e eternamente Senhor e Rei do universo que ele criou, mas o governo de Deus ainda não se cumpriu entre suas criaturas rebeldes, então a aliança de Deus com o povo fiel da aliança já existe no mundo, mas ela ainda é parcial, fragmentária e espera uma consumação futura. A aliança não é estática, não é completa, mas espera um cumprimento final. Um dos quadros da consumação do propósito de Deus no fim da história é a renovação da aliança, envolvendo a renovação da humanidade, pela qual Deus assume a responsabilidade (Jr 31,31-33).

Fidelidade unilateral, amor incondicional. A aliança de Deus é unilateral, e não pode ser anulada a partir do ponto de vista humano. Como uma determinação, a aliança está ali simplesmente pela imposição daquele que a fez. O povo da aliança pode ignorá-la ou recusar viver pelas responsabilidades para as quais ela o conclama. É unicamente nesse sentido que os seres humanos podem "quebrar" a aliança de Deus. Eles não podem quebrá-la no sentido de revogá-la, anulá-la ou destruí-la. Isto só pode ser feito unicamente pelo Criador da aliança. A fidelidade de Deus requer uma resposta humana, mas não está condicionada a ela. Mesmo quando os seres humanos são infiéis, Deus permanece fiel (Lv 26,44-45; Jz 2,1; Is 54,10; Jr 33,19-21; Sl 89,19-45).

A aliança e o livro. Como ato redentivo de Deus – passado, presente e futuro – a aliança tem sinais que atestam sua realidade e significado. Alguns são sinais não verbais, tais como o arco-íris (Gn 6,18; 9,9-16), a circuncisão (Gn 17,11-13), e a arca da aliança, a qual acompanhou Israel em sua jornada e tornou a presença de Deus algo tangível e real (Êx 26,34; Dt 10,8; 1 Sm 4). O "sangue da aliança" (Êx 24,8; Zc 9,11), o pão da aliança (Lv 24,5-8), e o vinho da aliança (Dt 7,12-13) apontam para sua realidade. Há também testemunhos *verbais* para a aliança: as tábuas dos mandamentos e o livro da lei, chamado de livro da aliança (e.g. Êx 24,7; Dt 29,21; 31,26; 2 Rs 23,3; cf. 1 Mac 1,56-57). O livro não é a aliança, mas ele é colocado na arca, e testemunha do significado da aliança e a torna tangível e real (Êx 24,7; 25,21).

1.2 "Novo"

Assim como "Testamento" não deve ser definido nos termos do português contemporâneo, o termo "novo" não deve ser compreendido nos padrões da cultura contemporânea, na qual "novo" é, geralmente, um termo relativo positivo; por sua vez, o termo "velho" tende a significar algo como "fora de moda, relativamente inferior". As Escrituras Judaicas usam o termo *novo* em sentido absoluto, como um termo para o cumprimento escatológico das promessas divinas. Assim no Deuteroisaías, com base na fidelidade de Deus à aliança, conclama Israel a perceber a "coisa nova" que Deus está para fazer (Is 43,19) – a qual não é uma negação do passado, mas seu cumprimento escatológico. Ezequiel fala da intenção de Deus de implantar um novo coração e um espírito novo em seu povo (Ez 11,19; 18,31). Deus não desiste de pecadores que violaram a aliança; ao contrário, ele assume a responsabilidade de recriá-los conforme seu propósito final. O Tritoisaías espera com interesse "novos céus e nova terra" nos quais habita justiça (Is 65,17; 66,22). Isto não significa que o Criador abandona a "antiga" criação, mas a conduz para o cumprimento final. Quando Paulo usa a linguagem da "nova criação" para falar do evento salvífico de Jesus Cristo (2 Co 5,17; Gl 6,15), isto não implica a rejeição da atual criação, mas sua redenção. Quando João descreve a salvação final como a descida da "Nova Jerusalém" (Ap 3,12; 21,2), isto significa tanto a continuidade quanto a descontinuidade da atual Jerusalém. Em todas essas ilustrações, "novo" não é um termo relativo, mas escatológico. No pensamento bíblico, o novo não substitui o passado relativamente, mas cumpre-o absolutamente. Não é a anulação do antigo, mas sua renovação escatológica.

1.3 "Novo Testamento"

Jeremias, Especificamente, retrata o cumprimento escatológico dos propósitos de Deus como a realização de uma nova aliança, i.e., a renovação escatológica da aliança de Deus com Israel (Jr 31,31-34). Como expressão da esperança escatológica de Israel, esse vocabulário não é repetido em nenhum outro lugar do Antigo Testamento, mas a ideia é refletida (cf. Ez 16,60, 62; 34,25; 36,26; 37,26; Is 54,10; 55,3; 61,8, e 42,6; 49,8, onde o Servo é o representante da aliança).

A comunidade judaica de Qumran, contemporânea de Jesus e da Igreja primitiva, entendeu os eventos de sua própria história como o ato escatológico de Deus da renovação da aliança. Os manuscritos do Mar Morto demonstram que eles compreenderam a realidade que estava acontecendo em seu meio, com a vinda do Mestre de Justiça, como o cumprimento e clímax da aliança de Deus com Israel, e viram a si mesmos como o povo da aliança (cf. CD 6,19; 8,21; 19,33; 20,12 [Baruc 2,35?; Jub. 1,22-24?]). Os membros da comunidade de Qumran eram judeus que interpretaram sua própria experiência em termos de suas Escrituras e da aliança de Deus com Israel. Sua linguagem da nova aliança não era uma rejeição da antiga aliança ou uma alegação de que ela havia sido substituída.

Análoga às perspectivas hermenêuticas de Qumran, a comunidade cristã primitiva interpretou o evento Jesus de Nazaré como um evento salvífico e revelador definitivo de Deus, e viu este evento-Cristo como o cumprimento dos propósitos de Deus para o mundo, a renovação escatológica da aliança de Deus. Desse modo, o documento mais antigo que relata as palavras eucarísticas de Jesus apresenta-o falando de seu próprio corpo e sangue como a expressão dessa nova aliança (1 Co 11,23-26). A linguagem da aliança ocorre frequentemente no Novo Testamento; a expressão "nova aliança", por exemplo, é encontrada sete vezes: Lc 22,20; 1 Co 11,25; 2 Co 3,6; Hb 8,8,13; 9,15; 12,24. Contudo, a nova aliança está frequentemente implícita mesmo onde o "novo" não está explícito. Paulo claramente fala nessas categorias (cf. e.g. Gl 4), embora ele use a frase "nova aliança" apenas duas vezes 1 Co 11,25; 2 Co 3,6). As conotações da aliança também estão presentes na linguagem da realeza (cf. acima). Jesus falou muitas vezes do reino de Deus, raramente da aliança.

Duas notas conclusivas

(1) Muito embora a aliança nunca tenha sido um livro, mas o ato salvífico de Deus que fundou uma comunidade, nós agora usamos corretamente "Novo Testamento" para referir-nos a um livro, uma coleção de documentos. Quando a comunidade cristã se refere a uma parte de sua Escritura sagrada como "Novo Testamento", isto é apenas uma forma abreviada de afirmar que *esta coleção de documentos dá testemunho autêntico do significado do evento-Cristo, o ato salvífico de Deus de renovação escatológica da aliança com Israel*. No Novo Testamento, "Nova Aliança/Testamento" nunca se refere a um livro. Esse vocabulário começou a ser usado no final do segundo século (Irineu, *Contra as Heresias*, 4,9.1), quando a igreja começou a selecionar os documentos que davam testemunho autêntico do ato de Deus em Cristo. No início do terceiro século, Orígenes podia referir-se à "divina Escritura" como composta do "Antigo Testamento" e do "Novo Testamento" (*De Principiis*, [origem] 4,11.16).

(2) A discussão anterior deve deixar claro que os cristãos não precisam hesitar em usar a terminologia "Novo Testamento" e seu corolário "Antigo Testamento" para referir-se às duas seções da Bíblia cristã. A terminologia não deve implicar que o "novo" substituiu

o "antigo", ou que ele seja "melhor" (cf. "um antigo amigo" não significa que ele foi substituído por um "novo amigo"). Os cristãos confessam que o ato de Deus em Jesus Cristo é o evento escatológico. Uma maneira de expressar esse pensamento é a declaração de que a aliança de Deus com Israel foi escatologicamente renovada, e que os crentes em Jesus como o messias de Deus são incorporados nesta esta aliança através do ato gracioso de Deus. A linguagem tradicional da igreja: "Antigo Testamento" e "Novo Testamento" é uma afirmação de que ambos os Testamentos têm uma origem e centro comuns, de que o Deus que definitivamente agiu em Jesus Cristo não é outro senão o Deus de Israel, o Deus da aliança, que é fiel às suas promessas de cumprimento escatológico. Visto que essa terminologia tem sido algumas vezes mal compreendida, como implicando superação ou desvalorização do Antigo Testamento, alguns intérpretes contemporâneos preferem usar os termos "Bíblia Hebraica", para o Antigo Testamento, e "Primeiro Testamento" e "Segundo Testamento" para as duas seções da Bíblia Cristã. Embora desejem acertadamente evitar serem ofensivas, tais substituições modernas são, em si mesmas, problemáticas: "Bíblia Hebraica" exclui não apenas as porções aramaicas das Escrituras Judaicas, mas também a maioria dos livros deuterocanônicos/apocalípticos, não escritos em hebraico, mas considerados como parte do Antigo Testamento pela maioria dos cristãos do mundo. Os termos "Primeiro/Segundo Testamento" também estão sujeitos ao mesmo tipo de mal-entendido das expressões "Antigo" e "Novo", tendo em vista os seus sentidos relativos. Os termos "Primeiro" e "Segundo", na terminologia bíblica, não estão numa escala de relativizações, mas "segundo" significa "último", além do qual não pode haver um "terceiro" ou "quarto" (cf. e.g. 1 Co 15,45-47; Hb 8,7; 10,9; Ap 20,6). Na fé cristã, o Novo Testamento não é uma espécie de versão *beta* do "Antigo", mas o ômega do qual o "Antigo" é o alfa (cf. Ap 1,8; 21,6; 22,13). Os textos os quais, tradicionalmente, os cristãos têm denominado de Antigo Testamento certamente são recebidos pela comunidade judaica como Escritura Sagrada, mas num contexto cristão, ou no contexto da Bíblia cristã como um todo, falar de "Escrituras Judaicas" parece negar que o Antigo Testamento também é Escritura cristã – de fato, a Bíblia original da Igreja Cristã.

1.4 O Novo Testamento como Epístola e Evangelho

Em termos de gênero literário, o Novo Testamento contém apenas uma seleção restrita dos tipos de literatura produzida no cristianismo primitivo (ver abaixo §3.1, sobre a formação do cânon). Os primeiros cristãos fizeram coleções dos ditos de Jesus, hinos, e ditos de sabedoria; eles escreveram constituições a fim de regular a ordem na igreja e fizeram listas de leis eclesiásticas, compuseram mitos explicando a origem do mal num mundo presumivelmente criado e governado por um Deus todo-poderoso. Efetivamente, nenhum desses tipos de literatura foi incluído na Bíblia. O Novo Testamento contém apenas textos relacionados a dois gêneros literários amplamente definidos, ambos relacionados com pessoas e situações particulares: *cartas* abordando certos grupos de cristãos, lidando com problemas particulares no cristianismo primitivo; e *narrativas* sobre grupos particulares de pessoas. Desde o início, é importante perceber que todos os livros que fizeram o corte canônico são, de uma forma ou de outra, *narrativas*. Os Evangelhos e os Atos são obviamente narrativas; muitas vezes, não se nota que as próprias cartas, inclusive Apocalipse, são também um tipo de narrativa. As cartas são um gênero narrativo que pressupõem e projetam um mundo narrativo (cf. §10.2.4). Todos os textos do Novo Testamento são narrativas terrenais que lidam com eventos e perspectivas transcendentais. Parece ter havido uma força teológica, intuitiva e implícita no trabalho desses movimentos dentro do cristianismo primitivo que se tornou dominante, uma força não coercitiva que tendia para a escrita de documentos confessionais da fé cristã no modo de narrativa, expresso em apenas dois gêneros: Cartas e Evangelhos.[3] Houve uma "pressão epistolar" para adaptar os escritos para a forma epistolar (cf. §10.2.1), e para confessar sua fé no ato de Deus em Cristo, escrevendo Evangelho como narrativas, e, finalmente, para aceitar apenas tais documentos nas Escrituras canônicas. Os crentes falam disso, teologicamente, como o trabalho do Espírito Santo (ver §§2.2, 5.1.4).

---

[3] Atos é o volume dois de um Evangelho; Apocalipse é uma carta. Todos os documentos do Novo Testamento se encaixam dentro das amplas categorias Carta e Evangelho. Veja as introduções a cada gênero e a cada livro abaixo.

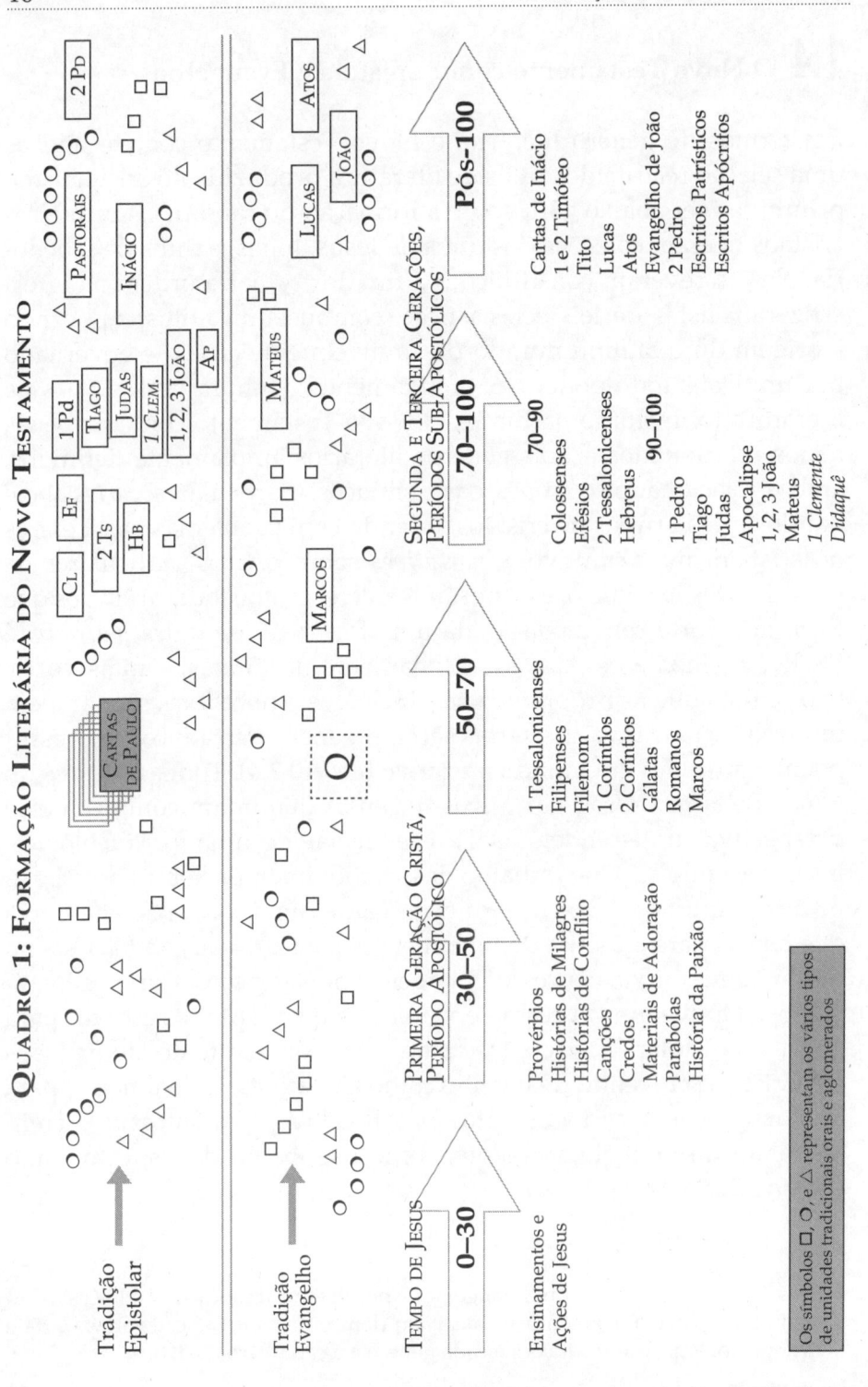

QUADRO 1: FORMAÇÃO LITERÁRIA DO NOVO TESTAMENTO

Tradição Epistolar

CARTAS DE PAULO · CL · EF · 1Pd · TIAGO · 2Ts · HB · JUDAS · 1 CLEM. · 1, 2, 3 JOÃO · AP · PASTORAIS · INÁCIO · 2PD

Tradição Evangelho

Q · MARCOS · MATEUS · LUCAS · JOÃO · ATOS

TEMPO DE JESUS
0–30

Ensinamentos e Ações de Jesus

PRIMEIRA GERAÇÃO CRISTÃ, PERÍODO APOSTÓLICO
30–50

Provérbios
Histórias de Milagres
Histórias de Conflito
Canções
Credos
Materiais de Adoração
Parábolas
História da Paixão

50–70

1 Tessalonicenses
Filipenses
Filemom
1 Coríntios
2 Coríntios
Gálatas
Romanos
Marcos

SEGUNDA E TERCEIRA GERAÇÕES, PERÍODOS SUB-APOSTÓLICOS
70–90

Colossenses
Efésios
2 Tessalonicenses
Hebreus

90–100

1 Pedro
Tiago
Judas
Apocalipse
1, 2, 3 João
Mateus
1 Clemente
Didaquê

Pós-100

Cartas de Inácio
1 e 2 Timóteo
Tito
Lucas
Atos
Evangelho de João
2 Pedro
Escritos Patrísticos
Escritos Apócrifos

Os símbolos □, O, e △ representam os vários tipos de unidades tradicionais orais e aglomerados

1 • O QUE É O NOVO TESTAMENTO?

É historicamente apropriado e hermeneuticamente útil colocar em foco essa estrutura bipartida do Novo Testamento, Carta/Evangelho. Essa divisão em duas partes está presente em nossa coleção canônica mais antiga, representada em dois códices do Papiro Chester Beatty, o $\wp^{45}$ (que contém os quatro Evangelhos e os Atos) e o $\wp^{46}$ (que contém as Cartas de Paulo). A igreja exerceu sua intuição e percepção quando, num período primitivo, ela designou todas as leituras litúrgicas do Novo Testamento como Epístola ou como Evangelho.

No cristianismo primitivo, os dois gêneros se moveram em canais separados: a origem e transmissão dos Evangelhos (e Atos) foram posteriores e diferentes das Cartas.

As cartas vieram primeiro, tanto no que se refere à origem quanto à coleção. Pode-se ler tudo de Mateus a Atos, sem supor que havia outro gênero de confissão cristã em andamento na igreja, assim como se pode ler todas as epístolas sem qualquer indício de que há documentos do gênero Evangelho que narram "a vida e os ensinamentos de Jesus". Os gêneros não se misturam facilmente. Há, aqui, dois tipos de Cristologia, duas maneiras diferentes de abordar o significado da vida e da fé cristã. Na fase final da história do Novo Testamento, a comunidade joanina foi a primeira a colocar juntos as Cartas e os Evangelhos, mas mesmo ali os gêneros se mantiveram distintos. A comunidade cristã uniu-os em uma Bíblia.

1.4.1 Ambos os gêneros fundamentais da literatura do Novo Testamento são formas narrativas.

Os gêneros literários adequados a uma fé histórica são relatos narrativos relacionados a eventos concretos, e não discussões filosóficas relacionadas a ideias abstratas. O denominador comum entre as Cartas e os Evangelhos é que tanto um quanto outro são formas narrativas. Este é um modelo fundamentalmente judaico de teologizar, diferente do pensamento discursivo e proposicional expressado na lógica do mundo grego. Tanto as Cartas quanto os Evangelhos projetam um mundo narrativo mais amplo do que a narrativa demarcada que eles apresentam diretamente. Os documentos do Novo Testamento abordam seus leitores como vivendo suas vidas dentro dos mundos narrativos que eles projetam, quer os leitores vejam ou não suas vidas nessa perspectiva. A narrativa implica ética. A Carta ou o Evangelho desafia seus leitores a aceitar o mundo narrativo que eles projetam como o mundo real, a história como sua própria história e a viver de acordo com ela. O Novo Testamento não encontra seus leitores com uma lista moralista de "você deve" e "você deveria", mas com um estranho novo mundo.[4] A estrutura do mundo narrativo projetado pelos documentos do Novo Testamento constitui um chamado persistente e silencioso à conversão, a reconfiguração do próprio mundo narrativo que faz a vida ter sentido.

1.5 O Novo Testamento como Narrativa

Como um livro de fé, O Novo Testamento narra eventos no mundo real de espaço e tempo, compreendidos como os atos salvíficos de Deus na história. O Novo Testamento é um livro de história em três sentidos: (1) a figura central do Novo Testamento é uma figura histórica; (2) assim como em toda a Bíblia, o Novo Testamento é sobre a história deste mundo; e (3) a Bíblia projeta uma macronarrativa que envolve suas histórias individuais de uma maneira abrangente.

[FOTO 1 – em 1961, arqueólogos italianos desenterraram uma estátua de Pôncio Pilatos, em Cesareia, a capital da província romana da Judeia. Crédito: M. Eugene Boring]

---

[4] Cf. KARL BARTH, "The Strange New World within the Bible," in *The Word of God and The Word of Man*, ed. Karl Barth (New York: Harper & Brothers, 1957), 28–50.

1.5.1 A figura central do Novo Testamento é uma figura histórica, um ser humano que viveu e morreu no mundo da história atual

Lc 3,1-2 estabelece o início de sua narrativa da missão de Jesus na história política real:

> No décimo quinto ano do reinado de Tibério César, sendo Pôncio Pilatos governador da Judeia, Herodes, tetrarca da Galileia, seu irmão Filipe, tetrarca da região da Itureia e Traconites, e Lisânias, tetrarca de Abilene, sendo sumos sacerdotes Anás e Caifás...

Jesus nasceu durante o reinado de Herodes o Grande, que foi nomeado e apoiado pelos romanos; viveu e trabalhou na Galileia sob o lacaio romano Herodes Antipas; e foi executado por Pôncio Pilatos, o governador romano da Judeia. Tal narrativa projeta um mundo diferente do "era uma vez...".

1.5.2 Do início ao fim, a Bíblia é uma história deste mundo.

A Bíblia como um todo não é um livro de princípios eternos, de lei casuística ou mitologia sobrenatural. A Bíblia contém leis, materiais de sabedoria, poesia, hinos e coisas do gênero, mas tudo é definido numa estrutura narrativa. Assim, os Dez Mandamentos não são apresentados como leis abstratas ou ideais a ser almejados, mas são prefaciados com "Eu sou o Senhor teu Deus, que te tirou da terra do Egito, da casa da servidão" (Êx 20,2). Todos os leitores da Bíblia sabem que ela é composta principalmente por histórias: Adão, Eva e a serpente; o assassinato de Abel por Caim; Noé e o dilúvio; Moisés e o êxodo; Davi e Golias; Daniel na cova dos leões; o bebê Jesus e os reis magos; Jesus curando um cego; Pedro negando a Jesus, enquanto o galo canta; a execução de Jesus pelas autoridades romanas; a aparição do Jesus ressurreto às mulheres que correram para dizer aos discípulos na manhã da Páscoa; a pregação de Paulo em Atenas; Pedro sendo miraculosamente libertado da prisão. Nem todos os leitores reconhecem, contudo, que a Bíblia não apenas contém um grande número de histórias, mas que a Bíblia como um todo, de Gênesis a Apocalipse, pode ser lida como uma Grande História.

1.5.3 A Bíblia projeta uma macronarrativa que envolve suas histórias individuais de uma maneira abrangente

O excesso de locais e micronarrativas são agrupados sobre uma grande metanarrativa, um drama em cinco atos. A narrativa bíblica começa com a criação deste mundo, com uma assinalada falta de interesse no que acontecia no mundo celestial antes da criação, e conclui com o fim deste mundo, mas sem descrever que tipo de coisas ocorrerá na era vindoura. Mesmo quando ocorrem eventos "sobrenaturais", eles ocorrem neste mundo. O mundo do Novo Testamento inclui histórias de anjos e demônios, e dos atos de Deus. Mas esses são atos de Deus *neste* mundo, entre a criação e o *eschaton*, e não mitos dos acontecimentos do mundo transcendente antes, depois e acima da história. Um esboço improvisado e organizado do abrangente drama bíblico é apresentado abaixo:

QUADRO 2: A Bíblia como uma história narrativa em cinco atos

I. *Criação* (Gênesis): o Deus único criou tudo que existe;

II. *Aliança* (Êxodo – Malaquias): Quando a criação foi danificada pela humanidade rebelde, Deus criou um povo, Israel, para ser agente e testemunha de Deus, e portador da promessa da salvação presente e futura;

III. *Cristo* (Mateus – João): O evento definitivo de toda a história é o ato de Deus, na pessoa de seu Filho, o Messias, para efetuar a salvação e mediar a reconciliação.

IV. *Igreja* (Atos a Judas): Deus continuou a missão de Israel na igreja ao criar uma comunidade inclusiva, a partir de todas as nações, de modo que ela fosse testemunha e agente do ato salvífico de Deus, já realizado para todas as pessoas.

V. *Consumação* (Apocalipse): Deus conduzirá a história a uma conclusão digna, quando a criação que *de jure* pertence ao reino de Deus, *de facto* "se tornará o reino de nosso Senhor e do seu Cristo, e ele reinará para sempre e sempre (Ap 11,15).

O Novo Testamento pressupõe e reconta sua(s) própria(s) variação(ões) da grande narrativa da história universal do judaísmo e de

Israel desde criação até o eschaton. Dizer "Novo Testamento" (= Nova Aliança) ou "Jesus é o Cristo" é colocar cada parágrafo de seus conteúdos dentro da varredura desta macronarrativa.

1.6 Para leitura adicional

Aliança e Nova Aliança

BEHM, Johannes "καινός, καινότης, ἀνακαινίζω κτλ. [new, newness, renew]" In *Theological Dictionary of the New Testament*, edited by Kittel, Gerhard and Gerhard Friedrich. Grand Rapids: Eerdmans, 1964-1976. 3.447-54

BROOKS, Roger, and John J. Collins, eds. *Hebrew Bible or Old Testament? Studying the Bible in Judaism and Christianity*. Vol. 5, Christianity and Judaism in Antiquity. Notre Dame, IN: University of Notre Dame Press, 1990.

GOLDINGAY, John "Covenant, OT and NT." In *New Interpreter's Dictionary of the Bible*, edited by Sakenfeld, Katherine Doob, 767 –78. Nashville: Abingdon, 2006.

MENDENHALL, George E., and Gary A. Herion. "Covenant." In *The Anchor Bible Dictionary*, edited by Freedman, David Noel, 1.1179–202. New York: Doubleday, 1992, 1.1179–1202.

Obras abrangentes e gerais sobre o Novo Testamento

ACHTEMEIER, Paul J., Joel B. Green, and Marianne May Thompson. *Introducing the New Testament: Its Literature and Theology*. Grand Rapids: Eerdmans, 2001.

BORING, M. Eugene and Fred B. Craddock, *The People's New Testament Commentary* (Louisville: Westminster John Knox, 2004).

BROWN, Raymond E. *An Introduction to the New Testament*. Anchor Bible Reference Library. New York: Doubleday, 1997 [em português: *Introdução ao Novo Testamento*, São Paulo: Paulinas].

BULTMANN, Rudolf *Theology of the New Testament*. Translated by Kendrick Grobel, 2 vols New York: Scribner, 1951 [em português: *Teologia do Novo Testamento*. São Paulo: Editora Academia Cristã].

CARSON, Donald A., and Douglas J. Moo. *An Introduction to the New Testament*. 2nd ed. Grand Rapids: Zondervan, 2005 [em português: *Introdução ao Novo Testamento*. São Paulo: Vida Nova].

CHILDS, Brevard S. *The New Testament as Canon: An Introduction*. Philadelphia: Fortress, 1984.

DESILVA, David A. *An Introduction to the New Testament: Contexts, Methods, & Ministry Formation*. Downers Grove: InterVarsity Press, 2004.

ELLIS, E. Earle *The Making of the New Testament Documents*. Leiden: Brill, 2002.

HOLLADAY, Carl R. *A Critical Introduction to the New Testament*. Nashville: Abingdon, 2005.

JOHNSON, Luke Timothy *The Writings of the New Testament: An Interpretation*. Rev. ed. Minneapolis: Fortress, 1999.

KOESTER, Helmut *Introduction to the New Testament. Volume Two. History and Literature of Early Christianity*. Foundations and Facets. Philadelphia: Fortress, 1982 [em português: *Introdução ao Novo Testamento*. Vol. 1-2. São Paulo: Paulus].

KÜMMEL, Werner Georg *Introduction to the New Testament*. Translated by Howard Clark Kee, 2nd ed. Nashville: Abingdon, 1975 [em português: *Introdução ao Novo Testamento*. São Paulo: Paulus].

MARSHALL, I. Howard *New Testament Theology: Many Witnesses, One Gospel*. Downers Grove: InterVarsity, 2004.

MARXSEN, Willi *Introduction to the New Testament: An Approach to its Problems*. Translated by G. Buswell. Philadelphia: Fortress, 1970.

MATERA, Frank J. *New Testament Theology: Exploring Diversity and Unity*. Louisville: Westminster John Knox, 2007.

POWELL, Mark Allen *Introducing the New Testament: A Historical, Literary, and Theological Survey*. Grand Rapids: Baker Academic, 2009.

PREGEANT, Russell *Engaging the New Testament: An Interdisciplinary Introduction*. Minneapolis: Fortress, 1995.

SCHNEIDERS, Sandra *The Revelatory Text: Interpreting the New Testament as Sacred Scripture* 2nd ed. Collegeville, Minn.: Liturgical Press, 1999.

SCHNELLE, Udo *The History and Theology of the New Testament Writings*. Translated by M. Eugene Boring. Minneapolis: Fortress, 1998.

SCHNELLE, Udo *Theology of the New Testament*. Translated by M. Eugene Boring. Grand Rapids: Baker Academic, 2009 [em português: *Teologia do Novo Testamento*. São Paulo: Academia Cristã/Paulus, 2012].

STRECKER, Georg *Theology of the New Testament*. Translated by M. Eugene Boring. New York: De Gruyter, 2000 [no prêlo (Academia Cristã)].

WRIGHT, N. T. *The New Testament and the People of God*. Christian Origins and the Question of God. Vol. 1, Minneapolis: Fortress, 1992 [no prêlo (Academia Cristã)].

2
FORMAÇÃO: "O NOVO TESTAMENTO COMO O LIVRO DA IGREJA"

Retratações: ao chamar o Novo Testamento de o livro da igreja, não estou pretendendo ser esotérico, presunçoso ou incômodo; em primeiro lugar, pretendo apenas expressar uma realidade histórica. A expressão é um tanto análoga à que se refere ao Alcorão como o livro do Islã. Não é necessário pertencer à comunidade islâmica para ler seus textos significativos com discernimento e apreciação. Mas os muçulmanos os leem com olhos diferentes e veem lá o que os outros não veem. Aqueles que entendem esses textos devem ouvir as vozes daqueles que os confessam como sua própria fé. Ouvir a confissão em seus próprios termos é indispensável à compreensão, quer os intérpretes compartilhem ou não essa confissão. Embora os textos sejam escritos por autores que acreditam que estão testemunhando a verdade suprema e chamem os leitores a compartilhar tal confissão, eles foram escritos para "pessoas de dentro", mas sempre indiretamente chamando "pessoas de fora" para compartilhar a perspectiva "de dentro".

Por "igreja", não quero dizer qualquer instituição ou denominação particular, antes me refiro à comunidade ecumênica da fé cristã abertamente reconhecível, a qual existe ao redor do mundo e ao longo dos séculos. Também não estou me referindo aos admiradores de Jesus no âmbito individual, nem aos defensores da "espiritualidade" privada, os quais contrastam aqueles com a "religião institucionalizada" –

embora também, é claro, tenham eles todo o direito de estudar e avaliar o Novo Testamento em seus próprios termos. Pela frase "o livro da igreja", não quero dizer que o Novo Testamento seja de propriedade da igreja e sujeito à compreensão da igreja, como se a igreja pudesse ouvir dele apenas aquilo que não desafia seus dogmas, ideologias e pressuposições. Nem pretendo sugerir que apenas aqueles da comunidade cristã têm o direito de interpretá-lo. De fato, o Novo Testamento pode ser legitimamente interpretado de diferentes maneiras. O que o indivíduo entende dele depende, em grande medida, daquilo que ele está procurando. Os linguistas podem estudá-lo como amostra do grego helenístico, analisando seu vocabulário e gramática e colocando seus vários documentos no lugar apropriado em relação ao desenvolvimento da língua grega. Os sociólogos podem estudar a família e as estruturas sociais refletidas em seus escritos, suas estruturas de poder e as diferentes formas em que as comunidades do Mediterrâneo do primeiro século estiveram em harmonia com elas, como importantes janelas para o mundo helenístico. Os historiadores da religião podem examiná-lo a partir da luz que ele lança sobre o status das instituições religiosas do mundo mediterrâneo do primeiro século, o novo grupo cristão. Representantes de diversas ideologias (e.g. nacionalismo, cosmopolitanismo, racismo, antirracismo, feminismo, antifeminismo, militarismo, pacifismo, comunismo, capitalismo) podem vasculhar os textos do Novo Testamento à procura de dados relevantes às suas próprias crenças, assim como os defensores de qualquer seita ou denominação cristã. As perspectivas são sobrepostas, e algumas trazem à luz dados que podem ser omitidos, mas que são importantes para a compreensão do Novo Testamento. No entanto, todas trazem sua própria agenda ao texto, e nenhuma delas admite interpretar o Novo Testamento nos termos de sua agenda (sobre "agenda", ver abaixo §5.1.4). Interpretar o Novo Testamento como o *Novo Testamento* significa tentar compreendê-lo a partir do ponto de vista da comunidade para a qual ele se tornou o conjunto fundamental e normativo de documentos que dão testemunho autêntico do ato de Deus da renovação da aliança em Jesus Cristo.

Ninguém hoje recebe os documentos do Novo Testamento diretamente das mãos dos autores. Em notas para uma palestra para pastores, em 1940, DIETRICH BONHOEFFER lembrou-lhes de que "não se pode ignorar a realidade de que entre nós e a Bíblia está a igreja, uma igreja que tem uma história".¹ O leitor que pretende compreender a Bíblia não pode desdenhar a história da igreja. O Novo Testamento é o livro da igreja no sentido de que ele foi escrito, selecionado, editado, transmitido, traduzido e interpretado pela comunidade cristã. Essas afirmações precisam ser compreendidas como um grupo integrado e então exploradas uma a uma:

> **QUADRO 3: O livro da Igreja**
>
> - O Novo Testamento é o livro da igreja no sentido de que ela o *escreveu*.
> - O Novo Testamento é o livro da igreja no sentido de que ela o *selecionou*.
> - O Novo Testamento é o livro da igreja no sentido de que ela o *editou*.
> - O Novo Testamento é o livro da igreja no sentido de que ela o *preservou* e o *transmitiu*.
> - O Novo Testamento é o livro da igreja no sentido de que ela o *traduziu*.
> - O Novo Testamento é o livro da igreja no sentido de que ela o *interpreta*.

2.1 O Novo Testamento é o livro da igreja no sentido de que ela o *escreveu*

Jesus não escreveu nada no Novo Testamento, nem há qualquer indício nos Evangelhos de que Jesus tenha instruído seus discípulos a registrar suas palavras ou ações. Em termos de autoria, o Novo Testamento não é o livro de Jesus.

O Novo Testamento também não é o livro dos apóstolos. Há um senso em que se pode dizer que o Novo Testamento é apostólico, no sentido de que ele representa a fé da "igreja una, santa, católica e apostólica" do Credo de Niceia. Mas os documentos do Novo Testamento não chegaram a nós exclusivamente das mãos dos apóstolos. Os títulos dos documentos do Novo Testamento atribuem sua autoria não apenas aos apóstolos Mateus, João, Pedro e Paulo, mas também aos irmãos de Jesus, os quais não pertenceram ao grupo dos Doze

---

[1] DIETRICH BONHOEFFER, *Reflections on the Bible: Human Word and Word of God* (trans. M. Eugene Boring; Peabody, Mass.: Hendrickson, 2004), 90.

Apóstolos (Tiago e Judas), e aos não apóstolos Marcos, o companheiro de Pedro, e Lucas, o companheiro de Paulo.

Nenhum dos títulos que aparecem nos livros do Novo Testamento foi atribuído por seus autores, mas pela igreja, posteriormente. Na comunidade de fé, as pessoas escrevem anonimamente. Nós não sabemos, por exemplo, quem escreveu a maioria dos livros do Antigo Testamento, que são anônimos e apresentados no nome da própria comunidade, e não como o produto de um autor individual. Nesse sentido, o Novo Testamento é judaico, não grego ou romano, onde a autoria individual era importante para estabelecer a autoridade ou reputação de uma obra literária. Um terço dos livros do Novo Testamento é anônimo: os quatro Evangelhos, Hebreus, 1-3 João. Dos dezoito livros atribuídos a autores particulares, apenas sete não são questionados. Desde o tempo de Jesus até o retrato mais antigo do Evangelho sobre sua vida e ensinos, a mensagem de e sobre Jesus foi transmitida não por poucos indivíduos ilustres, mas na adoração, pregação, ensino e na vida da comunidade de crentes (ver Vol. 2 §19.3). Tomado como um todo, o Novo Testamento não representa o produto de alguns brilhantes escritores, mas as declarações de fé da comunidade cristã. De um ponto de vista teológico, os documentos do Novo Testamento derivam do trabalho do Espírito de Deus em sua obra na comunidade cristã como um todo. O Novo Testamento é o livro da igreja porque a igreja o escreveu.

2.2 O Novo Testamento é o livro da igreja no sentido de que a igreja o *selecionou*

A igreja sempre teve uma Bíblia, mas nem sempre teve um Novo Testamento. O Novo Testamento é o livro da igreja como *parte* do Cânon de sua Escritura Sagrada.[2] A igreja nasceu na matriz do judaísmo, que por volta do primeiro século d.C. tinha um núcleo sólido de

---

[2] O mais importante expoente dessa visão na última geração foi BREVARD CHILDS. Uma revisão completa da contribuição de CHILDS, com bibliografia, é fornecida por DANIEL R. DRIVER, *Brevard Childs, Biblical Theologian: For the Church's One Bible*. Forschungen zum Alten Testament. 2. Reihe, vol. 46. Tübingen: Mohr Siebeck, 2010 (Grand Rapids: Baker Academic, 2010).

documentos normativos em caminho de se tornar um cânon fechado e oficial. Os primeiros seguidores de Jesus, que se tornaram a primeira igreja, encontravam-se numa comunidade que já reverenciava uma coleção de textos como Santa Escritura. Quando os líderes e mestres cristãos compuseram textos que se tornaram autoritativos[3] dentro da igreja, eles foram acrescentados ao cânon do judaísmo em desenvolvimento; eles não o substituíram como um cânon cristão independente.

O cristianismo primitivo produziu muita literatura, muito mais do que o que foi incluído no Novo Testamento. Estamos cientes de pelo menos 63 documentos que circulavam como "Evangelhos" na igreja primitiva, bem como numerosos "Atos", "Epístolas" e "Apocalipses". Esta não é uma informação nova ou omitida, a despeito das afirmações sensacionalistas feitas algumas vezes sobre "os livros perdidos da Bíblia".[4]

Nosso Novo Testamento é, assim, uma seleção feita pela comunidade cristã a partir de um cabedal de escritos muito maior. Uma grande parte do Novo Testamento foi composta por volta do fim do primeiro século d.C., e o restante por volta da metade do segundo século. Embora funcionando como textos normativos, a coleção só atingiu um status canônico gerações mais tarde. A seleção só foi firmemente estabelecida no quarto século d.C., e mesmo assim a decisão não foi absoluta em todas as ramificações do cristianismo. No início, não estava claro em que autores e documentos se podiam confiar como intérpretes autênticos da fé. Tome-se como exemplo as igrejas do Apocalipse ao final do primeiro século, as quais tiveram que decidir entre "profetas" e "apóstolos" concorrentes (cf. Ap 2,2.20; 16,13; 18,20; 19,10), ou a situação em Corinto, onde a igreja teve que decidir se Paulo ou os seus rivais eram os verdadeiros apóstolos que representavam Jesus (2 Co 10-13). O fato de que nós temos o Apocalipse e

---

[3] Embora o termo "autoritativo" não exista na língua portuguesa, decidiu-se optar pelo seu uso para traduzir o termo em inglês "authoritative". Reconhecemos que o termo da língua portuguesa mais adequado para a tradução desse termo em inglês é "autoritário". No entanto, rejeitou-se essa tradução tendo em vista que, no português contemporâneo, o termo "autoritário" carrega uma carga negativa que não refletiria bem o sentido do termo em inglês. N. do T.

[4] Esses documentos estão facilmente disponíveis, com introduções críticas. A melhor coleção em inglês é de WILHELM SCHNEEMELCHER, ed. *New Testament Apocrypha* (trans. R. McL. Wilson, 2nd ed.; 2 vols.; Louisville: Westminster John Knox, 1991).

não os escritos dos oponentes de João, e Gálatas e 2 Coríntios, mas não os escritos dos oponentes de Paulo, demonstra que a igreja afirmou e selecionou esses escritos de Paulo e João. Ler o Novo Testamento é acessar uma decisão que foi tomada anteriormente por uma comunidade particular da fé. A seleção foi um processo gradual no qual alguns livros vieram a ser reconhecidos pelo que se tornou a corrente principal de toda a igreja, e outros foram rejeitados e intencionalmente excluídos. A formação da Bíblia cristã é iluminada por um esboço da história desse processo.

2.2.1 Esboço histórico

As Escrituras Judaicas como a Bíblia do cristianismo primitivo

Por gerações, a igreja viveu sem um Novo Testamento, mas nunca sem uma Bíblia. A comunidade cristã começou no judaísmo e assumiu a autoridade das Escrituras Judaicas desde o princípio. Desde o início, o cristianismo primitivo assumiu, sem muito argumentar, que sua própria história era a continuidade da história de Israel, e que as Escrituras de Israel eram normativas para a vida da igreja. Um dos primeiros fragmentos da tradição cristã, que Paulo recebeu da igreja pré-paulina uns poucos anos antes da crucificação de Jesus, declara duas vezes que o evangelho cristão está "de acordo com as Escrituras" (1 Co 15,3-5). A objeção de Marcião a isso, no segundo século, foi considerada uma aberração, e foi rejeitada pela igreja protocatólica em desenvolvimento.[5]

As próprias Escrituras Judaicas foram o resultado de um longo processo de seleção, de modo que nem todos os autores do Novo Testamento necessariamente trabalharam com a mesma compreensão de quais livros deviam ser considerados como Escritura.[6]

---

[5] A expressão "igreja católica" foi usada pela primeira vez por Inácio de Antioquia, por volta de 110 d.C., *Smyrneans* 8.1. O grupo de igrejas que se tornou "a principal linha do cristianismo", no segundo século, se denominou "católico" (= "universal"). Eu atribuo o termo "protocatólica" a essa principal corrente emergente.

[6] Nossos documentos do Novo Testamento fazem diversas citações e alusões às "Escrituras" não adotadas como canônicas no judaísmo, e assim não aparecem no Antigo Testamento Cristão. Uma lista completa pode ser encontrada em BARBARA ALAND, KURT ALAND, EBERHARD NESTLE, e ERWIN NESTLE, eds., *Novum Testamentum*

Assim, o cristianismo primitivo viveu mais de um século com as Escrituras Judaicas como sua própria Bíblia. Como um livro, o Novo Testamento não é necessário à existência da igreja, e não é seu fundamento ou constituição. Para as quatro primeiras gerações cristãs, a igreja teve, como sua Bíblia, as Escrituras Judaicas, as quais foram interpretadas à luz do evento-Cristo, a renovação escatológica da aliança de Deus com Israel (cf. §1.3 acima e §9.2.2 abaixo). A igreja também tinha sua coleção crescente de documentos cristãos autoritativos, mas eles não foram colocados ao lado das Escrituras Judaicas como "Antigo Testamento" e "Novo Testamento" até o final do segundo século. Quando isto aconteceu, o Novo Testamento não se tornou *o* cânon da igreja. O Novo Testamento sempre foi uma parte da Bíblia cristã apenas em combinação com o Antigo Testamento. Na igreja, essas duas coleções de escritos jamais podem ser separadas uma da outra e interpretadas independentemente. Na comunidade cristã, o Antigo Testamento tem sido interpretado à luz do evento-Cristo; e o Novo Testamento tem sido interpretado no contexto de continuidade do Antigo Testamento.

Comunidade Protocristã

Os documentos do Novo Testamento não estavam disponíveis para indivíduos, leitura privada, nem foram feitos para esse tipo de leitura. As Escrituras eram apropriadas para leitura em voz alta e ouvidas dentro da comunidade cristã, no contexto de adoração. As pessoas iam para a igreja a fim de ouvir a Bíblia. Essa leitura no culto era parte do processo de seleção, e um critério para a formação posterior do cânon.

1 Clemente (ca. 95 d.C.)

Clemente, um líder da igreja de Roma ao final do primeiro século d.C., ainda reflete a perspectiva do próprio Novo Testamento. Ele conhece os escritos de Paulo e Hebreus, mas não demonstra conhecimento dos Evangelhos ou Atos, embora Marcos, e talvez outros Evangelhos,

---

Graece (27 ed.; Stuttgart: Deutsche Bibelgesellschaft, 1994), 800–806. Como exemplos, cf. Mt 2,23; Lc 11,49; Jo 7,38; 12,34; 19,28; 20,9; 1 Co 2,9; Tg 4,5; Jd 14-16.

estivessem em circulação no seu tempo. Contudo, está claro que, por "Escritura", Clemente se refere às Escrituras Judaicas; não há ainda Novo Testamento cristão. Clemente cita Romanos, 1 Coríntios e Hebreus, mas nunca como "Escritura".

2 Pedro e as Pastorais (ca. 100-150 d.C.)

Segunda Pedro, entre os últimos documentos do Novo Testamento a ser escritos (ca. 130 d.C.; cf. Vol. 2 §18.3), parece colocar (algumas) as cartas de Paulo em pé de igualdade com "as outras Escrituras" (3.16). Esta afirmação deixa claro que, nesse momento, os escritos de Paulo eram considerados autoritativos em algumas correntes do cristianismo primitivo fora da própria tradição paulina. O autor de 2 Pedro parece ter um interesse "canônico", uma vez que ele justifica suas fontes de declarações que podem classificar *1 Enoque* como "Escritura" (contrastar Jd 11-14 / 2 Pd 2,14-17). 1 Tm 5.18 cita as palavras de Jesus em Mt 10,10 / Lc 10,7 juntamente com Dt 25,4, e pode incluir ambos sob o título de "Escritura".

Justino (ca. 150 d.C.)

Justino Mártir, um filósofo cristão de Samaria, que ensinou em Roma por volta da metade do segundo século (martirizado em 165 d.C.), cita a Escritura frequentemente. Cada uma de suas 76 citações ou alusões explícitas referem-se ao Antigo Testamento como autoridade escrita. Ele o concebe como a fonte de ensino das doutrinas da fé cristã, visto que o Logos, a Palavra de Deus como o Cristo pré-existente, fala através dele (e.g. 1Apol 36-38). Ele estabelece pontos da doutrina cristã, e mesmo eventos da vida de Jesus, com base no (na sua interpretação do) Antigo Testamento, e não dos escritos cristãos.[7] Justino está familiarizado com diversos documentos cristãos, os quais ele considera como importantes e autoritativos. Ele aponta que os Evangelhos ("Memórias dos Apóstolos") foram lidos na adoração cristã junto como "os Profetas", i.e., as Escrituras Judaicas (1Apol 66-67).

---

[7] E.g. Ele sabe que o jumento sobre o qual Jesus montou ao entrar em Jerusalém foi encontrado "atado a uma videira" não porque esse detalhe aparece em algum Evangelho, mas com base em Gn 49,10 (*1Apol. 32*).

Contudo, ele não tem uma lista dos escritos cristãos autoritativos, e não dá indicação de que haja um "Novo Testamento" como parte da Bíblia cristã.

Marcião (ca. 150 d.C.)

Marcião também foi um mestre na igreja de Roma, e um contemporâneo de Justino. Ele se via como um radical seguidor do evangelho paulino da graça, o que o levou a rejeitar o Deus das Escrituras Judaicas como um Deus diferente do Deus de Jesus e Paulo. Ele não aceitava as Escrituras Judaicas como autoritativas para os cristãos, mas não rejeitou o conceito de Escritura sagrada como tal. A autoridade de alguns escritos cristãos crescia firmemente (ver acima), sem ter seu status oficial clarificado e designado. Aparentemente, Marcião foi o primeiro a fazer de um conjunto particular de escritos cristãos a norma da fé cristã. Seu duplo cânon era o Evangelho (uma forma do Evangelho de Lucas) e o "Apóstolo" (dez cartas de Paulo, não incluindo as Pastorais e Hebreus). Esse cânon bipartido correspondia à Torá e os Profetas, considerados como Escritura pelo judaísmo e a igreja. Como eles, esses escritos consistiam de narrativa, recontando os atos salvíficos de Deus (Torá/Evangelhos), e os documentos discursivos delineando o significado do evento salvífico e a resposta humana que ele demanda (Profetas/Epístolas). Mais tarde, a igreja católica basicamente aceitou a compreensão de Marcião a respeito da forma canônica do Novo Testamento: Evangelho e Epístola.

A influência de Marcião foi muito difundida, e um aspecto dessa influência pode ser visto na resposta do cristianismo católico de reafirmar o papel do Antigo Testamento como Escritura cristã dentro da igreja, e deixar claro o status dos documentos cristãos que haviam sido considerados legítimos. *No rastro de Marcião, a igreja percebeu que possuía um cânon, mas rejeitou o cânon de Marcião por considerá-lo muito estreito.* A Bíblia cristã inclui, e deve incluir, o Antigo Testamento. A Bíblia cristã inclui, e deve incluir, documentos que dão testemunho autêntico do significado da renovação escatológica da aliança de Deus, o Novo Testamento. Este Novo Testamento inclui, e deve incluir, mais do que um Evangelho, e mais do um Apóstolo. A instituição da igreja (crentes que se dizem "guiados pelo Espírito Santo") constituiu um pluralismo limitado como norma. Mais do que uma coisa é aceitável, mas não qualquer coisa. A questão restante era determinar os limites deste cânon pluralista.

Irineu (ca. 180 d.C.)

A linha de desenvolvimento histórico da igreja leva-nos diretamente de Marcião a Irineu, bispo de Lyon no último quarto do segundo século. Sua volumosa obra *Refutação e destruição do pretenso falso conhecimento* (*Contra as Heresias*) não é mais um conteúdo de defesa da fé ortodoxa com base no Antigo Testamento apenas. Ele distingue o Antigo do Novo Testamento, mas considera ambos como Escritura cristã. Em defesa da fé católica, ele cita, interpreta e apela aos documentos do Novo Testamento, explicitamente nomeando-os e defendendo sua autenticidade, bem como argumentando que eles são normativos para a fé cristã. Para Irineu, a igreja já possui um núcleo canônico aceito por todos os cristãos católicos – quatro Evangelhos e os Atos, mais as cartas de Paulo – mas suas bases não estão firmes, e sua autoridade está longe de ser universalmente reconhecida. Irineu tem um "Novo Testamento", mas não fixou uma lista.

Evangelhos, Cartas Paulinas, Atos e Cartas Católicas como três diferentes coleções preliminares, reunidas mais tarde.

Não deveríamos supor que o cânon foi formado num grande dia quando algum papa, bispo, ou concílio escolheu, entre o vasto mar dos escritos protocristãos, as 22 cartas e as 5 narrativas que se tornaram os 27 livros do cânon do Novo Testamento. As cartas paulinas foram as primeiras a ser reunidas e distribuídas, aparentemente como um corpus de sete cartas, ou cartas para sete igrejas. Com a inclusão posterior dos demais escritos paulinos e Hebreus, o corpus paulino se tornou uma coleção autoritativa de catorze cartas. O uso de sete e seus múltiplos não é acidental, mas reflete o significado simbólico de algo "completo".

Como uma contraparte e complemento a esta coleção exclusivamente paulina de catorze cartas, uma coleção de sete Cartas Católicas foi reunida, incluindo as cartas de outros três "pilares", Tiago, Pedro e João (cf. Gl 2,6.9), e emoldurada pelas cartas de Tiago e Judas, os irmãos de Jesus, todas presumivelmente representando o cristianismo de Jerusalém em tensão com Paulo. Assumiu-se que a coleção foi composta por autores que, diferentemente de Paulo, conheceram o Jesus terreno. Essa coleção foi prefaciada, depois, pelo livro de Atos, no qual Pedro e Paulo são líderes contemporâneos do cristianismo nascente. Mais tarde, essa coleção de quatro Evangelhos, que teve uma história separada, foi combinada com as duas coleções epistolares para formar o cânon do Novo Testamento.

"Cânon" Muratoriano (ca. 200 d.C.?)

Em 1740, um fragmento de uma antiga lista cristã de livros aceitos foi descoberta embutida em um códice do sétimo ou oitavo século d.C. Até recentemente, a maioria dos eruditos está convencida de que os fragmentos vieram de Roma, ca. 170-200 d.C. Uma visão alternativa argumenta que a lista deriva do cristianismo oriental do quarto século.[8] A lista começa no meio da frase, e sua abrupta conclusão pode significar que o final também se perdeu. Uma vez que Lucas é o primeiro Evangelho mencionado (como "o terceiro livro do Evangelho"), o fragmento da frase inicial aparentemente se refere a Mateus e Marcos. A lista continua com João, Atos, as treze cartas de Paulo (excluindo Hebreus), Judas, 1 e 2 João, a Sabedoria de Salomão, os Apocalipses de João e Pedro (com o comentário de que nem todo mundo os aceita). Não há referência a Tiago, 1 e 2 Pedro ou 3 João. Os escritos gnósticos, marcionitas ou montanistas são categoricamente rejeitados.

Eusébio (ca. 325 d.C.)

Eusébio (*HE* 3,25) apresenta quatro diferentes classes de escritos cristãos para os quais há uma alegação de que sejam normativos:

---

[8] Cf. e.g. A. C. SUNDBERG, JR., "Canon Muratori: A Fourth-Century List," *HTR* 66 (1973) 1–41. Os argumentos de SUNDBERG se deparam efetivamente com os de EVERETT FERGUSON, "Canon Muratori: Date and Provenance," *StPatr* 18 (1982), 677–683. De acordo com o cuidadoso estudo de PETER LAMPE, a tradução latina existente pode ter sido feita depois do terceiro século e fora de Roma, mas é, claramente, uma tradução de um texto grego feita em Roma antes de 200 d.C. (PETER LAMPE, *From Paul to Valentinus: Christians at Rome in the First Two Centuries* [trans. Michael Steinhauser; edited by Marshall D. Johnson; Minneapolis: Fortress Press, 2003], 145).

(1) "Reconhecidos" (*homologoumena*, "aceitos" pela igreja católica como representantes da fé cristã): Quatro Evangelhos, Atos, as Epístolas de Paulo (o número não é informado), e uma Epístola que leva o nome de Pedro e outra o nome de João. Eusébio destaca que alguns também colocam o Apocalipse nesse grupo.

(2) "Disputados" (*antilegomena*, "contra os quais se fala" – aceitos por alguns e rejeitados por outros): Tiago, Judas, 2 Pedro, 2 e 3 João.

(3) "Espúrios" (*nota*, "não genuínos"): *Atos de Paulo, Pastor de Hermas, Apocalipse de Pedro, Epístola de Barnabé,* a *Didaquê*. Eusébio indica que alguns colocam o Apocalipse e o Evangelho dos Hebreus aqui. Este é um tipo de categoria peculiar e imprecisa, que contém livros considerados ortodoxos, mas ainda não canônicos, mostrando que Eusébio e o protocristianismo não consideraram que deviam incluir no cânon em formação tudo que era digno de se ler.

(4) "Heréticos" (*hairetikos*, i.e., divisores, representando uma fé diferente da fé da igreja católica): como exemplos de um grupo maior, ele nomeia os *Evangelhos de Pedro, Tomé e Matias,* e os *Atos de André e João*.

Nos dias de Eusébio, ao tempo da legalização do cristianismo e do Concílio de Niceia, a igreja em todo o império já tinha, virtualmente, a mesma coleção de documentos autoritativos, mas alguns livros permaneciam disputados. Hebreus foi inicialmente "reconhecido" no oriente, mas continuou a ser "disputado" no ocidente, enquanto a situação oposta prevalecia em relação ao Apocalipse: as igrejas do ocidente o aceitaram desde cedo, mas ele continuou a ser disputado no oriente por gerações.

Códice Alexandrino (ca. 350 d.C.)

Esse principal manuscrito da Bíblia toda é um códice que inclui todos os livros do atual cânon do Novo Testamento, bem como *1 e 2 Clemente*, numerosos manuscritos copta e um manuscrito siríaco que data do século doze.

Códice Sinaítico (ca. 350 d.C.)

Este códice, um manuscrito em pergaminho bem escrito tanto do Antigo quanto do Novo Testamento, representa a Bíblia de alguma grande igreja por volta da metade do quarto século. É uma de nossas principais testemunhas do texto do Novo Testamento. O Novo Testamento contém o nível de 27 livros, mais a *Epístola de Barnabé* e o *Pastor de Hermas*, sem qualquer indicação de que os dois últimos pertençam a uma categoria separada. Hebreus está colocado entre 2 Tessalonicenses e 1 Timóteo.

Atanásio (367 d.C.)

O bispo de Alexandria seguiu a tradição local ao escrever, logo após Epifânio, uma Carta Festival às igrejas e monastérios egípcios informando-os da data da Páscoa para aquele ano, fixando também, desse modo, as datas de outros festivais cristãos. Tais cartas serviram para outras instruções edificantes. Na Trigésima Nona Carta Festival de Atanásio (367 d.C.), ele fez uma declaração episcopal sobre a lista de documentos canônicos da Bíblia cristã. Sua lista dos livros do Novo Testamento é – pela primeira vez em registros existentes – exatamente a mesma do nosso Novo Testamento. Tanto o Antigo quanto o Novo Testamento têm uma penumbra, uma lista de livros valiosos para a edificação, mas não considerados canônicos.[9] Já a lista dos próprios livros canônicos parece nítida e firmemente estabelecida. Apenas pequenas variações persistiram depois de Atanásio.

Esta breve visão geral ilustrou (1) que estabelecer o cânon era algo importante na vida da igreja primitiva; (2) que isto foi um processo gradual e (3) que ele jamais foi concluído de forma consistente e absoluta. Cada um desses pontos tem seu próprio significado teológico. O que significa para a comunidade cristã ter um cânon? Se isto é tão importante, por que a lista canônica não é tão clara e consistente?

2.2.2 Reflexões Teológicas

O que significa ter um cânon historicamente ambíguo?

Esta questão deve ser precedida por uma consideração do que significa ter um cânon de fato. "Cânon" vem do grego κανών (*kanōn*),

---

[9] Para o Antigo Testamento: Sabedoria de Salomão, Sabedoria de Ben Sirac, Ester, Judite e Tobias. Para o Novo Testamento: a Didaquê e o Pastor de Hermas.

um empréstimo do hebraico קָנֶה (*qaneh*). Ambas as palavras significam "cana/caniço", e eram usadas no sentido de "vara", "bengala/bastão", e especialmente "vara de medir", "critério", "régua". O cânon é assim a norma pela qual outras coisas são medidas. Alegar que os documentos bíblicos são canônicos não significa que toda revelação divina está contida neles, mas que essa coleção de documentos é a coleção normativa pela qual outras reivindicações são medidas. Ter um cânon significa que a comunidade cristã reconhece que lhe foi dada uma norma para seu próprio testemunho de fé.

Houve critérios para "fechar" o cânon?

O cânon emergiu gradualmente, e a igreja se viu gradualmente reconhecendo que alguns documentos funcionavam como autoridade para avaliar por que alguns documentos poderiam ser recebidos como revelação de Deus e outros não. Esse processo não foi aleatório ou arbitrário. Mas a igreja aplicou critérios específicos para determinar sua seleção?

(1) *Inspiração?* – A igreja sempre considerou que o Espírito Santo conduziu o processo através do qual a Bíblia chegou até nós. Mais tarde, a igreja considerou os livros canônicos como inspirados pelo Espírito Santo de uma forma que os não canônicos não foram. Contudo, isto foi um julgamento *ex post facto* sobre os livros que já haviam sido reconhecidos como canônicos, e não um critério pelo qual a canonicidade poderia ser determinada em primeiro lugar.

(2) *A recepção litúrgica pelas principais igrejas* – Os documentos foram aceitos como canônicos, em parte, com base no fato de que as principais comunidades cristãs os adotaram como documentos autoritativos para serem lidos na adoração. Nas sinagogas em que o cristianismo primitivo se originou, a leitura a partir de documentos específicos no serviço de adoração afirmou-os como Santa Escritura. As igrejas primitivas não apenas continuaram essa prática, mas, ao lado da "Lei e os Profetas", começaram a ler as cartas de Paulo e outros líderes cristãos, as quais foram escritas para esse propósito. Inicialmente, tais cartas não eram consideradas como estando em pé de igualdade com a Escritura, mas representavam a homilia ou "palavra de exortação" que teria sido entregue por um pregador apostólico. Após o período apostólico, essa prática continuou, e os documentos cristãos

lidos em voz alta começaram a ser aceitos como estando em pé de igualdade com a Escritura (cf. 2 Pd 3,15-16). Foi então que a questão de quais os documentos podiam ser legitimamente lidos como parte da liturgia cristã tornou-se um assunto importante. Essa distinção continua na igreja contemporânea. Textos edificantes (e.g. *Gettysburg Address* [O discurso de Gettysburg], de ABRAÃO LINCOLN; *Letter from Birmingham Jail* [Carta da Prisão Birmingham], de MARTIN LUTHER KING JR.) podiam ser lidos num serviço de adoração, mas não a partir de um púlpito, como Santa Escritura, como a norma e base para a proclamação da igreja. Para nós, a questão de que livros podem ser considerados como Escritura pode ser resolvida através da observação em uma Bíblia impressa. Qualquer Bíblia que tenha livros "extras" seria uma solução imediatamente óbvia. Para os primeiros cristãos, a "publicação" era uma questão de livros a serem lidos no culto. Isto não era feito casualmente. Hoje, nós *olhamos* para o que está entre as capas de um *livro*. Os primeiros cristãos *ouviam* o que era lido na *igreja*.

(3) *Data, suposta ou real* – Em geral, considerava-se que os primeiros livros eram mais autoritativos que os posteriores. Para ser aceito como canônico, um documento precisava alegar a mediação do significado dos eventos revelatórios originais. Um documento, reconhecidamente como do terceiro século, por exemplo, jamais poderia ser reconhecido como canônico. O cânon Muratoriano reputava o *Pastor de Hermas* como valioso, mas não canônico, tendo em vista que "foi escrito no nosso tempo". No entanto, a data não era o critério determinante, como se todos os documentos finalmente aceitos como canônicos fossem anteriores àqueles que foram rejeitados. Por exemplo, acredita-se, com quase certeza, que *Primeira Clemente* seja anterior a 2 Pedro, e, no entanto, o primeiro tornou-se canônico e o último não.

(4) *Autoria, suposta ou real* – Não seria o caso de dizer que documentos de autoria apostólica foram aceitos e documentos não escritos por apóstolos foram rejeitados. Seja qual for a compreensão de autoria, a igreja aceitou em seu cânon documentos para os quais a autoria apostólica não foi reivindicada (Marcos, Lucas, Atos). A autoridade apostólica foi validada pelo conteúdo teológico do documento, e não o inverso. No final do segundo século, Serapião, bispo de Antioquia, ouviu que o *Evangelho de Pedro* estava sendo lido na igreja de Rhossus, em sua diocese. Serapião não registrou objeção, uma vez que ele nunca tinha lido o *Evangelho de Pedro*. Ao visitar a congregação e conhecer os

conteúdos do documento supostamente escrito pelo apóstolo Pedro, ele o rejeitou com base na sua teologia, sem levantar a questão de autoria *per se*. Sua conclusão foi que uma vez que o conteúdo não representava a fé apostólica, o livro não foi escrito por Pedro (Eusébio, *HE* 6,12).

(5) *Adequação teológica* – "Autoria" era uma designação, consciente ou não, para a decisão da igreja quanto a se o documento em questão representava a fé apostólica, i.e., sua adequação teológica em relação à interpretação do significado do evento-Cristo. Atribuição ou negação da autoria apostólica não era primariamente uma reivindicação histórica, mas teológica. No caso de Hebreus, por exemplo, a despeito das ressalvas iniciais das igrejas do ocidente, o documento finalmente foi aceito nos terrenos onde a igreja ecumênica reconheceu sua reivindicação implícita de comunicar a palavra de Deus e representar a fé apostólica.[10]

Estes desenvolvimentos nos estágios finais do processo de canonização não são meramente os mecanismos de defesa da igreja. O cânon não foi formado apenas como uma reação a Marcião, Montano e outros movimentos considerados posteriormente como heréticos. A formação do cânon não foi primariamente reativa, mas proativa, à medida que a igreja buscava meios adequados de expressar sua própria fé em desenvolvimento. A fixação do cânon no quarto século representa a culminação do esforço, já iniciado no primeiro século, de discernir os verdadeiros dos falsos apóstolos. O cânon é, portanto, uma manifestação da "igreja una, santa, católica e apostólica", afirmada no Credo de Niceia por volta da mesma época da fixação final do cânon.

A comunidade cristã tinha razões mais ou menos intuitivas para aceitar alguns livros e rejeitar outros (teologicamente falando: o *sensus fidei* da igreja enquanto faz sua jornada através da história, sob a direção do Espírito Santo). Ao estabelecer o cânon, a igreja reconheceu que foi alcançada pela Palavra de Deus e a compreensão da fé cristã, a qual veio por meio desses documentos, e que ela não tinha um "critério" mais elevado pelo qual provar para si mesma ou para os de fora

---

[10] Cf. dito frequentemente citado por Lutero, "O que não ensina a Cristo não é apostólico, ainda que São Pedro ou São Paulo sejam os autores do ensino. Por outro lado, o que prega Cristo seria apostólico, mesmo que fosse Judas, Anás, Pilatos ou Herodes". Citado de Martinho Lutero, Heinrich Bornkamm, e Karin Bornkamm, *Luthers Vorreden zur Bibel* (Frankfurt am Main: Insel, 1983), 216–217.

que alguns livros pertenciam ao cânon e que outros deveriam permanecer fora dele.[11]

Isto significa que, embora nunca tenha havido uma ação oficial no sentido de fechar o cânon, por definição, o cânon está fechado. Falar de reabrir o cânon implica que nós alegamos ter nas mãos os critérios pelos quais julgar que alguns livros deveriam ser adicionados (e que alguns dos que já fazem parte deveriam ser removidos). Isto significaria que nossos próprios critérios funcionam para nós como cânon, e não a Bíblia (quer na forma atual ou projetada). Do modo como os apóstolos são um círculo fechado, assim também o cânon é um livro fechado. O cânon do Novo Testamento dá testemunho da fé apostólica. A fé apostólica é a fé canônica. O Novo Testamento é o livro da igreja no sentido de que a igreja o selecionou.

2.3 O Novo Testamento é o livro da igreja no sentido de que a igreja o *editou*

A forma atual do Novo Testamento é uma antologia composta de vinte e sete documentos escritos ao longo de um período de mais ou menos cem anos, em diversos lugares do mundo mediterrâneo. Isso tem profundas implicações para a interpretação. Quando se lê uma carta de Paulo, por exemplo, só podemos lê-la como parte de uma coleção, selecionada e editada pela comunidade cristã, a qual é muito diferente da situação de seus primeiros leitores. O Novo Testamento não chegou a nós como uma unidade por si mesmo, mas é o resultado de um processo editorial (redacional). O que está envolvido na edição de tal livro?

(1) *Coleta e cópia* – Os documentos espalhados foram reunidos, inicialmente, em pequenas coleções. As cartas de Paulo foram as primeiras a ser reunidas. Igrejas como a de Corinto já possuíam mais do que uma carta de Paulo, e estavam cientes de que ele havia escrito

---

[11] Cf. KARL BARTH, *Church Dogmatics: I/1 The Doctrine of the Word of God* (Translated by G. T. Thompson. Edinburgh: T&T Clark, 1963) 111-124, e Luke Timothy Johnson's "Canonical Theses" em "The Authority of the New Testament in the Church: A Theological Reflection," in Charles R. Blaisdell, ed., *Conservative Moderate Liberal: The Biblical Authority Debate* (St. Louis: CBP Press, 1990) 87–118.

para outras igrejas. As igrejas de tradição paulina consideravam que todas as cartas de Paulo foram endereçadas não apenas aos seus endereços originais, mas à igreja como um todo (cf. 1 Co 1,1-2; Cl 4,16). Os escritos de Marcião indicam que por volta do ano ca. 140 d.C., em Roma, dez cartas paulinas eram conhecidas como uma coleção. O cânon Muratoriano, provavelmente também representando a igreja de Roma, ca. 200 d.C., inclui as pastorais, formando uma coleção paulina de 13 cartas. O papiro P^{46} demonstra que por volta do ano 200 d.C. um códice das cartas paulinas que estava em circulação continha todas as cartas paulinas tradicionais, exceto as pastorais. Nossa atual coleção é o produto final de um processo que incluía coleções anteriores menores: as Cartas Paulinas, os Evangelhos, as Cartas Católicas (prefaciadas por Atos).

(2) *Legendas, títulos e notas finais* – Originalmente, os documentos não continham título. No processo de coletar e editar, foram dados títulos aos documentos que podem ou não representar a autoria original, o auditório e o gênero literário. O autor do Evangelho de Marcos, por exemplo, começa em 1,1 com seu próprio título, assim como Mt 1,1 representa o título do autor original. Os títulos "Segundo Marcos" e "Segundo Mateus", com suas elaborações tais como "O Evangelho segundo São Mateus", foram adicionados no processo de edição e canonização. Os encerramentos tais como "amém", as bênçãos, e as notas sobre a redação do documento podem, algumas vezes, ter sido acrescentados aos escritos individuais no processo de agrupá-los a uma antologia. Isto é sugerido, por exemplo, em Rm 16,25-27.

(3) *Ordem* – Alguém, ou algum grupo, colocou os livros na ordem atual, começando com Mateus e terminando com Apocalipse. Todos os manuscritos conhecidos de todo o Novo Testamento começam com os Evangelhos e terminam com Apocalipse, mas, por outro lado, existe considerável variedade. Tanto os Evangelhos quanto as Epístolas são preservados numa variedade de ordens. A ordem atual das cartas paulinas é determinada por sua relativa extensão, com as cartas às igrejas precedendo cartas a indivíduos. Embora Lucas e Atos representem dois volumes de uma mesma obra, Atos foi, no início, separado de Lucas e tornou-se a estrutura da narrativa inicial para a coleção das Epístolas Católicas. Na formação de todo o Novo Testamento a partir de coleções menores, o livro de Atos permaneceu separado de Lucas e tornou-se a narrativa de transição para a literatura epistolar

como um todo. Enquanto muitos manuscritos antigos, mas não todos, apresentam características da atual ordem dos livros, a primeira lista canônica que concorda com o nosso Novo Testamento atual lista os livros numa ordem diferente. Ao longo dos séculos, ocorreram apenas pequenas variações na ordem dos livros do Novo Testamento.

(4) *Combinações editoriais* – É provável que, ou antes, ou durante o processo de sua coleção, algumas cartas ou fragmentos de cartas foram combinados editorialmente a fim de formar nossas cartas atuais. Por exemplo, muitos eruditos acreditam que 2 Coríntios é composta de mais de uma carta; um número menor argumenta o mesmo em relação a Filipenses (ver introduções a 2 Coríntios e Filipenses).

(5) *Comentários e anotações* – Os coletores e editores fizeram comentários explicativos ou glossários a fim de tornar os detalhes particulares das cartas originais mais compreensíveis ou mais relevantes para uma audiência mais ampla do que a originalmente pretendida, ou mesmo para harmonizar o que estava sendo dito com outros documentos da coleção (cf. e.g. 1 Co 1,2b, 14,34-36; Rm 7,25b).

(6) *Interpolações* – Adições mais extensas aos documentos originais, chamadas de interpolações, podem ter ocorrido durante o processo de edição. 2 Co 6,14 – 7,1, por exemplo, é, algumas vezes, considerada um acréscimo pós-paulino que tornou-se parte da carta no momento em que ela foi editada no corpus paulino.[12]

(7) *Divisão em versos e capítulos* – Os autores originais não escreveram em capítulos e versos; esses marcadores formais foram acrescentados posteriormente ao texto a fim de facilitar as referências. No quarto século, o bispo Eusébio projetou um sistema de numeração para dividir o texto dos Evangelhos em perícopes (parágrafos) a fim de facilitar as referências e comparação; seus números são encontrados nas margens de muitos manuscritos que vieram depois, e ainda eram utilizados em edições impressas do Novo Testamento grego. Algum momento após o quarto século, divisões pouco correspondentes às divisões de capítulo e seções lecionárias posteriores foram marcadas. Contudo, foi apenas no século XIII, que STEPHEN LANGDON,

---

[12] Que existem interpolações na forma atual do Novo Testamento é quase universalmente reconhecido. A existência de tais interpolações, e de nossa habilidade para identificá-las, é um ponto de disputa entre os críticos. Cf. WILLIAM O. WALKER, JR., *Interpolations in the Pauline Letters* (JSNTSup 213; Sheffield: Sheffield Academic, 2001).

arcebispo de Canterbury, fez a divisão em capítulos que utilizamos atualmente. Tendo em vista que, muitas vezes, os capítulos não vêm divididos adequadamente em relação à estrutura do texto, e uma vez que se relata que STEPHEN desenvolveu parte do trabalho durante suas viagens, presumivelmente à sela de um cavalo, acredita-se que algumas divisões são o resultado de um texto marcado em face dos impactos que ele sofria sobre a sela em função do trote do cavalo. A edição impressa em 1551 por ROBERT STEPHANUS introduziu a atual divisão em versos (adotada pela primeira vez por uma tradução inglesa, em 1560, a Bíblia de Genebra) – mais uma vez, a divisão não corresponde à estrutura literária do texto.

Não se entende muito bem que não apenas as divisões dos capítulos e versos, mas as divisões de frases, e mesmo de palavras, não são originais, mas as decisões editoriais tomadas muito depois. Nossos primeiros manuscritos não contêm espaços entre palavras, acentos ou sinais de pontuação, assim como os textos originais. Enquanto o grego original dos textos se manteve como uma língua viva e a língua materna do leitor que dominava tanto a linguagem do texto quanto seu significado, essas coisas raramente representavam um problema. Falantes nativos modernos do inglês, por exemplo, têm pouca dificuldade em compreender corretamente um texto tal como o que segue abaixo, impresso no estilo de nossos manuscritos gregos mais antigos:

ACASAAMARELAESTACAINDO
OCARROSAIUDAESTRADA
OMARIDOPROTEGESUAESPOSA
ODIAMANTEVALEMAIS

TWINKLETWINKLELITTLES
TARHOWIWONDERWHATYO
UAREUPABOVETHEWOR LDSO
HIGHLIKEADIAMONDINT
HESKY

Contanto que o leitor já saiba o conteúdo, "o que o texto pretende dizer" torna-se claro porque ele ou ela pertence à comunidade na qual o texto foi produzido. Mesmo nessas situações, contudo, pode haver ambiguidades e a possibilidade de equívocos, como exemplificado pela frase a seguir: VAMOSPERDERNADAFOIRESOLVIDO.[13]

---

[13] Esta sentença pode ser lida pelo menos de duas maneiras diferentes: "Vamos perder, nada foi resolvido"; ou "Vamos perder nada, foi resolvido".

Às vezes, diferenças nas traduções são o resultado de diferentes decisões editoriais sobre como as letras dos manuscritos gregos deveriam se dividir em palavras ou como elas deveriam ser pontuadas (e.g. Jo 1,3-4). Esses manuscritos já haviam sido editados quando se tornaram a base para edições impressas modernas do grego do Novo Testamento. Assim, nós não recebemos e nem podemos receber os textos do Novo Testamento das mãos de seus autores originais na sua forma original, mas numa forma editada das mãos da igreja. Quem foram os "editores" responsáveis pela formação do Novo Testamento como um livro? Eles são completamente anônimos. Não sabemos o nome de nenhum dos indivíduos que contribuíram para esse processo. Muitos eruditos acreditam que há boa evidência de que já no período do Novo Testamento havia grupos como uma "escola paulina", uma "comunidade mateana de escribas" e uma "escola joanina" que cultivaram a tradição em desenvolvimento e desempenharam um papel na formação e edição dos documentos que eventualmente tornaram-se nosso Novo Testamento (ver as introduções a Mateus, as cartas deuteropaulinas, e os textos joaninos abaixo).

2.4 Para leitura adicional

METZGER, Bruce M., *The Canon of the New Testament: Its Origin, Development, and Significance* (Oxford: Oxford University Press, 1987)
GAMBLE, H. Y. *Books and Readers in the Early Church: A History of Early Christian Texts*. New Haven: Yale University Press, 1995.
GAMBLE, Harry Y. *The New Testament Canon: Its Making and Meaning*. Philadelphia: Fortress Press, 1985.
KNOX, John. *Marcion and the New Testament: An Essay in the Early History of the Canon*. Chicago: University of Chicago Press, 1942.
MCDONALD, L. M., and J. A. Sanders, eds. *The Canon Debate*. Peabody, Mass.: Hendrickson, 2002.
MCDONALD, Lee Martin. *The Formation of the Christian Biblical Canon* (Peabody: Hendrickson, Revised and Expanded Edition, 1995).
MEADE, D. G. *Pseudonymity and Canon: An Investigation into the Relationship of Authorship and Authority in Jewish and Earliest Christian Tradition*. Wissenschaftliche Untersuchungen zum Neuen Testament. Vol. 39, Tübingen: Mohr, 1986.

MILLER, John W. *The Origins of the Bible: Rethinking Canon History* (New York: Paulist Press, 1994).

SCHNEEMELCHER, Wilhelm., ed. *New Testament Apocrypha*. 2nd ed. 2 vols. Louisville: Westminster John Knox, 1991.

VON CAMPENHAUSEN, Hans. *The Formation of the Christian Bible*. Translated by John Austin Baker. London: Adam & Charles Black, 1972.

3

CRÍTICA TEXTUAL: DOS MANUSCRITOS AO TEXTO ELETRÔNICO

O Novo Testamento É o livro da igreja no sentido de que a igreja o *preservou* e o *transmitiu*.

3.1 Materiais para a reconstrução do texto do Novo Testamento

Nenhum documento original (termo técnico = autógrafo) de qualquer escrito do Novo Testamento foi preservado. O mais antigo fragmento existente de um documento do Novo Testamento é o Papiro 52 ($\wp^{52}$), uma pequena parte remanescente de um códice em papiro que contém João 18,31-33, no anverso, e 18,37-38, no reverso, copiado entre 125-175 d.C.[1]

Este é o nosso único fragmento de um manuscrito do Novo Testamento que seguramente data do segundo século, com mais seis sendo datados ca. 200 d.C., e vinte e oito do terceiro século. A maioria

---

[1] Anteriormente esse fragmento era frequentemente datado como sendo de ca. 125 d.C., contudo já não mais pode ser seguramente datado de tão cedo. Ca. 150 é mais provável, ou ainda até mesmo 175 é perfeitamente possível. Ver discussão e bibliografia em UDO SCHNELLE, *Das Evangelium nach Johannes* (3rd rev. ed.; THKNT 4; Leipzig: Evangelische Verlagsanstalt, 2004), 8, e D. C. PARKER, *Codex Sinaiticus: The Story of the World's Oldest Bible* (London: The British Library, 2010) 101.

de nossos manuscritos é do quarto século em diante. Temos um rico tesouro de manuscritos antigos do Novo Testamento a partir dos quais nosso texto atual é reconstruído. Dos numerosos manuscritos do Novo Testamento Grego que existiram na Antiguidade, mais de 5000 manuscritos sobreviveram ao desgaste do tempo e à perseguição. A maioria deles é composta apenas de fragmentos, enquanto outros contêm o texto completo. Ademais, há milhares de manuscritos das primeiras versões em diversas línguas antigas para as quais os textos gregos foram traduzidos, além de milhares de citações do Novo Testamento nos escritos dos Pais da Igreja. Isto é muito mais material do que o que está disponível de qualquer outro autor antigo. Temos apenas umas poucas centenas de cópias da Ilíada de Homero, e os seis primeiros livros dos *Anais* de Tácito são dependentes de apenas um único manuscrito. A base de dados para a reconstrução do texto do Novo Testamento pode ser resumida como segue, abaixo:

127 papiros	Fragmentos, na maioria	II ao VIII século
320 unciais (em letras maiúsculas)	Fragmentos na maioria; alguns são Bíblias inteiras	IV ao XV século
2903 cursivos (em letras minúsculas)	Muitos em fragmentos; frequentemente livros inteiros ou a Bíblia inteira	IX ao XVIII século
2445 lecionários	Seções preparadas para a leitura litúrgica	IV ao XIII século, em sua maioria tardias

O Novo Testamento inteiro não é encontrado em nem um dos papiros, mas apenas em três unciais (ℵ, A, C), e 58 minúsculos. Dois outros unciais e 147 minúsculos possuem todo o Novo Testamento menos o livro do Apocalipse – o que reflete a recepção tardia do Apocalipse no cânon em alguns círculos (ver a seguir).

3 • Crítica Textual: dos manuscritos ao texto eletrônico   41

[FOTO 2 – Papiro 52, um fragmento de um manuscrito contendo poucas linhas do Evangelho de João. É o documento mais antigo do Novo Testamento já encontrado. Foi copiado em algum momento entre 125-175 d.C.].

O total de 5.795 manuscritos gregos ou seus fragmentos é acrescido por mais de 10.000 manuscritos em Latim, Copta, Siríaco, Armênio, Georgiano, Etíope, Gótico, Eslavo e outras línguas. O grego tinha sido a língua do mundo do Novo Testamento, mas pelo fim do segundo século, os documentos do Novo Testamento foram traduzidos para outras línguas. As traduções representavam, às vezes, uma forma anterior do texto grego em que estavam baseadas (termo técnico = *Vorlage*, modelo) em vez dos manuscritos gregos mais recentes. Além disso, há milhares de citações do Novo Testamento grego nos escritos dos Pais da Igreja, os quais, novamente, refletem um grego diferente canônico. Atualmente, o Códice Sinaítico pode ser encontrado em uma edição belamente impressa, reproduzida em fotografias em alta definição do manuscrito original (Peabody, Mass.: Hendrickson Publishers, 2010) e na internet, no endereço *codexsinaiticus.org*.

- B ou 03 – *Códice Vaticano [Codex Vaticanus]*, recebeu esse nome da Biblioteca do Vaticano, onde é guardado desde 1481 (exceto por um breve período quando Napoleão o removeu para Paris). Ele não esteve totalmente disponível para os estudiosos até o final do século dezenove. Inclui a LXX e o Novo Testamento até Hebreus 9,14. A última parte do códice se perdeu e foi substituída posteriormente por um manuscrito cursivo. Assim, à semelhança do que ocorre com o Sinaítico, não sabemos se originalmente ele incluía documentos cristãos não considerados canônicos. O manuscrito foi copiado no Egito no quarto século d.C. e, como o Sinaítico, acredita-se que representa uma versão antiga do texto.
- D ou 05 – *Códice de Beza*, do final do século V ou início do século VI, continha originalmente os Evangelhos e Atos/Epístolas Católicas em grego e latim, em páginas opostas. Boa parte de Atos e quase todo o material das Cartas Católicas se perdeu. Enquanto os códices ℵ e B representam a tradição textual alexandrina, D representa o texto ocidental, que chama a atenção, entre outras coisas, por suas leituras longas. O texto ocidental de Atos, por exemplo, é 8,5 % mais longo que o texto alexandrino (cf. as notas de rodapé na versão New Revised Standard Version em Lucas 22-24 para exemplos das leituras ocidentais, e para discussão adicional, ver introdução a Atos, §24.4 Vol. 2).
- W ou 032 – *Códice Freeriano ou Washingtoniano* – Encontra-se na Galeria Freer do Instituto Smithstonian, em Washington, DC. É um dos poucos manuscritos importantes do Novo Testamento acessíveis atualmente na América do Norte. Ele contém os quatro Evangelhos na ordem ocidental (Mateus, Marcos, Lucas e João), à exceção de algumas páginas faltantes (Mc 15,13-38; Jo 14,25 – 16,7). Representa uma mistura de tipos textuais, indicando que várias partes do manuscrito foram copiadas de manuscritos de diferentes origens e datas: o texto-tipo alexandrino é encontrado em Lucas 1,1 – 8,2 e no Evangelho de João; o tipo bizantino é encontrado em Mateus e Lucas 8,3 – 24,53; o texto ocidental é encontrado em Marcos 1,1 – 5,30, com o texto cesariano em Marcos 5,31 – 16,20. O manuscrito também tem leituras independentes, sendo a mais famosa encontrada em Marcos 16,14:

> E eles responderam dizendo: "Esta época de ilegalidade e descrença está sob Satanás, o qual, por meio de espíritos imundos, não permite que o povo compreenda o verdadeiro poder de Deus;

portanto, revela tua justiça, agora". E Cristo lhes respondeu: "O limite dos anos da autoridade de Satanás se cumpriu; mas outros horrores se aproximam, e, por amor daqueles que pecaram, fui entregue à morte para que eles pudessem retornar à verdade e não mais pecassem, de modo que pudessem herdar a glória da justiça, espiritual e incorruptível, a qual está no céu".

- Família 1, Família 13. De um modo geral, o material dos manuscritos minúsculos posteriores não é tão valioso quanto os primeiros papiros e unciais para os propósitos da crítica textual, uma vez que eles representam a cópia e proliferação dos erros dos primeiros copistas. Em alguns casos identificáveis, contudo, um grupo de manuscritos posteriores parece ter sido copiado de um exemplar mais antigo e confiável (cf. nota sobre $\wp^{66}$, $\wp^{75}$ acima). Esses são frequentemente citados como um grupo. A família 1 (*f*1) representa minúsculos numerados 1, 118, 131, 209, 1582 e outros. A família 13 (*f*13), também rotulado de f, visto que FERRAR foi quem primeiro o identificou, representa os manuscritos 13, 69, 124, 174, 230, 346, 543, 788, 826, 828, 983, 1689 e 1709. Embora ambas as famílias sejam compostas de manuscritos mais recentes, não raro eles preservam uma forma primitiva do texto.

3.2 As variações e suas causas

Nem mesmo dois dos mais de 5.000 manuscritos gregos do (ou parte do) Novo Testamento são exatamente iguais. O mesmo é verdade em relação às milhares adições das primeiras citações patrísticas e traduções. Ninguém sabe quantas variações textuais estão contidas nos manuscritos que temos hoje. A edição crítica padrão do Novo Testamento Grego (NESTLE-ALAND, *Novum Testamentum Graece*, 27ª edição, 1998) lista em média aproximadamente 25 variantes por página.

Por outro lado, muitas variações são dramáticas e cruciais para a compreensão do texto. Alguns exemplos são bem conhecidos:

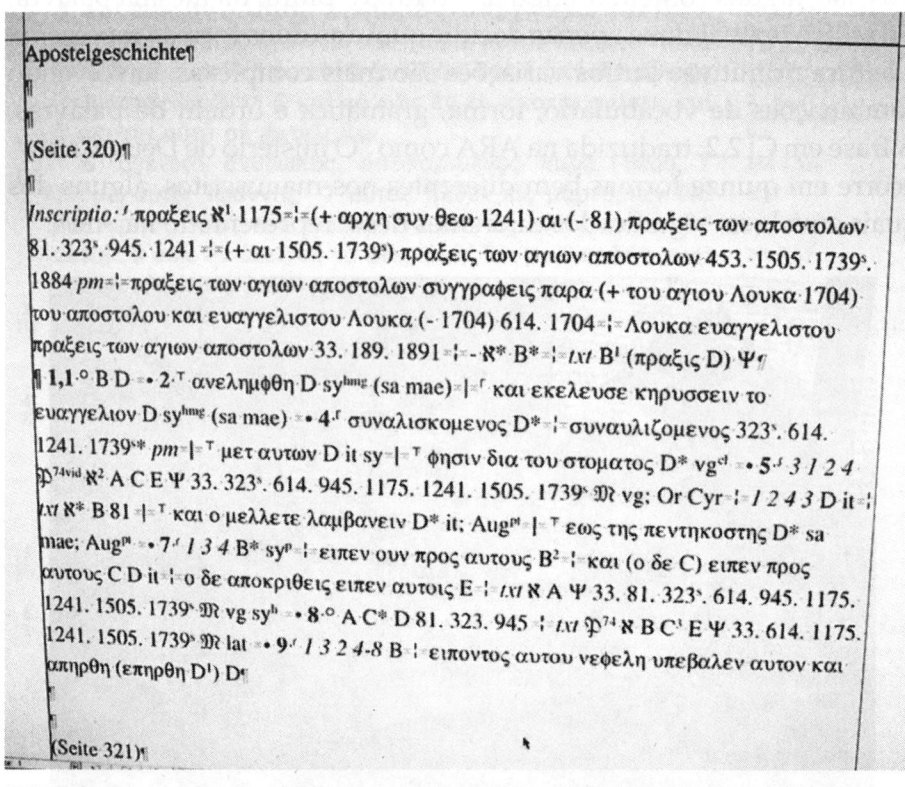

```
Apostelgeschichte¶

(Seite 320)¶

Inscriptio: ¹ πραξεις ℵ¹ 1175 ¦ (+ αρχη συν θεω 1241) αι (- 81) πραξεις των αποστολων
81. 323ˢ. 945. 1241 ¦ (+ αι 1505. 1739ˢ) πραξεις των αγιων αποστολων 453. 1505. 1739ˢ.
1884 pm ¦ πραξεις των αγιων αποστολων συγγραφεις παρα (+ του αγιου Λουκα 1704)
του αποστολου και ευαγγελιστου Λουκα (- 1704) 614. 1704 ¦ Λουκα ευαγγελιστου
πραξεις των αγιων αποστολων 33. 189. 1891 ¦ - ℵ* B* ¦ txt B¹ (πραξις D) Ψ¶
¶ 1,1° B D • 2.ᵀ ανελημφθη D syʰᵐᵍ (sa mae) ¦ ʳ και εκελευσε κηρυσσειν το
ευαγγελιον D syʰᵐᵍ (sa mae) • 4.ᶠ συναλισκομενος D* ¦ συναυλιζομενος 323ˢ. 614.
1241. 1739ˢ* pm ¦ ᵀ μετ αυτων D it sy ¦ ᵀ φησιν δια του στοματος D* vgᶜˡ • 5.ᶠ 3 / 2 4
𝔓⁷⁴ᵛⁱᵈ ℵ² A C E Ψ 33. 323ˢ. 614. 945. 1175. 1241. 1505. 1739ˢ 𝔐 vg; Or Cyr ¦ 1 2 4 3 D it ¦
txt ℵ* B 81 ¦ ᵀ και ο μελλετε λαμβανειν D* it; Augᵖᵗ ¦ ᵀ εως της πεντηκοστης D* sa
mae; Augᵖᵗ • 7.ᶠ 1 3 4 B* syᵖ ¦ ειπεν ουν προς αυτους B² ¦ και (ο δε C) ειπεν προς
αυτους C D it ¦ ο δε αποκριθεις ειπεν αυτοις E ¦ txt ℵ A Ψ 33. 81. 323ˢ. 614. 945. 1175.
1241. 1505. 1739ˢ 𝔐 vg syʰ • 8.° A C* D 81. 323. 945 ¦ txt 𝔓⁷⁴ ℵ B C¹ E Ψ 33. 614. 1175.
1241. 1505. 1739ˢ 𝔐 lat • 9.ᶠ 1 3 2 4-8 B ¦ ειποντος αυτου νεφελη υπεβαλεν αυτον και
απηρθη (επηρθη D¹) D¶

(Seite 321)¶
```

[FOTO 5 – O aparato crítico de Atos 1,1 no processo de revisão]

O fim do Evangelho de Marcos – Os manuscritos manifestam seis diferentes finais, conforme indicados no texto e notas de rodapé da NRSV (New Revised Standard Version) e outras traduções modernas, com variações internas também encontradas dentro de cada um dos diferentes finais.³ A decisão quanto a se Marcos terminou seu relato em 16.8, ou se o final original se perdeu ou se foi conservado em uma

---

³ Sobre a discussão dos dados dos manuscritos de determinados textos e como isto é avaliado por críticos textuais, o leitor é encorajado a examinar Bruce M. Metzger, *A Textual Commentary on the Greek New Testament* (2nd ed.; Stuttgart: United Bible Societies, 1994). Para Marcos 16, uma discussão completa e interessante é encontrada em David C. Parker, *The Living Text of the Gospels* (Cambridge: Cambridge University Press, 1997), "The Endings of Mark's Gospel," 124-147.

das versões do final marcano preservado em muitos manuscritos, influencia profundamente nossa compreensão do significado do relato da ressurreição em Marcos e a linha histórica do Evangelho como um todo (ver Vol. II §21.7), bem como a história literária e as interrelações dos Evangelhos no período primitivo.

O fim da carta de Paulo aos Romanos – Há quinze variações do local e formulação das bênçãos que concluem Romanos. No meio do segundo século, Marcião pôs em circulação uma versão enxugada das cartas de Paulo, como Romanos terminando no capítulo 14. Isto causou uma agitação sobre a tradição do manuscrito em desenvolvimento, incluindo a possibilidade de que o escriba cristão compôs a bênção que é tida agora como a conclusão da forma atual da carta, no padrão das traduções ao português (Rm 16,25-27, bem como cinco outros lugares em diversos manuscritos).

Algumas variantes são ainda mais importantes, embora mais sutis, às vezes consistindo de uma ou duas palavras importantes para o significado do texto original. Em Efésios 1,1, as palavras "em Éfeso", encontradas em muitos manuscritos, não aparecem em vários testemunhos-chave. Se o texto original não continha essas palavras, esta seria uma evidência adicional de que a carta foi originalmente uma encíclica em vez de se mostrar como endereçada a uma igreja particular, o que também incide sobre a questão de autoria. Em João 7,52, dois dos quatro melhores e mais antigos testemunhos, $\wp^{66}$ e $\wp^{75}$, apresentam um artigo definido ao lado de "profeta", o que não acontece na maioria dos outros manuscritos. Se o artigo não estava originalmente presente – uma letra grega – o texto faz uma declaração universal, mas, com o artigo, João está se referindo ao profeta escatológico, uma esperança cristológica específica do judaísmo do primeiro século. Outra significante variação de uma palavra é encontrada em Mateus 27,16, onde alguns manuscritos e versões antigas trazem "Barrabás", e outros, "Jesus Barrabás" – a leitura atualmente adotada como original na edição NESTLE-ALAND[27] e diversas traduções inglesas (TEV, NAB, NRSV, REB, *Die Bibel* [1984, revisão da Bíblia de Lutero], e as edições de 1976 e 1991 do *Modern Hebrew New Testament* [Novo Testamento em Hebraico Moderno]). Portanto, também em 1 João 5,18, a diferença entre a KJV e a NRSV não é apenas uma questão de interpretação e tradução, mas sim de que texto deve ser traduzido. Novamente, a variação consiste de apenas uma letra de uma palavra. Se se lê ἑαυτόν [*heauton*], o significado é claro: "mas, aquele que é nascido de Deus guarda a si mesmo" (KJV) – o crente é alguém "nascido de Deus", e, como tal, guarda a si mesmo do Maligno. Mas se se lê αὐτόν [*auton*], a interpretação é mais complicada, e o texto grego pode ser compreendido como significando "Aquele que foi nascido de Deus o guarda" (NRSV) – Cristo é o que nasceu de Deus, e Cristo protege o crente do Maligno. Das milhares de variações presentes na tradição do manuscrito, centenas são significativas para a interpretação – em média, ao menos uma ou duas por página do texto grego.

Como todas essas variações ocorreram? Muitas leituras variantes parecem ser erros simples, inteiramente não intencionais. Mesmo com a melhor das intenções, é impossível copiar uma passagem de qualquer comprimento sem cometer erros. Alguns tipos não intencionais de erros são tão comuns que eles podem ser classificados:

Omissão – uma palavra, frase, sentença ou todo um parágrafo é acidentalmente omitido, e o fato é percebido depois por um escriba ou copista, o qual insere a parte faltante na margem ou em outro lugar da sentença, parágrafo ou página.

Ditografia – a mesma palavra, frase, sentença ou parágrafo é copiado duas vezes; se o erro é percebido depois, tentar corrigi-lo pode causar confusão adicional.

Homoioteleuton e *homoioarcton* – Esses termos técnicos, que significam "mesmo fim" e "mesmo início", designam respectivamente um fenômeno que contribui para erros dos tipos 1 e 2, quando o olho do escriba salta de uma palavra que termina uma linha para uma diferente linha que termina com a mesma palavra, o que o faz omitir ou duplicar todo o material no intervalo.

Um *comentário marginal* destinado a comentar ou explicar o texto é feito por um escriba posterior como uma parte do próprio texto, e então é copiado. Devemos nos lembrar de que, na era da imprensa, os comentários marginais são facilmente distinguidos do texto original, mas num tempo em que tudo era escrito à mão, esse não era o caso, e a linha divisória entre o "texto" e o "comentário" era tênue.

Especialmente nos relatos paralelos de eventos similares e ditos dos Evangelhos, muitas alterações eram o resultado de uma *harmonização*. O escriba poderia substituir a leitura de um Evangelho por outro, ou misturar as versões paralelas dos evangelhos de modo a gerar uma nova leitura, a qual não existia anteriormente em nenhum dos evangelhos. Assim, alguns manuscritos latinos usado no Norte da África, citados por AGOSTINHO e adotados por JERÔNIMO, na Vulgata, combinam o relato da morte de Judas em Mateus 27 (ele se enforcou) e Atos 1 (ele caiu e se abriu). Essa interpretação harmonizada, encontrada no manuscrito grego, foi adotada na tradução Rheims-Douay (1582),[4] que se tornou a Bíblia padrão para os católicos romanos por mais de três séculos, mas não é adotada por qualquer tradução moderna, católica ou não.

Alguns erros são uma questão de audição – o leitor dita o texto a ser copiado, e palavras que têm um som semelhante são confundidas. Desde os tempos bizantinos em diante, as palavras gregas para "nós" e "vós" soam de maneira muito semelhante (embora grafadas diferentemente, ἡυεῖς, ὑμεῖς = hemeis e hymeis, respectivamente). Há, portanto, numerosos exemplos de manuscritos que trazem a leitura "nós" e outros que trazem a leitura "vós" para a mesma passagem.

Muitos erros eram simplesmente o resultado do descuido ou cansaço dos escribas. Por um lado, algumas leituras eram introduzidas intencionalmente. Isto não significa necessariamente que os escribas falsificavam o texto propositadamente, mas que eles algumas vezes faziam mudanças por acreditarem, de maneira sincera, que estavam restaurando o texto ou preservando a leitura correta, ou ainda por acreditarem que a interpretação normativa corrente precisava ser mais explicitamente construída no texto. O texto poderia apresentar dificuldades teológicas bem como dificuldades de outro gênero. O escriba, desse modo, estaria apenas "corrigindo" o texto para aquilo que ele considerava a verdadeira leitura. Dentre os vários exemplos, podemos mencionar Lucas 1,3. A maioria dos manuscritos traz a leitura: "pareceu-me bem" escrever o Evangelho com base em suas fontes orais e escritas. Outros manuscritos dizem "e o Espírito Santo" após "mim". Esse verso deixa transparecer que o autor original escreveu "mim", o que parece problemático aos olhos de alguns escribas, os quais acrescentaram "e o Espírito Santo", em face de um texto análogo escrito também por Lucas e registrado em Atos 15,28. O escriba assume que o exemplar do qual ele está copiando também está corrompido, uma vez que ele discorda de textos os quais ele considera já autoritativos. Alternativamente, o escriba possui mais de um exemplar

---

[4] Trata-se de uma tradução da Vulgata latina para o inglês, a qual surgiu no contexto dos esforços de católicos ingleses em apoio à Contrarreforma. N. do T.

do documento que está copiando. Já que não há um acordo exato entre eles, o escriba combina as diferentes leituras em uma nova leitura, o que seria uma versão expandida do texto, que conserva as duas leituras. Desse modo, o escriba acredita que, através dessa versão combinada, ele preservou o verdadeiro texto.

3.3 Crítica Textual – Em busca do "texto original"

O problema de estabelecer o texto recuperável mais antigo do Novo Testamento constitui-se de dois fatos: (1) todos os documentos originais se perderam ou foram destruídos e (2) dos manuscritos que restaram (mais de 5.000 manuscritos gregos, 10.000 antigas versões, milhares de citações dos Pais da Igreja), não há dois manuscritos exatamente iguais. Se nós tivéssemos os documentos originais, ou se todos os manuscritos concordassem entre si, não haveria problemas – simplesmente imprimiríamos esse texto como o "Novo Testamento Grego". De fato, para que nós tenhamos um Novo Testamento, precisamos (1) adotar um manuscrito como "o original", e considerar todos os outros como corrupções ou (2) reconstruir a forma recuperável mais antiga, com base nos inumeráveis e diferentes documentos.

Os críticos textuais tentam determinar a mais antiga forma alcançável do texto. A crítica textual é tanto uma ciência quanto uma arte. O estudioso deve analisar todos os dados e argumentar com base na evidência objetiva e nas regras e princípios aceitáveis da disciplina. Uma vez que a crítica textual não pode ser reduzida a algo mecânico – um computador é agora uma valiosa ferramenta, mas ele não pode ser programado para reconstruir o texto original – há uma série de sobreposições e de regras conflitantes que servem como diretrizes para a reconstrução do texto. Entre essas diretrizes fundamentais, podemos listar:[5]

1. Um manuscrito antigo é geralmente mais valioso do que um manuscrito recente. Distinções devem ser feitas, contudo, entre a data do manuscrito e a data do texto que ele representa. O códice Regius (L),

---

[5] Ver KURT ALAND and BARBARA ALAND, *The Text of the New Testament: An Introduction to the Critical Editions and to the Theory and Practice of Modern Textual Criticism* (trans. Erroll F. Rhodes, 2nd ed.; Grand Rapids: Eerdmans, 1989), 275, "Twelve Basic Rules of Textual Criticism."

por exemplo, é um manuscrito do oitavo século, mas foi copiado de um manuscrito muito antigo, que corresponde aos manuscritos do quarto século, e, assim, representa um texto bastante antigo. Relacionado a este é o fato de que as traduções mais antigas do Novo Testamento em latim, copta e outras línguas foram feitas a partir de manuscritos mais antigos do que qualquer um que tenhamos hoje. Embora uma retradução do texto grego que eles utilizaram seja um negócio complicado, alguma evidência sobre isto é bastante clara. A Vulgata Latina, por exemplo, foi baseada em manuscritos gregos 1000 anos mais antigos que aqueles usados pelos tradutores da versão King James, em 1611, e não contém a doxologia final na oração do Senhor em Mateus ("Pois teu é o reino...").

2. Alguns poucos manuscritos de diversas origens geográficas podem ser mais importantes do que um número maior de manuscritos da mesma área geográfica.

3. Os manuscritos devem ser melhor avaliados em vez de meramente contados. O número de manuscritos que apoiam uma leitura particular pode ser importante, mas sua idade e a qualidade do texto são mais importantes que o seu número. Em Marcos 7,19, por exemplo, a leitura numericamente dominante é a que foi traduzida pela versão King James como "puros todos os alimentos". Essa é a leitura de algumas centenas de manuscritos, a maioria deles composta de minúsculos. Mas os unciais ℵ, A, B, E, F, G, H, L, S, X, Δ e alguns dos Pais da Igreja apoiam uma leitura um pouco diferente, que significa "Assim, ele declarou que todos os alimentos são limpos". Esses onze manuscritos e três Pais da Igreja representam uma leitura mais antiga e mais amplamente atestada do que as centenas de manuscritos posteriores que representam basicamente um tipo de texto.

4. Um aspecto ao avaliar o significado potencial de cada manuscrito é classificá-los genealogicamente, tentando determinar que família (*stemma*, pl. *stemmata*) cada um representa. As leituras são então avaliadas em termos de que *stemma* elas representam, e não meramente como representantes de um manuscrito em particular. Se 500 manuscritos foram copiados de um único exemplar, eles serão contados como apenas um "voto" na decisão da leitura original. Se outro manuscrito é o único representante de seu exemplar, a "votação" está um a um, e não 500 a um. Contudo, todo o conceito de "famílias de texto" está sendo reavaliado na pesquisa atual, e há menos confiança nessa abordagem do que há cinquenta anos (ver acima).

[FOTO 8 – Dr Klaus Watchel do Instituto für Neutestamentliche Textforschung, Münster, trabalhando no texto do Códice Vaticano de Mateus 1,1-10. Instituto Münster. Usado com permissão do Instituto Münster]

3.4 Resultados: O(s) Novo(s) Testamento(s) Grego(s) moderno(s) impresso(s)

A invenção da imprensa significou que, pela primeira vez na história, milhares de cópias idênticas do Novo Testamento podiam ser produzidas. O primeiro Novo Testamento Grego impresso foi concluído em 1514, como parte do abrangente projeto do CARDINAL XIMENES da Espanha de imprimir uma Bíblia que contivesse os textos Hebraico, Latim e Grego em colunas paralelas. Esse projeto foi desenvolvido cuidadosamente, envolvendo o trabalho de diversos estudiosos sob a supervisão de XIMENES, no entanto sua publicação foi adiada para 1522 por diversos fatores, incluindo a negação da permissão papal até que os manuscritos emprestados fossem devolvidos ao Vaticano. Assim, o primeiro Novo Testamento Grego a ser publicado foi editado por DESIDÉRIO ERASMO em 1516. A primeira edição de ERASMO foi mal feita e às pressas, contendo muitos erros editoriais e de impressão. Estava baseada em apenas uns poucos manuscritos que lhe estavam disponíveis em Basileia, e nenhum deles continha todo o Novo Testamento. ERASMO estava ciente de que havia manuscritos mais antigos e melhores, mas a pressa em produzir essa edição não lhe permitiu o tempo de empreender a viagem necessária para acessá-los. A base primária de sua edição foi um manuscrito dos Evangelhos do século XII e um manuscrito do século XII de Atos e Epístolas. Visto que Apocalipse, seu único manuscrito grego disponível estava incompleto, faltando os seis versos finais – ERASMO não hesitou em retraduzi-lo para o grego, a partir da Vulgata. Uma vez que todos os manuscritos de ERASMO eram tardios, eles continham todas as expansões e modificações da tradição textual medieval. O texto de ERASMO passou por muitas edições nas quais muitos erros tipográficos originais foram corrigidos, mas foi basicamente seu texto que veio a tornar-se o Textus Receptus padrão (Texto Recebido) em que a versão KING JAMES de 1611 foi baseada, e permaneceu como o texto grego padrão impresso até as edições críticas do século XIX.

Os séculos XVIII e XIX trouxeram a redescoberta de manuscritos mais antigos e melhores, como os grandes unciais Vaticano (B) e Sinaítico (א), além do nascimento da moderna disciplina da Crítica Textual. Essas descobertas levaram à publicação de edições críticas como as de J. J. GRIESBACH (1775), TISCHENDORF (1869–1872), WESTCOTT e HORT (1881), bem como a primeira edição do texto que se tornaria a base para todos os textos modernos, EBERHARD NESTLE (1898). O Textus Receptus foi visto como a representação de uma versão antiga e corrompida dos textos originais, e as versões críticas do texto foram publicadas sob a impressão de que elas estavam mais próximas do que os autores originais escreveram. O texto grego de WESTCOTT e HORT, por exemplo, diferia do Textus Receptus usado em 1611 pelos tradutores da versão King James em cerca de 5.800 leituras, algo em torno de 25% do que substancialmente modifica a compreensão do assunto.[6]

Das mais de 1000 edições do Novo Testamento Grego que apareceram desde 1514, nem ao menos duas chegam a ser exatamente iguais. A crítica textual atual têm observado uma fusão de conselhos editoriais e uma convergência correspondente de resultados, de modo que, pela primeira vez na história, praticamente todos os estudantes do Novo Testamento do mundo todo usam exatamente o mesmo

---

[6] FREDERIC G. KENYON, *Our Bible and the Ancient Manuscripts* (London: Eyre & Spottiswoode, 1958), 312-313.

4

DA LXX À NRSV: NÃO HÁ TRADUÇÃO SEM INTERPRETAÇÃO[1]

4.1 O Novo Testamento é o livro da igreja no sentido de que a igreja o *traduziu*

O Novo Testamento foi escrito em grego koiné (comum), que era compreendido pela maioria da população alfabetizada do mundo helenístico. O grego moderno é o descendente direto do grego koiné, mas, ao longo dos séculos, a língua grega mudou o suficiente para que atualmente os cristãos necessitassem do texto antigo a fim de atualizá-lo para o grego moderno, de modo que ele seja adequadamente compreendido.[2] Existem cerca de 6800 línguas vivas no mundo. Por volta do ano 2000, a Bíblia inteira havia sido traduzida para 371, e o Novo Testamento para 960 outras línguas, e porções da Bíblia para 902 outras línguas.[3]

---

[1] Nota dos editores: Mesmo sendo um capítulo que faz menção das Bíblias em inglês, preferimos mantê-lo na tradução do livro para o português, uma vez que é de interesse do público leitor a história das traduções da Bíblia. Para a história da Bíblia no Brasil. Recomendamos o livro: História da Bíblia no Brasil. Barueri: Sociedade Bíblica do Brasil, 2008, distribuído gratuitamente pela Sociedade Bíblica do Brasil.

[2] Os Novos Testamentos colocados em quartos de hotel na Grécia pelos Gideões Internacionais têm duas colunas, o antigo grego koiné e uma versão de grego moderno.

[3] BRUCE M. METZGER, *The Bible in Translation: Ancient and English Versions* (Grand Rapids: Baker, 2001), 8.

confundir o leitor helenístico. Palavras tais como בְּרִית (*berith* aliança; pacto) estão dentro de um campo semântico diferente de qualquer palavra grega correspondente. Quando *berith* foi traduzida por διαθήκη (*diathēkē*), a palavra grega para "vontade", "testamento" e "aliança", algumas possibilidades de significado foram deixadas de lado e novas possibilidades foram acrescentadas. A expressão hebraica "filhos de Deus", os seres divinos da corte celestial [בְּנֵי אֵל הִים], se literalmente traduzida, seria mal interpretada [como ainda é o caso em português]. Em alguns momentos, alguns tradutores da LXX optaram por ἄγγελοι [*aggeli*, anjos]. Embora esse termo fosse menos sujeito a problemas de interpretação, ele acabou introduzindo novas possibilidades de desentendimentos (e.g. Jó 1,6; 2,1; 38,7; contrastar com Gn 6,2.4). A revelação do nome de Deus em Êx 3,14, literalmente traduzido como "Eu sou o que sou" ou "Eu serei o que serei" é traduzido na LXX como ἐγώ εἰμι ὁ ὤν [*egō eimi ho ōn*, Eu sou aquele que é, o Ser]. O nome pessoal de Deus no hebraico (יהוה, Yahweh) está relacionado a um antigo verbo, "ele faz ser", o que aponta o caráter dinâmico do nome de Deus como Aquele que age na história. A tradução grega torna esse conceito abstrato, algo estático, "Ser", mais reconhecível e aceitável à mente grega. A LXX é mais suscetível a ser compreendida em termos das categorias filosóficas gregas do ser, enquanto o texto hebraico está mais orientado para o Deus que age na história.

A LXX foi amplamente usada no mundo helenístico (incluindo a Palestina) no tempo de Jesus e da igreja primitiva. A maioria das citações do Antigo Testamento encontradas no Novo Testamento é da LXX – embora outras traduções também estejam ali representadas. Os autores do Novo Testamento usaram, como sua Bíblia, uma tradução que já havia interpretado os textos originais. Isto pode ser importante para compreender como os autores do Novo Testamento entenderam sua Bíblia, naqueles inúmeros lugares onde o texto citado no Novo Testamento (baseado na LXX) é diferente da leitura das nossas Bíblias portuguesas (baseadas no TM). Portanto, a interpretação em Mateus 1,22-23 pressupõe a tradução da LXX, que lê παρθένος (virgem), enquanto o texto hebraico lê עַלְמָה (*almah*, uma mulher jovem).

Targuns [Targumim]

Como os judeus da Diáspora e os judeus falantes de grego que viviam na Palestina, os judeus nativos da Galileia e Judeia não mais falavam o hebraico como sua língua vernácula.[7] Embora o grego fosse a língua padrão para a administração do governo em todo o Oriente Próximo, o aramaico era a língua dominante do dia a dia para muita gente da região oriental do Mediterrâneo, incluindo a Palestina do primeiro século. De acordo com os Evangelhos, Jesus e seus discípulos falavam em aramaico (cf. e.g. Mc 5,41; 7,34; 14,36; 15,22). A língua sagrada, o hebraico bíblico, era compreendida pelos rabinos e eruditos, e a Escritura era lida durante a liturgia da sinagoga no texto original. Portanto, a tradução era fornecida a fim de que a leitura da Escritura pudesse ser compreendida. Em primeiro lugar, elas eram *ad hoc* e lidas em fragmentos, mas foram padronizadas posteriormente: para o nosso Pentateuco, o *Targum Onqelos* Babilônico e o *Targum [Pseudo-] Jonatan* de Jerusalém; para os Profetas, o *Targum* de Jonatan. *Onqelos* se tornou a paráfrase mais ou menos oficial, e depois da invenção da imprensa era normalmente impresso ao lado do texto hebraico.

Os fragmentos de Qumram mostram que alguns Targuns já existiam desde antes do primeiro século a.C. (*Targum* de Jó, da caverna 11). Dos Targuns disponíveis, o estudante perspicaz pode ganhar uma impressão da maneira como a Bíblia Hebraica foi traduzida e interpretada na sinagoga no tempo de Jesus e da igreja primitiva. Está claro que a linha divisória entre a tradução, a paráfrase e a interpretação extensiva era muito fluida. Os ouvintes na sinagoga recebiam a Bíblia numa forma já traduzida e interpretada. Por exemplo, o Targum de Jerusalém sobre Nm 11,27 diz "No fim dos dias, Gog, Magog e seu exército virão contra Jerusalém" (cf. Ap 20,8). Aqui e alhures, algumas vezes os autores do Novo Testamento baseiam sua interpretação do Antigo Testamento não sobre os textos hebraicos (ou LXX), mas na tradução/interpretação desenvolvida e veiculada no Targum. Quando os primeiros cristãos começaram a formular suas Escrituras em Grego, e os cristãos de gerações seguintes as traduziram para outras línguas, eles entraram numa longa tradição que já estava presente e "autorizada" por sua Bíblia.

---

[7] Algumas vezes o Novo Testamento se refere à língua comum da Palestina do primeiro século como sendo o hebraico (Jo 19,20; At 21,40; 22,2), porém significando "aramaico", uma língua relacionada.

4.3.2 Do Protocristianismo até a Reforma

A LXX permaneceu como a Bíblia dos cristãos de língua grega, mas como a fé cristã se espalhou pelo mundo mediterrâneo, ela foi traduzida para diversas outras línguas, sendo as mais importantes para nossos propósitos o latim, o copta [a língua do cristianismo egípcio] e o siríaco. O latim se tornou a mais importante dessas na ascendência da Bíblia Inglesa. Várias traduções latinas foram empreendidas. Uma vez que a cópia dos manuscritos não era controlada, a fertilização cruzada das tradições de manuscritos resultou numa ampla variedade de textos corrompidos. Como o latim substituiu o grego no cristianismo ocidental, tornou-se importante ter uma tradução precisa e autoritativa. Na última parte do quarto século, o papa DAMASO I encarregou JERÔNIMO de fazer uma tradução de toda a Bíblia. Sua tradução se tornou conhecida como a Vulgata [vulgar, i.e., comum], visto que foi feita na linguagem comum do povo. Originalmente, Jerônimo usou a LXX para sua tradução do Antigo Testamento, como as antigas traduções latinas fizeram, mas depois de ter consultado os textos hebraicos. Como tipicamente ocorre com novas traduções, a Vulgata foi contestada por muitos (inclusive AGOSTINHO), que já estava acostumado com a antiga tradução latina, que já era a Bíblia da igreja latina por gerações. A despeito dessa desconfiança e oposição iniciais, a Vulgata se tornou a Bíblia padrão do cristianismo ocidental por mais de mil anos. Ao longo dos séculos, ela também se corrompeu no processo de cópias, de modo que muitas versões da Vulgata existiam na Idade Média.

O Renascimento e a Reforma trouxeram mudanças radicais na tradução, circulação e interpretação da Bíblia. O Concílio de Trento (1545-1563) autorizou uma revisão da Vulgata, a qual foi proclamada como "autêntica". A invenção da imprensa com tipos móveis (GUTENBERG, 1453) fez com que, pela primeira vez, milhares de cópias exatas do mesmo texto pudessem ser reproduzidas. O latim já não era uma língua viva, de modo que era lida apenas por eruditos. Em geral, as pessoas comuns não podiam ler a Bíblia por si mesmas, nem ouvi-la sendo lida na sua própria língua durante a liturgia da igreja. Contudo, antes e durante a Reforma, inúmeras traduções da Bíblia foram feitas para língua vernácula, a maioria baseada na Vulgata em vez de nas línguas originais. Ao menos dezenove traduções alemãs da Bíblia ou partes dela apareceram antes de MARTINHO LUTERO, mas sua própria tradução da Bíblia inteira ao alemão, feita a partir dos originais em grego e hebraico, rapidamente se tornou a Bíblia principal do protestantismo alemão. A nova ênfase na Bíblia como a norma para o ensino da igreja e a vida cristã, em consciente contraste com a tradição eclesiástica e o magistério da igreja, significou que ela era agora mais importante para definir os limites exatos do cânon. O protestantismo seguiu a liderança de MARTINHO LUTERO no retorno à Bíblia Hebraica do judaísmo palestino, relegando, assim, à margem ou rejeitando inteiramente os livros deuterocanônicos encontrados na LXX e na Vulgata, mas não na Bíblia Hebraica. Uma vez que o protocristianismo não tinha feito isto, isso significa que o Novo Testamento continha alusões e citações de documentos que não mais eram considerados canônicos.

4.3.3 A Bíblia Inglesa

A Pré-King James

A Bíblia do Rei Tiago (King James), de 1611, não foi a primeira Bíblia Inglesa, mas entrou no cenário das traduções no clímax de um desenvolvimento longo e controverso. Entre seus predecessores, temos:

William Wycliffe, 1382-1388 – Havia paráfrases fragmentárias e comentários de partes da Bíblia para o inglês já no século IX, mas a tradução completa da Bíblia para o inglês foi feita sob a influência e encorajamento do reformador e erudito de Oxford, WILLIAM WYCLIFFE (1330 – 1384). Sob a liderança de WYCLIFFE, seus alunos e associados fizeram uma tradução relativamente literal da Vulgata latina para o inglês. Embora WYCLIFFE tenha sido condenado por heresia, por dois séculos sua tradução foi a única Bíblia Inglesa, e exerceu grande influência sobre o desenvolvimento da língua inglesa (assim como a tradução de Lutero desenvolveu influência sobre a língua alemã) e sobre todas as traduções inglesas subsequentes.

William Tyndale, 1526 – Embora tenha sofrido oposição pelas autoridades eclesiásticas, WILLIAM TYNDALE (ca. 1492 – 1536), publicou sua tradução do Novo Testamento durante seu exílio na Alemanha. As cópias eram contrabandeadas para a Inglaterra. O Antigo Testamento foi quase totalmente completado antes de ele ser executado por heresia, em 1536. Uma reversão na situação da igreja aconteceu quando CROMWELL assumiu o poder significou que a Bíblia de TYNDALE poderia circular livremente. Embora influenciada por WYCLIFFE, foi uma tradução que relegou a Vulgata a um segundo plano, sendo feita diretamente dos textos gregos e hebraicos. Sua clareza e vivacidade tiveram forte influência sobre as traduções inglesas subsequentes. A ordem dos livros do Novo Testamento seguiu a mesma de MARTINHO LUTERO, que separou Hebreus, Tiago, Judas e Apocalipse numa segunda categoria ao final do Novo Testamento, quase como um apêndice.

"*Thomas Mathew*", 1537 – Publicou sob um pseudônimo (ainda era perigoso traduzir a Bíblia na Inglaterra), essa tradução foi fortemente influenciada pela de TYNDALE.

A Grande Bíblia, 1540 – Esta Bíblia foi chamada "grande", i.e., "extensa", por causa de seu tamanho. Esta foi a primeira Bíblia Inglesa "autorizada", i.e., a primeira versão oficialmente aprovada pelas autoridades eclesiásticas e governamentais. Tratou-se de uma revisão realizada por COVERDALE, com base em traduções anteriores, principalmente a de "Thomas Matthew". A Grande Bíblia retornou à ordem padrão dos livros do Novo Testamento encontrados agora na nossa Bíblia (ver sobre TYNDALE, acima).

Várias Edições, 1547-1553 – Durante o breve reinado de EDWARD VI, quando era legal publicar a Bíblia à parte de um regulamento eclesiástico, os editores tomaram vantagem da ocasião a fim de produzir catorze edições de toda a Bíblia e trinta e cinco edições do Novo Testamento. Essas eram, na grande maioria, reimpressões das versões de TYNDALE, "THOMAS MATTHEW" e TAVERNER, mas eram intencionalmente combinadas com "novas" versões que continham anotações tendenciosas. A publicação da Bíblia estava se tornando um negócio vantajoso, e a falta de controle permitiu que ela se tornasse um mercado impulsivo.

A Bíblia de Genebra, 1560 – A reintrodução da autoridade católica romana na Inglaterra fez com que a tradução bíblica por indivíduos não autorizados se tornasse mais uma vez uma aventura perigosa. A nova tradução inglesa produzida por eruditos protestantes exilados em Genebra se tornou a Bíblia da Reforma na Inglaterra. Ao longo de um século, essa versão esteve entre as Bíblias inglesas mais influentes, resultando em cerca de 180 diferentes edições. Essa foi a Bíblia de SHAKESPEARE e MILTON, dos peregrinos que chegaram à América e do próprio rei TIAGO. A Bíblia de Genebra foi a primeira a introduzir numeração para os versos (a numeração de capítulos havia sido introduzida no século XIII). Enquanto isto facilitava para achar os lugares das referências bíblicas, a impressão de cada verso como um parágrafo enumerado separadamente contribuiu para a falsa impressão de que os documentos bíblicos são coleções de versos individuais em vez de textos unificados coerentemente. Semelhantemente, a Bíblia de Genebra foi a primeira a introduzir a ideia equivocadamente concebida de itálicos "acrescentados" aos textos originais, uma prática continuada pela KJV (King James Version [Versão do Rei Tiago]) e algumas de suas versões sucessoras.

A Bíblia do Bispo, 1568 – Em parte para combater a Bíblia de Genebra, traduzida por protestantes e muito popular entre as pessoas, mas não oficialmente autorizada pela igreja estabelecida, uma revisão da Grande Bíblia foi discutida. Seus tradutores eram, exclusivamente, bispos. Esta era a segunda Bíblia "autorizada a ser lida nas igrejas".

Rheims-Douay, 1582-1610 – A mudança da situação político-religiosa significou que agora católicos romanos encontravam-se perseguidos na Inglaterra. Alguns eruditos acharam refúgio em Douay, no outro lado do Canal da França, e pela primeira vez produziu-se uma Bíblia Inglesa patrocinada pela Igreja Católica. A tradução foi feita a partir da Vulgata a não das línguas originais. Sua tradução literal era difícil de entender, mas, por gerações seguintes, ela foi revisada diversas vezes e permaneceu como a Bíblia Inglesa Católica Romana padrão até o século XX.

Versão King James (Autorizada) – de 1611[8]

Temos visto que um grande número de Bíblias inglesas foi produzido desde o início sob a iniciativa de Wycliffe, em 1382, passando pelos tempos turbulentos da Reforma na Inglaterra até o reinado de Tiago VI da Escócia, que se tornou Tiago I da Inglaterra. Tiago tinha um interesse pessoal em produzir uma Bíblia padrão para a igreja falante de língua inglesa, e em 1604 convocou uma conferência envolvendo os clérigos anglicanos e puritanos. Como resultado, um comitê de tradução de 54 (as listas existentes nomeiam apenas 47) eruditos e

---

[8] Visando a praticidade na leitura, optou-se traduzir o título das versões, mas manter a sigla com as letras referentes aos títulos originais. Por Exemplo: Nova Versão Padrão Revisada (NRSV – *New Revised Standard Bible*). N. do T.

clérigos foi indicado e instruído.⁹ Eles deviam usar os melhores textos gregos e hebraicos disponíveis (não a Vulgata) como base para seu trabalho. E não deviam fazer uma tradução inovadora, mas revisar as traduções anteriores, principalmente a Bíblia do Bispo de 1568 – assim a AV (Versão Autorizada) ou KJV (Versão do Rei Tiago) são *versões*, e não propriamente uma *tradução*.

O trabalho foi bem feito. A tarefa foi dividida entre seis grupos de tradutores (três para o Antigo Testamento, dois para o Novo Testamento, um para os apócrifos), mas o grupo inteiro revisava o trabalho de cada grupo. Seus resultados foram expressos no inglês claro e vívido da era elisabetana, incomparável em estilo e beleza, e destinado a ter um efeito formativo sobre o desenvolvimento da língua inglesa. Foi uma tradução literal, mas os tradutores rejeitaram a ideia de que a mesma palavra grega ou hebraica devesse sempre ser traduzida pela mesma palavra inglesa. Os tradutores adotaram a prática da Bíblia de Genebra de imprimir cada verso como um parágrafo separado, e indicar as palavras "acrescentadas" ao texto original com destaque em itálico. Quando ela apareceu em 1611, a página de título anunciava a versão: "A Santa Bíblia, contendo o Antigo Testamento, e o Novo: recém-traduzido das línguas originais: E com as primeiras traduções diligentemente comparadas e revisadas, indicadas para serem lidas nas igrejas".

De fato, embora o rei tivesse patrocinado a produção da nova versão, ela nunca foi autorizada oficialmente nem pelo rei e nem pelo corpo eclesiástico. Contudo, o trabalho se tornou conhecido como a "Versão Autorizada" ou "Versão do Rei Tiago", e foi gradativamente aceita pelos cristãos protestantes falantes de língua inglesa como, simplesmente, "a Bíblia". Isto permaneceu por três séculos.¹⁰ O leitor devia notar que este foi um desenvolvimento relativamente tardio na história da Bíblia Inglesa. Não seria o caso de dizer que a versão do rei Tiago fosse a Bíblia Inglesa "original" que foi alterada por traduções posteriores. Em 1600, havia muitas Bíblias Inglesas no cenário; em 1700, principalmente uma.

---

⁹ O Prefácio Original, "Os tradutores ao leitor", é uma declaração clássica dos princípios dos tradutores. Agora raramente impressa na Bíblia do Rei Tiago, ela está disponível numa reimpressão de 1997 da Sociedade Bíblica Americana e online.

¹⁰ Mas não imediatamente. Em 1620, quando os peregrinos vieram para o Novo Mundo, aparentemente trouxeram apenas a Bíblia de Genebra, de 1560, que já havia se tornado tradicional. A King James ainda era "muito moderna".

Da Versão do Rei Tiago (KJV) à Nova Versão Revisada Padrão (NRSV)

A própria KJV nunca foi um texto único, mas teve várias redações desde o início. Uma revisão, em 1613, da edição original (de 1611) incluía mais de 400 alterações. Houve revisões adicionais em 1629, 1638, 1762 e 1769, e editoras e casas publicadoras continuaram, calmamente, a melhorar o texto, de modo que as edições quase universalmente aceitas diferiam entre si, desde as várias edições anteriores da Versão Autorizada, bem como da versão "original" de 1611. Por volta do século XIX, dois principais progressos deixaram claro que a versão King James atual precisava ser oficialmente revisada: (1) novas descobertas trouxeram à luz manuscritos mais antigos do Novo Testamento do que aqueles utilizados pelos tradutores da King James, de modo que os avanços da crítica textual significaram que o Novo Testamento Grego estava mais próximo dos documentos originais do que o Novo Testamento Grego que havia sido traduzido na King James; (2) A língua inglesa continuava mudando. Não apenas o uso de alguns pronomes, comuns no inglês elisabetano, não mais representava o discurso do dia a dia, mas também centenas de palavras da Bíblia não eram mais compreensíveis pelo leitor comum. Palavras que eram compreensíveis, porém não eram mais utilizadas no inglês comum, deram à Bíblia um sentido que não existia originalmente.

Versão Revisada e Versão Americana Padrão (RV e ASV)

A fim de vencer as dificuldades e responder às necessidades mencionadas acima, durante o século XVIII e especialmente no século XIX, diversas traduções da Bíblia, e especialmente do Novo Testamento, foram feitas por diversos indivíduos e publicações particulares. Algumas dessas eram idiossincráticas, outras representaram um melhoramento da versão King James, em diversos aspectos. Nenhuma delas configurou um padrão "autorizado", e nenhuma delas tornou-se amplamente usada como "a" Bíblia Inglesa. A necessidade era evidente para a própria igreja, representada pelo seu corpo de oficiais, de fazer uma tradução ou revisão atualizada. Uma proposta foi apresentada nas igrejas britânicas, em 1870, que resultou na Versão Revisada (RV). O Novo Testamento foi publicado em 1881, e a Bíblia inteira em 1885. Os eruditos americanos foram incluídos no projeto, na esperança de produzir uma Bíblia para o mundo de língua inglesa. Contudo, os americanos nem sempre estiveram satisfeitos com a maioria das decisões do comitê, particularmente devido as diferenças entre o inglês americano e o inglês britânico, de modo que propuseram cerca de 600 modificações. Por acordo, uma edição com as traduções preferidas dos eruditos americanos foi publicada depois de vinte anos, a qual resultou na Versão Americana Padrão (ASV), de 1901.

Assim como a Versão Revisada, a Versão Americana Padrão não foi uma tradução inovadora, mas uma revisão da Versão Autorizada, à luz de manuscritos mais novos, do avanço no conhecimento e as mudanças da língua inglesa. Em muitos aspectos, ela era uma tradução bastante precisa, uma melhoria considerável em relação à Versão Autorizada, e se tornou um texto bem aceito nos círculos acadêmicos. As duas principais fragilidades da Versão Padrão Americana dizem respeito à tentativa de ser uma tradução literal (grego bom, mas inglês pobre) e a repetição do uso dos mesmos pronomes arcaicos utilizados pela Versão Autorizada. Embora a publicação tenha representado uma sensação imediata – alguns jornais imprimiram o Novo Testamento inteiro como um suplemento no dia em que ela apareceu – o interesse inicial rapidamente diminuiu e, na mente do povo, a Versão Autorizada continuou a ser "a" Bíblia para a maioria dos falantes de língua inglesa.

Versão Padrão Revisada (RSV)

Para evitar edições pirateadas e alteradas circulando sob o título "Versão Americana Padrão", o texto foi protegido por direitos autorais e a versão recebeu o título "Padrão", a fim de distingui-la de outras versões que apareceram no entretempo alegando ser a "Versão Revisada Americana". Em 1928, os direitos autorais foram transferidos para o Concílio Internacional de Educação Religiosa, uma associação envolvendo mais de quarenta principais denominações dos Estados Unidos e Canadá, incorporadas ao Conselho Nacional da Divisão de Igrejas da Educação Cristã, após sua formação em 1950. O Conselho assumiu a responsabilidade pela revisão continuada da Versão Americana Padrão e formou o Comitê da Bíblia Padrão para esse propósito. Depois de muita deliberação, ficou decidido que uma revisão aprofundada da Versão Americana Padrão era necessária.

Trinta e sete estudiosos atuaram como membros do Comitê de tradução, juntamente com um Conselho Consultivo de 50 membros, representando todas as denominações que estavam cooperando para o trabalho (e um erudito judeu). O Novo Testamento foi publicado em 1946 e a Bíblia inteira em 1952. Essa não era uma nova tradução, mas uma revisão aprofundada da Versão Autorizada e da Versão Americana Padrão, eliminando sua linguagem arcaica e outros problemas. A publicação da Versão Revisada Padrão precipitou um excitamento entre alguns leitores, os quais a acusaram de ser uma versão "infiel", "de inspiração comunista", mas rapidamente ela se tornou a Bíblia comum nas principais correntes protestantes americanas. Uma segunda edição do Novo Testamento apareceu em 1971, com revisões menores e melhoramentos continuando a ser feitos. A versão também foi recebida entre os católicos romanos. Um ajuste na maneira como os livros apócrifos/deuterocanônicos eram impressos, sendo colocados em uma seção separada, e umas poucas notas de rodapé representando traduções alternativas, resultaram numa edição da Versão Revisada Padrão – a *Bíblia Comum* – oficialmente aceita por protestantes, católicos e ortodoxos. Por volta de 1977, pela primeira vez desde a Reforma, existia uma versão verdadeiramente ecumênica da Bíblia, abençoada por essas três ramificações da igreja mundial.

Nova Versão Padrão Revisada (NRSV)

À luz das descobertas de novos manuscritos que deram clareza adicional ao texto original da Bíblia, bem como a crescente percepção do significado dos textos bíblicos como resultado da erudição bíblica, as contínuas mudanças na língua inglesa e aumento da sensibilidade da linguagem inclusiva, em 1974 o Comitê da Bíblia Padrão foi desafiado pelo Conselho Nacional de Igrejas a fazer uma revisão completa da Versão Revisada Padrão. O comitê ecumênico realizou duas reuniões de uma semana por ano até o trabalho ser publicado em 1989. Centenas de passagens foram alteradas a fim de traduzir o significado do texto grego original mais adequadamente, num inglês mais natural e menos sujeito a equívocos, especialmente quando lido oralmente no culto.

QUADRO 4: Exemplos de esclarecimentos da RSV para NRSV

	RSV	NRSV
Jo 2,15	E fazendo um chicote de cordas, ele expulsou todos eles, com suas ovelhas e bois, do templo.	Fazendo um chicote de cordas, ele expulsou todos eles para fora do templo, ambos, ovelhas e gado.
Lc 22,35	"Faltou-vos alguma coisa?" Eles responderam: "nada".	"Faltou-vos alguma coisa?" Eles responderam: "Não, nenhuma coisa".
2 Co 11,25	Uma vez fui apedrejado.	Uma vez eu recebi um apedrejamento.
2 Pd 2,16	Um burro mudo falou com voz humana.	Um asno que não fala falou com voz humana.

Alguns arcaísmos restantes foram eliminados. As construções gramaticais do Novo Testamento Grego foram mais precisamente traduzidas. Por exemplo, a forma grega de pôr uma questão sempre indica que uma resposta positiva ou negativa é esperada.

Contudo, a alteração mais notável na NRSV foi o uso do gênero neutro, onde os textos originais claramente pretendiam incluir tanto o masculino quanto o feminino. A língua grega, tanto antiga quanto moderna, usa termos masculinos em sentido genérico (e.g. "homem", "irmão"), como o inglês fazia. Aumentar a sensibilidade do falante da língua inglesa para essa questão significou que o que era pretendido implicitamente agora era ouvido explicitamente. Consequentemente, o Comitê revisou uma ordem do Conselho Nacional de Igrejas de que "nas referências a homens e mulheres, a linguagem orientada para o masculino deveria ser eliminada na medida em que isto pudesse ser feito sem alterar passagens que refletissem a situação histórica da cultura patriarcal antiga".[11] O Comitê decidiu atingir uma inclusão linguística transformando verbos ativos em verbos passivos, o singular em plural, pronomes de terceira pessoa em pronomes de segunda pessoa (geralmente neutros em inglês) e reformulando frases com o objetivo de preservar o significado original.[12]

---

[11] Do Prefácio da NRSV "Ao Leitor".
[12] Alguns exemplos da diferença entre a Versão Padrão Revisada e a Nova Versão Padrão Revisada foram omitidos na tradução, tendo em vista que alguns deles são bem compreensíveis apenas para os falantes da língua inglesa. N. do T.

QUADRO 5: Questões gregas que antecipam uma resposta particular

	RSV	NRSV
Mt 9,15	E Jesus disse-lhes: "Pode os convidados do casamento chorar enquanto o noivo ainda está com eles?"	E Jesus disse-lhes: "Os convidados não podem chorar enquanto o noivo está com eles, pode?"
Jo 21,5	Jesus disse-lhes: "Filhos, vocês não têm peixe, tem?"	Jesus disse-lhes: "Filhos, vocês não têm nenhum peixe, tem?"

QUADRO 6: Reformulação com linguagem inclusiva de gênero

	RSV	NRSV
Mt 4,4	O homem não deve viver somente pelo pão.	Ninguém deve viver somente pelo pão.
Mt 6,30	Homem de pouca fé.	Você de pouca fé.
2 Cor 10,17	Deixe que aquele que se vangloria, vangloriar-se no Senhor.	Deixe a pessoa que se vangloria, vangloriar-se no Senhor.
Ap 2,29	Aquele que tem ouvido, deixe-o ouvir o que o Espírito diz as igrejas.	Deixe todo aquele que tem ouvido ouvir o que o Espírito está dizendo para a igreja.

A resposta à NRSV foi extremamente positiva – embora alguns ainda sustentassem suspeitas quanto à nova versão. Se existe hoje uma tradução legitimada no cenário eclesiástico, a NRSV é a tradução mais amplamente legitimada pelas igrejas. Trinta e três denominações protestantes, as Conferências Americanas e Canadenses dos Bispos Católicos, e a Igreja Ortodoxa Grega deram sua bênção oficial a essa versão.

A NRSV representa o legado da tradição da KJV (versão do Rei Tiago). A NRSV é uma revisão da RSV, que foi uma revisão da Versão Padrão Americana, que foi uma revisão da Versão Revisada de 1881, que foi uma revisão da Versão Autorizada. Mas a Versão Autorizada foi revisada informal e extraoficialmente diversas vezes entre 1611 e 1881.

4 • DA LXX À NRSV: NÃO HÁ TRADUÇÃO SEM INTERPRETAÇÃO

Além disso, a própria KJV não foi o início, mas o fim de um processo – foi a revisão da Bíblia dos Bispos, uma revisão da Grande Bíblia (sob a direção de MILES COVERDALE), que foi uma revisão da Bíblia de MATTHEW, que foi uma revisão da TYNDALE. Existe, portanto, uma cadeia ininterrupta que se estende desde TYNDALE, passando pela Versão Autorizada até chegar à NRSV, a representante contemporânea dessa tradição. Como uma revisão da RSV, a NRSV permanece com seus direitos autorais assegurados pelo Concílio Nacional de Igrejas.

Outras Traduções Patrocinadas pela Igreja

De forma representativa, observamos uma corrente da tradução bíblica em alguns detalhes. A história da Bíblia Inglesa inclui outras correntes significativas de tradução patrocinadas pela igreja, ao lado da tradição KJV – NRSV, que aqui podemos apenas mencionar:

- *A Nova Bíblia Inglesa – Bíblia Inglesa Revisada*. Em 1946, a Igreja da Inglaterra se juntou a vários outros organismos eclesiásticos protestantes, bem como a observadores católicos romanos, na proposta de uma tradução inteiramente nova, e não uma revisão a mais da Versão Revisada de 1881. O Novo Testamento da NEB (Nova Bíblia Inglesa) apareceu em 1961, levemente revisado em 1970, ano da publicação da Bíblia inteira nessa nova versão. Uma revisão completa apareceu em 1989, como a Bíblia Inglesa Revisada (REB), a qual se tornou a Bíblia Padrão no Reino Unido e em outras partes do mundo que têm o inglês como língua vernácula.
- *A Nova Bíblia Americana*. Os católicos britânicos e americanos também tiveram longo conhecimento dos problemas envolvidos na continuidade do uso de uma tradução com inglês arcaico. Em 1943, o Papa PIO XII emitiu sua famosa encíclica sobre estudos bíblicos, encorajando os eruditos católicos a trabalhar a partir dos textos originais em vez da Vulgata, e a levar em consideração a crítica literária moderna. Assim, em 1944, um grupo de estudiosos católicos, a convite do Comitê Episcopal da Confraria da Doutrina Cristã, começou a trabalhar na primeira tradução americana da Bíblia, realizada diretamente das línguas originais. Após a diretiva do Concílio Vaticano II, de que traduções deveriam ser produzidas "em cooperação com outros irmãos", eruditos protestantes foram incluídos na equipe de tradução. O trabalho foi concluído em 1970, adaptando alguns dos trabalhos anteriores sobre o Novo Testamento já publicados em 1941 (mas que tiveram como base a Vulgata Latina). A tradução foi chamada de – *A Nova Bíblia Americana* [NAB] (a fim de ser distinguida da Nova Bíblia

Padrão Americana). Especialmente no Novo Testamento, nem a tradução nem as numerosas anotações estavam à altura da presente erudição, de modo que, em 1978, uma revisão maior foi encomendada. Os resultados foram publicados em 1986, juntamente com introduções e notas melhoradas. O prefácio explica a adesão à linguagem específica de gênero tradicional. Embora muitos leitores tivessem preferido uma política de tradução mais inclusiva análoga à NRSV, a NAB é uma tradução precisa e agradável. A *Bíblia de Estudo Católica*, uma versão anotada com um extenso "Guia de Leitura", introduções e notas, é uma esplêndida tradução e fonte de estudo da Bíblia.

- *A Bíblia de Jerusalém – Nova Bíblia de Jerusalém.* A Bíblia de Jerusalém é assim nomeada porque se originou como um projeto de eruditos bíblicos dominicanos franceses da École Biblique de Jérusalem [Escola Bíblica de Jerusalém], sob a liderança de ROLAND DE VAUX, um dos pioneiros na pesquisa dos manuscritos do Mar Morto. Sua extensa série de comentários bíblicos, que incluiu uma nova tradução a partir das línguas originais, foi reunida em um volume publicado em 1956. Uma edição inglesa, a *Jerusalem Bible* [A Bíblia de Jerusalém], com base nas línguas originais, mas com a tradução francesa e notas em vista, foi feita por vinte membros da Associação Bíblica Católica Britânica. Quando ela apareceu em 1966, era a primeira tradução católica romana da Bíblia inteira em inglês, feita diretamente das línguas originais em vez da Vulgata Latina. Sua legibilidade, precisão e introduções e notas abrangentes, bem como sua aceitação pelas autoridades eclesiásticas, fez com que ela se tornasse a favorita entre os católicos romanos americanos e britânicos, como aconteceu com a tradução francesa nos países de língua francesa. Uma edição atualizada da Bíblia de Jerusalém apareceu em 1973, e sua correspondente versão em inglês, em 1985, a *Nova Bíblia de Jerusalém*.[13]

Traduções Particulares, Denominacionais, Institucionais e Comerciais

Em cada período, alguns indivíduos e grupos não estiveram satisfeitos com as traduções autorizadas. Por diversas razões: (1) O processo de revisão oficial deixa para trás, às vezes, a descoberta de novos manuscritos e os avanços na crítica textual, a compreensão dos eruditos da Bíblia em relação ao significado dos textos antigos, e a necessidade das igrejas por uma Escritura que fale numa linguagem

---

[13] Nota editor: No Brasil a Paulus Editora publicou a BJ a partir das línguas originais em 1981, com uma revisão e atualização em 2002.

contemporânea compreensível. Este era o caso durante a Reforma, por exemplo, quando a tradução de Lutero e outras traduções à língua do povo tornaram a Bíblia mais acessível à comunidade leiga. (2) Vários indivíduos e grupos sentiram que as traduções "padrão" não refletiam adequadamente seus próprios pontos de vista teológicos ou políticos que eles alegavam existir na Bíblia. (3) As traduções padrão eram muito liberais ou conservadoras para os interesses do grupo. (4) "As estruturas de poder" eclesiásticas, responsáveis pelas traduções padrão, eram suspeitas para alguns grupos, tanto conservadores quanto liberais. (5) O lucro e as considerações de marketing também desempenham um papel importante; em alguns momentos, o papel principal. A publicação da Bíblia é um negócio amplamente lucrativo, de modo que os editores possuem um interesse econômico em ter suas próprias versões, traduções e edições da Bíblia.

Esse conjunto de razões produziu centenas de diferentes traduções inglesas do Novo Testamento. Os trinta e sete anos entre 1952 e 1989 (RSV [Versão Padrão Revisada] à NRSV – Nova Versão Padrão Revisada) assistiram à publicação de vinte e seis traduções da Bíblia inteira e umas vinte e cinco traduções adicionais do Novo Testamento, i.e., mais de uma nova tradução do Novo Testamento por ano. Outras mais foram acrescentadas à lista desde 1989, e novas traduções e versões são colocadas no mercado cada ano. Nas livrarias ou sites religiosos, o leitor não iniciado se depara com uma variedade desconcertante de traduções e versões anotadas da Bíblia. Atualmente, pelo menos 140 traduções e versões do Novo Testamento estão disponíveis (60 traduções inglesas da Bíblia inteira, e outras 80 do Novo Testamento). Dessas, mencionaremos apenas brevemente a mais bem sucedida em termos de mercado, a *Nova Versão Internacional* (NIV) e sua mais recente concorrente, a *Bíblia Inglesa Comum* (CEB).

A Nova Versão Internacional. A Versão Padrão Revisada foi recebida com desconfiança e ceticismo por muitos conservadores, que consideraram que ela foi muito influenciada pela teologia liberal e a erudição bíblica crítica dos tradutores. A falta de satisfação com a Versão Padrão Revisada levou à nomeação de comissões pela Igreja Cristã Reformada (1956) e a Associação Nacional de Evangélicos (1957), resultando numa nova tradução que representou exclusivamente a ala conservadora. O Novo Testamento foi publicado em 1973 e a Bíblia inteira em 1978 como uma "Tradução Inglesa Moderna e Precisa Frase por Frase", i.e., ela deixou para trás a alegação de ser uma tradução literal palavra por palavra. A NIV [NVI, português] tem sido amplamente aceita entre os evangélicos como "a" Bíblia, e já vendeu mais de 150 milhões de cópias. O comitê de tradução foi composto por noventa e sete pessoas de várias denominações, noventa dessas eram da América da Norte, três da Inglaterra e três da Austrália e Nova Zelândia, presumivelmente a base para a assim chamada versão "internacional". O prefácio declara que todos eles estavam "comprometidos com a autoridade e infalibilidade da Bíblia como a Palavra de Deus na forma escrita" – algo surpreendente em face do fato de que eles não traduziram algumas palavras encontradas no texto grego e acrescentaram palavras não encontradas lá.[14] A NIV segue um texto grego eclético e reconstruído, mas ainda concorda com a NRSV em 45 dos 46 lugares onde versos e frases do Textus Receptus são omitidos ou relegados à margem. Às vezes adota uma leitura textual disputada, evitando assim um problema para a afirmação de que a Bíblia é infalível.[15] Muitas de suas leituras são pontuais e apropriadas, e foram adotadas posteriormente pela NRSV.

Respondendo às contínuas mudanças da cultura e língua inglesas, uma nova revisão completa foi realizada em 2001, a *Nova Versão Internacional de Hoje* (TNIV). Muitas alterações foram meras atualizações para o inglês contemporâneo (não mais se diz que Maria estava "com criança", mas "grávida"). Evitar uma linguagem inclusiva de gênero se tornou uma marca registrada da NIV, mas isso foi ajustado à sensibilidade mais recente na TNIV. Um exemplo disso pode ser encontrado comparando o texto de Rm 12,6-8 entre as versões NIV, TNIV e NRSV.[16]

---

[14] Assim como Metzger, *A Bíblia em Tradução*, a NIV foi severamente criticada por fundamentalistas e evangélicos mais conservadores. Ver e.g. Robert P. Martin, *Accuracy of Translation and the New International Version* (Carlisle, PA: Banner of Truth Trust, 1989), 19-67, e Earl D. Radmacher and Zane C. Hodges, *The NIV Reconsidered: A Fresh Look at a Popular Translation* (Dallas: Rendención Viva, 1990), 25-130.

[15] E.g. em Jo 7,8, a leitura "ainda não" em vez de "não" (como na NRSV). A NIV evita um conflito com Jo 7,10. Isto foi alterado na NIV 2011. A versão atual adota o mesmo texto grego e tradução da NRSV.

[16] Nota do editor: No Brasil uma edição completa da Nova Versão Internacional (NVI) apareceu em 2001. www.wikipedia.org/wiki/nova_versão_internacional.

A linguagem inclusiva da TNIV demonstrou ser problemática para alguns evangélicos, e sua publicação foi suspensa em face das considerações de mercado. A NIV, atualizada em 2001, rompe parcialmente com sua linguagem neutra de gênero.

A Bíblia Inglesa Comum (CEB). A CEB pode ser concebida como a resposta de algumas "principais" editoras ao sucesso da NIV, e uma frustração sobre os honorários de direitos autorais para o uso da NRSV. O projeto é patrocinado e financiado pela Corporação de Desenvolvimento de Recursos da Igreja (CRDC), fundada e administrada pela Casa Publicadora Metodista Unida (UMPH), e sediada no mesmo prédio. É liderada por PAUL FRANKLYN, diretor executivo de novos negócios da Abingdon Press, que originou o projeto da CEB. A Abingdon Press, uma marca editorial da UMPH, é filiada à Igreja Metodista Unida, mas nem essa denominação e nem outra fornece apoio financeiro ou inspeciona diretamente as atividades da Abingdon Press. A CEB é, portanto, um negócio de risco, um projeto da Abingdon Press, e não de qualquer igreja ou denominação. A Abingdon Press receberá a maior parte dos benefícios financeiros. As editoras associadas, listadas como membros da CRDC, parecem ter sido listadas para os fins de consultoria e promoção, e desempenham um papel mínimo no projeto. As denominações às quais estão filiadas não desempenham papel algum.

Até o momento, o procedimento utilizado na montagem do texto final não foi publicado ainda. Conversas com tradutores e apresentações e discussões públicas na Sociedade de Literatura Bíblica indicaram que a tradução de cada livro devia ser entregue a apenas um tradutor, cujo trabalho foi revisado por um colega, e então avaliado por um editor para a leitura de nivelamento; em seguida, um grupo revisou a legibilidade do texto, que só então recebeu a revisão final pelo comitê editorial. Esse comitê removeu as arestas que os diferentes estilos e perspectivas de cada tradutor deixaram e tomou a decisão sobre o texto final. Nenhum tradutor teve a oportunidade de aprovar as mudanças editoriais em seu próprio trabalho, nem o grupo de tradutores, como um todo, revisou a obra toda.

QUADRO 7: Comparação de Romanos 12.6-8

NIV	*TNIV*	*NRSV*
Nós temos diferentes dons, conforme a graça dada a nós. Se o dom de alguém é profecia, deixe-o usá-la na proporção de sua fé. Se é serviço, deixe-o servir; se é ensino deixe-o ensinar; se é encorajamento, deixe-o encorajar; se é contribuir com a necessidade de outros, deixe-o dar generosamente; se é liderança, deixei-o governar diligentemente; se é mostrar misericórdia, deixe-o fazê-lo alegremente.	Nós temos diferentes dons conforme a graça dada a cada um de nós. Se o seu dom é profecia, então profetize conforme a sua fé; se é serviço, então sirva; se é ensinar, então ensine; se é encorajar, então dê encorajamento; se é doação, então doe generosamente; se é liderança, faça-a diligentemente; se é mostrar misericórdia, mostre alegremente.	Nós temos dons que são diferentes conforme a graça dada a nós: profecia, na proporção da fé; ministrar, em ministério; ensinar, em ensino; doação, na generosidade; o líder, na diligência; o compassivo, na alegria.

QUADRO 8: Comparação de Gênesis 1.26

NIV	*TNIV*	*NIV 2011*	*NRSV*
Então Deus disse, "Façamos o homem a nossa imagem",	Então Deus disse, "Façamos o homem ser a nossa imagem",	Então Deus disse, "Façamos a humanidade a nossa imagem",	Então Deus disse, "Façamos a humanidade a nossa imagem",

Entre os traços enfatizados na promoção dos editores estão: (1) trata-se de uma tradução *inclusiva*. Os 120 tradutores incluem homens e mulheres que representam vinte e duas tradições de fé e cobrem a maior parte do *spectrum* étnico, racial, envolvendo um pessoal que vai do liberal ao conservador. Em alguns lugares, a inclusividade de gênero é obtida pelo uso de "ele ou ela" para o genérico pronome grego masculino singular (e.g. Rm 7,1); em outros lugares, "eles" ou "sua" desempenha esse papel (e.g. "...cada um receberá sua própria recompensa", 1 Co 3,8). (2) É uma tradução de *leitura fácil e agradável*, com um nível compreensível de leitura. A tradução foi testada por setenta e sete grupos de leitura e revisada (pelos editores e não os tradutores) de acordo com as respostas dadas por esses grupos. O vocabulário incomum aos leitores modernos desapareceu ou foi minimizado: *Filho do Homem* se tornou *o Humano*; a *Lei* [*Torá*] se tornou *Instrução*. Às vezes, o esforço para usar a linguagem inclusiva de gênero parece configurar propósitos cruzados com esse esforço para a legibilidade, e.g., em Ne 10,36, "filhos primogênitos" se torna "o descendente mais antigo dentre os nossos filhos". Por outro lado, traduções tais como "imigrante" para *gēr*/paroikos (גֵּר/πάροικος), o tradicional "hóspede" ou "estrangeiro", na NRSV, melhoram tanto a legibilidade quanto a precisão. (3) Ela usa *o discurso* contemporâneo, incluindo contrações, exceto "no discurso divino e poético". Embora Deus não use contrações, anjos (Lucas 1), Satanás (Jó 1) e o Jesus ressurreto sim: "Eu recebi toda autoridade no céu e na terra" (Mateus 28,18).[17]

Para muitos leitores dentro da comunidade cristã, a questão principal suscitada pelas traduções não é qual a melhor tradução para esta ou aquela frase, mas a complexidade das questões associadas com a autoridade, responsabilidade e legitimidade. Para a maioria dos leitores, mesmo aqueles com algum conhecimento de grego ou hebraico, a tradução inglesa é a Bíblia, e eles legitimamente perguntam quem lhes entregou um livro que carrega a alegação de que é a Santa Escritura, e com que autoridade fizeram isto. Qual a relação entre o sucesso comercial no mercado religioso e a legitimidade na comunidade de fé como Santa Escritura?

4.3.4 "Qual é a melhor tradução?"

Felizmente ficou para trás o tempo em que a Igreja tinha uma tradução oficialmente aprovada, e aqueles que introduziam novas traduções podiam ser queimados na estaca por corromper a fé através de suas inovações. Esses tempos jamais devem retornar, e não retornarão. Contudo a questão permanece. Pode algum indivíduo, grupo

---

[17] No inglês é comum o uso de "contrações" quando se usam verbos auxiliares, recurso gramatical não usado no português. Neste caso [Mateus 28.18], no original está "I've received..." de "I *have* received..." ("Eu *tenho* recebido..."). É a isso que o autor se refere quando diz: *"Embora Deus não use contrações, anjos (Lucas 1), Satanás (Jó 1) e o Jesus ressurreto sim..."* N. do T.

ou negócio escolher os livros que eles pensam que deveriam estar na Bíblia, traduzi-los de acordo com seu conhecimento, ignorância, teologia, convicções ou preconceitos, e ter o resultado aceito como "a Bíblia?". Quem afirmaria isto, e com que critérios?

A discussão acima sugere três critérios que se sobrepõem ao avaliar traduções:

1. Baseada nos melhores e mais antigos manuscritos

Tradução e crítica textual são inseparáveis. Nenhuma tradução pode ser melhor do que o texto grego reconstruído sobre o qual está baseada. A melhor reconstrução do Novo Testamento Grego deve estar baseada nos melhores e mais antigos manuscritos e nos melhores métodos da crítica textual (ver §§3.1–3.3). Isto não pode ser o trabalho e o julgamento de uma pessoa apenas, mas deve representar os esforços combinados de eruditos legítimos e qualificados. Embora o tardio e corrompido Textus Receptus (ver §3.4 acima) ainda tenha alguns defensores entre os leitores conservadores da Bíblia, praticamente todas as traduções dos séculos XX e XXI estão baseadas nos mais recentes textos críticos, como NESTLE-ALAND[27], a melhor reconstrução disponível dos textos originais perdidos.

2. Linguagem contemporânea

Originalmente, os textos bíblicos eram falados na linguagem e idioma de seu tempo. Assim como as mudanças nas línguas inglesa e portuguesa, as traduções bíblicas devem também mudar a fim de preservar o significado antigo, porém em linguagem contemporânea. Praticamente, todas as traduções dos últimos cem anos adotam esse critério. Mesmo os defensores da *Versão do Rei Tiago* (KJV), em sua maioria demonstraram sua adesão à atualização para a Nova Versão do Rei Tiago (NKJV), a qual usa o inglês contemporâneo. A única questão que permanece é o que constitui "linguagem contemporânea". O Novo Testamento é uma coleção antiga de textos, de outra cultura, expressos num vocabulário e conceitualidade não facilmente compreensíveis pelos leitores modernos de inglês ou português, os quais, em sua maioria, não estão aptos para determinar se o que estão lendo representa precisamente o texto grego. No interesse da venda ou de uma leitura agradável, deveria essa dificuldade inerente ser mitigada por um "rebaixamento do nível" do texto para adequar-se ao discurso do cotidiano de modo que os leitores se sintam "mais confortáveis" com isto? Seria a mesma coisa de, no caso de SHAKEASPEARE ou da Constituição dos Estados Unidos, por exemplo, pedirmos aos leitores para fazerem um esforço intelectual para entender os importantes textos de outro tempo e lugar, e ao mesmo tempo solicitarmos que os resistissem, adaptando-os para uma linguagem de rua.

3. Comitê de tradução comissionado pelos principais segmentos da Igreja Ecumênica

Nenhuma pessoa sozinha sabe o suficiente, ou é imparcial o suficiente, a fim de traduzir adequadamente a Bíblia para toda a igreja. Um grande comitê e qualificado nas línguas bíblicas e na sua interpretação, representando diversos grupos culturais, correntes teológicas e denominações, por um trabalho conjunto e comparando os resultados, tende a cancelar as parcialidades denominacionais e individuais, e produzir uma tradução que represente a melhor percepção do significado da Escritura para a igreja como um todo. Tal tradução deve representar a discussão interna e o consenso entre um amplo espectro de tradutores, e não uma antologia de traduções individuais de livros particulares. Tal processo requer diversos anos de intenso trabalho de um número grande de pessoas, e é muito dispendioso. Trata-se de um projeto a ser conduzido pela igreja como um todo, trabalhando através de suas estruturas corporativas. Contudo, a igreja mundial não está estruturada de tal maneira a autorizar Bíblias para todos os cristãos. Nenhum grupo ou indivíduo pode atualmente falar a todos os cristãos de língua inglesa. Todas as traduções e versões são, portanto, um lugar no espectro entre traduções puramente individuais e traduções que são universal e oficialmente aprovadas pela igreja. Numa extremidade do espectro, há traduções puramente individuais, mas elas não deveriam continuar existindo, a menos que fossem recebidas através de alguns elementos da comunidade de fé cristã. Por outro lado, nenhuma versão da Bíblia pode alegar aprovação oficial por toda a igreja. Contudo, há grupos representativos em diversas denominações e concílios de igrejas que são ecumenicamente orientados, e têm os interesses da igreja como um todo no coração. A Igreja Católica Romana e a Igreja Ortodoxa Grega têm meios claros de autorizar uma tradução particular. Concílios de igrejas tais como o Conselho Nacional das Igrejas de Cristo nos EUA e estruturas similares em outros países desenvolvem um papel importante em proteger a Bíblia da publicação meramente para benefício, motivos teológicos ou ideológicos. O patrocínio por tais grupos é importante para legitimar qualquer tradução ou versão.[18] O sucesso comercial de tais traduções como a NIV e a CEB levanta a questão da relação entre a igreja, as casas publicadoras denominacionais e as editoras comerciais. Quem tem o direito de entregar um livro à igreja e abastecer o mercado, com a alegação "Isto é uma Bíblia"?

A maioria das traduções modernas do Novo Testamento pode ser lida e estudada com proveito pelo estudante inquiridor. O estudante perspicaz não abordará diversas traduções e versões como se ele estivesse num restaurante onde os clientes servem a si próprios; "Eu *gosto* da maneira como esta tradução maneja este verso" é, dificilmente, um critério útil para validar uma tradução em detrimento de outra. Embora mais percepção possa ser obtida a partir de várias traduções, as seguintes estão entre aquelas que atendem os critérios discutidos acima, e podem formar uma base digna de confiança para a pregação e ensino na igreja.

- NRSV – Protestantismo Americano com orientação ecumênica.
- NAB – Tradução Católica Romana Americana com orientação ecumênica.
- REB – Protestantismo Britânico com orientação ecumênica.
- NJB – Catolicismo Romano Britânico com orientação ecumênica.

---

[18] O papel das traduções individuais em algumas situações não é que sejam minimizadas ou rebaixadas. O exemplo da tradução alemã de Lutero é frequentemente citado. O indivíduo, às vezes, se opõe às autoridades eclesiásticas constituídas. Contudo, a tradução de Lutero rapidamente se tornou a tradução de um comitê autorizado não apenas por Lutero, mas também por uma corrente importante da igreja institucional, sendo revisada várias vezes pelas comissões da igreja, de modo que a forma atual da Bíblia de Lutero representa a comunidade, e não apenas o indivíduo Lutero.

4.4 Para leitura adicional

ACKROYD, P. R. & Evans, C.F., eds. *The Cambridge History of The Bible*, 3 vols. Cambridge: Cambridge University Press, 1963–1970.

JOBES, Karen H., and Moises Silva. *Invitation to the Septuagint*. Grand Rapids: Baker, 2000.

LEWIS, Jack P. *The English Bible From KJV to NIV: A History and Evaluation*. Second Edition. Grand Rapids, Michigan: Baker Book House, 1981, 1991.

MCGRATH, Alister. *In the Beginning: The Story of the King James Bible and How It Changed a Nation, a Language, and a Culture* (New York: Random House, 2001).

METZGER, Bruce M. *The Bible in Translation: Ancient and English Versions*. Grand Rapids: Baker, 2001.

METZGER, Bruce M., Robert C. Dentan, and Walter Harrelson. *The Making of the New Revised Standard Version of the Bible*. Grand Rapids, Michigan: William B. Eerdmans Publishing Company, 1991.

5
O Novo Testamento Interpretado

5.1 O Novo Testamento é o livro da igreja no sentido de que a igreja o *interpreta*

Definições úteis. OS termos "exegese", "hermenêutica" e "interpretação" são usados com significados variados e sobrepostos. Para fins de comunicação, eu adoto as seguintes definições: *Exegese* (do grego ἐξήγησις [*exēgēsis* explicação, explanação], literalmente uma "extração" do significado) se refere ao processo de recuperar o significado antigo em seu próprio contexto histórico. *Hermenêutica* (do grego ἑρμηνεία, *hermēneia*, interpretação, tradução de uma língua para outra) se refere ao processo de traduzir o significado antigo, originalmente expresso em sua própria língua e visão de mundo para uma língua e conceitualidade de outro tempo, de modo que o significado original possa ser compreendido em um diferente contexto dentro de uma diferente visão de mundo. *Interpretação* se refere a ambas as coisas, a tarefa completa de recuperar o significado original e traduzi-lo para categorias modernas. Portanto, *interpretação* é o termo abrangente que envolve a *exegese* histórica e a *hermenêutica* contemporânea.

"Textos" orais e escritos. Embora as seguintes discussões se refiram a "leitores" e à interpretação de "textos", o leitor moderno deveria manter em mente que esta é a maneira convencional de se referir às composições antigas que eram escritas, em sua maioria, para serem lidas em voz alta. Israelitas, judeus e os primeiros cristãos receberam esses

"textos" oralmente, no contexto da comunidade. Na apresentação oral, já existe uma interpretação, gerada pela seleção, ênfase, tom de voz e o contexto da comunidade. Além disso, os textos eram lidos na assembleia – a sinagoga ou igreja – como segmentos contínuos, extensos e *completos*. Raramente, a questão tinha a ver com o significado de um "verso" ou sentença em especial, mas com a formação da vida em comunidade, através da experiência comum de ouvir leituras extensas de seus escritos sagrados. O Novo Testamento é o livro da igreja porque ele é ouvido numa experiência comunitária de adoração e audição.

5.1.1 Interpretação: Necessidade, Natureza e Valor

As doutrinas tradicionais da *sola scriptura* ("a Bíblia somente") e a *clareza da Escritura* ("a Bíblia é clara em si mesma") geraram dois protestos populares contra a interpretação: (1) "Eu não quero uma interpretação da Bíblia. Eu quero apenas a Bíblia". (2) "Eu não quero que ninguém me diga como interpretar a Bíblia; quero apenas interpretá-la por mim mesmo". Cada um desses protestos expressa reverência à Bíblia, e é comumente feito por aqueles que afirmam a autoridade da Bíblia e querem apropriar-se de suas mensagens, em vez de recebê-la por terceiros.

(1) A primeira objeção é enganosa, contudo, uma vez que ela supõe que uma clara distinção pode ser feita entre a própria mensagem da Bíblia e interpretações secundárias. Já vimos que toda tradução é uma interpretação, assim como é toda leitura do texto grego antigo. Assim, cada leitura oral ou silenciosa do texto também é uma interpretação. Isto se torna imediatamente claro quando alguém ouve o texto lido em voz alta por outra pessoa, visto que não é possível que duas pessoas empreguem, exatamente, as mesmas entonações e ênfases. A interpretação não é um obstáculo entre o leitor e o texto, mas os meios que facilitam a audição do texto. Sem interpretação, os textos são meramente letras sobre a página, e a música de Mozart ou um drama de Shakespeare são apenas borrões de tinta congelada sobre o papel silencioso. De fato, são essas notas de Mozart e essas palavras de Shakespeare que devem ser interpretadas; o intérprete não pode substituí-las por outras notas ou palavras, ou fazê-las dizer outra coisa. Entretanto, é pela interpretação, e somente por ela, que o texto recupera sua voz viva. A interpretação não é um mal, e nem um mal necessário, mas um aliado no processo de ouvir o texto.

(2) O Segundo protesto reconhece a necessidade de interpretação, mas desdenha os esforços de *outras* pessoas ou comunidades em me dizer como eu deveria interpretar o texto. "De fato", diz o leitor que apresenta objeções, "os textos devem ser interpretados, mas eu farei minha própria interpretação sem interferência de qualquer outra pessoa". A primeira resiste a interpretação, a última resiste o dogma limitador da interpretação do próprio indivíduo. A realidade, contudo, é que toda interpretação, da Bíblia ou qualquer outro texto, é feita a partir e dentro de uma comunidade que interpreta, e é influenciada pela perspectiva da comunidade. A apropriação de cada texto, cada declaração do significado de um texto, já foi interpretada num sentido provisional. Com efeito, essa tradução recebida pode ser modificada através de um estudo adicional, mas esse estudo, também, será influenciado pela comunidade na qual está o indivíduo, as lentes pelas quais ele vê e os compromissos que, inevitavelmente, ele tenha. Estar consciente disso é ser um intérprete mais competente e responsável.

5.1.2 Toda interpretação é *perspectiva*, dentro de uma comunidade de interpretação

Juntamente com a maioria dos estudiosos de todas as perspectivas e convicções, considero uma ilusão supor que a Bíblia pode ser lida com total objetividade, a partir de um ponto de vista neutro que transcenda a perspectiva humana. Ninguém aborda a Bíblia (ou qualquer outro texto) como uma *tabula rasa*. Todo leitor vê a Bíblia através de um conjunto particular de lentes. Essas lentes não apenas facilitam como também condicionam a visão. Sem essas lentes, ninguém pode ver, de fato. Contudo, essas lentes são formadas através do contexto particular do leitor – os aspectos raciais, de gênero, religiosos, políticos, econômicos e sociais de cada ponto de vista, os quais se interpenetram e se sobrepõem. A fim de ver, cada pessoa deve levantar-se em algum lugar e ver a realidade a partir de uma perspectiva particular, através de um conjunto particular de olhos. A necessidade de um ponto de vista particular não significa que a interpretação seja individualista, mas precisamente o oposto. Um aspecto intrínseco de todo ponto de vista particular é que ele não é puramente individualista, mas pertence à comunidade e é formado por ela.

A existência humana como tal é linguística e hermenêutica

Uma pessoa se torna humana ao ser socializada. O caos da experiência da busca de sentido deve ser organizado e interpretado antes de o ser existente poder pensar e funcionar como um ser humano. Isto inclui a aquisição da linguagem, que é adquirida historicamente num contexto social particular; não é inata. Um casal que adota um bebê polonês não precisa ficar pensando que não serão capazes de aprender polonês. Se o casal é húngaro, o bebê crescerá falando e pensando em húngaro; se americano, como americano – e não como genericamente "americano", mas apenas dentro de algum contexto comunitário americano em particular. Essa aquisição da linguagem inclui não apenas vocabulário e gramática, mas os gêneros e padrões de pensamento que tornam possível a comunicação em determinada cultura.

Ninguém pode ser genericamente humano, mas apenas de modo particular. Um indivíduo não pode pertencer à raça humana em geral, pertencer à humanidade como um todo é sempre o resultado de pertencer a alguma subdivisão da humanidade. Ninguém fala "humano", mas apenas determinada língua em particular – espanhol, norueguês, inglês, árabe. Cada ser humano fala e pensa numa língua em particular, que se desenvolveu na história, e que forma e condiciona as possibilidades de compreensão e comunicação. Isto acontece apenas em comunidade.

Toda interpretação de textos, da Bíblia ou outras coisas, acontece na comunidade.

Cada comunidade, e os textos escritos dentro dela podem ser estudados e analisados à parte dos interesses dos espectadores. Certamente, há um sentido importante em que tais espectadores podem compreender e apreciar os textos de uma comunidade à qual eles não pertencem, e podem respeitar e valorizar a própria comunidade. Como um não muçulmano, posso estudar o Alcorão, e compreender muito a respeito dele – especialmente se eu desejo aprender bem a língua árabe e imergir na história e cultura na qual o Alcorão foi escrito e é interpretado. Uma catedral cristã pode ser analisada, mesmo admirada, a partir de um ponto de vista de um espectador externo e analítico.

Explicações da história da arquitetura, apontando vários estágios da construção, as diferenças entre o gótico e o românico, e os detalhes que envolvem a confecção de um vitral, podem ser muito úteis para iniciantes desinformados, que chegam à catedral para adorar. Mas há um sentido em que a beleza da catedral, o que uma catedral realmente é, só pode ser compreendido quando se entra para adorar, sentar em silêncio e orar ou ouvir o órgão. Aqueles que regularmente fazem isso por ser parte de uma comunidade de adoradores, não reivindicam que apreenderam alguma coisa, mas que foram envolvidos pela Realidade representada pela catedral (cf. várias traduções de Fp 3,12, nas quais ser envolvido/alcançado pelo Cristo ressurreto é o ponto de Paulo).

Pode-se facilmente imaginar ilustrações seculares também: há um sentido em que livros sobre Mozart e sua música não podem ser compreendidos por não músicos ou por roqueiros que simplesmente desprezam música clássica e vice e versa. O não músico que quer entender Mozart buscará livros escritos por músicos que alegam ouvir e apreciar algo que os não músicos não ouvem, mesmo se ele ou ela está em dúvida quanto à alegação. Os capitalistas que querem entender a literatura do comunismo não apenas lerão a literatura de outros capitalistas, mas a literatura de comunistas assumidos. Esta é simplesmente uma questão de um bom método histórico: toda literatura é escrita dentro e para uma comunidade de intérpretes, e há dimensões de compreensão que só podem ser percebidas dentro de tal comunidade.

Portanto, alegar que "O Novo Testamento é o livro da Igreja no sentido de que a igreja o "interpreta" não é necessariamente um dogmatismo, mas um exemplo do projeto hermenêutico que, em geral, se aplica a todos os textos, sem exceção". Toda interpretação representa alguma dimensão da interpretação em comunidade, que os indivíduos trazem consigo mesmo quando estão interpretando um texto "particularmente". Portanto, que comunidade/comunidades formam o(s) contexto(s) de interpretação, consciente ou inconscientemente, torna-se uma questão crucial. Ao longo dos séculos, a comunidade cristã tem alegado, de diferentes formas, que a Bíblia só pode ser verdadeiramente compreendida dentro da comunidade de adoradores. Traçaremos agora, de forma breve, o esboço de como esse critério tem sido trabalhado na comunidade cristã.

5.1.3 O Fluxo Contínuo de Interpretação Histórica

Interpretação e Reinterpretação dentro da própria Bíblia

Reinterpretação dentro do Antigo Testamento. Entrar no mundo da Bíblia é dar um passo para um fluxo vivo e contínuo de interpretação e reinterpretação. Dispor constelações de livros numa ordem particular já é um ato de interpretação.[1] Deuteronômio representa uma reinterpretação posterior da legislação em Êxodo. A forma final dos textos do Pentateuco representa a interpretação das primeiras tradições e fontes – incluindo Deuteronômio. Os livros de Crônicas são explicitamente reinterpretações dos primeiros documentos, incluindo Samuel e Reis. A maioria dos livros proféticos não foi escrita de apenas uma vez e por um único autor, mas representa um fluxo contínuo de reinterpretação profética. A linguagem original de Oseias, por exemplo, teve uma interpretação completamente literal em sua proclamação original; a acusação da prostituição, etc. foi um protesto contra a adoração à Baal, a religião da fertilidade que atraía os israelitas do reino do norte. Essa linguagem foi retomada uma geração posterior em Judá, onde a ameaça do baalismo e a religião da fertilidade não mais eram um perigo, sendo aplicada metaforicamente. A linguagem já possuía essa potencialidade metafórica, ou isto não teria sido possível.[2] Ocasionalmente, tal reinterpretação torna-se explícita, como quando a profecia de Jeremias de que o exílio duraria setenta anos é reinterpretada em Daniel como setenta semanas de anos, i.e., 490 anos, a fim de tornar a profecia relevante para o tempo posterior ao escritor (cf. Jr 25,11-12; Dn 9,1-27). Esse processo dinâmico de releitura

---

[1] Este é um dos pontos da crítica canônica. Colocar Tiago no mesmo cânon do Novo Testamento como Romanos, por exemplo, faz com que elas sejam interpretadas uma em relação à outra. Colocar Tiago no início da coleção das Epístolas Católicas (em vez de, e.g. entre Mateus e Marcos) já é uma interpretação. O ato de separar Atos do Evangelho de Lucas, por parte da igreja primitiva, e colocá-lo antes das Cartas Paulinas ou das Cartas Católicas dá uma interpretação diferente tanto para Atos quanto para as cartas. Ver ROBERT W. WALL, "A Unifying Theology of the Catholic Epistles," em *The Catholic Epistles and Apostolic Tradition*, ed. KARL-WILHELM NIEBUHR and ROBERT W. WALL (Waco: Baylor University Press, 2009), 13–42 e "The Priority of James," 153–160.

[2] Cf. BREVARD S. CHILDS, *Introduction to the Old Testament as Scripture* (Philadelphia: Fortress, 1979), 378–379.

e reinterpretação prosseguiu paralela à composição das Escrituras judaicas, e também depois de serem completadas.

A interpretação bíblica no judaísmo primitivo. Está claro que os rabinos se debruçavam sobre o texto a partir de suas próprias convicções, as quais derivavam da tradição e buscavam alicerçá-los na autoridade do texto. Eles liam o texto à luz das convicções fundamentais de sua fé, uma das quais era que toda palavra e letra da Escritura são dadas por Deus e são teologicamente importantes. Num exemplo clássico, o Midrash sobre Gn 2,7 aponta que o verbo para "e ele formou" é grafado com um duplo yod (י), sendo o único caso nas 28 ocorrências desta forma no TM (וַיִּיצֶר *wayyitser* em vez do usual וַיִּצֶר *wayitser*). Uma vez que qualquer letra e a menor variação do texto sagrado tem significância,[3] a duplicação do yod aqui tem muito significado. Tendo em vista que o substantivo יֵצֶר (*yetser*) começa com um yod, e pode significar "imaginação, impulso interno", o significado deve ser que os seres humanos foram feitos por Deus com dois impulsos, o bom *yetser* e o mal *yetser*, e que os seres humanos são responsáveis pela escolha do bem. Através de uma exegese engenhosa, essa última doutrina é descoberta posteriormente no texto da Bíblia.

Os rabinos trouxeram suas próprias e profundas preocupações sobre a salvação de pessoas não israelitas à sua interpretação da Escritura. Deus é o Deus de todos os povos, mas Deus escolheu apenas Israel para ser o povo da aliança; apenas Israel tem a Torá, as promessas divinas e o ritual do templo que media o perdão de Deus. E quanto aos outros? A interpretação de Johanan ben Zakkai de Pv 14,34 forneceu a resposta: *a justiça exalta uma nação, mas a bondade dos povos é pecado* [i.e., uma oferta pelo pecado]. Em outras palavras, assim como as ofertas pelo pecado fazem expiação por Israel, assim também as boas obras, as obras de bondade, fazem expiação pelo pagão. Aqui não está claro se é próprio dos gentios as boas obras ou a fidelidade de Israel em realizar atos de caridade, mas o ponto dessa Escritura é claro: Deus forneceu uma maneira de os gentios justos serem salvos, assim como Deus providenciou para que israelitas fiéis fossem salvos.[4] Assim também, o Midrash de Gênesis lê Gênesis não como uma história

---

[3] No Novo Testamento, cf. e.g. Mt 5,18, e a argumentação de Paulo em Gl 3,16.
[4] Para elaboração e documentação, cf. JACOB NEUSNER, *First-Century Judaism in Crisis. Yohanan ben Zakkai and the Renaissance of Torah* (Nashville: Abingdon, 1975), 124.

antiga, mas como uma história de Israel do aqui e agora, e lidando com as preocupações judaicas na era Romana. Em Gênesis, Esaú estabelece regras, mas Jacó possui o direito de primogenitura; no tempo do intérprete, Roma estabelece regras, mas Israel tem a promessa de Deus. A partir de uma exegese imaginativa, Esaú representa Roma, o último dos quatro impérios em Dn 2 e 7 – essa história toda presumivelmente era conhecida pelos patriarcas e Moisés. O fato de Esaú ser o irmão de Jacó significa que Roma é o irmão de Israel. Esaú/Roma agora governa como o último império, mas o que vem depois disto? A era prometida da glória de Israel. Israel então disse a Roma: "Sim, você é parte de Israel, a parte rejeitada. [...] Tal concessão – Roma é uma irmã, um parente próximo de Israel – representa um reconhecimento implícito da reivindicação do cristianismo de compartilhar o patrimônio do Judaísmo, de ser descendente de Abraão e Isaque".[5] Até certo ponto, isso é uma contraparte da interpretação de Paulo em Rm 9-11, mas do outro lado – uma visão judaica da graça universal de Deus, alegando que Esaú/Roma/Cristianismo é finalmente parte da família de Deus e serão incluídos no ato redentivo final de Deus.

Parte dessa exegese parece arbitrária ou até mesmo frívola ao leitor moderno, mas a tradição rabínica dedicou-se à ideia de que cada palavra e letra da Escritura foram preenchidas de significado divino, e desenvolveu procedimentos e métodos rigorosos a fim de obter um significado contemporâneo a partir do texto antigo. Atribui-se ao Rabi Hillel, um contemporâneo mais velho de Jesus, sete regras de interpretação que se tornaram uma tradição, e foram aperfeiçoadas posteriormente e expandidas para treze, e então vinte e duas. As listas incluíam princípios tais como levar em consideração o contexto, a interpretação de uma passagem não clara por uma clara e, a mais famosa de todas, *qal wahomer* ("fácil e difícil", *a minore ad maius*), i.e., fazer inferências do menor para entender o maior. Por exemplo, se algo era proibido no Sábado, isto também seria proibido nos grandes dias de festa, mesmo se não tivesse sido especificamente mencionado no texto bíblico. Tais regras não eram aplicadas mecanicamente. De fato, a regra vigente que guiava à interpretação era a tradição dinâmica da comunidade de fé; às vezes, as regras funcionavam como racionalizações

---

[5] Jacob Neusner, *The Way of Torah. An Introduction to Judaism* (3rd ed.; The Religious Life of Man; Belmont, CA: Wadsworth, 1979), 58.

no melhor sentido da palavra, apresentando uma razão para as interpretações dadas pela viva voz da tradição.

A *alegoria* emergiu dentro do judaísmo como um método de interpretação bíblica durante o período do segundo templo. Na interpretação alegórica, o significado literal do texto é negado, e os elementos do texto são compreendidos como representando outras realidades. Embora haja alguma alegorização na interpretação bíblica do judaísmo palestino, foi especialmente na Diáspora de língua grega que os métodos gregos de alegorização foram aplicados à Bíblia. Esses métodos já haviam sidos desenvolvidos pelas correntes da filosofia grega, especialmente em Atenas e Alexandria, como uma forma de tornar as clássicas histórias homéricas dos deuses aceitáveis às gerações subsequentes, que acharam sua conduta irracional e imoral. Em tais tradições, a *Ilíada* e a *Odisseia* não eram compreendidas como recontando eventos literais, mas como apontando para verdades filosóficas e fornecendo direções para uma vida moral. Esse estilo de interpretação foi mantido em andamento em Alexandria por gerações, e era, por assim dizer, um lugar comum quando Filo entrou em cena. Ele não o inventou, embora tenha sido principalmente através de seus escritos que os cristãos se tornaram cientes desse método. No segundo século a.C, a *Carta de Aristeu* não apenas traz uma narrativa lendária e interessante da origem da LXX, mas fornece exemplos de interpretação alegórica. Uma pessoa atenta e educada poderia perguntar por que o Deus eterno estipulou que apenas os animais ritualmente puros disponíveis ao consumo para os israelitas são aqueles com cascos fendidos e que ruminam (Lv 11; Dt 14,6). Certamente, o Legislador Divino não fez essa distinção arbitrariamente. O intérprete reflexivo pode perceber que o casco é a *base de apoio ao animal*, e que a *divisão* é um tipo de discriminação, uma classificação. Portanto, o texto está oferecendo diretrizes para a *discriminação* racional que *apoia* a vida ética. Esta interpretação é confirmada ao se pensar mais profundamente sobre o verdadeiro significado de *ruminar*, que não tem nada a ver com a gastronomia bovina, mas retrata a reflexão meditativa sobre a Torá.

Os escritos de Filo de Alexandria se situam nessa corrente de interpretação judaica das Escrituras, a qual entende cada palavra do texto sagrado como carregada de significado profundo e alegórico. Filo considera a interpretação literal como falha em reconhecer a profundidade da Escritura e a majestade de Deus. Quando se lê que Deus plantou árvores no Éden, por exemplo, é simplório supor que isto se refere a uma realidade literal. O texto de Gênesis deve, de fato, estar falando de um "paraíso de virtudes, implantado por Deus na alma" (*De Plantatione* 8-9). Filo se incomodava com o fato de alguém pensar que o Deus eterno estava preocupado em registrar na Escritura pequenas contendas entre duas mulheres, e acha o sentido alegórico mais profundo: não se está falando de mulheres, mas de dois tipos de virtude e realizações educacionais. Agar, a concubina, representa a mente que se exercita com estudos elementares, e Sara, a esposa, representa a mente em luta pelo maior prêmio da virtude (Filo, *Estudos Preliminares*, 11-180). "Quando, portanto, tu ouvires que Agar foi afligida por Sara, tu não deves supor que alguma dessas coisas se abateu sobre ela, as quais resultam da rivalidade e brigas entre mulheres; visto que a questão aqui não é sobre a mulher, mas sobre mentes; uma estava sendo exercitada nos ramos da instrução elementar e a outra se dedicou aos trabalhos da virtude" (Filo, *Estudos Preliminares*, 180).[6]

A interpretação de Filo não era considerada arbitrária, antes seguia regras convencionais (*Abraão* 15). A própria Escritura demonstrou que o sentido literal não pode ser aceito quando, por exemplo, (1) um texto diz algo indigno de Deus – que Deus tem mãos e ouvidos, e todos os outros antropomorfismos; (2) um texto contradiz outro texto quando toma em nível literal, por exemplo, que Caim contraiu uma esposa e construiu uma cidade, quando toda a raça humana consistia numa família de três pessoas; (3) um texto que, obviamente, não está sendo usado literalmente, como a fala da serpente de Gn 3.

A interpretação judaica tradicional no Novo Testamento. Os primeiros cristãos não apenas adotaram as Escrituras Judaicas como suas, mas também adotaram e adaptaram as anteriores interpretações que se tornaram tradicionais como a base para sua própria reinterpretação. Assim, por exemplo, quando Paulo interpreta a pedra que jorrou água no deserto para os israelitas (Nm 20,2-13) como se referindo a Cristo, ele indica que este não foi um evento único, antes a rocha os seguia e lhes fornecia água durante as peregrinações no deserto – assim como Cristo faz por seu povo (1 Co 10,4). Que a rocha "seguia" Israel não

---

[6] O estudante do Novo Testamento pode comparar a interpretação de Paulo sobre Sara/Agar em Gl 4,21-36.

está no Antigo Testamento, mas é encontrado na interpretação judaica, contemporânea de Paulo.

Quando os autores do Novo Testamento interpretam a Bíblia, suas interpretações parecem apropriadas para o seu próprio contexto histórico, visto que, geralmente, eles compartilharam as perspectivas e alguns métodos de seus intérpretes judeus contemporâneos. Em cada caso, as convicções fundamentais da fé são trazidas à Escritura, e não meramente derivam dela. Para os cristãos, isto significa uma releitura intensiva de sua Bíblia à luz de sua convicção de que Jesus de Nazaré é o Messias, e de que Deus o ressuscitou para ser o Senhor de todas as coisas (ver abaixo §9.2.2).

A reinterpretação contínua no Novo Testamento. Esse processo contínuo de reinterpretação do Novo Testamento inclui a interpretação de tradições e documentos cristãos antigos: o próprio Paulo algumas vezes reinterpreta suas primeiras composições, como suas cartas posteriores esclarecem mal entendidos gerados por seus primeiros escritos (cf. e.g. 1 Co 5.9-11; a reinterpretação de 1 Co 12-14 em Rm 12-14). Atos e a tradição paulina posterior reinterpretam os primeiros escritos paulinos (cf. §§15, 16, 23 e 24.5.4 Vol. II). O último escrito do Novo Testamento adverte contra os equívocos de interpretação das cartas de Paulo, as quais, de fato, são difíceis de entender e não são de "particular elucidação"; antes, elas podem ser compreendidas corretamente apenas dentro da corrente vigente e contínua da comunidade cristã (2 Pd 3,16; cf. Vol. II §18.3).

5.1.4 A Interpretação do Novo Testamento na História da Igreja

Uma vez que nós não temos nenhum dos manuscritos originais do Novo Testamento, a história de copiar os textos é, em si mesma, parte da história de sua interpretação. Especialmente no período pré-canônico, às vezes os copistas faziam adições e modificações no texto a fim de tornar claro o significado ou "corrigir" o que, segundo eles, eram erros de transmissão. Um estudo de tais variações é uma janela útil para como o texto foi compreendido em determinado momento. De fato, esta é a principal contribuição da crítica textual. A disciplina não apenas se destina a reconstruir a forma primitiva possível do texto, mas a iluminar a sua história. O texto ocidental fornece um bom exemplo. Já no segundo século, uma série extensa de mudanças foi realizada, constituindo uma nova edição do texto, frequentemente com comentários hermenêuticos. Assim, dentre numerosos exemplos, a versão do texto "D" do "Decreto Apostólico" em Atos 15,20 e 29 entende as leis rituais num sentido ético. Proibições contra a contaminação de ídolos, coisas sacrificadas, sangue e proibição de casamento com parentes dentro das fronteiras determinadas – tudo questão de pureza ritual – tornaram-se regras contra a idolatria, fornicação e assassinato, às quais a Regra de Ouro foi acrescentada. O manuscrito "D", representando o texto Ocidental, é uma espécie de Midrash cristão, atualizando o significado do texto e construindo sua interpretação contemporânea para o próprio texto.

Quando o cânon do Novo Testamento foi encerrado, o Novo Testamento entrou para a corrente da história cristã como parte da Bíblia cristã. O leitor contemporâneo do Novo Testamento não pode evitar essa história, mas está dentro de uma corrente de interpretação que permanece por séculos e que é formada através do contínuo diálogo da comunidade cristã com a Escritura. Isto não significa que o leitor contemporâneo deva aceitar as interpretações anteriores como autoritativas acriticamente, mas que as leituras contemporâneas serão influenciadas, positiva ou negativamente, pelas maneiras como a Bíblia foi interpretada anteriormente. Um esboço muito irregular de alguns pontos principais dessa história pode ser traçado brevemente:

Irineu, Tertuliano, a Regra de Fé, e os Credos Ecumênicos: embates aquecidos dentro da comunidade protocristã tornaram arduamente claro que, mesmo quando a igreja tinha a Bíblia, a teologia autêntica não podia ser definida meramente por citar a Escritura. Tanto a "ortodoxa" quanto a "herética", conforme foram chamadas mais tarde, apelavam à mesma Bíblia. O papel que a comunidade de interpretação e sua perspectiva desempenharam em cada interpretação precisava se tornar mais explícita. Isto ocorria gradualmente, mas chegou a um foco importante no trabalho de Irineu de Lyon (ca. 130-200 a.C.). Irineu não apenas argumentava em favor da validade da escolha da igreja de quatro Evangelhos e outros livros que ela deveria considerar autoritativos, mas também propôs que as Escrituras só podiam ser compreendidas corretamente dentro da igreja católica, que permaneceu na tradição dos intérpretes apostólicos originais. A tradição oral recebida dos apóstolos, e formulada na regra de fé, é a diretriz oficial para a interpretação correta da Escritura. Uma formulação mais radical dessa abordagem foi desenvolvida por Tertuliano de Cartago (ca. 160-240). A abordagem mais legítima de Tertuliano – provavelmente ele foi um advogado – argumentava que as Escrituras são de propriedade do desenvolvimento da igreja ortodoxa, e que pessoas de fora dessa comunidade não têm direito de interpretá-las. Depois do edito de Tolerância de Constantino, que permitiu que a igreja ao longo do mundo mediterrâneo organizasse e conduzisse seu trabalho publicamente, o Credo Niceno-Constantinopolitano (325/381) e o Credo calcedoniano elaboraram os primeiros credos apostólicos e romanos. Uma das principais funções de tais credos era fornecer uma firme diretriz para a interpretação da Escritura. Embora houvesse ainda considerável variedade de interpretações no interior do que se tornou a Igreja Católica, nenhuma interpretação que tivesse violado os princípios básicos dos credos podia ser considerada válida. O primeiro artigo, de que há apenas um Deus que é o Criador de todas as coisas, queria dizer que qualquer interpretação gnóstica, que considerava o mundo material como a criação corrompida de uma deidade menor, devia ser equivocada. De modo semelhante, a formulação calcedoniana, de que uma linguagem cristológica adequada deve afirmar a plena humanidade e a verdadeira divindade de Jesus Cristo, excluía qualquer interpretação de que os Evangelhos ou as cartas de Paulo retratavam dualisticamente um Cristo divino celestial como um ser diferente do Jesus humano que sofreu e morreu (ver o esboço do gnosticismo abaixo, §9.2.2).

A Alegoria e o Intervalo entre o Passado e o Presente, o Literal e o Espiritual. O problema é a interpretação do significado de um documento escrito para uma situação, mas sendo lido posteriormente, em outra situação. Embora esse problema tenha sido encontrado na reinterpretação contínua dentro das Escrituras Judaicas e no Judaísmo (ver §5.1.3, §7.6), ele se tornou crítico quando os primeiros cristãos adotaram essas Escrituras como suas, e começaram a lê-las a partir da perspectiva de que as esperanças e promessas das Escrituras Judaicas encontraram seu cumprimento definitivo em Jesus Cristo. A hermenêutica que tornou isto possível foi frequentemente articulada como várias formas de tipologia e alegoria que viam mais de um nível de significado nos textos da Escritura. Embora o texto em sua superfície, num nível literal, possa estar falando sobre algum evento particular na história de Israel e não relevante à fé cristã, em um nível mais profundo, o significado espiritual tinha a ver com o ensinamento da verdade cristã. Os leitores judeus pré-cristãos viam apenas o significado superficial e perderam a profundidade da verdade no texto, a qual é visível apenas através dos olhos da fé, com a iluminação do Espírito Santo. Alguns dos primeiros mestres cristãos e medievais refinaram a arte da interpretação alegórica a um ponto eminente, descobrindo todas as profundidades e subtilezas da teologia cristã por baixo da superfície do Antigo Testamento. As profecias eram compreendidas em termos de Jesus e a história cristã e as leis eram vistas como "tipos" (modelos e protótipos da doutrina cristã). Por meio do método alegórico, cada frase e mesmo cada palavra do Antigo Testamento poderia ser feita para produzir ensinamento cristão. É bastante fácil achar exemplos bizarros de tal interpretação, que estava muito distante do significado original: "A moça (Rebeca) era mui formosa de aparência, virgem, a quem nenhum homem havia possuído" (Gn 24,16 ARA) significa que Cristo é o esposo da alma quando ela se converte, Satanás se torna o esposo da alma quando ela cai.[7] Praticamente cada pedaço de madeira na história bíblica poderia representar algum aspecto do entendimento cristão da cruz de Jesus. O livro Cantares de Salomão, num nível superficial, é uma poesia erótica que celebra a sexualidade como parte dos benefícios da criação; Bernard de Clairvaux (1090-1153) o interpretou em 86 sermões como uma alegoria do amor de Cristo pela igreja, revelando a totalidade da teologia cristã incrustada nesse livro. Contudo, não deveríamos pensar na interpretação alegórica como uma busca trivial que ocupe o segundo lugar em nossas mentes. Alguns dos maiores pensadores da igreja viam a interpretação alegórica como a chave para desvendar os mistérios profundos da fé que Deus revelou através das Escrituras àqueles que estavam desejosos de aprender. AGOSTINHO (354-430 d.C.) tinha uma mente muito filosófica e era muito honesto para fingir que acreditava na Bíblia literalmente. Ele se tornou um cristão somente depois de descobrir o método alegórico.

---

[7] ORÍGENES, *Hom.* em Rm 7,8, citado em FREDERIC W. FARRAR, *History of Interpretation* (Grand Rapids: Baker, 1979), 199. FARRAR se alegra em mostrar os pontos fracos da alegoria, e fornece muitos exemplos desta triste desconexão (p. 204). Para mais informações, e uma apropriação mais positiva da alegoria que incorpora, mas vai além da crítica histórica, ver os trabalhos de BREVARD CHILDS, especialmente *Biblical Theology of the Old and New Testaments* and *The Struggle to Understand Isaiah as Christian Scripture* (Grand Rapids: Eerdmans, 2004).

Para muitos outros pensadores cristãos, a alegoria tornou possível sustentar a racionalidade da fé cristã.

De fato, nem todos os intérpretes cristãos ao longo dos séculos interpretaram a Bíblia alegoricamente. Bem no início, a escola de Antioquia representada por Teodoro de Mopsuéstia (ca. 350-428 d.C.) defendia um significado histórico da Escritura em oposição à escola de Alexandria representada pelos sofisticados métodos alegóricos de ORÍGENES (ca. 185-254 d.C.). Tomás de Aquino (1225-74), o maior pensador cristão medieval, insistia num significado literal como a base para todas as outras interpretações. A ampla variedade de interpretações durante esses séculos se deu não por um método hermenêutico em particular, mas pela tradição da igreja, que forneceu firmes diretrizes para a interpretação, não importavam os métodos utilizados. A Escritura e a Tradição eram uma unidade simbiótica que guiava a igreja em sua peregrinação através da história – mas essa unidade se desfez durante os séculos dezesseis a dezoito: a revolução religiosa da Reforma e a revolução científica e secular da Renascença-Iluminismo.

A Reforma

Quando alguns reformadores do século XVI abandonaram ou foram excluídos da Igreja Católica Romana, a maioria via a si mesmos como rejeitando as tradições humanas que extraviaram a igreja e retornando à Bíblia como a única fonte de autoridade (*sola scriptura*). Naturalmente, eles trouxeram alguns elementos da tradição consigo e as novas comunidades protestantes geraram novas tradições como diretrizes para a interpretação bíblica, que se refletiram nas afirmações do credo protestante e nos dogmas posteriores do escolasticismo protestante. As relações contínuas entre a igreja e o Estado levaram a guerras religiosas e perseguições de um grupo cristão por outros grupos cristãos, mas quando a nova perspectiva da *sola scriptura* foi levada para a América do Norte, a separação da igreja e o Estado permitiu que cada denominação florescesse à medida que podia apelar ao populacho. Todas alegavam que a Bíblia era a autoridade suprema, interpretando-a de acordo com sua própria tradição, mas entendiam ser guiadas pela "Bíblia apenas". Uma vez que "a tradição humana", especialmente a tradição católica romana, foi rejeitada, várias correntes do protestantismo planejaram seus próprios métodos de implementar a alegação protestante em geral de que "a Bíblia é sua própria intérprete". O esforço era para restaurar a Bíblia ao povo, sem a intervenção do clero ou da tradição. A despeito da alegação "a Bíblia apenas", as denominações históricas que se viram na tradição da Reforma continuaram a ser guiadas pela tradição da igreja maior, adaptada pela denominação particular. Dentro dessas denominações, os credos ecumênicos, as principais tradições patrísticas e a continuidade do ministério autorizado da igreja, ao longo dos séculos, continuaram a ser afirmados na idiossincrasia de cada denominação, e a Bíblia foi reconhecida como a única autoridade e interpretada dentro dessa estrutura. As numerosas denominações e seitas que não encontraram seu lugar nessa história tenderam a rejeitar a história geral da igreja como um declínio, perversão ou apostasia de sua pureza original, e a alegar que elas retornaram à fé e igreja originais conforme estabelecidas na Bíblia. Toda essa discussão, às vezes conduzida num espírito fraterno e às vezes com arrogância e aspereza, aconteceu a partir de um compromisso compartilhado de que a Bíblia devia ser entendida como literalmente verdadeira e legítima em todos os aspectos. A única questão era como interpretar e aplicar essa norma universal. A despeito de suas diferenças na interpretação, todas as denominações entenderam a Bíblia como o mesmo tipo de livro. As divisões estão entre as denominações, e não dentro delas. Essa situação mudaria radicalmente através de incursões da abordagem "moderna" da Bíblia promovida pelo Renascimento e Iluminismo. Essa abordagem começou quase ao mesmo tempo da Reforma e prosseguiu ao longo de um caminho paralelo com o crescimento do Protestantismo, mas não se tornou decisiva na maioria das igrejas até o século XIX.

O Renascimento e o Iluminismo

Antes do século XVI, a maioria dos leitores cristãos da Bíblia se via vivendo no mesmo mundo dos que escreveram a Bíblia. Não havia uma grande lacuna entre o que liam na Bíblia e a maneira como entendiam seu próprio mundo. O alvorecer da ciência moderna – a geografia, a astronomia, a geologia – e uma abordagem do pensamento histórico que era crítico e analítico, em vez de aceitar a autoridade da tradição, mostrou que muitos aceitaram tradições que se demonstravam falsas. A descoberta do Novo Mundo além do Atlântico, a invenção do telescópio que facilitou o estudo dos planetas e estrelas, e os novos *insights* revolucionários da astronomia de Copérnico, na qual o sol – e não a terra – é o centro do sistema solar, criando uma lacuna entre o mundo da Bíblia e o mundo da experiência cotidiana. As pessoas educadas começaram a perceber que a terra era muito mais velha, e o universo inimaginavelmente maior do que o aconchegante mundo bíblico em que tinham vivido antes.

O Iluminismo dos séculos XVII e XVIII expandiu as perspectivas renascentistas, enfatizando a razão humana e o individualismo em vez das autoridades bíblica e eclesiástica como os árbitros da verdade. Antigos documentos foram examinados por sua autenticidade; alguns sobreviveram ao exame crítico e outros não. Tal investigação crítica foi capaz, por exemplo, de separar os escritos autênticos de Platão dos documentos que foram escritos em seu nome. Outro exemplo significativo é a Doação de Constantino, um documento sobre o qual a igreja medieval estribava sua autoridade, no qual Constantino transferia a autoridade sobre Roma e a Europa ocidental para o papa. Os eruditos da Renascença demonstraram, com base no vocabulário, estilo e referências históricas anacrônicas do documento, que ele não podia ter sido escrito antes do século XVIII. Essa abordagem dos textos antigos foi vigorosamente mantida durante o Iluminismo, que continuou a examinar a autenticidade histórica de documentos antigos. O surgimento dessa consciência histórica dentro da igreja dos séculos XIX e XX se tornou o ponto mais crítico da interpretação bíblica desde que a igreja começou a usar o método alegórico.

O Alto Criticismo Histórico e a Resposta da Igreja

A crítica histórica ou o método histórico-crítico é, na realidade, um grupo de métodos usados para estudar um texto historicamente. O método mais básico é a crítica textual, às vezes chamado de "baixa crítica", em face de seu caráter fundamental, que tenta restaurar a forma mais antiga recuperável dos textos originais que não existem mais (ver acima, §3.1). "Alta crítica" é o grupo de métodos que busca entender o texto em seu contexto original. O estudo histórico dos textos explora as seguintes questões:

- *Autoria/Autenticidade.* Quem escreveu o texto? Com base em evidências internas e externas, ele foi escrito pela pessoa a quem é tradicionalmente atribuído?
- *Língua.* O texto foi escrito na língua de suas formas existentes, ou temos uma tradução de um texto escrito originalmente numa língua diferente?
- *Gênero.* Que gêneros literários eram vigentes quando determinado documento foi composto? Como foram compreendidos, adotados e adaptados pelos autores bíblicos?
- *Data.* Quando o texto foi escrito?
- *Origem.* Onde o texto foi escrito?
- *Destinatários.* Para quem o autor endereçou o texto?
- *Contexto social, politico e religioso.* Interpretar um texto historicamente significa entendê-lo em termos de seu próprio mundo, que, por sua vez, requer exploração de seu contexto social, político e religioso. As abordagens *científico-sociais*, vistas, às vezes, como uma disciplina separada da crítica histórica, enfatizam a importância da estrutura social na compreensão do contexto histórico, e.g., como os pais entendiam seu papel, como o casamento e a família eram compreendidos, como o sistema de empregado e escravos atuava, como a patronagem e a cultura influenciaram os autores e seus textos. A *história da religião (Religionsgeschichte),* da mesma forma, por vezes vista como uma disciplina distinta da crítica histórica, investiga o pensamento religioso do Novo Testamento dentro do contexto das opções religiosas disponíveis no contexto histórico.
- *Oralidade, Crítica da Forma.* Essas unidades da tradição oral eram usadas pelo autor, e/ou incorporadas às fontes que ele ou ela usou? Que tipos (formas, subgêneros) eram esses, e onde e como eles funcionavam na vida da comunidade?
- *Fontes.* Que fontes os autores usaram? Elas ainda existem, de modo que as seleções e modificações dos autores possam ser determinadas?
- *História da Tradição (Traditionsgeschichte).* A trajetória de uma unidade de tradição através de suas várias reinterpretações do período oral através de fontes que podem tê-la incluído na forma atual do Novo Testamento é chamada de Crítica da Tradição ou História da Tradição.
- *Crítica da Redação e da composição.* Como o autor selecionou, organizou e modificou os materiais que lhe estavam disponíveis a fim de produzir o documento em sua forma atual? Análise editorial é também chamada de Crítica da Redação (*Redaktion* é a palavra alemã para edição). A teologia distintiva do autor podia ser vista pela maneira como ele selecionou, organizou e modificou suas fontes. A crítica da redação floresceu nas décadas logo após a Segunda Guerra Mundial, e deu importantes contribuições, especialmente ao reorientar a atenção hermenêutica sobre a forma final do

texto. Quando os autores bíblicos passaram de ser vistos como coletores e editores, para autores com seus próprios direitos, a crítica da redação avançou para a crítica da composição.
- *Unidade, integridade.* O documento atual é uma unidade composta pelo autor original, ou é uma combinação editorial de documentos? Relacionado tanto à crítica textual e a unidade está a questão das interpolações: teria um editor ou escriba posterior inserido palavras, frases ou parágrafos ao original?
- *Recepção, Wirkungsgeschichte (História dos efeitos), História da Interpretação.* O estudo histórico de um documento inclui a história de seus efeitos, como ele foi recebido e a resposta que ele gerou, e os efeitos que ele teve na história posterior. Embora o intérprete contemporâneo possa não apenas adotar uma interpretação entre aquelas descobertas na história da intepretação, tal estudo tende a quebrar a camada externa da própria interpretação do intérprete e abrir-se para a possibilidade de uma nova audição do texto. *Wirkungsgeschichte* pertence ao kit de ferramentas de todos aqueles que querem entender a Bíblia.

A aplicação dessa grupo de métodos aos documentos bíblicos é uma tentativa de estabelecer cada texto em seu próprio contexto e permitir que o intérprete ouça-o conforme seu destino original. Esse mesmo processo tendia a remover o texto do mundo do leitor moderno, que, por exemplo, não mais vive num mundo onde o sacrifício animal e a possessão demoníaca eram vistos como elementos constituintes no mundo da vida. Os leitores modernos da Bíblia que se apropriaram dos *insights* da crítica histórica acharam que eles tinham uma nova compreensão do que os textos bíblicos originalmente *queriam dizer*, mas o que esses textos poderiam *significar* agora se tornou algo problemático. "O que eles queriam dizer" podia agora ser estabelecido com relativa confiança; "o que significa" era outra questão.[8]

Uma figura chave na tentativa de manter em unidade o significado moderno e o significado antigo, combinando as percepções e conclusões do estudo crítico moderno e o significado religioso da Bíblia para a fé cristã, foi FRIEDRICH SCHLEIERMACHER (1768–1834). Ele defendia que os eruditos da Bíblia deviam também ser teólogos e que os teólogos deviam ser eruditos da Bíblia, e incorporou esse modelo para si mesmo. Para alguns que andaram nos passos de SCHLEIERMACHER,

---

[8] Classicamente expresso por KRISTER STENDAHL, "Biblical Theology, Contemporary," em *IDB* 418–432.

a crítica histórica estava se emancipando, uma rajada de ar fresco que libertou tanto a Bíblia quanto o leitor de dogmas repressivos. O texto podia mais uma vez falar sua própria mensagem a seu próprio tempo e lugar, lançado para um mundo diferente daquele do leitor, e ser ouvido pelo leitor emancipado que estava livre para escutar a conversa antiga sem impor significados dogmáticos sobre os textos bíblicos. FREDERICK W. FARRAR, admirado expoente da crítica histórica da igreja da última parte do século XIX, representava essa perspectiva. Sua história da interpretação bíblica considera toda a história da Bíblia na igreja até seu presente, tempo iluminado, como se fosse basicamente "uma história de erros".[9] FARRAR foi um professor e pregador extremamente popular, um respeitado estudioso de Cambridge que serviu como deão em Canterbury. Sua obra *Vida de Cristo*, de 1874, foi amplamente lida como uma síntese da calorosa piedade evangélico-liberal que permitiu que seus leitores aceitassem os resultados da crítica histórica enquanto continuavam afirmando as "verdades essenciais" da Bíblia. Embora a Bíblia agora seja vista como escrita a outras pessoas, em outro tempo e lugar e com diferentes visões de mundo, em vez da perspectiva científica e moderna de nosso tempo, "não há a menor dificuldade prática" em distinguir essa casca temporal da verdade permanente da Palavra de Deus.[10] Essa hermenêutica liberal, reducionista e mais antiga do final do século XIX e início do século XX, era muito popular entre as igrejas que não mais podiam afirmar o literalismo bíblico e as tradições pré-críticas sobre como a Bíblia foi composta. Para tais pessoas, a crítica histórica foi influência positiva e libertadora que lhes permitiu continuar afirmando a fé bíblica e a interpretar a Bíblia como um guia para a igreja e a fé cristã.

Para outras pessoas dentro da igreja, a crítica histórica apresentou uma ameaça à própria fé. Para estes, acreditar na "verdade da Bíblia" estava intrinsecamente ligado à afirmação dos pontos de vista tradicionais de autoria e data dos textos bíblicos. As dúvidas que a crítica histórica lançou sobre esses pontos foram compreendidas como uma rejeição da fé. Nesses círculos, o estudo histórico foi considerado um inimigo, e a visão tradicional foi reafirmada como ortodoxa. A disputa dos séculos XIX e XX sobre a alta crítica da Bíblia, às vezes

---

[9] FARRAR, *History of Interpretation*, 8.
[10] Ibid., 430–31. Essas são as últimas palavras do livro.

chamada de "a controvérsia modernista", não apenas causou profundas fissuras entre as denominações que aceitaram os resultados da alta crítica e as que não os aceitaram, mas também ocasionou tensões e mesmo divisões dentro de determinadas denominações. Embora a alta crítica tenha tido um efeito polarizador dentro da comunidade cristã, nem todos os defensores da fé tradicional rejeitaram a crítica histórica totalmente. Enquanto os fundamentalistas e conservadores extremos fizeram disso uma marca da fé autêntica, de modo a rejeitar o "modernismo" e a "alta crítica" e reafirmar a inspiração verbal e a infalibilidade da revelação bíblica, muitos cristãos evangélicos, mais comedidos, perceberam que podiam incorporar métodos e conclusões menos radicais dos críticos à sua teologia. Porém, de forma alguma, a antiga hermenêutica liberal, conforme defendida por ADOLF HARNACK, na Alemanha, FREDERICK W. FARRAR, na Grã-Bretanha, e HARRY EMERSON FOSDICK, na América, foi a única maneira de trazer os termos da alta crítica. As diversas formas da teologia dialética (Nova Ortodoxia) e a interpretação existencialista, em suas variadas formas, representada por nomes como KARL BARTH, RUDOLF BULTMANN e PAUL TILLICH, as abordagens da teologia bíblica e da história da salvação, representadas por nomes como OSCAR CULLMANN, LEONHARDT GOPPELT e GEORGE ELDON LADD, todas essas formas de pensar ilustraram que a crítica histórica podia se tornar a base para uma apropriação renovada da mensagem da Bíblia no seio da igreja.

A Igreja Católica Romana oferece um bom exemplo da adoção da crítica histórica como um método apropriado e útil à interpretação fiel da Bíblia. Em princípio, duvidosa e hostil aos métodos críticos, durante o pontificado de PIO XII, a liderança da igreja inverteu completamente sua posição anterior. A encíclica *Divino Afflante Spiritu*, de 1943, recomendou as ferramentas da crítica moderna da exegese bíblica aos católicos romanos, e as ordens oficiais subsequentes da Pontifícia Comissão Bíblica concedeu completa liberdade (*plena libertate*) em relação às restrições anteriores, de modo que os intérpretes católicos pudessem seguir a pesquisa histórica a qualquer conclusão que ela conduzisse. Isto significa que os estudiosos católicos romanos rapidamente adotaram as posições críticas sobre autoria, data e análise de fontes há muito afirmadas por seus colegas protestantes e laicos. Na última geração, católicos romanos tais como RAYMOND E. BROWN e JOSEPH A. FITZMYER têm prosseguido nos estudos crítico-históricos do Novo Testamento de uma forma que angariaram o respeito de toda a comunidade acadêmica, e, em face disso, conseguiram combinar método histórico com preocupação teológica e integridade.[11]

Um novo fator importante no século XX diz respeito ao estudo bíblico crítico cada vez mais se movimentando da igreja para a academia. A crítica histórica tornou-se ainda mais especializada, com estudiosos que tendem a identificar-se como "arqueólogos", "críticos da forma", "críticos da fonte", ou especialistas da "história da religião", e frequentemente afunilando seu foco de conhecimento para apenas um autor bíblico ou grupo de textos – especialistas em Paulo, especialistas nos Evangelhos, especialistas nos Salmos, e assim por diante. No contexto acadêmico, a própria erudição bíblica se tornou cada vez mais isolada dos interesses hermenêuticos e teológicos, bem como das preocupações práticas de interpretação dos ministérios de pregação e educação na igreja. Essas questões foram relegadas a outros especialistas do mundo acadêmico ou professores de seminário da área de prática do ministério. A movimentação da erudição bíblica para a universidade secularizada também gerou o surgimento de novas abordagens metodológicas que abriram novas dimensões de significado dos textos antigos, mas não estavam preocupadas ou eram ativamente hostis à interpretação teológica da Bíblia como a Escritura da igreja.

A Explosão das Recentes Abordagens Metodológicas

Antes de cerca de 1970, o espectro das opções hermenêuticas para a interpretação da Bíblia foi frequentemente retratado como dois campos em competição e um tanto hostis: o "tradicional" vs. a "alta crítica", ou "o conservador vs. o liberal". Quer alguém tenha utilizado a crítica histórica ou não, a alternativa modelou muito do que se podia fazer com a Bíblia. Na última geração, a explosão metodológica gerou um

---

[11] Dois dos numerosos produtos da recente erudição católica romana que tornam os resultados do estudo histórico-crítico da Bíblia disponíveis não apenas aos especialistas, mas à igreja como um todo: RAYMOND E. BROWN, JOSEPH A. FITZMYER, S.J., and ROLAND E. MURPHY, eds., *The New Jerome Biblical Commentary* (Englewood Cliffs, N.J.: Prentice-Hall, 1990) [em português: *Novo Comentário Bíblico S. Jerônimo, N. T.* São Paulo: Academia Cristã/Paulus] e DONALD P. SENIOR, MARY ANN GETTY, CARROLL STUHLMUELLER, and JOHN J. COLLINS, eds., *The Catholic Study Bible. The New American Bible: Including the Revised New Testament Translated from the Original Languages with Critical Use of All the Ancient Sources* (New York: Oxford University Press, 1990).

grande número de métodos adicionais, às vezes como um refinamento ou complementos dos métodos histórico-críticos, às vezes como alternativas à interpretação histórica. Alguns dentre os métodos mais recentes serão simplesmente listados aqui sem qualquer tentativa de categorizá-los ou integrá-los. Um catálogo representativo dos métodos recentes deveria incluir:[12]

- *Crítica literária.* Uma das abordagens recentes mais iluminadoras e significativas é a aplicação da crítica literária aos textos bíblicos. Na geração anterior, os eruditos usavam o rótulo "crítica literária" para um ramo da crítica histórica que estudava as conexões entre os textos, i.e., análise da fonte. Atualmente, a crítica literária se refere ao grupo de disciplinas que estuda a Bíblia como literatura clássica, usando os métodos que se tornaram comuns no estudo de outras literaturas. Enquanto a crítica histórica se preocupa com o mundo por trás do texto, a crítica literária está preocupada com o mundo da história dentro do texto. A questão não é "quais são os estágios através dos quais este texto chegou até nós?" ou "o que aconteceu na história, de fato?", mas "o que acontece no universo da narrativa dentro e projetado pelo texto?".
- *Crítica Narrativa, Narratologia.* Nesse subtítulo da crítica literária, a Bíblia é abordada a partir das mesmas questões-padrão utilizadas para estudar outras literaturas (Shakespeare, Steinbeck), e.g., caracterização, ponto de vista, tipo de narrador, a distinção entre o autor real e o autor implícito. A Bíblia é, de fato, fundamentalmente uma narrativa. Embora ela contenha diversos outros gêneros (lei, poesia, oráculo, sabedoria, etc.), todos eles estão incluídos dentro de uma estrutura de uma grande narrativa que se estende da criação ao eschaton (ver acima §1.5.3). Jesus seguia a percepção judaica de que a verdade última de Deus é mais bem comunicada não como lei ou filosofia, mas como história. Embora a literatura do

---

[12] Catálogos mais completos, com resumos mais extensos e bibliografias detalhando os elementos e procedimentos de cada método, são encontrados em PAULA GOODER, *Searching for Meaning: An Introduction to Interpreting the New Testament* (Louisville: Westminster John Knox, 2009), que discute vinte e três métodos; W. RANDOLPH TATE, *Biblical Interpretation: An Integrated Approach* (3rd ed.; Peabody, Mass.: Hendrickson, 2008), 277–342 e nos importantes artigos de JOHN H. HAYES, "Dictionary of Biblical Interpretation," (Nashville: Abingdon, 1999). Uma antologia útil contendo capítulos que ilustram a aplicação de vários métodos recentes para a interpretação do Evangelho de Marcos é fornecida por JANICE CAPEL ANDERSON and STEPHEN D. MOORE, *Mark & Method: New Approaches in Biblical Studies* (2nd ed.; Minneapolis: Fortress Press, 2008).

cristianismo primitivo manifeste uma grande variedade de gêneros, todos os documentos que foram finalmente canonizados, de uma forma ou de outra, pertencem ao gênero "narrativa" (ver §1.5). Portanto, os métodos e critérios da narrativa se tornaram muito importantes para a interpretação do Novo Testamento.

- *Crítica Canônica.* A crítica canônica representa uma tentativa de combinar crítica histórica com a afirmação, completamente orientada pela igreja, da Bíblia como o cânon para a comunidade de fé. O campeão moderno dessa abordagem é Brevard Childs (1923-2007), que entende sua própria abordagem não como "anticrítica", mas como "pós-crítica", aceitando, porém, ir além dos métodos e resultados críticos. Apesar de recente como um método hermenêutico autoconsciente, essa abordagem alega retomar a antiga abordagem da igreja inerente à formação do cânon. É importante questionar o significado e a ordem canônica; embora Mateus tenha escrito depois de Marcos, qual a razão para que esse evangelho preceda Marcos no cânon?

   É um ponto válido da crítica canônica que "os escritos individuais não circulem como tais; o atomismo que considera os escritos individuais no isolamento de suas coleções canônicas é uma convenção crítica moderna".[13] Cada texto teve seu conjunto concreto de significado para sua situação original. Mas quando os livros de Mateus, Romanos, 2 João etc. começaram a circular entre as igrejas como um todo, eles não circularam individualmente. Alguns decidiram os grupos e a ordem, e isto influencia o significado. Em certo sentido, a crítica canônica é uma extensão – ao Novo Testamento como um todo – dos *insights* da crítica da redação vis-à-vis a crítica da forma.

- *Estruturalismo.* Com base nas filosofias linguísticas de Ferdinand de Saussure e as teorias antropológicas de Claude Lévi-Strauss, o estruturalismo não encontra sentido nem nos eventos históricos por trás do texto nem no conteúdo do texto em si, mas em sua *estrutura profunda*. Essas estruturas são comuns a todas as sociedades humanas e à própria linguagem, das quais cada língua particular é uma manifestação específica. Os autores devem trabalhar dentro dessas restrições gerais, das quais a grande maioria não é consciente. Uma vez que autores e leitores internalizaram essas estruturas profundas e só podem escrever e ler dentro dessas limitações, entender um texto não significa compreender a intenção do autor, mas descobrir as estruturas profundas que resultam na expressão do uso particular da narrativa e da linguagem. Traçar uma narrativa particular no sistema

---

[13] Wall, "Acts and James," 134.

dessas estruturas profundas permite que o leitor veja o que realmente está acontecendo no texto, e facilita a compreensão do nível mais profundo, o que está completamente em desacordo tanto com a história real fora do texto quanto com os eventos particulares dentro do texto ou o significado pretendido pelo autor.
- *A Crítica da Resposta ao Leitor.* Esta abordagem defende que o significado nem está por trás nem dentro do texto, mas em frente ao texto, na interação entre o texto e o leitor. Não existe significado "no" texto a ser descoberto, visto que o texto incorpora uma grande quantidade de significados potenciais, mas nenhum deles é "o" significado do texto. O significado não existe até que um leitor real o interprete; o leitor é o co-criador do significado. A resposta do leitor não reproduz um significado que está escondido no texto, e que espera ser descoberto, mas produz um significado que não existia anteriormente, assim como a resposta do leitor é combinada com o potencial do texto. Em sua forma extrema, o texto realmente não contribui em nada, mas a ocasião, e o leitor, produz todo o significado.[14]
- *Crítica Retórica e Crítica Retórico-Social.* Embora na cultura americana moderna o termo "retórica" tenha desenvolvido uma má reputação, sendo algumas vezes entendido como um argueiro enganoso e insubstancial que evita ou esconde a real intenção de alguém, a retórica no mundo antigo era simplesmente a arte da comunicação e persuasão. A Retórica era uma questão de educação em nível avançado, uma habilidade necessária aos bons líderes. Havia manuais de retórica sobre a comunicação efetiva que exibia e estimulava tais habilidades, e nutria as expectativas do povo educado quanto a um bom discurso ou composição do mesmo. A análise das estratégias de comunicação construídas sobre um texto pode facilitar a compreensão do leitor em relação a não apenas *o que* o texto significa, mas *como* ele significa, como ele conduz o leitor à conclusão. A crítica sócio retórica explora esses traços literários e composicionais que sinalizam como eles funcionam dentro de toda a matriz social, incluindo as relações intertextuais e ideológicas (a relação com outros textos e subtextos dentro da cultura).
- *A interpretação pós-moderna.* O termo pós-modernismo é usado em diversos sentidos nos campos da arte, arquitetura e outros campos culturais. Na teologia e na hermenêutica, ele geralmente se define em oposição à era

---

[14] "Diz-se que os livros de BOEHME são como um piquenique para o qual o autor traz as palavras, e o leitor, o significado. A observação pode ter sido concebida como um sorriso de escárnio, mas trata-se de uma exata descrição de todos os trabalhos da arte literária, sem exceção". NORTHROP FRYE, *Fearful Symmetry: A Study of William Blake* (Princeton, N.J.: Princeton University Press, 1974), 427.

"modernista" da interpretação bíblica dominada pelo método histórico-crítico, que, por sua vez, se define em oposição às visões tradicionalistas pré-críticas. O pós-modernismo rejeita o que ele supõe ser a reivindicação da crítica histórica de estudar a Bíblia objetivamente com o intuito de recuperar o significado antigo do texto. Uma característica central do pensamento pós-modernista é a rejeição das metanarrativas, as grandes narrativas do grande esquema de coisas, que têm uma função legitimadora e são usadas para impor a vontade de um grupo sobre outro.[15] A interpretação bíblica deve renunciar absolutos e a alegação de objetividade, deve abandonar todos os grandes esquemas da história universal, e aceitar a natureza subjetiva, contextual, relativa e fragmentária de todas as alegações de verdade. Embora meu propósito nessa visão geral não seja criticar a ostentação dos propósitos metodológicos modernos, aqui se deve ao menos perguntar se o Novo Testamento pode ser compreendido – não estamos falando aqui sobre crer ou descrer de suas reivindicações – à parte de sua própria visão centrada em Cristo, e a metanarrativa – da criação ao eschaton – compartilhada de uma forma ou de outra por todos os seus autores. Deve-se também perguntar se o próprio pós-modernismo pode ser compreendido – novamente, se se acredita ou não – à parte de sua própria metanarrativa pela qual ele se define, o esquema pré-crítico/moderno/pós-moderno da história universal. Pode-se ainda perguntar se não há uma metanarrativa pressuposta por cada esforço humano de encontrar um significado para a vida, encaixando a pequena história de cada vida em alguma narrativa maior que lhe dê sentido.

- *Desconstrução.* Seguindo a linha de JACQUES DERRIDA, o filósofo francês frequentemente considerado como o santo padroeiro da desconstrução, essa abordagem enfatiza a análise cuidadosa dos textos – qualquer texto – e revela que todos os textos são inerentemente ambíguos, metafóricos e com brechas que devem ser preenchidas pelo leitor, a fim de ter, finalmente, um significado. Os textos nos dão os pontos, mas não as linhas que os conectam com as totalidades significativas. Um cuidadoso estudo de textos revela suas brechas, a ambiguidade resultante, tornando a procura pelo significado de um texto inútil e desorientada, e enfatiza a liberdade do leitor de criar significado.

---

[15] JEAN FRANÇOIS LYOTARD, *The Postmodern Explained: Correspondence, 1982-1985* (trans. Don Barry; Minneapolis: University of Minnesota Press, 1993), 19. "Simplificando ao extremo, eu defino o pós-modernismo como incredulidade nas metanarrativas... Onde, depois das metanarrativas, pode residir a legitimidade?" JEAN FRANÇOIS LYOTARD, *The Postmodern Condition: A Report on Knowledge* (trans. Geoffrey Bennington and Brian Massumi; Minneapolis: University of Minnesota Press, 1984), xxiv-xxv.

- *Demitologização e Interpretação Existencialista*. O termo *demitologização* se tornou popular uma geração atrás e é, de fato, raramente utilizado hoje, mas variações da mesma abordagem hermenêutica continuam a ser usadas. Enquanto que o antigo liberalismo se caracterizou por um descascar e descartar as camadas mitológicas da Bíblia a fim de obter as "verdades eternas" contidas nela, RUDOLF BULTMANN e seus seguidores viram os mitos bíblicos como os próprios veículos da verdade cristã. Embora ele acreditasse que os intérpretes modernos não mais podiam aceitar a forma mitológica da mensagem do Novo Testamento, o mito não deveria ser descartado, mas interpretado e traduzido para as categorias que os seres humanos modernos pudessem entender e aceitar. BULTMANN, dependente do filósofo existencialista MARTIN HEIDEGGER, acreditava que os interesses pessoais e existenciais e a fé dos autores bíblicos são os mesmos dos seres humanos modernos, e que sua comunicação da fé cristã na forma mitológica de seus tempos podia ser traduzida para as categorias existenciais de auto compreensão que pudessem abordar seres humanos modernos com o mesmo evangelho proclamado pelos primeiros pregadores cristãos.
- *A Crítica Imperial, Pós-Colonial e a Teologia da Libertação*. A teologia da libertação das décadas seguintes à de 1960 demandou uma leitura da Bíblia como um recurso para estabelecer justiça e resistir a opressão. Esta teologia, que emana de teólogos tanto dos países em desenvolvimento quanto daqueles países oprimidos pelas estruturas sociais das nações industrializadas, enfatizou a corrente da tradição bíblica, incluindo a missão de Jesus de Nazaré, que resistiu a opressão imperial. A recente interpretação pós-colonial e a crítica imperial analisam as suposições tanto dos escritores bíblicos quanto de seus intérpretes posteriores, frequentemente contrastando o reino de Deus com este império mundial. Nos estudos do Novo Testamento, essa abordagem presta bastante atenção à postura dos autores bíblicos ao Império Romano – eles resistem sua opressão e exploração do pobre, ou eles acomodam a mensagem cristã revolucionária às estruturas de poder da elite?
- *Crítica Feminista e Mulherista*. A Bíblia foi escrita a partir de uma cultura patriarcal, para pessoas que compartilhavam essa perspectiva, e, ao longo dos séculos, tem sido interpretada, maiormente, a partir de um ponto de vista masculino, quer isto se dê de maneira consciente ou não. A crítica e hermenêutica feminista quer expor e corrigir esse ponto de vista distorcido. Às vezes, procede como se a própria fé bíblica apoiasse a agenda feminista, embora isto seja obscurecido por intérpretes masculinos. A tarefa, então, da hermenêutica é recuperar o significado original do texto antes de ele ser distorcido pelos intérpretes patriarcais. Outros autores feministas consideram que a culpa está na Bíblia. Jesus estabeleceu um "discipulado de iguais"

que forneceu um "impulso feminista crítico" (SCHÜSSLER FIORENZA), mas isto foi obscurecido ou revertido pelos autores do Novo Testamento e pelos bispos que selecionaram os documentos canônicos. A orientação patriarcal e opressiva dos autores bíblicos deve ser exposta e corrigida pela norma da "experiência das mulheres". A hermenêutica *mulherista* toma essa perspectiva e coloca em foco a experiência das mulheres negras, as quais não têm sido levadas suficientemente em consideração pelo movimento feminista branco, e quase totalmente negligenciadas pelo impulso da teologia da libertação, a qual é orientada para homens negros.
- *As Variações Afro-Americanas, Hispânicas e Outras Variações da Crítica da Cultura.* O princípio geral é que alguém sempre lê e interpreta a partir de determinado local social, que tende a fazer com que se confunda quanto à maneira como o mesmo texto é ouvido dentro de outros locais sociais. A experiência dos grupos minoritários dos Estados Unidos se torna as lentes para expor e corrigir o racismo inerente, consciente ou não, à maneira como a Bíblia é lida nas igrejas americanas. A crítica Afro-Americana é uma das diversas abordagens que enfatizam que os textos, os intérpretes e suas interpretações estão sempre emaranhados em suas forças culturais, e podem inconscientemente se tornar seus agentes (gays, lésbicas, teoria queer; abuso de crianças, direitos da criança; preocupações ambientais).

Interpretação Eclesiástica

Como o intérprete dentro da igreja que considera a Bíblia como Santa Escritura responde a essas opções metodológicas de um estilo *self-service*? Como um ministro ou ministra ordenados para serem intérpretes da Escritura para a comunidade de fé, ou como um crente leigo que quer ler a Bíblia como um guia para sua vida e ações e um veículo da Palavra de Deus? A interpretação eclesiástica não é uma alternativa às abordagens metodológicas listadas acima. Cada um desses métodos pode ajudar o intérprete a ouvir algo no texto bíblico que realmente está lá, algo que, de outro modo, ele ou ela possam ter deixado escapar. Aqueles que estão numa comunidade cristã e interpretam o Novo Testamento como Escritura Sagrada podem considerar o valor de cada um dos novos métodos e utilizar diversos deles para descobrir o significado da Escritura para a fé cristã, e assim fazê-lo sem comprometer a fé da comunidade cristã no fato de que a Bíblia é o veículo da Palavra de Deus. Todas essas questões giram em torno da *agenda* e do *diálogo/conversação*.

Agenda e Diálogo

Agenda é uma palavra latina cujo plural é *agendum*, que é a forma gerundiva de *agere*, que significa *o que deve ser feito*. É um termo neutro que, apesar de esquisito, deve ser compreendido como algo do tipo "agenda secreta". A questão da *agenda* transcende a questão do *método*; agenda não é meramente outro método, mas *de forma programada* estabelece como o método ou métodos devem ser usados. Todo leitor aborda o texto a partir de determinada agenda ou grupo de agendas. Eu posso ser um racista ou antirracista, um pacifista ou militarista, uma feminista ou uma chauvinista, um nacionalista ou alguém comprometido com a comunidade humana mais ampla. Minha agenda é aquilo com que eu estou preocupado, o que eu considero importante e verdadeiro e desejo executá-lo. Eu tenho minha agenda, e não pode ser diferente. "Quem não tiver uma agenda que atire a primeira pedra".[16]

A Bíblia teria uma agenda? Se sim, qual é e como ela se insere no diálogo? Seria, certamente, uma simplificação extrema falar "da" agenda da Bíblia, contudo pode-se perguntar sobre o que a Bíblia, tomada como um todo está falando, assim como se pode fazer a mesma questão em relação a qualquer livro ou texto da Bíblia. Um texto bíblico não é sobre estruturas literárias profundas ou relações sociais do mundo mediterrâneo, nem sobre racismo ou antirracismo *per se*. Em certo sentido, a Bíblia como um todo, em sua forma atual, dada pela comunidade de fé ao longo dos séculos, é sobre "Deus". Contudo, pessoas de dentro das comunidades cristã e judaica não fariam essa afirmação dessa forma, com Deus entre aspas, mas afirmariam diretamente que a Bíblia é sobre o Deus vivo, que falou através dos profetas e que continua falando através das Escrituras, o Deus cuja realidade é conhecida na adoração. Os cristãos afirmariam tudo isto a partir da perspectiva da fé que vê a revelação definitiva desse Deus em Jesus Cristo. Que a Bíblia é *sobre* Deus e seu plano para este mundo é a agenda onipresente que ocupa os diversos documentos bíblicos juntos. Dentro dessa envolvente estrutura, cada um dos escritores e textos bíblicos tem sua própria agenda ou conjunto de agendas, sua própria expressão teológica dessa agenda, sua própria perspectiva sobre essa agenda que permeia e se submete ao todo. Inevitavelmente, os intérpretes trazem sua própria

---

[16] Eu não conheço a fonte dessa variação de João 8,7; Eu a ouvi pela primeira vez de N. T. Wright.

agenda ao texto; um aspecto essencial de qualquer interpretação que quer entender o texto bíblico é procurar sua própria agenda, a fim de inquirir sobre o que, de fato, ele está falando.

Alcançando uma Saudável "Segunda Ingenuidade"[17]

Muito do que foi dito até o momento pode ser resumido e reunido sob a assinatura de PAUL RICOEUR, que traça a história de como a igreja lidou com a Bíblia, bem como a história pessoal de muitos indivíduos, na progressão *Primeira Ingenuidade // Distância Crítica // Segunda Ingenuidade*.[18]

Primeira Ingenuidade. A igreja, e muitos indivíduos, primeiro começaram a ler a Bíblia com uma ingenuidade saudável, sem perseguir questões críticas, mas entrando no mundo da história e vivenciando a história de sua própria vida numa continuidade com a história bíblica. Esses leitores não levantavam as questões sobre se as histórias bíblicas "de fato aconteceram exatamente como foram contadas" e se os livros bíblicos foram escritos pelos autores tradicionalmente aceitos. Não havia uma brecha entre o mundo da Bíblia e o mundo do leitor. A Bíblia falava diretamente ao leitor, que a ouvia como a Palavra de Deus. Moisés, Jesus e Paulo falavam diretamente ao leitor. *A Bíblia foi escrita para nós.*

Distância Crítica. O estudo histórico-crítico permitiu que a Bíblia fosse ouvida em seu próprio contexto, em seus próprios termos historicamente condicionados. Isaías falou ao povo de Judá no século oito a.C, e um de seus discípulos, cujos oráculos também foram incluídos no livro de Isaías, falou aos judeus exilados na Babilônia dois séculos depois. Paulo escreveu aos coríntios por volta de 53-55 a.D., mas eu não sou um coríntio e vivo mais de dezenove séculos depois. De muitas formas, eu posso entender Isaías de Jerusalém, seu discípulo Deuteroisaías e Paulo de Tarso melhor do que meus antecessores pré-críticos, mas seus escritos não mais falam diretamente a mim, e o que poderia me fazer chamar a Bíblia de a Palavra de Deus já não é tão claro como foi uma vez. Um princípio fundamental para o estudo crítico: *A Bíblia não foi escrita para nós.*

---

[17] De fato, a palavra utilizada pelo autor para *ingenuidade* não é *ingenuousness*, mas *naïveté*, de origem francesa. O uso de *naïveté* em detrimento de *naïvety*, sua versão inglesa, demonstra o interesse do autor de usar a mesma terminologia do filósofo francês PAUL RICOEUR. N. do T.

[18] PAUL RICOEUR, *The Symbolism of Evil* (Boston: Beacon Press, 1967), 351-52.

Alguns leitores, alarmados ou desinformados a respeito dos resultados do estudo crítico da Bíblia, tentam um retorno para a ingenuidade pré-crítica. Pode haver um instinto saudável aqui, visto que se as pessoas na comunidade de fé devem escolher entre ler a Bíblia de uma forma que lhe permita falar a nós e lê-la de uma forma que a distancie de nós, como meramente qualquer outro livro de história antiga, a comunidade de crentes escolhe a primeira leitura. Outros leitores simplesmente abandonaram sua ingênua leitura anterior, quer com relutância, mas compelidos pela honestidade, quer com celebração e alívio.

Outros leitores que tiveram dificuldade com a compreensão literal pré-crítica da Bíblia e a conheceram como um livro estranho, receberam os estudos críticos como libertadores, permitindo-lhes entender a Bíblia em seu sentido original, porém não foram compelidos a tentar entendê-la de alguma forma como a palavra de Deus. Infelizmente, esses vários tipos de leitores às vezes ficam presos nesse segundo nível.

Segunda Ingenuidade. RICOEUR recomenda que se vá além da distância crítica, a fim de que, mais uma vez (ou pela primeira vez), se experimente a Bíblia como contendo uma mensagem que aborda o leitor moderno. Isto não é o mesmo que voltar à primeira ingenuidade – o que é difícil de fazer em qualquer caso. Os critérios do estudo crítico são conservados, mas eles facilitam para se ouvir a mensagem do texto à distância, em vez de erguer uma barreira entre o texto e o leitor. Nesse segundo nível de ingenuidade, os leitores, dentro de uma comunidade de fé, que ouvem a Bíblia como Santa Escritura afirmam ambas as coisas: *A Bíblia não foi escrita para nós* // *A Bíblia foi escrita para nós*.

Isto não é meramente uma conversa de casal ou uma crença sem sentido. A chave é a palavra *nós*, que se refere à comunidade de fé. Aqueles que se veem como membros do contínuo povo de Deus, a comunidade de fé do Antigo Testamento e Novo Testamento, sabem que não são judeus do século oito ou coríntios do primeiro século ("não escrita para nós"). Contudo, pertencem à mesma comunidade de fé que persiste ao longo dos séculos e ao redor do mundo ("escrita para nós"). Essa comunidade, e sua interpretação contínua de seus textos sagrados, estabelecem uma ponte entre o que o texto "significou" e o que "significa", interpretando, para as gerações futuras de crentes, as palavras e percepções das gerações passadas. Isto é parte do que significa reivindicar que *o Novo Testamento é o livro da igreja porque ela o interpreta para nós e conosco.*

Novamente, isto não significa que o leitor individual da Bíblia meramente aceita as interpretações das autoridades eclesiásticas. Assim, cada leitor pode e deve se esforçar com os textos e tentar ouvi-los e compreendê-los de uma forma pessoal e existencial, usando toda a gama de ferramentas exegéticas e hermenêuticas. Mas toda interpretação acontece dentro de uma comunidade.

Nós interpretamos para nós mesmos. // Nós não interpretamos por nós mesmos.

5.2 Para leitura adicional

ACKROYD, P. R. et al. eds., *The Cambridge History of the Bible.* 3 vols. Cambridge: Cambridge University Press, 1963–1970.
ANDERSON, Janice Capel, and Stephen D. Moore. *Mark & Method: New Approaches in Biblical Studies.* 2nd ed. Minneapolis: Fortress Press, 2008.
BAIRD, William R. *History of New Testament Research.* 3 vols. Minneapolis: Fortress, 1992, 2002, 2012).
ELLIOTT, John H. *What is Social-scientific Criticism?* Minneapolis: Fortress Press, 1993.
EPP, Eldon J., and George W. MacRae, eds. *The New Testament and its Modern Interpreters.* Atlanta: Scholars Press, 1989.
FARRAR, F. W. *History of Interpretation.* Grand Rapids: Baker, 1979.
FOWL, Stephen E., ed. *The Theological Interpretation of Scripture: Classic and Contemporary Readings* (Cambridge: Blackwell, 1997).
GONZÁLEZ, Justo L., "How the Bible Has Been Interpreted in Christian Tradition," in *The New Interpreter's Bible,* ed. Leander Keck. Nashville: Abingdon, 1994, 1.83–106.
GRANT, Robert M., and David Tracy. *A Short History of the Interpretation of the Bible.* 2nd ed. Philadelphia: Fortress, 1984.
HAYES, John H., *Dictionary of Biblical Interpretation.* Nashville: Abingdon, 1999.
MCKNIGHT, Edgar V. *What is Form Criticism?* Philadelphia: Fortress, 1969.
PERRIN, Norman. *What is Redaction Criticism?* Philadelphia: Fortress, 1969.
PETERSEN, Norman R. *Literary Criticism for New Testament Critics.* Philadelphia: Fortress, 1978.
POWELL, Mark Alan. *What is Narrative Criticism?* Minneapolis: Fortress Press, 1990.
STENDAHL, Krister. "Biblical Theology, Contemporary." In *The Interpreter's Dictionary of the Bible,* edited by Buttrick, George Arthur and Keith Crim, 1.418-32. New York: Abingdon Press, 1962
TATE, W. Randolph. *Biblical Interpretation: An Integrated Approach.* 3rd ed. Peabody, Mass.: Hendrickson, 2008.

6
O Novo Testamento dentro do Mundo Helenístico

6.1 O Novo Testamento como História

Um texto do primeiro século é como uma porta entre duas salas, uma abertura através da qual se pode olhar para outra cultura, um mundo diferente. Contudo, se nós observamos a porta sem avançar por ela, vemos apenas como o espaço para a porta se encaixa na decoração da sala no nosso lado da porta – com todas as nossas suposições culturais e configurações sociais de nosso tempo e lugar. Nós a vemos apenas no contexto do mundo em que habitamos. Em vez disso, nós precisamos, imaginativamente, cruzar a abertura para o mundo do outro lado da porta, para as diferentes culturas da Palestina do primeiro século e do Império Romano – e então observar o espaço para a porta (o texto) no contexto da decoração do tempo e lugar mediterrâneos do primeiro século[1].

Para encaixar os documentos do Novo Testamento dentro de seu contexto histórico, o leitor precisa de uma compreensão básica dos seguintes períodos:

---

[1] DAVID RHOADS, *Reading Mark, Engaging the Gospel* (Minneapolis: Fortress, 2004), 141.

6 • O Novo Testamento dentro do Mundo Helenístico

- O mundo helenístico de Alexandre até Adriano
- O judaísmo dentro do mundo helenístico
- Jesus no judaísmo
- A história da igreja primitiva de Jesus até Paulo, quando a história dos primeiros cristãos se torna diretamente visível a partir das fontes primárias.
- A história da igreja primitiva desde o documento cristão mais antigo existente (1 Tessalonicenses) até o último documento incluído no Novo Testamento (2 Pedro).

6.2 O Mundo Helenístico de Alexandre até Adriano

O povo de Israel, cujo lar se encontrava na pequena faixa de terra arável que une a Ásia e a África, durante séculos esteve familiarizado com a luta contra grandes potências que o cercavam – Egito, Assíria, Babilônia, Pérsia. Como uma região costeira, por gerações Israel teve contatos culturais e comerciais com a Macedônia, a Grécia e outros países ocidentais, mas os impérios que até então haviam dominado sua vida foram todos poderes orientais, e Israel sempre achou que isso era necessário para acomodar sua frágil existência à sua localização entre os grandes poderes da Ásia e da África. Quando Alexandre, o jovem rei da Macedônia, em 333 a.C. se dirigiu para o leste com suas disciplinadas tropas, a fim de conquistar o império persa, o povo judeu na Palestina enfrentou uma nova realidade. Eles estavam na fronteira do grande conflito entre o Ocidente e o Oriente, e tiveram de decidir como viver como o povo da aliança, conforme acreditavam que Deus os tinha chamado a ser.

Em dez anos, a espetacular conquista militar de Alexandre levou-o pela Grécia, Ásia Menor, ao longo da costa do Mediterrâneo, pela Palestina e Egito, depois, a leste, para a Pérsia até a fronteira com a Índia. Tudo isso não era mera ambição pessoal, mas uma continuação do conflito de gerações entre Grécia e Pérsia, o esforço dos gregos, na extremidade ocidental dos grandes impérios, de escapar da ameaça persa de uma vez por todas. Para Alexandre, sua conquista significava muito mais do que uma série de vitórias militares que impôs o domínio grego sobre os países conquistados. Com o zelo missionário de um ocidental esclarecido, ele via a si mesmo como trazendo as bênçãos da civilização grega para os "bárbaros" do Leste.

6.2.1 Helenização

Alexandre foi educado pessoalmente por Aristóteles, absorveu e idealizou a língua e cultura gregas, e viu esta herança como o meio de unificar o mundo sob a bandeira da civilização grega. Ele encorajou seus soldados a se estabelecerem nas terras conquistadas e a se casarem com mulheres locais. Sua estratégia era encontrar novas cidades e reconstruí-las à moda grega, com nova liderança ávida por cooperar com o novo poder mundial. O *gymnasium* – uma combinação de escola, campo de atletismo, centro intelectual e clube da elite cultural – tornou-se tanto um símbolo quanto um meio de fazer avançar a cultura grega. A presença de novos ginásios e teatros gregos em cada centro urbano enfatizava que a onda do futuro repousa sobre aqueles que adotam a língua, vestuário e perspectivas gregas. Quer as pessoas aceitassem ou não, a moeda, medidas, peso e procedimentos comerciais gregos se tornaram a norma.

Sob a liderança dos sucessores de Alexandre, a cidade de Alexandria, com sua nova biblioteca, tornou-se o centro da erudição grega. Eruditos de Atenas se transferiram para o novo centro intelectual, que atraiu filósofos, retóricos, artistas e educadores de todo o mundo mediterrâneo. As vilas e áreas rurais não foram tão profundamente afetadas, mas nos centros urbanos estava claro que aqueles que quisessem seguir adiante deveriam adotar o estilo de vida grego e enviar seus filhos para as escolas onde pudessem aprender grego, que tinha se tornado, no unificado e simplificado *koine* (comum), a língua franca do mundo mediterrâneo. "Comum" significa não apenas "menos estilizado e sofisticado", em contraste com o esmero do grego clássico, mas "comum a todas as pessoas", a cola linguística que manteve o império unido e permitiu que ele funcionasse. Os cursos de grego como uma segunda língua se tornaram populares – e necessários, caso alguém desejasse o sucesso. De alguma forma, o grego helenístico (*koine*) se tornou mais específico que o grego clássico, uma vez que aqueles que o aprenderam como sua segunda língua tinham de soletrar gramaticalmente o que era claro para falantes nativos que entendiam suas nuances. Foi nesse grego amplamente inteligível que os documentos do Novo Testamento foram escritos. Essa nova amalgamação do Ocidente com o Oriente veio a ser conhecida como mundo Helenístico.² *Helênico* seria o grego autêntico; o termo helenístico diz respeito à *greconização* dos territórios conquistados (cf. a "americanização" de boa parte do mundo conquistado pelas forças americanas depois da Segunda Guerra Mundial, quando adotar o vestuário ocidental e aprender inglês se tornaram chaves para uma mobilidade ascendente em todo o mundo). Alexandre dormia com dois itens debaixo do seu travesseiro: uma pequena espada e uma cópia da Ilíada, de Homero. Ele conquistou pela espada, e difundiu a cultura grega. A espada finalmente falhou, quando Roma superou os gregos. Mas a cultura grega prevaleceu, e venceu Roma. A Carta de Paulo aos *Romanos* foi escrita em *grego*.

O povo judeu na Palestina aceitou Alexandre sem resistência – em contraste com a cidade de Tiro, por exemplo, que resistiu e foi derrotada somente depois de sete meses de um cerco brutal. Quando Alexandre entrou em cena, os judeus da Palestina estavam exercendo uma autonomia local limitada como parte do império persa; com a derrota da Pérsia, eles trocaram um senhor por outro, e começaram a se ajustar aos modos gregos. Quando Alexandre morreu na Babilônia, em 323 a.C., seus sucessores (*diadochoi*) deram continuidade às suas políticas. Como corredor estrategicamente desejável e estado-tampão, a Judeia ficou alternativamente sob o controle dos selêucidas sírios ao norte, e dos ptolomeus egípcios ao sul (cf. Dn 11,5-9). A sequência de guerras – cinco no terceiro século – e as intrigas políticas e movimentos poderosos de todos os lados não alteraram o processo gradual de helenização da Palestina, visto que tanto os selêucidas quanto os ptolomeus eram estados gregos da tradição de Alexandre. A sutil, mas constante pressão da helenização, frequentemente apoiada pela aristocracia local, continuou sem levar em conta se a Judeia estava sob o domínio político ptolomaico ou selêucida. A existência de muitas cidades helenísticas na Palestina indica que as comunidades judaicas tradicionais estavam se tornando uma proporção cada vez menor da população em sua própria pátria. Durante o terceiro século a.C.,

---

² Os efeitos da helenização e as respostas de alguns judeus são vividamente traçados em 1-2 Macabeus e indiretamente refletidos em Daniel. MARTIN HENGEL, *Judaism and Hellenism: Studies in their Encounter in Palestine during the Early Hellenistic Period* (trans. John Bowden; London: SCM Press, 1974), documenta e ilustra em detalhes irresistíveis as forças culturais da helenização na Palestina, especialmente sua dimensão linguística.

a Judeia compartilhou da inquietação geral dos povos do Oriente sob o jugo macedônio, às vezes expressada nas expectativas escatológicas. Por volta do segundo século a.C., os judeus se uniram em ativa resistência, e surgiram revoltas no Egito, Pérsia e outros lugares. Contudo, em geral o desenvolvimento gradual da helenização continuaria incólume, encorajado pela liderança sacerdotal de Jerusalém. Sirácida (*Eclesiástico*), escrito ca. 180 a.C., é uma boa ilustração do tipo de judaísmo que estava aberto aos novos progressos do mundo helenístico, enquanto permanecia fiel às suas próprias tradições. Politicamente, a Judeia estava se tornando cada vez mais parecida com um típico território helenista, com a fé judaica se adaptando aos modos helenísticos de pensamento e práticas. Mas então ocorreu uma série crítica de eventos polarizadores que devia moldar a história judaica – incluindo o evento Jesus e a igreja primitiva – durante todo o tempo por vir.

6.2.2 A Crise dos Macabeus

Em 175 a.C., Antíoco Epifânio IV (o nome significa "[Deus] manifesto") tornou-se o governador selêucida na Antioquia, tendo a Judeia como parte de seu império. Precisando de dinheiro, ele destituiu e exilou Onias III, o sumo sacerdote zadoquita que defendia a fé tradicional, e nomeou o irmão de Onias, Josué, um helenizante que adotou a forma grega do seu nome, Jason. O sumo sacerdócio era hereditário, sendo passado de pai para filho por séculos. Quando Israel estava sem um rei e era dominado por forças estrangeiras, o sumo sacerdote era reconhecido como um líder designado por Deus para liderar o povo, e não apenas para as tarefas religiosas. Para um israelita devoto, a transformação do sumo sacerdócio num ofício sujeito a nomeação de reis estrangeiros e suborno de judeus infiéis representava a forma mais baixa de apostasia. Jason ofereceu a Antíoco uma grande soma em dinheiro pelo ofício – dinheiro a ser angariado pelo aumento dos impostos sobre o povo. Contudo, ele foi substituído posteriormente por Menelau, um defensor ainda mais radical do programa de helenização.[3] Com a supervisão pessoal de Menelau, as tropas

---

[3] Em certa medida, os líderes judeus helenizantes parecem ter visto a si mesmos não como rejeitando a fé tradicional, mas como reformadores que estavam atualizando o judaísmo e, portanto, se consideravam judeus fiéis (e.g. ELIAS BICKERMAN, *From Ezra*

de Antíoco saquearam o templo. O objetivo do grupo "progressista", composto quase totalmente de sacerdotes, era transformar o estado-templo judaico (*ethnos*) numa regular *polis* grega, na qual a cidadania pertenceria a um grupo limitado com educação e aspirações gregas. As massas, especialmente das áreas rurais, deviam ser deixadas de lado, efetivamente rebaixadas ao grau de estrangeiros dentro de seu próprio país. A situação não deve, portanto, ser romantizada, como se fosse apenas "o império do mal" dos pró-Antíoco contra os judeus fiéis. A luta não era de uma comunidade judaica unida fiel à sua fé ancestral versus os dominadores pagãos, mas também um conflito interno no judaísmo. E esta violenta luta interna não era meramente entre os judeus fiéis e os judeus apóstatas, mas expressava o intenso debate em relação ao que significava ser um judeu fiel: apegar-se firmemente aos velhos costumes, ou adaptar teologia e prática à realidade cultural emergente. Foi durante esse período que o termo Ἰουδαϊσυός (Judaísmo) se originou como uma designação para a religião de judeus conscienciosamente devotados à fidelidade à lei, distinguindo-se de outros judeus, palestinos e aqueles que eles consideravam judeus apóstatas (2 Mac 2,21; 8,1; 14,38). Os primeiros cristãos e autores dos textos do Novo Testamento enfrentariam situações análogas. O que significa ser fiel? Quando é que a adaptação se torna uma maneira de preservar a tradição, e quando é que ela se torna uma deslealdade à fé?

Em 168 a.C., Antíoco continuou sua tentativa de expandir seu império para o Egito. Numa cena famosa e simbólica, na sua segunda incursão ao Egito, ele se deparou com um representante do novo poder mundial que estava emergindo no horizonte ocidental, o embaixador romano C. Popillius Laenus. Em nome do senado romano, o embaixador ordenou que Antíoco recuasse. Quando Antíoco respondeu que pensaria sobre isso e então decidiria, o oficial romano desenhou um círculo na areia em volta dele, com as palavras ἐνταῦθα βουλεύου (*entautha bouleuou*, decide neste círculo). Antíoco recuou e voltou para o norte com seu exército. Líderes judeus em Jerusalém, interpretando equivocadamente a situação como uma derrota militar de Antíoco, iniciaram uma luta interna por poder, com os partidários de Menelau

---

to the *Last of the Maccabees* [New York: Schocken Books, 1962], 93-182). Os autores de 1-2 Macabeus, Daniel, e os essênios de Qumran os viam como de fora, apóstatas, como demonstrou muita da interpretação judaica e cristã posterior.

lutando contra os de Jason. Antíoco, por sua vez, interpretou a situação como uma revolta total, e respondeu com tamanha violência que os seus soldados mataram muitos judeus, saquearam os tesouros do templo, demoliram os muros da cidade e erigiram uma fortaleza chamada de Acra, na antiga cidade de Davi. Antíoco chegou à conclusão de que o problema estava enraizado na religião dos judeus, e que, em face da lei, da ordem e da civilização moderna, sua religião primitiva deveria ser abolida. Ele proibiu a observância do sábado e a prática da circuncisão, executou as mães que permitiram que seus filhos recém-nascidos fossem circuncidados, tornou crime capital possuir uma cópia das Escrituras Judaicas e fez do templo um santuário helenístico, dedicado a Zeus Olímpico. Porcos foram sacrificados em um novo altar construído sobre o antigo. Esta "profanação assoladora" maculou o santuário e tornou impossível a adoração dos judeus ali.[4] Os judeus foram forçados a não apenas abandonar sua observância da Torá, mas também demonstrar seu patriotismo e lealdade para com o governo, participando, sob pena de morte, da adoração a Zeus. O "partido reformista" aristocrático, entre a liderança sacerdotal de Jerusalém, parece ter encorajado essas medidas como um passo para trazer a Judeia e o Judaísmo ao mundo moderno. Esses eventos e imagens, marcados indelevelmente na consciência judaica, foram destinados a exercer um papel contínuo no futuro pensamento religioso, tanto do judaísmo quanto do cristianismo.

Quando o oficial sírio encarregado de fazer cumprir a lei veio à aldeia de Modin, trinta e dois quilômetros a noroeste de Jerusalém, Matatias, um sacerdote fiel à fé tradicional, assassinou tanto o oficial quanto o judeu que estava a ponto de oferecer o sacrifício pagão. Isso provocou uma revolta total, na qual muitos judeus fugiram para as montanhas a fim de se juntar ao exército da guerrilha.[5] Matatias morreu

---

[4] Tradicionalmente traduzida como "abominação da desolação", a frase é mais bem traduzida como "sacrilégio desolador". O ato sacrílego ("abominação") maculou o templo, significando que os atos cultuais não mais podiam ser realizados, de modo que o templo ficou deserto, tornou-se desolado. Cf. 1 Mac 11,54; Dn 11,31; 12,11; Mc 13,14; Mt 24,15.

[5] A situação não deve ser romantizada, como se fossem apenas os malvados seguidores de Antíoco contra a fiel população judaica. Judas e sua milícia mataram não apenas os sírios, mas judeus comprometidos, e as batalhas na Judeia foram tanto uma guerra civil quanto uma revolta contra a opressão estrangeira. Tampouco, "liberdade religiosa" deve ser entendida no sentido tardio de liberdade igual para

pouco tempo depois, mas foi sucedido por seu filho Judas, apelidado de "o macabeu". Sob sua liderança, as batalhas foram ganhas e o templo foi purificado e dedicado novamente, um evento ainda celebrado na Hanukkah. A revolta foi iniciada para conquistar liberdade religiosa, e expandiu sua meta para alcançar independência política. Judas enviou uma embaixada a Roma, que negociou um tratado para assegurar o apoio romano contra os selêucidas (1 Mac 8,1-32). A revolta finalmente foi bem sucedida, e os asmonianos (como Judas, seus irmãos e seus descendentes foram agora chamados) se tornaram os governantes sacerdotais do país. Não apenas a fé religiosa, mas também fatores sociais internos à vida na Judeia desempenharam um papel. Os macabeus eram sacerdotes rurais que conseguiram o apoio dos habitantes rurais contra os sacerdotes urbanos. Quando chegaram ao poder, eles expulsaram ou assassinaram muitos da "velha guarda", substituindo-os por pessoas como eles mesmos. Jonatan, embora não fosse da linhagem zadoquita, tornou-se sumo sacerdote em 153 a.C., e foi reconhecido como líder do povo judeu pela corte selêucida. Depois de sua morte, o sumo sacerdócio passou a seu irmão Simão. Sob sua liderança, o senado romano reconheceu a independência da Judeia em 139 a.C. O filho de Simão, João Hircano, governou de 134 a 104. Seus filhos, Aristóbulo I (104-103) e Alexandre Janeu (103-76) se consideravam não apenas sumo sacerdotes, mas reis. Os asmonianos, que começaram como campeões do "patriotismo e da religião" da Judeia rural, acabaram se estabelecendo como a nova aristocracia, reis subalternos em grande estilo helenístico, com exércitos de mercenários contratados. Eles anexaram o território vizinho não judaico quando foram capazes de fazê-lo – sempre com o apoio e sob os olhos atentos de Roma.

O Império, do Nascimento de Jesus à Revolta de Bar Kochba

Jesus viveu na Galileia, governada por um rei marionete de Roma, e foi morto na Judeia, uma província romana administrada por um governador romano. O cristianismo primitivo se desenvolveu dentro dos domínios do império romano, assim como todos os documentos que se tornaram o Novo Testamento foram escritos dentro dele.

---

todas as religiões. Os judeus estavam lutando pela liberdade de praticar o judaísmo, e não pela tolerância religiosa em geral.

QUADRO 9: O Império, do Nascimento de Jesus à Revolta de Bar Kochba

27 a.C. – 14 d.C. Otávio (César Augusto)
Herodes, o Grande
Nascimento de Jesus
A Judeia se torna uma província romana

14 d.C. – 37 d.C. Tibério
Missão de Jesus
Início da Igreja
Chamado de Paulo ao apostolado

37 d.C. – 41 d.C. Gaio Calígula
O imperador tenta colocar sua estátua no templo de Jerusalém
Início da missão de Paulo

41 d.C. – 54 d.C. Cláudio
Judeus (incluindo judeus cristãos) são expulsos de Roma
Última parte da missão de Paulo; cartas paulinas

54 d.C. – 68 d.C. Nero
Perseguição aos cristãos em Roma
Revolta na Judeia

68 d.C. – 69 d.C. Galba, Otão, Vitélio
Ano do tumulto com os três imperadores

69 d.C. – 79 d.C. Vespasiano
Destruição de Jerusalém e do templo
Evangelho de Marcos

79 d.C. – 81 d.C. Tito
Escritos tardios do Novo Testamento

81 d.C. – 96 d.C. Domiciano
Escritos tardios do Novo Testamento

96 d.C. – 98 d.C. Nerva
Escritos tardios do Novo Testamento

98 d.C. – 117 d.C. Trajano
Revoltas e tumultos entre a população judaica
Escritos posteriores do Novo Testamento

117 d.C. – 138 d.C. Adriano
Revolta liderada por Bar Kochba na Palestina
Os últimos documentos do Novo Testamento foram provavelmente compostos durantes esse período

6.2.3 A Chegada dos Romanos

Em 66 – 62 a.C., o general romano Pompeu executou uma campanha bem-sucedida no leste, resultando na inclusão da Síria como uma província do império romano, estabelecendo uma permanente presença militar romana no leste da Ásia Menor. Na Judeia, a morte da governante asmoniana em exercício, Salomé Alexandra, precipitou uma luta entre seus dois filhos pelo direito de sucessão. Tanto Hircano II quanto Aristóbulo II apelaram a Pompeu por apoio romano – assim como também uma delegação do povo judeu que queria se ver livre dos asmonianos, não mais considerados como sumo sacerdotes zadoquitas legítimos, nem como reis davídicos. Pompeu decidiu por Hircano, embora lhe tenha negado o título de rei, porém Hircano teve que cumprir a decisão com subjugação militar de Jerusalém e Judeia. A pacificação romana havia chegado, e a relativa independência da era asmoniana se foi. Embora a Judeia mantivesse algum domínio local, o procônsul da Síria, que já era uma província romana, obteve autoridade para exercer supervisão geral sobre a Judeia. Roma tinha chegado para ficar.

A Decápolis, uma liga de dez cidades helenistas no vale do Jordão, foi formada por volta desse período. Independente de seu ambiente judaico, livremente aliaram-se umas às outras e se subordinaram diretamente ao governador sírio. Todas, exceto Citópolis, estavam no lado oriental do Jordão, onde desempenhavam o papel estratégico de afastar as ameaças árabes e partas vindas do leste, bem como promover a vida helenística na região. Totalmente gentias, essas cidades estavam orientadas para o império romano, gratas a Pompeu e aos romanos por libertá-las da tirania dos reis judeus e nabateus. Geralmente apoiavam o império, e podiam se tornar agressivamente antijudaicas com a menor provocação.

Na guerra civil que irrompeu em 49 a.C. entre Pompeu no leste e Júlio César no oeste, Pompeu foi derrotado e morto. Depois de sua vitória, Júlio César atravessou a Palestina e a Síria e confirmou o asmoniano Hircano como "regente dos judeus" (não como "rei"). Antípatro, um idumeu que consolidou seu poder na Judeia, havia sido um protetor e conselheiro de Hircano, o verdadeiro poder por trás do trono. Júlio César concedeu cidadania romana a Antípatro e o nomeou como procurador da Judeia, com poderes políticos e militares. Durantes as batalhas internas que se seguiram ao assassinato de Júlio César, em 44 a.C., Antípatro habilmente conseguiu ficar do lado vencedor, assim como seu filho Herodes, que herdou a liderança da Judeia quando Antípatro foi morto em 43 a.C.

6.2.4 Herodes, o Grande (74 a.C. – 7 d.C.)

Os partas, herdeiros da Pérsia na fronteira oriental do império romano, queriam o controle da Palestina e apoiavam o asmoniano Antígono, como seu rei fantoche, o qual era rival de Herodes. Este último foi a Roma e foi nomeado rei da Judeia por Antônio e Otávio, mas teve de conquistar seu "próprio" reino numa guerra sangrenta. Herodes era considerado um intruso, um judeu meio idumeu que queria apenas reinar como um monarca helenístico sob o controle romano. Como Antípatro, Herodes devia tudo aos romanos e, assim, deu-lhes sincero apoio. Os partidários de Herodes deviam, portanto, ser encontrados entre os colonos gentios e não entre nativos em Samaria e Idumeia, e entre os judeus helenizantes que viam o futuro da Palestina como um estado romano helênico. A despeito do casamento de Herodes com a família asmoniana, num esforço para estabelecer sua legitimidade, a população judaica continuava considerando-o um usurpador idumeu e um intruso, que destruíra a legítima dinastia asmoniana numa tomada de poder pessoal, e apenas com o apoio romano.

Essa avaliação popular estava correta. Herodes era um líder brilhante e dinâmico, que, de fato, fez muito pela economia da Palestina

[FOTO 9 – Teatro Romano em Cesareia. Usado com permissão de David Padfield.]

através de seus extravagantes projetos de construção, incluindo a reconstrução da cidade costeira Torre de Straton, transformando-a em um porto magnífico chamado Cesareia, em homenagem a seu patrono. Do mesmo modo, a reconstrução do templo de Jerusalém fez dele um dos edifícios mais esplêndidos do império. Contudo, seu reino era, em todos os aspectos, como os diversos outros reinos clientes sob o domínio romano. Ele podia governar como um rei independente dentro de seu próprio território, desde que suas decisões não colidissem com os interesses mais amplos de Roma. Portanto, ele não podia ter uma política externa independente; nem podia fazer tratados com outros governadores, nem conduzir operações militares além de suas fronteiras sem o consentimento de Roma. Isto representou uma mudança na política romana em vigor ao longo do período asmoniano, durante o qual os romanos tinham uma aliança com o povo judeu, sendo que os romanos eram representados pelo senado, e o povo judeu pelo seu sumo sacerdote. Porém, nem Roma nem Herodes consideravam o povo judeu como uma entidade política. Roma lidava diretamente com Herodes, e Herodes com Roma.

A principal obrigação de Herodes com Roma, além de manter a paz e fornecer um estado-tampão estável contra os partas, era o aumento anual de um considerável tributo. Roma considerava as terras como pertencentes ao imperador, que as arrendava ao rei cliente sob a condição de pagamento de tributo. Portanto, Herodes tinha que lidar constantemente com a responsabilidade de pagar a seus dominadores romanos. Isto requeria a extração de taxas exorbitantes de diversas classes da população, ricos e pobres, estimados entre 30 a 40 por cento, sem contar os dízimos e as taxas religiosas. Isto, por sua vez, requeria uma economia estável e em funcionamento; era vantajoso para Herodes manter a paz e a prosperidade em seu reino, e ele assim o fez. Ele recolonizou camponeses que perderam suas terras, ajudando-os a se tornar fazendeiros produtivos novamente – os quais podiam pagar as taxas necessárias. Ele ajudou a reconstruir cidades e torná-las prósperas, e fundou novas cidades. Seus projetos de construção mantinham empregos e promoviam o desenvolvimento de trabalhadores qualificados. No fim de seu reinado, a situação econômica do povo como um todo estava melhor do que no começo.

A partir da perspectiva do sucesso político e econômico, o título "Herodes, o Grande" se justifica. Herodes manteve boas relações com seus superiores romanos, especialmente Otávio/Augusto, e enviou seus filhos Alexandre e Aristóbulo a Roma a fim de serem educados e preparados para a futura liderança. Na Palestina, contudo, Herodes governava com intriga e terror, eliminando brutalmente qualquer suspeita de oposição política. Assassinou algumas de suas esposas e alguns filhos a quem considerava ameaças em potencial. Refletindo sobre um dissimulado serviço de Herodes prestado ao judaísmo, que incluía a abstinência à carne de porco, Augusto teria chamado a atenção para um sarcástico jogo de palavras que só funciona em grego: "É melhor ser o porco (ὗς hus) de Herodes, que seu filho (υἱός huios)".

Quando Herodes morreu, em 4 d.C., seus filhos disputaram a sucessão e foram a Roma a fim de defender seus respectivos direitos diante de Augusto. Em casa, perturbações e revoltas irromperam entre elementos da população explorada da Palestina. Representantes do povo também foram a Roma a fim de solicitar que a nação fosse colocada sob o controle direto de Roma, em vez de se sujeitar a qualquer um da família de Herodes. Entrementes, Varo, governador da Síria, pacificou a revolta com força brutal, crucificando dois mil rebeldes. Augusto negou o título de rei aos filhos de Herodes, e dividiu o território entre eles. *Filipe* foi nomeado governador do território norte e leste do mar da Galileia e se comportou como um típico governador vassalo helenístico, construindo um templo a Augusto na antiga cidade-santuário de Banias, a qual ele renomeou para Cesareia de Filipe.

[FOTO 10 – Cesareia de Filipe. Usado com permissão de David Padfield.]

Herodes Antipas, o "Rei Herodes" dos Evangelhos, tornou-se governador da Galileia e Pereia. Seu título oficial era tetrarca, literalmente "governador da quarta parte", mas a palavra significa simplesmente "príncipe". Ele se comportava majestosamente e foi popularmente conhecido como rei. Fundou novas cidades e reconstruiu outras, todas ao estilo helenístico. A antiga Séforis, a menos de sete quilômetros a noroeste de Nazaré, a cidade natal de Jesus, foi reconstruída como um claro exemplo da nova cultura, completa com um palácio e teatro com capacidade para 3000 pessoas (ver Josefo, *Guerra*. 2.511; *Ant*. 18.27 e figura 15). Séforis era, aparentemente, o quartel general inicial de Herodes, mas a capital foi transferida mais tarde para a nova cidade de Tiberíades, cujo nome foi dado em homenagem ao imperador, a qual Herodes construiu na costa sudoeste do Mar da Galileia. Aqui, também, a despeito da sinagoga, a cidade foi construída ao estilo helenístico, com o palácio esplendidamente decorado com imagens de animais e um estádio grego. Herodes escolheu o local em face de sua beleza e conveniência pessoal (ficava perto das fontes quentes de Hamate), e um centro administrativo para os lucrativos negócios de peixe, mas sem levar em conta as sensibilidades tradicionais judaicas. A nova cidade estava localizada sobre um antigo cemitério. Isto não apenas demonstrou desprezo pela tradição judaica, como também tornava ritualmente impura qualquer pessoa que entrasse na cidade, de modo que nenhum judeu ortodoxo pudesse voluntariamente morar e trabalhar ali. Herodes colonizou a cidade por meio da força, o que resultou numa população mista de gentios e judeus desviados ou acomodados.

Embora Roma fosse o poder por trás do "trono" do "rei" Herodes, a Galileia não estava diretamente sob o domínio romano no tempo de Jesus. Os impostos e cobradores de impostos [publicanos] dos Evangelhos, vistos em termos do contexto histórico de Jesus, não eram cobranças de impostos romanos; o centurião das histórias da missão de Jesus pela Galileia (Mt 8,5-13) não teria sido um soldado romano, mas um oficial do exército de Herodes Antipas, que incluía gentios locais e "não judeus" da Síria. O censo narrado em relação ao nascimento de Jesus (Lucas 2) não teria afetado a Galileia de Herodes. A situação era diferente na Judeia.

Como regente sobre a Judeia, Samaria e Idumeia, *Arquelau* foi premiado com a área central do reino de seu pai, que incluía as principais cidades, Jerusalém, Samaria, Cesareia e Jope. Ele foi o menos competente dos filhos de Herodes. Suas medidas opressivas eram tão insuportáveis que uma delegação judaica enviada a Roma foi capaz de persuadir Augusto a substituí-lo. Seu governo chegou ao fim depois de dez anos (4 a.C. – 6 d.C.), e seus territórios foram colocados sob a administração direta de Roma como uma província do império. Em preparação para o novo programa de impostos, nos quais as taxas deveriam ser pagas diretamente a Roma, Quirino, embaixador de Otávio na Síria, realizou um censo das propriedades dos judeus na Judeia. Isso precipitou uma resistência armada por Judas, o galileu, e seus seguidores, a qual exibiu a solidariedade sentida pelos judeus da Galileia em relação a Jerusalém e Judeia, visto que o censo não afetou diretamente a Galileia. A tentativa de revolta foi rapidamente sufocada. Com exceção de um breve interregno, quando todos os territórios de Herodes o Grande foram restituídos a seu neto, Herodes Agripa I (41 – 44 d.C.), a Judeia permaneceu uma província romana até a deflagração da revolta em 66 d.C.

6.2.5 A Judeia como Província, 6 a.C. – 66 d.C.

Desde o início do governo romano, a Judeia era considerada um território estratégico e um ponto potencial de conflito e, portanto, tornou-se uma província com um governador do tipo equestre e título de *prefeito*. Mais tarde, os governadores foram chamados de procuradores, uma vez que sua responsabilidade principal era a procura de impostos romanos. Isto incluía, contudo, uma forte ênfase na manutenção da lei e da ordem e uma situação econômica e política estável. Enquanto alguns governadores tentaram implementar a lei romana com sensibilidade aos costumes locais e tradições religiosas, o procurador Pôncio Pilatos (26 – 36 d.C.) era tão cruel que foi suspenso de seu posto.

O censo de 6 d.C. trouxe todo residente da Judeia sob a direta autoridade fiscal e legal de Roma, precipitando o movimento revolucionário iniciado por Judas Galileu. Judas e seus seguidores defendiam que a aceitação do jugo romano violava as convicções fundamentais da fé judaica, visto que os judeus podiam adorar apenas o único Deus e deviam resistir tanto à introdução das imagens romanas, que eles consideravam idolatria, quanto às reivindicações dos imperadores de serem adorados como divindades. Eles também viram que a aceitação da taxação romana como eles queriam levaria à escravidão da população quando os impostos não mais puderam ser pagos. Judas e seus seguidores atacaram o forte romano em Séforis, mas foram derrotados, Judas foi morto, e seus seguidores dispersos (cf. Atos 5,37; Josefo *Guerras Judaicas*. 2.117-118; *Ant.* 18.1-10, 23-25). O movimento que ele iniciara apagava-se lentamente, irrompia novamente de tempo em tempo, e se tornou o movimento zelote que conduziu à guerra desastrosa de 66-70 d.C.[6]

6.2.6 As Revoltas de 66 – 70 e 132 – 135 d.C.

À medida que o movimento rebelde ganhou influência, as condições na Palestina se deterioraram. O caos que precedeu a guerra é ilustrado pelos eventos do breve interregno entre a retirada de Festo (60-62) e a assunção de Albino (62-64). O sumo sacerdote Anano se aproveitou da falta de um procurador para impor a pena de morte sobre alguns de seus oponentes, incluindo Tiago, o irmão de Jesus e líder do grupo cristão em Jerusalém (Josefo, *Ant.* 17.10-7.278-284; *Guerra* 4.3.60-65). Se isso não foi ilegal, no mínimo foi imprudente – visto que os romanos reservavam para si o direito de infligir pena de morte – e o novo governador, Albino, depôs Anano.

Quando a revolta foi sinalizada pela cessação dos sacrifícios diários feitos pelo imperador[7], Nero enviou Vespasiano, seu melhor general, para assumir o comando dos exércitos romanos encarregados de sufocar a revolta. Muitos rebeldes judeus lutaram bravamente, mas seus esforços foram praticamente anulados pelas brigas em face da rivalidade interna entre judeus que pretendiam a liderança. O suicídio de Nero em 68 fez com que a atenção de Vespasiano se voltasse para Roma e fomentou sua própria ambição de ser o imperador. Ele deixou seu filho, Tito, em Jerusalém, a fim de continuar o cerco, e aguardou pacientemente o tumultuoso ano de 69, no Egito, assumindo o controle

---

[6] A guerra começou em 66; Jerusalém e o templo foram destruídos em 70, o que, efetivamente, pôs fim à guerra. Bolsões de resistência continuaram (como a de massada) até 74, mas a guerra é convencionalmente designada como ocorrida em 66 – 70.

[7] Os líderes judeus em Jerusalém mantiveram com êxito seu ponto de vista, apoiados pela prontidão das pessoas para o martírio, de modo que não podiam participar da adoração ao imperador, oferecendo-lhe sacrifícios como se fosse um deus, mas demonstraram sua lealdade a Roma ao oferecer um sacrifício diário em favor do imperador. A cessação do sacrifício era um ato simbólico, algo equivalente a baixar a bandeira romana e levantar a bandeira rebelde sobre Jerusalém.

do fornecimento de alimentos enquanto os outros três candidatos ao trono foram mortos (Galba, Otão e Vitélio). Vespasiano foi, então, proclamado imperador pelas legiões. Em meio a derramamento de sangue e terrorismo, em que o número dos que foram crucificados pelos romanos cresceu aos milhares, Tito completou a subjugação de Jerusalém em 70 d.C., destruiu o templo e celebrou seu cortejo triunfal em Roma no ano seguinte.

[FOTO 11 – Arco de Tito em Roma, descrevendo sua vitória sobre Jerusalém e a Judeia. Crédito da Foto: M. EUGENE BORING.]

[FOTO 12 – Relevo sobre o Arco de Tito em Roma, representando o saque do templo de Jerusalém em 70 d.C. Observe o Menorá de sete braços. Crédito da Foto: David Padfield.]

Com a morte de Vespasiano, seu filho Tito tornou-se imperador (79-81 d.C.), e foi sucedido por seu irmão Domiciano (81-96), o terceiro membro da dinastia Flaviana. Nos últimos dias de Domiciano, sua crescente insistência em sua própria deidade (ver culto ao imperador, §9.2.2 abaixo) e interesse em purificar o império do culto estrangeiro, trouxe pressão sobre o movimento cristão em crescimento. Durante o tempo de Nero, os cristãos em Roma já eram vistos pelo império como um grupo separado do judaísmo. Ele lançou a culpa do grande incêndio de 64 d.C. sobre eles e, com a aprovação de grande parte da população, prendeu um número considerável de cristãos em Roma e os condenou a mortes terríveis. Durante todo o período no qual a igreja estava em crescimento e os documentos que se tornaram o Novo Testamento estavam sendo escritos, a comunidade cristã vivia uma existência frágil e atormentada dentro do império romano, mas não havia uma perseguição sistemática por todo o império ou tentativas de eliminar o cristianismo até o terceiro século sob os imperadores Décio e Diocleciano.

A dinastia flaviana chegou ao fim com a morte de Domiciano. Seus sucessores Nerva (96 – 98 d.C.) e Trajano (98 – 117 d.C.) viram tanto a violenta supressão de alguns tumultos judeus contra as políticas romanas, quanto as esporádicas ações contra os líderes cristãos. A guerra catastrófica de 66 – 70 d.C. inibiu, mas não destruiu, os movimentos rebeldes entre o restante dos militantes judeus, alguns dos quais foram estimulados pelo fervor escatológico e esperanças messiânicas. Contudo, a esperança de reconstruir Jerusalém e o templo, bem como o estabelecimento de um governo divino através de um libertador messiânico ainda persistia, como documentado, por exemplo, nas orações da sinagoga e Oráculos Sibilinos da época.[8] Perturbações revolucionárias continuaram entre alguns judeus no norte da África depois de 70 d.C. Uma rebelião geral em 114 – 117 d.C., que envolveu a maioria da população judaica do Egito e Chipre, sob a liderança de André Lucas, que pretendia para si o título de Messias, foi suprimida com muita dificuldade. Muitos alexandrinos foram mortos no início da revolta, e o judaísmo egípcio foi quase totalmente destruído.

---

[8] Cf. e.g. ANDREW CHESTER, "The Parting of the Ways: Eschatology and the Messianic Hope," in *Jews and Christians: The Parting of the Ways*, ed. James D. G. Dunn (Grand Rapids: Eerdmans, 1992), 239-58.

O plano de Adriano (117 - 138) de purificar Roma dos grupos religiosa e culturalmente atrasados incluía uma proibição para a prática da circuncisão e a transformação de Jerusalém numa cidade-templo dedicada a Júpiter. Isto desencadeou outra revolta na Judeia, conduzida por Simeon ben Kosiba, conhecido popularmente como Bar Kochba (filho da Estrela, o libertador predito em Nm 24,17). Bar Kochba foi proclamado Messias pelo respeitado Rabi Akiba. Novamente, os judeus lutaram corajosamente, mas o poder romano triunfou em 135 d.C., depois de assolar toda a Judeia numa campanha sangrenta e dispendiosa. Muitos sobreviventes foram vendidos como escravos, Jerusalém se tornou Aelia Capitolina, e a Judeia se tornou a província romana da Síria Palestina. Os judeus foram proibidos de entrar na cidade, sob pena de morte, em caso de desrespeito à ordem.

6.3 Para leitura adicional

BARRETT, C. K., ed. *The New Testament Background: Selected Documents*. 2nd ed. New York: HarperOne, 1995.

BORING, M. Eugene; BERGER, Klaus; and Colpe, Carsten. *Hellenistic Commentary to the New Testament* (Nashville: Abingdon, 1995)

CARTER, Warren. *The Roman Empire and the New Testament: An Essential Guide*. Nashville: Abingdon, 2006.

FERGUSON, Everett. *Backgrounds of Early Christianity*. 3rd ed. Grand Rapids: Eerdmans, 2003

7
O JUDAÍSMO PALESTINO
DENTRO DO MUNDO HELENÍSTICO

Embora o Novo Testamento não possa ser compreendido à parte do Antigo Testamento, o estudante interessado em entender o Novo Testamento não pode ir diretamente do texto bíblico aos escritos dos primeiros cristãos, mas deve também ser informado pelo judaísmo que emergiu no período intertestamentário. Cinco breves ilustrações: (1) No Antigo Testamento, o termo *Messias* se refere primeiramente ao rei ungido de Israel ou Judá e nunca é aplicado à figura de um salvador esperado no futuro escatológico. O judaísmo do primeiro século não tinha um rei judeu contemporâneo, e depois do ano 70 aplicou a terminologia messiânica a diversas figuras que ainda estavam por vir. (2) O conceito de ressurreição está quase totalmente ausente nas Escrituras Judaicas, aparecendo escassamente no último livro (Dn 12,2-3). Não obstante, quando o Novo Testamento abre, a ressurreição é uma ideia comumente aceita no judaísmo do primeiro século, não introduzida por Jesus e seus seguidores, mas assumida por amigos e inimigos igualmente (Mc 6,14; Jo 11,24). (3) Quando o Novo Testamento cita as Escrituras Judaicas, frequentemente ele dá uma versão diferente do texto que encontramos no Antigo Testamento, e, às vezes, cita livros não encontrados no nosso Antigo Testamento. Desse modo, por exemplo, Mt 1,23 cita Is 7,14 de uma forma não encontrada no texto hebraico, Mt 2,23 cita um texto de procedência incerta e não encontrada no nosso Antigo Testamento, e Jd 14-15 cita 1 Enoque 1,9. (4) Histórias e eventos são compreendidos em termos de interpretações tardias, e não apenas conforme encontrados nas Escrituras Judaicas (ver acima §5.1.3, abaixo §9.2.2). (5) O Antigo Testamento conhece o tabernáculo e o templo, mas não a sinagoga. Quando o Novo Testamento abre, a sinagoga está no centro da vida judaica.

7.1 Principais Fontes Primárias

Em acréscimo aos últimos livros do Antigo Testamento (Ageu, Zacarias, Esdras, Neemias, Daniel), aos livros apócrifos/deuterocanônicos e aos próprios livros do Novo Testamento, as seguintes fontes primárias são a base para nossa compreensão do judaísmo primitivo:

7.1.1 Josefo[1]

Josefo (37 – ca. 100 d.C.) foi um jovem sacerdote aristocrata de Jerusalém que foi encarregado de comandar as tropas judaicas da Galileia no início da guerra de 66-70. Suas tropas foram derrotadas e ele se rendeu, procurando a amizade de Vespasiano ao prever que o general vitorioso seria o próximo imperador. Josefo auxiliou Vespasiano a derrotar os judeus, e retornou com ele a Roma, onde lhe foi concedido um aposento e uma generosa pensão que lhe permitiu escrever e publicar. Suas obras podem ser classificadas em quatro categorias:

A Guerra Judaica. Sete volumes, escritos em aramaico na metade da década de 70 d.C., e traduzidos ao grego e publicados nessa língua. Esses escritos descrevem a guerra da Palestina com grandes detalhes, concluindo com o relato do suicídio coletivo em massada, no ano 74. A obra é prefaciada por uma extensa introdução iniciando com a era dos macabeus.

---

[1] A edição definitiva em inglês é a da *Loeb Classical Library*, com o texto inglês e grego em páginas opostas (dez volumes). A tradução do século dezoito de WILLIAM WHISTON, muitas vezes reimpressa e ainda disponível, é imprecisa e deve ser evitada.

[FOTO 13 – massada, mostrando a rampa construída pelos romanos a fim de atacar o forte murado no alto do planalto. Crédito da Foto: M. Eugene Boring.]

Antiguidades Judaicas. Vinte volumes escritos em grego (com assistência de escribas) perto do fim do primeiro século da nossa Era, apresentando a história do povo judaico desde sua origem até a véspera da revolta. Os primeiros dez volumes são, essencialmente, uma paráfrase da história bíblica, mas os acréscimos e modificações de Josefo permitem que o leitor moderno veja como a história e a religião judaicas foram percebidas por judeus cosmopolitas do primeiro século. O restante está baseado em fontes não mais existentes, incluindo a história dos judeus, de Nicolás de Damasco, historiador da corte de Herodes, o Grande.

Vida. Um trabalho autobiográfico anexado a *Antiguidades*, que lida com os seis meses da conduta de Josefo precisamente antes e durante a guerra.

Contra Apião. Último trabalho de Josefo, uma defesa dos judeus, que responde a acusações e mal-entendidos.

7.1.2 Filo[2]

Filo foi um proeminente e bem-educado membro da comunidade judaica de Alexandria, cuja língua nativa e padrões de pensamento eram gregos, e cuja ambição literária era interpretar o judaísmo em termos gregos de uma forma que fosse atrativa ao mundo helenístico. Seus escritos são, em sua maioria, interpretações alegóricas detalhadas do Pentateuco, incluindo *Perguntas e Respostas*, *Interpretações Alegóricas* e *Exposições*. Entre suas obras não exegéticas importantes estão *Toda Pessoa Boa é Livre* (incluindo uma descrição dos essênios), *Sobre a Vida Contemplativa* e sua *Vida de Moisés*. Embora Filo seja um representante da elite intelectual, ele deve ter sido considerado um bom representante do judaísmo por grande parte da população judaica de Alexandria, visto que ele os representou numa embaixada ao imperador Cláudio, a fim de protestar contra a violação de seus direitos.

7.1.3 Pseudoepígrafos[3]

O termo "pseudoepígrafos" se tornou, na prática, uma designação geral para todos os escritos protojudaicos que não pertencem a nenhuma das outras categorias: Escritura canônica, Apócrifos, Josefo, Filo, Rolos do Mar Morto, Rabínica. O rótulo se refere literalmente aos escritos que contêm um título falso, i.e., não realmente escritos pelo autor a quem são atribuídos. A designação é infeliz, e deriva de um título de uma coleção antiga de tais documentos,[4] substituídos agora em inglês pela coleção expandida editada por JAMES H. CHARLESWORTH, *The Old Testament Pseudepigrapha* [Os pseudoepígrafos do Antigo Testamento]. Essa antologia em dois volumes contém um total de sessenta e três textos que representam diversos gêneros literários. Entre aqueles mais importantes para os estudos em Novo Testamento estão:

---

[2] A edição definitiva em inglês é a da *Loeb Classical Library*, com o texto inglês e grego em páginas opostas (dez volumes).

[3] A melhor edição em inglês é a de JAMES H. CHARLESWORTH, ed. *The Old Testament Pseudepigrapha* (2 vols.; Garden City: Doubleday, 1985).

[4] R. H. CHARLES, ed. *The Apocrypha and Pseudepigrapha of the Old Testament in English. Volume II: Pseudepigrapha* (2 vols.; Oxford: Clarendon Press, 1964) publicado originalmente em 1913).

Jubileus. Composto ca. 150 a.C., esse documento é uma reescrita da narrativa de Gênesis e Êxodo, apresentando, entre outras coisas, as instruções que Deus deu a Moisés durante os 40 dias no Monte Sinai, e que não estão registrados na Bíblia. Está preocupado com a circuncisão, a pureza ritual, as leis sabáticas e o dízimo. Ele defende um calendário solar em vez do calendário lunar padrão, fazendo, assim, com que os festivais caíssem em dias diferentes do calendário do convencional judaísmo do templo. As partes de dezesseis cópias, encontradas na biblioteca de Qumran, demonstram que isso era algo bastante popular entre algumas correntes do judaísmo do Segundo Templo.

Testamentos dos Doze Patriarcas. Como as palavras de Josefo, Filo, e muitos pseudoepígrafos, os *Testamentos* não eram preservados pelo judaísmo, mas pela igreja. Às vezes, como no caso dos *Testamentos*, esses documentos originalmente judaicos eram revisados e expandidos a fim de transmitir uma mensagem ou perspectiva cristã. Essas doze composições separadas (Testamento de Judá, Testamento de Levi, etc.) representam cada um dos doze filhos de Jacó à medida que abordam sua família pouco antes de sua morte e "predizem" o futuro, especialmente os eventos escatológicos, embora advirtam contra os vícios e encorajem a obediência à lei.

1 Enoque. Os fragmentos de Qumran demonstram que composições separadas tiveram uma existência independente antes de serem combinadas com o "Livro de Enoque". As primeiras partes dessa prolongada e complexa compilação das tradições derivam dos tempos pré-macabeanos. Suas últimas seções podem vir do primeiro século de nossa Era. Cada um dos cinco folhetos em que a versão final foi editada são representados como revelações feitas a Enoque (Gn 5,18-24). Uma vez que foi levado ao céu sem morrer, ele é uma figura especialmente apropriada para falar a partir da perspectiva do mundo celestial. Ele prediz, em linguagem transparentemente simbólica, a história do mundo no próprio tempo do autor real. Especialmente importante para a interpretação do Novo Testamento é a seção chamada *Similitudes* ou *Parábolas* (caps. 37-71), que retrata uma figura celestial, o Filho de homem, que virá no fim da história e exercerá o juízo de Deus. Não foram encontrados fragmentos de *Similitudes* em Qumran, o que pode significar que esse texto foi composto mais tarde, ou que os guardadores dos pergaminhos rejeitaram sua teologia. Os catorze manuscritos de Qumran que contêm palavras da literatura de Enoque testificam de sua popularidade entre algumas correntes do judaísmo do Segundo Templo.

Salmos de Salomão. Escrito ca. 50 a.C., esse documento ataca os "pecadores" da liderança do templo de Jerusalém que profanaram o templo, e aguarda com interesse uma figura messiânica militante que expiará o templo e derrotará os romanos.

Testamento de Moisés [também chamado de Assunção de Moisés]. Escrito no primeiro século de nossa Era, em sua forma atual esse documento retrata o discurso final de Moisés a Josué, predizendo a história do mundo desde o tempo de Adão até o Fim. Deus estabelecerá um reino apocalíptico (cap. 10) acompanhado de fenômenos cósmicos, mas o fará diretamente, sem referência a um Messias.

Apocalipse de Moisés/Vida de Adão e Eva. Embora a história de Adão e Eva em Gn 1-3 tenha tido pouco efeito direto sobre o Antigo Testamento, ela era profundamente influente em algumas literaturas do judaísmo do Segundo Templo, gerando uma série de obras apocalípticas. O *Apocalipse de Moisés* e a Vida de *Adão e Eva* têm uma história literária entrelaçada. Quando Adão e Eva sabem que vão morrer, eles predizem toda a história futura do mundo até a ressurreição, e apontam que seu pecado é a causa de todas as aflições humanas.

Oráculos Sibilinos. Coleções de oráculos supostamente proferidos por uma profetisa (Sibila) foram oficialmente reunidos, preservados e interpretados pelo Senado Romano. A coleção oficial se perdeu num incêndio que destruiu o Templo de Júpiter, em 83 a.C., mas foi restaurado posteriormente a partir de coleções esparsas. Essa antologia posterior inclui inserções de autores judaicos, alguns alegando predizer eventos escatológicos, e outros refletindo sobre eventos históricos do período do Segundo Templo. Na coleção romana padrão, os Livros 3-5 são essencialmente judaicos, e refletem o período entre os macabeus e Bar Kochba. A lenda *Nero redivivus* aparece surpreendentemente em 5,137-54. O "grande rei de Roma" que "assassinou sua mãe" foge da "Babilônia" (= Roma) e se refugia com os partas. Ele retornará nos últimos dias para se vingar de Roma, que o havia rejeitado. Essa lenda está por trás das imagens do livro de Apocalipse. Os Oráculos Sibilinos foram levados muito a sério, uma vez que eles frequentemente pretendiam prever o futuro político – o imperador Augusto, por exemplo, editou a coleção romana e destruiu centenas destes oráculos (Suetonius, *Augustus* 31.1).

2 Esdras.[5] Escrito na década de 90 do primeiro século, este texto apocalíptico originalmente judaico (caps. 3-14) foi complementado por adições cristãs (caps. 1-2, às vezes chamado de 5 Esdras; caps. 15-16, 6 Esdras). Na tradição católica romana, o livro tem circulado frequentemente ao lado de documentos canônicos, porém, em contraste com os livros apócrifos/deuterocanônicos, nunca alcançaram status canônico nem no judaísmo nem no cristianismo. O livro, que apresenta Esdras lamentando a destruição do templo e refletindo sobre a justiça de Deus, por meio da qual apenas uns poucos serão salvos, aborda a situação do judaísmo palestino pós-70. Esdras recebe uma revelação que compreende sete visões cheias de imagens simbólicas que mostram que o tempo é curto. O drama escatológico envolve o Filho de Deus, que é identificado com o Messias (2,47) e uma figura semelhante ao Filho do Homem, que vem nas nuvens do céu (13,1-4).

7.1.4 Rolos do Mar Morto

Em 1947 pastores beduínos descobriram acidentalmente um jarro de rolos numa caverna em Qumran perto do Mar Morto. Os rolos tinham sido depositados ali por um grupo de judeu sectário por questões de segurança, pois o exército romano se aproximou no ano 68 d.C. (ver Fig. 14). Relativamente, poucos manuscritos foram recuperados inteiros das cavernas de Qumran. A decomposição e a destruição por caçadores de tesouros, nos séculos anteriores à descoberta de 1947, reduziu a maioria dos manuscritos originais a grandes quebra-cabeças, com mais de 15.000 fragmentos. Não obstante, a reconstrução meticulosa reuniu unidades maiores que representam um total de mais de 850 manuscritos que foram identificados a partir das onze cavernas pesquisadas em Qumran, o que representa cerca de 660 diferentes trabalhos. O processo de análise e publicação é complexo e lento, às vezes dando vazão a suspeitas injustificadas e à especulação de que os manuscritos não publicados continham algum tipo de informação secreta que as autoridades religiosas e acadêmicas queriam omitir. Desde junho de 1993, cada manuscrito e fragmento foi publicado e está publicamente disponível. Considerando os manuscritos que se perderam ou foram destruídos, a biblioteca de Qumran deve ter possuído mais de

---

[5] Também conhecido como 4 Esdras ou Esdras Latino. N. do T.

[FOTO 14 – Caverna 4 de Qumran. Usado com permissão de David Padfield.]

1.000 pergaminhos. Somente nove pergaminhos, cerca de um por cento de todos os manuscritos identificados, têm mais da metade de seu conteúdo original. Dos aproximadamente 660 manuscritos cujo conteúdo e gênero podemos reconhecer, cerca de 200 são de textos bíblicos. Diversos outros são manuscritos de trabalhos que já eram conhecidos. Fragmentos de manuscritos de cerca de 120 diferentes trabalhos eram antes completamente desconhecidos para nós. Isto significa que nós sabemos algo do gênero e conteúdo de mais da metade dos conteúdos originais da biblioteca. O suficiente foi preservado a fim de se ter certeza de que praticamente a biblioteca de Qumran era estritamente essênia, e não continha trabalhos de fariseus, saduceus ou autores pagãos. De igual modo, a biblioteca de Qumran incluía livros bíblicos que apareceram depois de aproximadamente 150 a.C., e, assim, só apareceram mais tarde na LXX e na Vulgata (1 e 2 Macabeus, Judite, Sabedoria de Salomão). No entanto, o que aprendemos dos pergaminhos lança luz não apenas sobre a comunidade essênia, mas também sobre muitos outros aspectos do judaísmo do Segundo Templo. De interesse primário, são as mais de 25 composições dos membros da seita. Dentre essas, as mais importantes para os estudos do Novo Testamento são:

1 QS Regra da Comunidade, Manual de Disciplina

O *código* aparece em inúmeras cópias e revisões, talvez refletindo vários subgrupos dentro da seita e diferentes estágios de sua vida (que durou mais de 200 anos). O mais antigo manuscrito da Regra, encontrado na Caverna 4 (4QSe), é datado, em base paleográfica, antes de 100 a.C., o que indica que provavelmente foi composto entre 150 e 125 a.C., talvez pelo Mestre de Justiça, o fundador da seita. As regras e procedimentos são para os essênios em geral, não para todo o grupo de Qumran, e lançam muita luz sobre a autocompreensão e teologia dos essênios.

1QpHab O Comentário de Habacuque

Esse conjunto de manuscritos inclui dezessete comentários verso a verso de livros bíblicos ao estilo *pesher*, que cita uma frase da Bíblia, seguida de uma interpretação em termos da história contemporânea da seita. O Comentário de Habacuque é um dos mais reveladores desses comentários. Uma seção breve do texto bíblico é citada, seguido de "seu pesher [interpretação]...", e então o texto bíblico é interpretado como se referindo a eventos contemporâneos da vida da comunidade de Qumran. Um exemplo de 1*QpHab*, o comentário de Habacuque:

> Sobre Habacuque 1,4-5
> ["Porque o ímpio cerca] o justo". [O "ímpio" se refere ao Sacerdote Ímpio e "o justo"] é o Mestre de Justiça. [...] ["Por]tanto, o juízo sai [pervertido". Isso significa que...] não [...] [...] ["Olhai, traidores, e vede] [e estai perplexos – e pasmados – porque o Senhor está fazendo uma coisa a seu tempo na qual vocês não acreditariam se fosse] dita".
>
> [Esta passagem se refere a] os traidores com o Homem da Mentira, porque eles não [obedeceram às palavras de] o Mestre de Justiça, as quais vêm da boca de Deus. Também se refere aos trai[dores da] Nova [Aliança], porque eles não creram no concerto de Deus [e profanaram] Seu santo nome; e, finalmente, se refere [aos trai]dores dos Últimos Dias. Eles são israelitas cru[éis] que não crerão quando ouvirem tudo que está [por vir sobre] a última geração a quem falará o Sacerdote em cujo [coração] Deus implantou [a habilidade] de explicar todas as palavras de seus servos os profetas, através de [quem] Deus disse de antemão todas as coisas que sobrevirão sobre seu povo e sobre [os gentios].[6]

---

[6] A tradução é a partir de *Qumran Non-biblical Manuscripts: A New English Translation* baseado no livro *The Dead Sea Scrolls: A New English Translation*, edited by

O grupo essênio em Qumran acreditava que eles eram a Comunidade da Nova Aliança, prometida por Deus no fim da história (Jr 31,31-34), e fizeram uma releitura de toda a Escritura à luz de sua crença do que Deus estava fazendo em sua situação presente. O significado não era determinado por uma pergunta sobre o que o autor original queria dizer, mas era dado a partir da inspiração divina ao líder do grupo, mostrando que a Escritura falava diretamente para e sobre a comunidade dos últimos dias.

O Documento de Damasco (CD = Cairo Damasco)

Como o *1QS*, este documento retrata algo da história primitiva e regras da comunidade, referindo-se a "Damasco" como o lugar do "exílio" da comunidade depois de se separar do templo de Jerusalém. Não está claro se essa é uma referência literal ou simbólica. Este é o único documento diretamente associado à comunidade que já era conhecido antes das descobertas de Qumran, em 1947. Ele foi descoberto em 1896, na Genizá (sala de armazém para descarte de textos sagrados) da sinagoga na antiga cidade do Cairo. Seu significado não era apreciado até que foi relacionado às descobertas de Qumran.

1QM Pergaminho da Guerra

Este texto, encontrado com diversas variações, dá instruções para uma ritualística batalha escatológica que a comunidade de Qumran esperava acontecer em breve, com os romanos de um lado ("os filhos das trevas") e os guerreiros de Qumran excedendo grandemente em número ("os filhos da luz"), auxiliados por anjos, de outro. Ao final dos sete períodos de batalha, finalmente Deus dá a vitória à fiel comunidade de Qumran.

1QH Hinos de Ações de Graça [Salmos de Louvor]

Um dos sete manuscritos originais da Caverna 1 em Qumran continha composições similares aos hinos bíblicos de ações de graça no livro dos Salmos, e recebeu o nome de *Hodayot*. Posteriormente,

---

Michael O. Wise, Martin G. Abegg, Jr. e Edward M. Cook (New York: HarperCollins Publishers, revised 2005), como transcrito em *Accordance Bible Software*. ©2009 by Michael Wise, Martin Abegg, Jr. e Edward Cook. Usado com a permissão de HarperCollins Publishers.

diversas outras cópias foram encontradas em outras cavernas, assim como cópias de trabalhos similares compostos por membros da comunidade. Todos revelam a teologia e a fervorosa piedade da comunidade; alguns, provavelmente, foram compostos pelo próprio Mestre de Justiça.

11QT O Pergaminho do Templo

Escrito antes da destruição do segundo templo em 70 d.C., este é o maior dos Pergaminhos do Mar Morto e é dedicado a descrições detalhadas do novo templo que, conforme a comunidade de Qumran esperava, substituiria o templo atual. Ele traz comentários tanto sobre as diferenças de arquitetura, calendário litúrgico, quanto sobre as diferentes pessoas que atuariam no templo escatológico, ilustrando quão importante o templo era para a teologia do culto. O mundo não poderia estar corretamente ligado a Deus até que houvesse um culto num templo autêntico. A fórmula: "E eu [Deus] disse...", usada às vezes, demonstra que a comunidade considerava o documento como divinamente inspirado.

4QMMT Carta Halákica

Este extenso documento, talvez escrito pelo próprio Mestre de Justiça às autoridades do templo, explica as diferenças entre os essênios de Qumran e os sacerdotes encarregados do templo em Jerusalém. Ele os convoca a reformar sua prática em conformidade com a interpretação da comunidade de Qumran e, desse modo, legitimar a atual prática do templo. Como o *Pergaminho do Templo* e o *Jubileu*, o *4QMMT* defende um calendário solar de 364 dias, que coloca os festivais em dias diferentes daqueles praticados de acordo com o calendário lunar de Jerusalém, e novamente ilustra quão indispensável foi, para a teologia da comunidade, ter um templo devidamente funcionando.

4QShirShabb Liturgia Angélica ou Cânticos do Sacrifício Sabático

Pré-Qumran, talvez já no terceiro ou quarto século a.C., este texto encontrado em diversas cópias fragmentadas dá uma descrição detalhada da liturgia celestial, que é simultaneamente celebrada com a adoração conduzida no templo terrestre. As orações, hinos e bênçãos fixadas para cada sábado são listados, juntamente com os anjos responsáveis por cada culto e as vestimentas apropriadas.

4Q246 O texto "Filho de Deus"
A interpretação deste texto fragmentário é disputada, mas ele se refere a alguém que está por vir e que será chamado de "Filho de Deus" e "Filho do Altíssimo", aparentemente se referindo ao esperado rei guerreiro escatológico, o Messias Davídico.

7.1.5 Literatura Rabínica[7]

Toda a literatura rabínica foi escrita depois do período do Novo Testamento, mas representa a tradição oral, firme e corrente do primeiro século de nossa Era. Os principais tipos e importantes designações para os estudantes do Novo Testamento são:

Targumim. Um Targum (pl. Targumim) é uma paráfrase aramaica do texto hebraico (ver acima §4.3).

Midrashim. Um Midrash (pl. Midrashim) é um comentário sobre o texto bíblico. Há dois tipos principais: (1) *Midrash Halakah*, que interpreta seções legais da Bíblia que resultam em leis sobre como uma pessoa deve viver (*Halakah* significa "andar", i.e., o modo como se deve viver); (2) *Midrash Haggadah*, que lida com as seções narrativas da Bíblia (*Haggadah* significa "história").

Mishnah. A tradição oral foi editada e escrita ca. 200 d.C. Diferente da Midrashim, a Mishnah não segue a ordem do texto bíblico, mas é uma compilação de 63 tratados arranjados em seis divisões: (1) *Zeri*, "sementes", que trata das leis agrícolas, dízimos, etc.; (2) *Moed*, "Festivais", que tratam do sábado, da páscoa, e outros festivais e assuntos afins; (3) *Nashim*, "*Mulheres*", que trata das questões domésticas; (4) *Nezikin*, "Os Danos", que tratam de votos, lei civil e assuntos relacionados. Uma unidade especialmente importante dessa seção é *Aboth* ou *Avoth* (Os Pais), diferente de todo o restante à medida que lida com a transmissão e autoridade da própria tradição e os princípios básicos dos principais rabinos; (5) *Kodashim*, "as coisas sagradas", que provê regulamentos para as ofertas e procedimentos

---

[7] Traduções para o inglês dos primeiros textos mais importantes podem ser encontradas em HERBERT DANBY, *The Mishnah* (London: Oxford University Press, 1958); ISIDORE EPSTEIN, *The Babylonian Talmud* (Quincentenary ed.; London: Soncino Press, 1978). Para os Targuns do Pentateuco, ver a série de cinco volumes editada por ALEXANDER SPERBER, et al, *Targum Onkelos* (New York and Denver: KTAV, 1982-1998).

do culto; (6) *Tohoroth*, "Purificações", que trata das questões relacionadas à purificação. A *Mishnah* representa o período do judaísmo tanático; "tanna" [תנה] é a palavra aramaica para "repetir" – esse é o período em que a tradição era repetida [oralmente]; a instrução e a transmissão se dava pela repetição.

Toseftá. A versão não oficial da Mishnah, contendo materiais estranhos, alguns dos quais são antigos e úteis para documentar o judaísmo do período do Novo Testamento.

Gemara. A Gemara (conclusão) é um comentário aramaico sobre a Mishnah, compilado pelos *Amoraim* ("oradores", "intérpretes"). A Gemara é para a Mishnah o que as *Midrashim* são para a Bíblia. Do modo como a Mishnah representa o judaísmo tanático, a Gemara representa o período amoraico, pós-Mishnah.

Bariata. Primeiras tradições incluídas na Gemara.

Talmude. A combinação da Mishnah e a Gemara originou o Talmude, o repositório da antiga tradição judaica.

7.2 O Templo, o Sumo Sacerdote e o Rei

Havia muitas sinagogas, mas apenas um templo.[8] Mesmo que em tempos modernos "Templo" tenha sido usado, às vezes, como parte do nome de uma sinagoga local, templo e sinagoga eram instituições completamente distintas. O primeiro templo foi construído por Salomão como o sucessor do tabernáculo (1 Rs 5-8). Ele durou do décimo século a.C. até sua destruição pelos babilônios, em 587 a.C. O segundo templo, iniciado em 520 e dedicado em 516 a.C., existiu até sua destruição pelos romanos, em 70 d.C. Ele foi remodelado diversas vezes durante estes quase cinco séculos, no entanto mesmo a grandiosa reconstrução implementada por Herodes, o Grande, que de fato fez dele um edifício novo, foi considerada a continuação *do* templo.

---

[8] Durante o período do segundo templo, outros templos fora de Jerusalém estavam, de fato, construídos: em Elefantina no Egito, no sexto século a.C., o templo samaritano, do quarto século a.C., o templo do sumo sacerdote deposto, Onias, em Heliópolis/Leontópolis, ca. 165 a.C., e o templo Tobiad em Araq el-Emir na Transjordânia, no segundo século a.C. Nenhum desses templos competia seriamente com o templo de Jerusalém, que sempre foi considerado por praticamente todos os judeus do mundo inteiro como *o* templo.

O templo era o centro da vida econômica e política, especialmente de Jerusalém e da Judeia. Sua tesouraria era a depositária não apenas dos fundos nacionais e do templo, mas dos haveres dos ricos, locais e internacionais. Os depositantes ricos estavam naturalmente preocupados com sua estabilidade. Eles eram os maiores empregadores na Judeia. Sob a supervisão de Herodes, o Grande, e sob a direção dos romanos, os sumo sacerdotes continuaram exercendo seu papel político de liderança, como mediadores entre os romanos e a população em geral. Embora se presuma que o sumo sacerdote possuía uma nomeação vitalícia, o fato de que Josefo pode listar 28 diferentes pessoas que ocuparam o cargo desde o reino de Herodes até a destruição do templo, demonstra o quão politizado o cargo havia se tornado. O modelo bíblico, em que a posse do sumo sacerdote era para a vida inteira, e então passava a função de pai para filho, foi abolido por Herodes, que nomeava o sumo sacerdote de acordo com sua vontade, assim como fizeram os romanos depois dele.

O templo também estava associado à monarquia. Nos dias de Jesus e da igreja primitiva, a monarquia em Israel havia sido levada embora por forças gentílicas, e a liderança interna do povo ficou na mão do sumo sacerdote. Mas o templo foi idealizado originalmente pelo grande rei Davi e construído por seu filho Salomão. Os sacerdotes asmonianos assumiram a função real, mas seu sacerdócio e realeza acabaram se tornando ilegítimos aos olhos de muitos judeus. A esperança de um futuro rei incluía a esperança da restauração e purificação do templo; a esperança de um templo e sacerdócio autênticos era inseparável da esperança da vinda do verdadeiro rei, o Messias.

O templo, celebrado nos salmos como o lugar da habitação terrestre de Deus, que era o criador do céu e da terra e o Senhor de todas as nações, era o centro da terra e do cosmos, o cordão umbilical doador de vida, onde o céu e a terra se encontravam. No templo, os sacerdotes autorizados realizavam os rituais e sacrifícios ordenados por Deus através de Moisés. Os sacrifícios diários eram oferecidos em favor das pessoas e, nos dias de Jesus, *em favor do* [mas não para o] imperador romano. Os indivíduos traziam suas dádivas e sacrifícios a serem dedicados a Deus. Uma vez ao ano, no Yom Kippur, o Dia da Expiação, o sumo sacerdote sancionava o sacrifício que tornava efetivo o perdão de Deus. Para alguns judeus, o templo atual foi aviltado por um sacerdócio ilegítimo e pelos pecados de Israel, e parte da futura esperança era a purificação do templo ou estabelecimento do verdadeiro templo no qual Deus verdadeiramente reinaria a partir de Sião. Para muitos judeus, era impensável que o templo pudesse ser destruído. Como poderia o judaísmo continuar existindo se não houvesse o templo?

7.3 A Sinagoga

Um templo, muitas sinagogas. O templo estava claramente fundamentado na Bíblia e na história antiga de Israel. A sinagoga se originou no período pós-bíblico, em algum momento depois da destruição do primeiro templo, como uma resposta à situação da Diáspora. Não apenas havia muitas sinagogas, mas também muitos tipos de sinagogas com diversos papéis e definições sociais, expressando a fé de Israel com diferentes tipos de arquitetura e com uma variedade de rituais. Conquanto possamos facilmente falar "do" templo, não podemos falar "da" sinagoga do judaísmo do primeiro século, como se todas as sinagogas representassem um único tipo. *Templo* diz respeito a um edifício; *sinagoga* significa simplesmente "ajuntamento", "assembleia", e apenas gradualmente assumiu um tipo institucional mais ou menos uniforme. Este processo ainda não estava completo no judaísmo palestino pré-70, no qual as sinagogas, em sua maioria, não tinham um edifício característico. Nem todas as sinagogas eram iguais, antes representavam várias manifestações de reunião de culto, escola e centro comunitário. Enquanto o templo era uma instituição formal de culto, centrado no sacerdócio e no sacrifício, a sinagoga era uma instituição não cultual e informal, liderada por leigos e orientada em torno da palavra e ensino. Ao contrário do judaísmo do templo, o judaísmo da sinagoga era uma religião do Livro. A ênfase sobre a Escritura requeria um eleitorado alfabetizado. Embora a insistência de SAMUEL SANDMEL de que "onde havia uma sinagoga, havia uma escola"[9] possa ser um exagero, a sinagoga claramente desempenhou um papel importante na promoção do conhecimento da Bíblia e da tradição judaica não apenas entre a elite alfabetizada, mas no cultivo da

---

[9] SAMUEL SANDMEL, *Judaism and Christian Beginnings* (New York: Oxford University Press, 1978), 144. O ponto principal é elaborado e documentado por HENGEL, *Judaism and Hellenism*, 1,82.

alfabetização entre o povo comum. Jesus e (alguns de?) seus discípulos, que não pertenciam às classes superiores alfabetizadas, provavelmente teriam aprendido a ler a Bíblia em hebraico na escola da sinagoga.

Os judeus que não viviam em Jerusalém ou arredores visitavam o templo apenas nas principais festas de peregrinação. A sinagoga local, por outro lado, era o centro da vida da comunidade, com cultos regulares todos os sábados para adoração e instrução. Não temos uma descrição clara e completa do culto na sinagoga do primeiro século, mas aparentemente ele consistia de uma recitação do Shemá ("O Senhor é único..."), a declamação de orações fixas, a recitação ou o canto de Salmos, leituras da Lei e dos Profetas, com uma interpretação homilética de um ou dois textos, e uma bênção final feita por um sacerdote ou uma oração feita por um leigo.

Durante o período do Novo Testamento, o governo romano considerava a sinagoga como pertencendo à categoria de *collegia* e *thiasoi* de outros grupos nacionais e religiosos, estendendo-lhes proteção formal como associações autorizadas. Foi concedido aos judeus o direito de se reunir, o direito de administrar suas próprias finanças, incluindo a coleta e repasse da taxa anual do Templo a Jerusalém, autoridade sobre seus próprios membros e disciplina dos mesmos, e liberdade do serviço militar e da participação do culto imperial.

7.4 Dos saduceus aos Sicários: O Espectro Pré-70 do Judaísmo Palestino

Unidos por sua confissão básica de um único Deus que escolheu Israel, que revelou a Torá a Moisés e que conduziu e preservou Israel ao longo dos séculos conforme se relata nas Escrituras, os judeus expressaram e praticaram sua fé de várias formas.

Desejando explicar sua religião ancestral aos leitores helenísticos a partir de uma perspectiva positiva, Josefo apresenta as várias correntes do judaísmo contemporâneo como se fossem "escolas filosóficas de pensamento" correspondendo às escolas filosóficas gregas (*Guerra* 2.119-166; *Ant.* 13.171-173; 18.11-24; *Vida* 2.10). Três vezes ele lista estes grupos, nem sempre na mesma ordem ou com as mesmas descrições, os *Essênios*, os *Fariseus* e os *Saduceus*. Em *Vida* 10, Josefo alega que estudou três anos com um professor asceta, Bano, embora ele não pertencesse a nenhum desses grupos. Em *Ant.* 18.23, Josefo acrescenta outra facção que ele chama apenas de "quarta filosofia", obviamente se referindo aos Zelotes, que concordam com os fariseus em todos os itens de doutrina, mas acreditam na revolta armada e dirigiram a rebelião contra os romanos.

O judaísmo palestino do primeiro século incluía um grande número de grupos, escolas de pensamento, e correntes de tradição, não apenas os três ou quatro mencionados por Josefo e pelo Novo Testamento. Entre esses estão os *Samaritanos*; *João Batista* e seus seguidores, juntamente com outros movimentos batistas sectários[10] no vale do Jordão; *Jesus* e seus seguidores; os *Fariseus*; os *Saduceus*; os *Essênios*; os *Therapeutae*; os *Zelotes*; os *Sicários*; os *Helenizantes*; e ʿ*am ha ̉aretz* (povo da terra). Os grupos não são todos do mesmo tipo. Seria um erro descrever "o" espectro político americano como composto por Republicanos, Democratas, Rotarianos e a Legião Americana.[11] Cada grupo possuía uma história em mudança e uma variedade interna em qualquer momento específico. Nem todos os grupos eram organizações oficiais com uma lista de membros fixa, antes eram mais como escolas de pensamento sobrepostas. Era perfeitamente possível que um indivíduo "pertencesse a" mais de um grupo ou fosse influenciado por mais de um deles. Não se deve pensar neles nos termos de estrutura denominacional do protestantismo americano. A maioria dos judeus palestinos do primeiro século não "pertencia" a nenhum desses grupos. Do total da população de cerca de um milhão de habitantes, a membresia combinada dos grupos principais totalizavam não mais do que 12.000. Uma vez que todos esses seriam homens adultos, se as esposas e filhos tivessem sido contados, a membresia total de todas as partes combinadas mencionadas por Josefo seria ainda em torno de cinco por cento da população. Alguns judeus podem ter sido influenciados por apenas um grupo. A visão religiosa da maioria era provavelmente influenciada pelas correntes cruzadas que emanavam de mais de uma fonte.

Todos os grupos, movimentos e correntes da tradição contendiam por alguma forma de código teocrático, mas defendiam diferentes opiniões sobre como o governo de Deus deveria ser implementado.

---

[10] Por "movimentos batistas sectários" o autor se refere a movimentos que praticavam o batismo como rito de purificação ou iniciação. N. do T.

[11] Cf. SANDMEL, *Judaism and Christian Beginnings*, 154.

Essas opiniões podem ser representadas por breves descrições dos grupos tradicionais dentro do espectro do judaísmo palestino pré-70 do primeiro século.

7.4.1 Samaritanos

Samaria é a região montanhosa entre a Galileia ao norte e a Judeia ao Sul. Mas assim como *Judeus* chegou a significar aqueles que pertencem à religião e/ou à cultura judaica, sem considerar a geografia ou etnia, assim também nos tempos do Novo Testamento *Samaria* podia se referir a uma comunidade religiosa centrada em Samaria, mas não confinada a essa região. Às vezes, eles atribuíam para si mesmos os termos *judeus/judaicos/hebreus* (Josefo *Ant*. 11.340-344) ou Israelitas (inscrição de Delos, 150-50 a.C.). Eles tinham seu próprio templo – o qual, segundo eles, era o único templo autêntico do antigo Deus bíblico – com seu próprio culto e sacerdócio. Tinham sua própria versão da Escritura, os mesmos cinco livros de Moisés usados pelos judeus de Jerusalém, porém editados para mostrar que o verdadeiro templo estava em Samaria. O fato de os samaritanos considerarem apenas o Pentateuco como Escritura, sugere que a formação dos samaritanos como uma comunidade separada ocorreu quando a "Bíblia Judaica" consistia dos cinco livros de Moisés. Como o judaísmo de Jerusalém, eles tiveram uma Diáspora, de modo que as comunidades samaritanas podiam ser encontradas em lugares como Roma, Tessalônica e na ilha de Delos.

Os samaritanos se tornaram conhecidos a partir das referências no Novo Testamento, Josefo e outras literaturas antigas, mas principalmente a partir de seus próprios escritos, incluindo sua versão do Pentateuco. Em sua autocompreensão, eles representavam os israelitas originais, descendentes da tribo de José, que insistiu na fiel adoração a Deus desde o início. Eles entendiam o termo "samaritano" como se referindo não meramente à sua cidade ou região, mas como uma derivação do termo שמר (*shamar*, "guardar"), i.e., eles se consideravam aqueles que não apostataram, mas que eram "guardadores", aqueles que guardaram a Torá. Depois do êxodo e a conquista da Terra Prometida, originalmente Israel adorou a Deus em Samaria. Quando, sob a liderança de Davi e Salomão, o culto se moveu para Sião, o que nunca, na perspectiva samaritana, foi a intenção de Javé.

O verdadeiro lugar de adoração era, assim, a espinha dorsal da disputa entre samaritanos e judeus (cf. Jo 4,20).

Os samaritanos se consideravam como os remanescentes do antigo, reino pré-davídico de Israel. Muitos judeus antigos consideravam os samaritanos como descendentes de colonos estrangeiros que os assírios reassentaram após terem destruído e despovoado Samaria, em 721 a.C. Assim, eles eram rejeitados como sendo uma mistura sincrética racial e teológica. Essa visão lendária já é encontrada em 2 Rs 17,24-28, e repetida em Josefo, e ocasionalmente encontrada ainda mesmo em produções acadêmicas. Outras lendas cresceram: supostamente os judeus não viajavam por Samaria, mas faziam amplo desvio.[12] Consequentemente, supõe-se que Jesus ilustrou sua falta de preconceito ao atravessar Samaria (Lc 9,51-53; Jo 4,4). A antipatia e suspeitas entre judeus e samaritanos são, é claro, o pano de fundo necessário para que se compreenda a história de Jesus sobre o Bom Samaritano (Lc 10,25-37).

7.4.2 Judeus Helenistas e Helenísticos

Em certo sentido, a maioria dos judeus do primeiro século, quer na Diáspora ou na Palestina, poderiam ser descritos como judeus helenísticos, i.e., participavam em certa medida do que havia se tornado a cultura internacional do Mediterrâneo. Assim como a "americanização" se tornou uma influência global depois da Segunda Guerra Mundial, afetando mesmo os que se opuseram, advogando lealdade aos seus antigos estilos de vida, assim também a Palestina estava, em certa medida, helenizada, e a antiga e rígida distinção entre o judaísmo "palestino" e o judaísmo "helenístico" não mais podia ser mantida. Contudo, dentro da Palestina havia alguns que resistiram a essa helenização e alguns que continuaram mais abertos ao amplo mundo das influências helenizantes, devido ao *momentum* cultural, ou à convicção pessoal de que chegar a um acordo com a cultura e a política dominantes era um caminho sem volta para o judaísmo. Nas cidades helenísticas ao longo da costa do Mediterrâneo (Cesareia Marítima e Ptolemaida), havia um intercâmbio intensivo entre o judaísmo tradicional e a linguagem helenística, a cultura e a política. As cidades da

---

[12] Que isto é pura lenda é confirmado por Josefo *Ant.* XX, 6, 1 = 118, que indica que a maioria dos judeus seguia uma rota direta entre a Judeia e a Galileia.

Decápolis, na área central do judaísmo, eram centro da cultura helenística (ver acima §6.2.3). As novas cidades da Galileia fundadas ou reconstruídas por Herodes Antipas ao estilo helenístico (Séforis, Tiberíades) tiveram ao menos um verniz de cultura helenística.

Embora aparentemente não tomassem partido organizado, alguns judeus eram identificados especificamente como helenistas (cf. At 6,1; 9,29; 11,20). Esses eram evidentemente judeus da Palestina cuja primeira língua era o grego, e que não entendiam a língua local – o aramaico – e que viviam ao estilo grego. Eles eram aparentemente judeus da Diáspora, que se mudaram ou retornaram para a Judeia para ficarem perto da cidade sagrada, para se aposentarem, morrerem e serem sepultados lá. Pode-se compará-los aos judeus falantes de inglês de nosso próprio tempo, que se mudam para Israel por razões religiosas. Tais judeus tendiam a viver em seus próprios enclaves, para continuar falando o grego e ter suas próprias sinagogas, mesmo em Jerusalém, à sombra do templo (At 6,1.9; uma inscrição grega pertencente à sinagoga foi encontrada em Jerusalém). Eles eram chamados de *Helenistas*, "falantes de Grego", em contraste com a nativa população da Judeia cuja língua materna era o aramaico. Havia contínua tensão entre os Helenistas que falavam o grego e os judeus locais que falavam o aramaico.

7.4.3 Essênios, Terapeutas e os Participantes de Qumran

O termo "essênios" é uma transliteração do grego Ἐσσηνοί, de derivação disputada. O termo pode corresponder, linguisticamente, às palavras hebraicas e aramaicas para "piedoso". Se assim o for, o termo pode ter sido usado tanto num sentido mais amplo e genérico, que envolve diversos grupos e movimentos, como também para um grupo específico. Embora não mencionado no Novo Testamento, o grupo específico conhecido como essênios é documentado em Josefo, que os trata com maior profundidade do que quaisquer outras "escolas filosóficas de pensamento" judaicas que ele cataloga (ver acima); em Filo (toda Pessoa Boa é livre 12-13, 75-91 e *Hypothetica* 11.1-18). Plínio (o Ancião), um oficial a serviço de Tito durante o domínio romano sobre a Judeia, viajou em torno da área do Mar Morto e posteriormente relatou suas impressões sobre os essênios em sua *História Natural* (5,25). Se, como se assume atualmente, a comunidade-mosteiro sectária de Qumran era formada de essênios, os pergaminhos do Mar

Morto fornecem fontes primárias escritas pelos essênios e numerosos livros que eles valorizavam e preservavam, sendo sem dúvidas, nossa melhor fonte para retratar a vida e o pensamento dos essênios.

De acordo com a teoria mais provável e mais amplamente aceita, a história da comunidade essênia de Qumran se desdobrou da seguinte forma: em protesto contra o que eles consideravam um sacerdócio asmoniano ilegítimo, que assumiu o controle do templo, seu culto e calendário, por volta de 150 a.C. um grupo se retirou e, depois de um período de indecisão, fundou uma comunidade liderada pelo מֹרֵה צֶדֶק (*Moreh Tsedek*, o Justo Mestre ou Mestre de Justiça). Eles consideravam sua própria comunidade o verdadeiro templo provisório do período intercalar, e esperavam a restauração escatológica do verdadeiro templo na qual eles seriam sacerdotes autorizados. Nesse intervalo, eles conduziram sua própria vida de acordo com as leis da pureza do templo e seu calendário alternativo para as festas. Eles tinham duas refeições em comum no dia, precedidas de um banho ritual, e conduzidas em um estado de pureza ritual. Não tinham escravos, renunciavam a propriedade privada e viviam uma vida simples e austera devotada a um horário rígido de estudo da Bíblia. Havia alguma variação em sua teologia e estrutura de comunidade. Um grupo de essênios vivia em Qumran. Esses eram, em sua maioria, homens solteiros que deixaram suas famílias temporária ou definitivamente. Alguns estudiosos argumentam que os essênios de Qumran eram celibatários que repovoavam a população da comunidade adotando crianças do sexo masculino[13] e aceitando candidatos depois de um período extenso de provação. A arqueologia (com base no tamanho da sala de jantar e de reunião e no número de túmulos nos cemitérios) sugere a população média de membros plenos e aprendizes como algo em torno de 200, com mais ou menos 50 deles como membros plenos. O contingente de essênios em Qumran era apenas uma pequena minoria de toda a seita. A maioria dos essênios – Josefo diz que eles eram cerca de 4000 – aparentemente vivia em enclaves ao longo do país, alguns ou todos permitiam o casamento e viviam entre a população, mas não participando

---

[13] Esta visão está baseada em relatórios secundários de Filo e Josefo. Não foi confirmada pela arqueologia, visto que algumas sepulturas de mulheres foram encontradas em Qumran, e nada nas regras da comunidade registradas nos manuscritos recuperados se refere ao celibato dos membros ou adoção de crianças para a comunidade.

de sua vida comum. A relação da comunidade de Qumran com a seita como um todo não é clara. Alguns eruditos a consideram a "sede" do grupo maior, enquanto outros argumentam que ela era a "editora" da seita, dedicada em preparar pergaminhos de couro e a copiar a Bíblia e textos sectários-chave para uso em todo o país. Os sacerdotes de Jerusalém os consideravam hereges e, às vezes, os perseguiam; por sua vez, os sectários essênios denunciavam os sacerdotes como mentirosos e profanadores do templo.

Quando os romanos se aproximaram, em 68 d.C., os Guardadores dos Documentos de Qumran selaram seus pergaminhos em recipientes grandes de cerâmica e os esconderam perto das cavernas, onde permaneceram até serem acidentalmente descobertos em 1947. Os sectários então marcharam corajosamente ao encontro dos exércitos romanos para, segundo acreditavam, a batalha final da história, confiantemente aguardando a intervenção divina que os restauraria à sua posição no renovado templo de Jerusalém. O grupo de Qumran foi destruído pelos romanos. Inúmeros outros essênios morreram na guerra e seguiu-se o caos. O restante parece ter sido dissolvido na população geral, e os essênios como um grupo distinto desapareceu da história.

Apesar de os essênios não serem típicos da maioria do judaísmo do primeiro século e terem um efeito direto mínimo sobre sua vida e pensamento, seus pergaminhos fornecem ao intérprete do Novo Testamento uma pequena janela para o mundo de Jesus e a igreja primitiva – geralmente como uma reação às principais correntes do judaísmo. Entre as percepções que derivam de um estudo dos Manuscritos do Mar Morto que iluminam a história e a teologia dos escritos do Novo Testamento, podemos citar as seguintes:

- O uso da Escritura em Qumran dá uma ideia do curso da formação do cânon, que estava ainda em processo no período (ver abaixo). Os Manuscritos do Mar Morto não contêm referências a listas canônicas, o que seria anacrônico, mas têm paralelos com frases do Novo Testamento tais como "a Lei, os Profetas e os Salmos" (Lc 24,44). O fato de que os essênios escreveram comentários sobre os Salmos, por exemplo, demonstra que o saltério pertencia ao grupo de documentos considerados legítimos.
- Os textos bíblicos usados em Qumran dão uma ideia valiosa da história textual. Por exemplo, quando as citações do Novo Testamento diferem do TM e/ou da LXX, podemos ver que os autores do Novo Testamento nem

sempre mudavam o texto, mas às vezes estavam seguindo uma tradição textual diferente que lhes estava disponível.

- A comunidade de Qumran entendia que a ação escatológica de Deus foi iniciada em sua própria história, que seria em breve consumada com o evento escatológico. Eles viam essa renovação escatológica da aliança como já iniciada, e consideravam a si mesmos como povo da nova aliança (cf. e.g. CD 6,19; 8,21; 19,33; 20,12).
- A comunidade de Qumran interpretava a Escritura como um todo como uma profecia escatológica, e viam suas predições como estando em cumprimento em seus próprios dias. Eles faziam uma releitura de toda a Escritura a partir do ponto de vista de que a ação escatológica definitiva de Deus estava ocorrendo em sua própria história.
- Mesmo antes da destruição do templo, eles viam a si mesmos, a própria comunidade, como o verdadeiro templo. Por exemplo, apesar das mesas e móveis que existiam em Qumran, os membros plenos da comunidade tomavam suas refeições juntos sentados ao chão da sala de reunião, como se fossem peregrinos no pátio exterior do templo de Jerusalém.

Os pergaminhos de Qumran fornecem ao estudante moderno uma janela muito valiosa para um grupo pequeno de dissidentes judeus. A despeito de mais de uma geração de estudo intensivo, ainda não está muito claro quão representativos os guardadores dos pergaminhos de Qumran eram entre movimentos similares.

7.4.4 Movimentos Batistas Sectários

Havia outros grupos não conformistas, alienados tanto do templo quanto da sinagoga, que formaram comunidades sectárias com diversos rituais de purificação com água. Josefo afirma que durante sua busca religiosa quando jovem, ele passou três anos com um mestre asceta do deserto chamado Bano, que praticava uma rígida disciplina envolvendo abluções purificadoras (Josefo, *Vida* 2 §11). Alguns eruditos tomam "essênios" como um termo genérico para esses grupos, ou falam de um grupo geral de "seitas batistas" no vale do Jordão.[14]

João Batista não pertence a grupos religiosos organizados tais como os fariseus, saduceus e essênios. Mas também não era um pregador

---

[14] Para uma visão geral, ver KURT RUDOLPH, "The Baptist Sects," em *The Cambridge History of Judaism*, ed. W. D. Davies and Louis Finkelstein (Cambridge: Cambridge University Press, 1984), 471-500.

solitário. Os que criam em sua mensagem e eram batizados por ele não se tornavam automaticamente membros de uma seita batista, mas retornavam às suas vidas. No entanto, embora os detalhes permaneçam obscuros, acredita-se também que alguns dos que ele batizou se tornavam uma comunidade contínua com determinada disciplina e instrução em assuntos tais como uma forma fixa de oração, e permaneciam com ele durante sua vida, sofrendo após sua morte (Mc 2,18; Lc 7,18-20; 11,1; At 18,24-19,7). O movimento iniciado por João é corretamente visto dentro do contexto de uma série de movimentos de renovação dentro do judaísmo que surgiram depois que Roma tomou posse da Palestina. Contudo, ao que tudo indica, João e seu movimento tiveram uma importância significativa. Dentre os que pregavam o batismo apocalíptico, somente ele é mencionado por Josefo, e somente ele exerceu influência sobre Jesus, o cristianismo primitivo e o Novo Testamento. A expressão "o Batista" (ὁ Βαπτιστής, *ho baptistēs*), uma tradução do hebraico הטובל ou aramaico טטבלא, é encontrada tanto no Novo Testamento quanto em Josefo como um título para João, mas não é usada em nenhum outro lugar em toda a literatura antiga.

Semelhante aos atos simbólicos dos profetas do Antigo Testamento, a conduta, o modo de vestir e o batismo de João também carregavam uma mensagem simbólica. João parece ter se instalado intencionalmente no lado leste do Jordão, perto de uma estrada que levava à Judeia, procurando uma nova entrada para a Terra Prometida. Ele chama Israel para que vejam a si mesmos não como "já estando lá", mas, em perspectiva, necessitando ir ao Jordão outra vez e serem batizados. Seu batismo, desse modo, funciona como o batismo dos prosélitos, embora não estivesse baseado nele. Os prosélitos batizavam-se a si mesmos. João foi o primeiro a batizar outros (por esta razão, o título). A prática judaica de batizar prosélitos está claramente documentada somente depois do período de João. Embora o simbolismo seja similar, o Israel empírico não é ainda o verdadeiro Israel e, como os gentios, precisa fazer uma nova entrada à terra e ser incorporado ao verdadeiro, como um povo da aliança renovada e pronto para encontrar seu Deus.

João proclamou a vinda iminente do juízo de Deus, em fogo flamejante a destruir aqueles que não estivessem preparados, e exortou o povo a se arrepender e ser batizado a fim de se preparar para a vinda do juízo. Ele aguardava que uma figura transcendente apareceria no futuro próximo a fim de executar o juízo final de Deus, mas não está claro se isto seria o próprio Deus, ou, mais provavelmente, uma figura humana dotada do poder de Deus (Mt 3,1-10; 11,1-3; Lc 3,1-9; 7,18-20). A figura que João esperava tem algumas similaridades com o Filho do Homem aguardado em algumas correntes da escatologia apocalíptica (ver abaixo §7.7). O próprio João pode não ter sido claro quanto à identidade do juiz vindouro.

7.4.5 Zelotes, Sicários, a "Quarta Filosofia", o "banditismo social" e outros movimentos militaristas revolucionários

O termo Zelote, capitalizado como o nome de um grupo organizado específico, é encontrado duas vezes no Novo Testamento da versão Almeida Revista e Atualizada: Lc 6,15 e At 1,13. Em ambas as vezes, se refere a Simão, o zelote, como um dos doze discípulos de Jesus. O termo grego ζηλωτής (zēlōtēs) é encontrado não apenas aqui, mas também em At 21,10; 22,3; Gl 1,14 como um termo geral e não técnico para aqueles que são zelosos com a lei e a tradição judaica (provavelmente é este significado que aparece em Atos e Paulo), e em 1 Co 14,12; Tt 2,14; 1 Pd 3,13 para os cristãos que são zelosos em relação aos dons espirituais e as boas obras. Conquanto o termo zelote possa ser aplicado adequadamente apenas a um dos grupos militaristas nos últimos dias da revolta de 66-70, o termo se tornou genérico, embora impreciso, para os diversos movimentos de resistência na Palestina, desde o tempo da imposição do governo romano direto na Judeia, em 6 de nossa Era, até à guerra catastrófica de 66-70 d.C. Esses grupos compartilhavam o mesmo objetivo de subverter o governo romano, mas os movimentos jamais se uniram sob um único nome, líder, programa ou teologia, e frequentemente lutavam entre si e contra seus companheiros judeus que favoreciam a cooperação com os romanos. Em geral, esses movimentos podem ser imaginados como a continuação dos primeiros dias da resistência dos macabeus,[15] a ala militarista de direita do espectro dos esforços judaicos a entrar em acordo com a dominação religiosa, cultural e política pagã.

Josefo, que alega ter sempre favorecido regularmente a cooperação com Roma, retrata o movimento zelote numa luz consistentemente ruim. Ele aplica o nobre termo zelote a eles apenas em sua obra,

---

[15] Assim, por exemplo, HENGEL, Judaism and Hellenism, 1.227.

em seus últimos escritos, falando a respeito deles desdenhosamente como bandidos e bandoleiros (λησταί *lēstai*) – alguém que enquanto luta pela liberdade de uma pessoa aterroriza outra. Josefo está provavelmente correto em localizar o início do movimento na ação de Judas, o galileu, e seus seguidores, que resistiram o censo romano do ano 6 de nossa Era.[16] Josefo também se refere a Judas como o líder de uma "escola de pensamento", a "Quarta Filosofia", e o chama de σοφιστής (*sophistēs*), um mestre (*Guerra* 2.118). Embora seja verdadeiramente correto que o embaraço social e o caos desse período tenham gerado bandos de ladrões, também é verdadeiro que muitos grupos do movimento de resistência agiram com base em compreensões particulares da Escritura e da tradição judaica. O apocalipticismo (ver abaixo) temperou muito do movimento. Dificilmente eles poderiam ter pensado que seus pequenos bandos armados pudessem derrotar as legiões romanas, mas agiram sob a convicção de que se fossem fiéis à aliança, Deus interviria e estabeleceria o reino escatológico prometido. Os líderes de alguns grupos viram a si mesmos como figuras messiânicas, e alegaram ser o profeta ou o rei escatológico prometido.[17] É nesse contexto que a fala de Jesus e do cristianismo primitivo sobre o messiado e o reino de Deus devem ser compreendidos, em comparação e contraste. A mensagem dos líderes revolucionários estava clara, e eles retrocederam em relação à sua prontidão de morrer por ela: o povo da aliança do único e verdadeiro Deus foi chamado para estabelecer a paz e a justiça do reino de Deus, não se privando de uma vida política num ambiente monástico isolado onde eles estudariam, orariam e esperariam pela ação de Deus – como entre os essênios e outras versões do apocalipticismo – mas pela violência militar. "Deus ajuda os que se ajudam". "Se nós partimos pela fé e iniciamos a guerra, Deus a concluirá".

---

[16] Josefo *Ant.* 18.23. Ver acima Herodes, o Grande, e Lucas 2,1-2; Atos 5,36-37.

[17] Esta situação é refletida em Marcos 13,22; Atos 5,36; 21,38; Josefo *Ant.* 17.278-85; 20.97-98; *Guerra* 2.433-34, 261-62. Para uma discussão completa e detalhada, cf. RICHARD A. HORSLEY and JOHN S. HANSON, *Bandits, Prophets, and Messiahs: Popular Movements in the Time of Jesus* (Minneapolis: Winston, 1985) [em português: *Bandidos, Profetas e Messias: Movimentos Populares no Tempo de Jesus*. São Paulo: Paulus, 3ª ed., 2013].

7.4.6 Os Herodianos

Este grupo era identificado de alguma forma com Herodes Antipas, o rei-fantoche da Galileia (ver acima §6.2.4), mas a relação não é clara. Josefo se refere a eles (*Guerra* 1.319), como também o faz Marcos 3,6; 12,13 (Mt 22,16). Eles podem ter sido simplesmente membros da corte ou da casa de Herodes, mas a formação em latim *Herodiani* (grego Ἡρῳδιανοί) parece ser paralela à nomes de partido tais como *Augustiani*, o que sugere que eles eram partidários do "reino" de Herodes. Isto pode ser compreendido num sentido patriótico tradicional (a defesa de um rei judeu em vez de um governante romano), ou num sentido antitradicional (o apoio do próprio helenismo de Herodes e do regime romano mais do que os movimentos político-religiosos de direita tais como os zelotes).

7.4.7 Os Saduceus

Os saduceus são o grupo mais difícil de descrever. Não temos textos nos quais o autor se identifica como um saduceu, nenhuma fonte explicitamente composta do ponto de vista de um saduceu, nenhum grupo pós-70, que alegue ser herdeiro dos saduceus. Eles são mencionados nos Evangelhos, Josefo e na literatura rabínica – todas fontes hostis. Nos Evangelhos, eles são os oponentes sacerdotais de Jesus, instrumentos de sua morte. Josefo os retrata como um grupo que não crê em "destino", i.e., providência divina, mas que enfatiza a responsabilidade humana e rejeita as doutrinas da imortalidade, ressurreição e recompensa e castigo após a morte. São ricos, seus adeptos estão entre a elite rica e não entre o povo comum, e (algumas vezes) pertencem à elite governante, mas são constrangidos a governar de acordo com a doutrina dominante dos fariseus. Na forma de tratar um ao outro, eles são um tanto grosseiros (*Guerra* 2.119-66; *Ant.* 13.173; 18.16-17). No judaísmo rabínico tardio, os saduceus sofrem uma difícil pressão. São considerados hereges e quase não pertencentes ao judaísmo. A etimologia do nome é controversa, mas está mais provavelmente relacionada à Zadoque (saduceu = zadoquita), que estabeleceu o que se tornou a linhagem de sacerdotes autênticos no tempo de Salomão (1 Rs 1,8.34.38-39). No judaísmo do primeiro século, o grupo saduceu, portanto, teria representado o partido sacerdotal do templo de Jerusalém, compreendendo a si mesmos como sacerdotes autênticos da linhagem asmoniana.

Inferências dessa mínima e preconceituosa base textual produziu um quadro dos saduceus no qual eles representavam a elite dominante local sob a supervisão dos romanos. Eles eram religiosamente conservadores, de modo que rejeitavam tanto a tradição oral progressista dos fariseus (ver abaixo), as novas doutrinas apocalípticas tais como a ressurreição, quanto os livros bíblicos tardios nos quais essas doutrinas estavam fundamentadas. Existe escassa evidência de um quadro tão limpo e consistente. Provavelmente, havia saduceus que possuíam alguns desses traços, e judeus que tinham alguns deles, mas não eram saduceus. Contudo, havia grupos sobrepostos de judeus do primeiro século e da tradição judaica caracterizados por:

- *Cooperação com os romanos, implementando e compartilhando seus regulamentos.* Em qualquer estrutura política imperial ou colonial, o poder dominante local lidera quem pode manter a lei e a ordem necessária para a coleta de impostos. Alguns da liderança local perceberam que isto é para o bem de todos, e cooperaram. Uma maneira de fazer isto é restringir a "política" a uma área de vida e a "religião" para outra, o que permite a cooperação ao império "secular" enquanto se mantém a "pureza" no império "religioso".
- *Aceitar apenas o Pentateuco como "canônico".* Não havia um cânon fixado aceito por todos os judeus durante o primeiro século de nossa Era. Assume-se, frequentemente, que os saduceus aceitavam apenas os cinco livros de Moisés como canônicos, enquanto os fariseus aceitaram, posteriormente, os livros proféticos e apocalípticos. Parece claro que alguns judeus do primeiro século consideravam apenas o Pentateuco/Torá como Escritura sagrada e outros afirmavam um "cânon" mais extenso, mas não há clara evidência que identifique os saduceus com a primeira e os fariseus com a última.[18] O ponto importante aqui é que eram, de fato, os livros apocalípticos e proféticos que forneciam os quadros de um reino escatológico que estava por vir, a resistência aos impérios terrestres e a ressurreição dos mortos. Tais livros podiam alimentar as chamas da rebelião política, e foram resistidos por grupos judaicos que viam que o caminho para o povo de Deus tinha a ver com submissão e cooperação, e não com rebelião.

---

[18] Os essênios de Qumran acusavam os saduceus de reconhecerem apenas a Torá como revelação divina, mas não os profetas que revelaram o que aconteceria nesta última geração da história humana (1QpHab 2.9-10; cf. Josefo *Ant.* 18.16).

- *Rejeição da tradição oral dos fariseus*. A tradição oral dos fariseus tentou levar toda a vida sob a influência da revelação divina no Sinai (ver abaixo). Alguns daqueles que rejeitaram as tradições orais dos fariseus podiam querer encontrar uma esfera "secular" na qual esta verdade *revelada* da Torá não deu instruções específicas, permitindo uma cooperação com os romanos sem violar a Bíblia.

7.4.8 Os Fariseus

Os fariseus são o grupo judaico mais frequentemente mencionado no Novo Testamento, o grupo que, aparentemente, exerceu maior influência sobre Jesus, o cristianismo primitivo e o Novo Testamento. Eles, também, são difíceis de descrever.[19] Tanto a natureza quanto a teologia do grupo parecem ter mudado no decorrer da história, de modo que as descrições do grupo, de uma só vez, não necessariamente se aplicam a um período diferente. De acordo com Josefo, os fariseus emergiram no cenário histórico pela primeira vez no período do rei asmoniano João Hircano (134-104 a.C., ver acima). Eles não tinham poder político próprio, mas como membros da classe de retenção foram influentes na definição das políticas do rei.[20] Eles perderam seu apoio, e Alexandre Janeu, filho de João Hircano, condenou muitos deles à morte em face de suas intrigas políticas. Alexandra, sua viúva e sucessora, restaurou o poder político dos fariseus, de modo que eles se tornaram o verdadeiro poder por trás do trono. Por volta do primeiro século e nossa Era, o Novo Testamento não mais descreve os fariseus como um grupo de interesse político (contudo cf. sua colaboração aos Herodianos, Mc 3,6; 12,13). Como adversários de Jesus, o Novo Testamento os descreve como inicialmente interessados em assuntos de pureza, jejum, observância do sábado, e os encarrega de defender as "tradições dos anciãos" em vez de a "Palavra de Deus", fundamentada na Bíblia.

Para nossos propósitos neste volume, há três pontos nos quais há ampla concordância:

---

[19] A dificuldade primária tem a ver com fontes: nossas fontes primárias são os documentos do Novo Testamento e os escritos contemporâneos de Josefo.

[20] ANTHONY J. SALDARINI, *Pharisees, Scribes and Sadducees in Palestinian Society: A Sociological Approach* (BRS; Grand Rapids: Eerdmans, 2001), 4-5, 37-48 e passim [em português: *Fariseus, Escribas e Saduceus na Sociedade Palestinense*. São Paulo: Paulinas].

1. *Os fariseus representavam um movimento leigo e centrista respeitado por várias correntes da população*. Em contraste com os essênios, eles não se esquivavam da vida diária a fim de cultivar sua santidade e esperar a ação apocalíptica de Deus. Em contraste com os zelotes, eles não resistiam ativamente o governo romano, ou convocavam a população para uma rebelião armada. Em contraste com os saduceus, eles não colaboravam com os romanos nem ajudaram a implementar seu governo no período pré-70. Embora formassem um grupo relativamente pequeno – Josefo afirma algo em torno de 6000 – eles eram altamente respeitados, a "escola" (*Guerra* 2.162) que "tinha as massas do seu lado" (*Ant*. 13.288).
2. *Os Fariseus eram leigos defensores da santidade de todo o povo de Deus em cada aspecto de sua vida*. Embora os sacerdotes pudessem ser fariseus, os fariseus eram basicamente um movimento leigo. Enquanto o templo era o domínio dos sacerdotes, a sinagoga era o domínio da atividade dos fariseus – embora não haja evidência de que eles estavam encarregados disto. Eles tomavam seriamente a vocação bíblica de Israel *como um todo* de ser uma comunidade sacerdotal (Êx 19,6), e parecem ter tentado aplicar as regras do templo e da pureza sacerdotal a todos os judeus. Assim, eles defendiam um tipo de "sacerdócio de todos os crentes". Eles não estavam dispostos a demarcar uma área da vida como uma zona particular sagrada, deixando todo o restante livre dos embaraços rituais e cultuais, que permitiriam a livre colaboração com as autoridades romanas, mas defendiam a santificação de tudo na vida cotidiana. Desse modo, elaboraram regras que cobriam cada aspecto da vida pessoal e social, na intenção de especificar como Israel poderia ser um povo santo cujo cada movimento estaria em conformidade com a revelação de Deus no Sinai.
3. *Os fariseus eram campeões da tradição oral como meio dessa santificação*. Como um movimento leigo, os fariseus estavam preocupados em autenticar a corrente da tradição que ignora o sacerdócio. Um texto chave da Mishnah *Aboth* (também transliterado *avoth*, "os Pais") começa: "Moisés recebeu a Lei do Sinai e confiou-a a Josué, e Josué aos anciãos, e os anciãos aos profetas, e os profetas aos homens da Grande Sinagoga...".[21] O tratado prossegue com a nomeação de 60 mestres da lei que viveram entre 60 a.C. e 200 d.C., no tempo em que a tradição oral contida na Mishnah foi registrada. A lista inclui apenas um sacerdote, Simeão, o Justo. O ponto principal: a tradição autêntica foi transmitida pelos mestres leigos, não pelos sacerdotes. O meio de transmissão foi a tradição oral.

A discussão moderna da tradição religiosa frequentemente tem sido influenciada pela perspectiva protestante no debate pós-Reforma

---

[21] DANBY, *Mishnah*, 446.

sobre a Escritura e a tradição. Nesse debate, a Escritura é apresentada como boa, a revelação divina original, e a tradição é entendida como os acréscimos posteriores que os homens fizeram à Escritura, e, portanto, ruins. A realidade é que nenhuma comunidade religiosa pode viver pela *sola scriptura*, mas toda comunidade religiosa tem, e deve ter uma tradição a fim de funcionar. Um exemplo muito simples discutido na tradição rabínica: o Decálogo ordena que nenhum trabalho deve ser feito no dia de sábado. Uma punição severa resulta de sua violação. A fim de cumprir esse mandamento, é necessário que seja definido o que de fato é "trabalho", e o começo e o fim do "sábado" devem ser especificados. A própria Escritura não faz isto, e nem isto pode ser deixado a critério da interpretação individual. Portanto, os mestres dos escribas discutiam as maneiras como os mandamentos bíblicos podiam ser implementados, e especificaram seus resultados em grandes detalhes.

"Os fariseus entregaram ao povo um grande número de observâncias transmitidas por seus pais, que não estão escritas na lei de Moisés" (Josefo, *Ant* 13.297). Contudo, os fariseus não entendiam suas tradições como sendo acréscimos ao depósito divino original. Assumindo que a tradição rabínica posterior representa, de certo modo, a visão dos fariseus do primeiro século, pelo menos nesse ponto, os fariseus acreditavam que Deus não havia deixado a critério do arbítrio humano a informação específica e as diretrizes necessárias à execução da lei, mas deu o conhecimento necessário juntamente com a própria lei. "Certo gentio se aproximou de Shammai e lhe perguntou: 'Quantas Torás você tem?' 'Duas', respondeu ele – 'a Torá escrita e a Torá oral' (b. Shab. 30b)". A lei escrita foi registrada por Moisés no Pentateuco, mas a lei oral, *também dada diretamente por Deus a Moisés no Sinai*, foi transmitida através de uma corrente de mestres autorizados. Os rabinos não duvidaram de que determinadas tradições emergiram do ensino de determinados rabinos, mas consideravam a discussão rabínica como apenas a redescoberta e a transmissão adicional do que originalmente foi dado no Sinai. A tradição oral não estava em oposição à Escritura escrita, mas era seu complemento necessário. É a reverência à Escritura escrita e o desejo de colocá-la em prática que requerem a Torá oral e seus intérpretes e portadores autorizados, tais como Shammai. A representação rabínica posterior de duas Torás, a oral e a escrita, garantida por uma sólida corrente de conexões tradicionais, de Moisés ao próprio tempo deles, é, provavelmente, mais específica e detalhada do que o que era comum no primeiro século. Não pode haver dúvida, contudo, de que nos dias de Jesus e do cristianismo primitivo, os fariseus eram defensores da autoridade das tradições não encontradas na Torá escrita.

De fato, o conceito e conteúdo da Torá oral, desenvolvidos pelos mestres leigos como os fariseus associados com a sinagoga, frustravam a autoridade dos sacerdotes saduceus associados com o templo. Assim, com a destruição do templo e a dissolução da autoridade sacerdotal, já havia uma maneira poderosa de reconstituir o judaísmo e levá-lo adiante.

7.4.9 "O Povo da Terra", ʿam-haʾaretz, "o povo comum", "o judaísmo comum"

"O povo da terra" é uma designação comum do Antigo Testamento (52 vezes) para os residentes locais de Israel ou outros países e/ou as pessoas comuns em oposição aos seus governantes (e.g. Gn 23,7; 2 Rs 11,14). Depois do retorno de um número relativamente pequeno de judeus da Babilônia, algumas tensões ocorreram entre os que retornaram e a população local (e.g. Esd 4,4). Os exilados que retornaram enfatizaram a pureza ritual e genealógica, e enfrentaram as suspeitas dos judeus locais em ambos os casos. O termo, portanto, desenvolveu nuanças pejorativas na tradição judaica posterior, incluindo a Mishnah, que desencoraja a associação com o ʿam-haʾaretz (Demai 2.2-3). Assim, o termo não é o nome de uma facção particular, e nem é também uma designação romântica para as "pessoas comuns" de uma piedade simples que rejeitaram a teologia sofisticada de seus líderes religiosos. O termo é uma lembrança, contudo, de que a grande massa do povo da Palestina do primeiro século representa um judaísmo genérico que, sem apoiar o programa de determinado grupo, compartilhava as doutrinas básicas do "judaísmo comum": a fé no Deus único, que não tolerava rivais ou imagens, um senso de eleição como povo de Deus, orientação para o templo e a Torá e especialmente a observância da circuncisão, do sábado, das leis dietéticas e das principais festas.[22]

---

[22] A expressão "judaísmo comum" nesse sentido se tornou corrente especialmente através de E. P. SANDERS, Judaism: Practice and Belief, 63 BCE-66 CE (London: SCM

7.5 A Profecia e o Espírito

Os profetas são carismáticos, figuras inspiradas que não derivam sua autoridade da Escritura, instituição ou tradição, mas transmitem sua mensagem como dadas diretamente por Deus. A visão rabínica posterior era de que a profecia havia encerrado no tempo de Esdras ou Alexandre e não retornaria até a era escatológica (*e.g. Cântico dos Cânticos Rab. 8.9-10; Números Rab. 15.10; b. Yoma 9b,21b; t. Sota 13.2; Aboth 1*). Essa visão contribuiu para a produção da literatura de revelação (apocalíptica) no nome de heróis do passado, desde Adão até Esdras, que foi o último a quem se podiam atribuir poderes proféticos. Portanto, Daniel, composto por um autor anônimo nos tempos dos Macabeus, foi escrito na pessoa de uma figura do sexto século a.C. Foi escrito muito tarde para ser incluído entre os Profetas do cânon em desenvolvimento, porém foi incluído, posteriormente, entre os Escritos. Embora alguns mestres judeus do primeiro século sustentassem a visão de que a profecia e a inspiração divina haviam cessado com Esdras, ao que parece este dogma tem sido algumas vezes aceito e concebido de modo a incluir todo o judaísmo do primeiro século (e, portanto, a ideia posterior dos "quatrocentos anos de silêncio" entre Malaquias e João Batista).

Na realidade, houve muitas figuras proféticas no judaísmo do primeiro século.[23] Embora Josefo algumas vezes pareça aceitar a teoria rabínica segundo a qual a profecia estava limitada ao período bíblico (*Contra Apião* 1,40-41), os profetas judeus contemporâneos, de fato, desenvolveram um papel proeminente em sua história (*Guerra* 1,78-80; 2.112-113; 2.159; 2.259-263; 6.283-288; 6.300-309; *Antiguidades* 13.311-313; 14.172-176; 15,3-4; 15.370; 17.345-348; 20,97-99; 20.168-72). Um exemplo proeminente é Joshua (Jesus) ben Ananiah, um camponês analfabeto que alegava ter recebido uma revelação direta de Deus, um oráculo de juízo contra Jerusalém que ele começou a proclamar constantemente contra a cidade, ao estilo dos profetas do Antigo Testamento.

Press, 1992), Parte II, juntamente com o padrão fundamental da religião judaica como "o nomismo da aliança" (ibid., 75, 236 et passim).

[23] Para documentação, ver M. EUGENE BORING, *The Continuing Voice of Jesus: Christian Prophecy and the Gospel Tradition* (Louisville: Westminster John Knox, 1991), 51-57, e a literatura fornecida ali.

A despeito dos insultos, proibição e tortura, ele continuou a repetir seu oráculo até os últimos dias de Jerusalém, em 70, quando foi morto por um projetil romano (*Guerra* 6.300-309). O *Moreh Tsedek* de Qumran צֶדֶק מֹרֵה (*moreh tsedek*, Mestre de Justiça) é uma figura profética e inspirada, que interpreta a Escritura no poder do Espírito Santo e cujo ensino vem diretamente "da boca de Deus" (*1QpHab* 2,2-3), de modo que "o que sai de sua boca é a palavra de Deus" "(1QH, trad. Gerd Jeremias). Não havia "partido profético" no judaísmo do primeiro século; o fenômeno profético era vivenciado para além das linhas partidárias, e diversos grupos alegavam autoridade profética para seus pontos de vista e programas. João Batista e Jesus se levantaram dentro dessa corrente do judaísmo do primeiro século. Como o Mestre de Justiça, eles enfrentaram a oposição das autoridades institucionalizadas.

7.6 O Espectro da Esperança Apocalíptica, Messiânica e Escatológica

A linguagem e imagens que comunicaram a esperança de Israel não eram uma questão de especulação, mas de confiança na bondade e fidelidade de Deus. De maneira bem simples, os movimentos conceituais que geraram a linguagem da escatologia, da apocalíptica e do messianismo foram produzidos pela fé de Israel em um único Deus, o Criador, que é justo, poderoso e amoroso. Mas como, então, pode haver tanta maldade no mundo? Israel não discutia o problema do mal em termos filosóficos, mas respondia em termos narrativos característicos, fora de sua convicção da fidelidade de Deus: o mundo é uma história, Deus é o autor, e a história ainda não acabou. "Por que Deus não destrói o mal?" "Ele o destruirá". A confiança de Israel na fidelidade de Deus gerou sua linguagem de esperança no futuro final.

Uma vez que a discussão acadêmica não desenvolveu um conjunto consistente de definições para os termos-chave, é importante evitar confusão semântica ao definir como os termos são usados neste livro. As seguintes definições encontrão amplo, mas não total acordo.[24]

---

[24] Para elaboração, cf. M. EUGENE BORING, *Revelation* (Interpretation; Louisville: Westminster John Knox, 1989), 35-41, em amplo acordo com JOHN J. COLLINS, *The Apocalyptic Imagination: An Introduction to Jewish Apocalyptic Literature* (2nd ed.;

- *Providência*. O termo deriva do latim *pro* (antes) e *video* (ver), e se refere a ver o que está diante de alguém, olhando para o que está à frente. Praticamente, todo o pensamento judeu do Antigo Testamento afirma a providência de Deus, de que a história não está correndo cegamente e fora de controle, mas sob a direção do soberano Deus.
- *Escatologia*. O termo representa o grego ἔσχατος (*eschatos*, último), e se refere ao fim último das coisas. Escatologia é um tipo especial de pensamento dentro da doutrina da providência. Deus não está apenas guiando a história, mas a conduzirá a uma conclusão digna. Todo o pensamento escatológico é providencial, mas nem todas as compreensões de providência são escatológicas. A escatologia pode ser pessoal, referindo-se ao objetivo final da vida do indivíduo (o que acontece depois da morte), ou histórica e cósmica, referindo-se ao objetivo final do mundo e da história, o significado do "fim do mundo". Uma vez que a teologia bíblica está preocupada em apresentar Deus como o Criador do universo e o Senhor da história como um todo (e não meramente de determinados indivíduos ou nações), em geral o pensamento escatológico é expresso dentro desta estrutura cósmica que envolve toda a história. A escatologia fala do fim, mas é um fim cheio de significado, o fim de uma *história*. Assim, narrativa, e não especulação metafísica, é seu modo bíblico.
- *Apocalíptica*. O termo deriva do verbo grego ἀποκαλύπτω (*apokaluptō*, revelar), e significa, literalmente, a remoção de um véu ou cobertura. Do modo como a escatologia é um tipo especial de pensamento sobre a providência de Deus, assim também a *apocalíptica* é um tipo de escatologia. Um *apocalipse* é um texto que pertence a um gênero literário especial. *Apocalíptica* se refere a fenômenos que refletem o pensamento apocalíptico. O pensamento apocalíptico transcende grupos políticos, e não deve ser identificado com nenhum grupo judeu, em particular. Alguns membros dos grupos (com a provável exceção dos saduceus) abraçaram vários aspectos do pensamento apocalíptico.

O pensamento apocalíptico não caiu pronto do céu, em vez disso é o processo de um longo e complexo período de desenvolvimento. Embora seja verdade que ao longo de sua história o pensamento judeu adotou e adaptou elementos de seus ambientes religiosos, o núcleo básico do pensamento apocalíptico está em continuidade com, e deriva de sua herança israelita.[25]

Grand Rapids: Eerdmans, 1998), 1-23 [em português: *A Imaginação Apocalíptica, uma Introdução à Literatura Apocalíptica Judaica*. São Paulo: Paulus, 2010].

[25] Ver e.g. PAUL D. HANSON, *The Dawn of Apocalyptic* (Philadelphia: Fortress, 1975), and Collins, *Apocalyptic Imagination*, 19-42, e a literatura que eles listam.

O denominador comum do pensamento apocalíptico é que a vitória final de Deus será causada por sua própria iniciativa, quando o poder de Deus será revelado a partir do mundo transcendente. Não necessariamente é preciso pensar numa dissolução do mundo do tempo-espaço – o judaísmo antigo e o cristianismo dificilmente pensam nessas categorias – porém é mais do que uma revolução social. O pensamento apocalíptico envolve a ressurreição dos mortos em mais de um sentido metafórico. Envolve tanto a continuidade quanto a descontinuidade com a presente ordem das coisas. O pensamento apocalíptico não requer, necessariamente, a imagem da destruição literal do mundo atual, o "fim do mundo" em termos astrofísicos, mas significa o fim do mundo como o conhecemos e uma reorganização do poder e relacionamentos.

A continuação do pensamento apocalíptico no judaísmo formativo e no cristianismo emergente. No judaísmo do segundo templo, durante o tempo de Jesus, o início da igreja e a formação do Novo Testamento, a escatologia apocalíptica era um vigoroso elemento das principais correntes da teologia e vida judaicas, visto que poucas gerações depois do ano 70, alguns judeus continuavam cultivando a esperança apocalíptica, que alimentava as chamas que levaram à revolta de Bar Kochba. Depois do fracasso catastrófico das duas revoltas contra Roma, os escribas de Jâmnia e seus sucessores rabínicos se afastaram das visões apocalípticas que contribuíram para o fervor revolucionário. Como resultado, os apocalipses judeu e cristão acabaram sendo preservados pelos cristãos. Em alguns momentos, os cristãos expandiram e modificaram os apocalipses judaicos, dando-lhes uma orientação e interpretação cristãs (e.g. 4 Esdras). A tradição apocalíptica não é marginal, mas difundida no Novo Testamento. Quem quiser entender o Novo Testamento deve voltar-se para o pensamento apocalíptico. Este é o caso não apenas de Paulo, os sinóticos e Apocalipse, onde é visível, mas uma tendência dos documentos do Novo Testamento, em geral, e uma questão chave na discussão da missão e mensagem de Jesus. A apocalíptica não está limitada aos livros apocalípticos tais como Apocalipse, nem às passagens tais como o "pequeno apocalipse" de Marcos 13 e seus paralelos em Mateus 24 e Lucas 21, mas é a estrutura que cobre grande parte do pensamento do Novo Testamento, que expressa, reinterpreta ou reage às ideias apocalípticas. Para aqueles que querem entender o Novo Testamento, entender o pensamento apocalíptico não é opcional.

7.6.1 Os Traços Típicos da Escatologia Apocalíptica

A lista a seguir de traços típicos e sobrepostos caracteriza o pensamento apocalíptico tomado como um todo, embora nem todo apocalipse manifeste cada traço.

- *Literatura de crise.* A literatura apocalíptica é frequentemente descrita como gerada por e emergindo das situações de crise. É verdade que alguns apocalipses, tais como Daniel e Apocalipse, foram escritos em tempos de perseguição e tumultos políticos, mas nem por isso é verdade que toda literatura apocalíptica foi composta por pessoas perseguidas e oprimidas. Em certo sentido, contudo, todos os escritos apocalípticos refletem uma situação de crise – a crise teológica de tentar dar sentido à justiça de Deus em termos essencialmente deste mundo.
- *Escopo cósmico, universal.* Assim como Gn 1-11 (a história das origens do universo), a escatologia apocalíptica está preocupada com o Deus Criador de todo o mundo e o Senhor de toda a história, de modo que os escritores apocalípticos olharam além da história da aliança, para a história universal. Eles estavam interessados não apenas com o futuro de Israel, mas com o objetivo e o fim de todas as coisas. Portanto, os diversos escritos apocalípticos são atribuídos a figuras universalmente humanas, tais como Adão e Enoque, que viveram antes de Abraão, Moisés e a história da aliança de Israel.
- *A intervenção divina conduz este mundo a uma conclusão digna.* Os pensadores apocalípticos enfatizaram uma descontinuidade com o presente em vez de uma continuidade. A salvação de Deus chegará ao fim da história não por um crescimento gradual de dentro da história, mas por uma intervenção cataclísmica de algo externo a este mundo. Este drama cósmico precisa significar a destruição do atual cosmos, e não implica que a mudança seria instantânea; no pensamento apocalíptico judaico, o fim que está por vir significa, tipicamente, a transformação radical deste mundo, o que ocorre no período final da história. O pensamento apocalíptico judaico não é tipicamente "de outro mundo" no sentido de que ele rejeita o mundo atual e procura escapar para outro mundo qualquer. Isto é gnosticismo, não teologia apocalíptica. O gnosticismo é uma negação do mundo, mas o pensamento apocalíptico é uma afirmação do mundo. É precisamente porque os pensadores apocalípticos judeus afirmaram este mundo como a boa criação de Deus, que eles mantiveram sua fé de que Deus iria redimir o mundo, embora eles não vissem como a salvação de Deus poderia ocorrer através dos progressos dentro deste mundo.

- *O fim iminente*. Para a maioria dos pensadores apocalípticos, o fim projetado devia vir logo, como a solução para os problemas enfrentados no presente. O tempo do fim não era uma questão de especulação, mas uma expressão da intensidade da esperança e encorajamento daqueles que enfrentam os terrores do presente. A iminência do fim era encorajamento para perseverar, e não de cálculo abstrato.
- *Pessimista no início, mas cheia de esperança ao final*. A literatura apocalíptica não é otimista no sentido de que ela baseia sua visão favorável do futuro na observação da evidência do mundo presente. Os apocalípticos eram pessimistas em relação à capacidade humana de introduzir o governo final de Deus, mas seu pessimismo era penúltimo. Ao final, eles eram otimistas no sentido de que afirmavam sua confiante esperança na máxima fidelidade de Deus.
- *Anjos*. Os protoisraelitas já tinham o conceito de anjos, mas na apocalíptica os anjos se tornam mais numerosos, recebem nomes e graduações, e exercem funções chave na administração divina do universo. Deus não age tão diretamente quanto no pensamento israelita primitivo, mas trabalha através de intermediários angelicais. Deus, o Criador, é finalmente responsável por todo o universo, mas não diretamente responsável por tudo o que ocorre nele. Deus designou os detalhes da administração do mundo aos anjos, os quais às vezes vão além de sua autoridade ou falham em suas responsabilidades. Deus lhes pedirá contas no juízo final (Is 24,21-22; 1 Co 5,3; Jd 6). A revelação de Deus não é diretamente inteligível, antes requer interpretação angélica, e a *angelus interpres* se torna de caráter padrão na configuração apocalíptica reveladora.
- *Demônios e Satanás*. O pensamento protoisraelita teve pouco lugar para os espíritos malignos e demônios. Deus, o Criador, estava encarregado de todo o cosmos e, finalmente, responsável por tudo o que ocorresse nele, incluindo o mal. Sem abandonar sua fé no único Deus, o judaísmo do segundo templo começou a atribuir o mal a poderes demoníacos secundários, os quais ainda estariam, ao final, sob a soberania de Deus. Tais espíritos do mal eram a causa *direta* do mal, e o Deus único era responsável apenas indiretamente, embora o fosse, em última instância. A figura de Satanás, embora originalmente concebida como um membro da corte celestial e o representante público divinamente autorizado (Jó 1-2), pouco a pouco foi se tornando o comandante e chefe do mundo demoníaco. Portanto, os atos questionáveis originalmente atribuídos a Deus são, posteriormente, atribuídos a Satanás (2 Sm 24,1 vs. 1 Cr 21,1).
- *Dualismo*. É somente num sentido específico que nós podemos falar de dualismo na apocalíptica judaica, a qual nunca abriu mão de sua fé monoteística fundamental. Contudo, há uma espécie característica de dualismo

dentro da apocalíptica, um dualismo que pensa em termos deste mundo e do além, tanto em termos espaciais quanto cronológicos. Espacialmente ("verticalmente"), o mundo celestial está em contraste com este mundo mal e material. Cronologicamente ("horizontalmente"), esta era má está em contraste com o mundo vindouro.
- *Autoria pseudônima.* Nenhum apocalipse judaico foi escrito no nome do próprio autor. Cada um foi atribuído a alguma figura antiga e respeitável. Todos eles foram apresentados como escritos no tempo de Esdras, ou antes, uma vez que se assumia que a revelação profética chegou ao fim no tempo de Esdras. Vários foram atribuídos a figuras que viveram nos dias primitivos da raça humana – de Adão a Enoque, ou Noé – e, assim, antes do declínio do mundo. Enoque e Elias, ambos levados ao mundo celestial sem experimentar a morte, foram os autores favoritos, uma vez que eles podiam comunicar as realidades celestiais por experiência direta.
- *Visão determinista da história.* Em contraste com os profetas, que enfatizam a responsabilidade humana do futuro político e o chamado à decisão, os apocalípticos enfatizam a soberania de Deus de tal forma que as decisões humanas já não estão disponíveis. As coisas não estão fora de controle, Deus tem um plano para o mundo – esta é a mensagem de conforto e esperança, mas seu subproduto conceitual, tomado como linguagem que têm objetivos, é o fato de que a história mundial já está predeterminada e só pode seguir seu próprio curso. Contudo, na apocalíptica bíblica, esta visão é confirmada apenas dialeticamente. Por exemplo, a combinação dialética da soberania divina com a responsabilidade humana, em Daniel, combina as histórias de decisão e fidelidade dos capítulos 1-6 com visões apocalípticas deterministas dos capítulos 7-12.
- *História pré-escrita.* O real autor dos textos apocalípticos tem uma mensagem para seu próprio tempo, mas na estrutura apocalíptica isto tinha de ser apresentado como a "profecia" do autor postulado, que "prediz" a história a partir do tempo do autor postulado para o próprio tempo do autor verdadeiro. A visão retrospectiva do autor verdadeiro e de seu próprio local histórico se torna clara no ponto em que ele cessa de olhar para trás e se reporta a eventos que têm exatidão relativa, e começa a olhar para frente e prediz seu futuro real, em cujo ponto suas predições se tornam vagas ou equivocadas.
- *Caráter misterioso e esotérico.* Os apocalipses são reveladores da sabedoria divina que não pode ser alcançada pela percepção e procura humanas. Por que as coisas são como são, e o que reserva o futuro, são mistérios preservados na esfera divina: Deus sabe, os humanos não sabem e não podem saber. Mas humanos escolhidos podem receber uma visão do mundo divino, ou serem levados para lá pessoalmente, onde eles podem aprender

os mistérios divinos, que podem ser retratados como inscritos dos pergaminhos ou tabletes celestiais. Os apocalipses servem para encorajar seres humanos em sofrimento que perderam o ânimo de encontrar significado nos eventos deste mundo. O mundo não é sem significado, mas seu significado não pode ser descoberto – ele deve ser revelado.
- *Linguagem simbólica*. É universalmente reconhecido que as realidades transcendentes sobre o que os escritores apocalípticos falam não podem ser expressas na linguagem convencional do literalismo. Os apocalípticos visionários refinaram e desenvolveram um tipo de linguagem simbólica, mítica e metafórica já presente no âmago da tradição bíblica e teológica de Israel.

7.6.2 Apocalíptica e Império

A apocalíptica tem sido vista algumas vezes como algo de outro mundo, um voo que parte das realidades políticas práticas para um mundo celestial ou espiritual interior. Mas a apocalíptica é essencialmente política, terrena e ao mesmo tempo relutante a abandonar a fé israelita em um único Deus verdadeiro, que é finalmente o Deus de justiça, indisposto a designar poder aos poderes injustos deste mundo imediatamente anteriores ao fim. O livro de Daniel, o primeiro apocalipse exaustivo, originou-se no crisol da perseguição imperial, desmascarando o poder imperial como o antideus e essencialmente desumano, protestando contra as alegações do poder imperial humano e apresentando uma visão alternativa do governo de Deus como o reino final.[26] Daniel proclama que a vontade de Deus é libertar a humanidade de tal opressão e de tornar o povo livre para o tipo de vida que o Criador lhes deseja dar (σωτηρία *sōtēria*, salvação; ζωή *zōē*, vida). As visões de Daniel retratam a marcha do império humano desde Babilônia, passando pela Pérsia, Alexandre e seus sucessores gregos, e promete que o próprio império de Deus esmagará, em breve, os impérios terrestres e estabelecerá a justiça de Deus (Dn 2,7). Isto não aconteceu, mas o aparente fracasso do reino de Deus na história não destruiu a fé expressa nesta teologia. Quando o Império Romano sucedeu os gregos, os mestres apocalípticos judeus reconfiguraram o imaginário

---

[26] Para uma apresentação útil e resumida do governo imperial como essencialmente opressivo, ver WARREN CARTER, *The Roman Empire and the New Testament: An Essential Guide* (Nashville: Abingdon, 2006).

de modo que Roma era o império terrestre final, que em breve seria substituído pelo reino de Deus.[27]

No pensamento apocalíptico do Novo Testamento, os conflitos entre o povo de Deus e os poderes da terra são os concretos conflitos de primeiro plano que representam o conflito final entre Deus e Satanás. A vitória nesse conflito não é colocada em dúvida, mas já decidida no evento-Cristo. Três qualificações são importantes para o progresso da interpretação de determinados textos do Novo Testamento ou documentos expressos em linguagem apocalíptica.

(1) É importante entender que, embora haja uma dimensão política dentro do pensamento apocalíptico, a apocalíptica não pode ser reduzida à literatura de protesto político. No pensamento apocalíptico do Novo Testamento, o conflito final não é entre Deus e Roma, mas entre Deus e Satanás. Há, de fato, um conflito fundamental entre os valores e estilo de vida encarnados em Jesus e seus discípulos e os valores e estilo de vida representados pelo império deste mundo. Mas este mundo não é o último inimigo. Assim como os seguidores de Jesus ou a igreja não são o reino de Deus, do mesmo modo o Império Romano não é o reino de Satanás. PAUL MINEAR apontou que esse conceito nos previne de demonizar nossos próprios oponentes políticos, que são amadas criaturas de Deus, e que são vítimas do poder demoníaco, visto que são todos humanos.[28] Todas as expectativas de que Deus, finalmente, destruirá os impérios humanos não podem ser recebidas com alegria vingativa por aqueles que aceitaram a ordem de Jesus de amar os inimigos, e que acreditam no Deus que, imparcialmente, ama aqueles que respondem da mesma forma como ama aqueles que não respondem ao seu chamado (Mt 5,43-48).

(2) A compreensão bíblica do monoteísmo e da criação significa que o dualismo apocalíptico é finalmente penúltimo, que todas as coisas

---

[27] Βασιλεία (basileia) é traduzido tanto por império quanto por reino; reino de Deus e império de Deus são exatamente a mesma coisa em grego. Em 2 Esdras 11,1 – 12,15, o autor explicitamente reinterpreta a visão anterior de Daniel, de modo que a visão final de Daniel acerca do último império terrestre é o império romano do próprio tempo do autor. O intérprete divino deixa claro que "o quarto império que apareceu numa visão a teu irmão Daniel... não foi explicado a ele assim como agora explico a você" (12,15).

[28] PAUL S. MINEAR, New Testament Apocalyptic (Interpreting Biblical Texts; Nashville: Abingdon, 1981), 108.

estão finalmente do mesmo lado. O império do mal em última análise, não se pode excluir do amor redentor de Deus, e os seguidores de Jesus, que corretamente opõem-se à injustiça imperial, não devem olhar os imperialistas de cima para baixo (ver Cl 1,15-20; Ef 1,3-23).

(3) A confissão de que Jesus é a revelação definitiva do caráter de Deus significa que o ato apocalíptico de Deus, que finalmente removerá o mal e estabelecerá a justiça de Deus, embora expresso na linguagem e imagem da violência imperial, não é meramente a substituição do poder violento imperial terrestre pela violência imperial celestial. O uso de tal linguagem e imaginário é irônico e inescapável – a única linguagem que temos para expressar os atos de Deus na linguagem e conceitualidade deste mundo. Falar de "vitória" e "conquista", mesmo de "governo", inevitavelmente traz consigo as conotações de poder e governos terrestres. Contudo, os primeiros cristãos acreditavam que a revelação definitiva de Deus em Jesus significa que o poder final do universo é o amor altruísta conforme se manifestou na vida e morte de Jesus, e que, finalmente, esse amor prevalecerá. Esta é uma redefinição cristológica de "vitória", e não um carimbo divino e aprovação sobre os meios humanos de conquista. Falar do "reino de Deus" não é meramente um empréstimo do imaginário deste mundo a fim de comunicar o governo de Deus, visto que o Deus desse império é aquele revelado em Jesus. À luz do evento-Cristo, a linguagem imperial é transformada no processo de empréstimo. Isto é análogo à linguagem cristológica do Novo Testamento em geral. Dizer que *Jesus* é o Cristo não identifica Jesus meramente em termos do imaginário tradicional, mas redefine "Cristo" em termos de quem Jesus realmente foi. (ver Ap 5).

7.6.3 "Aquele que virá" – Variações da Esperança Messiânica

Às vezes os cristãos pintam os judeus do primeiro século como aguardando o Messias, mas rejeitando Jesus em face de ele não ter se ajustado à sua compreensão [equivocada] do que o Messias deveria ser. Segundo esta visão, todos os judeus acreditavam que Deus enviaria um futuro Messias, e compartilhavam uma ideia comum do papel e função desse Messias, e assim rejeitaram Jesus porque ele não preencheu essa expectativa. Há dois problemas principais com esse estereótipo:

(1) Como já vimos, o espectro amplo dos tipos de judaísmo torna difícil falar a respeito do que os judeus pensavam sobre suas esperanças para o futuro. De fato, uma orientação para o futuro era uma perspectiva fundamental da maioria dos judeus do primeiro século, mas uma figura messiânica não integrava esta esperança como tal. Muitos judeus, talvez a maioria, expressavam suas esperanças no cumprimento final dos propósitos de Deus para Israel e para o mundo sem referência a um Messias. A maioria dos textos religiosos judaicos, antigos e modernos, incluindo aqueles orientados para o futuro, tem pouco a dizer sobre uma figura messiânica específica. Posteriormente, escritos rabínicos do Talmude tornaram relativamente frequentes as referências ao Messias, mas o corpus como um todo da Mishnah, que inclui praticamente todas as tradições desde o primeiro século a.C. e antes, possui apenas duas referências. A visão de que a esperança messiânica era um elemento essencial de todo o judaísmo do primeiro século, em que os judeus como um todo estimavam a esperança de um futuro Messias, é um estereótipo criado posteriormente pelos cristãos. Há uma crescente relutância nos círculos acadêmicos de usar "messiânico" como um termo todo abrangente para todas as esperanças judaicas de salvação futura.

Recentes pesquisas reagiram a este estereótipo. Nos dias de Jesus e do cristianismo primitivo, muitos judeus expressaram sua fé de uma forma que incluía uma futura ação climática de Deus, incluindo a figura de um salvador enviado e capacitado por Deus. A própria formulação cristã inicial da questão de João Batista, "És tu aquele que estava para vir ou havemos de esperar outro?" (Mt 11,3; Lc 7,19, na fonte Q) teria sido significativa para muitos judeus do primeiro século.

(2) Contudo, entre os judeus que esperavam por tal libertador futuro, divinamente enviado, havia muita variação da maneira como eles concebiam e articulavam essa esperança. Não havia um conjunto apenas de crenças sobre o Messias. Havia dois tipos principais: (a) a espera por uma figura deste mundo, um ser humano autorizado e habilitado por Deus, representando a esperança escatológica e profética e (b) uma figura transcendente, um ser celestial que entraria com ímpeto neste mundo, representando a esperança apocalítica. Uma vez que um aspecto da fé protocristã envolvia a interpretação do significado de Jesus aplicando a ele os títulos messiânicos tradicionais, exploraremos aqui o espectro das esperanças messiânicas judaicas,

discutindo os títulos messiânicos disponíveis para Jesus e os primeiros cristãos.

Cristo (מָשִׁיחַ, χριστός, ungido)

A palavra hebraica מָשִׁיחַ (transliterada *mashiach*, latinizada como Messias) é um adjetivo derivado da raiz verbal מָשַׁח (*mashach*, ungir), com um significado passivo, *ungido*. Ungir com óleo era parte do ritual de consagração de *reis* (e.g. 1 Sm 10,1; 16,13; Sl 2,2; 18,50), *sacerdotes* (e.g. Êx 30,30-31; 40,15; Lv 4,3, 5; 2 Mc 1,10) e *profetas* (cf. 1 Rs 19,16; Is 61,1; Sl 105,15). Os manuscritos do Mar Morto mostram que essa tríplice compreensão do Messias como um rei/sacerdote/profeta estava totalmente viva em algumas correntes do judaísmo do primeiro século. Este se tornou o paradigma cristão clássico para explicar a missão de Jesus Cristo em algumas correntes da teologia cristã posterior. A LXX regularmente traduz מָשִׁיחַ (*mashiach*) com o grego χριστός (transliterado *christos*, latinizado como *Cristo*), um adjetivo que pertence à classe de adjetivos verbais que terminam em -τος. Tais adjetivos têm o significado do particípio passado do verbo cognato, como ἀγαπητός (*agapētos*, amado), ἐκλεκτός (*eklektos*, eleito), εὐλογητός (*eulogētos*, abençoado) e διδακτός (*didaktos*, ensinado). Isto é análogo a adjetivos como *escolhido*, *ungido*, *apontado*, *autorizado* e *capacitado*. A forma passiva, assim como o significado passivo, é teologicamente importante. Designar pessoas como Messias/Cristo/Ungido não reivindica que eles sejam algo extraordinário em e de si mesmos, mas que foram ungidos por Deus. Confessar que Jesus é o Cristo não é uma alegação sobre Jesus, mas sobre Deus como aquele que escolheu, autorizou e habilitou Jesus. O "ponto principal da cristologia" é que isto não responde a questão "Quem é Jesus?", mas "Quem é Deus?".[29]

Nas Escrituras Hebraicas, o termo מָשִׁיחַ (*mashiach*) sempre se refere aos ungidos do presente ou do passado, na maioria dos casos o rei ou sacerdote. Estritamente falando, desse modo é incorreto falar da "esperança messiânica" no Antigo Testamento, especialmente no sentido tradicional exagerado que supõe que o Antigo Testamento é essencialmente um livro de esperanças e predições de um Messias

---

[29] Cf. Schubert M. Ogden, *The Point of Christology* (San Francisco: Harper & Row, 1982).

vindouro. Havia, contudo, uma importante corrente da teologia do Antigo Testamento que, desapontada com os atuais reis judeus, via as esperanças escatológicas de Israel como devendo ser cumpridas no nascimento ou inauguração de um novo rei, a quem eram aplicados títulos extravagantes (e.g., Sl 2; Is 9,1-7; 11,1-9).

No judaísmo do segundo templo, depois de a monarquia judaica ter deixado de existir, tais textos foram reinterpretados e se tornaram elementos da "esperança messiânica". A quantidade de imagens e conceitos messiânicos não mais estava ligada estritamente à terminologia מָשִׁיחַ (*mashiach*). Isto significa que os líderes dos movimentos judaicos que apareceram esporadicamente em 6 – 66 d.C., queixando-se do governo romano e/ou da liderança judaica atual, são corretamente considerados como expressões da esperança messiânica muito embora raramente reivindiquem o título.[30]

Rei Messiânico

A esperança messiânica continuava a ser expressa como a esperança de um futuro rei. Tais esperanças eram subversivas do governante atual. Para que alguém alegasse, ou outros alegassem por ele, que era o rei divinamente apontado para o tempo do fim, havia um chamado à revolução contra o governo vigente. Tais reivindicações eram tratadas duramente.

Filho de Davi

O rei escatológico era frequentemente considerado como um descendente de Davi, o herdeiro legítimo do Davi original que libertou Israel de seus inimigos e trouxe paz e prosperidade. Essa esperança é classicamente expressa nos Salmos de Salomão 17,21-32, escritos ca. 50 a.C. logo após Roma tomar posse da Judeia.

---

[30] Embora se saiba que apenas Jesus de Nazaré foi explicitamente associado ao título messiânico durante este período (e, depois dele, ninguém até Simeon ben Kosiba, em 132 d.C.), diversos líderes messiânicos e pretendentes podem ser listados: João Batista, Judas, o Galileu, Simão, Atronges, Eleazar ben Deinaus, Alexandre, Menahem, Simon bar Giora. Ver e.g., N. T. WRIGHT, *Jesus and the Victory of God* (COQG 2; Minneapolis: Fortress, 1996), 110.

21 Vê, Senhor, e suscita-lhes seu rei,
   O filho de Davi, para governar sobre teu servo, Israel
   No tempo conhecido por ti, Ó Deus.
22 Fortalece-o para que destrua os governantes injustos
   A fim de purificar Jerusalém dos gentios
   Que a pisoteiam para destruição;
23 Em sabedoria e justiça, expulsa
   Os pecadores da herança
   A fim de quebrar a arrogância dos pecadores
   Como um jarro de barro;
24 Para despedaçar todos os seus bens com uma barra de ferro;
   Para destruir as nações ilegítimas com a palavra da sua boca;
25 Às suas advertências, as nações fugirão da sua presença;
   E ele condenará os pecadores por causa dos pensamentos de seus
     corações.
26 Ele reunirá o povo santo
   A quem ele guiará em justiça;
   E julgará as tribos do povo
   Que se tornaram santos pelo Senhor seu Deus.
27 Ele não tolerará a injustiça, (mesmo) para fazer uma pausa entre eles,
   E qualquer pessoa que conheça a iniquidade não viverá entre eles.
   Porque ele os conhecerá
   Para que todos sejam filhos [υἱοί huioi, filhos] de seu Deus.
28 Ele os distribuirá sobre a terra
   De acordo com suas tribos;
   O forasteiro e o estrangeiro não mais viverão perto deles.
29 Ele julgará os povos e nações na sabedoria de sua justiça. Selah.
30 E ele fará que nações gentias o sirvam sob seu jugo,
   E ele glorificará o Senhor num (lugar) proeminente (sobre) toda a
     terra.
31 E ele purificará Jerusalém
   (e a tornará) santa como desde o início,
   (para que) as nações que virão dos confins da terra vejam sua glória,
   Para trazer como dádivas os filhos que haviam sido expulsos,
   E verem a glória do Senhor
   Com que Deus a glorificou.
32 E ele será um justo juiz sobre eles, instruído por Deus.
   Não haverá injustiça entre eles em seus dias,
   Porque todos serão santos,
   E seu rei será o Senhor, o Messias.[31]

---

[31] Citado por CHARLESWORTH, ed. *Pseudepigrapha*, 2.665-667.

Embora não saibamos quão típica era tal visão do Messias, esta era uma nobre esperança, reinterpretando textos como Isaías 9 e 11 como apontando para o reino futuro de paz e justiça. O Messias por meio de quem isto será realizado é um ser humano, escolhido e capacitado por Deus para estabelecer o justo governo de Deus a todos os povos, com Israel no centro. Salmo de Salomão 17 também é importante na medida em que, além do Messias, usa dois outros termos que se tornaram centrais na cristologia do Novo Testamento. O termo Senhor [κύριος *kyrios*] é usado para o Messias (v. 32), e a expressão filho(s) de Deus aparece, mas para o Israel fiel dos tempos messiânicos, e não para o próprio Messias (v. 27).

Filho de Deus

O judaísmo do segundo templo ocasionalmente se refere ao Messias vindouro como o Filho de Deus. Isto está em continuidade com a compreensão bíblica (não pagã) do termo. No extenso uso que a Bíblia faz da linguagem de filiação, é importante manter em mente o uso do termo *filho* em hebraico (e em outras línguas semíticas). Além do significado primário da palavra *filho*, i.e., o descendente biológico do sexo masculino, o substantivo hebraico בֵּן (*ben*) é usado de diversas formas diferentes de seu uso em português. Os usos mais importantes e mais comuns de *filho* em hebraico compreendem um conjunto de significados: "pertencente a uma categoria", "ter as características ou qualidade de", "membro de uma corporação, ordem ou classe" ou "parte de, pertencente a um conjunto", conforme ilustrados pelas seguintes traduções literais. Faíscas de um incêndio podem ser chamadas de "filhos do fogo" (Jó 5,7), flechas são "filhos do arco" (Jó 41,28), aqueles que pertencem a uma aliança profética são "filhos dos profetas" (1 Rs 20,35; Am 7,14), e exilados são "filhos do exílio" (Esd 4,1). A idade de uma pessoa é dada como sendo "um filho de X anos" (Gn 5,32, "um filho de quinhentos anos"). Um homem forte é um "filho da força" (1 Sm 14,52). Os egípcios são "filhos do Egito" (Ez 16,26), e os israelitas são "filhos de Israel" (Êx 1,12 e mais de 1300 vezes no Antigo Testamento). Em tais expressões, a realidade primária é a nação; o povo de Israel, os israelitas individuais, homens e mulheres, são seus "filhos". *Pertencer a uma categoria* é a ideia essencial.

Assim, a expressão hebraica בֶּן־אֱלֹהִים (*ben-Elohim*, filho de Deus) pode significar:

- *O povo de Israel* (Êx 4,22)
- *Os verdadeiros israelitas escatológicos, o que Israel será na era messiânica* (Salmos de Salomão 17,27)
- *O Israelita ideal*, i.e., *uma pessoa verdadeiramente justa* (Sabedoria 2,10-20)
- *O rei judeu*. Adotado por Deus no ritual da coroação (Sl 2,7; cf. 2 Sm 7,14), o rei judeu era considerado o filho de Deus num sentido especial, mas o título não tinha conotações metafísicas ou biológicas.
- *Seres divinos*, membros da corte celestial. Sem comprometer a convicção de Israel de que há apenas um Deus, Gn 6,1-4 se refere a membros da corte celestial como "filhos de Deus", i.e., seres que pertencem ao mundo divino. A LXX traduziria mais tarde tais termos com ἄγγελος (anjo). O advogado de acusação da corte celestial, Satanás (o acusador), era como um filho de Deus (Gn 6,2.4; a mesma frase em Jó 1,6 é traduzida por "seres celestiais" na NRSV).

Sacerdote

Os sacerdotes também eram ungidos para uma função especial de mediar entre Deus e o mundo. Como o rei, o sumo sacerdote em particular era conhecido como o מָשִׁיחַ (*Mashiach*), "o ungido" (Lv 4,3.5; Dn 9,25.26). Depois do exílio, quando a monarquia não mais existia, os sumo sacerdotes eram os poderes dominantes, sob a liderança de seus dominadores imperiais. Quando a monarquia foi brevemente restaurada sob a liderança dos asmonianos (sacerdotes que pertenciam à linhagem levítica em vez da linhagem davídica), alguns judeus reinterpretaram as esperanças messiânicas em termos de um futuro governante sacerdotal e um templo restaurado e autêntico (e.g. Test. Levi 18; 4Q541; 4QT Levi 1). A figura misteriosa de Melquisedeque, o sacerdote-rei de Gn 14,18-20 e Sl 110,1-7, foi reinterpretado em termos da futura esperança messiânica.

Profeta

Moisés, a figura salvadora original de Israel, prometeu que, depois de sua morte, Deus levantaria um "profeta como Moisés", como o guia de Israel (Dt 18,15-18). Esse texto se referia originalmente à linhagem das figuras proféticas para quem Israel devia olhar para obter orientação divina (em vez de feiticeiras e adivinhos), um tipo de liderança carismática em contraste com as pretensões dinásticas da monarquia da Judeia. Depois do exílio, o judaísmo do segundo templo retratou algumas vezes o futuro libertador esperado como uma figura profética, o "profeta escatológico", que seria o porta-voz divinamente autorizado para os últimos dias, tornando claros os pontos controversos da Torá e declarando a vontade final de Deus. Uma variação dessa esperança é a expectativa de que Elias voltaria logo antes do fim para preparar o caminho. Essa visão estava baseada em Ml 3,1-2; 4,5-6, e reforçada pela história de que Elias não morreu, mas foi levado em forma corpórea ao céu (2 Rs 2,11). Para o Antigo Testamento e a esperança judaica, contudo, Elias não é o Messias, e nem prepara o caminho para o Messias, mas é o profeta final antes do advento do Senhor Deus.

Senhor

O termo אָדוֹן (Adon), Senhor, foi usado para o rei e outras figuras poderosas. Na forma אֲדֹנָי (Adonay), meu Senhor, tornou-se um nome próprio para Deus na tradição judaica, um substituto para o nome sagrado יהוה, que não era pronunciado. Isto significava que um termo usado para Deus podia ser usado para o rei, incluindo o rei messiânico escatológico. Quando a LXX traduziu o nome sagrado יהוה (YHWH) como κύριος (Kyrios, Senhor), usado para a realeza e outras figuras respeitadas, a transição linguística do governante terreno para o ser celestial foi grandemente facilitada (cf. Salmo de Salomão 17,32, citado acima).

Servo

Uma vez que o rei ungido do Senhor (מָשִׁיחַ, mashiach, messias) também podia ser chamado de servo de Deus (עֶבֶד, ebed), como em Sl 132,10; 2 Cr 6,42, era possível se referir ao Messias vindouro como o Servo de Deus. Alguns eruditos argumentam que a figura do servo sofredor de Isaías 53 já era interpretada no judaísmo pré-cristão como a figura messiânica. O movimento contrário parece ter sido o caso:

no Targum de Isaías 53, o servo de Deus é uma figura poderosa que faz os inimigos do povo de Deus sofrerem pelos pecados de Israel. Em vez de interpretar o Messias como alguém que sofre pelos pecados dos outros, o Targum lê os traços do Messias Nacional na figura do servo, de modo que ele se torna uma figura triunfante e que conquista.

O Filho do Homem

Algumas correntes do judaísmo do segundo templo expressaram suas esperanças no futuro em termos de uma figura apocalíptica chamada *Filho do Homem*, que viria do céu para estabelecer o reino de Deus, ressuscitar os mortos e ser o instrumento do Juízo Final (*1 Enoque* 37-41; Dn 7, surpreendentemente ausente nos documentos de Qumran, embora eles fossem apocalípticos que afirmavam Daniel). Os Evangelhos do Novo Testamento usam essa expressão como a designação mais comum para Jesus, a qual ocorre 82 vezes, e sempre como uma autodesignação de Jesus. A origem, história, uso e significado desta frase é uma das questões mais disputadas no estudo do judaísmo do segundo templo e do Novo Testamento. Os pontos principais a ser mantidos em mente são:

- A frase se originou nas línguas semíticas, hebraico e aramaico, e não é originalmente uma frase grega nativa do Novo Testamento. "Filho do Homem", portanto, soava estranho aos ouvidos gregos assim como soa estranho aos falantes do português.
- בֵּן (*ben*, hebraico) e בַּר (*bar*, aramaico) têm diversos significados. A frase "filho do homem" em hebraico ou aramaico significa "pertencer à categoria de 'ser humano'", um membro individual da raça humana. É usada mais de 90 vezes no Antigo Testamento para se referir a "ser humano", especialmente em contraste com a palavra Deus.[32]
- Em Dn 7, é dada ao profeta uma visão da sucessão dos impérios mundiais, na qual os quatro impérios opressivos tradicionais são representados de

---

[32] Com interesse numa linguagem inclusiva de gênero, a NRSV frequentemente traduz a frase "mortal", quando se refere a humanos, e "seres humanos", quando em referência à figura celestial de Dn 7, nunca traduzindo-a literalmente, no Antigo Testamento, como "Filho do homem". Isto torna difícil, para o leitor de língua inglesa, perceber as conotações bíblicas da frase, quando Filho do Homem é usado como um título cristológico no Novo Testamento.

maneira mitológica como animais selvagens, enquanto o reino final de Deus é representado por uma figura humana – um "filho do homem" (Dn 7,13).
- Em algumas correntes do judaísmo do segundo templo, o Filho do Homem de Daniel 7 era visto como mais do que uma figura humana simbólica, paralela às figuras bestiais, mas veio a ser considerado como um verdadeiro ser celestial que já estava presente no mundo divino (*1 Enoque* 37-41). Deus enviaria esse Filho do Homem ao final do tempo a fim de ressuscitar os mortos, executar o juízo divino e inaugurar o reino de Deus.[33]
- Portanto, é paradoxal que, entre as imagens messiânicas e o vocabulário disponível para Jesus e a igreja do primeiro século, no judaísmo do segundo templo, "Filho do Homem" fosse entendido como uma figura real *humana*, o Messias davídico divinamente enviado, enquanto "Filho do Homem" podia ser usado para um ser *divino*, a figura celestial que desceria no fim dos tempos para estabelecer a justiça de Deus. No judaísmo, a esperança no "Filho de Deus" era profético-escatológica, em continuidade com o mundo presente e trazendo-o ao cumprimento; a esperança no "Filho do Homem" se reportava à visão apocalíptica de que o livramento divino viria do mundo transcendente, em descontinuidade com a história presente.

Nós temos um espectro composto principalmente de grupos sobrepostos de imagens. A imagística, o vocabulário, e as tradições messiânicas estavam frequentemente combinados. Portanto, por exemplo, Zc 4,14 proclama dois ungidos (literalmente "filhos do óleo"), o rei e o sacerdote messiânicos. Os participantes de Qumran aguardavam três figuras messiânicas, o Messias de Arão (o Messias sacerdote), o Messias de Israel (o Messias Davídico, subordinado ao sacerdote), e o profeta escatológico (1QS 9,11; 1QSa 2,12-14; 4Q249 fragmentos 1-3). Portanto, vemos que não havia um quadro ou nomenclatura uniforme para a esperada figura do salvador. Às vezes, os diferentes títulos eram combinados e usados de forma intercambiada, como em *1 Enoque* 37-71, onde a mesma figura messiânica é chamada de o Messias, o Eleito, o Justo e o Filho do Homem, mas é a última imagem que preenche o conteúdo do que a figura do salvador deve fazer. Em Esdras 7,28; 12,25; 13,37.52, Filho de Deus, Filho do Homem, e Messias são designações intercambiáveis para a mesma figura, mas aqui o papel

---

[33] Uma discussão clara e concisa dos textos relevantes é fornecida por COLLINS, *Apocalyptic Imagination*, 173-94 [em português: *Imaginação Apocalíptica*. São Paulo: Paulus].

é uma combinação das expectativas associadas com cada termo. Às vezes, a esperança era expressa em termos gerais, como a esperança no poderoso enviado por Deus sem especificação adicional, "aquele que virá", mas determinado conjunto de expectativas ainda estava envolvido (Mt 11,3 / Lc 7,19).

É dentro dessa complexa matriz do judaísmo do segundo templo que a vida e a morte de Jesus, o cristianismo primitivo e os documentos do Novo Testamento devem ser compreendidos.

7.7 Jâmnia e a "Divisão dos Caminhos"

Tanto para palestinos quanto para os judeus da Diáspora, a destruição do templo e da cidade santa na revolta de 66-70 foi a grande mudança na sua história pessoal e religiosa. O "judaísmo do segundo templo" chegou ao fim, e o desenvolvimento do "judaísmo rabínico" começa. Jesus, o cristianismo nascente de Jerusalém e Paulo viveram antes dessa transição; a maior parte do Novo Testamento foi escrita durante ou depois disto. A guerra foi um divisor de águas, marcando o início da "divisão dos caminhos" que resultou na separação do judaísmo e cristianismo como duas religiões distintas.

Havia uma rica variedade no judaísmo pré-70. Até onde saibamos, os essênios desapareceram como um partido organizado na guerra de 66-70; não há referência a eles na literatura do Novo Testamento ou na literatura rabínica, e nenhum vestígio em qualquer lugar depois de 70. Grupos militaristas tais como os zelotes e sicários foram dizimados pelos romanos e caíram em descrédito entre o povo – mas as brasas da revolução permaneceram, ardendo repetidamente até finalmente ser extintas na rebelião de Bar Kochba em 132-135. Os saduceus, ligados intimamente com o culto do templo, praticamente desapareceram como um partido com a destruição do templo. Embora o ofício de sumo sacerdote tenha desaparecido, vários sacerdotes permaneceram por todo o país, mas haviam perdido muito do seu poder. Os fariseus se tornaram a influência dominante no judaísmo pós-guerra, de modo que, em certo sentido, o judaísmo que sobreviveu é um judaísmo farisaico. Havia, de fato, uma mudança de poder, mas o judaísmo farisaico não se tornou imediatamente o judaísmo "normativo" das sinagogas. Devemos, antes, pensar num longo período após a guerra de 66-70, estendendo-se até o tempo da codificação da Mishnah, por volta do ano 200 d.C., como o período do "judaísmo formativo". Durante esse tempo, o partido farisaico pré-70 competia com os remanescentes de outros grupos judeus que sobreviveram à guerra (sacerdotes, escribas, apocalípticos, cristãos, e numa escala menor, mesmo os samaritanos, saduceus e zelotes) e finalmente se estabeleceu como o elemento definitivo naquele tipo de judaísmo rabínico que se tornou "normativo".[34] Eles não assumiram a liderança geral do judaísmo palestino por descuido, contudo os romanos os escolheram como o grupo com quem trabalhariam na reconstrução do país e no reestabelecimento da ordem romana. Os fariseus assumiram o papel que anteriormente pertencia aos saduceus: "nós cooperaremos com vocês, os romanos, nas questões de domínio político, e prometemos que não haverá rebelião; vocês nos darão o direito de determinar a vida religiosa do povo". Mesmo assim, o judaísmo pós-70 não deveria ser visto, simplesmente, como a continuação direta do fariseísmo pré-70. Embora seja provável que boa parte da liderança rabínica tenha vindo de grupos farisaicos e continuassem a propagar a perspectiva e tradições farisaicas, não há evidência de que os fariseus sobreviveram à guerra como um grupo organizado e coerente. Foi, contudo, primeiramente a influência farisaica que determinou a forma do judaísmo depois da guerra. O centro gerativo dessa influência foi a academia rabínica de Jâmnia.

7.7.1 A Academia em Jâmnia

Durante os últimos dias da guerra, Johanan ben Zakkai, um dos principais mestres entre os fariseus, escapou da cidade condenada e, com a permissão romana, estabeleceu uma academia para estudos da Torá em Jâmnia (Jabneh, Yavneh) perto da moderna Tel Aviv. Jâmnia

---

[34] Para uma variedade de perspectivas sobre essa complexa história, ver E. P. SANDERS, ALBERT I. BAUMGARTEN, and ALAN MENDELSON, eds., *Jewish and Christian Self-Definition, Vol. II, Aspects of Jewish Self-Definition in The Greco-Roman Period* (1st American ed.; 2 vols.; Philadelphia: Fortress, 1980); JACOB NEUSNER, "The Formation of Rabbinic Judaism: Yavneh (Jamnia) from A.D. 70 to 100," in *Aufstieg und Niedergang der römischen Welt*, ed. JOSEPH VOGT, HILDEGARD TEMPORINI, and KLAUS HAACKER (Berlin: De Gruyter, 1979), 3-42; SHAYE J. D. COHEN, *From the Maccabees to the Mishnah* (Philadelphia: Westminster, 1987), 214-231.

funcionava como o novo centro espiritual do judaísmo rabínico emergente no período entre as guerras de 66-70 e 132-135. A academia não era um concílio ao modelo dos concílios ecumênicos posteriores, mas um centro de estudo da Torá e um espaço para a tomada de decisões cruciais sobre a vida do judaísmo, na ausência do templo, do culto, do sinédrio e do sumo sacerdote. A academia não tinha meios de promulgar ou aplicar suas decisões. A autoridade de Jâmnia era apenas seu prestígio e poder de persuasão.

7.7.2 Uma liderança rabínica mais institucionalizada

Em Jâmnia, os sábios não assumiam automaticamente a liderança na continuação da comunidade judaica da Palestina ou em outro lugar. Na Palestina, os sacerdotes ainda se viam como líderes do povo; na Diáspora, a liderança local continuou como antes. Apenas pouco a pouco, ao longo de gerações, que o grupo rabínico atingiu seu status de *autoridades* no judaísmo, ao incorporar, gradualmente, líderes locais em seu movimento. Em alguns momentos, durante esse período, a ordenação dos rabinos se tornou mais institucionalizada. Nos dias de João Batista e Jesus, não havia ordenação formal, e a aceitação de alguém como um mestre e rabi era uma questão que dizia respeito à sua habilidade pessoal, carisma e validação da comunidade informal. Qualquer um que conseguisse seguidores como um mestre religioso era um rabi para seus seguidores, e não havia padrões e procedimentos geralmente aceitos. Na reconstituição do judaísmo, durante o período de Jâmnia, *Rabi* se tornou um título mais oficial, mas ainda não havia normas ou procedimentos que prevalecessem durante todo o judaísmo. No ano 30 da nossa Era, João Batista e Jesus podiam ser considerados rabis; no período depois de 70, eles não seriam qualificados assim.

7.7.3 Um senso crescente de um cânon autoritativo

Acredita-se que o cânon da Bíblia Hebraica foi "estabelecido" em Jâmnia. É verdade que no início do período de Jâmnia havia um núcleo central de escritos sagrados que consistiam da Torá, os primeiros e últimos Profetas e uma diversidade de escritos incluindo os Salmos, mas não havia uma lista canônica aceita pelos judeus palestinos, para não falar de toda a gama de textos considerados sagrados pelo judaísmo da Diáspora (ver acima §2.2.1). Nem Josefo nem qualquer outro judeu do primeiro século usava a palavra "cânon", mas por volta de 100 d.C., Josefo podia assumir, como comumente aceito, que as Escrituras Judaicas continham os mesmos 22 livros como têm hoje, os quais estão divididos em cinco livros de Moisés, treze livros dos profetas e quatro outros livros de hinos e instruções (Josefo, Contra Apião 1.8, §§38-41; esses 22 livros da Bíblia Hebraica, diferentemente divididos e arranjados, são os 39 do Antigo Testamento cristão). Segundo Esdras (ou 4 Esdras) 14,37-48 designa duas categorias de livros sagrados, os 24 livros inspirados (presumivelmente os mesmos 22 de Josefo, divididos diferentemente) e um adicional de 70 livros destinados apenas aos "sábios entre o povo". Muitos desses estavam presumivelmente incluídos nas categorias chamadas apócrifas e pseudoepígrafas. Alguns dos primeiros rabinos se referiam à "Lei, Profetas... [e] Escritos Sagrados" (*Baba Bathra* 14b; cf. Lc 24,44, "Lei, profetas, salmos"). Até certo ponto, os judeus da Diáspora usaram o cânon estendido da LXX. Ao fim do período de Jâmnia, por volta de 200 d.C., com a codificação e publicação da Mishnah, a lista estava relativamente fixada, e os documentos que ela incluía tinham alcançado um maior grau de santidade verbal. Isto é ilustrado pelo fato de que os manuscritos dos documentos bíblicos de Qumran, depositados em 68 d.C., manifestam alguma variedade em sua forma textual, embora aqueles de Khirbet Mird, aproximadamente 65 anos mais tarde, tenham um texto precisamente uniforme, como o dos massoretas. A padronização do texto, que ocorreu nessas duas gerações, defende um senso aguçado de status canônico. Debates foram realizados quanto a que livros "contaminam as mãos", i.e., têm uma inspiração divina única e autoridade que comunica a poderosa santidade divina pelo toque. Nenhum desses livros agora contidos nos pseudoepígrafos foi incluído. Notavelmente ausentes eram os numerosos textos apocalípticos que espalharam as chamas da insurreição e conduziram às duas guerras desastrosas. Os novos textos cristãos tais como os Evangelhos e diversos textos cristãos judaicos (ou judaicos cristãos) tiveram de ser claramente excluídos. Alguns livros como Ezequiel, que foram eventualmente aceitos no cânon, eram ainda considerados marginais, e sua autoridade foi vigorosamente debatida. Contudo, nunca houve um dia em que o "concílio" de Jâmnia tenha decidido precisamente que livros deveriam estar na

Bíblia e quais não, e casos incertos como o de Ezequiel continuaram sendo defendidos por algum tempo.

Portanto, o judaísmo e o cristianismo primitivos foram estabelecendo suas identidades mais ou menos no mesmo tempo; em parte, na reação de um em relação ao outro. Uma dimensão disto se percebe na concretização das fronteiras canônicas em ambos os lados. O cristianismo primitivo acabou aceitando mais livros em seu Antigo Testamento do que a definição do judaísmo rabínico pós-70 dos escritos canônicos. Quando o cristianismo se tornou predominantemente uma comunidade gentia, falante de grego, sua Bíblia se tornou a LXX, que incluía diversos documentos não aceitos no cânon do judaísmo palestino.

7.7.4 O Judaísmo da Sinagoga substitui o Judaísmo do Templo

Quando o templo foi destruído, o que permaneceu foi o judaísmo da sinagoga (ver acima sobre a natureza da sinagoga). A transição foi mais suave e menos crítica do que se poderia esperar, uma vez que, para muitos judeus, a sinagoga funcionava como o foco central da vida da comunidade e da vida religiosa muito antes de o templo deixar de existir. Mas com a extinção do culto, a cessação do sacrifício diário e a impossibilidade do Dia anual do ritual da Expiação, os mandamentos da Torá relacionados ao sacrifício e à expiação tiveram de ser repensados. Os sábios de Jâmnia forneceram uma resposta dupla:

(1) O sacrifício foi espiritualizado, internalizado, sistematizado, individualizado, conforme expresso em uma frase de Johanan ben Zakkai, citada em *Avot do Rabbi Natan* 4,21: "porque nós temos uma outra expiação, a qual é como um sacrifício, e o que é isto? Atos de bondade, como se diz *Porque eu desejo misericórdia e não sacrifício* (Os 6,6)". Os rabinos ensinavam que cada judeu devia orar duas vezes por dia (pela manhã e à noite), uma vez que a oração correspondia aos sacrifícios diários (Tamid). A regularidade do sacrifício diário no templo foi transferida para a oração (cf. Lc 1,10; At 3,1). Dn 1-6 indica que já nos tempos dos macabeus se entendia que a oração havia substituído o sacrifício para os judeus da Diáspora, de modo que esse era um pequeno passo para tornar a *oração da sinagoga* o substituto contínuo para o *sacrifício do templo*.

(2) Quando não mais era possível, de fato, realizar os rituais do sacrifício ordenados na Torá, uma amorosa devoção pelo estudo das

regras do sacrifício, e pela Torá em geral, substituiu a execução dos rituais ordenados. Como o templo havia sido o lugar do ritual e sacrifício administrados pelos sacerdotes, a sinagoga se tornou o lugar do Livro, o lugar de estudo, e o sábio substituiu o sacerdote.

7.7.5 O Birkath ha-Minim

De acordo com diversas tradições, durante o período de Jâmnia, uma das orações tradicionais da sinagoga foi reformulada a fim de incluir uma "bênção" (=maldição) contra os מִנִים (*minim*, separatistas, hereges). A recensão palestina dessa bênção:[35]

> Para os apóstatas não pode haver nenhuma esperança,
> E o reino arrogante cai rapidamente em nossos dias.
> Que os nozerim (cristãos) e os minim (hereges) pereçam num instante.
> "Que eles sejam apagados do livro dos vivos,
> E que não sejam inscritos com os justos" (Sl 69,28).
> Bendito és tu, Senhor, que humilhas o arrogante.

Mais tarde, os Pais da Igreja entenderam que isso se dirigia contra os cristãos, e assim alegavam que os cristãos eram amaldiçoados nas sinagogas judaicas.[36] Alguns historiadores cristãos e judeus têm argumentado que essa oração servia como uma ferramenta para identificar judeus cristãos da sinagoga (os quais, é claro, não podiam participar dessa parte da liturgia), a fim de forçá-los a sairem.[37] O texto da oração foi alterado ao longo do tempo, devido, em parte, ao medo de retaliações cristãs, de modo que o texto original é disputado. Não está claro se,

---

[35] SOLOMON SCHECHTER, "Genizá Specimens," *JQR* 10 (1896), 656-57, cited from Philip S. Alexander, "The 'Parting of the Ways' from the Perspective of Rabbinic Judaism," in *Jews and Christians: The Parting of the Ways*, ed. James D. G. Dunn (Grand Rapids: Eerdmans, 1992), 7.
[36] Justin *Dialogue with Trypho* 16, 47, 96, 137; Origen *H. Jeremiah* 10.8.2; Epiphanius *Panarion* 29.9.1; Jerome *Epis. August.* 112.13
[37] E. g., W. D. DAVIES, *The Setting of the Sermon on the Mount* (Cambridge: Cambridge University Press, 1966), 256-315; J. LOUIS MARTYN, *History and Theology in the Fourth Gospel* (New York: Harper & Row, 1968), 37-62 (the 2003 third edition of Martyn's work nuances his view and brings it up to date without essentially changing it); ROBERT KYSAR, *John The Maverick Gospel* (2nd ed.; Louisville: Westminster John Knox, 1993) 21-24.

originalmente, ele incluía uma referência pacífica aos cristãos, mas pode ter se dirigido contra qualquer grupo considerado herético pelos líderes jamnianos.[38] Trata-se, portanto, de uma simplificação demasiada considerar o Birkath ha-Minim uma prova de que os cristãos, por exemplo, nas igrejas de Mateus e João tenham sido oficialmente excluídos do judaísmo formativo, e interpretar esses evangelhos como as respostas de um grupo excomungado de Jâmnia. O influente ponto de vista defendido por DAVIES e MARTYN vê a expulsão como oficial, ocorrendo na década de 80 e com pretensões de abrangência. O decreto de Jâmnia devia ser executado por sinagogas locais e *gerousiai* (sinédrios, conselhos judaicos locais). Muitos eruditos hoje veriam as expulsões para as quais Mateus e João fornecem evidência histórica como locais e episódicas, e não uma rejeição geral e oficial do cristianismo por parte do judaísmo. Por esse viés, a "divisão dos caminhos" ocorreu algum tempo depois do período do Novo Testamento, e os conflitos refletidos no Novo Testamento são os primeiros sinais da tempestade vindoura. Contudo, a evidência é clara de que havia profundas tensões entre o judaísmo formativo e a igreja institucional emergente, que tinha seu próprio senso de identidade, estruturas e procedimentos para a excomunhão e promulgação dos novos ensinamentos autorizados contra o judaísmo formativo (ver e.g., Mt 18,15-20).

7.7.6 Perseguição judaica aos primeiros cristãos?

Não houve perseguição extensa ou sistemática aos cristãos pelos judeus. Historicamente, houve exemplos de perseguição judaica a alguns cristãos primitivos, i.e., a judeus cristãos que ainda estavam dentro da estrutura da sinagoga e sujeitos à sua disciplina, e cooperação judaica com a manipulação do governo romano a fim de assegurar a condenação e execução de cristãos (cf. 2 Co 11,25; At 26,10; Jo 16,1).[39]

---

[38] Cf. REUVEN KIMELMAN, "Birkath ha-Minim and the Lack of Evidence for an Anti-Christian Jewish Prayer in Late Antiquity," in SANDERS, ed. *Jewish and Christian Self-Definition*, 2.245-268.

[39] Tiago, irmão de Jesus e líder da igreja em Jerusalém, foi condenado e executado em 62 d.C., em Jerusalém por "violação da Torá" (ver acima §6.2.6). Na rebelião de 132 d.C., o líder judeu Bar Kochba executou aqueles judeus cristãos que recusaram negar que Jesus era o Messias (Justino, *Apologia* 1.31.6; *Trifo* 46.1, 47.1; 39.7; cf. C. K. BARRETT,

Tais exemplos de perseguição judaica aos cristãos não eram questão de uma religião ou raça oprimindo outra, nem uma questão de estrangeiros interferindo nas práticas religiosas de outro grupo, i.e., nem são como os massacres cristãos organizados que ocorreram mais tarde contra a comunidade judaica. Textos como o de Mateus 10,17 e 23,34 refletem um esforço interno de judeus vs. judeus, análogo aos conflitos internos entre cristãos do período da reforma.

7.7.7 Quando a "Divisão dos Caminhos" aconteceu?

A discussão acima deixa claro que não houve data determinada – ou década ou geração – na qual uma separação definitiva entre o judaísmo formativo e o cristianismo emergente ocorresse. O processo era, às vezes, uma questão de percepção, com membros da comunidade cristã considerando a si mesmos como ainda parte do judaísmo, mas não tão percebidos pela (alguns elementos da) própria comunidade judaica. De um ponto de vista, se uma pessoa pertencia ao judaísmo era algo que podia ser objetivamente determinado: depois de 70, Roma decretou que os judeus de todo o império deviam pagar a Roma a taxa anual que antes era paga ao templo. Os procedimentos para a coleta dessa taxa foram melhorados pelo imperador Nerva, sucessor de Domiciano, em 96 d.C. Nesse tempo, o governo se tornou mais consciente de que as pessoas de origem não judaica podiam se tornar judias, e assim, sujeitas às taxas, e de que os membros da comunidade judaica podiam evitá-las ao renunciarem o judaísmo, declarando, portanto, que eram apóstatas ou adeptas de alguma outra forma de religião. Isto deixou claro que os cristãos, caso não pagassem as taxas, não eram judeus. Porém, permaneceria incerto como isto afetaria a autocompreensão religiosa dos cristãos que se viam como herdeiros das promessas bíblicas e, em certo sentido, o "novo Israel", e como eles seriam considerados pelos de dentro da comunidade judaica.

The Gospel of John and Judaism (trans. D. MOODY SMITH; Philadelphia: Fortress, 1970), 10). A questão não era a observância da Torá, mas a confissão messiânica; Bar Kochba alegava que ele era o Messias.

7.8 Para leitura adicional

CHARLESWORTH, James H., ed. *The Messiah: Developments in Earliest Judaism and Christianity*. Minneapolis: Fortress, 1992.

_____. *The Old Testament Pseudepigrapha*. 2 vols. Garden City: Doubleday, 1985.

COHEN, Shaye J. D. *From the Maccabees to the Mishnah*. Philadelphia: Westminster, 1987.

COLLINS, John J. *The Apocalyptic Imagination: An Introduction to Jewish Apocalyptic Literature*. 2nd ed. Grand Rapids: Eerdmans, 1998 [em português: *Imaginação Apocalíptica*. São Paulo: Paulus].

_____. *The Scepter and the Star: The Messiahs of the Dead Sea Scrolls and Other Ancient Literature*. New York: Doubleday, 1995.

DANBY, Herbert. *The Mishnah*. London: Oxford University Press, 1958.

DUNN, James D. G., ed. *Jews and Christians: The Parting of the Ways*. Grand Rapids: Eerdmans, 1992.

MARTINEZ, Florentino Garcia and Watson, W. G. E. *The Dead Sea Scrolls Translated: The Qumran Texts in English*. 2nd ed. Grand Rapids: Eerdmans, 1996.

HANSON, Paul D. *The Dawn of Apocalyptic*. Philadelphia: Fortress, 1975.

HENGEL, Martin. *Judaism and Hellenism: Studies in their Encounter in Palestine during the Early Hellenistic Period*. Translated by Bowden, John. London: SCM Press, 1974.

HORSLEY, Richard A., and John S. Hanson. *Bandits, Prophets, and Messiahs: Popular Movements in the Time of Jesus*. Minneapolis: Winston, 1985 [em português: *Bandidos, Profetas e Messias: Movimentos Populares no Tempo de Jesus*. São Paulo: Paulinas].

MINEAR, Paul S. *New Testament Apocalyptic*. Interpreting Biblical Texts. Nashville: Abingdon, 1981.

MOWINCKEL, Sigmund. *He That Cometh: The Messiah Concept in the Old Testament and Later Judaism*. Translated by Anderson, G. W. Biblical Resource Series. Grand Rapids: Eerdmans, 2005.

NEUSNER, Jacob "The Formation of Rabbinic Judaism: Yavneh (Jamnia) from A.D. 70 to 100." In *Aufstieg und Niedergang der römischen Welt*, edited by Vogt, Joseph, Hildegard Temporini and Klaus Haacker. 3-42. Berlin: De Gruyter, 1979.

_____. *First-Century Judaism in Crisis. Yohanan ben Zakkai and the Renaissance of Torah*. Nashville: Abingdon, 1975.

NICKELSBURG, George W. E. *Jewish Literature Between the Bible and the Mishnah*. Philadelphia: Fortress, 1981 [em português: *Literatura Judaica entre a Bíblia e a Mixná*. São Paulo: Paulus, 2011].

_____. *Resurrection, Immortality, and Eternal Life in Intertestamental Judaism*. Harvard Theological Studies. Vol. 26, Cambridge: Harvard University Press, 1972.

SALDARINI, Anthony J. *Pharisees, Scribes and Sadducees in Palestinian Society: A Sociological Approach*. Biblical Resource Series. Grand Rapids: Eerdmans, 2001.

SANDERS, E. P., Albert I. Baumgarten, and Alan Mendelson, eds. *Jewish and Christian Self-Definition, Vol. II, Aspects of Jewish Self-Definition in The Greco-Roman Period*. 1st American ed. 2 vols. Philadelphia: Fortress, 1980.

SANDMEL, Samuel. *Judaism and Christian Beginnings*. New York: Oxford University Press, 1978.

SCHÄFER, Peter. *The History of the Jews in the Greco-Roman World*. New York: Routledge, 2003.

SCHIFFMAN, Lawrence H., ed. *Texts and Traditions: A Source Reader for the Study of Second Temple and Rabbinic Judaism*. Hoboken, NJ: KTAV, 1998.

STEGEMANN, Hartmut. *The Library of Qumran, on the Essenes, Qumran, John the Baptist, and Jesus*. Grand Rapids: Eerdmans, 1998.

VANDERKAM, James C. *An Introduction to Early Judaism*. Grand Rapids: Eerdmans, 2001.

_____. *The Dead Sea Scrolls Today*. Grand Rapids: Eerdmans, 1994.

VERMÈS, Geza., ed. *The Dead Sea Scrolls in English*. 4th ed. London: Penquin Books, 1995.

8

JESUS NO JUDAÍSMO

Todos os documentos do Novo Testamento estão decisivamente moldados pelos eventos da vida e morte de Jesus. Se Jesus tivesse sido diferente, o cristianismo primitivo e o Novo Testamento teriam sido diferentes. Uma compreensão histórica do Novo Testamento, portanto, requer que observemos, ao menos brevemente, o que pode ser dito com confiança sobre o "Jesus histórico". Alguém poderia, com justiça, perguntar por que a seção seguinte sobre Jesus é relativamente breve, em contraste com a extensa seção anterior sobre o judaísmo. Há duas razões para isto: (1) Não temos registros escritos do próprio Jesus, mas há uma extensa coleção de fontes primárias sobre as quais podemos basear nosso(s) quadro(s) do judaísmo do Segundo Templo. (2) O estudo do Jesus histórico é um campo de pesquisa em si, que pode adequadamente ser realizado apenas depois de se fazer um estudo completo do Novo Testamento e outros documentos antigos relevantes. O fato de que os Evangelhos são interpretações posteriores, fortemente influenciadas pela teologia cristã, torna difícil ler a vida de Jesus "como ela realmente foi" fora da superfície dos documentos do Novo Testamento. Um retrato do Jesus histórico, portanto, deveria seguir apropriadamente uma introdução ao Novo Testamento, em vez de precedê-lo. O estudante iniciante é advertido a percorrer as seções seguintes e retornar às considerações do Jesus histórico depois de digerir as questões introdutórias ligadas à história e literatura do Novo Testamento.

8.1 Terminologia

O estudo que a erudição faz do Jesus que realmente estava "por trás" dos Evangelhos usa certo número de termos sobrepostos, que podem ser classificados como segue:

O Jesus real. O Jesus como-realmente-foi, antes de qualquer interpretação de sua significância, deveria incluir tudo que ele disse, fez e pensou. Tal Jesus existiu, é claro, assim como cada pessoa que viveu foi uma realidade. Esse Jesus existiu, mas está para sempre perdido para as gerações posteriores. Qualquer representação do "verdadeiro Jesus" será necessariamente uma seleção e uma interpretação.

O Jesus Histórico. Nem tudo o que Jesus disse e fez provocou um impacto sobre aqueles que estavam ao seu redor. As coisas acerca de Jesus que fizeram dele uma figura significativa entre seus contemporâneos, seu "impacto", originaram as palavras e obras que seriam relembradas e formuladas em narrativas. Tal Jesus pode ser chamado de o *Jesus lembrado*,[1] caso se mantenha em mente que tais lembranças já incluem interpretações de Jesus dentro de uma estrutura pressuposta. O Jesus, conforme foi lembrado, será sempre (muito!) menos do que o Jesus como ele realmente foi.

O Jesus do historiador. Com detalhes suficientes, os historiadores podem usar métodos históricos geralmente aceitos para construir os principais esboços e traços significativos de qualquer figura que tenha tido um impacto sobre a história. No caso de Jesus de Nazaré, o produto de tal estudo histórico resulta no que pode ser dito, com relativa probabilidade, de sua vida e missão. Esse produto da "pesquisa sobre Jesus" é frequentemente chamado de o *Jesus histórico*, mas pode ser mais bem designado de o *Jesus do historiador*.

O Jesus Histórico. No rastro de ALBERT SCHWEITZER e *A Busca do Jesus Histórico* (ver abaixo), tornou-se convencional usar a expressão *Jesus histórico* um tanto livremente como uma designação geral para o Jesus pré-pascal como ele realmente foi, o Jesus que pode ser distinguido das diversas interpretações posteriores. Mantendo as nuances acima em mente, o presente volume usará a expressão "Jesus histórico" nesse sentido. Algumas discussões contrastam com o "Jesus da história"

---

[1] JAMES D. G. DUNN, *Jesus Remembered* (CM 1; Grand Rapids: Eerdmans, 2003).

e o "Cristo da fé", no entanto usar essas frases acriticamente tende a sugerir que cada uma delas seja um dado conhecido que pode ser contrastado com outro, e que uma frase, o "Jesus da história", é uma questão de fato objetivo, enquanto o "Cristo da fé" é (apenas) crença subjetiva. A questão é muito mais complexa. Assim também, o "Jesus pré-pascal" é frequentemente contrastado com o "Cristo pós-pascal" como uma distinção geral entre o Jesus que de fato viveu ca. 30 de nossa Era, e o Jesus que foi interpretado posteriormente pelos cristãos como sendo seu Senhor ressurreto. A tentativa de identificar e construir o Jesus histórico se estendeu por várias fases.

8.2 As fases da "Busca do Jesus Histórico"

(1) A pré-busca e a "primeira ingenuidade". O que se tornou conhecido como a busca do Jesus histórico é um fenômeno pós-Iluminismo relativamente moderno. Do primeiro até o século dezoito, os Evangelhos foram lidos como se fossem janelas transparentes através das quais o leitor olhava a fim de ver Jesus como ele realmente foi. Nesse período, dificilmente passou pela cabeça de alguém a ideia de distinguir entre o Jesus da história, 30 de nossa Era, e o Jesus dos Evangelhos, 70-100 d.C. O leitor entrava no mundo de cada Evangelho sem distingui-lo do mundo histórico de Jesus. Obviamente, discrepâncias entre os Evangelhos eram notadas, mas assumia-se que elas podiam ser harmonizadas, e que cada Evangelho simplesmente relatava a história de Jesus como ela de fato ocorreu. Essa leitura acrítica, pré-crítica, sem paternalismo ou condescendência, tem sido chamada de primeira ingenuidade (ver §5.1.3 acima). O estudo histórico-crítico da Bíblia impôs enormes desafios a esse tipo de leitura.

(2) *A Busca Antiga.* O primeiro esforço em grande escala para recuperar o Jesus histórico foi feito por H. M. S. REIMARUS, cujo manuscrito mais longo foi publicado em 1778, somente depois da morte do autor, e sem revelar seu nome, em primeira instância.[2] REIMARUS estabeleceu

---

[2] Ver recentes traduções inglesas: HERMANN SAMUEL REIMARUS and GEORGE WESLEY BUCHANAN, *The Goal of Jesus and his Disciples* (trad. George Wesley Buchanan; Leiden: Brill, 1970); CHARLES H. TALBERT, ed. *Reimarus: Fragments* (trad. Ralph S. Fraser; LJS 1; Philadelphia: Fortress, 1970).

uma distinção absoluta entre a própria intenção de Jesus e a intenção de seus discípulos após sua morte. Jesus tinha a intenção de implantar o reino de Deus pelo poder militar. Depois de sua execução pelos romanos, seus discípulos roubaram o corpo, alegaram que Deus o havia ressuscitado dos mortos, e fundaram uma nova religião. REIMARUS foi postumamente atacado pelos ortodoxos e seu trabalho dificilmente conseguiria convencer alguém, mas sua nova abordagem conduziu a uma fenda entre o Jesus histórico e os quadros de Jesus no Novo Testamento. A consciência dessa lacuna exigiu então estudos históricos que mostrassem que tipo de continuidade ou descontinuidade existia entre o Jesus dos anos 30 e as representações cristãs tardias. O século dezenove viu uma grande variedade de tais esforços, por crentes e não crentes igualmente, retratando Jesus de diversas maneiras: o mestre racionalista de um ideal ético, um combatente da liberdade judaica zelote, um amante romântico da natureza que celebrava a vida, um membro de um secreto culto judaico, um bom fariseu que debatia com outros mestres, e numerosas outras construções. A história desse estudo foi registrada por ALBERT SCHWEITZER em 1906, num extenso volume intitulado *Vom Reimarus zu Wrede: Eine Geschichte der Leben-Jesu-Forschung* (De REIMARUS a WREDE: uma história da pesquisa sobre a vida de Jesus). A tradução inglesa de 1910 trouxe o título *The Quest of the Historical Jesus* [A Busca do Jesus Histórico], e o rótulo "busca" passou a ser associado a todo projeto de pesquisa sobre o Jesus histórico.

Como um aspecto do esforço do cristianismo liberal do século dezenove para interpretar a fé cristã em termos do mundo moderno, uma espécie de consenso sobre quem o real Jesus histórico foi tinha sido alcançado: um mestre de ética idealista cuja mensagem essencial era a paternidade de Deus e irmandade de todos os seres humanos, o mandamento do amor e o valor infinito da alma humana. Jesus não pregava sobre si mesmo, mas sobre Deus e seu reino; foi a igreja primitiva, pós pascal, que focou sua mensagem em Jesus. A escatologia apocalíptica e os milagres foram, em sua maioria, acréscimos cristãos posteriores à tradição a qual podia ser removida para revelar o verdadeiro Jesus. Depois de uma "primavera na Galileia" na qual sua mensagem foi bem recebida, Jesus viajou para Jerusalém a fim de enfrentar a situação religiosa atual com sua mensagem. Ele foi morto, mas sua mensagem está viva na vida de seus seguidores, que, com a inclusão de muitos novos elementos, tornaram-se a igreja.

SCHWEITZER mostrou que a construção liberal, como outros esforços do século dezenove para recuperar o Jesus histórico, não tinha fundamento histórico. Cada indivíduo criava um Jesus à sua própria imagem. Para SCHWEITZER, as duas únicas opiniões legítimas disponíveis no início do século vinte eram a de WILLIAM WREDE ("ceticismo radical") e sua própria proposição ("escatologia radical"). Tanto WREDE quanto SCHWEITZER rejeitaram as "vidas de Jesus" do século dezenove, mas por razões diferentes. O principal trabalho de WREDE *Das Messiasgeheimnis in den Evangelien* (*O Segredo Messiânico dos Evangelhos*),[3] defendia que o trabalho editorial dos escritores nos Evangelhos, começando com Marcos, era tão extenso que dificilmente se podia discernir a figura histórica por trás da imagem teológica dos Evangelhos. SCHWEITZER defendia que o Jesus histórico era, de fato, muito claro, mas foi rejeitado porque o verdadeiro Jesus recuperado pelo estudo histórico não poderia ser integrado nas concepções modernas. SCHWEITZER foi persuadido pelo revolucionário estudo de JOHANNES WEISS, que argumentava que Jesus não ensinou verdades idealistas sobre um reino espiritual interior, mas via a si mesmo como o arauto do reino apocalíptico que em breve irromperia do céu e transformaria o mundo.[4] O estudo histórico revelou Jesus como um profeta escatológico que acreditava ser o Messias designado, cujo papel último na história humana se tornaria em breve visível a todos na vinda do reino apocalíptico de Deus, quando Jesus seria identificado com o Filho do Homem celestial. Para SCHWEITZER, era pretendido que a ética radical de Jesus fosse obedecida literalmente, mas apenas como uma "ética provisória" que podia ser estritamente seguida apenas num breve tempo entre sua pregação e o fim próximo. Uma vez que o fim não chegou como esperado, Jesus foi até Jerusalém no intuito de forçar a mão de Deus, sofrendo ele mesmo o tormento das "aflições messiânicas", salvando o seu povo delas, removendo assim o último obstáculo à intervenção escatológica de Deus. O reino não veio, e Jesus morreu em desespero. Esse Jesus histórico era, ao mesmo tempo, um equívoco

---

[3] Não traduzido para o inglês até 1971, WILLIAM WREDE, *The Messianic Secret* (trans. JAMES C. G. GREIG; Library of Theological Translations; London: James Clarke, 1971).

[4] A primeira edição alemã de 1892 foi um volume pequeno de 65 páginas. A segunda, de 1900, foi uma edição expandida, a qual só foi traduzida ao inglês em 1971: JOHANNES WEISS, *Jesus' Proclamation of the Kingdom of God* (trans. Richard H. Hiers and David Larrimore Holland; LJS; Philadelphia: Fortress, 1971).

e irrelevante; esse Jesus não poderia ser traduzido para categorias modernas. O próprio SCHWEITZER adotou um tipo de Cristo místico. Não é o Jesus histórico ou o Jesus do Novo Testamento que pode ser o Senhor e Salvador para seres humanos modernos, mas o "espírito de Jesus" que ainda pode chamar pessoas ao discipulado heroico. WREDE e SCHWEITZER, em suas diferentes maneiras, juntos encerraram a busca pelo Jesus histórico.

(3) *Sem busca*. Embora alguns estudiosos continuassem a antiga busca, tentando preservar a confiança no Jesus histórico que poderia ser o fundamento da fé da igreja (ou mostrar que isto era um erro colossal), a maioria dos eruditos do Novo Testamento no período entre as duas guerras mundiais abandonou o esforço de recuperar o Jesus histórico. Este movimento foi encorajado por três novos progressos: (a) A primeira guerra mundial trouxe um fim ao otimismo e idealismo do cristianismo liberal do século dezenove, para o qual a vida liberal de Jesus havia servido de modelo. (b) O trabalho da crítica das formas (ver Vol. II §19.3), estudando as unidades individuais da tradição da qual os Evangelhos Sinóticos foram compostos, mostrou que sua organização é o resultado do trabalho editorial dos escritores do Evangelho, e seu conteúdo frequentemente reflete o *Sitz im Leben* (contexto vital) da igreja primitiva. Assim, nem o esboço da história do Evangelho, nem o conteúdo do material reflete a vida de Jesus diretamente. Isto significa que é muito difícil escavar os Evangelhos e descobrir "o que realmente aconteceu" na vida de Jesus. (c) A Teologia Dialética (neo-ortodoxa), i.e., a influente teologia que substituiu o liberalismo como o modelo teológico dominante em muito do protestantismo, teve pouco interesse no Jesus histórico por trás dos Evangelhos. Essa teologia estava baseada na mensagem kerigmática sobre o Jesus do Novo Testamento, e tendia a considerar os esforços de recuperar um Jesus histórico como uma busca ilegítima para os dados históricos como a base ou apoio à fé. Para esse tipo de teologia kerigmática, representada de diferentes maneiras por e.g. KARL BARTH, RUDOLF BULTMANN e PAUL TILLICH, a fé é gerada pelo encontro com a Palavra de Deus mediada pela pregação bíblica, e não pelas probabilidades e incertezas da pesquisa histórica. Conforme expresso por BULTMANN, a busca primitiva era tanto impossível historicamente quanto teologicamente ilegítima. Isto não significa que os eruditos desta era acreditavam que nada confiável podia ser conhecido sobre Jesus. O próprio

Bultmann escreveu um livro substancial sobre Jesus, mas não era nada semelhante às antigas "vidas de Jesus" da teologia liberal.[5]

(4) *A Nova Busca*. Em um famoso ensaio escrito em 1953, Ernst Käsemann, proeminente membro da "escola Bultmaniana", argumentou que a teologia cristã não poderia viver indefinitivamente separada de suas raízes no Jesus histórico. Embora não pudesse haver um retorno aos métodos e objetivos da busca do século dezenove, é historicamente possível e teologicamente legítimo – e mesmo necessário – explorar o que pode ser conhecido sobre Jesus como de fato ele foi. Embora a fé cristã não possa ser comprovada pelos resultados em constante mudança do estudo histórico, tal estudo jamais pode ser irrelevante para a fé que não está baseada numa ideia ou ideal, mas num evento histórico. Uma "Nova Busca do Jesus Histórico" foi lançada, principalmente pelos membros da escola de Bultmann, que queriam mostrar a continuidade histórica (não identidade) entre a mensagem de Jesus e a mensagem da igreja primitiva. O trabalho mais significativo da Nova Busca foi o *Jesus de Nazaré* de Günther Bornkamm, considerado por muitos eruditos das décadas de 60 e 70 como a melhor representação de Jesus e sua mensagem. Por sua vez, Bultmann defendia que, embora Jesus não fizesse alegações messiânicas para si mesmo, quando ele anuncia a proximidade do reino de Deus "seu chamado à decisão implica uma cristologia".[6] A Nova Busca procurava expandir essa abordagem bultmaniana, tentando oferecer uma base mais substancial da vida e mensagem de Jesus para a teologia mais explícita da igreja, posteriormente. À medida que a neo-ortodoxia diminuiu como o paradigma teológico dominante, o Jesus da Nova Busca declinou com ela.

(5) *Terceira Busca*. A recente fase da pesquisa sobre Jesus começou na década de 1980 na América do Norte e no Reino Unido, e gerou muito interesse tanto na academia quanto na igreja, bem como no público em geral. Embora a Nova Busca estivesse ligada intimamente a determinada perspectiva teológica, proeminente especialmente na Alemanha,

---

[5] Rudolf Bultmann, *Jesus and the Word* (trans. Louise Pettibone Smith and Erminie Huntress Lantero; New York: Scribner, 1958) [em português: *Jesus*. São Paulo: Teológica, 2003].

[6] Rudolf Bultmann, *Theology of the New Testament* (trans. Kendrick Grobel; 2 vols.; New York: Scribner, 1951), 1,43 [em português: *Teologia do Novo Testamento*. São Paulo: Academia Cristã, 2010].

a Terceira Busca tem um escopo mais amplo e um maior alcance de metas, não consistentemente relacionada a um programa teológico, e às vezes alega ser explicitamente antiteológica. A ressurgência do interesse no Jesus histórico tem sido caracterizada por quatro traços: (a) A Terceira Busca tende a utilizar uma ampla extensão de fontes que se estende para além do Novo Testamento canônico. Os *Ditos da Fonte Q* têm sido analisados mais cuidadosamente, com alguns eruditos argumentando em favor de uma primitiva camada de sabedoria destituída de escatologia e apontando para um Jesus não escatológico. Os Manuscritos do Mar Morto não contêm nada sobre Jesus, mas lançaram nova luz sobre o mundo no qual Jesus viveu. Os Evangelhos não canônicos, conhecidos por algum tempo, têm sido reavaliados por alguns eruditos, os quais argumentam que alguns deles, particularmente os primeiros estratos do Evangelho de Tomé e o Evangelho de Pedro, preservam representações mais precisas de Jesus do que os Evangelhos canônicos; (b) Ao lado da teologia, às vezes com a alegação de serem não teológicas, as perspectivas e métodos da crítica literária e das ciências sociais têm sido exercidas na pesquisa sobre Jesus. Em parte, isto reflete o deslocamento do eixo gravitacional do estudo de Jesus dos seminários teológicos para os departamentos seculares de religião e história; (c) A Terceira Busca geralmente tem enfatizado o judaísmo de Jesus. A pesquisa anterior frequentemente contrastou Jesus com o seu contexto judaico, às vezes usando o judaísmo como um realce para Jesus ou o cristianismo. O *critério da desigualdade*, que considerou importante ser autêntico ainda que não se encaixasse no judaísmo ou no cristianismo, era frequentemente usado na Nova Busca. Esse critério foi substituído principalmente pelo *critério da plausibilidade* – material autêntico deve plausivelmente se encaixar dentro do judaísmo e apresentar Jesus como uma figura a partir de quem a fé cristã poderia se desenvolver; (d) A Terceira Busca se tornou um termo genérico para um movimento acadêmico já em desintegração. Ela gerou uma vasta gama de diferentes imagens de Jesus, entre as quais podem ser listadas: o *sábio cínico helenista* que, sem um programa político ou religioso, subverte a sabedoria convencional, (BURTON L. MACK); o *camponês* cínico jud*eu* que se opôs ao império romano e defendeu os pobres (JOHN DOMINIC CROSSAN); uma "pessoa de espírito" judaico, um profeta social e um sábio subversivo que tenta substituir o sistema de pureza judaico (MARCUS BORG); um profeta igualitário de sabedoria feminina que se via como uma criança e porta-voz da Sofia Divina, desafiando as estruturas do poder patriarcal e fundando uma comunidade igualitária na qual as mulheres eram as líderes principais (Elizabeth Schüssler Fiorenza); o profeta escatológico do reino de Deus presente e vindouro (John P. Meir e vários outros); um *profeta da iminente escatologia de restauração*, anunciando o ajuntamento das doze tribos de Israel e um templo novo ou renovado que formaria o centro de uma nova ordem religiosa e social num plano escatológico (E. P. Sanders; diferentemente, N. T. Wright).

8.3 Um esboço do que podemos saber sobre o Jesus histórico

A lista seguinte é apresentada como um guia breve para o estudante que se apropriou de uma impressão informada do judaísmo do Segundo Templo e se pergunta que tipo de esboço resumido da vida e da mensagem de Jesus pode ser apresentado com segurança, antes de proceder ao estudo da igreja primitiva e dos escritos do Novo Testamento. De fato, Jesus era uma figura *complexa* e *dinâmica* que não pode ser sumarizado numa lista. O seguinte catálogo de traços principais não é um substituto para a complicada interação de quadros de Jesus entre os Evangelhos e dentro deles. Não apresentarei aqui evidência e argumentos para a validade dos vários pontos de meu sumário, nem um diálogo com eruditos que defendem outros pontos de vista ou ênfases. Essa informação pode ser encontrada nas fontes dedicadas explicitamente a buscar o Jesus histórico, listadas no final deste capítulo, e na bibliografia que elas fornecem.

1. *Jesus existiu.* Nenhum historiador responsável duvida hoje da existência de Jesus como uma figura histórica. É certo que o homem Jesus nasceu e viveu na Palestina da primeira parte do primeiro século da Era comum, e foi morto em Jerusalém ca. do ano 30.

2. *Jesus cresceu na Galileia numa família piedosa de modestas posses.* A família de Jesus era da tribo de Judá e da descendência de Davi. Ele teve quatro irmãos e pelo menos duas irmãs. Jesus cresceu na vila de Nazaré, duas horas a pé da cidade helenística de Séforis (ver Foto 15), mas não há qualquer evidência de que ele a visitou. Não está claro se ele frequentou uma escola local; seu pai lhe ensinou a Escritura e as tradições do judaísmo. Jesus estava em casa entre a vasta maioria dos galileus,

que eram judeus piedosos, não indulgentes em sua prática, e frequentavam os festivais em Jerusalém.

[FOTO 15 – Séforis, perto de Nazaré, a cidade natal de Jesus, foi escavada recentemente. Usada com permissão de David Padfield.]

Durante toda a vida de Jesus, a Galileia estava sob o domínio de Herodes Antipas, com Roma como o poder por trás do trono. Embora não reconhecido oficialmente como um rei por Roma, Herodes era considerado um rei local. Em contraste com a Judeia, que foi uma província romana desde o ano 6, não havia soldados romanos ou coletores de impostos na Galileia. Embora alguns sentimentos revolucionários ardessem sob a superfície, Jesus cresceu e conduziu sua missão num contexto de relativa paz e estabilidade. À típica moda judaica, seu pai ensinou-lhe uma profissão. Τέκτον (*tektōn*), geralmente traduzido como *carpinteiro*, também podia ser uma referência a trabalhadores da construção em geral. Ele não era rico, mas não havia razão para exagerar sua pobreza.

3. *Jesus era um judeu, embora seu lugar no espectro do judaísmo não seja claro.* Claramente, ele não era um saduceu. Embora poucos eruditos tenham tentado apresentá-lo como um zelote (um anacronismo, em todo caso) ou essênio, seus argumentos não foram convincentes. A crença de Jesus na ressurreição, anjos, demônios e suas afinidades com o pensamento apocalíptico significa que, teologicamente, ele se aproximou dos fariseus em algumas questões – portanto, seus conflitos

foram especialmente com esse grupo. Certamente, ele não era membro do partido dos fariseus. Ele rejeitou a compreensão deles da pureza ritual conforme aplicada a Israel como o povo santo de Deus, o sábado, e as leis dietéticas e sua compreensão da tradição oral, que legitimava as leis de purificação. Jesus era um judeu, mas, como a grande maioria dos judeus palestinos do primeiro século, ele não pertencia a um grupo particular.

4. *Jesus foi batizado por João Batista e esteve associado ao movimento de João por algum tempo.* Por volta do ano 28 de nossa Era, Jesus deixou seu lar e viajou rumo ao sul a fim de ser batizado por João, e nunca retornou à sua vida na vila onde viveu como carpinteiro. Ele deve ter experimentado algum tipo de chamado profético em consonância com seu batismo; sua vida jamais foi a mesma. Como alguns outros, Jesus pode ter permanecido com João por algum tempo e considerava-se um discípulo de João em certo sentido. Ele veio a considerar João como um dos grandes profetas, insuperável por qualquer ser humano (Mt 11,7-11). Não está claro se Jesus começou sua própria missão de pregar enquanto João ainda estava vivo, ou se foi a violenta morte de João que provocou o início de seu trabalho independente (cf. os quadros conflitantes de e.g., Mc 1,14-15 e Jo 1,19-3,30).

João Batista é a única pessoa que exerceu uma forte influência sobre a própria missão e mensagem de Jesus. Embora a mensagem de Jesus transferisse o foco e a ênfase da mensagem de julgamento de João, ele reteve a estrutura apocalíptica de João, incluindo sua convicção de que o fim da presente Era estava próximo. A principal diferença entre a compreensão de Jesus e a de João entre o iminente ato de Deus diz respeito às suas respectivas compreensões de onde eles estavam no horário escatológico de Deus. João estava imediatamente antes de vir o fim ("cinco para as doze"). Para Jesus, o futuro esperado já está começando em sua pregação e ação ("são exatamente doze horas"). Jesus não abandonou a mensagem de juízo de João, mas transferiu o foco para a misericórdia de Deus, que já está disponível e presente na própria missão de Jesus.

5. *Jesus chamou discípulos para compartilhar sua missão.* Rabis e mestres judeus tinham discípulos, alunos que se aplicavam em seguir um honrável mestre. Jesus, por outro lado, tomou a iniciativa, análoga ao chamado de Deus aos profetas israelitas. Multidões responderam positivamente à mensagem de Jesus e o seguiram em certo sentido,

mas permaneceram em casa em seu trabalho normal. Dentro desse círculo maior estava um grupo particular que o seguiu num sentido literal, deixando família, trabalho, a fim de tornarem-se mensageiros itinerantes com Jesus. Escandalosamente nesse cenário, esse número incluía mulheres, bem como pessoas de reputação duvidável, como Levi, o publicano. Jesus e seu séquito viajavam de vila em vila. Às vezes, enviou discípulos para viagens missionárias. Paradoxalmente, Jesus chamou pessoas para uma obediência radical, por um lado, e celebrou a mesa da comunhão com todos os tipos de pessoas desacreditadas, de outro.

Dentro desse grupo íntimo havia ainda um círculo mais estreito, os doze. A formação dos doze era um ato profético simbólico, a reconstituição proléptica do Israel escatológico. Jesus anunciou que o tempo do exílio havia terminado, o tempo do ajuntamento escatológico do povo de Israel, o grande retorno ao lar estava para acontecer. A escolha dos doze, em vez de onze contando consigo mesmo, demonstra que ele via a si mesmo como o criador da comunidade que ele estava formando, e não como parte dela. Escolher doze é uma indicação inequívoca de que ele não tinha intenção de separar seu grupo de Israel, como independente ou uma espécie de seita descontínua. Os doze teriam papéis de liderança no povo restaurado de Israel (Mt 19,28; Lc 22,30). Desse modo, Jesus não fundou uma igreja, uma nova religião ou mesmo um movimento num sentido moderno convencional. A comunidade de discípulos a qual ele chamou para perto de si era um núcleo do que se tornaria a igreja depois de sua morte. Ele falou dessa comunidade como uma nova família que tinha prioridade mesmo sobre suas famílias de carne e sangue, deu-lhes uma oração ritual, uma refeição pactual e uma tarefa. Durante o (pequeno) intervalo após sua morte, mas antes do fim, eles deviam engajar-se na missão. O chamado de Jesus à decisão implicava uma eclesiologia.

6. *Jesus atuava como um mestre e pregador.* Ele era chamado de "rabi", mas esse era um título informal. Jesus não teve treinamento ou ordenação rabínica, a qual ainda não existia, num sentido oficial. Ele falou de sua autoridade, mas sua autoridade era a autoridade direta de um profeta, e não derivada da tradição ou status institucional. O ensinamento de Jesus lhe rendeu disputas e conflitos com outros mestres religiosos, especialmente os fariseus. Jesus considerava a Torá como vinda de Deus, jamais a pôs de lado ou a rejeitou, mas a interpretou

com soberana liberdade. Seu ponto de vista em relação à Torá era paradoxal e assistemático. Eticamente, seu ensino radicalizou a Torá, demandando estrita obediência aos seus reclamos; ritualmente, ele relaxou suas estipulações em face do reino presente-e-vindouro. O duplo mandamento do amor a Deus e ao próximo era central no ensino de Jesus sobre a vontade de Deus. Jesus renunciou à violência e a retaliação, ensinou e viveu o amor universal e incondicional de Deus, sem condições e sem fronteiras. Jesus jamais deixou a terra de Israel, e não conduziu missão aos gentios nem dentro nem fora da nação. Mas sua proclamação do amor de Deus sem fronteiras, sua aceitação aos marginalizados e dos samaritanos, sua afirmação de que Deus justifica e aceita pecadores, a ausência da doutrina da eleição de Israel a partir de sua pregação central – todas essas coisas forneciam pontes de contato dentro de seu ministério para a missão aos gentios, que aconteceria posteriormente.

7. *A mensagem e o ministério de Jesus estavam inteiramente focados no reino de Deus presente e vindouro.* "Reino" (מַלְבוּת *malkuth*, Βασιλεία *basileia*) pode ser compreendido e traduzido tanto em seu sentido dinâmico de "reino", "governo", "exercício do poder real", ou, num sentido territorial, "estado", "setor". A palavra portuguesa "domínio" assume, às vezes, esse aspecto duplo. "A reinante presença de Deus"[7] captura tanto o dinamismo quanto a dimensão pessoal da frase, que é acerca de Alguém, e não uma abstração ou princípio. Na frase "reino de Deus", "reino" significa basicamente "regência", a ação de Deus como rei, o ato de governar, e não o território sobre o qual Deus governa. "Reino dos céus", usado apenas por Mateus no Novo Testamento, substitui "Deus" por "céu" por questão de reverência, e significa exatamente o mesmo que "reino de Deus". A adoção tradicional da terminologia de Mateus tem sido frequentemente mal interpretada como se referindo ao lugar, "céu", e encorajou a falsa ideia de que a mensagem de Jesus era, primeiramente, sobre "ir para o céu".

Jesus não foi o primeiro a falar sobre o reino de Deus. Tanto as Escrituras Judaicas quanto as várias correntes do judaísmo do segundo templo usaram o conceito de Deus como rei: o rei que governa o universo, o rei sobre seu próprio povo, que foi chamado para levar sobre

---

[7] Francis J. Moloney, *The Gospel of Mark: A Commentary* (Peabody, Mass.: Hendrickson, 2002), 49, portanto traduz ἡ Βασιλεία τοῦ θεοῦ, *hē basileia tou theou*.

si o "jugo do reino" pela obediência à vontade de Deus revelada na Torá, o rei que agiria no futuro a fim de estabelecer a justiça e tornar seu reino legítimo conhecido a todo o mundo. O reino não era um "conceito", mas um *símbolo* – um símbolo tensivo que evocava o drama mítico do Deus Criador que tem estado ativo na história a fim de preservar seu povo, e que em breve agirá definitivamente no desenlace da história, para derrotar os poderes que mantiveram o mundo cativo e reafirmar seu domínio sobre a criação rebelde.[8]

Jesus foi o primeiro a fazer do reino de Deus o foco de sua vida, mensagem e missão de uma maneira distinta. Em certo sentido, toda a vida de Jesus pode ser compreendida sob essa única perspectiva. Os aspectos distintivos do reino de Deus conforme proclamados e vividos por Jesus podem ser resumidos da seguinte forma:

(a.) *Teocêntrico*. Jesus via a si mesmo como tendo um papel único no plano escatológico de Deus que estava avançando rapidamente para o cumprimento, mas ele não proclamou a si mesmo. O reino era de Deus, e não de Jesus.

(b.) *O já e o ainda não*. Jesus esperava a vinda do reino escatológico de Deus para breve, vivendo na realidade do surgimento de uma nova era e chamando outros a compartilhar essa visão da realidade e desta vida. Existe um inerradicável elemento futuro em relação à proclamação do reino feita por Jesus, conforme ilustrado na petição do Pai Nosso, "venha o teu reino" (Mt 6,10), no "está próximo [mas não chegou ainda] de Marcos 1,15, na expectativa de um futuro ainda-não-cumprido de muitas parábolas, na crise e o juízo por vir (e.g. Mc 13,28-29; Mt 7,24-27; 25,1-11), e na dramática reversão que ocorrerá no eschaton, mas que claramente ainda não ocorreu (e.g. Lc 6,20-23). Jesus não especificou os detalhes e nem agendou o fim vindouro ao estilo de alguns visionários apocalípticos, mas ele apresenta alguns traços apocalípticos: ele espera que o último ato de Deus inclua o cumprimento das esperanças de Israel de ser um povo de Deus reunido e reunificado, a vinda do Filho do Homem, a ressurreição dos mortos e o juízo final, e a transformação/restauração deste mundo para o mundo conforme Deus o criou para ser. Esse novo mundo não significa a

---

[8] Cf. M. EUGENE BORING, "The Kingdom of God in Mark," in *The Kingdom of God in 20th-Century Interpretation*, ed. WENDELL WILLIS (Peabody, Mass.: Hendrickson, 1987), 131-146.

destruição do universo espaço-tempo presente, mas também não é meramente uma questão de revolução social. Embora a esperança de Jesus estivesse muito relacionada a este mundo – "tua vontade seja feita *na terra*" – ela envolve uma transformação do mundo como o conhecemos. O reino de Deus trará justiça e *shalom* à humanidade, mas, muito mais fundamentalmente, ele será a vindicação de Deus. O nome de Deus (= realidade), atualmente trivializado, denegrido e insultado, será santificado. Deus será santo e justo, e será visto desse forma. Jesus esperava essa grande consumação do propósito de Deus para a história, o reino de Deus, a vir rapidamente – tão rapidamente, que sua presença e poder já estavam ativos.

Também é inegável que Jesus proclamou e viveu a experiência presente do reino, que não era uma questão de esperança futura apenas. Enquanto o reino (apenas) estivesse próximo, o tempo (já) estaria cumprido (Mc 1,15). Seus discípulos já veem o que os profetas esperavam (Mt 13,16-17; cf. 12,41-42). Pessoas estão sendo curadas, demônios estão sendo expulsos e as boas-novas estão sendo pregadas aos pobres, tudo isso significa que o reino já está presente em poder (Mt 12,28; cf. 11,4-6). O dinâmico já/ainda não do reino não deveria ser quantificado, como se Jesus pregasse que o reino estivesse "em parte" presente e "em parte" estivesse por vir. Uma melhor analogia que se tornou tradicional na pesquisa sobre Jesus é a do *alvorecer*: Jesus vive no alvorecer do reino – ainda não é a luz do dia, mas a noite já está passando, e as pessoas são chamadas a orientar suas vidas de acordo com o novo dia que já está chegando, em vez de orientá-las de acordo com a noite que já está se dissipando.

(c.) *Império alternativo*. O termo comumente traduzido como "reino" (Βασιλεία) é a mesma palavra traduzida como "império". Falar do reino de Deus presente e por vir é proclamar uma alternativa à estrutura de poder existente. Jesus não desafiou diretamente o império romano, mas sua vida e mensagem apresentaram uma clara alternativa de como a vida e o mundo podiam ser ordenados, a qual não podia ser ignorada nem por amigos nem por inimigos.

(d.) *Milagres salvíficos*. "O que realmente aconteceu", se Jesus "realmente operou milagres", i.e., se o poder transcendente de Deus apareceu na história e estava presente de fato no trabalho missionário de Jesus, é algo que o historiador não pode responder. Mas todos os historiadores reconhecem que se acreditava que Jesus operava milagres, que pessoas doentes e endemoninhadas iam até ele, e voltavam sãs para casa. Mesmo Josefo chama Jesus de "um feitor de ações extraordinárias" (παραδόξων ἔργων ποιητής, *paradoxōn ergōn poiētēs*, Josefo, *Ant.* 18.3). Os exorcismos realizados por Jesus e outras ações poderosas não eram um aspecto separado de sua missão, mas uma dimensão de sua experiência do reino. Embora os operadores de milagres fossem comuns no mundo antigo, os poderosos atos salvíficos de Jesus não eram meramente um exemplo de um fenômeno geral. Mais milagres são atribuídos a Jesus do que a qualquer outra figura antiga, mas a diferença não é meramente quantitativa. Jesus era distinto no sentido de que ele estabeleceu sua atividade milagreira no abrangente contexto do maravilhoso reino de Deus. Eles não deviam ser tratados como uma categoria separada, mas numa relação integral com sua proclamação do reino, suas parábolas, sua mesa de comunhão. Os exorcismos realizados por Jesus não eram meramente a libertação da escravidão de uns poucos indivíduos atormentados, mas a linha de batalha na qual o poder de Deus estava vencendo o poder de Satanás. O verdadeiro inimigo de Deus não era Roma ou a instituição religiosa, mas o máximo poder do mal que usurpou a criação de Deus e vitimou o mundo, incluindo Roma e as autoridades religiosas.

(e.) *Compaixão e aceitação.* A mensagem e o ministério de Jesus foram marcados por uma inclusão radical. Como os cínicos, ele prestou pouca atenção às normas sociais e às fronteiras rituais. Ele incluiu mulheres e crianças de tal modo que chocava as pessoas de sensibilidades convencionais. Ele se associou com as pessoas normalmente excluídas do povo de Deus – leprosos e pessoas com doenças contagiosas ou hemorragias, o que as tornavam ritualmente impuras, bem como com "publicanos e pecadores", considerados profanadores do povo santo e obstruidores da vinda final do reino de Deus. Jesus os tocou, comeu com eles, celebrou com eles a presença do reino de Deus. Diferentemente dos cínicos, seu senso de inclusão não era uma questão de verdade filosófica ou autocompreensão ideológica de tolerância e aceitação por oposição ao racismo e à intolerância. A mesa de comunhão inclusiva era uma representação experimental da aceitação de Deus no aqui e agora, uma inclusão integrante do caráter de Deus e do reino vindouro. Era uma questão de boas novas sobre um evento, e não um bom conselho baseado em uma teoria.

(f.) *Parábolas*. A proclamação de Jesus acerca do reino era indireta. Ele nunca explica o que o reino é, nunca apresenta uma lista de princípios que definem a natureza do reino. Ele medeia a realidade do reino contando histórias, um tipo particular de história. As histórias de Jesus não são ilustrações de princípios gerais nem alegorias de doutrina cristã – embora mais tarde tenham sido entendidas como tais. A definição mais conhecida das parábolas de Jesus é a de C. H. Dodd:

Na sua forma mais simples, uma parábola é uma metáfora ou símile tirada da natureza ou da vida comum, prendendo o ouvinte através de sua vivacidade ou caráter intrigante, e deixando a mente com dúvida suficiente sobre sua precisa aplicação para provocar um pensamento ativo.[9]

A parábola começa como uma narrativa definida neste mundo, o mundo cotidiano da experiência comum. Não é uma fábula em que raposas falam, nem uma história mítica sobre anjos e demônios, nem é uma história especificamente religiosa; quase todas as parábolas têm um enredo secular sobre coisas ordinárias. A história chama a atenção dos ouvintes/leitores e, em seguida, toma um rumo imperceptivelmente estranho, apresentando o mundo de uma forma que desafia o senso comum e a sabedoria convencional. A parábola nunca atinge o "ponto central" diretamente, mas "provoca" a mente a um pensamento ativo. Os ouvintes/leitores devem decidir se permanecerão como expectadores ou se participarão da história, ou seja, assumir uma posição. As parábolas de Jesus eram – e são – perturbadoras, visto que aqueles que as ouvem devem decidir se continuarão no seu mundo convencional cotidiano, ou se entrarão no novo mundo aberto pela parábola. As parábolas não são ilustrações de um "ponto" controlável que pode, então, ser integrado ao mundo cotidiano do ouvinte – elas ameaçam e subvertem esse mundo. As parábolas atacam suavemente o âmago da segurança de nosso mundo, o mundo que todos nós criamos, necessariamente, para que nossas vidas façam sentido. As parábolas subvertem o mundo, ameaçando-o indiretamente, minando-o a partir de dentro e desordenando-o antes de nos conscientizarmos do que vem pela frente. Cada pessoa construiu ou adotou uma estrutura (mítica) de verdade, através da qual comumente vivemos, e dentro da

---

[9] C. H. Dodd, *The Parables of the Kingdom* (New York: Scribner, 1961), 5 [em português: *As Parábolas do Reino*. São Paulo: Fonte Editorial].

qual avaliamos todas as outras coisas. Quando recebemos novas percepções e dados, nós os integramos ao velho paradigma, a estrutura de referência que faz o mundo e nosso lugar nele fazerem sentido. Comumente, estamos inconscientes da própria estrutura; é apenas "a forma como as coisas são". Resistimos, ao nível mais profundo, qualquer interferência na estrutura, e nos defendemos contra os ataques diretos. A proclamação de Jesus acerca do reino, a nova realidade do mundo-já-iniciado de Deus, *subverte* este mundo ao contar histórias. Entramos no mundo da narrativa da parábola, e então descobrimos que temos que tomar uma decisão sobre o que é real e o que a Realidade requer de nós. Frequentemente não gostamos disto.

8. *A compreensão de Jesus sobre seu próprio papel no plano de Deus*. Duas questões particularmente importantes são inerentes à questão da autocompreensão de Jesus: sua "consciência messiânica" e sua compreensão a respeito de usa própria morte.

(a.) *Autodesignações messiânicas?* Pouco depois dos eventos da Páscoa, a igreja primitiva usou vários títulos para expressar a significância de Jesus (e.g. Cristo, Senhor, Filho de Deus, Filho do Homem; cf. acima §7.6). O próprio uso que Jesus fez dessas designações, e/ou sua resposta ao uso de outras designações de tais títulos, permanece incerto. Sua mensagem estava focada em Deus e no reino de Deus; sua missão não era um esforço para levar as pessoas a crerem em determinadas coisas sobre si mesmos a fim de "se tornarem cristãs" ou confessarem fé nele. Isto de fato ocorreu na comunidade cristã pós pascal. Parece claro, contudo, que Jesus atribuiu um significado chave a si mesmo no ato redentivo de Deus. A resposta à mensagem/pessoa de Jesus seria o critério de aceitação ou rejeição no juízo que estava por vir. Podemos ver, claramente, o desenvolvimento e uso crescente dos títulos cristológicos atribuídos a Jesus no crescimento da tradição do Evangelho (comparar, e.g., Mc 8,27-30 e Mt 16,13-20). Se tal linguagem cristológica específica já estava ou não presente durante o ministério do Jesus histórico, continua a ser um ponto disputado. Não é provável que Jesus tenha usado tais títulos como *Cristo, Senhor ou Filho de Deus* explicitamente com referência a si mesmo, embora seguidores entusiasmados possam ter atribuído esses títulos a ele. Não há consenso acadêmico sobre o uso que Jesus fez do termo *Filho do Homem*, que é encontrado quase exclusivamente nas palavras do próprio Jesus (Jo 12,34 seria a única exceção).

Esta é a designação cristológica mais comum para Jesus nos Evangelhos. A designação é encontrada em todas as correntes da tradição do Evangelho (Marcos, Q, M, L, Mateus, Lucas, João). O uso recai nitidamente sobre três grupos, os quais não se sobrepõem: o Filho do Homem que está presente e age com autoridade, o Filho do Homem que sofre e morre em Jerusalém e o Filho do Homem que vem nas nuvens ao final da história. Parece que Jesus usou o termo de alguma forma com referência a si mesmo, de algum modo identificando-se como o representante escatológico de Deus, através de quem o juízo e a salvação seriam efetuados. Uma vez que *Filho do Homem* é uma expressão ambígua que pode significar "um ser humano", "um homem tal qual eu sou", bem como o libertador escatológico refletido em Dn 7,13 e na tradição de Enoque (ver acima §7.6), Jesus pode ter usado a expressão indiretamente e provocativamente em relação a si mesmo, assim como ele falou do reino presente e vindouro de Deus indiretamente em parábolas.[10] Esta conclusão um tanto vaga é a melhor que os historiadores podem apresentar, talvez em face das limitações dos dados e métodos históricos, ou talvez porque o próprio Jesus tenha usado tais designações de uma maneira ambígua de modo a requerer a decisão própria do ouvinte. Nenhuma dessas categorias cristológicas tradicionais lhe pareceram inteiramente aceitáveis. Numa declaração muito citada de EDUARD SCHWEITZER, Jesus foi "O Homem Que Não Se Encaixa Em Nenhuma Fórmula".[11]

(b) *A compreensão de Jesus a respeito de sua morte.* O cristianismo primitivo enfrentou a realidade da crucifixão de Jesus retrospectivamente como uma dádiva, e desenvolveu diversas maneiras de expressar sua fé de que a morte de Jesus não foi uma tragédia sem significado, mas o ato salvífico de Deus. Jesus enfrentou a realidade de sua morte vindoura de maneira prospectiva, não como uma dádiva, mas como um destino que ele podia escolher ou rejeitar, e sem um significado teológico específico vinculado com antecedência. Como ele a entendeu? Dois extremos do espectro de possibilidades podem ser

---

[10] PETR POKORN and ULRICH HECKEL, *Einleitung in das Neue Testament: Seine Literatur und Theologie im Überblick* (Tübingen: Mohr Siebeck, 2007), 408.
[11] EDUARD SCHWEIZER, *Jesus* (trans. David E. Green; Macon, Ga.: Mercer University Press, 1987), 13. O texto alemão "der Mann, der alle Schemen sprengt" poderia ser traduzido "o homem que explode todas as categorias".

imediatamente descartados: (1) *Jesus não via nenhum significado particular em sua morte.* Infelizmente, Jesus foi pego em alguma perturbação em Jerusalém e executado pelas autoridades romanas como um causador de problemas. (2) *Jesus viu com antecedência todos os detalhes de sua morte, cria que ela era necessária para a salvação do mundo e deu a seus discípulos predições detalhadas desses eventos e seu significado.* Ele, então, desempenhou sua parte nesse drama pré-escrito da salvação.

Qualquer percepção da própria compreensão de Jesus do significado de sua morte deve vê-la na continuidade com sua vida e missão. A vida e a morte de Jesus formam um todo coerente. A visão que Jesus tinha de si mesmo como estando na linha dos profetas de Israel e sendo seu cumprimento máximo e definitivo, deve ter incluído a própria possibilidade de que, como outros profetas fiéis, ele sofreria e morreria no cumprimento de sua missão. Era um destino que ele podia ter recusado, mas escolheu aceitá-lo. Ele foi para Jerusalém com total consciência dessa realidade. A procissão do "Domingo de Ramos" rumo a Jerusalém foi um ato simbólico semelhante àquele dos profetas do Antigo Testamento, uma forma muito séria de "teatro de rua". Assim também sua ação no templo não foi um ritual "de purificação", mas um ato simbólico da "destruição" que poria um fim ao presente Templo em preparação para o advento final do reino de Deus. As palavras de Jesus sobre o Templo foram trazidas à tona em seu julgamento, e fizeram parte da acusação contra ele (Mc 14,58). Semelhantemente, a última refeição de Jesus com seus discípulos não foi apenas uma continuação da mesa da comunhão que caracterizou seu ministério, mas uma refeição simbólica a ser repetida por seus discípulos, unindo-os durante o (breve) intervalo entre sua morte e a vinda de seu reino. Na noite anterior à sua morte, Jesus soube que morreria antes do advento completo e final do reino de Deus, e que seus discípulos continuariam sua missão. Ele não se desesperou, mas esperou ser vindicado, e interpretou sua morte como parte do ato escatológico salvífico de Deus. Jesus foi aprisionado naquela mesma noite, e no dia seguinte foi condenado e crucificado.

9. *Jesus foi crucificado pelo governo provincial romano.* O fato histórico mais evidente sobre Jesus é que ele foi oficialmente executado pelas autoridades romanas como uma ameaça ao governo romano na província da Judeia. Não há registros de seu julgamento e execução nos arquivos romanos. O breve relato de Josefo, posteriormente editado

pelos cristãos, é amplamente aceito como tendo um núcleo original, algo do tipo:[12]

> Nesse tempo apareceu Jesus, um homem sábio. Pois ele realizava obras surpreendentes, um mestre do povo que recebeu a verdade com prazer. E ele conseguiu seguidores tanto entre os judeus como também entre muitos de origem grega. E quando Pilatos, em face de uma acusação feita por nossos líderes, condenou-o à cruz, aqueles que o haviam amado não deixaram de amá-lo. E até este dia, a tribo dos cristãos (chamados assim por causa dele) não morreu (*Ant.* 18,63-64).

Em acordo com os Evangelhos, Josefo ressalta que não foi o povo judeu como um todo, mas "os nossos líderes" que iniciaram a prisão de Jesus e o entregaram ao governador romano para julgamento e execução. Os romanos foram os responsáveis pela morte de Jesus, mas a liderança judaica estava envolvida. Por que os líderes judeus estariam interessados em afastar Jesus de seu caminho? E por que os romanos teriam cooperado com os judeus e executado Jesus como um criminoso e perigo ao estado? Outra citação de Josefo, esta em relação a João Batista, também lança luz sobre a morte de Jesus. Comentando sobre a derrota de Herodes Antipas para o rei nabateu Aretas, Josefo escreve:

> Para alguns judeus, a destruição do exército de Herodes pareceu uma vingança divina, e certamente uma justa vingança para o tratamento que ele deu a João, chamado de o Batista. Pois Herodes o condenou à morte, embora ele fosse um bom homem e tivesse exortado os judeus a viver vida justa, praticar a justiça para com seu próximo e piedade para com Deus, e então unir-se no batismo. Em sua visão, essa era uma preliminar necessária caso o batismo fosse aceitável a Deus. Eles não deviam empregá-lo a fim de obter o perdão de quaisquer pecados que houvessem cometido, mas como uma consagração do corpo, dando a entender que a alma já estava completamente purificada pelo comportamento correto. Quando outros também se juntaram às multidões em torno dele, porque foram despertados para o elevado grau de seus sermões, Herodes ficou alarmado. A eloquência que provocou um grande efeito

---

[12] Conforme reconstruído em DUNN, *Jesus Remembered*, 141, que omite apenas as mais óbvias adições cristãs. A referência final a "cristãos" pode também ser uma interpolação. Para a versão não editada, ver a edição Loeb Classical Library, 9.49-51.

sobre a humanidade poderia conduzir a alguma forma de sedição, pois parecia que eles seriam guiados por João em tudo que ele desejasse fazer. Herodes decidiu, portanto, que seria muito melhor atacar primeiro e livrar-se dele antes que sua obra provocasse uma revolta, do que esperar por uma sublevação e se encontrar envolvido numa situação difícil, e só então ver seu erro (*Ant.* 18,116-118).

Se este foi o tratamento dado a João, mais intensa foi a maneira como Jesus foi visto pelas autoridades romanas e judaicas. Jesus foi batizado por João, falou de João com muita consideração, e de certo modo continuou sua missão. Ele atraía grandes multidões. Organizou um desfile entrando em Jerusalém, uma demonstração que, de alguma forma, envolvia reivindicação à realeza. Ele precipitou algum tipo de perturbação no templo. Embora as narrativas do Evangelho acerca da prisão e julgamento de Jesus sejam influenciadas pelas interpretações cristãs tardias, interessadas em mostrar o significado divino de sua morte, é requerida pouca imaginação para ver que tanto a liderança romana quanto a judaica, responsáveis pela lei e pela ordem, especialmente na situação volúvel do festival da Páscoa, decidiriam que a melhor parte da coragem política era eliminar um único potencial terrorista, antes que acontecessem coisas terríveis que resultariam na morte de muitas pessoas, em vez do remorso que sentiriam se não tivessem agido assim (cf. Jo 11,49-50). Líderes judeus e romanos sabiam que Jesus não era culpado de ser um revolucionário, num sentido criminal. Mas ele *atraía multidões* que não eram tão perspicazes em sua compreensão. Os romanos não foram o último poder imperial a decidir se é melhor prender, torturar e matar poucos terroristas suspeitos em nome da segurança nacional do que deixá-los continuar seu trabalho e, possivelmente, causar a morte de milhares.

O que o historiador pode dizer sobre Jesus termina com sua crucificação pelos romanos. Mas a história de Jesus não termina com sua morte. Dentro de poucos dias, seu pequeno grupo de seguidores estava convencido de que Deus o ressuscitou dos mortos, de que Jesus lhes tinha aparecido e os havia desafiado com uma missão para o mundo. A ressurreição como tal é um evento transcendente, uma questão de fé, que está além do campo da pesquisa histórica. Tanto o evento da ressurreição quanto a fé dos discípulos na ressurreição serão tratados na próxima seção.

8.4 Para leitura adicional

BORG, Marcus. *Jesus: Uncovering the Life, Teachings, and Relevance of a Religious Revolutionary*. New York: HarperCollins, 2006.
BORING, M. Eugene. "The 'Third Quest' and the Apostolic Faith, *Interpretation* 50/4 (October 1996) 341-354.
BORNKAMM, Günther. *Jesus of Nazareth*. Translated by McLuskey, Irene and Fraser and James M. Robinson. New York: Harper & Row, 1960.
BULTMANN, Rudolf. *Jesus and the Word*. Translated by Smith, Louise Pettibone and Erminie Huntress Lantero. New York: Scribner, 1958.
CROSSAN, John Dominic. *The Historical Jesus: The Life of a Mediterranean Jewish Peasant*. San Francisco: HarperSanFrancisco, 1991 [em português: *O Jesus Histórico: A Vida de um Camponês Judeu do Mediterrâneo*. Rio de Janeiro: Imago, 1994].
DUNN, James D. G. *Jesus Remembered*. Christianity in the Making. Vol. 1, Grand Rapids: Eerdmans, 2003.
THEISSEN, Gerd, and Annette Merz, *The Historical Jesus: A Comprehensive Guide*. Minneapolis: Fortress Press, 1998 [em português: *O Jesus Histórico, um Manual*. São Paulo: Loyola].
KECK, Leander. *Who is Jesus? History in the Perfect Tense*. Columbia, SC: University of South Carolina Press, 2000.
MEIER, John P. *A Marginal Jew: Rethinking the Historical Jesus*. Anchor Bible Reference Library. 4 vols., New York: Doubleday, 1991-2009.
SANDERS, E. P. *The Historical Figure of Jesus*. New York: Penguin Books, 1993.
SCHWEITZER, Albert. *The Quest of the Historical Jesus. A Critical Study of Its Progress from Reimarus to Wrede*. Translated by Montgomery, W., John Bowden, J. R. Coates, *et al*. "First Complete" ed. Minneapolis: Fortress, 2000 [em português: *A Busca do Jesus Histórico*. São Paulo: Fonte Editorial].
WEISS, Johannes. *Jesus' Proclamation of the Kingdom of God*. Translated by Hiers, Richard H. and David Larrimore Holland. Lives of Jesus Series. Philadelphia: Fortress, 1971.
WRIGHT, N. T. *Jesus and the Victory of God*. Minneapolis: Fortress, 1996 [no prêlo: Academia Cristã].

9

DE JESUS A PAULO

9.1 A Primeira Geração de Cristãos, 30-70 d.C.

A história cristã começou com o pequeno grupo de seguidores de Jesus na Jerusalém do ano 30 de nossa Era, logo após a execução de Jesus. A primeira geração alcançou até 70 d.C., ano da destruição de Jerusalém e do templo pelos exércitos romanos. Nesse tempo, milhares de seguidores de Jesus foram espalhados pelo Império, formando igrejas em muitas das principais cidades do Mediterrâneo, incluindo Roma, onde sofreram perseguição sob Nero, em 64 d.C. Em 49 d.C., os cristãos de Roma não se distinguiam dos judeus, e foram forçados a deixar a cidade quando Cláudio expulsou os judeus de Roma (At 18,2). De acordo com At 11,26, essa distinção se tornou visível mais cedo, em Antioquia. Por volta de 64 d.C., a polícia de Nero podia identificar os cristãos como um grupo distinto dos judeus. O que tinha começado como uma seita dentro do judaísmo se tornou uma religião predominantemente gentia em tensão com o judaísmo do qual foi gerada. A década de 60 assistiu a morte de vários dos principais líderes da primeira geração, incluindo Pedro, Paulo, e Tiago irmão de Jesus. O judaísmo do segundo templo teve um fim formal com a destruição do templo, e a "divisão de caminhos" entre cristãos e judeus recebeu o impulso da catástrofe de 66-70, de modo que tanto judeus quanto cristãos solidificaram sua identidade como grupos distintos.

O ano 70 d.C. é um divisor de águas no desenvolvimento dos escritos cristãos. Começando ca. 50 d.C., as cartas paulinas inauguraram o modo epistolar de confessar a fé no que se tornou a tradição canônica. Uma nova fase da literatura cristã começou por volta de 70 d.C. com o Evangelho de Marcos, um novo gênero literário que inaugurou a segunda geração com o modo Evangelho de confessar a fé. Podemos, portanto, distinguir três fases:

- 30-50, de Jesus a Paulo, de Jerusalém a Corinto; nenhum dos escritos cristãos desse período foi preservado.
- 50-70, de Corinto à destruição de Jerusalém; a missão de Paulo ao Egeu; as cartas paulinas foram escritas durante esse período.
- 70-120, a tradição epistolar continua, a tradição do Evangelho se desenvolve, outros gêneros da literatura cristã emergem.

9.2 Os Primeiros Vinte Anos: de Jesus a Paulo, de Jerusalém a Corinto

Há dois pontos historicamente firmados: (1) Jesus foi crucificado pelos romanos em Jerusalém ca. 30 de nossa Era. (2) Paulo escreve de Corinto à igreja que ele fundou em Tessalônica, ca. 50 de nossa Era. Existe uma vasta diferença entre esses dois cenários. No primeiro, um profeta judeu é executado pelos romanos, e seus seguidores são dispersos. No segundo, um missionário cristão que nunca conheceu o Jesus histórico escreve em grego, de uma importante cidade grega para uma das numerosas novas congregações cristãs espalhadas pelo Mediterrâneo, compostas em sua maioria por gentios. Essa carta, conhecida para nós no Novo Testamento como a *Primeira aos Tessalonicenses*, é o primeiro documento existente da literatura cristã (ver §11.1 abaixo). Para um leitor moderno, abrir a Primeira aos Tessalonicenses é como andar em um trem em movimento já há algum tempo. Uma compreensão da carta requer uma consciência do que aconteceu nesses vinte anos desde a morte de Jesus.

9.2.1 Fontes para esse período

Se os cristãos escreveram alguma coisa durante os primeiros vinte anos da história da igreja (como quase todos eles certamente fizeram), nenhum de seus escritos chegou até nós, exceto à medida que eles podem ter sido incorporados em documentos posteriores. Qualquer construção¹ do que aconteceu na vida da comunidade cristã entre a Jerusalém do ano 30 e a Corinto do ano 50 é uma questão de inferências a partir de fontes secundárias. Nós temos tanto fontes cristãs quanto não cristãs.

Fontes Não Cristãs Mencionando o Cristianismo Primitivo

É uma surpresa para muitas pessoas descobrir que a referência a Jesus e ao cristianismo primitivo nas fontes não cristãs é mínima, e que os breves comentários que foram preservados são todos incidentais e tardios. Os mais antigos são do fim do primeiro século (Josefo) e das primeiras décadas do segundo século (Tácito, Suetônio, Plínio o Jovem). Paulo não é mencionado em nenhuma fonte secular dos dois primeiros séculos.

Josefo (*Ant.* 18.63-64) menciona Jesus escassamente, refere-se aos cristãos apenas uma vez (ver §8.3), e relata a execução do irmão de Jesus e de outros judeus pelo sumo sacerdote Anano, em 62 d.C., sob a acusação de que eles eram violadores da lei, sem mencionar que Tiago era o líder da igreja de Jerusalém.

Tácito (*Anais* 15.44.2-5) relata que Nero acusou os cristãos do grande incêndio de 64 d.C. em Roma, e os aprisionou e matou. Tácito, que não era admirador de Nero, não lamenta a perseguição aos cristãos, a quem ele considera como meramente outro exemplo de superstição oriental. Seu relato revela que havia uma população cristã substancial em Roma na década de 60 d.C., e que os cristãos romanos se distinguiam dos judeus por aquele período.

Suetônio (*Divus Claudius* 25.4) menciona brevemente que Cláudio expulsou os judeus de Roma, aparentemente no ano 49, porque eles estavam provocando perturbações na instigação de um certo "*Chrestus*". Provavelmente isto se deve à sua má interpretação dos

---

¹ Embora haja eventos que realmente são um "retorno" à memória e documentação nos textos, não há história até que algum ser humano selecione, interprete e construa as conexões entre os eventos passados, reconstruindo, assim, a história. Ver especialmente UDO SCHNELLE, *Theology of the New Testament* (trans. M. Eugene Boring; Grand Rapids: Baker Academic, 2009), 26-33 [em português: *Teologia do Novo Testamento*. São Paulo: Editora Academia Cristã/Paulus, 2012].

problemas causados na sinagoga de Roma pelos judeus cristãos evangelizando no nome de Cristo (*Chrestus*, um nome grego comum entre os romanos, cuja pronúncia era semelhante à de *Christos* = Cristo).

Plínio, o Jovem (*Epístolas* 10,96; para o texto, ver Vol. II §26.1.4), o recém-chegado governador da Bitínia descobre que os cristãos em sua jurisdição têm sido acusados como criminosos, mas não sabe como proceder. Sua carta a Adriano, e a resposta do imperador, lançam luz sobre o status legal e social dos cristãos do início do segundo século.

É revelador que, em toda a vasta literatura do mundo greco-romano, essas quatro – e possivelmente algumas outras possíveis alusões indiretas[2] – são as únicas referências aos cristãos e ao cristianismo nos primeiros cem anos após a morte de Jesus. O primeiro evento a que se faz referência é a expulsão dos judeus de Roma, em 49 d.C. Não há, portanto, nenhum traço dos vinte primeiros anos do cristianismo fora dos próprios escritos cristãos. Conquanto não tenhamos fontes cristãs diretas desse período, há três tipos de fontes secundárias, todas escritas posteriormente, a partir das quais um quadro desse período pode ser construído.

Fontes Cristãs para a História do Cristianismo Primitivo

As cartas de Paulo e suas tradições

Muito embora a primeira carta de Paulo tenha sido escrita em 50 d.C., suas cartas às vezes se referem diretamente a eventos de seu próprio passado ou incidentalmente fornecem informação valiosa para construir a história da igreja nos anos anteriores ao ano 50 (e.g., Gl 1,11-2,14; 2 Co 11,32-33). As cartas de Paulo podem ser examinadas minuciosamente pelo *mundo narrativo* que elas projetam, mesmo quando Paulo não está retransmitindo conscientemente material sobre o cristianismo primitivo. Algumas vezes, Paulo também cita explicitamente materiais que ele recebeu dos primeiros cristãos, tais como

---

[2] Dio Cassius, escrevendo ca. 200 d.C., relata que em 96 d.C. o imperador Domiciano executou Flavius Cemens e sua esposa Flavia Domitilla sob a acusação de "ateísmo", relacionada à suas "maneiras judaicas", o que pode refletir sua conversão à fé cristã [67.14.1-3]. No início do segundo século, Epíteto referiu-se à filosofia "dos galileus", aparentemente significando "cristãos". Nenhum desses oferece dados sólidos para reconstruir a história do Cristianismo primitivo.

a tradição eucarística de 1 Co 11,23-26 e a confissão credal mencionada em 1 Co 15,3-5. Além disso, há diversas passagens que podem ser identificadas com maior ou menor certeza no que Paulo está citando ou nas alusões que ele está fazendo à tradição protocristã (e.g., o hino de Fp 2,6-11 e o credo de Rm 1,3-5). Todos esses materiais tradicionais confessionais podem ser usados para completar o quadro do cristianismo pré-paulino.

Os Evangelhos, Atos e suas Fontes

Os Evangelhos, embora escritos décadas depois do período entre 30-50 da nossa Era, contêm materiais que não apenas remetem à vida pré-pascal de Jesus, mas também refletem as mudanças e expansões desses materiais durante os primeiros anos da igreja. Uma discussão sobre como esses materiais foram passados adiante é encontrada na introdução aos Evangelhos, ver Vol. II §19.3. Por ora, basta notar que o estudo crítico dos Evangelhos é um recurso importante para construir a vida das primeiras igrejas. Especialmente importante é a coleção de materiais da fonte hipotética conhecida pelos estudiosos do Novo Testamento como "Q". Se Q existiu, não apenas se trata de uma fonte valiosa para a mensagem do Jesus histórico, mas fornece ao historiador uma visão indireta de um grupo de discípulos de Jesus na Palestina da primeira geração após sua morte (ver Vol. II §19.5.5).

Atos retrata a origem da comunidade cristã como uma única linha histórica, começando em Jerusalém no dia de Pentecostes, cinquenta dias depois da crucifixão de Jesus, passando por sua expansão e conflitos em Jerusalém, Judeia e Síria enquanto se esforça para crescer a partir de uma seita judaica até chegar a ser uma religião universal. Contudo, Atos foi escrito durante ou depois da virada do século, por alguém que não foi testemunha ocular da história mais antiga que reconta. O autor teve acesso a algumas tradições antigas e as incluiu, provavelmente incluindo fontes escritas, mas ele as vê através das lentes de uma geração cristã posterior, escrevendo para a edificação de seu próprio tempo, em vez de fornecer uma história compreensível e correta dos primeiros tempos. Atos é importante para construir a história da missão paulina, embora deva ser usado com precaução crítica ao escrever a história da comunidade protocristã que vai de Jesus a Paulo (para uma maior discussão do valor e limitações de Atos como uma fonte histórica, ver Vol. II §23.3).

9.2.2 De Jesus a Paulo – Eventos-Chave

A Ressurreição

Historicamente, não é possível se mover diretamente "da vida e ensino de Jesus" para a igreja primitiva. Jesus não proclamou ou exigiu uma confissão de fé nele; sua proclamação estava focada no reino vindouro de Deus. Os primeiros cristãos proclamaram [o ato de Deus em] Jesus e requereram fé nele. *Algo aconteceu* para gerar essa transição do Jesus proclamador do reino de Deus para o Jesus proclamado. No Novo Testamento e na história cristã, este "algo" é chamado de ressurreição.

É concebível que pode ter havido alguns seguidores de Jesus que não acreditaram na mensagem da ressurreição. Pode-se imaginar que houve aqueles que, como os discípulos de João (ou os de MARTIN LUTHER KING, JR) foram inspirados pela pessoa de Jesus, sua causa e/ou seu estilo de vida e resolveram continuá-la. Mas se houve tais seguidores de Jesus, eles não se tornaram parte da igreja primitiva, e seus escritos, se existiram, não encontraram seu caminho para o Novo Testamento.

A ressurreição de Jesus é central para a fé cristã e o Novo Testamento. Que Deus ressuscitou Jesus dos mortos é a pressuposição implícita – e não raro explícita – de todos os escritos do Novo Testamento. A ressurreição está, portanto, numa categoria diferente das histórias, por exemplo, da concepção milagrosa de Jesus, à qual nunca se faz referência novamente depois das histórias do nascimento Jesus em Mateus e Lucas, nem a identidade de Jesus ou o significado salvífico sempre relacionados ou baseados nessas histórias. A ressurreição não é meramente outro exemplo das histórias dos milagres que Jesus realizou, nem mesmo seu maior e último milagre. A ressurreição é, em primeiro lugar, uma reivindicação sobre Deus, de modo que "... quem ressuscitou Jesus dos mortos" se torna a nova característica definidora de Deus (cf. e.g. 1 Ts 1,9-10; Gl 1,1; 2 Co 4,14; Rm 4,23; 6,4; 8,11; 10,9; Ef 1,15; Cl 2,12; 1 Pd 1,21).

Este não é o lugar para uma espécie de discussão em larga escala acerca da ressurreição (ver *Leitura Adicional* abaixo). Aqui, irei meramente listar alguns pontos principais necessários para a compreensão das afirmações do Novo Testamento acerca da ressurreição de Jesus, sem documentar todas as nuanças e alternativas à visão aqui apresentada.

- A ressurreição foi um evento. A fé cristã não começou com uma grande nova ideia, insight, ideal, ou ensino, mas com *algo que aconteceu*. A formação e continuação da comunidade cristã não foi uma determinação obstinada da parte dos discípulos a fim de apegar-se aos ideais de Jesus, mas sua resposta de fé ao ato de Deus em ressuscitar Jesus dos mortos. Desde o início, a fé cristã não foi uma opinião, mas boas novas.
- O evento foi compreendido como um ato de *Deus*, e não como uma realização final de *Jesus*. A ressurreição é o ato de Deus em favor do Jesus que sofre a vitimização de uma morte verdadeiramente humana e que entra no reino da morte tão impotente quanto qualquer outro ser humano. A fé cristã primitiva na ressurreição era sobre Deus, e não algo extra sobre Jesus.
- A ressurreição foi um evento único e transcendente. Se ela aconteceu, foi um ato singular de Deus, incidindo sobre este mundo, mas não localizável neste mundo da mesma forma que os eventos espaço-tempo podem ser localizados. A ressurreição não é, portanto, o tipo de evento que pode ser estudado por historiadores. A ressurreição é uma questão de um ato de Deus percebido pela fé. Os historiadores não podem lidar com tais eventos, mas apenas com aqueles que acreditavam neles e nos efeitos de sua crença.
- Desde o início, o evento foi um evento *interpretado*. Como ato de Deus, ele pode ser percebido e apropriado apenas em termos da conceitualidade daqueles que acreditaram nele, conceitos que eles já possuíam. Embora possamos separar *evento* e *interpretação* para fins de discussão, na realidade histórica essas duas coisas estão inextricavelmente entrelaçadas. Não é possível que alguns seguidores de Jesus primeiro chegassem a crer que o evento havia ocorrido, e então, como um segundo passo, interpretaram-no de determinadas maneiras. A interpretação foi construída na percepção.
- O conceito da ressurreição já estava presente na fé judaica quando Jesus apareceu, e era um tanto comum na teologia dos fariseus (cf. e.g., Dn 12,2; Mc 12,18-27; Jo 11,17-24). A fé judaica na ressurreição não era uma teoria sobre a imortalidade da alma humana, mas uma maneira de afirmar a fidelidade de Deus quando parece não haver uma forma, neste mundo, de que Deus possa vindicar seu povo fiel. Assim, a afirmação de que Deus ressuscitou Jesus não era meramente uma alegação de que os discípulos descobriram seu idealismo ou de que algo espetacular aconteceu a Jesus, mas o testemunho da ação de Deus.

- A ressurreição foi percebida e interpretada numa diversidade [limitada] de formas, todas elas dentro de uma estrutura geral do pensamento apocalíptico. Algumas correntes da antiga fé judaica retratavam a vitória de Deus ao final da história como envolvendo a ressurreição dos mortos, a vitória final de Deus sobre os inimigos da vida e a vindicação do povo fiel de Deus (ver acima §7.8). É muito importante ver que para os primeiros cristãos, a ressurreição não era meramente algo espetacular que Deus fez por Jesus, mas representava a linha principal desse evento escatológico, o início de uma nova era. Deus ressuscitou Jesus dos mortos como as "primícias" da colheita completa que aconteceria em breve (1 Co 15,20-23). Assim, a fé na ressurreição não é meramente crer que um corpo morto retornou à vida ou que a tumba estava vazia na manhã de Páscoa.
- Uma vez que a ressurreição confirma o ato transcendente de Deus, toda expressão da ressurreição carrega um problema: falar das coisas de outro mundo nos termos deste mundo, i.e., ela envolve o uso da linguagem mitológica. Para guardar-se da má interpretação, é útil apontar algumas coisas que a fé na ressurreição não é:
- A fé na ressurreição não é uma crença na imortalidade, de que a "alma imortal" de Jesus "sobreviveu à morte", de alguma forma.
- A fé na ressurreição não é meramente a experiência subjetiva da poderosa memória do Jesus vivo nos corações de seus discípulos, ou a crença de que Jesus ainda chama o povo a comprometer-se com sua causa. A ressurreição não é apenas uma experiência que aconteceu aos discípulos; aconteceu com Jesus, antes e à parte da experiência dos discípulos, para a qual ela foi a causa geradora.
- A fé na ressurreição não está relacionada a fantasmas, mediunidade, sessões espiritas e muitos fenômenos parapsicológicos.
- A fé na ressurreição não está relacionada a reanimação, a restauração desta vida terrena, como as recuperações surpreendentes que, às vezes, ocorrem nos centros cirúrgicos.
- A fé na ressurreição não se originou pela adaptação de ideias míticas associadas à morte-e-ressurreição dos deuses da fertilidade da antiguidade, embora o imaginário associado a esses mitos possam ser usados na expressão da fé cristã.
- É importante que foi *Jesus* quem foi ressuscitado por Deus. A questão não é "se há vida após a morte", mas a fidelidade de Deus à vida que Jesus viveu. Foi a pessoa de Jesus que ressuscitou,[3] e não meramente seus ensinos

---

[3] Este é o cerne das declarações do Novo Testamento, de que o "corpo" de Jesus ressurgiu. Em tais declarações, σῶμα (*sōma*) refere-se à pessoa, o ser, e não a "carne e sangue" (cf. ex. 1 Co 15,35-50, esp. 15,50).

ou sua causa. Jesus tinha incorporado a vontade de Deus, e representou o que uma vida verdadeiramente humana em serviço a Deus devia ser. As instituições deste mundo, seculares e sacras, rejeitaram essa vida da maneira mais vergonhosa e cruel que se possa imaginar. A ressurreição significou que Deus vindicou e afirmou essa vida, essa pessoa, como a instalação inicial da recriação da humanidade e do mundo.

- A ressurreição pode ser afirmada, como nos credos e canções, sem que seja narrada ou retratada, i.e., sem que se alegue conceitualizar ou expressar o que significa o ato de Deus de ressuscitar Jesus. Mas quando se narra, como nas histórias da manhã de Páscoa encontradas nos Evangelhos, as histórias que expressam a fé na Páscoa a descrevem com diferentes cronologias, locais e moldes de personagens. Em Marcos, três mulheres vão à tumba, e não há aparições (16,1-8; [16,9-20 é uma adição posterior]); em Mateus, duas mulheres vão à tumba, e Jesus aparece a ambas, e, depois, a todos os apóstolos na Galileia; em Lucas, três mulheres com nome vão à tumba (além de outras mulheres sem nome), não há aparições a mulheres, Jesus aparece a dois discípulos (não apóstolos) na estrada de Emaús, os quais, posteriormente, souberam que Jesus já havia aparecido nos bastidores a Simão Pedro, e então Jesus aparece a todos os apóstolos em Jerusalém. Tudo isso acontece no domingo de Páscoa, e não há aparições na Galileia. Em João, Jesus aparece a Maria Madalena apenas na manhã do domingo de Páscoa, e então para dez discípulos (sem Tomé) naquela noite, e então para onze discípulos uma semana depois, tudo em Jerusalém. No epílogo/apêndice de João 21, Jesus então aparece a sete discípulos na Galileia. Em Marcos e Mateus, a primeira aparição de Jesus é aos discípulos na Galileia, sem espaço para aparições na Judeia (Mc 16,7; Mt 28,16-17); em Lucas e João, Jesus aparece a todos os discípulos (exceto Tomé) em Jerusalém no domingo de Páscoa.
- As histórias da descoberta do túmulo vazio são uma forma de expressar fé na ressurreição, mas a fé na ressurreição não deve ser identificada com a fé em um túmulo vazio, ou com qualquer *forma* particular de conceitualizar o corpo pós-pascal de Jesus. A fim de enfatizar que o Ressurreto transcende todos os moldes terrestres e humanos da realidade, Paulo não faz referência ao túmulo vazio, ele declara que a ressurreição não é uma questão de carne e sangue (1 Co 15,35-57, esp. v. 50), e acrescenta que querer saber "como isso aconteceu" e "que tipo de corpo" está envolvido é uma expressão da arrogante tolice humana (1 Co 15,35-36). A fim de enfatizar que a ressurreição de fato aconteceu, de que o Jesus ressuscitado não é um fantasma, Lucas descreve um Jesus "de carne e osso" que come peixe (Lc 24,36-43). Esses são apenas dois modelos dos múltiplos testemunhos do Novo Testamento em relação à ressurreição. Essas diferentes maneiras de conceitualizar e narrar a fé na ressurreição não devem ser harmonizadas,

mas cada uma aponta para a realidade transcendente da ação de Deus de ressuscitar a Cristo dentre os mortos. A fé na ressurreição não é a mesma coisa de afirmar a factualidade histórica de qualquer uma das histórias da ressurreição nos Evangelhos. A história é o veículo da fé, mas não deve ser identificada com ela.

Emergência da Comunidade Cristã – do Movimento de Jesus à Igreja

Durante os vinte anos entre a ressurreição de Jesus e a escrita de 1 Tessalonicenses, o *movimento de Jesus* se tornou numa *igreja*. Para propósitos de discussão neste contexto, ambos os termos precisam ser definidos. Durante seu ministério, Jesus não fundou uma igreja ou chamou pessoas para que se tornassem membros de um grupo religioso institucionalizado. Mas também não fundou um movimento no sentido sociológico moderno (e.g. "movimento trabalhista", "movimento dos direitos civis", "movimento antiguerra", "movimento do meio ambiente", "movimento feminista").[4] Esses movimentos estão focados numa causa, e a causa permanece independentemente do líder inicial. Alguns intérpretes contemporâneos preferiram "movimento de Jesus" como uma alternativa secular para "igreja", mas Jesus não fundou nem uma coisa nem outra, num sentido moderno. O único movimento envolvido na própria terminologia de Jesus foi um movimento de volta para Deus ("arrependimento"), o que significou um movimento na direção dos próprios seres humanos ("ame seu próximo"). Sua linguagem era reino e discipulado. Ele não era dispensável a seu movimento. As autoridades políticas e religiosas não consideravam que Jesus tinha fundado um movimento independente de si mesmo, e não perseguiram seus seguidores após sua morte. Ele anunciou o reino vindouro de Deus que já estava fazendo-se conhecido em seus milagres, e chamou discípulos para segui-lo.

Quando Jesus conduziu seu grupo de seguidores para Jerusalém, não sabemos exatamente o que eles estavam antecipando, mas aparentemente eles esperavam alguma manifestação dramática do reino

---

[4] Cf. LEANDER KECK, *Who is Jesus? History in the Perfect Tense* (Columbia, SC: University of South Carolina Press, 2000), 48-49. O "movimento de Jesus" não é uma cunhagem recente. WEISS e outros usaram essa expressão no início do século vinte (cf. e.g. JOHANNES WEISS, *Earliest Christianity: A History of the Period A.D. 30-150* [trad. Frederick C. Grant; 2 vols.; New York: Harper, 1937, 1959], 14, 19, 45).

de Deus. A prisão e execução de Jesus foram o despedaçamento de suas esperanças, e eles fugiram para a Galileia (Mc 14,50; 16,7). Lá eles tiveram a experiência das aparições do Jesus ressurreto. A primeira aparição aconteceu a Pedro (1 Co 15,5), que então desempenhou o papel de liderança ao reunir e reconstituir o grupo dos Doze (Mc 16,7; Lc 22,31; At 1). Alguns discípulos rapidamente retornaram a Jerusalém, provavelmente com profundo entusiasmo apocalíptico: a ressurreição de Jesus significava que um grande drama escatológico que traria o reino de Deus, de justiça e paz, já estava iniciando, e eles possivelmente esperaram a consumação, e o retorno de Jesus, acontecer em Jerusalém. Ali, outros discípulos haviam experimentado a revelação da Páscoa, incluindo Tiago, o irmão de Jesus, que não havia sido um discípulo durante o ministério de Jesus (1 Co 15,7; Mc 3,21; Jo 7,1-5).

Há muita coisa que nós não sabemos sobre esse período primevo, tornando difícil imaginar a vida da nascente comunidade cristã. Quantos dos discípulos que estavam ali fizeram o movimento (temporariamente?) para o reassentamento em Jerusalém? Como e onde eles viveram, e com que recursos? Como eles viam a si mesmos, e como expressaram sua nova compreensão de Jesus, à luz de sua fé na ressurreição? Como eles foram organizados, se de fato o foram? Depois de diversos conversos ao novo movimento terem sido batizados, como foram eles instruídos na nova fé, qual era a essência desses ensinamentos, e quem foram os instrutores? Nossa única narrativa desse período (Atos) foi escrita duas gerações depois, e tende a retratar os primeiros dias do cristianismo em termos das igrejas de seu próprio tempo, e não está interessada em fornecer respostas para nossa curiosidade histórica. Embora não possamos escrever uma história cronológica e detalhada das primeiras duas décadas da vida da igreja, podemos traçar diversos acontecimentos-chave que ocorreram durante esse período como um todo, eventos e desenvolvimentos que já estavam moldando a vida da igreja no tempo em que Paulo escreveu aos tessalonicenses, em 50 d.C.

A Confissão Protocristã e a Formação da Comunidade Cristã Primitiva

Nas primeiras poucas semanas após a morte de Jesus, seus seguidores da Galileia e os novos adeptos da Judeia formaram uma comunidade religiosa distinta em Jerusalém, baseada em sua convicção de que Deus ressuscitou Jesus como o Messias prometido. Não conhecemos a terminologia na qual a primitiva fé cristã foi formulada. Muito cedo, Jesus foi confessado como "Cristo" e "Filho do Homem". A igreja começou como um grupo particular dentro do judaísmo, onde a fé nunca foi imaginada apenas como uma relação pessoal e individual com Deus – nenhum judeu, na época ou agora, pensa em Deus como "meu salvador pessoal" à parte da relação de Deus com toda a comunidade de fé. É a sociedade ocidental moderna que condiciona as pessoas a contrastar uma espiritualidade pessoal com a "religião institucionalizada". Os judeus concebem pertencer ao povo de Deus, estabelecido pelos atos salvíficos de Deus, com uma missão de Deus para este mundo.

Como os primeiros crentes em Jesus como o Messias pensaram de si mesmos, e como foram vistos por seus compatriotas judeus? De uma coisa podemos estar certos: eles não se viam como membros de uma nova religião, pertencendo à "Igreja" em contraste com o "Judaísmo". Como Jesus, os primeiros discípulos eram todos palestinos, judeus falantes de aramaico, e se viam como um grupo especial dentro do judaísmo. Eles continuavam a adorar no templo, que se tornou o foco de sua própria vida, observando as horas regulares de oração (At 2,46 – 3,1). Semelhante aos fariseus, saduceus, essênios e discípulos de João Batista, seus compatriotas judeus os teriam visto como uma seita (αἵρεσις *hairesis*) dentro do judaísmo, mas não necessariamente com as conotações negativas deste termo no português. Embora continuassem a frequentar as sinagogas e a adorar no templo, esses primeiros discípulos também formaram pequenas congregações distintas que se reuniam em casas particulares. Como os essênios de Qumran, eles se viam como o Israel escatologicamente renovado, mas – em contraste com Qumran – não como o verdadeiro Israel num sentido exclusivo. Uma analogia grosseira seria a formação de grupos carismáticos dentro das principais denominações protestantes, que continuam a participar da vida de sua congregação local e se veem como membros leais de sua denominação, mas que também se encontram em pequenos grupos nos lares das pessoas a fim de celebrar a vida renovada do Espírito que eles experimentam.

Um aspecto central de sua nova autocompreensão era que o dom escatológico do Espírito estava poderosamente presente em seu meio. O Espírito Santo, o espírito de profecia, entendido por algumas correntes da tradição judaica como tendo cessado no tempo de Esdras, deveria reaparecer, conforme se esperava, no período final da história. Esse Espírito, já ativo nos ministérios de João Batista e Jesus, tinha agora chamado a comunidade escatológica à existência. A igreja não era o projeto de discípulos perceptivos que viram em Jesus o que havia faltado nos líderes judaicos, nem uma "causa nobre" criada por seres humanos interessados em continuar o programa de Jesus. A iniciativa veio da parte de Deus. Deus ressuscitou Jesus e enviou o Espírito. Essa consciência estava acompanhada e reforçada por sinais, incluindo especialmente o renascimento da profecia, os dons carismáticos de cura e a glossolalia – este último, uma expressão distintamente gentia do Espírito.

O renascimento da profecia é especialmente significativo. Deus falou diretamente a Israel através dos profetas. Agora, Jesus como Senhor exaltado atua com divina autoridade, enviando o Espírito e falando através das bocas dos profetas. Esse é um desenvolvimento surpreendente. No Antigo Testamento e na história judaica, algumas figuras são levadas ao céu (Enoque, Elias), mas somente Deus fala através dos profetas. No cristianismo primitivo, os profetas, inspirados pelo Espírito, comunicam a palavra de *Deus*, conforme o *Cristo* exaltado fala através deles[5]. O Jesus ressurreto não apenas aparece em visões, mas fala através dos profetas escolhidos, assumindo o papel previamente ocupado por Deus apenas. Essa explosão de fenômenos carismáticos nos quais o Senhor ressurreto fala do céu está relacionada com os fenômenos da Páscoa, e fornece um meio termo entre Jesus, o proclamador pré-pascal e o Jesus pós-pascal proclamado pela igreja – Jesus o autoproclamado, que fala do céu através de seus profetas[6].

---

[5] Esta modulação do Espírito que fala à igreja na voz do Cristo ressurreto, que por sua vez modula a voz de Deus, ainda é vista num claro exemplo da profecia cristã no Novo Testamento, o livro do Apocalipse (cf. e.g., Ap 2-3, onde a mensagem do Cristo ressurreto é chamada de "o que o Espírito diz às igrejas", e tudo é considerado a palavra de Deus). Para elaboração, cf. M. EUGENE BORING, "The Voice of Jesus in the Apocalypse of John," *NovT* 34 (1992) and Boring, *Continuing Voice of Jesus*.

[6] Para um argumento detalhado, ver "Christian Prophecy and the Origin of Christology," in M. Eugene Boring, *Sayings of the Risen Jesus: Christian Prophecy in the Synoptic Tradition* (SNTSmanuscript 46; Cambridge: Cambridge University Press, 1982), 239-250.

Como eles se chamavam? A comunidade primitiva em Jerusalém não usava o termo "cristãos", o qual não apareceu no cenário até a Antioquia da década de 40 d.C. (de acordo com At 11,26) como um rótulo aplicado ao novo grupo de estrangeiros. O termo não é encontrado em Paulo, mas começa a aparecer na literatura ao final do primeiro século e início do segundo século.[7] Do mesmo modo, "discípulos" é usado nos Evangelhos e em Atos, e em mais nenhum outro lugar do Novo Testamento (destacadamente ausente em Paulo!). O termo parece ter sido usado durante o ministério de Jesus e reintroduzido por Lucas em Atos, mas não parece ser uma autodesignação da igreja primitiva. A comunidade cristã primitiva parece ter adotado um uso distintivo da nomenclatura judaica. (1) Eles se referem a si mesmos como uma/a "igreja", i.e., o mesmo termo usado para o povo de Israel na sua Bíblia: קהל (*qahal*, congregação), frequentemente traduzido como ἐκκλησία (*ekklēsia*, assembleia, igreja) na LXX.[8] No período primitivo, "igreja" não se contrastava com Israel, mas se identificava com ele. No mundo helenístico, ἐκκλησία (*ekklēsia*) também era usado para a assembleia secular dos cidadãos que tomavam decisões políticas sobre a cidade (cf. At 19,39). Assim *ekklēsia*, "igreja", tinha conotações tanto do contínuo povo de Deus sobre o qual se lia na Escritura, quanto da assembleia à qual os cristãos pertenciam, que tinha uma visão alternativa do mundo social e político. (2) Eles aplicavam o termo bíblico ἅγιος (*hagios*, santo), que era usado esporadicamente para Israel, a si mesmos como a comunidade santa dos últimos dias. Como Deus é santo, assim Deus chamou seu povo a ser santo (e.g., Êx 19,6; Dt 7,6, frequentemente no Código de Santidade de Lv 17-26). Paulo ainda usa esse termo quando se refere à igreja de Jerusalém (1 Co 16,1; Rm 15,26), e frequentemente se reporta às comunidades cristãs que ele fundou como "santos", i.e., os santos da comunidade escatológica. (3) Provavelmente, os primeiros cristãos também se referiam a si mesmos como o povo do Caminho (At 9,2; 18,25-26; 19,9.23; 22,4; 24,14.22).

---

[7] No Novo Testamento apenas At 11,26; 26,28; 1Pd 4,16. Então em Josefo (talvez uma vez, Ant. 18.64). Ignácio, Plínio, o Jovem, Tácito, Suetônio.

[8] קהל *qhl* é também traduzido como συναγωγή (*synagōgē* sinagoga). Os autores do Novo Testamento perceptivelmente fazem pouco uso de "sinagoga" como um termo cristão (apenas Tg 2,2). Os primeiros cristãos aparentemente não se viam como apenas uma "sinagoga cristã" no judaísmo, análogo a outros grupos que assim se descreveram (cf. At 6,9).

Como e quando eles adoravam, e que rituais eles celebravam? No quadro que Lucas pinta do cristianismo primitivo (At 1-6), não há polêmica com o templo. Os discípulos galileus, ou alguns deles, se reassentam em Jerusalém e estão constantemente no templo, aparentemente na expectativa dos eventos escatológicos que em breve aconteceriam ali. Como observantes judeus, a nova comunidade cristã continuava a adorar no templo e na sinagoga e a participar dos rituais e festivais judaicos, incluindo a observância do Sábado. No tempo em que as cartas de Paulo foram escritas, as igrejas adoravam no Dia do Senhor, o primeiro dia da semana (Domingo; cf. 1 Co 16,2; At 20,7; Ap 1,10). Embora não tenhamos documentação sobre os detalhes de como a transição foi feita, podemos facilmente imaginar que quando o sábado terminava ao anoitecer, a comunidade de crentes em Jesus providenciava os meios para seus próprios ajuntamentos nas casas das pessoas (cf. At 2,46-47), onde eles realizariam o culto com músicas cristãs e orações (assim como a Oração do Senhor e os hinos e orações encontrados nos cânticos de Lucas 1-2).

Semelhante aos discípulos de João Batista, os seguidores de Jesus tinham sua própria forma de orar (cf. Lc 11,1-4). Assim também, o batismo de novos crentes era uma identificação pública e distinta com a nova comunidade. Durante o ministério de Jesus, ele pregou e ensinou, mas não estabeleceu uma comunidade nova separada pelo batismo.[9] No tempo de Paulo, tanto o batismo quanto as refeições eucarísticas foram firmemente estabelecidas como tradição e prática cristãs. Jesus havia praticado uma distintiva mesa de comunhão que incluía pecadores conhecidos (Mc 2,15-16; Lc 7,34), e celebrou uma solene e festiva última ceia com seus discípulos (Mc 14,22-26). Essa mesa de comunhão festiva e inclusiva continuou na igreja primitiva, com alguma variação quanto às maneiras como ela foi entendida teologicamente.

Que estrutura e oficiais eles tinham? Lucas descreve a igreja como dirigida desde o início pelos doze apóstolos residentes em Jerusalém, que supervisionavam não apenas a congregação local, mas a missão

---

[9] João 4,1-3 coloca o batismo como um ritual já praticado durante o ministério de Jesus, mas é ambíguo quanto a se o próprio Jesus batizou. Os evangelhos sinóticos nada falam sobre isso. Lucas-Atos retrata o batismo como uma nova prática introduzida na igreja primitiva em Jerusalém, At 1,5; 2,38-41.

das igrejas em outras cidades (At 2,42; 4,32-37; 6,1-6; 8,1,14-17; 9,26-28; 11,1-18). Esse idealizado retrato teológico de uma igreja unida e dirigida pela autoridade apostólica a partir de Jerusalém não é o quadro completo. Depois de o número dos doze ter sido restaurado pela escolha de um sucessor para Judas e seu número ser listado, a maioria deles jamais é mencionada novamente (At 1,12-26). Três dos primeiros discípulos chamados por Jesus parecem ter formado um círculo íntimo: Pedro, Tiago e João. Mais tarde, Tiago o irmão de Jesus, juntamente com Pedro e João, constituem um núcleo de liderança formado por três pessoas, chamado de os "pilares" (Gl 2,9, desempenhando um papel no povo renovado de Deus análogo ao de Abraão, Isaque e Jacó, algumas vezes chamados de os "pilares" de Israel). De acordo com Atos, inicialmente Pedro desempenha o papel de líder, mas posteriormente é substituído por Tiago (At 12,17; 15,13; 21,18; cf. Gl 1,19; 2,12). Historicamente, os respectivos papéis de liderança de Pedro e Tiago nos dias primevos estão longe de serem claros; eles podem ter sido sobrepostos ou competitivos. Os "anciãos" emergem na igreja de Jerusalém como líderes ao lado dos apóstolos, todavia não está clara a relação deles com os apóstolos Pedro e Tiago (At 11,30; 15,6, 22-23). Paralelamente a esses líderes do cristianismo judaico palestino, Lucas também indica que havia judeus cristãos falantes de grego em Jerusalém, os quais tinham sua própria estrutura (At 6,1-6; ver abaixo sobre os Helenistas). Embora Lucas os retrate como um grupo posterior e subordinado de líderes estabelecidos pela iniciativa apostólica, os sete dos helenistas parecem ter sido paralelos ao doze dos cristãos hebreus (=falantes de aramaico). Em acréscimo a essa variedade da liderança oficial, desde o início havia líderes de igreja carismáticos, inspirados pelo Espírito, que não eram autorizados por qualquer estrutura institucional (At 2,17-18; 8,4-8.39-40; 11,27-29; 13,1-3). Assim, no momento em que Paulo escreve 1 Tessalonicenses, a igreja, embora compreendo a si mesma como uma comunidade cristã, já estava lutando com questões sobre como manifestar essa unidade e cumprir sua missão.

Expansão da Comunidade Cristã

A missão era inerente à existência da comunidade desde o início. Já no ministério pré-pascal de Jesus, ele enviou seus discípulos a proclamar a mensagem do reino de Deus. Ser um discípulo de Jesus não era uma tarefa individual e privada, mas uma incorporação ao povo renovado de Deus e participação em sua missão. A igreja rapidamente expandiu não apenas em números, mas geograficamente e para além das fronteiras ideológicas, religiosas e culturais. No tempo em que Paulo escreveu 1 Tessalonicenses, a igreja tinha se espalhado de Jerusalém através de partes da Síria e Ásia Menor até a Macedônia e Grécia. Uma vez que Lucas foca exclusivamente sobre a missão ocidental da igreja de Jerusalém até Roma, e sobre Paulo como o principal missionário desse movimento, o leitor moderno tende a se esquecer de que a igreja se expandiu em outras direções. Há referências incidentais, contudo, às numerosas comunidades cristãs fora da órbita da missão paulina. Apenas raramente nos dando quaisquer detalhes de como eles chegaram lá, Atos menciona igrejas não apenas em Jerusalém e Judeia, mas em Lídia, Jope, na Planície de Sharon, Cesareia (At 9 e 10), Samaria e Galileia (At 8; 9,31; 15,3), Damasco (9,19); no restante da província da Síria, incluindo as cidades fenícias, Antioquia (11,20), Tiro (21,17), Sidom (27,3), Ptolemaida (21,7), Chipre (11,20; 13,4-13) e Cilícia (Gl 1,21; At 9,30; 11,25). A mensagem cristã parece já ter sido recebida tão distante quanto Cirene (cf. At 6,9; 11,20), e os líderes cristãos de Alexandria são mencionados (At 18,24-25). Quando Paulo finalmente chega à Itália, já existem ali cristãos, em Putéoli (At 28,13), bem como na própria Roma. Essa expansão foi facilitada pela *Pax Romana*, a paz romana que tornou o transporte e a comunicação possível ao longo do império. A língua grega se tornou a língua franca para a maioria do mundo mediterrâneo, de modo que os pregadores cristãos podiam comunicar sua mensagem em grego aonde quer que fossem, e ser compreendidos pela maioria da população de todos os estratos sociais. A Diáspora judaica já havia respondido ao anseio de muitos gentios por uma fé monoteísta com um elevado padrão ético, e, sem intenção, acabaram preparando o caminho para os pregadores cristãos, fornecendo o ponto de contato para sua mensagem de que o Messias esperado pelo judaísmo havia chegado, e que as promessas das Escrituras judaicas estavam sendo cumpridas.

Antes de prosseguir, precisamos ponderar sobre o que significou o fato de que a fé cristã, nascida no seio do judaísmo palestino tradicional, agora encontra o mundo helenístico mais amplo, e aprende a conceitualizar e expressar sua fé numa cultura e língua radicalmente diferentes. Certamente, a própria Palestina era considerada helenizada, e os cristãos não encontraram, inicialmente, o pensamento, a língua e a cultura gregos além das fronteiras da Palestina. O judaísmo da Diáspora já representava a extensão do que tinha sido o judaísmo palestino no mundo helenístico, onde ele adotou e adaptou a língua e as formas de pensamento gregas (cf. § abaixo, "Judaísmo Helenístico [da Diáspora]"). O próprio Jesus nunca deixou a terra de Israel; nem ele nem seus discípulos conduziram uma missão aos gentios. Certamente, Jesus conheceu gentios e judeus helenizados, mas ele não iníciou nenhuma missão aos gentios.[10] Havia elementos de continuidade entre a missão palestina de Jesus e a missão helenística da igreja pós-pascal.[11] Sua proclamação do amor de Deus sem fronteiras, sua aceitação dos marginalizados e a aceitação de samaritanos, a ausência da doutrina da eleição de Israel no centro de sua pregação – todas essas coisas forneciam pontes de contato dentro de seu ministério para a posterior missão gentia da igreja.

No contexto judaico palestino, a missão dos primeiros cristãos era proclamar a fé cristã às pessoas que já eram adoradoras do único Deus verdadeiro, pessoas que já tinham a Escritura e a tradição, que lhes ensinavam o monoteísmo, o modelo dos poderosos atos de Deus na história, a fé na aliança do Deus de Israel, que requeria uma vida ética em acordo com a lei de Moisés. Muitos desses já esperavam um evento escatológico dramático que estabeleceria o majestoso governo de Deus neste mundo – frequentemente envolvendo a figura de um salvador messiânico (ver acima §7.6). Dentro deste contexto, a missão dos primeiros cristãos era convencer seus companheiros judeus palestinos de que esse evento pelo qual esperavam aconteceu: o Messias apareceu na história como Jesus de Nazaré, que em breve retornaria em glória como o Filho do Homem, a fim de estabelecer o reino eterno

---

[10] Na tradição mateana, Jesus era lembrado como explicitamente proibindo a missão gentia durante sua vida, de modo que foi apenas ao comando do Jesus ressurreto que seus discípulos levaram sua mensagem aos gentios (Mt 10,5; 28,16-18). Igualmente, em Lucas-Atos, a ordem para ir a todas as nações é emitida pela primeira vez pelo Senhor ressurreto (Lc 24,47), com a igreja pós-pascal apenas gradualmente alcançando a realização de sua comissão ao mundo inteiro, sob a direção do Espírito Santo (At 1,1-15).

[11] O cristianismo gentio posterior continuou a usar algumas expressões aramaicas do ministério de Jesus e da igreja primitiva palestina: *Marana tha, abba, amen*. Histórias e palavras de Jesus desempenharam um importante papel em algumas (não todas) correntes do cristianismo helenístico.

de Deus. Os ouvintes judeus originais da mensagem cristã não foram solicitados a se "converter" no sentido de deixar sua fé ancestral, mas – *como judeus* – acreditar que Deus estava agindo a fim de cumprir suas esperanças judaicas (At 28,20). Mas quando os missionários cristãos se movem para o mundo mais amplo, como deve o Messias ser proclamado onde um Messias não é esperado? Tais termos judaicos, como o *reino de Deus, Filho do Homem*, e mesmo *Cristo*, dificilmente eram compreensíveis no mundo greco-romano fora da Palestina, enquanto muito da cultura helenística era estranha à tradição judaica palestina na qual o cristianismo nasceu. *Diferentemente da situação na Palestina judaica, no mundo helenístico mais amplo os primeiros missionários cristãos estavam, de fato, fazendo um chamado à conversão.* Na Palestina, o movimento de Jesus podia apelar à tradição de Israel como um chão comum que trouxe certas práticas para dentro de Israel sob o julgamento do único Deus, adorado tanto por eles mesmos quanto por seus ouvintes. No mundo mais amplo, o movimento cristão apareceu como um novo grupo religioso que, como um estranho, penetrou o dominante etos religioso-cultural do mundo greco-romano. No solo pagão, a mensagem cristã representou uma alegação exclusiva e intolerante que era nova à maioria dos ouvintes. Mas, o que significa isso? Os gentios devem primeiro se tornar monoteístas, judeus observantes da Torá, que estão esperando um Messias, de modo que o Messias possa ser pregado a eles? Ou pode a fé cristã ser proclamada a eles em seus termos, de modo que eles possam se tornar membros plenos do povo redimido de Deus, sem antes se tornarem judeus como parte de sua conversão à fé cristã? *Essa questão, em suas muitas dimensões, foi a questão mais teologicamente problemática e emocional enfrentada pela primeira geração de cristãos.*

Portanto, é útil fazer uma pausa na narrativa e ponderar a natureza desse novo contexto no qual os protocristãos queriam comunicar sua fé. Para fins de análise, precisamos pensar em quatro estágios, embora a confusão sincrônica da história presente não tenha se desenvolvido nessa forma diacrônica clara:

- Religião Gentia Helenística
- Judaísmo Helenístico
- Cristianismo Judaico Helenístico
- Igrejas Gentias

Religião Gentia Helenística

"Então, Paulo, levantando-se no meio do Areópago, disse: Senhores atenienses! Em tudo vos vejo acentuadamente religiosos" (At 17,22). Os primeiros missionários cristãos não entraram num mundo irreligioso tentando fazer as pessoas serem religiosas; eles não eram fornecedores de "espiritualidade", mas anunciadores de boas novas num mundo já "extremamente religioso". O mundo abordado pela mensagem cristã já cria, orava, sacrificava, formava comunidades religiosas, tinha momentos sagrados, lugares, rituais, mitos e histórias que davam significado às suas vidas. A religião não era um aspecto separado da vida, que podia ser abstraído e discutido como uma coisa em si, mas sim algo que estava incorporado dentro de um completo mundo social, político, econômico e de vida em família. Com que esse mundo religioso se parecia?[12]

Os primeiros cristãos não entraram num vácuo religioso, mas encontraram um mundo com profundas convicções religiosas e uma vibrante espiritualidade. A religião é sempre um fenômeno variado, concreto e particular que resiste a resumos generalizantes. Pode-se refletir sobre quão difícil é fazer generalizações do cristianismo da América do Norte; imagine tentar resumir o panorama religioso do século 21 para um visitante de Marte ou a partir do século 41. Embora mantendo isto em mente, tentamos apresentar logo abaixo um breve esboço dos principais traços e categorias da vida religiosa helenista:

---

[12] Entre os inúmeros recursos úteis à compreensão do mundo das religiões helenísticas, ver especialmente: EVERETT FERGUSON, *Backgrounds of Early Christianity* (3rd ed.; Grand Rapids: Eerdmans, 2003); HANS-JOSEF KLAUCK, *The Religious Context of Early Christianity: A Guide to Graeco-Roman Religions* (trans. Brian McNeil, Fortress Press ed.; Minneapolis, Minn.: Fortress Press, 2003), cada um com extensas bibliografias. Para as coleções anotadas das fontes primárias do mundo Helenístico, que iluminam determinados textos do Novo Testamento, ver M. EUGENE BORING, KLAUS BERGER and CARSTEN COLPE, eds., *Hellenistic Commentary to the New Testament* (Nashville: Abingdon, 1995); C. K. BARRETT, ed. *The New Testament Background: Selected Documents* (2nd ed.; New York: HarperOne, 1995).

Os Cultos Clássicos[13] Devotados aos Deuses Tradicionais da Grécia e Roma

Toda cidade de qualquer tamanho tinha uma variedade de templos, antigos e belos, onde os deuses clássicos ou os principais eram adorados. Uma respeitada equipe sacerdotal era encarregada do culto, num sentido formal e oficial, sob o patrocínio do governo e amplo apoio da comunidade. Era uma função do estado, para o bem-estar do estado, e contribuía para o senso de pertença. O bem da comunidade dependia de sua fiel manutenção. Para muitas pessoas, essas práticas tradicionais não ofereciam uma religião pessoal com teologia satisfatória, ética, ou ajuda para os problemas da vida, mas representavam o mundo ordenado a que pertenciam.

[FOTO 16 – inscrição no altar em Perge, "Ao santo e justo," ilustrando a terminologia religiosa do mundo helenístico, também encontrada no Novo Testamento (cf. At 3.14). Crédito da Foto: M. Eugene Boring.]

A prática de sacrifício de animais era virtualmente universal, e não apenas na religião pública tradicional, mas também como um elemento central na família e devoção pessoal aos deuses.

---

[13] O leitor é lembrado de que em tais contextos, *culto* se refere à prática religiosa estruturada de um grupo, especialmente sua adoração, e não leva a conotação negativa da linguagem popular.

[FOTO 17 – Uma imagem em alto relevo em Tessalônica retrata o imperador e sua família sacrificando aos deuses. Crédito da Foto: M. Eugene Boring.]

A maioria das funções públicas e associações particulares envolviam alguns tipos de sacrífico. Geralmente, o abate de animais para alimentação era um ritual que envolvia os deuses (ver Foto 17). O sacrifício era tipicamente seguido por uma refeição festiva. Os leitores modernos da Bíblia são informados, algumas vezes, do sacrifício animal apenas como uma instituição judaica e do Antigo Testamento, mas, onde quer que a fé cristã fosse, encontrava a prática e a teologia do sacrifício como um elemento difundido na cultura. A religião bíblica e judaica realmente manifestava menos rituais de sacrifício do que o mundo helenístico em geral, uma vez que os sacrifícios dentro do judaísmo eram oferecidos apenas no templo e não faziam parte da vida diária da comunidade. A compreensão do sacrifício no mundo antigo era complexa e profundamente enraizada, de tempo em tempo envolvendo os temas entrelaçados de presentes ou subornos para as divindades, refeição da comunhão em comunidade, bode expiatório e remoção da culpa pessoal e/ou da comunidade, uma ritualização do abate e reconhecimento da sacralidade da vida, a ventilação ritual ou sublimação da violência e ira. A religião pagã era consciente do conceito de φάρμακος [*pharmakos*, bode expiatório], bem como da ideia de matar ou excluir uma pessoa a fim de salvar a cidade.

Os antigos deuses locais continuavam a ser adorados, mas a visão mais ampla do mundo dada pelas conquistas de Alexandre os colocou numa nova perspectiva. À medida que o império romano gradualmente anexava o mundo mediterrâneo, os antigos deuses da Grécia se fundiam com o panteão romano, de modo que, e.g., Zeus era identificado com Júpiter, Hermes com Apolo, e Artemisa com Diana. Embora aspectos da antiga religião se mantivessem entre as massas, alguns entre os mais educados e sofisticados tinham inventado uma espécie de racionalismo religioso. É verdade que na religião popular os deuses eram vistos agindo como seres humanos, e as pessoas de fé simples consideravam as estátuas dos deuses com supersticioso temor, e os próprios deuses como apenas versões mais poderosas de si mesmas, com as mesmas emoções, amores, ódios e fraquezas (apenas em larga escala). Contudo, também é verdade que, dos pré-socráticos a Plínio, os que tinham uma crença profunda nos deuses fizeram advertências quanto a não confundir a imagem com a realidade, rejeitando a identificação da deidade inimaginável com as estátuas dos templos. Muitas pessoas pensantes entendiam a variedade de deuses como expressões de um Ser Supremo.[14]

---

[14] "Tu, Ó Zeus, és louvado acima de todos os deuses:
Muitos são teus nomes e teu é todo o poder para sempre.
O início do mundo veio de ti:
E com leis, tu governas sobre todas as coisas.
Que a ti falem todas as carnes: pois somos tua descendência.
Portanto eu erguerei a ti um hino:
E cantarei do teu poder.
Toda a ordem dos céus obedece tua
  palavra: à medida que ela se move ao redor da terra:
Com luzes grandes e pequenas misturadas:
Quão grande és, Rei acima de todos para sempre.
Nada sobre a terra é feito sem ti: nem no firmamento, nem nos mares:
Salva o que o ímpio faz: pela sua própria loucura.
Mas tua é a habilidade de consertar mesmo a linha torta: e o que é sem forma
  é modelado e o estrangeiro é feito semelhante diante de ti.
Assim, tu encaixas todas as coisas em uma: o bem com o mal:
De modo que tua palavra seja uma em todas as coisas: permanecendo para sempre.
Que os tolos se apartem de nós: que possamos retribuir-te a honra,
Com a qual tu nos honraste:
Cantando louvores por tuas obras para sempre". (Cleantes, terceiro século a.C.)

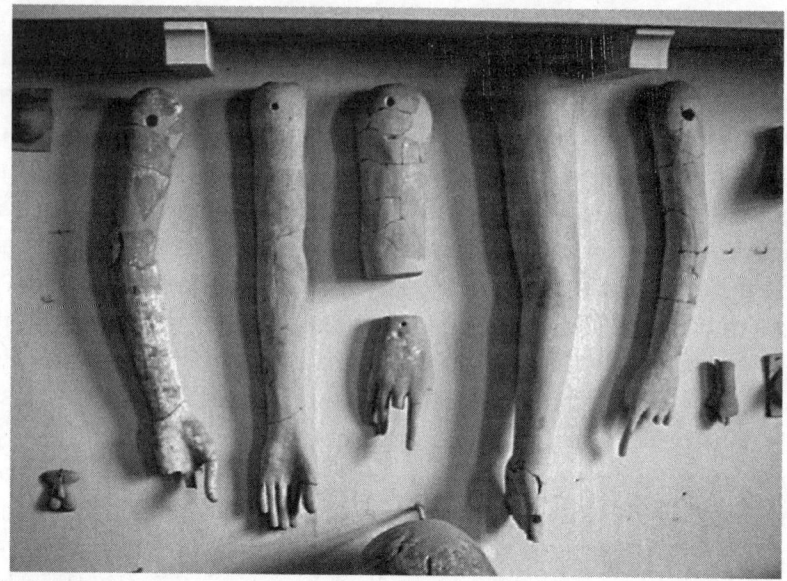

[FOTO 18 – Oferendas votivas aos deuses por cura. Crédito da foto: David Padfield.]

Religião Folclórica Popular

Ao lado da religião tradicional e sua adoração aos deuses clássicos estava uma ampla variedade de expressões religiosas, variando de superstições grosseiras, crenças em bruxas e duendes, até compreensões mais sofisticadas, de crenças e práticas puramente pessoais e individuais até comunidades cultuais tradicionais e organizadas.

Lareira e lar. A religião não era apenas uma questão pública, política e centrada na comunidade, mas um assunto de família e do lar. O *pater familias* presidia o serviço de adoração em família como sacerdote. Muitas casas tinham um santuário da família e nichos para uma diversidade de deuses.

Magia e astrologia. A crença popular no poder e influência das estrelas, planetas e cometas estava envolvida por uma aura religiosa. Embora desdenhadas pela elite intelectual, as formas mais refinadas de reflexão sobre os padrões do universo estrelado também enfrentaram uma mistura de medo e respeito. As religiões orientais que migraram para o ocidente eram especialmente apreciadas como representantes da sabedoria antiga, por controlarem as forças potencialmente maléficas do universo, embora às vezes sofressem suspeitas por ser estrangeiras e acabassem sendo rejeitadas como não verdadeiramente romanas. Em alguns círculos, teologias e filosofias, segundo as quais os sete planetas determinavam o destino humano, eram bastante populares. Às vezes, o destino humano estava correlacionado com os sete elementos do universo, os *stoicheia*, os quais correspondem às sete vogais gregas. Essas visões poderiam ser elaboradas em termos de uma simples magia e crença folclórica, nas quais pronunciar a α ε η ι ο υ ω (a e ē i o ō) nas combinações corretas tinha poder religioso, bem como nas profundas meditações filosóficas que relacionavam as estruturas elementares do universo aos números e sílabas. A maioria das pessoas acreditava que suas vidas estavam sujeitas a várias forças personalizadas no universo, e que eram necessários rituais poderosos e fórmulas a fim de enfrentá-las.

[FOTO 19 – Templo de Apolo em Corinto, Grécia. Crédito da Foto: David Padfield.].

Semideuses, imortais, heróis, "homens divinos" e figuras salvadoras. No mundo greco-romano, as fronteiras que separavam os seres humanos e os deuses não eram tão firmes. Os deuses podiam assumir forma humana, e podia-se falar dos seres humanos em termos de uma divindade. Pregadores admiráveis e taumaturgos podiam ser considerados como deuses (cf. At 14,8-20; 28,1-6).

Os deuses podiam disfarçar-se em forma humana, visitando seres humanos para inspecionar sua moralidade, como no conto popular em que apenas Filemon e Baukis oferecem hospitalidade a dois estranhos carentes, quando todas as pessoas da cidade os haviam rejeitado – somente depois eles souberam que estavam entretendo Zeus e Hermes (na versão romana, Júpiter e Mercúrio).[15]

Havia duas categorias básicas de seres divinos. Alguns deuses sempre foram deuses, e nunca viveram uma vida humana (embora pudessem aparecer na terra disfarçados de humanos). Outros deuses viveram vidas humanas uma vez, caso tenham nascido de uniões divino-humanas, e se tonaram deuses, inicialmente, por serem exaltados ao mundo celestial, passando a ser imortais em face de seus atos de beneficência em favor da humanidade. Zeus e Apolo pertenciam à primeira categoria, Héracles e Dionísio à última. Havia também uma classe de seres humanos em circulação que, embora fossem menos que deuses, eram tão cheios de poder divino que eram mais do que humanos. O termo θεῖος ἀνήρ (*theios anēr*, "homem divino") era, às vezes, usado para tais pessoas.

Entre os mais conhecidos estava Apolônio de Tyana, um pregador itinerante, reformador religioso e taumaturgo que viveu no primeiro século, mas cuja biografia não foi escrita até mais de cem anos depois.[16] Apolônio nasceu de uma maneira miraculosa, de uma mãe humana e do deus Protheus. Ele chamava as pessoas a abandonar sua vida dissoluta e materialista e a devotar-se avalores mais altos. São contadas histórias detalhadas e comoventes de como ele expelia demônios, curava doentes e ressuscitava mortos. Como Pitágoras e Jâmblico, ele acalmava as ondas de inundações e do mar a fim de conceder segurança aos que estavam em perigo. Ele andava entre animais ferozes, e eles não lhe causavam dano. Era considerado por alguns como um dos deuses, e não rejeitava a ideia.[17]

É difícil para um contador de histórias ou biógrafo descrever a morte de uma pessoa tal a partir do cenário humano. Ele certamente não podia sofrer e morrer como seres humanos comuns. Filostrato

---

[15] Ovid, *Metamorphoses VII*.
[16] Philostratus, *The Life of Apollonius of Tyana* (trans. F. C. Conybeare; 2 vols.; LCL Cambridge: Harvard University Press, 1969).
[17] Em sua quadragésima quarta carta a seu irmão, Histiaeus, ele reclama: "Outros homens me consideram igual aos deuses, e alguns deles como um deus, mas até agora somente meu próprio país me ignora, meu país para o qual em particular eu lutei a fim de ser uma pessoa distinta". (LCL)

relata que depois de Apolônio se tornar famoso, o imperador Domiciano resolveu destruí-lo. De sua própria vontade, Apolônio se permitiu ser preso e julgado pelo tribunal de Domiciano. Contudo, ele confidenciou a seus discípulos: "Eu mesmo sei mais do que os meros homens sabem, porque eu sei de todas as coisas... e que eu não vim até Roma em favor dos tolos se tornará perfeitamente claro; visto que eu mesmo não estou em perigo com respeito ao meu próprio corpo nem serei morto por este tirano" (LCL). Durante seu julgamento, Apolônio remove suas algemas. Depois de ouvir a defesa de Apolônio, Domiciano declara que não irá condená-lo. Mas Apolônio considera isto um artifício, e responde: "'Dê-me minha liberdade, se desejar, mas, se não, então envie alguém a fim de aprisionar meu corpo, porque é impossível aprisionar minha alma! De fato, você jamais tomará meu corpo, visto que [citando Homero, *Ilíada* 22,13], 'você não pode me matar, uma vez que não sou um mortal', e, dizendo isto, desapareceu da sala do tribunal, aparecendo, de repente, a seu discípulo Damis e a um amigo, em outra cidade" (7,5). Filostrato prossegue relatando várias narrativas conflitantes da suposta "morte" de Apolônio, atribuindo crédito às histórias nas quais ele entra no templo de um dos deuses e então desaparece, em meio ao coro dos coristas celestiais dizendo "Vem da terra, vem para o céu, vem".

Oráculos e advinhos. Praticamente todos os níveis da sociedade acreditavam na comunicação da sabedoria divina e conselho do mundo divino. Havia inúmeros adivinhos e profetas errantes inspirados por vários deuses, e a vontade dos deuses podia ser determinada tirando sortes ou estudando o padrão do voo dos pássaros e as entranhas de animais sacrificados. Havia também inúmeros santuários nos quais os deuses revelavam sua mensagem mais ou menos diretamente. Desses, de longe, o mais famoso e respeitado é o oráculo de Delfos.

[FOTO 20 – Delfos, a localização do mais respeitado oráculo do mundo greco-romano. Crédito da Foto: M. Eugene Boring].

Esse local de peregrinação foi visitado por toda a gama da sociedade, de camponeses a reis, que buscavam a palavra divina em assuntos que variavam do êxito no amor e nos negócios ao tempo adequado para iniciar uma guerra. O santuário existiu por vários séculos. Como os oráculos foram efetivamente entregues é algo que foi entendido de várias formas. De acordo com alguns, a Pitonisa, a sacerdotisa de Apolo, o deus revelador, respondeu as perguntas com frases incompreensíveis, algo do tipo glossolalia, ou porque respirou os vapores vindos da abertura na rocha (ainda não foi identificada pela arqueologia), ou porque tal linguagem foi induzida por expectativas e psicologia tradicionais. Essas expressões vocais foram "interpretadas" como um discurso inteligível por funcionários do culto chamados de προφῆται (profētai, profetas).

Os Cultos de Mistério

Havia cultos de mistério relacionados a diversas divindades (Demétrio, Dionísio, Orfeu, Átis, Ísis, Mitra), com uma longa e contínua história e alguma variação de lugar para lugar.

[FOTO 21 – Altar de Mitra em Roma. Crédito da Foto: M. Eugene Boring]

Algumas generalizações podem ser úteis para a compreensão de todo o espectro:

1. Os mistérios eram secretos. Esse é o significado de μυστήριον (*mystērion*, mistério). "Mistério" não significa "difícil de entender", mas "oculto para os de fora". Os mistérios estavam abertos para que todos pudessem participar (embora a iniciação fosse cara), mas os iniciados aprendiam segredos que não deviam ser compartilhados com os de fora.

2. Os mistérios tinham ritos de iniciação, frequentemente com um ritual de purificação envolvendo água. Havia uma revelação, de forma dramática, do mistério do culto. Havia um simbolismo solene e impressivo nas palavras, ações, vestuário e na cerimônia.

3. Alguns dos mistérios geravam um companheirismo compartilhado por todos. Leitores modernos precisam lembrar que ninguém *pertencia* às religiões do estado. Eles simplesmente estavam lá como uma parte importante da vida em comunidade. Mas nos mistérios, o status de membro se dava por escolha. Havia um senso de aceitação, de pertença, de compartilhar algo de que outros não participavam. Distinções entre escravo e livre, rico e pobre, homem e mulher não contavam no vínculo comum dos iniciados (embora o pagamento de uma taxa razoável fosse requerido antecipadamente, a qual teria eliminado muitos aspirantes). A multidão no cortejo, por ocasião da iniciação de Lúcio ao culto a Ísis, consistia de "balbúrdias daqueles iniciados nos mistérios divinos, homens e mulheres de toda classe". (Apuleio, *Metamorfoses*, 11,10).

4. Os mistérios estavam baseados em algum tipo comum de mitologia. Embora haja alguma variação em personagens e enredo, a história geralmente envolvia o seguinte padrão:

a. O marido divino (ou criança) é tragicamente preso e morto pelos poderes do mal. Uma vez que as histórias não estão lidando com mortais, "morto" é compreendido no sentido de que os deuses podem morrer – um banimento para o mundo inferior, o que afeta as estações. Nessa linguagem, os poderes transcendentes são retratados em termos humanos.

b. A esposa (ou mãe) sofre com a perda por um período (inverno).

c. O esposo, filho ou filha são restaurados à divina esposa ou mãe, e uma nova vida começa. O senhor adorado no culto era, portanto, um deus "morrendo e ressurgindo", correspondendo ao ciclo anual das estações.

[FOTO 22 – Modelo de culto de mistério, no centro de Elísios, perto de Atenas. Crédito da Foto: M. Eugene Boring].

5. Libertação, salvação, era o objetivo dos mistérios. Os próprios antigos deuses clássicos eram sujeitos à μοῖρα (moira, sorte), e ao εἱμαρμένη (haimarmenē, destino). Quando a religião clássica e a filosofia declinaram, os próprios Moira e Haimarmenē se tornaram deuses, poderes malignos diante dos quais o penitente era impotente. Mas nos cultos de mistério, os iniciados acreditavam que o senhor do culto havia sido liberto e podia livrar outros, neste mundo e no próximo. Essa salvação transmite alegria e paz de mente agora, e uma bendita imortalidade no futuro.

6. Buscava-se a libertação a partir da união com a divindade. A história de sofrimento, morte e ressurreição se tornou a história do devoto. Na iniciação, o suplicante reordena a história do deus. Nas refeições de comunhão, o senhor do culto está presente, e algumas vezes é simbolicamente comido (isso pode indicar o porquê das objeções cristãs aos outros membros da igreja que continuavam participando de tais refeições; cf. 1 Co 8,5; 10,21). Assim, no culto órfico, Zagreu (Dionísio), um filho de Zeus, é morto pelos titãs, e comido por eles. Zeus o chama de volta à vida, leva-o para o céu, e lhe dá o reino. Os seres humanos são descendentes dos titãs – eles têm alguma divindade neles. Depois de serem iniciados e aprenderem a história que estabelece sua identidade, eles recapturam o momento da divindade

na refeição simbólica. Na adoração extática de alguns cultos órficos, um touro vivo era dilacerado e a carne, repleta de sangue, era comida, e os devotos tomavam a vida do deus para si mesmos. Refeições sagradas estavam envolvidas no culto da Magna Mater (a Grande Mãe), e a confissão litúrgica era pronunciada: "Eu comi do tambor, eu comi do prato".

7. Os cultos de mistério apelavam às emoções, dando um tom de relacionamento pessoal com a divindade. A vastidão e a impessoalidade do império pós-Alexandre fez com que alguns indivíduos vissem suas vidas como incrustadas num cosmos que não mais era um lar. Nos mistérios, os iniciados redescobriam um lugar aquecido e agradável no mundo. Podia-se pensar numa variedade de expressões do cristianismo: algumas são agitadas pela vastidão e riqueza das tradições e rituais católicos romanos, outras pelo "meu senhor pessoal", cuja presença eu sinto no coração e no calor e entusiasmo da congregação local. Ambas as experiências já estavam presentes na religião helenística.

8. Os cultos de mistério envolviam conversão, transformação pessoal. Na história que Apuleio conta de Lúcio, em *Metamorfoses* (O Asno de Ouro), Lúcio está fascinado pela magia, brinca com as ciências ocultas, e é acidentalmente transformado num asno, mas é libertado de seu estado subumano e restaurado ao seu verdadeiro eu por Ísis. Sua petição foi atendida: "Restaura-me ao meu próprio eu, Lúcio" (cf. o filho perdido, vivendo entre os porcos, que "torna a si", na história de Jesus, Lc 15,17). Ele se refere a "nascer de novo" (*Metamorfoses*, 11,21), e ouve de Isis as palavras de reafirmação "há agora um amanhecer para ti, através de minha providência, o dia da salvação" (11,2.5). Esta é uma verdadeira conversão: Lúcio é restaurado ao seu autêntico eu neste mundo, devota sua vida a Ísis, e continuará com ela numa imortalidade abençoada além da morte. O governo romano chegou a considerar o culto a Ísis como uma ameaça política, mas os esforços para eliminá-lo foram um fracasso, visto que os seguidores de Ísis preferiam o martírio a abandonar sua adoração.[18]

9. Os cultos de mistério tinham similaridades óbvias e pontos de contato com o cristianismo primitivo. Essas similaridades foram notadas

---

[18] Cf. HOWARD CLARK KEE, *Miracle in the Early Christian World. A Study in Socio-historical Method* (New Haven: Yale University Press, 1983), 128-131.

pelos Pais da igreja (e.g. Justino o Mártir, ca. 150 d.C. e Tertuliano, ca. 200 d.C.). Sua explicação: Satanás, sabendo que o cristianismo iria conquistar multidões de pessoas, plantou religiões de contrafação que se pareciam com a coisa real, a fim de confundir as pessoas – uma explicação que mostra que eles consideravam as similaridades entre os cultos de mistérios e o cristianismo em desenvolvimento próximas o suficiente para os deixarem nervosos e pedirem uma explicação.

Estudiosos modernos responderam a essas similaridades de três maneiras:

1. A *história da escola de religiões* (*die Religionsgeschichtliche Schule*). Os primeiros dias de rigoroso estudo das religiões do Antigo Oriente Próximo e do mundo helenístico enfatizaram a relação genética entre a religião greco-romana e o cristianismo, especialmente os cultos de mistério. Em sua forma mais extrema, Paulo foi considerado um iniciado num dos mistérios que transformaram a própria fé judaica de Jesus num culto helenístico, com a religião judaica de Jesus se tornando uma religião greco-romana acerca dele. Jesus foi entendido no papel do senhor cultual que morre-e-ressurge, e a igreja como um culto de mistério cristão.[19] Essa abordagem da teologia do Novo Testamento frequentemente estava associada com o liberalismo teológico se desenvolvendo por volta do mesmo período, que contrastava a religião *de* Jesus com a religião *sobre* ele.

2. A *reação conservadora* a essa abordagem é representada e.g. por J. G. MACHEN, em *A Origem da Religião de Paulo*,[20] o qual apontou muitos contrastes entre o cristianismo primitivo e os mistérios, e argumentou que a fé e teologia cristãs primitivas nada tinham a ver com os cultos de mistério.

3. Há hoje um amplo consenso entre os eruditos de que tanto 1 quanto 2 foram, respectivamente, uma aceitação e uma rejeição do valor potencial do estudo das religiões helenísticas para introspecção inicial do cristianismo e do Novo Testamento. Os primeiros missionários cristãos adotaram e adaptaram, de fato, muitos temas e práticas

---

[19] Cf. e.g. WILHELM BOUSSET, *Kyrios Christos: A History of the Belief in Christ from the Beginnings of Christianity to Irenaeus* (trad. John E. Steely; Nashville: Abingdon, 1970) [primeira edição alemã 1913], influente numa primeira geração de estudiosos.

[20] J. GRESHAM MACHEN, *The Origin of Paul's Religion* (The James Sprunt Lectures delivered at Union Theological Seminary in Virginia; Grand Rapids: Eerdmans, 1925).

deste mundo, que era o seu próprio mundo de pensamento. *Ao se interpretar o Novo Testamento, há sempre uma necessidade de distinguir o cristianismo como uma religião do evangelho como uma proclamação do ato salvífico de Deus.* A comunicação do evangelho necessariamente fará sempre uso do pensamento e prática religiosos humanos, e não os usará apenas como uma reação negativa. Toda resposta ao evangelho é uma resposta religiosa, expressa em determinado pensamento e linguagem teológicos, mas os cristãos não deveriam confundir a resposta religiosa e sua expressão teológica com a coisa em si. O cristianismo primitivo como uma resposta religiosa ao evangelho tinha muito em comum com outras religiões da época.

Havia também significativas diferenças. Não tentarei catalogá-las aqui, mas duas são particularmente importantes:

1. O Cristianismo tinha como seu Senhor alguém que era um *ser humano histórico, recente e relembrado.* Jesus Cristo não foi uma personificação das forças da natureza, nem um ser mítico que foi morto por outro ser mítico, mas um judeu da galileia falante de aramaico, que morreu numa cruz histórica e real. A ressurreição foi um ato único de Deus, e de uma vez por todas, e não parte de um ciclo anual da natureza. Nenhum dos devotos de Ísis, por exemplo, pensava nela como alguém que entrou no mundo como um ser verdadeiramente humano e morreu uma morte verdadeiramente humana. Ísis foi e permaneceu um ser divino, e esse era o seu poder para salvar. A diferença entre os cultos de mistério e o evangelho cristão pode ser expressa em uma palavra: *Jesus.*

2. No cristianismo, a teologia e a mitologia são o fundamento para um *estilo de vida ético.* Nos cultos de mistério, a iniciação era o meio de vencer o destino e a morte e garantir uma imortalidade feliz, mas havia pouco a fazer com a conduta da vida pessoal de alguém, a relação de alguém para com seu próximo e a missão de Deus no mundo.

Movimentos Filosóficos Populares que funcionavam como Religiões

Atos 17 retrata filósofos epicureus e estoicos de Atenas contendendo com Paulo em questões religiosas. A filosofia popular helenística é, frequentemente, e corretamente, discutida sob o tópico da *religião* helenista. Por "filosofia" nesse contexto, não queremos dizer apenas, ou primariamente, a discussão acadêmica sobre filosofia nas salas de aula, mas algo como "filosofia de vida", no contexto moderno. Alternativamente, se poderia pensar da maneira como "o sistema empresarial livre" algumas vezes funciona na cultura americana, não como uma teoria econômica abstrata, mas como uma maneira prática de vida com profundas associações religiosas. A filosofia que os primeiros missionários cristãos encontraram era pessoal e prática. Nem a religião clássica dos templos nem a religião folclórica popular estavam essencialmente relacionadas com a ética e valores, com a questão de como viver a vida. Esse papel era desempenhado pela filosofia.

Filosofia Cínico-Estoica. O estoicismo clássico começou com Zeno ou (Zenão), seu fundador, que ensinou na *stoa* (pórtico, colunata) da Ágora em Atenas (ver Foto 23).

[FOTO 23 – *stoa* reconstruída da Ágora em Atenas, onde Zeno ensinava a filosofia estoica. Crédito da Foto: M. Eugene Boring].

Ele dividia a filosofia em três áreas inter-relacionadas: a *lógica*, o estudo de como conhecer; *física*, o estudo de toda realidade; ética, o estudo de como viver. Por volta do primeiro século, muito do pensamento estoico tinha se misturado com uma versão popular do pensamento cínico. Os cínicos tinham Diógenes como um de seus heróis. Ele rejeitou as normas e expectativas da sociedade convencional, e vivia "de acordo com a natureza" – daí o apelido "cão" (κύων *kyōn*, adj. κυνικός *cynikos*, de onde deriva o termo "cínico").[21] Esse era o ponto de contato entre as duas filosofias que facilitava sua fusão no pensamento popular. Embora os estoicos e os cínicos pudessem usar a linguagem convencional dos deuses, a filosofia subjacente era profundamente ateística. A própria Natureza, a Razão imanente que permeia toda a natureza, era o único "deus". Essa "divindade" era benevolente, visto que o universo funciona racionalmente, e a Razão que habita em toda a natureza é semelhante à razão humana. A vida correta é viver de acordo com essa Razão, seguir o fluxo da natureza – que, em qualquer caso, não pode ser resistida.

Os *Discursos* de Epíteto (ca. 55-135 d.C.) e as *Meditações* do imperador Marcos Aurélio (121-180 d.C.) estão entre os exemplos clássicos mais conhecidos, mas, como agora, a religião pessoal do indivíduo que simplesmente deseja viver em paz mental encontrava a expressão popular. A imagem de Diógenes, que viveu nas ruas e dormia num barril, livre de cuidado e desfrutando a vida, era admirado por muitos que não tinham intenção de segui-lo literalmente. Numa lenda famosa, Alexandre, o Grande, veio para lhe prestar homenagens, se deteve sobre Diógenes enquanto ele tomava banho de sol em seu barril, e o cumprimentou dizendo: "Eu sou Alexandre: peça o quiser, e eu o darei a você". Diógenes responde: "Saia da frente do sol". Os pregadores cínico-estoicos não se desligavam da sociedade, mas se viam como enviados dos deuses a convocar outros para o bem e a vida simples. Eles podiam ser vistos nas esquinas de cada cidade helenística, com suas capas peculiares, cajado e uma bolsa contendo todas as suas posses terrestres, censurando a população por seu falso modo de vida. Tanto os estoicos quanto os cínicos proclamavam o "evangelho" da libertação, um tipo de liberdade interna que não podia ser nem concedida nem retirada pela sociedade e seus governantes.

Epicurismo. Assim como os estoicos e cínicos do primeiro século não deveriam ser definidos pelo que esses termos vieram a significar no português moderno, "epicurista" não significa hedonismo superficial. Epicuro foi um filósofo sério do período clássico que, depois de

---

[21] Assim *cínico* não tem suas conotações no português moderno (cético, alguém que acredita que todas as pessoas são motivadas apenas pelos próprios interesses, etc.), assim como *estoico* no contexto antigo significa muito mais do que significa em seu equivalente no português.

conhecer boa parte do mundo mediterrâneo como um soldado, estabeleceu-se em Atenas em 306 a.C. e fundou uma escola que se reunia em seu tranquilo jardim (κῆπος *kēpos*). Como a *stoa* (pórtico) designava o estoicismo, o *jardim* era frequentemente usado para designar os discípulos de Epicuro e sua tradição. Epicuro também oferecia libertação da ansiedade. Em contraste com os estoicos, ele não assegurava a seus discípulos que os caprichosos, poderosos e frequentemente malévolos deuses pessoais não existiam. Os deuses existiam, mas eles habitavam em seu próprio mundo e não interferiam no mundo humano. Neste mundo, tudo que existe são átomos e o vazio. Os átomos aleatoriamente colidem e se fundem nos elementos deste mundo. Não há nada a esperar deles, mas também não há nada a temer. Não há razão para viver com medo dos deuses ou tentar aplacá-los. Não há nada a temer na morte. A vida correta é viver em silêncio, desvincular-se da sociedade e seus equívocos, fugir da fama e evitar chamar a atenção para si mesmo.

Médio Platonismo. A famosa academia de Platão do quarto século a.C. declinou, mas o pensamento platônico experimentou um reavivamento no primeiro século de nossa Era. Em sua forma renovada, expressava as seguintes ideias centrais: (1) um dualismo entre a realidade das ideias e a transitoriedade do mundo material; (2) a transcendência e eternidade do mundo ideal e (3) a imortalidade da alma. Este complexo de ideias formava o pano de fundo e o substrato do pensamento da erudição dos primeiros dois séculos, expresso por várias figuras tais como o judeu Filo de Alexandria e o apologista cristão, Justino. Talvez, a única fonte mais útil para lançar luz sobre o contexto filosófico da vida religiosa helenística, em que o cristianismo entrou, é fornecida pelos escritos de Plutarco, cuja vida se estende quase exatamente até o período em que o Novo Testamento foi composto (ca. 50-120 d.C.). Plutarco discute a natureza da religião, ética, os deuses, as inter-relações do mito e história, teorias de vida após a morte e o significado da imortalidade, e inúmeros outros assuntos que iluminam o mundo no qual os primeiros cristãos tentaram expressar sua fé.

Os Céticos. Misturada com o questionamento urbano do sistema convencional da religião clássica e seus deuses estava uma variedade de filósofos populares tais como Aristófanes (446 – ca. 386 a.C.), cujas peças (e.g. *Os Pássaros, As Rãs, As Nuvens*) satirizavam os deuses e substitui "Zeus" pela "natureza".

O Culto ao Imperador

As conquistas de Alexandre deram ao mundo um vislumbre de quão grande e diverso ele era. Deuses locais, governantes locais, podiam agora parecer um tanto insignificantes, como uma tentativa de entrar em acordo com tal mundo. O conceito de governante divino, presente já há muito tempo no oriente, provou ser valioso tanto para o governante quanto para os súditos em integrar suas vidas numa visão mais ampla do mundo. As dramáticas conquistas de Alexandre pareciam demonstrar seu status divino, e ele ficava um tanto surpreso por ser aclamado no oriente como um deus. Ele considerava a aclamação politicamente útil, e parecia levá-la para o lado pessoal. Após conquistar o Egito e fundar a cidade de Alexandria, ele empreendeu uma peregrinação ao oráculo de Zeus-Amon, no oásis de Siva, no deserto da Líbia, onde foi saudado pelo porta-voz profético do deus como o "Filho de Deus" (παῖς Διός *pais Dios*).

Quando o manto do império passou aos romanos, essa veneração ao governador divino foi transferida para o imperador. No ocidente, o padrão típico era distinguir entre o homem vivo e seu espírito-guia (*genius*), que era então deificado em sua morte. Entre as últimas palavras famosas estão aquelas de Vespasiano, que, no leito de morte, disse – mas nós não sabemos em que tom de voz – *"Vae, puto deus fio"* (Ai!, acho que estou me tornando um deus).

[FOTO 24 – Ascensão do César deificado. Crédito da Foto: M. Eugene Boring]

No oriente, a tradição de adorar o imperador vivo continuou, às vezes a despeito da resistência ou relutância do próprio imperador. *Augustus* permitiu essa veneração e utilizou-a politicamente.[22] ΣΩΤΗΡ (SŌTĒR, Salvador) aparecia frequentemente nos templos e altares. Virgílio poderia celebrar seu reinado com insígnias como "Este é um homem, que há muito tempo foi prometido aos pais, César Augusto, Filho de Deus e o que traz o fim do tempo" (*Aen.* 6.791). Uma inscrição de 9 a.C., de Priene na Ásia Menor, termina da seguinte forma: "o aniversário do deus Augusto foi o início das boas-novas para o mundo [εὐαγγέλιον *euangelion*, evangelho] que vieram por causa dele".

Exemplos poderiam ser multiplicados a partir das moedas e inscrições, mas mencionamos aqui apenas a inscrição de 49 a.C., de Éfeso:

> As cidades da Ásia e as [comunidades] e os distritos do país [honram] Caio Júlio, filho de Caio, César, Pontífice Máximo, Imperador e cônsul pela segunda vez, descendente de Ares e Afrodite, o deus que apareceu visivelmente (θεὸν ἐπιφανῆ, *Theon epiphanē*, Deus manifesto) e salvador universal da vida dos seres humanos.

[FOTO 25 – uma inscrição latina onde se pode ler "do imperador César Augusto, o filho de deus, o maior dos sacerdotes..." Crédito da Foto: M. Eugene Boring].

---

[22] Uma narrativa agradável da propaganda imperial de Augusto no primeiro século é oferecida por JOHN DOMINIC CROSSAN and JONATHAN L. REED, *In Search of Paul: How Jesus's Apostle Opposed Rome's Empire with God's Kingdom: A New Vision of Paul's Words and World* (New York: HarperSanFrancisco, 2004), especialmente os capítulos 1 e 3. Para detalhes técnicos e abundante base histórica e arqueológica, ver especialmente S. R. PRICE, *Rituals and Power: The Roman Imperial Cult in Asia Minor* (Cambridge: Cambridge University Press, 1984).

Dois dos últimos imperadores (Calígula e Domiciano) tomaram sua própria deidade seriamente e insistiram em que ela fosse universalmente reconhecida. Calígula tentou ter sua imagem colocada no templo de Jerusalém; Domiciano queria que todos, incluindo os membros de sua família, se dirigissem a ele como "meu senhor e meu deus", e condenava à morte os que vaiassem sua equipe na arena. Promoveu o culto imperial, e insistiu que grupos recalcitrantes, como os cristãos, demonstrassem sua lealdade, participando dele.

Com essas poucas exceções, não deveríamos ver a adoração ao imperador como um requerimento imposto de cima para baixo por governantes megalomaníacos, mas como um movimento de raízes populares que expressa gratidão pela paz e prosperidade que Roma trouxe ao mundo. A adoração não era exigida pelos imperadores, mas livremente oferecida pela população, como uma resposta às obras beneficentes de Roma. Marinheiros que desembarcavam nos portos do Mediterrâneo davam graças a Augusto nos templos locais, que tinha banido os piratas dos mares e fez do Mediterrâneo um lago romano. Especialmente na Ásia Menor, o culto ao imperador era onipresente, apoiado por autoridades locais como uma forma como as cidades e as vilas podiam integrar sua própria localidade e passado ao mundo mais amplo. As cidades disputavam o privilégio de construir templos para o divino César, e tinham sacerdotes impressivos, guarnecidas de liturgias solenes e mitologias, com grandes aglomerações. Roma, a deusa Roma e o imperador eram símbolos da unidade e estabilidade do mundo num vasto universo de pluralidades sempre ameaçando retornar ao caos. Os festivais eram a manifestação principal do culto, envolvendo toda a comunidade, ricos e pobres. O sacrifício principal acontecia no templo ou praça pública, mas os que possuíam casa própria sacrificavam para ou em favor do imperador enquanto a procissão passava em frente a sua casa. "Esperava-se que todos os membros da comunidade participassem do culto ao imperador".[23] Contudo, no primeiro século isso não era uma imposição do governo, mas a expectativa geral da comunidade. A participação no culto ao imperador em grande parte era considerada uma questão de patriotismo e apoio ao bem comum; a "adoração" a César não era exclusiva, não competia com outras filiações religiosas e, para muitos cidadãos, era algo como

---

[23] PRICE, *Rituals and Power*, 114.

saudar a bandeira e lhe prestar juramento – o que poderia (e pode) ser feito como um rito convencional ou com fervor religioso, podendo ser acrescentado a quaisquer outros compromissos religiosos que o indivíduo tivesse. Os romanos poderiam não entender por que alguém objetaria participar, e desconfiavam de grupos que o faziam.

Havia dois grupos para os quais isso era um problema. Os *judeus* não poderiam reconhecer o imperador como um deus ou participar de sua adoração. Mártires judeus derramaram seu sangue por resistir a tal adoração durante os tempos macabeus (cf. acima §6.2). Por volta do primeiro século, eles demonstraram que eram um grupo antigo e estável com tradições de adoração, não subversivas ao governo nem perigosas para o bem-estar geral. Eles fizeram um acordo com o império: duas vezes por dia, sacrifícios eram oferecidos em favor do (e não *para*) o imperador, no templo de Jerusalém.

Os *cristãos*, inicialmente, eram vistos como um subgrupo dentro do judaísmo, e não entraram em conflito direto com o culto ao imperador. Por volta do tempo do grande incêndio de Roma, em 64 d.C., as autoridades romanas podiam distinguir os cristãos de (outros) judeus, e apenas os primeiros foram responsabilizados pelo fogo. Os cristãos foram aprisionados e cruelmente executados, sob a acusação de incêndio criminoso, e não por resistirem ao culto ao imperador. Esse foi o primeiro movimento oficial do império contra os cristãos. Na crise do reinado de Domiciano (ca. 95 d.C.), a pressão para adorar o imperador desempenhou seu papel. Cerca de quinze anos mais tarde, a carta de Plínio a Trajano demonstrou a confusa, mas hostil situação na Bitínia no início do segundo século, e a postura dos cristãos em relação à adoração ao imperador desempenhou o papel de revelar ao estado aqueles que eram cristãos. Aqueles acusados de ser cristãos eram solicitados a invocar os deuses romanos e oferecer sacrifício à imagem do imperador; aqueles que se negavam a obedecer eram executados (ver Vol. II §26.1.4). Aqui, vemos como a igreja e império consideravam um ao outro após três gerações de missão cristã e crescimento da igreja. Essa polarização não existia no início da missão cristã, mas o potencial estava lá desde então.

(Proto-) Gnosticismo

O termo em inglês "knowledge (conhecimento)" deriva de γνῶσις (*gnōsis*, em que a inicial *g* é muda, e análoga à inicial *k* em "knowledge (conhecimento)".²⁴ O adjetivo γνωστικός (gnōstikos, gnóstico) não tem um equivalente direto no português, mas pode ser traduzido como "bom em conhecimento", "instruído", "inteligente", com as conotações positivas de "científico", em contraste com os pontos de vista "não científicos" do populacho. Um gnóstico era alguém que conhecia, em nível profundo, além das compreensões superficiais e comuns do povo. Numa perspectiva religiosa, tal conhecimento fornecia uma compreensão dos mistérios máximos da existência humana. Essas questões são representativamente expressas numa citação de Teodato, um mestre gnóstico do segundo século:

> Quem fomos nós?
> Em que nos tornamos?
> Onde estávamos?
> Para onde fomos jogados?
> Para onde estamos indo rapidamente?
> De onde fomos libertados?
> O que é o nascimento, o que é o renascimento?²⁵

Se você tivesse ido a Antioquia ou a Corinto nos primeiros dias da missão cristã (30 – 50 d.C.) e procurasse os endereços da congregação gnóstica local, simplesmente você receberia um olhar vazio. Embora suas raízes sejam antigas, o que veio a ser conhecido como "Gnosticismo" não se tornou um movimento distinto e identificável, com suas próprias instituições e literaturas até o segundo século de nossa Era. Entre as fontes nas quais o Gnosticismo aparece primeiro, como uma religião identificável e movimento filosófico, estão a obra em cinco volumes de Irineu *Contra as Heresias* (ca. 185 d.C.), *A Prescrição contra os Hereges* de Tertuliano, o seu *Contra os Valentinianos*, o seu *Contra Todas as Heresias* e *Os Cinco Livros Contra Marcião* (ca. 200-210 d.C.), e *Refutação a Todas as Heresias* de Hipólito (ca. 210-230 d.C.). Embora essas descrições dos gnósticos sejam todas de testemunhas hostis da igreja protocatólica, os autores citam extensos excertos dos próprios escritos dos mestres gnósticos, cujos originais em grande parte estão agora perdidos.

---

[24] Não há uma definição de "Gnosticismo" universalmente aceita. O termo é usado numa ampla variedade de formas. A discussão a seguir encontra ampla, porém não total ressonância.

[25] Conforme citado por Clemente de Alexandria, *Excerpta ex Theodoto*, 78.2.

Clemente de Alexandria, mais simpático a uma perspectiva gnóstica da fé cristã, também fornece valioso material sobre os mestres gnósticos que ele considera censuráveis e perigosos (ca. 200 d.C.).

Até recentemente, os historiadores tinham fontes primárias muito limitadas para o estudo do gnosticismo. Em 1945, a possível descoberta de parte de uma antiga biblioteca próxima a Nag Hammadi, no alto Egito, forneceu algumas fontes primárias compostas pelos próprios gnósticos. A coleção de treze códices continha mais de cinquenta textos, incluindo o *Evangelho de Tomé*, o *Evangelho de Filipe*, o *Evangelho da Verdade* e a *Sofia de Jesus Cristo*, bem como uns poucos textos não gnósticos tais como a *República* de Platão e a coleção de ditos de sabedoria, *As Sentenças de Sexto*. Nenhum manuscrito do Novo Testamento ou textos patrísticos ortodoxos estavam incluídos. Os próprios manuscritos estão escritos em copta e datam do quarto século d.C., mas são principalmente traduções de documentos mais antigos escritos em grego. A data e língua originais de alguns dos textos continuam a ser controversas, mas, em todo caso, a coleção fornece nossas primeiras e melhores fontes primárias para descrever o gnosticismo antigo.[26]

Os gnósticos podiam dar explicações profundas e detalhadas para questões que afligiam o coração de todo crente simples: se há um Deus bom que criou o mundo e é responsável por tudo, como explicar o fato de que vivemos num mundo que inclui tanto mal e sofrimento de inocentes? Por que algumas pessoas adoecem tão facilmente no mundo, angustiadas quanto ao significado da vida e seu próprio papel no grande esquema das coisas, ansiosas por serenidade e salvação, enquanto outros, como animais parecem procurar apenas os prazeres físicos, sem medo da morte ou interesse no que poderia estar além deles? Estou dividido entre muitas direções; como posso conhecer minha própria identidade e como devo viver minha única vida neste mundo? Assim como nos cultos de mistério, existia variação entre os grupos gnósticos específicos, mas um padrão básico e geral pode ser discernido, o qual será resumido abaixo:[27]

---

[26] Após alguma demora e intriga, os documentos foram traduzidos ao inglês e estão disponíveis em JAMES M. ROBINSON, RICHARD SMITH, and Coptic Gnostic Library Project, *The Nag Hammadi Library in English* (4th rev. ed.; Leiden; New York: Brill, 1996).

[27] Para uma exposição detalhada da fé gnóstica e sua compreensão de salvação, ver HANS JONAS, *The Gnostic Religion* (2nd. rev. ed.; Boston: Beacon Press, 1963), especialmente "Part Two–Gnostic Systems of Thought," 101-238.

Existe uma explicação para o mal neste mundo, mas ele requer profundo estudo filosófico, envolvendo uma compreensão do que aconteceu no mundo transcendente do ser verdadeiro, antes da criação deste mundo. A criação do mundo material foi, de fato, um erro trágico. O esboço desta teosofia conforme ensinado pelos seguidores de Valentino, no segundo século, pode ser resumido, sem os detalhes e sutilezas filosóficas, conforme segue:

I. Deus é o Ser Máximo, o Tudo, o Desconhecido, o Inominável, o Inimaginável, Perfeito, que habita no reino transcendente muito além do que qualquer mente humana possa conceber. Então, de onde veio o mal? Esse Deus, é claro, tem Razão e Pensamento. Os filósofos gnósticos podem explicar essa autocontemplação interior do Eterno, como uma série de pares contrastantes: Abismo e Silêncio, Mente e Verdade. Esse primeiro jogo de quatro palavras é seguido por um segundo, Palavra e Vida, Antropos e Eclésia. Juntos, eles formam o Ogdóade, os Oito, vistos como uma série de emanações da mente divina. Por sua vez, eles são seguidos por uma série de Dez, depois uma série de Doze, um total de trinta Aeons no mundo eterno que consistem na Totalidade, a Plenitude do ser divino.

II. Em termos de gênero gramatical, cada par é masculino e feminino (e.g. Palavra/Logos é masculino, enquanto Vida/*Zōē* é feminino). Embora cada par interaja para gerar uma realidade adicional, isto é compreendido como o polo mais distante da reprodução física. Tudo isso está dentro das profundidades da Mente Divina Eterna. Numa escola gnóstica, a explicação desses dois primeiros pontos requereria muito tempo e disciplina, e não era para o preguiçoso, tímido ou pessoas com pouca habilidade intelectual. Aqueles que a repudiaram ou simplesmente deixaram de entendê-la demonstraram, portanto, sua indignidade, e que eram incapazes de redenção. Aqueles que a buscaram demonstraram que eram, de fato, conhecedores, cientistas da Realidade.

III. Nem tudo estava bem dentro do Pleroma. *Sophia* (Sabedoria), de acordo com seu próprio ser, era propriamente inquiridora e desejava conhecer sua própria origem. Esta é a natureza da verdadeira sabedoria: buscar suas próprias origens. Ela não poderia ser criticada por isso; não é possível, mesmo no mundo transcendente, conhecer verdadeiramente o Pai Desconhecido. Assim, uma crise surgiu no Pleroma, da qual ninguém podia ser responsabilizado – nem o Único Deus Verdadeiro, o Pai Desconhecido. E, contudo, o rompimento não podia ficar impune. A versão agora contaminada de Sofia é expulsa do Pleroma, permanecendo a verdadeira Sofia, e o equilíbrio dentro da Mente Transcendente foi restaurado.

IV. Fora do Pleroma, a Sofia que foi expulsa é chamada de *Achamoth*.[28] Ela concebeu (note-se que, também em português, esta palavra pode ter um significado puramente mental bem como biológico), e agora dá à luz a seu filho como uma espécie de aborto deformado. Ele é chamado "Pai" e "rei", e não conhece sua própria origem. Embora o produto de um erro catastrófico, agora corrigido dentro do Pleroma, ele supõe que é o único Ser existente, e dá sequência à criação do universo físico. Assim, a realidade física e da matéria (ὑλή, ψυχή *hulē, psychē*) veio à existência. A origem do universo material, e o mal inerente nele, podem, portanto, ser explicados. O cosmos físico não é a criação do Único Deus Verdadeiro e nunca foi a intenção do Ser Último criá-lo, mas é o produto de um ser divino que desceu consideravelmente da Realidade Última, o "deus *deste* mundo" (cf. 2 Co 4,4 – Satanás, o poder demoníaco que, na visão de Paulo, é a fonte do mal deste mundo, era, na visão gnóstica, de fato o criador deste mundo).

V. E como os seres humanos se encaixam nessa grande história das origens? A maioria deles é simplesmente o produto do Demiurgo, o "Criador", "Pai" e "Rei", que é responsável por este mundo. Eles são compostos apenas de matéria e/ou alma; eles são seres materiais ou físicos que pertencem apenas a este mundo. Eles não se admiram com sua origem, estão felizes neste mundo, e não podem nunca mover-se para além dele, e perecerão com ele.

VI. Mas outros estão desconfortáveis neste mundo, têm o sentimento profundo de que não pertencem a este mundo, de que pertencem a outra ordem de existência para além de vacas e rochas. Os gnósticos valentinianos têm, contudo, mais a explicar. No processo da expulsão de Sofia do Pleroma, um pouco da realidade transcendente, chamada Espírito, foi concedida a Sofia, e continuou mesmo em sua versão *Achamoth*, em seu descendente Pai/Rei, e infiltrada em sua criação. Assim, o mundo atual não apenas é composto de seus principais elementos, matéria e alma, mas também contém fragmentos do Espírito divino do mundo eterno dentro do Pleroma. Estas centelhas eternas da realidade divina são os Eu interiores de alguns seres humanos, que estão presos em um mundo ao qual não pertencem e no qual não estão em casa. Eles têm um anseio por outro mundo, mas não conhecem a fonte desse anseio, ou o que ele significa. Seu nascimento neste mundo foi como um

---

[28] *Sophia* é a palavra grega para sabedoria, Σοφία; *Achamoth* deriva da palavra hebraica para sabedoria, חָבְמָה. O leitor é lembrado de que o resumo acima é apenas o de uma corrente do gnosticismo valentiniano. Em formas conexas de mito, Sofia traz uma serpente com cabeça de leão chamada *Yaltabaoth*, que ignorantemente supõe que é o único deus, cria o mundo, e exclama: "Eu sou Deus e não há outro além de mim", i.e., o Yahweh do Antigo Testamento (cf. Is 45,5).

dormir de sua centelha divina, e eles vagueiam insatisfeitos e anestesiados. Eles só podem estar conscientes desse dormir apenas pelo conhecimento de sua origem divina.

VII. Ninguém podia ter descoberto esse conhecimento. Ele foi revelado do céu. O Cristo pré-existente viu o estado angustiado dessas centelhas do ser divino, desejando retornar ao seu verdadeiro lar, e teve compaixão delas. Ele desceu vários aeons, camadas da realidade e esferas planetárias, e, disfarçando-se pela união com o ser humano Jesus, entregou o conhecimento da salvação a discípulos de confiança, separou-se de Jesus na crucifixão, retornando ao mundo celestial em seguida.

VIII. *Este* conhecimento é o que o mestre gnóstico pode oferecer. Não se trata de mera informação, mas conhecimento salvador. Se eu sinto minha própria alienação neste mundo e quero saber por que, e desejo engajar-me em um estudo longo e disciplinado (do qual este esboço é apenas um resumo escasso), eu posso aprender quem nós éramos, em que nos tornamos, onde estávamos, como fomos lançados a esta existência, para onde estamos indo, e de onde vem nossa libertação. Posso aprender o que é o nascimento, e o que é o renascimento. Posso descobrir quem verdadeiramente eu sou. Este conhecimento é salvação.

IX. Os crentes gnósticos que se tornam conscientes de seu verdadeiro ser devem expressar isso na maneira como vivem. Os grupos gnósticos desenvolveram estilos de vida que correspondiam à realidade de seus verdadeiros Eus espirituais. Esses estilos de vida pendiam em duas direções diferentes. Alguns crentes gnósticos viviam um estilo de vida ascético, rejeitando todos os prazeres da carne, demonstrando sua superioridade à existência corporal ao manter a carne sob rígido controle e desdenhando todos os prazeres carnais. Outros gnósticos manifestavam seu ser espiritual interior numa licenciosidade que demonstrava seu desprezo por este mundo e suas convenções, vivendo numa liberdade de todas as leis e expectativas deste mundo, permitindo que o corpo fizesse o que desejasse, uma vez que nada que o corpo faz pode manchar o eterno Eu interior.[29] Por mais estranho que possa parecer, às vezes as duas tendências eram combinadas, com crentes gnósticos praticando tanto a superioridade ascética sobre o mundo, quanto o libertino desdém por suas convenções.

---

[29] Os heresiologistas entre os Pais da Igreja alegavam que o cristianismo gnóstico promovia o comportamento licencioso, uma visão já presente nas reivindicações de alguns autores do Novo Testamento sobre seus oponentes proto-gnósticos (1 Co 6,9-20; Jd 14-23; 2 Pd 2,1-22; os oponentes nas Pastorais incluem tanto ascetas [1 Tm 4,1-5] como libertinos licenciosos [2 Tm 3,1-9]. Os documentos de Nag Hammadi uniformemente defendem uma ética asceta, não fornecendo apoio para uma ética libertina entre os gnósticos representados por esses textos.

Quando esses pontos de vista gnósticos se originaram? O sumário acima representa uma forma tardia do gnosticismo já combinada com elementos do cristianismo, articulando o significado da fé cristã dentro da estrutura da filosofia gnóstica. Estavam essas visões já disponíveis como parte do mundo religioso no qual os primeiros missionários cristãos entraram? Há três visões básicas dessa questão:

1. Os Pais da igreja do segundo e terceiro séculos entenderam o gnosticismo a que se opuseram como uma perversão do cristianismo ortodoxo. Jesus e os apóstolos estabeleceram o que veio a ser a corrente principal do cristianismo ortodoxo no início, e os gnósticos o distorceram combinando-o com a filosofia e mitologia helenísticas. Alguns eruditos modernos continuaram seguindo essa abordagem básica, considerando o gnosticismo como uma "helenização aguda do cristianismo".[30] Nessa visão, o gnosticismo é uma derivação tardia do cristianismo, que foi deserdado pelo pai.

2. No início do século vinte, a escola alemã de religiões comparadas desenvolveu uma teoria das origens cristãs que é o polo oposto da visão tradicional: um gnosticismo original que existiu antes e ao lado do cristianismo foi adotado e adaptado por alguns dos primeiros cristãos como uma forma de expressar sua fé. Embora a forma cristã do gnosticismo que inclui um papel para Jesus e a Igreja seja obviamente tardia, a compreensão da existência humana, e do padrão do redentor divino pré-existente que desce para trazer conhecimento salvador, já estava lá para ser adotada e adaptada pelos cristãos, e continuava ao lado do cristianismo como um de seus principais competidores.

3. Cada uma dessas visões é agora considerada pela maioria dos estudiosos como dogmaticamente fundamentadas e forçando a evidência a fim de se encaixar com a teoria pré-concebida. O gnosticismo não pode ser reduzido a uma heresia cristã tardia, nem havia uma mitologia gnóstica totalmente desenvolvida que pudesse ser adotada pelos primeiros pensadores cristãos. Em particular, não havia um mito de redentor gnóstico construído e já disponível aos pensadores cristãos, que supostamente tivesse sido adaptado a fim

---

[30] ADOLF VON HARNACK, *History of Dogma* (trans. Neil Buchanan; 7 vols.; TTL New York: Russell & Russell, 1958), 1.226.

de interpretar o evento-Cristo.³¹ Havia elementos do que devia tornar-se o gnosticismo já presente no primeiro século, por exemplo: (1) o modo gnóstico de alienação, de não se sentir em casa no mundo; (2) a compreensão dualística da realidade, especialmente a dicotomia corpo/alma; (3) a compreensão da salvação como libertação de meu verdadeiro Eu de sua prisão terrestre e carnal; (4) um desprezo por este mundo imperfeito de ambiguidade e realidade e um desejo ardente pelo absoluto; (5) especialmente, a ideia de que havia seres espirituais que pertenciam ao mundo divino de perfeição transcendente, que podiam assumir forma humana, e comunicar conhecimento secreto aos poucos escolhidos.

Assim, aqui e em outros lugares, os primeiros missionários cristãos enfrentaram a dupla tarefa que envolvia (1) adotar e adaptar (alguns inconscientemente) as formas de pensamento de seu mundo a fim de comunicar sua mensagem e (2) tentar evitar os equívocos que resultaram quando seus ouvintes e conversos muito prontamente "entenderam" a mensagem cristã em termos de sua própria conceitualidade religiosa anterior. Contudo, não deveríamos entender a situação missionária como se essas ideias de religião helenística fossem externas aos próprios missionários, que eles só adotaram e adaptaram como uma estratégia missionária. Essas ideias não invadiram a igreja "a partir de fora". Novos conversos trouxeram tais ideias consigo como parte de seu mundo de pensamento, compreendendo o significado da confissão cristã nesses termos desde o início. Elas já eram também um componente inerente do pensamento dos próprios missionários. A igreja era capaz de fazer essa adaptação ao mundo do pensamento helenístico em face do caráter essencialmente histórico e centrado de sua própria fé. Isso não significa prover certa ideia metafísica e abstrata sobre a natureza de Deus ou um sinal de uma boa vida, mas proclamar o ato salvífico de Deus, que por sua própria natureza pode ser percebido novamente em cada nova situação e expresso nas formas apropriadas de pensamento a tal situação. A igreja não anunciou boas ideias, mas boas novas. Embora essas boas novas

---

³¹ Esta era uma pedra angular na interpretação de RUDOLF BULTMANN, cuja interpretação foi muito influente na terça parte intermediária do século vinte. Ver especialmente BULTMANN, *Theology of the New Testament*. [Em português: *Teologia do Novo Testamento*. São Paulo: Academia Cristã, 2008].

não possam ser proclamadas em alguma forma "pura" e incontaminada pela teologia – a proclamação do evangelho é sempre e necessariamente feita em termos de alguma teologia – a igreja sabia desde o início a diferença entre o evangelho e a teologia, e podia adaptar-se teologicamente sem envolver o evangelho.

As religiões helenísticas eram politeístas, às vezes com uma tendência para o monoteísmo. Isso significa que elas eram tolerantes e não excludentes. Apenas o judaísmo e o cristianismo eram monoteístas num sentido restrito, e, portanto, eram condenados como intolerantes. Quando os cristãos foram perseguidos, não foi porque negassem sua própria fé, mas porque não agregaram outra fé a sua própria religião – a qual eles não podiam praticar e permanecer cristãos. Essa intolerância era o que fazia judeus e cristãos tão odiosos aos vizinhos romanos, e a razão pela qual se tornaram suspeitos e motivo de aversão em face de seu retraimento, e terem sido chamados de "inimigos da raça humana".[32]

Judaísmo Helenístico (Diáspora) – (Ver acima, também, §7.4)

Quando, nas décadas de 30 e 40 de nossa Era, os primeiros missionários cristãos entraram pela primeira vez nas vilas e cidades do mundo helenístico, eles eram os recém-chegados, e sua mensagem era nova. Eles encontraram ali não apenas uma variedade de religiões greco-romanas, mas sinagogas judaicas, congregações de crentes judeus que, por gerações, mantiveram a fé bíblica e as tradições judaicas por todo o mundo helenístico. Desde o exílio, no sexto século a.C., a maioria dos judeus vivia na Diáspora. No primeiro século d.C., dos 4.5 milhões de judeus ao redor do mundo, menos de quinze por cento viviam na Palestina. O mundo mediterrâneo era salpicado de sinagogas judaicas; diversas cidades de maior porte tinham uma população

---

[32] Cf. As reflexões de N. T. WRIGHT sobre a missão como um componente-chave do cristianismo primitivo: "Por que então o cristianismo primitivo se espalhou? Porque os primeiros cristãos acreditavam que o que eles julgavam ser verdade era verdade para o mundo inteiro". N. T. WRIGHT, *The New Testament and the People of God* (COQG 1; Minneapolis: Fortress, 1992), 360. Sua fé não era verdadeira apenas "para eles", embora outras pessoas pudessem ter seus próprios deuses. O monoteísmo leva consigo esse tipo de imperativo missionário, esse tipo de exclusivismo intolerante.

judaica considerável. Mais judeus viviam em Alexandria do que em toda a Palestina. Contudo, os judeus da Diáspora eram uma minoria onde quer que vivessem, e foi ali, na Diáspora, que o judaísmo esteve sob maior pressão, interna e externa, a fim de se acomodar ao mundo ao redor.

O que era o judaísmo helenístico? Como vaga analogia, pode-se imaginar a comunidade judaica num centro urbano contemporâneo na América do Norte. Eles pertencem a uma comunidade religiosa específica e se identificam com o Israel histórico da Bíblia e da tradição judaica, mas são americanos, e se veem como tais. Eles falam inglês, assim como seus ancestrais. Eles vão à sinagoga e, em vários níveis e tradições, mantêm tradições judaicas em casa. Assim, a vasta maioria dos judeus da Diáspora via a si mesmo como pertencendo ao Israel histórico, mas estava geralmente integrada à predominante cultura greco-romana, falava grego como língua nativa, participava do serviço de adoração na sinagoga local e mantinha a tradição judaica em sua vida familiar. Eles viviam, em sua maioria, em sua própria vizinhança – e não em guetos, mas em íntima associação com uma vizinhança predominantemente judaica. Eles desfrutavam de tolerância e liberdade religiosa quase que em todo lugar, e eram dispensados do serviço militar em face de sua insistência pela observância do sábado e leis dietéticas. Eles eram especificamente dispensados de participar do culto ao imperador. A estrutura da comunidade variava de lugar para lugar, mas frequentemente havia um Conselho Judaico local (γερουσία, *gerousia*), onde os assuntos da lei religiosa judaica podiam ser resolvidos e a disciplina podia ser administrada, desde que não violasse a lei romana. A maior parte da população judaica de Alexandria parecia ter sido organizada em uma πολίτευμα (*politeuma*), quase um estado dentro de um estado. Uma vez que sua liberdade e status haviam sido obtidos pelo esforço e sacrifício e tinham de ser mantidos com cuidado, os judeus da Diáspora estavam interessados em não permitir desordem interna e tumultos que pudessem chamar a atenção das autoridades romanas. Muitos judeus eram presos por não demonstrar um grau de assimilação dentro da cultura mais ampla, resistindo a assimilação como uma dimensão de autocompreensão como o povo da aliança chamado para testemunhar a todas as nações a realidade de um único Deus. Em particular, esse senso de vocação e identidade de grupo era expresso na manutenção de rituais marcadores de fronteiras, como o da circuncisão, a observância do sábado e as leis alimentares. Embora alguns judeus da Diáspora fossem negligentes com a observância dessas leis e/ou as interpretassem num sentido não literal, outros viam sua estrita observância como sua missão e responsabilidade de preservar a fé da aliança. Os mais extremistas se viam como "zelotes" na tradição do Fineias bíblico e dos mártires macabeus, e resistiam a qualquer diluição ou acomodação da tradicional prática judaica. O palco estava montado para conflitos com missionários judeus cristãos, que proclamavam que os gentios podiam tornar-se membros plenos do povo da aliança sem aderir a estas leis.

Como o judaísmo helenístico entendia sua fé? Nós temos diversas janelas para o mundo do pensamento do judaísmo helenístico. A LXX não apenas fornece inúmeras ilustrações da interpretação do pensamento hebraico através de categorias gregas (ver acima §4.3.1), mas contém diversos livros compostos em grego por judeus helenistas, dando ao historiador moderno acesso direto às formas como alguns pensadores judeus, que pensavam e escreviam em grego, expressavam sua fé (Judite, Sabedoria de Salomão, 2, 3 e 4 Macabeus). Os judeus helenistas produziram uma vasta e extensa literatura, incluindo escritos religiosos, históricos e poéticos. Isso é ilustrado pelo fato de que, no primeiro século a.C., um editor gentio construiu uma antologia a partir de excertos de escritos judaicos chamada *Sobre os Judeus*. Seu trabalho incluía seleções de Demétrio, o cronógrafo, Eupolemo, Artapano, Aristeu, Cleodomo-Malco, Pseudo-Eupolemo, Filo o Poeta (que não deve ser confundido com o posterior Filo de Alexandria), Teódoto, o poeta de Samaria, Ezequiel, o autor de Tragédias, Aristóbulo o filósofo. A maioria desses escritos se perdeu, e não os conheceríamos se Alexandre não tivesse preservado excertos de suas obras. Eles são apenas a ponta de um grande iceberg. Para nossos propósitos, os extensos escritos de Josefo, Filo e a LXX oferecem vislumbres reveladores para as diversas maneiras como os judeus helenistas entendiam sua fé. Aqui podemos dar apenas umas poucas ilustrações:

- O autor da *Sabedoria de Salomão* já havia dado passos largos para a interpretação da teologia e ética judaicas em termos gregos tradicionais. A definição de Platão das quatro virtudes primordiais se tornou clássica: autocontrole, prudência, justiça e coragem. Estas são agora tomadas como

bons costumes judaicos, com a declaração de que "nada na vida é mais útil para os mortais do que essas coisas" (Sab 8,7).
- Josefo explicou os fariseus, saduceus, essênios e a "Quarta Filosofia" (Zelotes) em termos das escolas filosóficas gregas, distinguidas por suas várias doutrinas do destino e livre arbítrio (ver acima §7.4). Aqui vemos um educado judeu palestino com uma compreensão das instituições e conceitos bíblicos e tradicionais. Intencionalmente, ele interpreta-os para estrangeiros, em suas categorias, aceitando a distorção que está necessariamente envolvida, a fim de comunicá-la a todos.
- Josefo se refere, em bom estilo grego, à alma "aprisionada dentro de um corpo mortal e manchada por suas misérias", a qual será "livre do peso que a arrasta para a terra e a envolve em torno de si, e a alma é restaurada à sua própria esfera" após a morte (*Guerra* 7.344,346). Isso também é uma questão de acomodação, expressando a autêntica visão judaica da ressurreição dentro da compreensão greco-romana de imortalidade? Ou teria o próprio Josefo aceitado a maneira grega de expressar a esperança judaica?
- 4 *Macabeus* é enfático em seu argumento de que os mártires judeus suportavam tortura e morte em face de sua crença na imortalidade da alma, e expressa a doutrina numa forma que teria sido prontamente compreendida pelo estoicismo popular no mundo helenístico (cf. e.g. 9,22; 14,5; 15,3; 16,13; 17,12; 18,23). Esse ponto de vista geral é compartilhado pela *Sabedoria de Salomão*, onde a imortalidade, mas não a ressurreição, é afirmada. Aqui, parece que temos exemplos claros da esperança judaica para a vida além da morte expressa na conceitualidade grega da imortalidade da alma. Os autores parecem não ter adotado meramente conceitos gregos para fins de comunicação, mas os terem internalizado como suas próprias formas de expressar a fé judaica. Mesmo aqui, a ideia da pré-existência da alma não está presente, e a vida eterna é vista como o dom de Deus, e não como algo que é ontologicamente inerente ao ser humano. Assim, as palavras finais de 4 Macabeus não declaram que os fiéis mártires macabeus tinham meramente descartado seu corpo carnal, de modo que seu corpo imortal pudesse retornar para Deus, mas "*receberam* almas puras e imortais *de* Deus" (18,23).[33]

---

[33] Para um tratamento detalhado do contraste entre "imortalidade" e "ressurreição", ver GEORGE W. E. NICKELSBURG, *Resurrection, Immortality, and Eternal Life in Intertestamental Judaism* (HTS 26; Cambridge: Harvard University Press, 1972), especialmente o apêndice que corresponde a OSCAR CULLMANN, *Immortality of the Soul; or, Resurrection of the Dead? The witness of the New Testament* (London: Epworth, 1958). N. T. WRIGHT argumenta em favor de uma compreensão integrada na qual os judeus de fato acreditavam numa ressurreição futura, com referências à imortalidade

- Filo é o nosso maior e espetacular exemplo dos esforções do judaísmo da Diáspora a fim de interpretar a fé em categorias gregas. Ele era um impetuoso defensor da observância literal das leis tradicionais, embora as interpretasse de uma forma não literal, acomodando-as à compreensão grega da lei natural. Filo via o mundo através de lentes platônicas, e argumentava que, quando adequadamente compreendido, Moisés ensina a cosmovisão e ética platônica. O significado mais profundo das leis rituais bíblicas está sempre preocupado com a maneira como a mente ou alma do indivíduo pode prevalecer sobre as paixões da carne e obter a liberdade da pessoa verdadeiramente espiritual, com imortalidade como recompensa. Moisés foi o revelador original da sabedoria divina, viveu antes de Platão, que, de fato, recebeu sua filosofia da lei de Moisés! Platão era simplesmente Moisés falando grego ático, e o próprio Moisés foi interpretado em categorias gregas do θεῖος ἀνήρ [*theios anēr*, homem divino] helenístico.

Missões, Prosélitos e Tementes a Deus. O judaísmo moderno não é "evangelístico", não busca conversos. O judaísmo helenístico não apenas era aberto e convidativo a seus vizinhos gentios, mas às vezes realizavam uma missão ativa (cf. Mt 23,16; At 2,10; 6,5), compreendendo sua responsabilidade de ser a "luz das nações" (cf. Is 42,6; 49,6). Quando é chamado de uma religião missionária, a frase deve ser compreendida diferentemente de seu uso posterior pelo do cristianismo. Os judeus não enviavam missionários ao mundo descrente expressamente para proselitismo entre as nações. Eles já estavam lá, instalados aos milhares em inúmeras cidades ao longo do mundo mediterrâneo, e faziam trabalho missionário ao viver sua fé de maneira atrativa aos pensadores gentios. A defesa do monoteísmo, quando tomado seriamente, traz consigo um imperativo missionário – o Deus único é o Deus de todos os povos, e eles devem saber isso e reconhecer Deus como Deus. O monoteísmo judaico, a antiga tradição e os elevados padrões éticos eram muito atraentes a muitos gentios, e muitos se tornavam prosélitos. Para outros atraídos ao judaísmo, a circuncisão e as leis dietéticas eram um estorvo. O número de mulheres conversas excedia, em muito, o número de homens prosélitos.

---

compreendida como se referindo ao estado intermediário entre morte e ressurreição (N. T. Wright, *The Resurrection of the Son of God* (COQG 3; Minneapolis: Fortress, 2003), 162-181) [em português: *A Ressurreição do Filho de Deus*. São Paulo: Academia Cristã/Paulus, 2013].

O judaísmo da Diáspora desenvolveu um método alternativo de participar da vida judaica sem se tornar um total converso: o conceito do "temente a Deus". O termo significa "adorador de Deus", i.e., o único e verdadeiro Deus proclamado pelo judaísmo. Tais pessoas abandonavam o politeísmo pagão, formando uma penumbra em torno da sinagoga, familiarizada com o ensino da Bíblia e da tradição judaica, um tipo de grupo associado e interessados que participavam da sinagoga, mas não haviam formalmente se tornado prosélitos (ver Foto 26). Atos representa Cornélio como tal pessoa (At 10,1-3), e retrata Paulo pregando na Sinagoga, abordando seus ouvintes como "Judeus e Tementes a Deus" (At 13,16.26). Embora no Novo Testamento apenas Atos fale de tal categoria, a existência dessa classe, distinguida de judeus e prosélitos, agora parece ser confirmada pelas inscrições de Mileto e Afrodisias.[34]

[FOTO 26 – Inscrição do teatro em Mileto, indicando reserva de assento para os Tementes a Deus, na seção judaica. Crédito da Foto: M. Eugene Boring]

---

[34] Ver BORING, BERGER e COLPE, eds., *Hellenistic Commentary*, §507. Cf. também a inscrição no teatro de Mileto "Judeus e Tementes a Deus", designando uma seção de assentos correspondendo a outros grupos profissionais, sociais e étnicos. Em tais ocasiões, Os tementes a Deus eram publicamente identificados como incluídos entre os judeus, embora distinguidos deles. A questão continua a ser disputada (ver uma concisa discussão e bibliografia completa em RICHARD I. PERVO, *Acts: A Commentary* (Hermeneia; Minneapolis: Fortress, 2009), 332-333). Eu uso "Temente a Deus" como uma expressão geral para os gentios que foram atraídos ao monoteísmo e ética do judaísmo conforme tipificados por Cornélio, em Atos 10, e que devem ter participado da sinagoga sem se tornar prosélitos. Não estou argumentando ou pressupondo que "Tementes a Deus" foi uma expressão técnica para um status claramente definido e amplamente reconhecido de quase judeus ou pretensos judeus.

Esse grupo provou ser um campo fértil para os primeiros missionários judeus cristãos, que ofereciam plena participação no povo da aliança sem circuncisão ou leis rituais. Os conflitos que surgiram pela incursão dos missionários cristãos nas sinagogas são amplamente compreensíveis. Não devemos supor, contudo, que quando os *Tementes a Deus* se tornaram cristãos, foi com uma sensação de alívio que eles podiam agora tornar-se membros de pleno direito do povo de Deus sem o peso da lei e da circuncisão. Esses gentios que assistiam à sinagoga eram atraídos ao judaísmo e queriam ser publicamente identificados com ele a despeito dos problemas sociais que isso podia lhes trazer. Sua conversão à fé cristã não diminuiria necessariamente sua lealdade ao judaísmo, onde já tinham aprendido a Bíblia e as tradições de Israel. Esses cristãos gentios podiam ter estado entre os principais defensores da manutenção das tradições judaicas e identidade dentro da igreja.

Cristianismo Judaico Helenístico na Igreja Primitiva – os Helenistas (ver acima §7.5. *Helenistas*) [35]

Quando os judeus da Diáspora falantes de grego migraram para Jerusalém, e.g., em face das conexões familiares, por assuntos de negócios, ou para estabelecer-se na Terra Santa por razões religiosas, eles se viram num estranho ambiente onde não podiam entender a língua, onde sua própria língua grega e maneiras helenísticas nem sempre os recomendava aos judeus religiosos locais. No final das contas, esses helenistas em Jerusalém viriam a desempenhar um importante papel na formação e expansão do cristianismo primitivo. Alguns se converteram à fé cristã nos primeiros dias da igreja. Embora alguns helenistas presumivelmente tenham se mudado para Jerusalém para ficarem perto do templo, eles descobriram que nem sempre eram bem-vindos por outros judeus, e alguns se tornaram alienados do templo e de seu sistema de sacrifícios. No contexto helenístico anterior, eles se tornaram

---

[35] Ver KARL LÖNING, "The Circle of Stephen and Its Mission," in *Christian Beginnings: Word and Community from Jesus to Post-Apostolic Times*, ed. Jürgen Becker (Louisville: Westminster John Knox, 1993), 103-131; JAMES G. D. DUNN, "The Hellenists and the First Outreach," in James D. G. Dunn, *Beginning from Jerusalem* (CM 2; Grand Rapids: Eerdmans, 2009), 241-321.

acostumados a interpretar a Torá num sentido espiritual que não mais via como absoluta a observância literal do sistema de sacrifício do templo, e agora eles entendiam sua nova fé de uma forma que relativizava a lei. O Messias havia tornando disponível o perdão de Deus numa base completamente diferente daquela do culto de sacrifício do templo; o Filho do Homem divino viria em breve e a conversão escatológica das nações ao único e verdadeiro Deus seria uma realidade que não mais requereria uma estrita observância à Torá. Eles não conheceram Jesus na Galileia, e se tornaram membros da comunidade cristã com base no kerygma pós-pascal, e conheciam Jesus apenas com base na proclamação da igreja. Assim como eles haviam tido suas próprias sinagogas de fala grega dentro do judaísmo, agora passaram a ter suas próprias igrejas domésticas de língua grega no interior da nova comunidade cristã, onde celebravam a Ceia do Senhor, recebiam instrução em sua nova fé e iniciavam sua missão ao mundo. Tal parece ter sido a compreensão helenista da nova fé, a qual vivia em inquieta tensão com seus irmãos e irmãs palestinos nativos, falantes de língua aramaica, na nova comunidade cristã que continuava a adorar no templo e a aderir estritamente à lei.

[FOTO 27 – Porta da cidade de Mileto, agora reconstruída no museu de Pérgamo em Berlim. Crédito da Foto: M. Eugene Boring]

A história que Lucas conta dos primeiros dias da igreja foi escrita depois de enfatizar sua unidade e harmonia, minimizando seus conflitos internos e se preocupando em mostrar que tais problemas emergiram apenas gradualmente e foram pacificamente resolvidos pela liderança apostólica (e.g., At 6,1-7). Assim, em Atos, quando os helenistas se queixam da negligência de suas viúvas nas distribuições caritativas da igreja, os apóstolos escolhem uma comissão de sete homens do grupo helenista a fim de supervisionar essa distribuição. Mas a extensa descrição do testemunho e da morte de um líder principal desse grupo, Estêvão, retrata-o como um administrador de fundos de assistência social. Ele é um operador de milagres, e especialmente um pregador poderoso e cheio do Espírito Santo, realizando o "ministério da palavra" a qual Lucas especificamente designou aos Doze. Os Sete são líderes de um segmento especial da comunidade. Eles, e não os nativos apóstolos falantes de língua aramaica, é que são dirigidos pelas autoridades judaicas de Jerusalém.[36] Parece que os helenistas criticavam a lei mosaica e o culto do templo de uma forma provocativamente diferente do corpo principal dos discípulos falantes de aramaico representados pelos doze apóstolos. Desde o começo, essa diversidade inicial gerou uma diversidade de maneiras através da qual a nova fé foi entendida, e as sementes do conflito interno estavam presentes desde os primeiros dias. O conflito entre a observância cristã da Torá continuava, com efeitos profundos e amplos no crescimento do movimento cristão.

As Igrejas Gentias

Alguns cristãos judeus helenistas em Jerusalém interpretavam a nova fé em categorias helenísticas. Eles é que foram perseguidos pelas autoridades judaicas locais, não porque fossem cristãos, mas por causa de seus pontos de vista perigosos sobre a Torá e o templo.[37] Os judeus cristãos falantes de aramaico não foram perseguidos, mas permaneceram em Jerusalém, fiéis à Torá e leais ao templo (At 6,8 – 8,1). Os missionários fora de Jerusalém incluíam os helenistas que haviam

---

[36] MARCEL SIMON, *St. Stephen and the Hellenists in the Primitive Church* (New York: Longmans, 1958).
[37] Esta interpretação helenística do Cristianismo já havia ocorrido antes da conversão de Paulo. Não foi Paulo que substituiu a "simples fé judaica de Jesus" com uma religião helenística sobre ele; quando Paulo se converteu, ele se tornou membro de uma igreja que já estava completamente helenizada.

sido expulsos. Filipe, um dos sete líderes originais, foi a Samaria (At 8,1-13), e se tornou, mais tarde, um instrumento na conversão de um eunuco etíope. Esse oficial do governo a serviço da rainha estava retornando de sua peregrinação a Jerusalém – uma peregrinação que fazia mesmo sem poder adorar no templo ou ser totalmente aceito na comunidade judaica (não por causa de sua nacionalidade, mas porque era um eunuco). Tanto os samaritanos quanto os fisicamente mutilados eram excluídos das principais correntes do judaísmo, mas eram bem-vindos pelos missionários cristãos judeus helenistas. À medida que os helenistas deslocados se restabeleciam fora de Jerusalém, eles proclamavam sua nova fé nas sinagogas de língua grega. Aqui, às vezes encontravam uma (mínima) resposta positiva e uns poucos conversos entre os judeus, mas a maioria experimentava rejeição. Os *Tementes a Deus* provavam ser um campo mais fértil. Essa incipiente "missão aos gentios" inicialmente significava o *escoamento* do que havia sido uma insuperável barreira *dentro* da sinagoga, uma barreira que havia frustrado as pessoas que já estavam atraídas ao monoteísmo, à Escritura, e à perspectiva judaica sobre o mundo e a vida de tornarem-se membros plenos do povo de Deus da aliança. Quando os membros desse grupo se tornaram crentes em Jesus como o Messias, às vezes percebiam, depois de um tempo, que deviam retirar-se da sinagoga ou serem excluídos dela. Então, esse grupo executava o movimento mais radical e revolucionário, e começava a comunicar sua nova fé aos gentios que não tinham sido associados inicialmente com a sinagoga. Igrejas predominantemente gentias começaram a surgir. Por volta do tempo em que nosso primeiro documento cristão foi escrito, as pessoas que nunca haviam tido qualquer associação com o judaísmo foram sendo conquistadas para a nova fé (1 Ts 1,9-10). Sua conversão não envolvia primeiramente tornar-se judeu; eles eram aceitos dentro das novas comunidades cristãs sem a circuncisão – um passo significativo o qual o leitor moderno deve considerar refletidamente a fim de entender e apreciar seu significado teológico e histórico.[38]

---

[38] A fim de obter uma impressão do que esse importante passo significou, o leitor moderno poderia refletir sobre textos bíblicos como Gn 17,9-14 e histórias de martírio de 1-2 Macabeus, tentando apreciar por que mártires de Israel morreram, e como isso foi visto por judeus devotos do primeiro século.

Assim, pela primeira vez, comunidades de crentes cristãos batizados, mas não circuncidados vieram a ser compostas de pessoas que não eram judias. O cristianismo gentio nasceu, tendo sido gerado por desconhecidos missionários cristãos judeus helenistas. Mais tarde, o livro de Atos, recontando essa expansão, credita a conversão dos primeiros gentios ao apóstolo Pedro, e relata que ele recebeu a aprovação oficial da liderança apostólica em Jerusalém (At 10-11). Mas, uma vez tendo deixado claro esse ponto, o autor também indica, quase incidentalmente, que os primeiros missionários aos gentios foram, de fato, esses helenistas anônimos (At 1,19-26). Aqui, Lucas se encaixa na extensa missão dos helenistas que resultou na formação das igrejas gentias numa dramática cena em que Pedro – para Lucas, o primeiro apóstolo dos primeiros dias da igreja – desempenha o papel principal. Estudantes do Novo Testamento deviam notar cuidadosamente que esta história destrói a ideia romântica de que "tolerância" e "inclusão" foram proclamadas primeiramente por *Jesus*. Esse novo desenvolvimento revolucionário foi uma questão do Espírito Santo operando na vida da igreja, e não o programa do herói individual, Jesus. Nem foi o trabalho de Paulo.

A Igreja nas Casas[39]

As dinâmicas que moldaram o novo movimento não eram apenas teológicas, mas também sociais e políticas, e essas forças sócio-políticas tanto facilitaram a missão da igreja quanto a tornaram problemática. Uma realidade social especialmente crucial para a compreensão da natureza do cristianismo primitivo foi a formação de igrejas domésticas. Atos 2,42 retrata os seguidores de Jesus não apenas como continuando a adoração no templo e na sinagoga, mas também como se encontrando em casas particulares; porém, isso pode ser a projeção, por parte do autor, da situação de seu próprio tempo para a história anterior. Podemos estar confiantes de que por ocasião da missão paulina, refletida nos primeiros documentos cristãos, era comum referir-se "à igreja na casa" de alguém (1 Co 16,15; 19-20; Rm 16,3-5,23).

À medida que a igreja ia se tornando mais diferente da sinagoga, a igreja doméstica, presumivelmente nas primeiras fases da missão

---

[39] Ver ROGER W. GEHRING, *House Church and Mission: The Importance of Household Structures in Early Christianity* (Peabody, MA: Hendrickson, 2004), e a bibliografia que ele fornece.

aos gentios, de maneira crescente se tornava a forma primária da vida congregacional. Aqui a palavra era proclamada, os sacramentos eram celebrados, hospitalidade era estendida a discípulos e missionários itinerantes. Na missão paulina, a igreja doméstica se tornou um aspecto da estratégia missionária.

Paulo e seus companheiros não pregavam nas esquinas ou iam de porta em porta, ou mesmo de vila em vila. Eles estabeleciam as igrejas nas casas, que se tornaram os centros da obra missionária à qual as pessoas eram convidadas e atraídas, o que gerava outras igrejas nas casas. O fato de que as congregações se encontravam em casas particulares encorajava a informalidade e o senso de pertença, bem como a igualdade que era inerente à vida em família. Ao mesmo tempo, isso tendia a reforçar o patriarca da estrutura familiar no mundo helenístico. O átrio de uma casa grande podia acomodar de 30 a 50 pessoas. Às vezes, devia haver mais do que uma congregação como esta em uma cidade (ver Foto 28). Em tais casos, seria difícil para as congregações de igrejas domésticas encontrarem-se em sessão plenária, mas por outro lado seria fácil o desenvolvimento de linhas partidárias e sectarismo.

[FOTO 28 – Uma das inúmeras casas ricas e grandes, escavadas recentemente em Éfeso. Casas como estas podiam acomodar muitas pessoas, e as casas de cristãos ricos se tornaram os lugares de encontro para as igrejas nas casas. Crédito da foto: M. Eugene Boring].

Como deveríamos imaginar a interação social dessas igrejas domésticas com o mundo ao redor? Como seus vizinhos as enxergavam? De um lado, elas devem ter gerado certa suspeita. Os que adoravam nos templos romanos se reuniam fora, em frente ao templo. O templo era para a divindade, e não para os adoradores. Novos grupos religiosos cujos encontros não fossem dirigidos ao público eram vistos com suspeita. Por outro lado, o leitor moderno não deveria imaginar as igrejas domésticas do cristianismo primitivo em termos da Europa ou América do Norte de hoje, onde há um extremo contraste entre os grupos religiosos informais (e sempre suspeitos) que se encontram em casas particulares, em contraste com a arquitetura impressionante de igrejas, sinagogas e mesquitas. No mundo antigo, já havia uma longa tradição de associações religiosas privadas, grupos de iniciados e escolas filosóficas que se encontravam nas casas confortáveis dos patronos. No primeiro século, a sinagoga não era geralmente um edifício tradicional com uma arquitetura distinta, em praça pública "próxima ao templo de Zeus", mas estava na seção residencial habitada por judeus, e seus lugares de encontro não eram evidentes. Os vizinhos gentios, de fato, às vezes desconfiavam deles, mas os judeus já estavam por um tempo longo o suficiente para dissipar algumas dessas suspeitas. Enquanto a igreja foi um movimento no interior da sinagoga ou um subgrupo dela, ela teve um lugar estabelecido na estrutura social. À medida que o movimento protocristão ia se tornando cada vez mais gentio ou de esquerda ou era expulso da sinagoga, a igreja doméstica se tornava a estrutura social padrão para as novas comunidades de crentes.

O leitor contemporâneo, especialmente da Europa ou da América do Norte, deve resistir à pressão de pensar "igreja nas casas" em termos da casa de uma família moderna, na qual pessoas de diferentes classes socioeconômicas são geograficamente segregadas, com as classes ricas superiores vivendo em casas grandes em uma parte da cidade, e pessoas mais pobres em casas menores em outras partes, e os muito pobres em cortiços numa pequena cidade pobre de interior. Em tais situações, pessoas pobres podem visitar bairros ricos – onde elas podem ser vistas como "fora de lugar". Elas podem admirar, invejar e ficar ressentidas em face das casas elegantes que veem. Pessoas ricas podem visitar bairros pobres, quer em visitas sociais ou projetos de melhoria de vida de comunidades pobres. Mas, no fim do dia, cada um retorna para sua casa, e as fronteiras sociais são marcadas por áreas residenciais. Nas cidades helenísticas, deveríamos pensar em uma sociedade composta por um grande número de pirâmides sociais, com cada pirâmide contendo toda uma gama de pessoas divididas em grupos que vão desde o muito rico ao muito pobre, com o patrono no topo de cada pirâmide, e o imperador como o patrono principal no topo de todas elas. Nas grandes cidades, ricos e pobres vivam juntos em grandes blocos da cidade ("ilhas"), todos no mesmo grande complexo de edifícios que incluía a elegante residência do proprietário/patrono, sua família, lojas e pequenos locais de trabalho onde seus empregados, atendentes e escravos viviam em pequenos quartos anexados a um sótão ou um quarto nos fundos. Distinções entre classes sociais eram muito rígidas, e cada uma "permanecia em seu lugar", mas a separação não era geográfica. Todas viviam debaixo de um teto, e as distinções eram mantidas por rituais sociais e não por espaço geográfico. Paulo teria trabalhado em seu comércio (fazedor de tendas, artesão em couro) numa dessas lojas, teria dormido no sótão ou quartos adjacentes, em proximidade física tanto com escravos quanto com os próprios proprietários ricos, numa condição social onde todos entendiam as regras e viviam a partir delas sem pensar que poderia ser de outra forma.

Em situações onde todos ou a maioria dos discípulos pertencia às classes sociais mais baixas – como era tipicamente o caso – uma "igreja na casa" seria uma "igreja num cortiço", que se encontrava num pequeno espaço que não podia acomodar mais que dez ou doze pessoas. Quando pessoas ricas se convertiam, suas casas mais espaçosas, com salas de jantar e átrios, podiam acomodar grupos maiores. Assim, Priscila e Áquila eram, ao que parece, comerciantes com bons recursos; Febe aparentemente tinha empregados e escravos, e Filemon tinha uma casa servida por escravos, com mais de um quarto de hóspedes. Tais pessoas economicamente poderosas estavam acostumadas a agir como patronos, assim como outras pessoas estavam acostumadas a ordenar suas vidas, no que diz respeito à sua posição, de acordo com seu patrono. A estrutura da família patriarcal era aceita por todos, considerada como "natural" e inquestionavelmente "a forma como as coisas são", do mesmo modo como a propriedade privada, a economia de mercado e a distinção entre a primeira classe e a classe econômica nos aviões são assumidas pela maioria dos atuais moradores da América do Norte. As barreiras sociais, que eram consideradas absolutamente normais por todos os envolvidos, eram agora colocadas em questão pela nova *koinonia* igualitária da comunidade cristã. Quando, por exemplo, uma igreja se reúne na casa espaçosa do patrono, que regras e convenções aplicar? O grupo é uma casa ou uma instituição religiosa? Enquanto as igrejas domésticas forneciam a definição para a redentora liberdade cristã do "discipulado de iguais"[40] na qual não mais havia judeu ou gentio, escravo ou livre, macho ou fêmea (Gl 3,27-28), isso também se configurava na definição de tensões e disputas que eram frequentemente mais sociológicas que doutrinárias. Em todo caso, a compreensão teológica da nova fé não podia ser captada a partir das realidades sociais em que era vivida.

Formação das Diferentes Tradições e Teologias

Nos vinte anos entre a morte de Jesus e a escrita do (que se tornou) o primeiro livro do Novo Testamento, os primeiros pensadores cristãos desenvolveram formas diferentes de expressar sua nova fé. A fim de tornar clara sua própria fé, instruir seus novos membros, e comunicar essa fé a outros, o protocristianismo gerou e passou adiante diversas novas tradições teológicas. Isso não aconteceu de uma só vez ou de maneira uniforme em toda a comunidade cristã, ou num desenvolvimento diacrônico de linha reta. Aqui, nós vamos dar uma visão geral e sintetizar alguns dos tipos de desenvolvimentos teológicos que ocorreram entre a formação inicial da nova fé imediatamente pós-pascal no ano 30 de nossa Era, e a primeira carta de Paulo aos Tessalonicenses, por volta do ano 50 d.C. Quando Paulo começou sua missão, as normas para a fé e os rituais padrão para expressá-la já haviam sido trabalhados na comunidade protocristã. Essas normas eram reconhecidas como válidas na igreja além de Jerusalém e Judeia. Essas primeiras maneiras de pensar sobre o significado do evento-Cristo foram geradas pelos seguidores de Jesus nos primeiros dias e anos da igreja, com base em sua experiência do Cristo ressurreto, sua vida em comunidade no poder do Espírito Santo e as tradições e materiais a partir dos quais podiam traçar sua nova fé. Desde o início,

---

[40] Cf. ELISABETH SCHÜSSLER FIORENZA, *Discipleship of Equals: A Critical Feminist Ekklesialogy of Liberation* (New York: Crossroad, 1993).

o protocristianismo teve três principais categorias de materiais que influenciaram a maneira como eles entenderam sua nova fé:

1. A tradição judaica, tanto palestina quanto helenística
2. A Bíblia, tanto a hebraica quanto suas traduções gregas
3. As tradições de e sobre Jesus

1. A tradição judaica, tanto palestina quanto helenística

Fossem palestinos ou helenísticos, os primeiros cristãos eram judeus, e isso não meramente como um fato incidental, mas um dado de sua situação histórica – eles eram judeus intencionalmente e autoconscientes, que não entendiam a si mesmos como tendo abandonado o judaísmo ou se convertido à outra religião, mas como aqueles que celebraram o clímax e cumprimento da esperança e história de Israel. Sua fé é expressa nas categorias messiânicas e escatológicas já presentes na tradição judaica, transformadas à luz de sua fé que Jesus é o Senhor ressurreto.

2. Interpretação cristológica da Escritura

A igreja por muito tempo não teve um Novo Testamento, mas sempre teve uma Bíblia. Os primeiros cristãos herdaram uma Bíblia em virtude de serem judeus. Eles não decidiram se teriam ou não uma Bíblia; ela lhes foi dada desde o início. A igreja não adotou meramente um livro que estava no domínio público – o Livro veio com sua autocompreensão como Israel. Os primeiros cristãos não tomaram decisões canônicas independentes sobre que livros eles "aceitariam" em sua Escritura – eles aceitaram o cânon das Escrituras Judaicas que ainda estavam em processo de formação, com suas ambiguidades e campos difusos (ver acima §2.2.1). Que a Escritura desempenhou um papel normativo na nova comunidade é algo assumido sem disputa, e não se tornou um problema até o segundo século (Marcião!). Isso era verdade não apenas no contexto judaico palestino original. Quando a igreja se espalhou no amplo mundo helenístico, e as congregações cristãs se tornaram primariamente gentias, essa autocompreensão continuou. Os cristãos gentios logo vieram a entender que ao serem incorporados ao povo de Deus da aliança, eles se tornariam herdeiros das Escrituras Judaicas, veriam sua própria história como a continuação da história bíblica, e entenderiam sua vida junto à igreja como dirigida pela palavra de Deus na Escritura.

No judaísmo, como na própria Bíblia, a Escritura continuou a ser autoritativa para a comunidade à medida que se movia ao longo da história e enfrentava novas situações por um processo contínuo de reinterpretação. Ao reinterpretar sua Bíblia, os primeiros cristãos estavam continuando com o diálogo de Israel com a Escritura. Eles entenderam que com a vinda do Messias e a era escatológica, o diálogo da comunidade com a Escritura agora alcançava um clímax definitivo. Assim como a comunidade de Qumran encontrou novos significados na Escritura com base em sua convicção de que os tempos escatológicos haviam começado e de que eles estavam vivendo nos últimos dias, assim também com os primeiros cristãos – incluindo seu uso de alguns dos mesmos textos (e.g., Is 40,1-3). Não há dúvida de que os primeiros cristãos liam sua Bíblia com novos olhos, encontravam significados ali que não eram o significado histórico original. Eles não iniciaram com os textos bíblicos e questionaram se Jesus os cumpriu, e, encontrando predições de Jesus ali, vieram, então, a crer em Jesus como o Messias. O processo foi exatamente ao reverso: eles começaram com sua fé cristã, gerada pelos atos de Deus em Jesus, pela ressurreição, pela obra do Espírito Santo na comunidade e em suas próprias vidas, e então encontraram a fé confirmada, ilustrada, e explicada por essa nova leitura da Bíblia.[41] Isso foi o evento-Cristo, que a fé cristã trouxe aos textos, e permitiu que os mestres cristãos os lessem como predizendo o evento-Cristo. Isso é paradigmaticamente ilustrado na cena de Atos 8,26-35. O etíope já tem a Bíblia, e a lê sinceramente, mas não a compreende. Filipe, o evangelista cristão, traz sua fé para o texto, e proclama a fé cristã a partir dela. O texto de si mesmo não testifica de Jesus nem produz fé cristã.

O leitor moderno pode ter a impressão de alguns desses desenvolvimentos a partir dos exemplos a seguir:

---

[41] Paulo é um exemplo daqueles judeus que estudaram as Escrituras durante toda sua vida sem vê-la cheia de profecias do Messias vindouro. Ele não reconheceu Jesus como Messias com base em que ele cumprisse as profecias bíblicas. Mas, conforme retratado em Atos, quando ele se converteu por ocasião de seu encontro com o Cristo ressurreto, foi que ele veio a crer que escamas haviam caído de seus olhos (At 9,18), ou como se um véu tivesse sido removido da sua leitura da Bíblia (2 Co 3,12-18). Ele leu os mesmos textos, mas agora os via em termos de sua nova fé no Senhor crucificado e ressurreto.

- A convicção geral podia expressar que o evento-Cristo – vida, morte e ressurreição de Jesus – estava "de acordo com a Escritura", sem dar quaisquer detalhes (1 Co 15,3-4).
- Eventos específicos na vida de Jesus podiam ser vistos como explicitamente preditos no Antigo Testamento. O primeiro exemplo no Novo Testamento, Is 7,14 = Mt 1,22-23, representa uma ocorrência muito comum.
- A nova fé podia ser expressa em termos de declarações e linguagem bíblicas, sem reivindicar explicitamente que as promessas ou predições bíblicas estavam agora sendo cumpridas. Isso, também, é muito comum no Novo Testamento. O autor de Apocalipse, por exemplo, não cita a Bíblia explicitamente nem uma vez, contudo há cerca de 500 alusões e ecos da linguagem e fraseologia bíblicas em seus 22 capítulos. Uma vez que os autores do Novo Testamento não indicam frequentemente que estão fazendo alusão à Escritura, tais alusões são muitas vezes perdidas por leitores modernos, a menos que suas mentes já estejam saturadas de textos bíblicos (e.g. Mt 5,5 = Sl 37,11).
- Detalhes da vida e morte de Jesus podiam ser cumpridos a partir dos textos da Escritura. Assim, Mc 15,34 retrata as últimas palavras de Jesus na cruz como uma citação de Sl 22,1, enquanto Lc 23,46 parte de um salmo diferente a fim de representar a última oração de Jesus. O Salmo 22 e outros Salmos do justo sofredor vindicado por Deus eram particularmente ricas fontes para retratar a história da paixão.
- A Escritura podia ser citada como as próprias palavras de Jesus. Hb 10,5, por exemplo, cita Sl 40,7-9 como as palavras de Jesus "quando veio ao mundo". Não está claro se o autor está pensando no que o Cristo celestial diz quando entra neste mundo, ou se o autor de Hebreus vê essas palavras como as palavras do Jesus terreno – em todo caso, elas vêm dessa leitura cristológica de sua Bíblia, e não de uma memória histórica de algo dito por Jesus de Nazaré (ver também Hb 2,11-13, onde três textos do Antigo Testamento são citados como dizeres de Jesus ou do Cristo transcendente).
- Modelos bíblicos podiam ser adotados como uma forma de contar a história de Jesus [tipologia]. Jesus se torna o "novo Adão", "novo Moisés" ou "novo Davi", e a igreja se torna um "novo Israel" e seus oponentes se tornam versões contemporâneas dos inimigos de Deus na Bíblia. Sem reivindicar textos específicos como "predições", mestres cristãos veem Jesus ou a igreja conforme já antecipada na Bíblia (e.g., Gn 1-3 e Rm 5,12-21; Êxodo–Números e 1 Co 10,1-10).
- Histórias bíblicas são *alegorizadas* a fim de representar realidades cristãs (e.g., a história de Abraão, Sara e Hagar é compreendida em termos da visão da igreja do cristianismo gentio e judaico, Gn 16-21 = Gl 4,21-31). Nem na tipologia nem na alegoria é negada a realidade da história bíblica

original, mas aquilo sobre o que se estava "de fato" falando é explicado a partir da perspectiva do intérprete cristão.
- Os primeiros mestres cristãos tanto adotaram textos do judaísmo que já haviam sido compreendidos messianicamente quanto descobriram novos textos não previamente compreendidos como se referindo ao Messias. Tais textos foram aparentemente copiados em coleções que circularam independentemente, separadamente de seus contextos originais. Nenhum desses "livros de testemunho cristão" sobreviveu, mas evidência circunstancial de sua existência tem sido fortalecida pela descoberta de tais coleções de textos messiânicos em Qumran.[42]
- Ao interpretar textos bíblicos, autores cristãos ocasionalmente alteravam o texto que estavam citando a fim de tornar mais claro o significado que eles viam a partir da perspectiva cristã. Algumas alterações são aparentemente menores, mas hermeneuticamente significativas. Assim, por exemplo, na primeira citação bíblica em Mateus, o "tu" de Isaías 7,14 (tanto no TM quanto na LXX) se torna "eles", entendido como uma perífrase para "Deus".[43] Assim, entende-se que a Bíblia está afirmando que Deus nomeará o bebê Emanuel, e não que os pais farão isso. Uma vez que "nomear" é compreendido com a conotação frequentemente encontrada na Bíblia de "constituir", "designar a realidade", a citação bíblica inicial de Mateus significa "Deus constituirá esta criança como Deus conosco; ele representará a presença de Deus entre a humanidade". Este é um tema importante em Mateus, do qual o autor está convencido. Ele mudou o texto bíblico que está citando a fim de tornar claro esse significado. Similarmente, o imperativo "fere o pastor", de Zc 13,7, aparece na primeira pessoa do indicativo na citação em Mc 14,27 "Eu [Deus] ferirei o pastor", a fim de deixar claro que Jesus não é meramente a vítima da injustiça humana, mas que a morte de Jesus é o ato *de Deus*: Deus está presente e ativo no evento da crucifixão de Jesus. Assim como tradutores e copistas judeus, os escribas cristãos

---

[42] Para um breve resumo da hipótese, ver Harry Y. Gamble, *Books and Readers in the Early Church: A History of Early Christian Texts* (New Haven: Yale University Press, 1995), 27, e a literatura que ele traz. Tais livros de testemunhos parecem ter existido no período primitivo, mas (como a hipótese do documento Q) estão entre os itens perdidos dos escritos protocristãos.

[43] Pode parecer estranha esta afirmação para quem está acostumado com as versões em português dos textos mencionados. Entretanto, no texto grego (a LXX no caso de Isaías) o verbo kaleo/chamar está na segunda pessoa do singular em Isaías, e na terceira pessoa do plural em Mateus. Como na língua portuguesa, em grego o uso da terceira pessoa do plural é utilizada para indeterminar o sujeito, o que justifica o uso da voz passiva, em Mateus 1,23, do verbo "chamar", uma vez que a voz passiva é também um recurso de indeterminação do sujeito. N. do T.

que copiaram a LXX (a qual foi transmitida exclusivamente por cristãos depois que a comunidade judaica a abandonou) muito ocasionalmente *mudaram o texto* da própria LXX (e não apenas documentos cristãos que a citavam) a fim tornar mais clara sua interpretação. Eles fizeram isso na convicção de que estavam corrigindo o texto à sua forma original ou que sua nova leitura era, de fato, a original, o significado divinamente pretendido.[44] Embora questionável a partir de uma perspectiva histórica, na qual um prêmio é colocado sobre a citação exata das fontes, tais movimentações hermenêuticas estavam amplamente em acordo com a interpretação bíblica do judaísmo do primeiro século, conforme documentado nos textos de Qumran.

3. Tradições de e sobre Jesus

Quaisquer ideias messiânicas que os discípulos tenham entretido antes da morte de Jesus, sua execução deixou claro que ele não era o tipo de Messias que estavam esperando (cf. Lc 24,21). A ressurreição mudou radicalmente esse julgamento, mas agora o significado do que era ser o Messias tinha de ser repensado a partir do zero. A igreja não apenas continuou a proclamação de Jesus, mas proclamou o próprio Jesus. O proclamador torna-se agora o proclamado, a mensagem de Jesus se torna a mensagem sobre Jesus, crer em resposta a Jesus torna-se agora crer em Jesus (= o ato de Deus em Jesus).

O impacto foi imediato. A precipitação conceitual e teológica se estendeu por algum tempo. Essa transformação do que Jesus disse e fez para o que Deus fez no evento-Cristo foi ao princípio feita de maneira irrefletida. A igreja primitiva viveu no excitamento e fervor de sua experiência do Cristo ressurreto e do Espírito. Eles não estavam apresentando seminários sobre teologia filosófica ou participando de grupos de discussão sobre cristologia ou escatologia. Isso nunca passou pelas suas mentes, mas eles continuaram a ser adoradores do único e verdadeiro Deus. A relação do Jesus ressurreto com esse Deus único não era um problema conceitual para eles, mas a convicção de que Deus não permitiu que a cruz fosse o fim de Jesus, de que o Jesus a quem eles se devotaram foi exaltado à presença de Deus de uma forma única, demonstrou que a fé tinha de ser fundamentalmente repensada. Quando separamos seu pensamento em tópicos discretos

---

[44] JOBES and SILVA, *Septuagint*, 297.

para fins de discussão (cristologia, soteriologia, escatologia, etc.), estamos utilizando a tradição posterior da teologia cristã apenas para a conveniência do leitor moderno, de modo que ele perceba os contornos do pensamento dos primeiros cristãos. De fato, seu pensamento a respeito de Deus, de Cristo, de Israel, da igreja, da lei e da escatologia estavam entrelaçados num todo dinâmico. Uma vez que as experiências da ressurreição evocavam um repensar imediato do significado da identidade de Jesus e do significado de sua vida e missão, começaremos com Cristologia. Não sabemos que tipo de afirmações cristológicas sobre Jesus já estava presente no período pré-pascal (cf. acima §8.3), nem sabemos que títulos cristológicos já presentes no judaísmo (cf. acima §7.6) desempenharam um papel na primitiva reconfiguração pós-pascal da fé dos discípulos.

Um cenário plausível: Jesus usou a designação *Filho do Homem* de uma forma provocativamente ambígua. Como resultado da ressurreição, agora estava claro que o próprio Jesus é o transcendente Filho do Homem (Dn 7,9-14), que já estava na terra, falou e agiu com autoridade, sofreu, morreu, e foi ressuscitado por Deus – e que agora reina com autoridade no céu, e que em breve retornará em poder para estabelecer o reino de Deus. A ressurreição de Jesus não foi meramente algo especial que aconteceu a ele – foi o que Paulo chamou de primícias da colheita que assinalou o início da era escatológica (1 Co 15,20-23), com a ressurreição geral logo após a parousia.

O Jesus ressurreto não apenas apareceu a discípulos escolhidos, mas continuou a falar desde o céu nas palavras de profetas carismáticos. O Senhor ressurreto, falando em primeira pessoa, identifica-se com o transcendente Filho do Homem. O próprio Jesus frequentemente usou essa autodesignação, a qual designava uma figura celestial, e ela pode ser encontrada na Bíblia. Esses três pontos (o uso que o próprio Jesus fez, o Filho do Homem como uma figura transcendente a qual agora se acredita que Jesus é, e a procura nas Escrituras por categorias através das quais se podem interpretar o evento visionário dramático) todos apontam para o Filho do Homem como o título cristológico mais antigo.[45] Uma continuidade com o Jesus pré-pascal

---

[45] MARTIN HENGEL and ANNA MARIA SCHWEMER, *Paul between Damascus and Antioch: The Unknown Years* (trans. John Bowden; Louisville: Westminster John Knox, 1997), 103, corretamente argumenta que a confissão de Jesus como Filho do Homem

é fornecida pela designação Filho do Homem. Assim, o proclamador do reino de Deus se torna o autoproclamado do céu, e então é proclamado por outros pregadores cristãos. Perceber Jesus como o exaltado Filho do Homem se tornou o caminho teológico para compreendê-lo como Messias, Senhor e Filho de Deus, de modo que outros títulos cristológicos foram aplicados a ele. Este processo não demorou muito. Bem cedo, a afirmação de Jesus como Cristo se tornou uma confissão cristã central (ver sobre 1 Co 15,3-5 abaixo).

Podemos falar com certa confiança sobre duas correntes bem antigas da tradição cristológica: (1) tradições *sobre* Jesus que focaram sobre o evento-Cristo como um todo, com ênfase sobre a morte e ressurreição e mínima referência à vida e ensinos de Jesus, e (2) tradições [significativamente] *de* Jesus na forma de relatórios de determinadas afirmações e obras. O atual estado da pesquisa não nos permite resolver esse desenvolvimento em termos de pessoas ou grupos particulares. Não sabemos como essas correntes do pensamento cristológico se relacionavam nos primeiros anos do movimento cristão.

Como podemos determinar quais materiais cristãos foram passados adiante e por volta de que momento antes de nossos documentos escritos existentes? Para as igrejas paulinas, podemos reconhecer, com frequência, que Paulo está citando materiais tradicionais. Às vezes, ele nos fala explicitamente (1 Ts 4,15 – 17,1; 1 Co 11,23-26; 15,3-5). Em diversos lugares, Paulo e outros escritores citam tradições litúrgicas, catequéticas, bem como outras tradições antigas, ou fazem alusão a elas, sem que o façam explicitamente. Do começo ao fim do corpus paulino e escritos posteriores do Novo Testamento, essas tradições podem ser identificadas com considerável probabilidade pela crítica das formas, assim como numa carta moderna citações ou alusões a um hino, credo ou fragmento de uma liturgia tradicional podem ser identificadas pela métrica, rima, estilo e vocabulário. Nenhum leitor moderno teria qualquer dificuldade em reconhecer o Salmo 23 ou a Oração do Senhor se eles forem citados numa carta, ainda que não estejam claramente identificados pela menção da fonte, parênteses ou aspas, ou mesmo se o leitor não está diretamente familiarizado com esses textos bíblicos. Além das citações explícitas da tradição

---

pertence ao primitivo círculo de Jerusalém dos cristãos helenísticos. Ver o argumento detalhado em BORING, *Sayings of the Risen Jesus*, 239-250.

mencionada acima, outros materiais da tradição incluídos em textos tardios que foram identificados por estudiosos, com mais ou menos probabilidade de caso para caso, são 1 Ts 1,9-10; 4,16-17; 5,8; 1 Co 1,30; 6,11; 8,6; 12,3.13; 16,22; 2 Co 1,21-22; Rm 1,3-4; 3,23-26; 4,24-25; 6,3-4; 10,9; Fp 2,6-11; Gl 3,27-28; 4,6; Cl 1,15-20; Ef 4,4-6; 5,14; 1 Tm 3,16; 6,15-16; 2 Tm 1,9-10; 2,11-13; Tt 3,4-7; 1 Pd 1,18-21; 2,21-25; 3,18-19; 1 Jo 4,7-10; Ap 4,11; 5,9-10; 5,12-14. Ademais, é provável que algumas extensas discussões (e.g. "sabedoria", 1 Co 2,6 – 3,1; "amor" 1 Co 13,1-13) e exposições midráshicas de textos da Escritura (e.g. 1 Co 10,1-21; 2 Co 3,7-18; Gl 4,21-31) não são composições *ad hoc*, mas representam os produtos das discussões exegéticas entre mestres cristãos no interior das tradições paulinas e pré-paulinas. Embora algumas dessas tradições tenham se originado nos tempos mais tardios do Novo Testamento, certamente algumas foram compostas antes de nosso documento mais antigo do Novo Testamento, e representam o pensamento, vida e adoração da igreja primitiva. Como exemplo desse material, examinaremos brevemente um texto-chave:

1 Co 15,3-5
I.

A. ὅτι Χριστὸς ἀπέθανεν — que Cristo morreu
B. ὑπὲρ τῶν ἁμαρτιῶν ἡμῶν — pelos nossos pecados
C. κατὰ τὰς γραφὰς — segundo as Escrituras
D. καὶ ὅτι ἐτάφη — e que foi sepultado

II.

A. καὶ ὅτι ἐγήγερται — e ressuscitou
B. τῇ ἡμέρᾳ τῇ τρίτῃ — ao terceiro dia
C. κατὰ τὰς γραφὰς — segundo as Escrituras
D. καὶ ὅτι ὤφθη Κηφᾷ — e apareceu a Cefas

Claramente, Paulo não compôs esta confissão de fé enquanto está escrevendo 1 Coríntios. Ele identifica essa declaração como um sumário do εὐαγγέλιον (*euangelion*, evangelho, boas novas) que ele pregou em sua visita inicial a Corinto. A declaração credal não é uma fórmula de identificação que aplica títulos messiânicos a Jesus, tais como "Jesus é o Cristo" ou "Jesus é o Filho de Deus", mas é uma narrativa que pressupõe esta identificação e declara o ato de Deus no evento-Cristo. Jesus é passivo, e Deus é o ator. A narrativa é retrospectiva sobre a vida de Jesus, falando apenas de sua morte e ressurreição, sem nada da "vida e ensino de Jesus". A estrutura do esqueleto é vista nos pares de verbos que introduzem suas respectivas unidades, representando o evento e sua confirmação histórica:

ἀπέθανεν / ἐτάφη   morreu / foi sepultado
ἐγήγερται / ὤφθη   ressurgiu / foi visto (=apareceu)

Cada unidade é então elaborada com duas linhas de interpretação e validação teológicas que mantêm a estrutura paralela das unidades, fornecendo o seguinte padrão repetido em cada uma das duas seções:

A = evento
B = interpretação
C = validação teológica
D = validação histórica

Paulo recebeu este credo como uma tradição normativa, presumivelmente quando se converteu, provavelmente da igreja de Damasco ou Antioquia (cf. Gl 1,17; At 11,25-26).[46] O credo parece ter sido composto em grego, que de forma alguma exclui o fato de ter sido composto na comunidade primitiva de Jerusalém, onde foi transmitido como parte da tradição mais antiga às outras igrejas. Provavelmente, isso não se originou entre aqueles primeiros judeus cristãos que continuaram a participar do ritual do templo, incluindo seus sacrifícios regulares e o Dia da Expiação, mas pode ter vindo dos cristãos helenísticos de Jerusalém que estavam apartados do templo.[47] Isto nos levaria

---

[46] HENGEL e SCHWEMER, *Between Damascus and Antioch*, 99, argumentam que a forma e conteúdo do texto do credo remetem à igreja primitiva de Jerusalém, transmitido aos discípulos em Damasco, onde Paulo o recebeu, imediatamente após seu batismo ca. 33 de nossa Era.
[47] DUNN, *Beginning from Jerusalem*, 232-235 traz uma discussão geral de quão difícil é ver os cristãos de Jerusalém "também" acreditando na morte expiatória de Jesus,

de volta para dentro do primeiro ou segundo ano após o nascimento da fé cristã, e faria desse credo a confissão cristã mais antiga.

Juntamente com resumos de hinos e credos do significado do evento-Cristo, a nova comunidade cristã comunicou sua fé na forma de histórias e dizeres da vida de Jesus. Muitas dessas foram preservadas, elaboradas e interpretadas nos Evangelhos. Os próprios Evangelhos representam um novo gênero introduzido no cristianismo da segunda e terceira geração, mas eles contêm materiais do período primitivo nos quais a tradição cristã foi transmitida primeiramente como tradição oral (ver Vol. II §§19-20). Tais dizeres e histórias da tradição de Jesus, como os materiais de hinos e credos, apontavam para a fé da igreja na ação de Deus no evento-Cristo como um todo. Eles não foram transmitidos como uma história ligada à "vida de Jesus", mas como unidades individuais de ensino e material kerygmático. Para discussão dos tipos de material e sua função, ver abaixo §9.3.

Oposição e Conflito no Cristianismo Primitivo, 30 – 50 d.C.

Jesus era uma figura controversa, frequentemente em conflito com elementos da liderança judaica. Com a cumplicidade de alguns deles, Jesus foi executado pelos romanos como um desordeiro político em potencial. Entre a morte de Jesus, no ano 30, e a escrita do mais antigo documento cristão existente, em 50 d.C., os seguidores de Jesus foram enredados em vários conflitos que assumiram formato de movimento. A partir de nossa perspectiva atual, podemos distinguir entre (1) conflitos políticos e seculares entre os primeiros cristãos e as autoridades romanas, e (2) conflitos religiosos de dois tipos: (a) conflitos externos entre cristãos e judeus e (b) conflitos internos entre os próprios cristãos.

Conflitos entre cristãos e seu contexto greco-romano
As autoridades romanas oficialmente executaram Jesus como uma ameaça potencial ao estado. Mas os romanos não perseguiram os seguidores de Jesus. Depois de ter eliminado seu líder, os romanos

---

enquanto ativamente participassem do culto de expiação no templo. As igrejas helenísticas e Paulo podiam recitar o credo de 1 Co 15,3 sem conflitar com sua própria compreensão do culto no templo.

não tentaram acabar com o movimento que ele havia iniciado. Isso é análogo à resposta do governo aos discípulos de João Batista. Uma vez que João estava fora do caminho, o movimento problemático havia sido cortado pela raiz, e os seguidores de João não foram molestados, a menos que, por outras razões, eles tenham entrado em conflito com o estado. Assim também com os seguidores de Jesus. Seria um sério equívoco histórico retratar as autoridades romanas como se opondo à igreja desde o início. Os cristãos não eram reconhecidos como um grupo distinto do judaísmo até décadas mais tarde. A primeira perseguição oficial romana aos cristãos foi em 64 d.C., e limitada à cidade de Roma. Os cristãos foram acusados de incêndio criminoso. A fé cristã como tal não era um crime. No início do segundo século, os governadores romanos ainda estavam incertos quanto à identidade dos cristãos e como se devia lidar com eles legalmente (ver Vol. II §26.1.4).

Contudo, embora não fosse ilegal ser um cristão e não houvesse ampla perseguição romana oficial, desde os primeiros dias os cristãos foram submetidos a maus-tratos por seus vizinhos gentios e autoridades locais, os quais, às vezes, eram letais (cf. Mc 13,9; At 16,19-24). Assim, quando Paulo escreve nosso primeiro documento cristão existente, alguns cristãos já haviam enfrentado a morte em face de sua fé (1 Ts 2,14).

Conflitos entre cristãos e judeus

A narrativa de Atos dos primeiros dias do cristianismo na Judeia está repleta de esforços das autoridades judaicas a fim de suprimir o novo movimento. Isso era visto como um conflito interno entre judeus, e não como um desacordo entre duas religiões. Pedro e João são capturados e trazidos perante o Sinédrio, mas são libertos (4,1-22). As autoridades do templo prendem os dois apóstolos, os aprisionam brevemente, ameaçam, espancam, e finalmente os libertam (5,17-42). Estêvão foi preso e trazido perante o Sinédrio, fez um caloroso discurso e foi morto, mas isso parece ter sido uma violência da multidão em vez de uma execução oficial (6,8 – 7,60). Então, segue-se uma perseguição contra o grupo helenístico entre os cristãos, e eles são forçados a deixar Jerusalém. Eles são perseguidos, julgados, condenados, e alguns deles são assassinados (8,1-3; cf. 9,1; 22,4; 26,10). Depois de Saulo ter-se convertido para o novo grupo cristão, atentados contra sua vida foram cometidos por judeus helenísticos tanto em Damasco quanto em Jerusalém (9,23-25.29).

Não foram apenas as autoridades religiosas em Jerusalém que usaram de violência em sua oposição aos seguidores de Jesus. Herodes Agripa I (41-44 d.C.) prendeu Tiago, o irmão de João, e o executou. Isso não ocorreu porque Tiago confessasse fé em Jesus, mas porque não foi leal à (a dominante compreensão da) lei judaica. Tiago, irmão de Jesus e líder da igreja de Jerusalém, não foi tocado por Herodes, visto que ele era conhecido como um feroz defensor da lei. Herodes precisava exibir sua piedade e sinalizar sua devoção aos valores religiosos tradicionais judaicos, e, assim, oficialmente eliminou um dos líderes da nova seita, que havia sido um dos discípulos originais de Jesus. Ele então aprisiona Pedro, o qual escapa apenas por intervenção divina (12,1-11). Aparentemente, Herodes temeu o potencial fator desestabilizador que o movimento cristão teria na Diáspora e os problemas resultantes para as relações judaicas com Roma, e moveu-se contra aqueles segmentos da igreja que estavam abertos aos gentios, causando, assim, problemas com judeus rígidos e alguns judeus cristãos. Na narrativa de Atos a respeito das viagens missionárias de Paulo, são principalmente os judeus que se opõem a seu trabalho, e frequentemente com violência (13,50-52; 14,5.19-20; 17,5-9,13). Essa oposição judaica ao movimento cristão, embora narrado da perspectiva do propósito teológico posterior de Lucas, encontra apoio primeiro em outros dados do Novo Testamento que indicam a oposição judaica ao movimento cristão inicial, oficial e não oficial, às vezes ao ponto da violência letal (1 Ts 2,14-15; 2 Co 11,24-25; Mc 13,9; Lc 6,22; Jo 16,2; ver também §7.9 acima).

Por que o judaísmo oficial apresenta essa oposição violenta à nova seita? Havia questões legais e teológicas. Não era apenas porque os líderes cristãos se opunham à escandalosa ideia proclamada pelos cristãos, de que Deus havia ressuscitado um pregador itinerante crucificado, que não havia sido um mestre qualificado da Torá, mas apenas um trabalhador braçal, e o tornou o Messias. De fato, eles rejeitaram essa proclamação, mas tais ideias não eram em si ilegais ou essencialmente perigosas. Depois das confrontações iniciais, o grupo de judeus cristãos em Jerusalém permaneceu praticamente intacto. Sua fé em Jesus como o Filho do Homem ou Messias era controversa e rejeitada pela maioria como um terrível erro, mas não havia razão em si para perseguição.

O problema principal era que os seguidores de Jesus eram vistos como praticantes de uma forma perigosa e desviante de judaísmo, que comprometia a lei, e, consequentemente, a natureza essencial e a missão do povo judeu. O novo movimento cristão ameaçou todo o universo simbólico do judaísmo, e isso evocou a perseguição. Judeus submeteram à severa disciplina outros judeus subversores da lei, às vezes exigindo a pena de morte quando tinham autoridade e poder para fazê-lo (2 Co 11,24-25; 1 Ts 2,14-16). Os Manuscritos do Mar Morto indicam que o sumo sacerdote oficial em Jerusalém tentou assassinar o líder da comunidade de Qumran, considerado um grupo insidioso que ameaçava o próprio ser do Judaísmo (1QpHab 8,17; 9,9; 11,4-8).

Embora as questões teológicas fossem reais e importantes, a razão primária para a violência judaica contra os primeiros cristãos provavelmente tinha a ver com o esforço do judaísmo de manter seu próprio e estreito lugar num mundo político frágil. A cena em Antioquia da Pisídia exibe um caso paradigmático (At 13,14-52). Nós sabemos, a partir da História e da Arqueologia, que a comunidade judaica em Antioquia era um grupo respeitado e bem-sucedido, que não deve ser imaginado como algo de esquina ou um gueto. Essa percepção foi ameaçada por um grande número que se reuniu a esse novo grupo alegando representar o judaísmo, "assumindo a sinagoga", pondo em risco seu status frágil com as autoridades vigentes, uma vez que tal fato poderia facilmente ser representado como uma antítese direta à lealdade devida ao imperador".[48] Em particular, o *Edito de Cláudio*, de 49 d.C., expulsando os judeus de Roma (cf. At 18,2), teria tido efeitos de longo alcance sobre a missão protocristã. Se o imperador e a capital reagissem negativamente ao judaísmo como tal, os judeus ao longo do império tinham de tomar cuidado para não permitir que judeus com opiniões radicais perturbassem a frágil harmonia que o judaísmo estava tentando manter com o império.

At 16,20-21 ilustra a situação perfeitamente: "E, levando-os aos pretores, disseram: Estes homens, sendo judeus, perturbam a nossa cidade, propagando costumes que não podemos receber, nem praticar, porque somos romanos". Não é dito que os missionários são *cristãos*, mas *judeus*, e são entregues à comunidade judaica de Filipos que tinha se esforçado para conseguir aceitação social em vista do mal nome que acreditavam não merecer. Compreensivelmente, os judeus se opuseram aos cristãos, especialmente aos gentios, causando

---

[48] Ibid., 426, 430.

problemas para a nova comunidade judaica, e faziam questão de deixar claro: "Eles não pertencem a nós".[49]

Conflitos no interior do movimento cristão

A transição do tempo de Jesus para o tempo da igreja não se desdobrou sem problemas. Havia opiniões divergentes a respeito do que significava ser um seguidor de Jesus (ver acima na seção Helenistas §7.5). Ainda não estava claro o que viria a ser cristianismo "principal" ou "ortodoxo", a igreja protocatólica do segundo século. Muitos conflitos internos foram entrelaçados com a vida e missão de Saulo, o zeloso judeu fariseu de Tarso que se tornou Paulo, o missionário cristão.

A mais famosa e influente visão a respeito dos conflitos sobre o apostolado de Paulo é a de FERDINAN CHRISTIAN BAUR, que ensinou em Tübingen na metade do século dezenove, e cujos seguidores se tornaram no que conhecemos como a "Escola de Tübingen". A hipótese de BAUR era que Paulo e seus associados pregavam um evangelho completamente diferente daquele de Pedro, Tiago e os demais apóstolos, produzindo grupos rivais nas igrejas. Ele se expressou em termos da filosofia dialética de HEGEL:

Tese: O cristianismo petrino, baseado na lealdade à lei, representado, e.g., pelo Evangelho de Mateus.

Antítese: O cristianismo paulino, baseado na liberdade da lei, representado por Paulo e seus seguidores.

Síntese: A igreja protocatólica do segundo século, que conciliou os dois após suas mortes, olhava para eles como heróis da grande igreja (Atos é representativo desse tipo de cristianismo).

Assim, BAUR viu os oponentes de Paulo como sendo um grupo unificado e singular, patrocinado pelo cristianismo judaico de Jerusalém, conduzido por Pedro e Tiago, e aplicou o termo "judaizantes" a todos eles. Embora o modelo continuasse a ser útil, a pesquisa subsequente demonstraria que é uma excessiva simplificação tentar acomodar todos os dados a uma teoria unificada.[50] Contudo, não se deve

---

[49] Cf. o posterior ressentimento por parte do lado cristão, Ap 2,9; 3,9.
[50] O modelo de BAUR foi renovado no início do século vinte por WALTER BAUER (cf. WALTER BAUER, GEORG STRECKER, ROBERT A. KRAFT, and GERHARD KRODEL, eds., *Orthodoxy and Heresy in Earliest Christianity* (trad. Paul J. Achtemeier, et al., 2nd ed.;

assumir previamente que todos os que se opuseram ou duvidaram da mensagem e da missão de Paulo deveriam ser colocados em uma única categoria, como se houvesse um único grupo de "oponentes" de Paulo, e com uma única agenda. Trataremos esses conflitos no contexto de sua história.

9.3 Para leitura adicional

Ressureição e Formação da Cristologia

AVEMARIE, Friedrich., and Hermann Lichtenberger, eds. *Auferstehung = Resurrection: The Fourth Durham-Tübingen Research Symposium: Resurrection, Transfiguration and Exaltation in Old Testament, Ancient Judaism and Early Christianity*. Vol. 135, Wissenschaftliche Untersuchungen zum Neuen Testament. Tübingen: Mohr, 2001.

BOUSSET, Wilhelm. *Kyrios Christos: A History of the Belief in Christ from the Beginnings of Christianity to Irenaeus*. Translated by Steely, John E. Nashville: Abingdon, 1970.

DAVIS, Stephan, Daniel Kendall, and Gerald O'Collins, eds. *The Resurrection: An Interdisciplinary Symposium on the Resurrection of Jesus*. Oxford: Oxford University Press, 1997.

FULLER, Reginald H. *The Foundations of New Testament Christology*. New York: Scribner, 1965.

HAHN, Ferdinand. *The Titles of Jesus in Christology: Their History in Early Christianity*. Translated by Knight, Harold and George Ogg. New York: World, 1969.

HURTADO, Larry W. *Lord Jesus Christ: Devotion to Jesus in Earliest Christianity*. Grand Rapids: William B. Eerdmans Publishing Company, 2003 [em português: *Senhor Jesus Cristo: Devoção à Jesus no Cristianismo Primitivo*. São Paulo: Academia Cristã/Paulus, 2012].

WRIGHT, N. T. *The Resurrection of the Son of God*. Christian Origins and the Question of God. Vol. 3, Minneapolis: Fortress, 2003 [em português: *A Ressurreição do Filho de Deus*. São Paulo: Academia Cristã/Paulus, 2013].

Philadelphia: Fortress, 1971), e as avaliações dessa renovação em THOMAS A. ROBINSON, *The Bauer Thesis Examined* (Lewiston: Edwin Mellen Press, 1988).

Cristianismo Primitivo

BALCH, David L., and Carolyn Osiek. *Families in the New Testament World: Households and House Churches*. Louisville: Westminster John Knox, 1997.

BROWN, Raymond E. "Not Jewish Christianity and Gentile Christianity but Types of Jewish/Gentile Christianity." *Catholic Biblical Quarterly* 45 (1983): 74-79.

BROWN, Raymond E., and John P. Meier. *Antioch and Rome: Cradles of Catholic Christianity*. New York: Paulist Press, 1983.

CONZELMANN, Hans, *History of Primitive Christianity*, trans. John E. Steely. Nashville and New York: Abingdon Press, 1973.

CROSSAN, John Dominic. *The Birth of Christianity: Discovering What Happened in the Years Immediately After the Execution of Jesus* (San Francisco: HarperSanFrancisco, 1998).

DUNN, James D. G. *Beginning from Jerusalem*. Christianity in the Making. Vol. 2, Grand Rapids: Eerdmans, 2009.

GEHRING, Roger W. *House Church and Mission: The Importance of Household Structures in Early Christianity*. Peabody, MA: Hendrickson, 2004.

GOULDER, Michael. *A Tale of Two Missions* (London: SCM Press, 1994).

SIMON, Marcel. *St. Stephen and the Hellenists in the Primitive Church*. New York: Longmans, 1958.

THEISSEN, Gerd. *The Religion of the Earliest Churches: Creating a Symbolic World* (Minneapolis: Fortress, 1999) [em português: *A Religião dos Primeiros Cristãos: Uma Teoria do Cristianismo Primitivo*. São Paulo: Paulinas, 2009].

WEISS, Johannes. *Earliest Christianity: A History of the Period A.D. 30-150*. Translated by Grant, Frederick C. 2 vols New York: Harper, 1937, 1959.

Religião no Mundo Helenístico, Gentio e Judaico

BORING, M. Eugene, Klaus Berger, and Carsten Colpe, eds. *Hellenistic Commentary to the New Testament*. Nashville: Abingdon, 1995.

TCHERIKOVER, Victor. *Hellenistic Civilization and the Jews; with a Preface by John J. Collins*. Reprint of 1959 ed. Peabody, Mass.: Hendrickson, 1999.

ROBINSON, James M., Richard Smith, and Coptic Gnostic Library Project. *The Nag Hammadi Library in English*. 4th rev. ed. Leiden; New York: Brill, 1996.

PRICE, S. R. *Rituals and Power: The Roman Imperial Cult in Asia Minor*. Cambridge: Cambridge University Press, 1984.

JONAS, Hans *The Gnostic Religion*. 2nd. rev. ed. Boston: Beacon Press, 1963.

KLAUCK, Hans-Josef. *The Religious Context of Early Christianity: A Guide to Graeco-Roman Religions*. Translated by McNeil, Brian. Fortress Press ed. Minneapolis, Minn.: Fortress Press, 2003.

10
PAULO E SUAS CARTAS

10.1 Vida e Missão de Paulo até 50 d.C.: Um Esboço Preliminar

Embora o esboço geral da vida de Paulo seja claro, a cronologia detalhada, às vezes importante para interpretar as cartas, é um assunto complexo no qual os eruditos não estão unidos. O esboço apresentado aqui tem amplo, porém não unânime apoio (cf. 13,3).

10.1.1 Nascimento e Primeiros Anos

Nascimento. Quando Paulo escreve a Filemom, por volta de 52 d.C., ele se refere a si mesmo como πρεσβύτης [*presbytēs*], comumente traduzido como "ancião" (Fm 9). Quando a narrativa de Atos representa-o como estando presente na morte de Estêvão no início da década de 30, ele é chamado de νεανίας (At 7,58; *neanias*, jovem). Um documento que circulava sob o nome de Hipócrates se refere a uma pessoa na faixa etária de 22 a 28 anos como um νεανίσκος (*neaniskos,* jovem), e usa πρεσβύτης (*presbytēs*) para se referir a um homem de 50 a 56 anos, que vive os anos que antecedem a idade em que as forças diminuem, i.e., 57 anos. Alguns autores usaram νεανίας (*neanias,* jovem) como o estágio posterior a νεανίσκος, *neaniskos,* ca. 29-35. Portanto, Paulo teria nascido aproximadamente entre os ano 1 e 5 de nossa Era, e estaria na casa dos 30 anos quando aparece pela primeira vez em Atos.

Quando tinha cerca de 50 anos, ele escreveu as cartas que temos hoje, e tinha cerca de 60 quando morreu.

Educação e treinamento. O grego era claramente a língua materna de Paulo. Assim como o judeu da Diáspora, Filo, pode se referir ao grego como "nossa língua" (*Estudos Preliminares*, 44), Paulo usa o grego como um falante nativo. Mais precisamente, seu vocabulário e metáforas típicas apontam para um cenário urbano. Ele era um judeu da Diáspora que cresceu numa grande cidade helenística. O próprio Paulo nunca menciona sua cidade natal, mas Atos prontamente fornece a informação que falta. Paulo nasceu em Tarso, na Cilícia, "uma importante cidade" (At 9,11; 21,39; 22,3), a capital da província romana da Cilícia.

Tarso era uma famosa cidade universitária, onde o Estoicismo era a filosofia dominante. Não há indicação de que Paulo recebeu uma alta educação no cenário acadêmico grego, mas claramente ele não estava isolado, em algo como um gueto, da principal corrente da cultura greco-romana, e desenvolveu ao menos as habilidades retóricas básicas que eram parte da educação grega. Para ele, mais importante era o fato de que pertencia a uma tradicional família judaica, na qual a língua e as tradições antigas foram preservadas, "um hebreu de hebreus" (Fp 3,5), i.e., não apenas ele sabia grego, mas era familiarizado, talvez fluente, no aramaico da Palestina e no hebraico das Escrituras. Ele não era um prosélito, mas um judeu de nascimento cuja família era judaica por gerações. Ele conhecia um pouco da teologia dos rabinos e escribas, bem como da interpretação bíblica, e pode ter estudado em Jerusalém, conforme retratado em Atos (22,3). Ele foi um fariseu, cujo zelo pelas tradições ancestrais o levou a superar muitos de seus contemporâneos (Gl 1,14). O fato de que suas inúmeras citações bíblicas sejam tipicamente da LXX indica claramente que a tradução grega da sinagoga helenística era sua Bíblia.

Embora pertencesse à minoria alfabetizada que podia compor documentos complexos em grego, ele aprendeu um ofício, e podia sustentar-se com trabalho braçal (1 Ts 2,9; 1 Co 4,12; 9,6; 2 Co 11,27). O próprio Paulo jamais descreve a natureza desse trabalho. Atos se refere a ele como um σκηνοποιός, (*skēnopoios*, tradicionalmente "fazedor de tendas"), mas o termo também pode significar "trabalhador em couro" ou "trabalhador em linho" – Tarso era bem conhecida como um centro da indústria do linho. Paulo não era um negociante independente, com seu próprio negócio, mas um trabalhador braçal que alugava espaço temporário, ou trabalhava para outros em seu ofício, provavelmente como alguém que costurava toldos ou tendas para clientes particulares.[1] Esta não era uma ocupação de pessoas da alta sociedade.

Cidadão romano? Atos apresenta Paulo como um cidadão tanto de Tarso quanto do império romano (21,39; 22,25-29; 23,27); sua cidadania romana desempenha um importante papel na narrativa de Atos (16,35-40; 25,11-12,21; 26,32; 28,19). Uma vez que esta forma de representar Paulo fosse importante para o autor de Lucas-Atos, e visto que Paulo nunca se refere a si mesmo como um cidadão romano, diversos estudiosos de Paulo duvidam da historicidade dessas afirmações, embora outros considerem correta a tradição de Atos sobre esta questão. Contudo, a única explicação para que Paulo fosse levado a Roma para julgamento, em vez de ter seu caso resolvido na Judeia, é que, de fato, ele deve ter sido um cidadão romano. Somente cidadãos podiam apelar ao imperador (At 25,11; cf. Plínio, o Jovem, *Cartas* 10.96).

Casado? Não temos informação sobre o status marital de Paulo. O Paulo que escreve as cartas do Novo Testamento não é casado, não tem esposa para acompanhá-lo em suas viagens missionárias (1 Co 9,5), e recomenda que aqueles entre seus leitores que não são casados que permaneçam assim, uma vez que o próprio Paulo não era casado (1 Co 7,7-8). Paulo pode ter sido um viúvo. Contudo, há boas razões para supor que Paulo, como Jeremias, que era uma espécie de modelo para a própria vocação de Paulo, entendeu sua vocação como uma renúncia (profética) ao casamento.[2] Há também modelos helenísticos para que se permaneça solteiro no caso de serviço a um chamado superior.[3]

---

[1] Portanto LAMPE, *Paul to Valentinus*, 187-189, com evidência. Cf. HOCK, RONALD F. *The Social Context of Paul's Ministry: Tentmaking and Apostleship*. Philadelphia: Fortress, 1980.

[2] Assim, e.g. HENGEL and SCHWEMER, *Between Damascus and Antioch*, 95.

[3] Cf. Epictetus, *Diatr.* 3.22.69, que vê o Cínico como um mensageiro dos deuses, uma espécie de observador no serviço militar. Enquanto Epíteto argumenta que no princípio não há razão para que o Cínico se mantenha solteiro, "na visão de como as coisas estão no presente, e a situação adiante, o Cínico deve ser desimpedido a fim de colocar-se inteiramente a serviço dos deuses, deve ser capaz de viajar livremente entre as pessoas sem ser impedido por obrigações burguesas, desassociados de conexões pessoais. Se ele contraiu tais obrigações e as violou, ele não mais teria o caráter de um homem honrável. Se ele as mantivesse, isto destruiria sua missão como o mensageiro, espia e arauto dos deuses". Cf. Paulo em 1 Co 7,26-29.

10.1.2 Paulo, o Perseguidor

Atos descreve Paulo como um zeloso oponente dos primeiros cristãos e que buscava destruir o novo movimento (At 8,1-3; 9,1-2; 22,4-5; 26,9-11). Paulo confirma esse quadro, descrevendo a si mesmo como um zelote na antiga fé, disposto a destruir a igreja (1 Co 15,9; Fp 3,6; Gl 1,13).[4] Esta caracterização se tornou lendária e integral à visão posterior de Paulo, preservada nas cartas, escritas em nome de Paulo (1 Tm 1,13-16). Paulo não instigou os conflitos, nem foi o principal líder dos perseguidores. O conflito inicial não foi entre judeus e cristãos, mas representa uma rachadura entre os judeus helenistas de Jerusalém. O ponto em questão era o afrouxamento da Torá por parte dos helenistas, e, portanto, a missão dos cristãos judeus helenistas aos gentios, que acolheram o povo da aliança, mesmo aqueles que não cumpriam a lei (ver acima §9.2). Essa objeção fundamental foi exacerbada pelas alegações escandalosas e blasfemas de que alguém que teria morrido sob a maldição da lei (Dt 21,23; Gl 3,13; cf. 1 Co 1,23) era o Messias de Deus. O zelo de Paulo pela lei, modelada sobre o zelo de Fineias, que matou aqueles que violaram a aliança e encorajaram outros a fazê-lo (Nm 25,1-13; ver também Sl 106,28-31; Sir 45,23-24; 1 Mac 2,26.54; 4 Mac 18,12), fez com que o próprio Paulo defendesse violência e mesmo pena de morte para aqueles que estavam profanando a aliança e impedindo a missão do povo santo de Deus (At 26,10). Depois de Paulo ter se tornado um missionário para o movimento cristão, os mesmos judeus helenistas, aos quais ele pertenceu, tentaram matá-lo (At 9,29).

Atos indica que Paulo era um representante autorizado do judaísmo de Jerusalém, e enviado para erradicar o novo movimento messiânico em Damasco (At 9,1-2). O próprio Paulo não dá o local de sua perseguição aos cristãos, mas a sequência "perseguindo a igreja"... "Eu fui para a Arábia"... "Retornei a Damasco" claramente implica que Damasco foi o local da perseguição (Gl 1,13-17). Paulo nunca

---

[4] As afirmações de Paulo de que "perseguiu a igreja" são de sua perspectiva como missionário aos gentios. Ao mesmo tempo, Paulo se via como um zeloso oponente de um grupo judeu desviado o qual ele estava determinado a erradicar. Ele não se opôs "à igreja" como tal, e nem fustigou a maioria de judeus cristãos que continuaram a guardar a lei.

indica que ele perseguiu a igreja em Jerusalém ou Judeia, ou que ele foi enviado de Jerusalém para Damasco. O fato de que Paulo era "desconhecido de vista" das igrejas da Judeia (Gl 1,22), bem como a dificuldade de imaginar que os sacerdotes de Jerusalém tinham autoridade de prender e extraditar membros das sinagogas judaicas em Damasco, sugere que Paulo estava vivendo em Damasco nesse período, e que Damasco era o único lugar onde ele perseguiu a igreja. Parece que Paulo não conhecia o cristianismo judaico palestino, mas estava bastante consciente dos cristãos helenistas que agiam e perturbavam nas sinagogas de Damasco, e ele tentou erradicar esse perigo à fé. Atos e as cartas de Paulo concordam que Damasco foi o local para o evento que mudou a vida de Paulo e que produziu resultados inimagináveis à igreja e à civilização ocidental.

10.1.3 Chamado ao apostolado

Em ou próximo a Damasco, por volta do ano 33, Saulo, o zeloso perseguidor dos judeus que criam em Jesus e estavam minando a lei e os limites da tradição judaica, convencido de que estava fazendo a vontade de Deus, foi confrontado pelo Cristo ressurreto (1 Co 9,1; 15,8; Gl 1,15-16; At 9,1-8; 22,6-11; 26,9-18). Paulo jamais viu Jesus durante sua vida na terra. Ele descreve o encontro com o Cristo ressurreto como algo que aconteceu ἐν ἐμοί (*en emoi* variavelmente traduzido em várias traduções "em mim"). Atos diz que isso foi uma "visão" (At 26,19). Contudo, o evento não pode ser reduzido à psicologia. Nem o próprio Paulo nem as narrativas de Atos pretendem representar o evento como meramente uma experiência subjetiva de Paulo, nem pretendem traçar o evento como algo que pode ser descrito em categorias de tempo e espaço. Paulo não entendeu o evento como o clímax de sua busca religiosa. Ele já estava seguro e confiante de sua relação com Deus, certo de que estava fazendo a vontade de Deus. A iniciativa não esperada veio de Cristo; Foi Cristo quem "deteve" Paulo (Fp 3,12 κατελήμφθην / *katelēmphthēn*, "arrebatou"), e não o contrário. Paulo identificou seu chamado como uma revelação de Jesus Cristo como Senhor, dada por Deus (Gl 1,12.16), expressada com o verbo ver em 1 Co 9,1 e 15,8. Paulo acreditava que algo além de si mesmo lhe aconteceu: o crucificado, acusado de blasfemo, cujos seguidores ele havia perseguido, foi vindicado por Deus e erguido ao mundo celestial, e agora apareceu a Paulo e o chamou para ser seu seguidor e apóstolo. Paulo nunca duvidou da realidade desse evento, e isso mudou sua vida.

A experiência é frequentemente chamada de "conversão" de Paulo, e de fato foi uma conversão no sentido de que isso causou uma transformação pessoal profunda na vida de Paulo, uma total reversão de suas perspectivas e senso de valores (cf. Fp 3,4-11). Não foi uma conversão no sentido de que Paulo se converteu de uma religião para outra. Ele não se via como alguém que havia abandonado o judaísmo e se juntado ao cristianismo. Ele sempre se considerou um judeu, mas agora veio a "perceber que o próprio grupo que ele estava perseguindo como uma forma aberrante de judaísmo era de fato o caminho verdadeiro do judaísmo, depois de tudo".[5] O termo que Paulo utiliza para categorizar a experiência é "chamado". Em Damasco, o Cristo ressurreto não apenas chamou Paulo para ser um cristão crente, mas o chamou para ser apóstolo – o apóstolo aos gentios. Nós não temos sua imediata compreensão, interpretação e reflexões sobre esta experiência. Sua carta mais antiga, escrita aproximadamente 17 anos depois do encontro, expressa seu senso de chamado apostólico especial (1 Ts 2,7), que foi intensificado em seus últimos escritos, documentando seus conflitos com aqueles que disputavam a autenticidade de seu apostolado (especialmente 2 Co 10-13; Gl 1-2). Paulo descreveu a experiência em imagens e linguagens tiradas dos textos de vocação dos profetas de Israel (cf. Jr 1,5; Is 49.1), e a partir de então via a si mesmo como apóstolo, chamado para ser, à semelhança dos profetas, um porta-voz do Cristo ressurreto.[6]

Paulo como apóstolo. A palavra portuguesa *apóstolo* é a transliteração (não tradução) da palavra grega ἀπόστολος (*apostolos*), que tem um significado inteiramente secular: alguém enviado como representante autorizado de outra pessoa ou grupo. Assim, pode ser traduzida como "delegado", "deputado", "mensageiro", "embaixador", "representante",

---

[5] L. Michael White, *From Jesus to Christianity* (San Francisco: HarperSanFrancisco, 2004), 157.

[6] Beverly Roberts Gaventa reconhece que, embora Paulo não fosse o converso de uma religião para outra, trocar "conversão" por "chamado" é ir muito longe. "Conversão" ainda é mais apropriada, de que "chamado" é um elemento essencial, mas o melhor termo é "transformação", que não desmerece a vida anterior de Paulo e seu comprometimento, mas incorpora-os na nova vida transformada. Ver Beverly Roberts Gaventa, *From Darkness to Light: Aspects of Conversion in the New Testament* (Philadelphia: Fortress, 1986), 38-40.

ou qualquer outra pessoa comissionada. Assim, Jesus pode ser chamado de apóstolo de Deus (Hb 3,1), e aqueles comissionados pelas igrejas com tarefas específicas são chamados de apóstolos. Em Fp 2,25, Epafrodito é chamado de ἀπόστολος (NRSV "mensageiro"). Em 2 Co 8,23, os representantes devidamente eleitos das igrejas da Ásia, Macedônia e Acaia, que acompanhariam Paulo em sua viagem a Jerusalém, são chamados de ἀπόστολοι (apostoloi, mensageiros). Em At 14,4.14, Barnabé e Paulo são chamados de ἀπόστολοι, i.e., missionários autorizados da igreja de Antioquia (cf. At 13,1-3). Na primeira geração do cristianismo, o termo ἀπόστολος rapidamente desenvolveu um significado mais restrito e técnico: aqueles que foram escolhidos diretamente por Jesus Cristo, tanto quando de sua vida na terra ou por uma aparição especial após sua ressurreição, para serem os intérpretes autorizados do que se tornou a "fé apostólica". O adjetivo ἀποστόλικος (apostólico) usado nesse sentido é encontrado nos escritos patrísticos do segundo século, mas não no Novo Testamento.

Paulo sempre entendeu a si mesmo como alguém que foi chamado diretamente pelo Cristo ressurreto. Ele serviu por diversos anos como um missionário autorizado pela igreja em Antioquia, e talvez já em Damasco. Não temos cartas que Paulo tenha escrito por esse tempo, nem referências a elas. Aparentemente, ele não usou cartas como meio de instrução para missão durante esse período. Após uma pausa com a igreja de Antioquia e o início de sua missão ao Egeu, tornou-se importante para ele enfatizar que sua autorização como um apóstolo não dependia de autoridade humana.

10.1.4 Paulo em Damasco e na Arábia

Paulo foi convertido na igreja helenística. Conquanto como perseguidor ele certamente tivesse conhecido algo sobre a fé e a prática da comunidade e seu líder que ele estava perseguindo, foi em Damasco que ele foi batizado, e foi na comunidade de cristãos em Damasco que ele recebeu a visão do que significa ser um cristão. Ali, ele recebeu algumas das tradições cristãs primitivas. Mesmo que Paulo tenha estado previamente em Jerusalém e que ele tenha visto um pouco da igreja lá, foi em Damasco que sua compreensão de que tudo virou de cabeça para o baixo – ele teria dito "o lugar certo" – e foi lá que ele se tornou representante da igreja helenística.

Após sua conversão, Paulo foi imediatamente para a Arábia. Não sabemos como Paulo entendeu inicialmente a relação de seu encontro pessoal com o Cristo ressurreto e seu senso de missão, se ele foi para a Arábia simplesmente com um senso de comissão apostólica pessoal, ou como um missionário à igreja de Damasco. Uma vez que "Arábia" era usada em vários sentidos, geográficos e políticos, no primeiro século, não estamos seguros quanto ao que ele quis dizer, mas a probabilidade mais plausível é de que ele se refere à parte do reino árabe da Nabateia, contíguo a Damasco. Aqui estavam numerosas cidades helenísticas florescentes, incluindo a capital Petra – agora uma atração turística, um então centro florescente da atividade comercial, cultural e política. Paulo não diz nada sobre suas atividades ou quanto tempo permaneceu lá. Aparentemente, ele não estava só, e se sustentava a partir de suas próprias habilidades, e é bem provável que tenha começado imediatamente a trabalhar como um missionário aos gentios. Ao contrário do quadro esquematizado por Atos, esta foi a "Primeira Viagem Missionária de Paulo". Não sabemos por que ele escolheu a Arábia, mas possivelmente não foi meramente uma conveniência missionária. Uma vez que ele retornou a Damasco, ele pode ter atuado como um agente de uma missão que já estava em andamento, patrocinada pela igreja de Damasco.

O fariseu e aficionado estudante das Escrituras agora via tudo a partir de uma nova luz escatológica. A despeito das hostilidades que já prevaleciam entre judeus e árabes no primeiro século, os árabes eram considerados como ismaelitas por muitos judeus, e, portanto, também eram filhos de Abraão. As questões do Sinai, circuncisão, Hagar e o papel escatológico desse povo com raízes nas promessas patriarcais, podem ter pesado muito no pensamento do novo converso. Essas questões vieram à superfície, posteriormente, no intenso debate de Paulo com os mestres cristãos que estavam perturbando as igrejas da Galácia (Gl 3-4; ver abaixo §13.1). Em todo caso, essa fase inicial da pregação missionária de Paulo deve ter sido um período de intenso recrudescimento de sua teologia, que influenciou seu pensamento mais tarde. Não há referências posteriores às igrejas que Paulo estabeleceu durante esse tempo. Seus esforços podem ter sido infrutíferos. Presumivelmente, sua pregação aos gentios provocou perturbações no interior da comunidade judaica nabateia, e Paulo foi percebido pelos representantes do rei da Arábia como um agitador indesejável, e, depois de um tempo indeterminado na Arábia (que pode ter sido relativamente breve), ele retornou a Damasco (Gl 1,15-17). Lá, seus problemas com os nabateus continuaram, e ele foi procurado pelo etnarca nabateu em Damasco, provavelmente o governador da colônia nabateia. Paulo foi forçado a fugir da cidade às escuras, sendo baixado, sem a menor cerimônia, num cesto, através de uma abertura na parede (2 Co 11,32-33; At 9,23-25). Isso deve ter acontecido antes da morte de Aretas IV, em 40 d.C.[7]

10.1.5 Jerusalém (1) – Visita a Pedro (Gl 1,18)

Depois de seu ignominioso escape de Damasco, Paulo foi a Jerusalém (Gl 1,18-24; 2 Co 11,32-33; At 9,26-30; cf. 22,17). Certamente esta foi sua primeira visita a Jerusalém após sua conversão e, a depender se Paulo estudou ali durante sua juventude, talvez já sua primeira visita. Uma vez que os rivais de Paulo na Galácia, posteriormente, o encararam como apenas um apóstolo secundário, não tendo recebido qualquer autoridade a partir dos apóstolos originais de Jerusalém, era importante para ele insistir em sua carta aos cristãos Gálatas que ele havia recebido um chamado diretamente do Senhor ressurreto, que teve apenas um contato mínimo com a igreja de Jerusalém, e que já era um apóstolo e havia decorrido um longo tempo desde que formulara o conteúdo fundamental de sua mensagem apostólica por ocasião de sua primeira visita a Jerusalém. Ele passou apenas quinze dias ali, e os únicos líderes da igreja a quem ele consultou foram Pedro e Tiago irmão de Jesus. O autor de Atos, por outro lado, está interessado em enfatizar a continuidade entre Paulo e a igreja de Jerusalém, e apresenta um quadro totalmente diferente do próprio quadro de Paulo: após sua conversão, Paulo foi a Jerusalém depois de "alguns dias" (e não três anos). Barnabé o introduziu a todos os apóstolos (e não *outros* apóstolos; Atos não considera Paulo um apóstolo); Paulo se tornou uma figura pública em Jerusalém, falando ousadamente e debatendo com os judeus helenistas (At 9,26-30). Aqui, a própria narrativa de Paulo deve ser adotada preferencialmente, embora apresentada a partir

---

[7] Para uma discussão completa das questões cronológicas envolvidas, ver RAINER RIESNER, *Paul's Early Period: Chronology, Mission Strategy, Theology* (trans. Douglas W. Stott; Grand Rapids: Eerdmans, 1998), 80-89.

de sua própria perspectiva e no interesse de sua autocompreensão como um apóstolo independente de Jerusalém.

Como historiadores, gostaríamos de saber o que ocorreu durante aqueles quinze dias em Jerusalém. Os relatos e ditos de Jesus que encontramos nos Evangelhos estão praticamente ausentes nas cartas de Paulo. Aqueles que argumentam que o material do e sobre o ministério do Jesus pré-pascal foi importante na própria teologia e missão de Paulo, apontam que ele teve ampla oportunidade de aprender "a vida e ensino de Jesus" de um dos discípulos originais e do próprio irmão de Jesus.[8] Não há dúvida de que Paulo teve a oportunidade. A questão é se ele teve o motivo – ou se fazia mais falar que ouvir. Os ditos a respeito de, e as histórias sobre o Jesus terreno não eram centrais à compreensão de Paulo sobre a fé.

Embora Paulo tivesse uma experiência e teologia diferentes, a importância que ele dava para estar se comunicando com a igreja de Jerusalém e seus líderes é evidente. Embora não considerasse seu apostolado como independente em sua autorização, ele não via a si mesmo como alguém que estava estabelecendo um grupo de congregações independentes, desligadas da igreja mãe. Paulo sempre considerou sua missão como parte da única missão da única igreja e, portanto, considerou como vitalmente importante permanecer na comunhão com a "igreja mãe" e seus líderes em Jerusalém (cf. e.g., Gl 2,2). Paulo não foi um missionário solitário com seu próprio projeto; antes, ele quis permanecer na associação com os Doze e seu porta-voz e líder da igreja em Jerusalém, Simão Pedro.

10.1.6 Paulo na Síria e Cilícia (e Galácia?) ("Primeira Viagem Missionária"?)

Quando Paulo deixou Jerusalém para ir à "Síria e Cilícia" (Gl 1,21), entramos num período de doze a catorze anos dos quais se sabe muito pouco em detalhes. At 9,28-30 diz que Paulo escapou de uma conspiração contra sua vida em Jerusalém, retornando a Tarso, e então, depois de um período indefinido, foi trazido a Antioquia por

---

[8] E.g. WRIGHT, *Jesus and the Victory of God*, 134, 633 et passim; Dunn, *Beginning from Jerusalem* 367-369 et passim; Hengel and Schwemer, *Between Damascus and Antioch*, 144-150.

Barnabé. Ele trabalha com Barnabé por um ano na igreja de Antioquia, e é enviado com ele a Jerusalém a fim de levar uma oferta aos cristãos dali, que estão sofrendo com a fome. Eles retornam a Antioquia e, novamente depois de um período indefinido, são enviados como missionários a Chipre e a cidades da parte sul da província romana da Galácia: Perge, Antioquia, Listra e Derbe.

[FOTO 29 – Principal rua de Antioquia da Pisídia. Paulo trabalhou em lojas como estas a fim de se sustentar durante suas viagens missionárias. Crédito da Foto: M. Eugene Boring].

É o problema causado pela formação das igrejas gentias em sua viagem – a tradicional "Primeira Viagem Missionária" de Paulo na história de Atos – que faz com que a igreja de Antioquia envie Paulo e Barnabé a Jerusalém a fim de se reunirem com os líderes da igreja que estavam lá (At 13-14).

O próprio Paulo se refere a esse período como trabalhando na Síria e na Cilícia, porém sem detalhes adicionais (Gl 1,21), embora sua referência, em 2,11, pareça indicar que Antioquia (da Síria) era o, ou um ponto focal de seu trabalho durante esse período. Provavelmente, ele tenha trabalhado como um missionário sob o amparo da igreja de Antioquia, mas é relutante em deixar isso claro após sua ruptura com Antioquia, e com os apóstolos rivais, que estão minando seu trabalho na área do Egeu ao afirmar que ele é apenas um missionário secundário, cuja autoridade deriva de outros. Dificilmente esse foi o período em que as igrejas da Galácia foram estabelecidas, uma vez que em Gl 1,21 Paulo certamente teria dito: "entre vós", "Eu vim a vós, gálatas", em vez do distanciamento "Eu fui às regiões da Síria e Cilícia" – para não falar do fato de que a Síria e a Cilícia são diferentes da Galácia tanto geográfica quanto politicamente. É difícil harmonizar a breve narrativa de Paulo com o que Atos retrata, uma vez que Lucas usou alguns materiais tradicionais a fim de esquematizar uma "Primeira Viagem Missionária" em termos de sua própria teologia. Atos retrata Paulo em Tarso, depois em Antioquia (da Síria), e então em Chipre e cidades da parte sul da província romana da Galácia (embora Atos não se refira à Galácia). Paulo se refere apenas à Síria e Cilícia. Uma missão paulina a Chipre é difícil de encaixar no próprio sumário de Paulo, bem como colide com o relatório anterior de Lucas de que a ilha já havia sido evangelizada pelos missionários helenistas de Jerusalém (At 11,19; cf. Rm 15,20). A data da carta de Paulo aos Gálatas, se foi ou não escrita às igrejas estabelecidas durante esse período (a "Teoria da Galácia do Sul", ver abaixo §13.1), e como At 16,6 e 18,23 devem ser entendidos, tudo vai de encontro à forma como a cronologia desse período é compreendia. Tanto Atos quanto os próprios escritos de Paulo convergem, contudo, em retratar Antioquia como o local da próxima fase crucial do trabalho de Paulo.

Paulo e a igreja de Antioquia. Antioquia era uma grande cidade cosmopolita com uma população de 300 a 600 mil habitantes, a terceira maior cidade do império, depois de Roma e Alexandria. A cidade continha uma imensa população judaica e diversas sinagogas. A nova igreja era uma comunidade cristã inovadora que começou entre os gentios tementes a Deus nas sinagogas, mas que formaram suas próprias congregações de cristãos gentios (em sua maioria). Aqui, a igreja foi reconhecida pela primeira vez como uma comunidade religiosa diferente e separada da sinagoga, e não como uma subdivisão no interior do judaísmo, e pela primeira vez seus membros foram chamados de cristãos (At 11,26).

Não há indicação de que os seguidores de Jesus em Antioquia foram expulsos das sinagogas, mas sua separação deve ter envolvido tensões com a extensa comunidade judaica na cidade. Sua nova situação convidou os cristãos a pensar em sua relação com o judaísmo e com as Escrituras Judaicas, e sua contínua autocompreensão como comunidade da aliança de Israel. Tais questões não surgiram pela primeira vez com a destruição do templo, em 70 d.C., e a reconstituição do judaísmo em Jâmnia, na geração seguinte.

Embora todos estivessem enraizados na igreja original de Jerusalém, quatro "ramificações" do cristianismo primitivo já podem ser discernidas em Antioquia: (1) a posição mais tradicional e rígida de Jerusalém, representada por Tiago irmão de Jesus;[9] (2) a tradição mais moderada de Jerusalém-Judeia, representada por Pedro; (3) o grupo helenístico, representado por Estêvão e Filipe, originalmente também de Jerusalém, mas que estava conduzindo uma missão aos gentios, na qual os requerimentos da lei foram flexibilizados; (4) a corrente do cristianismo gentio, representado pela missão de Paulo à Arábia, Damasco e Cilícia, agora em associação à experiência missionária de Barnabé. Durante esse período dinâmico e criativo, todas as quatro correntes interagiam entre si, considerando cada uma como pertencendo à única igreja, o povo escatológico de Deus, uma unidade na diversidade. Ambos, Pedro e Paulo possuem conexões com todas as quatro correntes.

Esse foi um período formativo, o qual veio a ser identificado como teologia "paulina": Antioquia recebe tradições de Jerusalém, tanto aramaicas quanto helenísticas, com variados graus de lealdade às interpretações tradicionais da Torá e do Templo, refletindo algum espectro das crenças e práticas teológicas da igreja de Jerusalém. Esse período foi caracterizado por um diálogo do qual Paulo recebeu e com o qual contribuiu. Muito do que mais tarde surge em 1 Tessalonicenses e escritos paulinos posteriores foi elaborado durantes esse período dinâmico e formativo. Quando o Novo Testamento se abre com 1 Tessalonicenses, nós já temos os resultados desse processo integrativo de longos anos. Não podemos determinar precisamente *quanto*, mas sabemos que elementos consideráveis da cristologia, soteriologia, teologia da missão, pensando sobre a relação da igreja com a sinagoga, teologia dos sacramentos, etc., foram formulados durante esse período. Assim, mesmo termos-chave "paulinos" tais como ἐν Χριστῷ (em Cristo) às vezes são encontrados nas seções *tradicionais* das cartas de Paulo (e.g. 1 Ts 4,16). Assim também, em Antioquia, deve ter havido diálogo sobre o papel da tradição de Jesus, i.e., a tradição dos ditos e obras do Jesus pré-pascal.

---

[9] A posição do próprio Tiago nem sempre deve ser identificada com aqueles que citam sua autoridade. Ver e.g. WILHELM PRATSCHER, *Der Herrenbruder Jakobus und die Jakobustradition* (FRLANT 139; Göttingen: Vandenhoeck & Ruprecht, 1987), 80-102.

Pedro e Tiago e seus seguidores podem ter representado uma ênfase sobre os próprios ditos de Jesus, e histórias sobre a vida terrena de Jesus, como um importante meio de comunicar o evangelho; Paulo e seus colaboradores fizeram apenas uso mínimo desses materiais. Quando Paulo rompeu com a igreja de Antioquia, ele deixou para trás essa abordagem focada nos ditos e incidentes da vida de Jesus, mas sua influência continuou em outros descendentes dessa matriz antioquena anterior. Posteriormente, Mateus representa a tradição antioquena da vida de Jesus associada a Pedro e Tiago, e é um tanto antipaulina. Mas na década de 40, essas duas tradições, a tradição kerigmática que foca sobre a cruz e a ressurreição, e a tradição da vida de Jesus, viveram uma ao lado da outra, com alguma fertilização cruzada. Não podemos dizer agora se tais elementos contidos nas outras cartas de Paulo representam a contribuição original de Paulo *ao* que se tornou a teologia antioquena, ou se ele os recebeu *da* igreja de Antioquia. Em todo caso, quando começamos a ler as cartas de Paulo, não devemos supor que tudo que *nós* lemos lá se originou com Paulo.

10.1.7 Jerusalém (2) – O Concílio (Gl 2,1-10; At 15,1-29)

O estabelecimento e crescimento das congregações cristãs predominantemente gentias precipitaram uma crise na jovem igreja recém-integrada. A questão não era o "judaísmo" versus o "cristianismo". Todos os partidos concordavam com a importância vital de os crentes em Jesus pertencerem ao povo da aliança de Deus. A questão era se ainda havia a necessidade de que o cumprimento da lei de Moisés fosse incluído no Israel escatológico, a comunidade eleita do tempo do fim, e como a continuidade devia ser mantida com o povo da aliança de Deus representado na Escritura e com o judaísmo contemporâneo. A questão se tornou focada em um ponto: a circuncisão deveria continuar como um requerimento geral, como se fosse a linha demarcatória entre os de dentro da aliança e os de fora da aliança como foi desde o tempo de Abraão (Gn 17,11)? Dizendo de outra forma, alguém poderia se tornar cristão sem se tornar um judeu observante? Proponentes de ambos os lados se encontraram em Jerusalém. A unidade da igreja estava em jogo. Deveria haver uma única igreja ou deveria haver uma separação entre uma igreja cristã judaica e uma igreja cristã gentia?

Temos duas narrativas do Concílio de Jerusalém (Gl 2, Atos 15).[10]

1. Tanto em Gálatas quanto em Atos, a questão é se os cristãos gentios deviam ser circuncidados e guardar a lei de Moisés (Gl 2,3; At 15,1).
2. Tanto Gálatas (2,2) quanto Atos (15,2,31) consideram a aprovação da igreja de Jerusalém e sua liderança apostólica como vitalmente importante.
3. Tanto Gálatas quanto Atos assumem que "a salvação para aqueles que criam em Jesus foi alcançada apenas na continuidade com Israel".[11]
4. Em Gálatas, a visita ao Concílio é a segunda visita de Paulo a Jerusalém, após sua conversão Gl 1,18; 2,1). Em Atos, é a sua terceira visita (9,26-30; 11,30; 15,2).
5. Em Gálatas, a visita ao Concílio ocorre 14 (ou 17) anos após sua conversão (Gl 2,1). Isso é compatível com a cronologia de Atos, embora Lucas não faça a localização precisa (ver At 15,7).
6. Em Gálatas, Paulo está acompanhado de Barnabé e Tito, um cristão gentio incircunciso que se torna um caso teste da questão que ocasionou o Concílio (Gl 2,1.3). Atos não menciona Tito em lugar nenhum, e Paulo está acompanhado apenas por Barnabé (At 15,2).
7. Em Gálatas, Paulo vai ao encontro "pela revelação", i.e., por uma ordem direta do Cristo ressurreto, recebida numa visão ou oráculo profético (Gl 2,2). Em Atos, ele é enviado como um delegado da igreja de Antioquia (At 15,2).
8. Em Gálatas, Paulo representa a ala esquerda, Pedro é moderado, e Tiago representa a ala direita. Em Atos, Paulo não faz nenhum discurso, Pedro representa a ala esquerda paulina (At 15,7-11), Tiago é o moderado (At 21), e os fariseus cristãos representam a ala direita (At 15,5).
9. Em Gálatas, Paulo como um apóstolo tem um encontro particular com os "pilares" da igreja de Jerusalém, Tiago, Cefas (Pedro) e João (Gl 2,2.9). Em Atos, Paulo se encontra com os apóstolos, anciãos e toda a igreja (At 15,4), e claramente Paulo não é um apóstolo (ver At 14,4.14).
10. Paulo fala daqueles líderes de Jerusalém que defendem a circuncisão e a guarda da lei como "falsos irmãos" (Gl 2,4); Atos fala deles como "crentes que pertenciam à seita dos fariseus" (At 15,5).

---

[10] Como em outros lugares, estou assumindo aqui a visão predominante de que a viagem a Jerusalém de Gl 2 deve ser identificada com a de At 15. Para visões alternativas, ver a introdução a Gálatas abaixo.
[11] UDO SCHNELLE, *Apostle Paul: His Life and Thought* (trans. M. Eugene Boring; Grand Rapids: Baker Academic, 2005), 126 [em português: *Apóstolo Paulo, Vida e Pensamento*. São Paulo: Academia Cristã/Paulus, 2012].

11. Em Gálatas, Paulo definiu diante do grupo o evangelho que ele pregou entre os gentios (2,2). Em Atos, ele e Barnabé contam os sinais e maravilhas que Deus havia operado durante sua missão (15,12), mas Pedro é o porta-voz para o evangelho paulino (15,11).
12. Em Gálatas, Paulo insiste que seu próprio ponto de vista prevaleceu, e que os líderes de Jerusalém não lhe acrescentaram nada (Gl 2,6.10). Em Atos, o "decreto apostólico" é formulado (15,23-29), e Paulo voluntariamente entrega-o à igreja de Antioquia e às suas próprias igrejas (15,30; 16,4).
13. Em Gálatas, a única petição feita pelos líderes de Jerusalém é que Paulo "se lembre dos pobres" (Gl 2,10), i.e., que ele tome uma oferta das igrejas gentias para os cristãos pobres da Judeia. Não há referência a isso em Atos 15, mas ver 24,15.
14. Gálatas fala de uma divisão de trabalho em que Paulo vai para os gentios, e os líderes de Jerusalém para os judeus (Gl 2,9), enquanto Atos não conhece esse arranjo.

Portanto, a comparação revela diversas consonâncias, mas também desacordos significativos, alguns dos quais podem ser apenas uma questão de ênfase e perspectiva, enquanto outros resistem a harmonização (especialmente 4, 8 e 11). A solução mais provável para o foco central do "decreto apostólico" em At 15 e sua ausência em Gl 2 é que Lucas combinou as narrativas de dois eventos separados em suas fontes em uma grande cena (cf. sua composição do Evangelho, comentários sobre Lc 1,1-4). O concílio de Jerusalém que Paulo relata lida com a questão da circuncisão e a guarda da lei. Um encontro posterior em Jerusalém, no qual Paulo não estava presente, deve ter tratado da questão das leis dietéticas na igreja de Antioquia, provavelmente como um resultado da disputa que Paulo relata em Gl 2,11-14. Isso explicaria tanto a ausência da referência de Paulo ao "Decreto Apostólico" em Gl 2,1-10 e por que mesmo em Atos ele parece ser informado disso pela primeira em 21,25 (cf. também 1 Co 8-10, esp. 10,25).

Lucas parece ter tomado as narrativas de dois encontros diferentes e as reformulou num retrato ideal de como diferentes grupos da igreja trabalham através de suas dificuldades, com respeito mútuo e uma preocupação em manter a unidade da igreja de Deus: judeus cristãos não insistem na circuncisão e a guarda da lei mosaica para os cristãos gentios, e os cristãos gentios concordam em guardar um mínimo da lei ritual por amor à unidade e missão da igreja. A narrativa de Lucas em Atos 15 fornece um modelo da decisão tomada para manter a unidade da igreja sob a direção do Espírito Santo, um modelo que ele mantém como precioso para as futuras gerações de cristãos. Embora contenha materiais históricos, precisão em relatar detalhes históricos não é sua função ou questão principal e, de fato, contêm sérias incorreções históricas.

Na memória e interpretação ulterior de Paulo, o resultado principal da conferência foi o reconhecimento de seu apostolado e da missão gentia livre-da-lei. Duas missões paralelas deviam ser conduzidas, com Pedro, o líder da missão aos judeus, e Paulo, o líder da missão aos gentios. Provavelmente, isso não foi compreendido em termos étnicos, como se Paulo jamais concordasse em pregar a judeus étnicos como ele mesmo. Antes, o Concílio reconheceu a missão inclusiva de Paulo, na qual igrejas de judeus e gentios podiam se unir em uma única igreja que não requeria que gentios fossem circuncidados e guardassem a lei judaica, juntamente com a missão ao povo judeu, que não precisaria abandonar a Torá a fim de se tornar discípulos de Cristo.[12]

10.1.8 Confronto e Separação em Antioquia

O Concílio de Jerusalém preservou a unidade do novo movimento ao reconhecer o paralelo existente das duas formas de missão cristã no interior da mesma igreja. Ele tratou dos requisitos para pertencer à igreja, e autorizou a inclusão de cristãos gentios em uma igreja única de judeus cristãos e gentios sem o requerimento da circuncisão. Os líderes de ambos os lados estavam aparentemente satisfeitos em resolver essa questão potencialmente cismática sem divisão, e não pressionaram por uma resolução de outras questões que estavam a ponto de emergir – como judeus cristãos e gentios podiam viver e trabalhar juntos em uma congregação, respeitando as convicções de ambos os grupos, sem violar a consciência de cada um? Essa questão logo veio à tona no "incidente de Antioquia", conforme veio a ser

---

[12] Conforme argumentado por e.g. JOHN PAINTER, *Just James: The Brothers of Jesus in History and Tradition* (Minneapolis: Fortress, 1997/ 1999), 61-62. "Aos gentios" (εἰς τὰ ἔθνη, *eis ta ethnē*) de Gl 2,8 significa "a [todas] as nações, incluindo judeus".

chamado, num confronto entre Pedro e Paulo. Isso é relatado apenas em Gl 2,11-21. Em Atos, Pedro sai de cena depois do Concílio de Jerusalém, para nunca mais aparecer novamente. A liderança da igreja de Jerusalém é assumida por Tiago irmão de Jesus, um proponente da estrita observância da lei judaica (ver §18.1 Vol. II).

A situação em Antioquia sobre as relações dos cristãos gentios, cristãos helenistas judeus e judeus helenistas era complexa e não pode ser reconstruída completamente.[13] Os cristãos helenistas foram aceitos na sinagoga como "judeus messiânicos", e seus conversos gentios podiam ser considerados como "tementes a Deus", que não eram conversos plenamente judeus, mas que participavam da vida e serviço de culto da sinagoga. Eles podiam comer juntos, sem cumprir as leis alimentares, mas eles não podiam comer com judeus cristãos e judeus não cristãos na sinagoga, a menos que se

---

[13] RAYMOND BROWN advertiu contra os rótulos "judeus cristãos" e "cristão gentio" indiscriminadamente. Em vez de falar "cristianismo gentio" e "cristianismo judaico" como se houvesse apenas dois grupos claramente distintos, ele propõe uma tipologia de quatro categorias:
- O grupo um consiste de judeus cristãos e seus conversos gentios que insistiram na total observância da lei mosaica, incluindo a circuncisão, para aqueles que cressem em Jesus. Em poucas palavras, esses ultraconservadores insistiram que, a fim de tornarem-se cristãos, os gentios tinham de tornarem-se judeus.
- O grupo dois consiste de cristãos judeus e seus conversos gentios que não insistiram na circuncisão, mas requeriam que os gentios conversos guardassem algumas observâncias judaicas. Pode-se falar desta como uma visão mediadora, inclinada a ver um valor na abertura (não exigência da circuncisão), mas preservando algumas das riquezas da lei mosaica como parte da herança cristã. Pedro e Tiago pertencem ao mesmo grupo, embora exista alguma variação. Note que Paulo é um pouco sarcástico em Gl 2,6.9.12; Ambos estavam à direita de Paulo, mas Tiago estava mais certo do que Pedro.
- O grupo três consiste de judeus cristãos e gentios conversos que não insistiram na circuncisão e não requeriam observância das leis dietéticas judaicas. Paulo não requeria que os cristãos se abstivessem de alimentos dedicados a ídolos (1 Co 8), um requerimento imposto por Tiago, de acordo com At 15,20.29. Paulo é o principal porta-voz do Novo Testamento para esse tipo de atitude liberal.
- O grupo quatro consiste de judeus cristãos e seus gentios conversos que não insistiram na circuncisão ou observância das leis dietéticas e que não viam significado permanente no culto e festas judaicas – os "helenistas" de Atos 6 representam essa categoria (RAYMOND E. BROWN and JOHN P. MEIER, *Antioch and Rome: Cradles of Catholic Christianity* (New York: Paulist Press, 1983), 2-7; RAYMOND E. BROWN, "Not Jewish Christianity and Gentile Christianity but Types of Jewish/Gentile Christianity," *CBQ* 45 (1983), 74-79.

tornassem plenamente judeus, i.e., fossem circuncidados e guardassem as leis alimentares. Quando a igreja de Antioquia se tornou predominantemente gentia, tais restrições foram abandonadas; por outro lado, a igreja não mais podia celebrar a eucaristia conjuntamente. Pedro, Barnabé e outros judeus cristãos continuaram a prática da igreja de Antioquia, na qual todos os cristãos, judeus e gentios, comiam juntos. Então, "certas pessoas vieram da parte de Tiago", que insistia que os cristãos judeus deviam continuar a manter o estilo de vida judaico, incluindo as leis de pureza relacionadas à alimentação: os judeus não podiam comer com gentios por uma questão de pureza ritual (Gl 2,12). Esta não era uma questão de fanatismo religioso ou esnobismo; de sua perspectiva teológica, isso era inerente à vocação de Israel, o povo de Deus, a fim de permanecer fiel à aliança e suas estipulações, pelas quais os mártires de Israel morreram. Eles não reivindicaram que os cristãos *gentios* precisassem viver por essas leis, mas insistiram que quando *judeus* se tornavam cristãos, eles não estavam livres para violá-las. Isto quer dizer que judeus cristãos não podiam continuar à mesa da comunhão com cristãos gentios, e alguns se retiraram, inclusive Pedro e Barnabé.

O incidente em Antioquia teve alguma relação com o Decreto Apostólico. Nesse ponto, esse compromisso minimalista foi promulgado (ver acima). Pode ser quer um, ou *o*, pomo de discórdia no "incidente de Antioquia", que causou a separação entre Paulo e Silas, de um lado, e entre Pedro e Barnabé, de outro. Temos apenas o lado de Paulo da história. Em sua versão do incidente, ele denunciou e venceu o comprometido Pedro e "mesmo Barnabé", seu primeiro companheiro na missão aos gentios. Uma vez que Pedro permaneceu em Antioquia, e o cristianismo antioqueno se afastou de sua prévia abertura radical na direção da comunidade judaica jacobita de Jerusalém, que era mais conservadora, parece que Paulo perdeu o debate e decidiu que não mais podia participar do programa missionário antioqueno. Pedro permaneceria em Antioquia, e Paulo partiria.

10.1.9 A Missão ao Egeu (ao que tudo indica, "a Segunda e Terceira Viagens Missionária")

A viagem ao Egeu não foi a "segunda viagem missionária" numa série que emana de Jerusalém e Antioquia, mas um novo começo depois da ruptura de Paulo com Pedro, Barnabé e a igreja de Antioquia. O autor de Atos caracteristicamente minimiza qualquer desunião teológica em Antioquia, e retrata a cisão entre Paulo e Barnabé como uma questão pessoal que envolveu seu associado anterior, João Marcos (At 15,36-41). Paulo escolheu Silvano ("Silas" em Atos) como seu novo cooperador, um judeus cristãos e líder profético na igreja de Jerusalém, o qual era favorável à missão aos gentios. Os dois missionários se estabeleceram ao longo da rota desde a Síria até a Cilícia, visitando congregações anteriormente estabelecidas. Em Listra, Timóteo é convertido a partir do trabalho de Paulo (1 Co 4,17; de acordo com Atos, já teria Timóteo se convertido na primeira viagem missionária de 14,8-20?). A convite de Paulo, ele se une à equipe missionária. Guiados por revelação divina (At 16,6-10), eles são conduzidos à Macedônia. Atos retrata o autor da fonte "nós" [14] como se juntando a eles em Trôade, de modo que a equipe missionária é composta por Paulo, Silvano, Timóteo e o autor de Atos.

A missão ao Egeu representa uma nova estratégia missionária por parte de Paulo. O plano de ação de Paulo não é tentar visitar cada cidade e vila separadamente, mas estabelecer um centro missionário nas principais áreas metropolitanas, especialmente nas capitais provinciais, a partir de onde sua equipe missionária e os novos conversos podiam evangelizar as regiões vizinhas. A partir desses centros (Filipos, Tessalônica, Corinto, Éfeso), o plano de Paulo é evangelizar a região ao redor com o evangelho distintivamente paulino, estabelecendo uma base simbólica e funcional para a disseminação da fé e a reunião da comunidade escatológica. Depois de ter estabelecido tais centros de missão em locais-chave, Paulo podia pensar em seu trabalho como "feito" para uma área geográfica principal, e então mover-se para outros campos (cf. Rm 15,18-24). Previamente, ele havia evangelizado como o missionário enviado

---

[14] Segundo PHILIPP VIELHAUER, com base nos trechos em que o pronome "nós" aparece no livro de Atos, "formou-se, desde a Igreja Antiga, a opinião de que o autor de Atos teria sido um companheiro de viagem de Paulo, mais precisamente [...] o médico Lucas." Quando a crítica histórica começou a questionar essa opinião, tentou-se por vezes entender esses trechos como partes de uma fonte (fonte "nós") da autoria de um companheiro de Paulo, e que teriam sido incorporadas pelo autor de Atos em seu livro. Cf. VIELHAUER, PHILIPP. História da Literatura Cristã Primitiva: introdução ao Novo Testamento. Santo André: Academia Cristã, 2012, p. 417. N. do T.

por um grande centro missionário. Ele empreendeu "viagens missionárias", acompanhado por um companheiro mais velho tal como Barnabé, e retornava para apresentar relatório à igreja que o havia enviado. Este foi claramente o caso de Antioquia, e pode ter sido o caso de Damasco também. À medida que Paulo compreendia sua própria comissão e teologia como estando em harmonia com a igreja que o havia enviado, sua consciência de ser pessoalmente enviado e chamado pelo Cristo ressurreto não constituía problema algum para seu serviço como delegado de uma igreja central. O "incidente de Antioquia" mudou essa situação. Doravante, Paulo não atuaria como um representante de um centro missionário, realizando "viagens missionárias" em seu benefício, mas fundaria novos centros missionários em grandes cidades.[15] Daí em diante, ele precisava ser absolutamente claro que, como ἀπόστολος (apóstolo, alguém que é autorizado e enviado, missionário), ele é o representante autorizado do Senhor ressurreto, e que ele é mais do que alguém que foi autorizado por outros seres humanos (cf. Gl 1,1 e a discussão cima, "Paulo como apóstolo").[16]

---

[15] A terminologia tradicional de numeração das "viagens missionárias" é problemática em todo caso, sugerindo que o normal era que Paulo se estabelecesse em Antioquia, de onde ele fez três grandes viagens (cf. os mapas na maioria das Bíblias). Em vez disso, depois de sua conversão e particularmente depois do incidente em Antioquia, o normal é que viajasse no mar Egeu, estabelecendo-se temporariamente em Corinto e em Éfeso, o que ele interrompeu a fim de fazer uma viagem (possivelmente duas) a Jerusalém.

[16] O uso que Paulo faz de ἀπόστολος (apostolos), insistindo que seu apostolado não é por comissão humana, não apenas se contrasta com o de Pedro e os Doze, mas com o seu próprio trabalho anterior como missionário-apóstolo, no sentido de um delegado da igreja (At 14,14; 2 Co 8,23), quando Paulo estava em Antioquia. Na missão ao Egeu, Paulo rejeita não apenas a alegação de que obteve sua mensagem dos Doze ou de Pedro, mas a de que ele é um apóstolo autorizado por uma igreja. Desse tempo em diante, "apóstolo" tem um significado mais independente do que o anterior: meu evangelho não veio da tradição da igreja à qual eu ensinei em Antioquia, mas diretamente de Cristo.

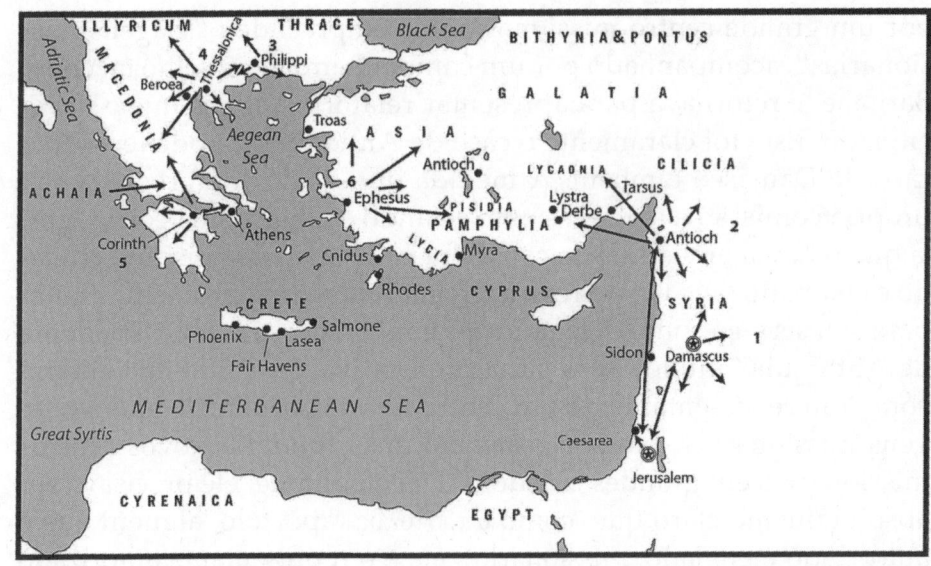

[MAPA 2 – Mapa da Atividade Missionária de Paulo. Embora Paulo mantenha contato com Jerusalém, ele minimiza contato tanto com Antioquia quanto com Jerusalém. Paulo escreve que ele faz duas viagens a Jerusalém, partindo de Damasco e Antioquia (Gl 1-2), e então uma viagem final para trazer a oferta (2 Co 8-9; Rm 15). Depois do rompimento com Antioquia, ele funda centros missionários em capitais políticas: Tessalônica (Macedônia), Corinto (Acaia) e Éfeso (Ásia). Houve, talvez, outra breve viagem (recontada em At 18,21-23), embora essa viagem seja mais provavelmente uma construção lucana, em contraste com as três "viagens missionárias" tradicionais, com base em Atos.

Em Atos, Lucas tem uma leitura correta da tradição de que Paulo fundou essas igrejas, embora Lucas apresente Paulo usando Jerusalém como sua base.

A equipe missionária começou uma nova igreja em Filipos, onde Paulo e Silvano são pegos, espancados e aprisionados pelas autoridades locais.

Após a sua libertação, eles e Timóteo viajam para Tessalônica, onde, em meio a tumulto e problemas, estabelecem com sucesso uma nova congregação. Quando os missionários são forçados a deixar Tessalônica, eles pregam e conquistam conversos na Bereia, e quando Paulo precisa fugir de lá, ele deixa Silvano e Timóteo para trás e viaja para Atenas, e então para Corinto. Lá, com o apoio de Priscila e Áquila (os quais haviam deixado Roma recentemente como resultado da ação de Cláudio de expulsar os judeus), ele começou uma nova congregação cristã. Quando Silvano e Timóteo – que chegaram da Macedônia com as boas novas de que a igreja em Tessalônica está crescendo a despeito da perseguição, juntam-se a Paulo, ele (e Silvano e Timóteo) escrevem para eles a carta encorajadora e esclarecedora que se tornou conhecida na Bíblia Cristã como 1 Tessalonicenses, o mais antigo documento cristão existente. Embora a narrativa de Atos dessa fase da "Segunda Viagem Missionária" tenha alguns traços de lenda e pequenos conflitos com o que pode ser apreendido a partir das cartas de Paulo, seus principais esboços são confirmados (At 16,20-24 = 1 Ts 2,2).

Uma vez que os únicos documentos do Novo Testamento que temos desse período são as próprias cartas de Paulo, e uma vez que a partir desse momento, a narrativa de Atos se dedica exclusivamente a Paulo, o leitor do Novo Testamento tem a impressão de que toda a missão da igreja foi, a partir daí, dominada por Paulo. O leitor moderno deve se lembrar de que havia outras correntes da missão cristã em progresso paralelas à dele em outras partes do mundo mediterrâneo, cuja produção não vemos até a chegada dos posteriores escritos do Novo Testamento ou tenha se perdido para nós. Contudo, é o trabalho de Paulo que se torna formativo para a igreja, posteriormente, e justificadamente focamos nossa atenção sobre ele e sua obra – como fizeram os autores do Novo Testamento.

O período do ministério de Paulo no Egeu, ca. 48-56 d.C., equivalente, ao que parece, à segunda e terceira viagens missionárias de Atos, foi de fato um tempo crucialmente importante para a missão paulina, o protocristianismo e a formação do que veio a ser o Novo Testamento. Todas as cartas existentes de Paulo provavelmente vêm desse período.[17] A missão ao Egeu foi uma missão paulina independente, no sentido de que Paulo não estava mais atuando como representante da igreja de Antioquia, e não se considerava subordinado aos "pilares" de Jerusalém. Após romper com Antioquia, nunca mais ele volta a qualquer cidade, apenas uma visita a Jerusalém ao final de seu trabalho missionário no Oriente, para trazer a oferta que prometeu, como um símbolo da unidade da igreja. Mesmo depois da tensão em Antioquia que o levou a romper com Barnabé e Pedro, ele fala respeitosamente de cada um deles como parceiros na missão maior da igreja (1 Co 3,5-9; 21-23; 9,5-6; 15,2-11). Ele está consciente de que

---

[17] Das sete cartas não disputadas de Paulo (cf. 10,2), as possíveis exceções são Filipenses e Filemom, se elas foram escritas de Roma, e Gálatas, se escrita antes do Concílio de Jerusalém. Ver as introduções a cada livro.

outros poderiam ver os apóstolos que representavam a autoridade de Jerusalém e Antioquia, como rivais, mas estava intensamente preocupado com que as igrejas da missão ao Egeu manifestassem sua unidade com a igreja mãe ao enviar sua simbólica – e substancial – oferta a Jerusalém. Ele nunca se vê como um independente de Jerusalém, ou da igreja como um todo.

A despeito do ecumenismo apaixonado de Paulo, um grupo em Jerusalém associado a Tiago[18] mais cedo ou mais tarde lançou uma contra missão a Paulo, desafiando a legitimidade de seu apostolado e insistindo que os membros gentios de suas congregações missionárias deveriam ser circuncidados e adotar outras marcas de identidade do povo da aliança, prescritas pela Torá, i.e., tornando-se judeus praticantes. Isso não era apenas sua sincera convicção teológica, mas havia uma importante dimensão política, que pretendia manter a boa vontade do império para com a Diáspora Judaica (ver §9.2, "Conflitos entre Cristãos e Judeus"). Essa contra missão do "partido da circuncisão" é certamente importante para compreender Gálatas, Filipenses e Romanos, e talvez para a primeira missão e as cartas também.

10.2 Introdução às Epístolas

10.2.1 As Cartas no Novo Testamento e no Cristianismo Primitivo

Para os primeiros cristãos, a forma carta rapidamente se tornou o gênero literário mais importante para comunicação e instrução. Dos vinte e sete documentos do Novo Testamento, vinte e dois estão na forma de carta; das 680 páginas do texto grego NESTLE-ALAND[27], 272 páginas (quarenta por cento) são cartas. Atos contém cartas e indica que a igreja primitiva desenvolveu uma rede mantida por cartas (cf. At 15,23.30; 18,27). Pelos primeiros cem anos, o formato carta dominou a escrita cristã. Os gêneros narrativos Evangelhos e Atos apareceram depois que o formato carta estava bem estabelecido, e o novo gênero não foi imediatamente aceito por todos os cristãos. Essa dominância inicial

---

[18] Essa não era necessariamente a posição do próprio Tiago, ou de toda a igreja de Jerusalém. Nenhuma evidência no Novo Testamento sugere que Tiago defendeu a circuncisão de cristãos *gentios*. Ver PRATSCHER, *Herrenbruder Jakobus*, 80-102.

do formato carta é um fato marcante e imprevisto. Em nenhuma outra comunidade religiosa as cartas se tornaram Escritura sagrada, nem desempenharam tal papel formativo.

Paulo exerceu influência decisiva. A tradição cristã atribuiu catorze cartas canônicas a Paulo: Romanos, 1-2 Coríntios, Gálatas, Efésios, Filipenses, Colossenses, 1-2 Tessalonicenses, 1-2 Timóteo, Tito, Filemom, Hebreus. Todas, à exceção de Hebreus, têm "Paulo" como sua primeira palavra, apresentando-se como escritas pelo próprio Paulo. Uma vez que as cartas do mundo antigo eram, às vezes, compostas no nome de um mestre famoso do passado, não está imediatamente claro quais dessas foram escritas pelo próprio Paulo e quais podem ter sido compostas posteriormente em seu nome por seus discípulos (ver abaixo §14.3). Depois de um longo período de cuidadoso estudo e debate, um amplo consenso emergiu entre os eruditos contemporâneos:

- Sete cartas incontestáveis são reconhecidas por todos como escritas pelo próprio Paulo: Romanos, 1-2 Coríntios, Gálatas, Filipenses, 1 Tessalonicenses e Filemom.
- Duas cartas disputadas, consideradas por alguns críticos como autenticamente paulinas: Colossenses e 2 Tessalonicenses.
- Quatro cartas disputadas, consideradas pela maioria dos críticos como escritas depois do tempo de Paulo, por discípulos seus: Efésios, as Pastorais (1-2 Timóteo, Tito). A erudição histórica é agora unânime que Hebreus não foi escrita por Paulo.

Paulo não via a si mesmo como alguém que estivesse escrevendo a Escritura sagrada, nem suas cartas eram consideradas como tal pelas congregações que as recebiam. No entanto, elas eram mais do que cartas pessoais. Elas foram escritas com a autocompreensão de alguém que se via como um apóstolo chamado e autorizado pelo Cristo ressurreto. Elas foram dirigidas à comunidade de fé, e deviam ser lidas no culto. À medida que estavam circulando entre as igrejas e lidas no culto ao lado da Escritura, gradualmente assumiram o status e função de Escritura (cf. 1 Ts 5,27; Cl 4,16; 2 Pd 3,15-16). Depois da morte de Paulo, seus discípulos continuaram a usar o gênero carta como o meio primário de instrução cristã, compondo cartas em seu nome. Em alguns casos, o formato de carta foi imposto apenas superficialmente sobre outros tipos de conteúdo. *Efésios* é mais um tratado vestido de forma epistolar em que falta a maioria dos traços de uma verdadeira carta. As *Epístolas Pastorais* apresentam instrução sobre a vida e organização da igreja e advertências contra o falso ensino, na forma de cartas pessoais a Timóteo e Tito. Mais tarde, mestres cristãos fora da tradição paulina (cf. abaixo §17.1.1) se tornaram familiarizados com a carta apostólica lida como parte da liturgia nas congregações às quais elas pertenciam, e adotaram o gênero carta como o veículo de sua instrução, embora suas composições não fossem tipicamente cartas no sentido real do termo. Os primeiros cristãos compuseram muitos outros tipos de textos, mas *todos* os documentos finalmente incluídos no cânon do Novo Testamento, à exceção dos Evangelhos e Atos, estão presentes no gênero carta. *Hebreus* é um sermão, mas equipado com um final epistolar. *Tiago* é uma coleção de instrução de sabedoria cristã, mas está presente como uma carta. *Primeira e Segunda Pedro* imitam a forma de uma carta paulina, mesmo nos detalhes. Primeira Pedro é uma verdadeira carta, mas Segunda Pedro pertence ao gênero testamento, o último discurso de uma figura amada do passado – no Novo Testamento, ele assume o gênero carta. Dentre as cartas joaninas, *2 e 3 de João* são cartas verdadeiras, mas *1 João* é um tratado teológico ao qual o gênero carta foi imposto. *Judas* não é carta em conteúdo, porém está inserida numa estrutura mínima de carta. *Apocalipse* é principalmente material apocalíptico de visões, incluindo mensagens proféticas do Cristo ressurreto às sete igrejas, mas o todo é colocado na estrutura convencional de uma carta paulina, usando formas características de Paulo. O autor de *I Clemente* coloca sua instrução à igreja de Corinto em forma de carta. Assim também *Barnabé*, sem traços epistolares formais, foi chamada de "carta" no segundo século, e foi incluída no manuscrito Sinaítico do Novo Testamento como a *Epístola de Barnabé*. Há diversos outros exemplos.

Por que esta extensa adaptação do formato carta e multiplicação das cartas na tradição cristã, e por que essa "pressão epistolar" de escrever cartas e impor esse gênero mesmo a material não epistolar, e por que sua predominância no Novo Testamento? (ver acima §1.4). É fácil observar que, uma vez que as cartas paulinas estavam circulando e se tornaram uma forma normativa da igreja e da instrução cristã, a forma literária seria imitada e cartas seriam escritas no nome de Paulo e outras figuras apostólicas. Mas por que o gênero carta se tornou estabelecido em primeiro lugar? Por que, por exemplo, listas de ditos de Jesus (tais como Q e o Evangelho de Tomé), ensaios e meditações sobre doutrina cristã (tais como o Evangelho da Verdade), ou guias de ordem da igreja (tais como a Didaquê) não se tornaram integrantes no desenvolvimento do cristianismo e não compuseram o Novo Testamento?

Por que cartas?

A primeira razão para a importância das cartas no cânon do Novo Testamento é sua conveniência teológica como expressões da fé cristã. Esta é uma questão à qual devemos retornar abaixo, mas primeiro é necessário explorar a forma e função das cartas paulinas e seu pano de fundo histórico do registro de cartas na antiguidade.

10.2.2 Cartas no Mundo Antigo

Paulo não inventou o gênero carta. O cristianismo primitivo nasceu numa cultura de cartas. No entanto, foi Paulo que transformou o formato convencional de carta helenística em um veículo de instrução cristã, fazendo dele um gênero padrão da comunicação protocristã. Paulo e os primeiros cristãos adotaram uma forma secular e cultural que funciona no plano horizontal da história. As cartas do Novo Testamento não são verticais, "cartas do céu", embora esse gênero existisse no mundo helenístico.[19] Mesmo as mensagens às sete igrejas de Apocalipse 2-3, embora apresentadas como mensagens ditadas pelo Cristo ressurreto, estão na estrutura de uma carta secular: não são de um "Jesus Celestial para habitantes da terra", mas de "João para as igrejas".

Nós temos mais de 14 mil exemplos de cartas antigas. A maioria delas são breves cartas particulares, recuperadas das areias secas do Egito, mas centenas vêm de coleções de cartas literárias que circularam no mundo antigo, facilmente disponíveis a todas as pessoas escolarizadas. HANS-JOSEF KLAUCK lista 38 dessas coleções independentes de cartas gregas, bem como diversas cartas citadas, encaixadas ou

---

[19] Desde o Egito antigo até o próprio tempo de Paulo, havia cartas dos deuses entregues diretamente aos habitantes da terra. Ver ADOLF DEISSMANN, *Light from the Ancient East: The New Testament Illustrated by Recently Discovered Texts of the Graeco-Roman World* (trans. Lionel R. M. Strachan; New York: Doran, 1927), 244-45, 374-75, and Hans-Josef Klauck, *Ancient Letters and the New Testament: A Guide to Context and Exegesis* (Waco: Baylor University Press, 2006), 352-353.

sintetizadas em outras obras literárias, e um número comparável de coleções e cartas latinas, bem como inúmeros exemplos de cartas do Antigo Testamento, judaicas e outras literaturas antigas. Essa ostentação de cartas antigas oferece uma extensa grade a partir da qual podemos examinar e comparar as cartas do Novo Testamento:[20]

Cartas Reais e Cartas Literárias

Nem todas as cartas são do mesmo tipo. Podemos considerar dois exemplos que representam polos opostos de um espectro.

Cartas reais: A carta abaixo, em uma página, de um marinheiro romano da frota de grãos a seu irmão é uma carta verdadeira, que objetivava ser lida apenas por sua família. Uma cópia foi escrita e entregue. Temos a original.

> "Irineu a Apolinário, seu querido irmão, muitas saudações. Oro continuamente por sua saúde, e, quanto a mim, estou bem. Quero que saiba que alcancei a terra no sexto dia do mês Epep[21] e baixamos nossa carga no décimo oitavo dia do mesmo mês. Fui a Roma no Vigésimo Quinto dia do mesmo mês, e o lugar nos acolheu conforme a vontade de deus, e estamos diariamente esperando nosso descarregamento, sendo que até hoje ninguém da frota de milho foi liberado. Muitas saudações à sua esposa e a Sereno e a todos que te amam, cada um por nome. Adeus. 9 de Mesori.[22]" *(Papiro BGU 27, do 2º Séc. EC; trad. LCL)*

Cartas literárias: Sêneca, filósofo romano e estadista (ca. 4 a.C. – 65 d.C.), um contemporâneo de Paulo, escreveu centenas de cartas; uma coleção de 931 cartas foi publicada depois de sua morte. Sem dúvida, ele também escreveu cartas pessoais breves conforme a que foi descrita acima, mas elas se perderam em sua maioria. Preservada no legado literário de Sêneca está uma coleção de 124 cartas em vinte volumes, escritas a seu amigo Gaio Lucílio, uma pessoa que sabemos que de fato existiu. Se as cartas endereçadas a ele são cartas reais é

---

[20] Entre os livros mais úteis que colocam as cartas do Novo Testamento em seu contexto helenístico: WILLIAM G. DOTY, *Letters in Primitive Christianity* (Philadelphia: Fortress, 1973); STANLEY K. STOWERS, *Letter Writing in Greco-Roman Antiquity* (Philadelphia: Westminster, 1986); Klauck, *Ancient Letters*.
[21] Décimo primeiro mês do calendário copta. N. do T.
[22] Décimo segundo mês do calendário copta. N. do T.

outra questão. Se de fato elas foram entregues, está claro que à medida que Sêneca escreve ele está compondo não apenas para Lucílio. Ele espera que as cartas sejam publicadas, e escreve com uma posteridade e público leitor em mente: "Estou trabalhando para gerações futuras, escrevendo algumas ideias que podem ser de ajuda para elas" (*Ep.* 8,2; cf. 21,5). Suas cartas literárias são mais como livros ou ensaios do que cartas, de fato. O gênero carta é um artifício literário, e possui um caráter fictício. Uma carta verdadeira é composta para uma pessoa em particular ou um grupo limitado que compartilha uma história comum, conhecido do autor e que vivencia as mesmas particularidades de suas preocupações. Uma carta literária é como um livro no qual o autor não conhece os leitores pessoalmente, de modo que é escrita para qualquer um que tenha interesse em seu conteúdo. Sêneca conhecia essa diferença, já expressa pelo mais importante escritor de cartas da antiguidade clássica, Cícero (106 – 43 a.C.): "Eu tenho um jeito de escrever o que penso que só vai ser lido por aqueles a quem dirijo minha carta, e outra maneira de escrever o que penso que vai ser lido por muitos" (*Fam.* 15,21.4).

Terminologia: Esses dois tipos de cartas foram assinaladas por diversos pares de etiquetas contrastantes: "real/não real", "particular/pública", "literária/não literária", "carta/epístola". O trabalho pioneiro em epistolografia do Novo Testamento, de ADOLF DEISSMANN, popularizou a distinção entre *Epístolas* e *Cartas*. Antes de DEISSMANN, as cartas do Novo Testamento foram, em sua maioria, interpretadas como tratados doutrinários em forma de carta. Sua pesquisa nos ricos achados de cartas em papiro, escritas por pessoas comuns e na linguagem cotidiana, deixaram-no convencido de que as cartas de Paulo eram comunicações informais escritas para ocasiões e destinatários especiais; não eram produções literárias (as quais DEISSMANN designou de "epístolas"), mas verdadeiras cartas.[23] A contribuição de DEISSMANN é extremamente importante, mas, em relação à interpretação das cartas de Paulo, sua abordagem exagerou as polaridades entre cartas literárias e cartas verdadeiras. Paulo, e especialmente a ulterior tradição paulina, representa uma espécie de meio termo entre essas polaridades.

---

[23] ADOLF DEISSMANN, *Paul: A Study in Social and Religious History* (trans. William E. Wilson; New York: Harper, 1957), 7-26; DEISSMANN, *Light from the Ancient East*, esp. 146-251. "A carta é uma peça de vida; a epístola é um produto de arte literária" (230).

Nenhuma das cartas de Paulo é exclusivamente para indivíduos; todas são para igrejas e objetivavam ser lidas no culto, e, portanto, possuem certo caráter público. Elas são para igrejas específicas com problemas específicos, e não para a igreja em geral, e estão, portanto, entre as cartas públicas e particulares, as literárias e não literárias. À exceção de Filemom, as cartas de Paulo são muito mais do que a típica carta helenística, incorporando e revisando material tradicional, lidando com temas que transcendem a típica carta pessoal, e, às vezes, utilizando formas e estruturas retóricas. DEISSMANN estava absolutamente correto, contudo, que Paulo não compôs tratados teológicos na forma de cartas, e que as cartas paulinas manifestam muitas características de cartas reais.

As cartas de Paulo como cartas reais. No mundo helenístico, duas caracterizações de cartas reais repetidas diversas vezes são importantes para a compreensão dos escritos de Paulo. (1) As cartas medeiam a presença do escritor para o leitor distante. A carta não é apenas um substituto, mas o portador da viva voz do escritor. Paulo queria estar presente e abordar seus leitores face a face. Sua segunda escolha era enviar um delegado que o representasse. Quando nenhuma dessas opções era possível, sua terceira opção era a carta: sua mensagem oral é gravada em papiro, e quando é lida para a congregação da igreja/casa reunida, é a voz de Paulo que eles ouvem. (2) Uma carta real, portanto, é parte de uma conversação; ela representa metade do diálogo. Não é um monólogo, lançado ao vazio e completo em si mesmo, mas parte de uma conversação que considera os leitores seriamente. Mesmo que a própria carta fosse um texto escrito, o meio oral/aural de comunicação deve ser mantido em mente. O autor ditava a carta para um escriba ou secretário, falando como falaria aos destinatários. Os "leitores" eram, de fato, ouvintes, quando a carta era lida na congregação. Toda leitura era, de fato, uma experiência oral/aural; mesmo a leitura privada era uma questão de leitura em voz alta e de ouvir o que se lê.[24]

---

[24] Cf. Atos 8,30, Filipe ouve o oficial etíope lendo para si mesmo; João 8,8-9, aqueles que estão ao redor de Jesus *ouviram* o que ele escreveu no chão, i.e., isso foi lido em voz alta. Agostinho se maravilhava com o fato de que Ambrósio lia em silêncio. Cícero é retratado dizendo: "Eu sinto muito o fato de não ter respondido sua carta mais cedo, mas eu tive uma dor de garganta" Cf. DOTY, *Letters*, 7.

Aspectos Técnicos e Práticos

Alfabetização. O processo pelo qual as cartas foram compostas no mundo helenístico lança luz sobre as cartas paulinas. A proporção da população geral que podia ler e escrever tem sido variavelmente estimada, com aproximadamente dez por cento sendo uma figura comum. "Letrado" é em si um termo com uma definição ampla. Não apenas havia uma ampla gama de níveis de leitura entre aqueles que podiam ler de fato, mas, tal como agora, há pouca correlação entre a habilidade de ler e a competência para escrever. Entre aqueles que podem ler, muito poucos podem compor sentenças complexas e documentos tais como a carta de Paulo aos romanos. Portanto, era normal, mesmo para pessoas que podiam ler e escrever bem, empregar amigos habilidosos ou escribas profissionais para a composição real de uma carta, e então, ao final, tomar a pena na mão e escrever as palavras finais como um tipo de assinatura pessoal (cf. 1 Co 16,21; Gl 6,11; Cl 4,18; 2 Ts 3,17; Fm 19).

Colaboradores, escribas, secretários. Embora o próprio Paulo assumisse a responsabilidade pelo que aparece nas cartas, a maioria aparece como o produto de coautoria, com os nomes de seus colaboradores aparecendo com seu próprio nome na saudação inicial, e alternando entre "nós" e "eu" no corpo da carta. Esta é uma indicação de que as cartas paulinas, embora diretas e pessoais, também pretendem representar a missão paulina e a equipe missionária às igrejas. Somente uma vez o nome do escriba aparece (Tércio, em Romanos 16,22), mas Paulo claramente fez uso da ajuda de um escriba em suas outras cartas. No mundo helenístico, o papel do escriba/secretário podia variar de um mero anotador que escreveu palavra por palavra o que o autor ditou, através de diversos graus de ajuda editorial e composicional, à composição de fato da carta no nome do autor e sob suas ordens. No caso de Paulo, o processo de composição envolvia normalmente conversação entre Paulo, seus cooperadores e o escriba, a composição de um rascunho e a decisão sobre a redação final e sua transcrição para um documento finalizado, que seria analisado por Paulo antes de liberá-lo para envio. Escritores de cartas geralmente faziam cópias as quais retinham para referência futura, e Paulo pode ter feito isso também. Contudo, exemplos de problemas gramaticais e a autorização para que determinadas declarações permaneçam no texto, mesmo quando corrigidas, demonstra que as cartas de Paulo, às vezes, representam seu ditado original (cf. e.g. 1 Co 1,14-15).

Tipos de carta, uso de formas retóricas. As cartas de Paulo, como outras extensas cartas helenísticas, não são simplesmente um amontoado de falas desconexas, mas dão evidência de cuidadosa estrutura. Não sabemos se Paulo teve treinamento formal em retórica, mas ele manifesta certa consciência da forma retórica. Não deveríamos imaginar, contudo, que, à medida que compõe, ele está seguindo um esboço rígido, como se estivesse dizendo para si mesmo: "Bem, agora, terminei a terceira parte". Havia vários tipos de cartas helenísticas, cada tipo manifestando certas formas convencionais. STOWERS discute treze tipos diferentes de cartas, incluindo cartas entre amigos, cartas de louvor e censura, cartas de recomendação e cartas de consolação.[25] Essas convenções indubitavelmente tiveram um efeito sobre a estrutura e estilo das cartas paulinas, mas não se mostraram úteis para aplicar os critérios da escritura de carta à interpretação de documentos individuais, como se Paulo dissesse a si mesmo em cada caso: "Agora, vou escrever uma carta de defesa e seguir seu padrão específico..." (ou qualquer outro tipo). Do mesmo modo, uma vez que há pontos de contato entre a composição de uma carta de persuasão e o preparo de um bom discurso, as convenções podem, às vezes, ajudar a ver o que Paulo está fazendo e como ele está compondo uma carta específica ou a seção de uma carta. Novamente, contudo, as contribuições de tal análise retórica não podem ser aplicadas rigidamente à interpretação das cartas de Paulo; somente um acordo mínimo existe entre aqueles que enfatizam a análise retórica como uma chave principal para compreender Paulo.[26] Paulo tem consciência de que está seguindo um novo caminho, e que em parte ele deve construir a estrada enquanto caminha. Embora faça uso de padrões já conhecidos, adaptando-os a seu próprio propósito, seus objetivos não são mais bem expressos por tentar acomodar suas cartas às categorias conhecidas. A única palavra que provavelmente melhor caracteriza as cartas de Paulo é *pastoral*. Não havia nada anterior exatamente como esse grupo de cartas.[27]

---

[25] STOWERS, *Letter Writing*, 49-174.
[26] O exemplo é a aplicação de HANS-DIETER BETZ da análise retórica a Gálatas, o que gerou visões mescladas e considerável debate. Ver abaixo §13.1. Cf. também a discussão mais pensativa da categoria retórica à qual as cartas aos tessalonicenses pertencem, em ABRAHAM J. MALHERBE, *The Letters to the Thessalonians: A New Translation with Introduction and Commentary* (AB 32B; New York: Doubleday, 2000), 96, 359-361.
[27] Cf. ABRAHAM J. MALHERBE, *Paul and the Thessalonians: The Philosophic Tradition of Pastoral Care* (Philadelphia: Fortress Press, 1987), 77-78 et passim.

Data. Fixar a data exata de uma carta não fazia parte da forma prescrita. Comumente, as cartas não eram datadas, embora cartas oficiais pudessem ser. Às vezes a data, mas não o ano, é dada, mais ou menos incidentalmente (cf. exemplo acima [9 de Mesori]; não há o ano). Nenhuma carta do Novo Testamento é datada; talvez, o original incluísse uma data de maneira extrínseca, no verso ou no lado de fora, mas nenhuma das cópias que nós temos são datadas. Se fossem, isso esclareceria diversas questões da cronologia e exegese do Novo Testamento.

Composição e Envio. Havia um bom sistema de estradas romanas que facilitavam as viagens ao longo do império, e um eficiente serviço postal, mas elas estavam disponíveis apenas para negócios do governo. Os escritores de correspondências particulares tinham de encontrar seus próprios meios de enviar suas cartas. Para os ricos, um escravo podia ser despachado com a carta, e talvez esperasse a resposta. Paulo e outros eram dependentes de encontrar alguém que fosse à vizinhança do destinatário. Paulo tipicamente enviava suas cartas por um ou mais colaborares que estivessem viajando por assuntos missionários, ou especificamente para levar suas cartas – tarefas inter-relacionadas na visão de Paulo.

[FOTO 30 – Ruínas de uma estrada romana perto de Tarso, na Turquia. Crédito da Foto: David Padfield]

Uma vez que as cartas, como todos os textos antigos, eram compostas sem sinais de pontuação, e sem espaços entre sentenças e palavras, ler a carta em voz alta diante da congregação envolvia alguma preparação e interpretação. Na melhor das hipóteses, alguém que conhecesse o autor da carta e estivesse presente no momento em que foi escrita, ou mesmo estivesse envolvido nela, servia como seu intérprete oral perante a congregação. O significado, tom de voz e ênfase do autor podiam ser explicados no processo de envio da carta. O próprio papiro, longe de ser um objeto inerte, então se torna um fator de um processo mais dinâmico da comunicação humana, que ligou o autor e os ouvintes/leitores numa comunidade.

A soma de tempo, trabalho e despesa envolvida significam que escrever uma carta não era um processo casual. Romanos, a carta mais longa de Paulo, deve ter exigido muitos dias de trabalho em tempo integral de um escriba profissional, que deve ter custado o equivalente a aproximadamente dois mil dólares, de materiais e trabalho.[28] No caso de Romanos, essa despesa é mais facilmente explicada pelo detalhe que Paulo revela em 16,2, o de que Febe "se tornou uma benfeitora [προστάτις, patrona] de muitos e de mim mesmo também".[29] ROBERT JEWETT argumenta que Tércio pode ter sido um escravo ou empregado de Febe, e a teria acompanhado a Roma, e seria a pessoa que leu a carta em voz alta para as igrejas domésticas reunidas (uma mulher da classe social de Febe não teria feito isso). Mencionar Tércio implica que ele está autorizado a expandir os conteúdos da carta e explicá-la aos ouvintes. No caso de Romanos, isso significa que "Tércio e Febe estavam engajados na criação, envio, leitura pública e explicação da carta..."[30]

Coleção, preservação e edição. Compositores de cartas literárias escritas com vistas na publicação, mesmo se fossem cartas "verdadeiras" enviadas, de fato, a amigos, normalmente mantinham suas cópias, as quais eles podiam continuar editando e revisando. Tal edição, quer fosse feita pelo autor original ou por um editor posteriormente, às vezes envolvia a combinação de duas ou mais cartas independentes em uma. "Na correspondência entre Cícero e Brutus, duas cartas de

---

[28] E. RANDOLPH RICHARDS, "Letter", in *NIDB*, 3.640.
[29] ROBERT JEWETT, *Romans: A Commentary* (Hermeneia; Minneapolis: Fortress, 2007), 22.
[30] Ibid., 23.

Cícero e uma de Brutus podem ser mostradas como composições redacionais de cartas independentes" (*Ep. Brut.* 1,2.1,3-6; 1,3.1-3,4; 1,4.1-3,3-6).[31] Às vezes uma carta escrita por um longo período de tempo apresenta evidência de diferentes seções, sua data relativa e ocasião. Com efeito, uma combinação secundária de diferentes cartas de um autor original se torna a versão "original" enviada aos primeiros leitores. Novamente, a coleção ciceroniana oferece um exemplo. Numa carta destinada a Cícero, enviada por Rufo, o autor se refere ao que ele "escreveu acima", e descreve como a situação mudou no intervalo de tempo. Uma certa figura política havia se comportado de maneira desonrosa, mas ele "ainda não havia feito isso quando eu escrevi a primeira parte da carta" (*Ad familiares* 8.6.5). O secretário particular da confiança de Cícero, Marcos Túlio, começou a editar essas cópias para publicação, combinando-as com outras cartas de Cícero que ele obteve de correspondentes. Portanto, nem sempre é claro o que deve ser atribuído à própria coleção e edição de Cícero e o que deve ser atribuído a um editor posterior. Em algumas coleções de cartas publicadas, essas versões editadas de cartas do autor original eram combinadas com cartas fictícias escritas posteriormente, contendo seu nome, e adaptando seu ensino a uma outra situação. Os exemplos-chave são as coleções de cartas de Platão, Inácio, e as Epístolas Cínicas atribuídas a Diógenes. Existe acordo geral de que a crítica histórica conseguiu separar as cartas autênticas escritas por Platão e Inácio das dos seus discípulos.

Em tudo isso, possíveis paralelos com o corpus literário paulino são evidentes. Gerações anteriores de eruditos pensaram em termos "do" original de cada carta, mas é razoável supor que Paulo possa ter guardado cópias de suas cartas, revisando-as por sua conta e reeditando-as em mais de uma versão. Sobre os argumentos pró e contra quanto a se a forma atual das várias cartas paulinas representa combinações editoriais de mais de uma carta, veja as introduções a Romanos, Filipenses e, especialmente, 2 Coríntios. Sobre a inclusão de cartas pseudoepígrafas no corpus paulino, ver abaixo §14.3, e as introduções a 2 Tessalonicenses, Colossenses, Efésios e, especialmente, as Pastorais.

---

[31] KLAUCK, *Ancient Letters*, 163. As seguintes ilustrações são também de KLAUCK, que fornece uma discussão completa e mais exemplos.

10.2.3 Forma e Estrutura das Cartas Paulinas

As cartas paulinas manifestam uma forma identificável que é mais ou menos consistente ao longo de todas as suas cartas, uma forma que consiste nas próprias mudanças que Paulo fez da convencional carta helenística. As cartas típicas no mundo helenístico consistiam em três partes: introdução, corpo e conclusão, cada uma delas podia ser subdividida como segue:[32]

I. Introdução
   A. Prescrição (saudação), em três partes estereotipadas: A a B, saudações
      1. remetente: *superscriptio*
      2. destinatário: *adscriptio*
      3. saudação: *salutatio* (χαίρειν, *chairein*, saudações, lit. "alegrem-se")
   B. Introdução (Ação de Graças), que pode consistir em um ou mais dos elementos a seguir:
      1. oração/desejo (εὔχομαι, *euchomai*, Peço)
      2. ação de Graças (εὐχαριστῶ, *eucharistō*, Dou graças)
      3. intercessão/menção (μνείαν ποιούμενος, *mneian poioumenos*, fazer menção) perante os deuses
      4. expressão de alegria (χαρά, ἐχάρην, *chara, echarēn*, alegria, Eu me alegro)

II. Corpo da carta
   A. Abertura do corpo da carta, às vezes com uma fórmula convencional tal como "Quero que saibas"
   B. Desenvolvimento do corpo: informação, instrução, petição, recomendação, exortação
   C. Conclusão do corpo: sumário, exortações, planos de viagem

III. Conclusão
   A. Epílogo: exortações finais, planos futuros
   B. Pós-escrito:
      1. saudações daqueles que estão com o escritor para aqueles que estão com o leitor
      2. despedida (ἔρρωσθε, *errōsthe*, lit. sê forte)
      3. palavras finais de próprio punho do autor
      4. data

---

[32] Ver especialmente ibid., "Standard Letter Components", 17-42, and Doty, *Letters*, "The Form of the Pauline Letters", 27-43.

Paulo faz as seguintes transformações:

I. Introdução: Prescrição (saudação). O convencional "A para B, saudações" pode ser visto em At 15,23; 23,26; Tg 1,1. As prescrições de Paulo seguem a mesma divisão em três partes das típicas cartas helenísticas, mas são geralmente mais longas e frequentemente dramáticas (cf. Rm 1,1-7). Isso não é prolixidade paulina, mas transformação teológica da fraseologia convencional. Ele frequentemente identifica a si mesmo e seus leitores com terminologia teológica, identificando tanto o seu papel quanto o deles no plano escatológico de Deus, e.g. *apóstolo* como um termo frequente para si mesmo, e *santos* ou *igreja* para seus leitores.

A mais significativa transformação é a substituição que Paulo faz do insípido *chairein* pelo *graça e paz a vós*. Paulo criou essa frase. Ela não é encontrada em qualquer outro lugar na literatura, exceto nos próprios escritos de Paulo e na literatura dependente dele. Os que frequentemente ouvem essa frase no culto ou a veem com frequência na literatura cristã podem ter seus sentidos embotadas pela familiaridade, mas é uma marcante saudação de abertura, carregada de traços teológicos. O infinitivo grego *chairein* funciona como um fraco imperativo da palavra para "alegrai-vos", mas nas cartas convencionais, o significado é praticamente irrelevante. A palavra funcionava como uma saudação, como "Oi" ou "Olá", sem referência ao significado. Paulo a substitui por uma palavra similar, retirada da linguagem cristã da fé, χάρις (*charis* graça). Paulo a combina com um termo chave usado na saudação das cartas judaicas, a rica palavra שָׁלוֹם, *shalom*, comumente traduzida por "paz", mas conotando muito mais do que a falta de hostilidades. Podemos supor que, nessa simples saudação, Paulo combinou a *charis* grega cristão com o *shalom* judaico na intenção de simbolizar os dois mundos que ele integrou em si mesmo: o apóstolo judeus cristãos aos gentios que viram seu ministério como um preenchimento da brecha e quebra das paredes entre esses dois grupos. Isso pode estar indo muito longe, mas podemos estar seguros de que ele criou e usou intencionalmente essa fórmula que se tornou sua marca registrada, e esperava que seus ouvintes/leitores ponderassem o significado dessa nova linguagem.

Introdução (Ação de graças). Paulo também expande a segunda parte da abertura da carta e a reveste de novo significado. O que era convencionalmente uma frase breve que expressava o desejo do escritor de que o leitor tivesse boa saúde ou uma oração estereotipada de ação de graças aos deuses, tornou-se uma declaração teológica consistente, que frequentemente antecipa e prepara o caminho para os temas a serem desenvolvidos no corpo da carta.[33]

II. Corpo da carta. Paulo estrutura o corpo principal de suas cartas de acordo com sua compreensão do evangelho e da vida cristã. O elemento primário em seu pensamento é a convicção de que Deus agiu em Cristo para a salvação do mundo. O ato de Deus demanda uma resposta humana. A graça de Deus demanda gratidão da humanidade. A vida cristã não é uma nova lei, nem um moralismo, mas é a grata resposta ao ato salvífico de Deus. Assim, o corpo das cartas paulinas gira em torno de dois polos, tipicamente dividido em duas seções distintas. O primeiro polo explica o ato salvífico de Deus e seu significado, no modo indicativo; o polo secundário explicita a resposta da fé em uma série de imperativos. Esses podem ser expressos numa série de descritivos pares complementares, inseparáveis e dinamicamente relacionados:

O ato de Deus	//	resposta humana
Graça	//	gratidão-fé
χάρις como graça de Deus	//	χάρις como gratidão humana
Teologia	//	ética
Indicativo	//	imperativo
Kerygma	//	didaquê
Evangelho	//	parênese
"O que?"	//	"então o que?"

Nenhum elemento pode ficar isolado. A coluna da esquerda tomada por si mesma resulta numa abstração teológica. A coluna da direita isoladamente resulta em moralismo legalístico. Tomados juntos, os dois polos correspondem à forma do comprometimento com a aliança do Antigo Testamento e da Bíblia como um todo: o gracioso ato de Deus faz com que a autêntica resposta humana seja possível e necessária. Esse padrão é visto claramente no Decálogo (Êx 20,2-17), introdutório do Livro da Aliança, 20,22 – 23,33, que começa "Eu sou

---

[33] A clássica obra é PAUL SCHUBERT, *Form and Function of the Pauline Thanksgivings* (BZNW 20; Berlin: Töpelmann, 1939), mas também cf. ROBERT W. FUNK, *Language, Hermeneutic, and Word of God* (New York: Harper, 1966), 254-270.

o Senhor teu Deus, que te tirei da terra do Egito, da casa da servidão, (portanto) não terás outros deuses diante de mim".

Nas cartas de Paulo, essa estrutura é mais visível em Romanos, sua mais longa e mais sistemática carta, escrita para uma igreja que ele não fundou e na qual nunca esteve, uma carta na qual ele poderia expressar a estrutura de seu próprio pensamento mais claramente. Os capítulos 1-11 introduzem o ato de Deus, e os capítulos 12-16, a resposta humana. A transição está marcada em "eu apelo a vós, portanto" (οὖν)... de 12,1. Outros exemplos mais ou menos claros são 1 Ts 1-3 / 4-5; Gl 1-4 / 5-6. Embora a estrutura dialética indicativa/ imperativa do pensamento de Paulo permaneça evidente em 1 e 2 Coríntios também, o padrão literário é obscuro em 1 Coríntios pelo fato de tratar sérios problemas particulares, e em 2 Coríntios pelo fato de que a forma atual da carta é o resultado de um processo editorial posterior. As deuteropaulinas Cl 1-2 / 3-4, e Efésios 1-3 / 5-6, assimila o modelo paulino.

III. Conclusão. A mudança que Paulo faz na seção de encerramento é menos dramática do que em outras seções, mas ele remodela as fórmulas convencionais a fim de expressar sua própria teologia. Frequentemente ele envia saudações de seus colaboradores, e saúda pessoas específicas na congregação para a qual está escrevendo, fortalecendo a rede que liga as congregações espalhadas e seu senso de solidariedade mútua no corpo de Cristo. Ele nunca usa o convencional *errōsthe*, mas inclui uma bênção e, às vezes, outras expressões litúrgicas apropriadas ao culto onde as cartas seriam lidas. Esse anúncio dos planos de viagem, que inclui visitar a congregação a quem se dirige, não é mera informação, mas a promessa – ou ameaça – de que o texto escrito que medeia sua palavra apostólica em breve seria substituído pela sua presença pessoal. O tom escatológico, que se pode perceber em grande parte da carta, é enfatizado ao final – a parousia do Senhor e a iminente visita do apóstolo à congregação não estão relacionadas.

10.2.4 Perspectivas Teológicas sobre o Gênero Carta

Retornamos agora à questão introduzida acima: como explicar a preponderância das cartas no Novo Testamento, e a "pressão epistolar" que fez com que a igreja primitiva escrevesse cartas, e forçar que material não-carta se tornasse material carta, e incluir, ao lado dos

Evangelhos, apenas cartas no Novo Testamento (ver acima §1.4)?. Quatro características tornam as cartas apropriados veículos da fé cristã.

Particularidade, finitude, afirmação de relatividade e encarnação

Cartas legítimas (diferentemente de livros e cartas literárias) não são gerais, mas escritas por uma pessoa específica ou pessoas para pessoas específicas e lidam com situações específicas. As cartas ao editor de uma publicação nacional não são cartas de fato. Embora elas possam lidar com situações específicas importantes para os leitores da publicação, elas são destinadas ao público em geral, e não a pessoas específicas. Cartas legítimas são essencialmente específicas e situacionais. Em vez de declarar grandes verdades gerais, elas entram totalmente na situação particular de seus leitores. Se Paulo, equivocadamente, tivesse enviado a Carta aos Gálatas aos cristãos em Tessalônica, eles e nós a entenderíamos de maneira completamente diferente – ainda que contivesse as mesmas palavras.[34]

Esse *escândalo de particularidade* é inerente à fé cristã. Os primeiros cristãos não acreditavam que Deus havia encarnado na humanidade num sentido genérico, ou numa espécie de princípio abstrato, mas num judeu específico que falava aramaico, nascido numa terra obscura sob o domínio romano, e crucificado pelo governador local, Pôncio Pilatos. Esta particularidade está ligada ao caráter essencial da vida humana. Ninguém vive de maneira genérica; cada vida é única. As cartas do Novo Testamento são apropriadas à encarnação.

A Comunidade e Sua Missão

Relacionada ao caráter específico das cartas do Novo Testamento é sua orientação à comunidade. Não há cartas para indivíduos no Novo Testamento. Mesmo a carta de Paulo a Filemom inclui "Áfia, nossa irmã, Árquipo, nosso companheiro de lutas e a igreja que está em tua casa"; 3 João não é estritamente uma carta a Gaio (cf. v. 15). As cartas pseudoepígrafas a Timóteo e Tito são na realidade destinadas à comunidade cristã mais ampla, conforme fica claro na conclusão,

---

[34] VICTOR PAUL FURNISH, *The Moral Teaching of Paul: Selected Issues* (3rd ed.; Nashville: Abingdon, 2009), 16, citing Willi Marxsen.

a partir do uso de verbos no plural (ver abaixo §16.1). Uma carta assume uma experiência da comunidade, evocada nas cartas de Paulo pelas expressões "como vós mesmos sabeis" e "vós recordais" (cf. e.g. a concentração dessas frases em 1 Ts 2,1.2.5.9.11; 3,3.4).³⁵ Uma carta legítima pode dizer "nós" num sentido significativo, pode abordar os leitores na segunda pessoa do singular ou plural, quer o autor conheça ou não os leitores pessoalmente, visto que assume uma história e preocupações compartilhadas.

No Novo Testamento, mesmo as cartas destinadas a um auditório específico são também projeções do propósito do remetente para o restante do mundo. E o próprio autor/remetente é enviado, intensamente consciente de que sua mensagem não se originou em si mesmo. As cartas do Novo Testamento representam um segmento da missão de Deus ao mundo: Deus ⇒ Cristo ⇒ Apóstolo ⇒ Carta ⇒ Igreja ⇒ Mundo. As cartas são apropriadas ao apostolicismo, a fim de comunicar a fé apostólica (sobre apostolicidade, ver abaixo §10.1. e 13.2).

Mundo Narrativo, Existência Humana e Ética

As cartas projetam um mundo narrativo que é importante para sua interpretação. "cartas têm histórias".³⁶ A carta representa um segmento de uma linha narrativa compartilhada pelo autor e leitor(es). Isso se torna importante ao estudar as cartas paulinas e outras cartas do Novo Testamento: *a fim de entender uma carta, necessita-se reconhecer a narrativa na qual ela está inserida e o que ela projeta, visto que a carta é uma forma narrativa.* A breve carta a Filemom fornece um claro exemplo (ver §11.3 abaixo).

A existência humana possui um caráter essencialmente narrativo. Seres humanos existem diacronicamente no espaço e tempo. Ser humano é ter uma história. Como ser humano, eu não existo como uma

---

[35] Cf. CALVIN ROETZEL, *Paul: The Man and the Myth* (Minneapolis: Fortress, 1999), 76.
[36] NORMAN R. PETERSEN, *Rediscovering Paul. Philemon and the Sociology of Paul's Narrative World* (Philadelphia: Fortress Press, 1985), ix, 2. Sobre o mundo narrativo da literatura epistolar, ver M. EUGENE BORING, "Narrative Dynamics in 1 Peter: The Function of Narrative World," in *Reading 1 Peter with New Eyes: Methodological Reassessments of the Letter of First Peter*, ed. Robert L. Webb and Betsy Bauman-Martin, *Library of New Testament Studies* (Edinburgh: T & T Clark, 2007), 7-40 e a bibliografia ali fornecida.

essência infinita, mas como uma sequência de eventos no espaço e tempo. Como ser humano, minha história não é algo opcional ou um acréscimo que eu, como ser humano, "tenho". Eu sou minha história. Exatamente porque eu não sou uma "alma" imaterial que existe encerrada num corpo material, mas existo como um corpo, é que não apenas tenho uma história, mas, em meu ser essencial, eu sou uma história, e não existo como um ser humano separado da narrativa que define meu ser.

A pequena narrativa que define minha vida é um fragmento de uma história maior. Minha autocompreensão é moldada pelo modo como eu vejo este universo simbólico maior que dá significado à minha curta vida. Quando sou abordado por uma carta, como uma forma narrativa, a carta projeta um mundo narrativo que me faz o desafio de me enxergar como o mundo real, o mundo que, de fato, define minha existência.

As cartas do Novo Testamento são escritas para instruir os leitores quanto ao modo de viver à luz da fé cristã. Essas cartas estão permeadas de parêneses que parecem apresentar esta instrução diretamente: "faça isto", "não faça aquilo". Contudo, assim como os materiais de sabedoria hebraica e o Sermão da Montanha são ouvidos diferentemente quando lidos dentro de seus contextos narrativos canônicos, assim também os materiais parenéticos são ouvidos diferentemente quando lidos dentro de seu contexto epistolar – que é um contexto narrativo. O leitor não observa meramente o mandamento ou exortação e decide se o atenderá ou não, nem mesmo com base no peso dos argumentos ou autoridade expressa no discurso da carta. Antes, os leitores das cartas são abordados como se, de fato, vivessem dentro de determinado mundo narrativo que reforça o modo de vida representado pelas ordens e exortações. Como nas parábolas de Jesus, a penumbra discreta do mundo narrativo projetada pela carta é apresentada como o mundo real. O discurso da carta não é gritante, antes assume quietamente, sem alarde, que o mundo que ele representa é o mundo real, e que os leitores vivem dentro dele. Através dessa sutil pressão não manipuladora, os leitores são desafiados indiretamente – para não dizer "forçados"– a decidir sobre a realidade do mundo narrativo projetado pela carta. Como na pregação, a superfície da forma epistolar em si é direta (2ª pessoa!), e a parênese de seu conteúdo é direta. O mundo narrativo projetado pelo discurso da carta é indireto.

O universo simbólico assumido pelos leitores é desafiado, indireta e sublimemente, por uma visão alternativa de como as coisas são e o que é a vida. A abordagem narrativa permite que o leitor ouça a parênese da carta como mais do que uma lista de ordens. Sem instruir diretamente o leitor sobre isso, a carta simplesmente assume uma visão alternativa da realidade, uma história maior que envolve a história de vida do leitor. Há uma dimensão parabólica para as cartas do Novo Testamento, assim como há para os Evangelhos.

10.3 As Cartas de Paulo

Uma vez que as cartas são uma forma narrativa encaixada numa história particular, quando se estuda uma série de cartas, é útil conhecer sua ordem cronológica. No caso das sete cartas não disputadas de Paulo, a ordem relativa de quatro cartas é evidente e há um consenso geral sobre isso: 1 Tessalonicenses ⇒ 1 Coríntios ⇒ 2 Coríntios ⇒ Romanos. Quanto às outras três cartas, é claro que Gálatas é anterior a Romanos, porém a disputa é sobre quanto ela é anterior. O lugar de Filipenses e Filemom dentro desta cronologia é também assunto de contínuo debate. Na cronologia defendida neste livro, começaremos com 1 Tessalonicenses, e então estudaremos Filipenses e Filemom, e então a correspondência coríntia, e concluiremos com Gálatas e Romanos.

10.4 Para leitura adicional

Vida e Missão de Paulo até 50 dC.: um esboço preliminar

HENGEL, M., and A. M. Schwemer. *Paul between Damascus and Antioch: The Unknown Years*. Translated by Bowden, John. Louisville: Westminster John Knox, 1997.

RIESNER, R. *Paul's Early Period: Chronology, Mission Strategy, Theology*. Translated by Stott, Douglas W. Grand Rapids: Eerdmans, 1998.

Introdução às Epístolas

DOTY, W. G. *Letters in Primitive Christianity*. Philadelphia: Fortress, 1973.

KLAUCK, H.-J. *Ancient Letters and the New Testament: A Guide to Context and Exegesis*. Waco: Baylor University Press, 2006.
RICHARDS, E. R. "Letter." In *The New Interpreter's Dictionary of the Bible*, edited by Sakenfeld, Katherine Doob, 3.638-41. Nashville: Abingdon, 2006.
STIREWALT, M. L. *Paul, the Letter Writer*. Grand Rapids: Eerdmans, 2003.
STOWERS, S. K. *Letter Writing in Greco-Roman Antiquity*. Philadelphia: Westminster, 1986.

11

CARTAS DA MISSÃO AO EGEU

11.1 Interpretando 1 Tessalonicenses

11.1.1 Tessalônica

Tessalônica era uma cidade grande, sofisticada, comercial e politicamente importante, a capital da província romana da Macedônia – e, portanto, um lugar ideal para um centro de missão paulina representando a estratégia da missão de Paulo na região do Mar Egeu. A população estimada no tempo de Paulo era de algo em torno de 30 a 100 mil. Tessalônica não era uma colônia romana, mas quando Paulo chegou ali, a cidade havia sido uma leal comunidade romana já por dois séculos. Mesmo depois da Macedônia ter se tornado uma província romana, Tessalônica permaneceu uma cidade livre, regida ao estilo grego e mantendo sua herança cultural grega, e isto se deu por sua aliança com Roma e lealdade a ela. Era uma cidade próspera e com um excelente porto, vantajosamente localizado no ponto principal do golfo de Salônica, num posto importante na estratégica Via Egnatia. Esta antiga autoestrada era uma rodovia utilizada em todas as estações do ano, e foi construída pelos romanos a fim de ligar Roma a pontos mais a leste, facilitando tanto o rápido envio de tropas quanto o tráfego comercial. Paulo escolheu Tessalônica como um centro de evangelização para a Macedônia, e a igreja ali desempenhou este papel em sua estratégia missionária.

A religião em Tessalônica manifestava a costumeira ostentação dos cultos greco-romanos (ver acima §9.2), mas dois se destacam: o culto ao imperador associado à deusa Roma, e o culto local de Cabiri. Prestar o devido respeito a esses cultos não era apenas uma questão de convicção religiosa, mas era importante como uma manifestação de lealdade cívica e lealdade ao império romano. Os residentes judeus de Tessalônica há muito haviam aprendido a como ajustar seu estilo precário numa cidade pagã. Não apenas as autoridades, mas a população local suspeitaria de qualquer grupo que pudesse perturbar a simbiose e equilíbrio dos poderes concorrentes que tornavam a vida boa para todos. Embora Paulo e seus poucos conversos não parecessem representar uma ameaça nessa grande cidade, sua mensagem de um rei e reino alternativos podia ser percebida, tanto por judeus quanto por gentios, como perturbadora dessa frágil estabilidade, e ela seria resistida, mesmo com violência.

11.1.2 Contexto Histórico

Para o cenário de 1 Tessalonicenses na imensa narrativa da história protocristã, ver acima §10.1. O mundo narrativo projetado pela própria carta concorda grandemente com o de Atos 16-17. A história a seguir pode ser construída com certa segurança:

1. Paulo, Silvano e Timóteo chegaram a Tessalônica, aproximadamente em 50 d.C., depois de serem presos e terem recebido maus tratos em Filipos (1 Ts 2,2; cf. At 16,11-40; sobre a cronologia, ver §13.3.4).
2. Eles são os primeiros missionários cristãos na cidade. Eles permanecem por algum tempo, e fundam uma igreja, que se tornou um centro de missão para fundar outras igrejas (1 Ts 1,8). Atos 17,1-10 relata que eles foram forçados a partir após três semanas, mas as próprias cartas de Paulo indicam um tempo maior, talvez algo em torno de três meses. A congregação em Filipos repetidamente enviou ajuda financeira para Paulo enquanto ele estava em Tessalônica, uma viagem que geralmente durava dez dias (Fp 4,15-16). Paulo também indica que enquanto estava em Tessalônica, ele se sustentou através de trabalho braçal (1 Ts 2,9).
3. Problemas em Tessalônica forçaram a equipe missionária a partir. A pregação de Paulo, tipicamente gerava conflitos com a sinagoga, conforme indicado por Atos e confirmado pelas próprias cartas de Paulo (2 Co 11,24; At 13-14,17-18). As hostilidades que fizeram com que Paulo partisse

continuaram a atormentar os novos conversos, que sofreram insultos em face de sua nova fé. Era um tempo tempestuoso (At 17,6, "estes que têm transtornado o mundo também chegaram aqui"), no qual judeus se opunham ao novo grupo não apenas com base nas convicções religiosas, mas como uma questão de prudência política e social – se outros consideravam o novo grupo como um partido dentro do judaísmo, a própria precariedade da posição econômica e social dos judeus estava em perigo. Igualmente, cidadãos gratos pela ordem, paz e prosperidade trazidas por Roma resistiram ao que parecia ser um culto subversivo, que estaria minando a lealdade ao Império pela pregação de outro rei e um reino alternativo (At 17,7-8).

4. Depois de Filipos e Tessalônica, o próximo principal centro de missão de Paulo é Corinto, aonde ele chega após muitos esforços infrutíferos em Bereia e Atenas (At 17,10-18,1; 1 Ts 3,1). De Atenas, Paulo enviou Timóteo de volta a Tessalônica a fim de checar a igreja, e foi para Corinto sozinho. Lá, em colaboração com Priscila e Áquila, que deixaram Roma em face da pressão do decreto de Cláudio (ver acima §9.2), ele fundou uma nova igreja e centro missionário.

5. Quando Paulo se juntou novamente a Timóteo e Silvano, ele (e eles) escreve em resposta às questões e perguntas que recebe no relatório de Timóteo. Primeira Tessalonicenses não especifica seu lugar de origem, mas ela se encaixa melhor no período de um ano e meio em que Paulo ficou em Corinto, ca. 50 d.C. (cf. 2 Co 11,8-9; At 18,5). A maioria das construções da história da literatura cristã primitiva considera 1 Tessalonicenses como sendo o primeiro documento do Novo Testamento, e, portanto, a peça mais antiga existente de escrito cristão.[1]

O Pensamento Paulino Inicial? Primeira Tessalonicenses é, portanto, um documento do "Pensamento Paulino Inicial".[2] Isso não deve ser mal interpretado, contudo, como se fosse o produto de um teólogo missionário neófito, defendendo ideias rudimentares que o Paulo mais maduro abandonou posteriormente. Esta abordagem tem sido defendida, às vezes, na explicação de que a escatologia "inicial" de Paulo,

---

[1] Outras (menos prováveis) alegações quanto a ser o escrito cristão mais antigo existente têm ocorrido para Gálatas, 2 Tessalonicenses, Hebreus, Tiago e Judas (ver introduções a cada livro).

[2] EARL RICHARD, "Early Pauline Thought: An Analysis of 1 Thessalonians," in *Pauline Theology I: Thessalonians, Philippians, Galatians, Philemon*, ed. Jouette M. Bassler (MinNeápolis: Fortress, 1991), 39-51.

expressa em 1 Tessalonicenses, com sua expectativa de que Jesus retornaria em breve (1 Ts 4,13 – 5,11), como se isso fosse um aspecto do Paulo imaturo que o Paulo maduro superou mais tarde. Esta visão é, por vezes, defendida por apontar para um relaxamento da esperança escatológica nas cartas deuteropaulinas (Colossenses, Efésios e as Pastorais), mas, embora essas cartas representem uma mudança na escatologia encontrada nas próprias cartas de Paulo, provavelmente elas não foram escritas pelo próprio Paulo. Além disso, a expectativa da proximidade da parousia não é meramente uma visão provisória de Paulo, mas um elemento integrante de seu pensamento teológico ainda encontrado na sua última carta, quer seja Romanos quer seja Filipenses (Rm 13,11-14; Fp 3,20; 4,5). Paulo escreveu 1 Tessalonicenses ca. 17 anos após sua conversão, depois de ter sido peça fundamental na fundação de diversas igrejas, como o trabalho de um missionário experiente e um teólogo maduro.

Há um sentido real, no entanto, em que 1 Tessalonicenses representa o período inicial da própria teologia distintiva de Paulo. Paulo considerava seu rompimento com Antioquia e o início da missão ao Egeu como um ponto decisivo, algo como um novo começo, marcado por uma nova estratégia de missões da qual ele foi o principal arquiteto. A missão ao Egeu foi o principal período do próprio trabalho missionário de Paulo, de modo que ele podia se referir à primeira igreja fundada durante a missão ao Egeu como o "início do evangelho" (ἀρχῇ τοῦ εὐαγγελίου, archē tou euangeliou Fp 4,15). Parece que o início da missão ao Egeu foi também a inauguração de uma nova estratégia de comunicação e instrução representada pelas cartas paulinas, da qual 1 Tessalonicenses é a primeira. Em relação à teologia paulina, isso significa que os desenvolvimentos ocorridos no pensamento paulino, elaborados em resposta a crises posteriores, não podem ser usados para explicar a teologia de 1 Tessalonicenses, que está baseada em, e expressa sua própria coerente teologia.

11.1.3 A Igreja em Tessalônica

Primeira Tessalonicenses é o nosso mais antigo documento existente que fornece uma janela para entender como eram as primeiras congregações cristãs. At 17,1-9 apresenta uma descrição muito breve da fundação da igreja, contendo alguma informação confiável, mas também fortemente influenciada pela própria perspectiva e interesses teológicos posteriores de Lucas.

A própria carta é destinada a uma igreja de cristãos gentios (1,9-10), que continha possivelmente uma minoria judaica.[3] Embora seja provável, seguindo a prática típica de Paulo, que ele tenha encontrado muitos de seus conversos entre os "tementes a Deus", a penumbra gentia da sinagoga, mesmo eles dificilmente seriam descritos como aqueles que responderam à pregação de Paulo, deixando sua idolatria para servirem ao único Deus verdadeiro.

Não temos como mensurar o tamanho da igreja de Tessalônica, mas a julgar pelas indicações do tamanho das demais congregações paulinas, quando Paulo escreveu 1 Tessalonicenses a congregação possivelmente contava com dezenas em vez de centenas.[4] No entanto, era grande o suficiente para que alguns líderes emergissem (5,12-13). Não há menção a ofício ministerial. A liderança era aparentemente informal e carismática. A igreja está familiarizada com profetas cristãos e outras expressões da obra do Espírito (5,19-22), e deve ser aconselhada a não rejeitar nem aceitar inadvertidamente as declarações daqueles que alegam falar pela inspiração do Espírito Santo. A despeito de seu pequeno tamanho e falta de estrutura firmemente institucionalizada, não deveríamos pensar na nova igreja como meramente um grupo de entusiastas desfrutando sua nova espiritualidade. A pequena igreja em Tessalônica estava disposta a sofrer por sua fé (1 Ts 1,6; 2,14) e a compartilhar sua fé com outros. Ela se tornou um centro missionário a partir do qual outras congregações foram fundadas, e se tornou bem conhecida na rede de novas igrejas (1 Ts 1,8-9).

---

[3] Atos tipicamente representa Paulo como iniciando sua missão pregando na sinagoga, sendo rejeitado, e somente então indo aos gentios (13,13-48; 14,1-7; 18,1-11; 19,8-10). A experiência de Paulo em Tessalônica é traçada no mesmo padrão estereotipado (17,1-9). Olhando a partir do fim do primeiro século de nossa Era, Lucas retrata a história de cada igreja local como refletindo a história de toda a igreja: a mensagem cristã foi, de fato, proclamada primeiramente aos judeus, mas no tempo de Lucas a igreja já tinha se tornado primariamente uma comunidade cristã gentia.

[4] Novamente, o quadro de Lucas, por suas razões teológicas, tende a retratar as primeiras igrejas nas proporções bíblicas como numericamente fortes, mas seus números são difíceis de aceitar como história acurada (ver Vol. II §23.3).

A igreja foi fundada sobre o kerygma paulino. Foi a mensagem proclamada por Paulo e seus colaboradores que os conversos de Tessalônica ouviram como a palavra de Deus (1 Ts 2,13). Qual foi o conteúdo da pregação e ensino cristãos que provocaram tal mudança nas vidas dos novos crentes, fazendo com que se tornassem suspeitos e fustigados por seus vizinhos? Primeira Tessalonicenses é nossa única fonte para responder esta questão. Eles só conheciam o que Paulo e seus colaboradores lhes tinham ensinado – nenhum outro mestre cristão tinha vindo a Tessalônica quando Paulo escreve esta carta. Disto, só sabemos o que se pode inferir a partir da carta, e isso é arriscado e certamente incompleto. Uma vez que a carta não é *a priori* uma carta ditada, podemos supor que a maioria das alusões de Paulo já havia sido ensinada enquanto ele estava presente. Isso inclui a proclamação do único Deus verdadeiro, em contraste com os ídolos sem vida (1,9), que enviou seu Filho para morrer por nós (5,10), que o ressuscitou dos mortos (4,4), o qual voltará em breve para a salvação dos crentes (5.9). Enquanto estava com eles, Paulo também lhes deu instrução ética, e eles se tornaram imitadores de Paulo e do Senhor (4,1-2; 1,6). Se isso significa que Paulo ensinou a seus novos conversos os elementos da "vida e ensino de Jesus" é um ponto crítico (ver §18.4 Vol. II), mas não há indicação em 1 Tessalonicenses de que ele tenha feito isso.

No entanto, este argumento do silêncio não deve ser usado acriticamente. A carta não se refere nem ao batismo e nem à eucaristia, e não há referências explícitas ao Antigo Testamento. Contudo, seria um erro inferir que a proclamação e o ensino de Paulo não tenham incluído esses elementos constituintes da instrução cristã. Paulo está escrevendo em Corinto. Primeira Coríntios claramente indica que durante a visita em que fundou a igreja, ele ensinou aos novos conversos um credo específico e tradições catequéticas e litúrgicas (1 Co 11,2.23-25; 15,3-5). Presumivelmente, Paulo fez isto em cada igreja (cf. 1 Co 4,17).

11.1.4 Unidade e Interpolações

Existe um amplo, mas não universal consenso de que temos as cartas de Paulo essencialmente como ele as escreveu. Relativamente poucos eruditos têm explicado as percebidas duplicações, sobreposições e extensa seção de ação de graças como o resultado de um editor pós-paulino ter combinado duas ou mais cartas. Tal hipótese não sobreviveu a um exame crítico, e o interesse em tais teorias diminuiu, com praticamente todos os eruditos agora considerando a carta como uma unidade.

Uma questão relacionada, mas diferente, tem a ver com as *interpolações* – se a carta original, composta como uma unidade, subsequentemente recebeu uma ou mais pequenas interpolações. A passagem 2,14-16 tem sido algumas vezes considerada como uma interpolação pós-paulina, e há alguns argumentos de peso para esta visão: (1) parece que o trecho interrompe o contexto e está fora de lugar, comparando os problemas dos tessalonicenses em seu contexto macedônio com os primeiros problemas da igreja em seu contexto judeu; (2) somente aqui Paulo alega que os judeus mataram Jesus; (3) a acusação de que os judeus "desagradaram a Deus e se opuseram a todos" soa como a comum acusação gentia contra os judeus por seu exclusivismo, retraimento, cuidando uns dos outros, mas, por outro lado, sendo "inimigos da raça humana", uma acusação que Paulo, sendo ele mesmo um judeu, provavelmente não repetiria; (4) o anúncio de que a ira de Deus veio sobre os judeus "ao final" ou "definitivamente" pode ser ouvido como uma interpretação antijudaica retrospectiva da destruição de Jerusalém em 70 d.C., e, de qualquer forma, é difícil reconciliá-lo com a perspectiva mais positiva de Paulo sobre a aceitação final dos judeus em Rm 11.

Por outro lado, não há nenhuma evidência manuscrita para uma interpolação, e há convincentes respostas para cada uma das objeções acima: Para (1): cuidadoso estudo demonstra que a passagem está de fato integrada ao seu contexto em termos tanto do conteúdo quanto da sintaxe (ver comentários recentes); para (2): a afirmação de que os judeus "mataram Jesus e os profetas" reflete tanto a teologia deuteronomista da história, em que um Israel rebelde matou os profetas, quanto as lutas internas da sinagoga contra os judeus cristãos na Judeia (ver §7.7). A analogia não está entre gentios e judeus, mas entre macedônios que perseguiram a igreja em Tessalônica e judeus que perseguiam a igreja na Judeia. Para (3): Paulo, como os profetas bíblicos, pode, de fato, levar acusações gentias contra judeus; como um judeu, ele participou da dura linguagem usada em conflitos judeus internos (cf. Qumran!).[5] Para (4): Se alguém observa um evento no

---

[5] Para uma extensa discussão com muitas ilustrações, cf. LUKE TIMOTHY JOHNSON, "The New Testament's Anti-Jewish Slander and the Conventions of Ancient Polemic," *JBL* 108, no. 3 (1989), 419-41.

qual um intérprete cristão poderia ter visto a ira de Deus caindo sobre judeus infiéis, não era necessário esperar até a catástrofe do ano 70 d.C.; houve inúmeros desastres no próprio tempo de Paulo que poderiam ter sido assim entendidos, e.g. a fome na Judeia ou a expulsão dos judeus de Roma sob Cláudio, que já havia ocorrido quando Paulo escreve. Contudo, provavelmente Paulo não tem um evento histórico específico em mente. Conforme mais tarde, em Romanos, Paulo acha mais provável a rejeição do evangelho como uma expressão da ira de Deus. Além disso, a ambígua sentença grega pode ser traduzida "a ira de Deus [o juízo final] está para vir sobre eles" ou "a ira de Deus veio sobre eles até o fim". A tendência que prevalece na pesquisa recente é considerar a passagem como sendo parte de 1 Tessalonicenses e originalmente escrita por Paulo.[6]

11.1.5 Estrutura e Esboço

Os três primeiros capítulos constituem uma longa ação de graças incluindo reflexões autobiográficas sobre a experiência de Paulo com os tessalonicenses, concluindo com uma oração transicional. O propósito é estabelecer a relação entre Paulo e os leitores, a base das instruções que se seguem. A parênese distintiva, com o característico οὖν (*oun*, portanto), como em Rm 12,1; Gl 5,1, começa em 1 Ts 4,1.

1,1	Saudação
1,2-3,13	Ação de Graças/Corpo da carta: Ação de graças a Deus que chama a igreja e a mantém santa até o fim
1,2-10	A recepção dos Tessalonicenses ao Evangelho de Paulo
1,2-5	Trabalho, labor, esperança
1,6-10	Imitadores do Senhor e de Paulo
2,1-12	Missionários apostólicos dignos diante de Deus
2,13-20	A palavra de Deus e a oposição humana
3,1-10	Timóteo traz boas novas
3,11-13	Síntese transicional e oração

---

[6] Entre aqueles que continuam a argumentar em favor de uma interpolação estão WALKER, *Interpolations*, 210-220, e EARL J. RICHARD, *First and Second Thessalonians* (SP; Collegeville, Minn.: Liturgical Press, 1995), 119-127, cada um com bibliografia adicional.

4,1-5,22   A vida para a qual os cristãos são chamados
4,1-12   A vida que agrada a Deus
4,13-5,11   A vinda do Senhor
5,12-22   A vida na comunidade cristã
5,23-28   Saudações finais, súplica e bênção

11.1.6 Sumário teológico-exegético

1,1 Saudação
A inclusão dos dois colaboradores de Paulo não significa que a carta é escrita conjuntamente por três pessoas, mas que Paulo como autor fala por seus colaboradores; eles leram a carta e compartilham das ideias, mas Paulo é o autor. Igualmente, o repetido "nós" às vezes inclui seus companheiros missionários (e.g., 1,2.4.5), mas também é usado como um "nós" epistolar, equivalente a "eu" (2,18; 3,2 "nós enviamos" é o mesmo que "eu enviei", em 3,5). Apenas aqui (e em 2 Ts 1,1) Paulo não atribui qualquer título a si mesmo. "Apóstolo" é encontrado apenas em 2,7, no plural, em seu sentido não técnico, "missionário". A autoridade e o apostolado de Paulo não é um tópico em sua Carta aos Tessalonicenses.

1,2-3,13 Ação de Graças/Corpo da carta: Ação de Graças a Deus que chama a igreja e a mantém santa até o fim
Em 1 Tessalonicenses, a ação de graças modula no corpo da carta de tal forma que é difícil separá-los. Uma vez que 1 Tessalonicenses não é primariamente uma carta ditada, a primeira seção do corpo da carta geralmente dedicada ao ensino teológico é agrupada sob a mais pessoal e respeitável ação de graças. Essa seção como um todo, forma, então, a base para as instruções parenéticas de Paulo, nos capítulos 4 e 5.

1,2-5 Trabalho, labor e esperança
Paulo está grato pelo fato de que a nova e esforçada congregação não apenas sobreviveu, mas continua sua missão às outras. A tríade "fé, amor, esperança" expressa a convicção que permeia toda a carta: as vidas dos novos cristãos em Tessalônica foram incorporadas à linha do tempo do programa salvífico de Deus por toda a história: o evento passado do evento-Cristo e o chamado de Deus aos tessalonicenses,

sua atual existência como mediadores do amor de Deus e sua confiante esperança no futuro de Deus, a ser manifesto na parousia.

1,6-10 Imitadores do Senhor e de Paulo
Paulo está grato pelo fato de que o sofrimento que eles enfrentaram por causa de seu comprometimento com Deus não fez com que abandonassem a fé. Nisso, eles se tornaram imitadores de Paulo e do próprio Jesus. Tal imitação de um amado e respeitado mestre era altamente considerada no mundo helenístico. Por sua vez, os novos cristãos tessalonicenses se tornaram modelos a ser imitados por toda a Macedônia e Acaia. Outras igrejas relatam a Paulo a conversão genuína dos tessalonicenses, descrita por Paulo em linguagem de uma declaração de um credo inicial, utilizando três verbos que expressam a resposta humana ao ato de Deus: eles *voltaram* dos ídolos para Deus, a fim de *servir* a um Deus vivo e verdadeiro, e *esperar* seu Filho vir do céu (note novamente a estrutura tripartida da fé passado/presente/futuro). O ato salvífico de Deus aponta tanto para o passado quanto para o futuro: Deus *ressuscitou* Jesus dos mortos, o Jesus que nos *livrará* da ira escatológica vindoura. Estas frases altamente apocalípticas assinalam uma preocupação maior da carta a ser desenvolvida posteriormente (4,13 – 5,11).

2,1-12 Missionários apostólicos dignos perante Deus
Paulo aqui parece estar se definindo: seu trabalho entre eles não era uma questão de fraude, motivos impuros ou artifício, sua pregação não era motivada por lisonja ou ganância. Ao contrário, ele trabalhou com suas próprias mãos a fim sustentar sua missão entre eles. Tem sido argumentado algumas vezes que os tessalonicenses se tornaram desconfiados de Paulo, tendendo a classificá-lo entre aqueles filósofos/mestres itinerantes que cultivavam e exploravam um grupo local de adeptos e então se mudavam. Contudo, isso seria uma interpretação equivocada. Numerosos paralelos ilustram que fazer reivindicações sobre a própria competência e honestidade era o estilo convencional nas cartas e escritos dos mestres/filósofos helenísticos que desejavam distinguir-se daqueles mestres itinerantes não qualificados, interessados em si mesmos e não naqueles que instruíam. Na situação de Paulo, não fazer tais reivindicações convencionais suscitaria questões entre os tessalonicenses sobre seu próprio senso de autoridade e chamado. A carta não é um escrito apologético, mas uma

carta de amizade na qual Paulo dá graças pelos leitores e cultiva a contínua relação com eles. Isso, e não autoridade apostólica, é a base para as instruções que ele dá em 4,1-5,11.[7] A autoridade de Paulo não é questionada, mas assumida tanto pelo autor quanto pelos leitores, de modo que ele pode usar ἀπόστολος (*apostolos*) em seu sentido geral de "missionário", incluindo tanto Silvano quanto Timóteo. A ausência de pensamento hierárquico e autoritário também se manifesta na mistura que Paulo faz de metáforas familiares: ele não é apenas pai (2,11) e mãe carinhosa (2,7), mas irmão, filho, e quando precisou deixar a comunidade, ele era como um "órfão" – ele, e não eles, estava na situação da criança desolada pela perda dos pais (2,17).

Correspondendo às convenções da cultura helenística, Paulo expressa sua gratidão não aos leitores, mas a Deus por eles.[8] Este também é um ponto teológico: Deus é aquele que escolheu os tessalonicenses e os chamou à igreja, como é Deus quem os chama ao seu reino e glória, que deverá aparecer em sua plenitude no retorno de Cristo. Paulo dá graças ao Deus que os chamou à fé. Paulo geralmente via sua missão e a vida da igreja como tendo lugar em meio a forças demoníacas em oposição. Deus elege (1,4), chama (2,12; 4,7; 5,24), trabalha no interior da comunidade cristã (2,13), dirige a missão da igreja (3,11), ensina os crentes (4,9) e santifica. Mas Satanás põe barreiras no caminho (2,18); todo abandono da fé não era uma mera fraqueza humana, mas uma não resistência ao "tentador" (3,5). Dentro do contexto de poderes demoníacos em luta, os cristãos devem tomar suas próprias decisões e aceitar a responsabilidade por elas. Mas a iniciativa pertence a Deus.

2,13-20 A palavra de Deus e oposição humana

Paulo está grato pelo fato de eles terem recebido sua mensagem não como sua própria palavra, mas como a palavra de Deus, que continua eficaz entre eles. Eles precisam dessa segurança, visto que sofreram

---

[7] Cf. especialmente MALHERBE, *Thessalonians*, 133-63 e passim.
[8] No mundo helenístico, dizer "obrigado" a alguém significava algo do tipo "o assunto está encerrado; não temos mais nada a tratar um com o outro", obviamente algo inteiramente diferente de seu significado na moderna cultura ocidental. Assim, não há "agradecimentos" no nível horizontal em todo o Novo Testamento, onde as inúmeras expressões de agradecimentos são sempre dirigidas a Deus. Ver e.g. BRUCE J. MALINA, *Windows on the World of Jesus: Time Travel to Ancient Judea* (Louisville: Westminster John Knox, 1993), xi–xiii.

por sua fé nas mãos de seus vizinhos macedônios. Eles não estão sozinhos nesse sofrimento. Não apenas eles são imitadores de Cristo e de Paulo e outros missionários nessa questão (1,16), eles são imitadores da igreja-mãe na Judeia, que sofreu nas mãos de seus vizinhos judeus. Embora as afirmações de Paulo em 2,14 infelizmente possam ser lidas como uma expressão de encorajamento ao antijudaísmo (ver acima §7.7), em seu contexto tais afirmações se destinavam a encorajar os novos cristãos tessalonicenses ao exibir sua continuidade com a igreja mãe na Judeia e seu lugar na história contínua dos atos salvíficos de Deus. O sofrimento do povo de Deus é algo inerente à sua vocação, conforme manifestado nos profetas, na vida de Jesus, na igreja mãe e na própria experiência de Paulo.

3,1-10 Timóteo traz boas novas
Paulo não inclui esses parágrafos como itens de um diário de viagem, mas a fim de dar ainda outra razão para sua ação de graças. Ele estava preocupado com o fato de que a fé dos Tessalonicenses pudesse definhar sob a pressão que estavam experimentando, e enviou Timóteo para encorajá-los e para informar sobre seu estado. Paulo entende o evangelho não como uma abstração, nem como meramente um relacionamento pessoal individualista com Deus, mas como algo ligado no nível horizontal, com seres humanos chamados para a comunidade cristã e unidos em missão. A fé contínua e inabalável dos Tessalonicenses no evangelho é inseparavelmente identificada com sua confiança em Paulo, que lhes trouxe o evangelho, assim como seu próprio relacionamento com Deus está inseparavelmente ligado à sua fé contínua no evangelho. Sua firmeza na fé é uma questão de vida ou morte não apenas para eles mesmos, mas para o status de Paulo quando todos estiverem em pé diante de Deus, na parousia.

3,11-13 Síntese transicional e oração
Paulo termina esta seção com uma oração que resume toda a seção 1,2 – 3,13 e, a partir de sua perspectiva escatológica, forma a transição para o assunto da parênese, que começa em 4,1. Para Paulo, assim como para Jesus, a responsabilidade diante de Deus se resume no mandamento do amor, um amor dirigido não apenas aos de dentro da congregação, mas aos de fora e a todas as pessoas como criaturas

de Deus (cf. 5,15). A frase final da oração aponta para a parousia do Senhor Jesus com todos os seus ἅγιοι (*hagioi*), literalmente "santos", que pode se referir aos anjos que acompanharão o Filho do Homem na parousia (cf. Mt 13,41; 16,27; 25,31; Mc 8,38; Lc 9,26; 12,8). Contudo, em outros lugares Paulo sempre tem uma visão negativa dos anjos, e usa a palavra ἅγιοι para significar *santos*, e, em 1 Co 6,2-3, os "santos" são membros da comunidade cristã contrastados com "anjos" no juízo final. Portanto, provavelmente Paulo esteja se referindo aos membros da comunidade cristã que morreram, os quais o Senhor Jesus trará consigo em seu retorno (4,14).

4,1 – 5,22 A vida para a qual os cristãos são chamados
Na forma tipicamente paulina, a seção das instruções práticas e exortações (parênese) segue e está baseada na seção didática e mais teológica (ver §10.2.3 acima).

4,1-12 Uma vida que agrada a Deus
Como é o caso da ética bíblica em geral, a ética de Paulo é explicada como fazendo a vontade de Deus. Quanto a Jesus, bem como quanto a Paulo, o viver correto é uma questão de responsabilidade para com Deus e cuidado para com os outros, amor a Deus e amor ao próximo. Enquanto Paulo esteve com eles na visita de fundação, ele lhes ensinou que "deviam viver e agradar a Deus" (4,1). Esse estilo de vida é resumido como *santidade* e *amor*. Paulo aplica a santidade inicialmente à ética sexual. A frase grega também inclui justiça nos negócios e assuntos sociais. Que os tessalonicenses são "ensinados por Deus" a amar refere-se ao ato de Deus em Cristo, à palavra de Deus que veio através da pregação e da conduta de Paulo e de seus colaboradores em seu trabalho missionário em Tessalônica, e aos mestres carismáticos e profetas entre eles, os quais continuam a comunicar a palavra de Deus. O foco desse ensino é o amor de Cristo, e não apenas aos membros de sua própria congregação, mas aos outros. Amor é aqui identificado com atos concretos, essenciais à missão cristã: apoiar o trabalho de outras congregações e pregadores missionários com oração, ajuda financeira e a abertura da casa aos missionários itinerantes tais como Paulo, Silvano e Timóteo.

A exortação para uma vida tranquila, o cuidado com suas próprias tarefas e o trabalho manual (assim como Paulo o fez enquanto estava entre eles, 2,9) tem sido explicada de duas formas. Embora o próprio Paulo não esteja se referindo a uma escatologia para "preguiçosos", frequentemente tem sido argumentado que, com base em enormes expectativas a respeito do retorno do Senhor, alguns desistiram de seus empregos e se tornaram dependentes da igreja. Alternativamente, Paulo é visto como advertindo contra aqueles que estão tirando vantagem da compassiva hospitalidade que a igreja oferece aos necessitados, especialmente se eles estão se afastando do trabalho comum a fim de entrar na vida contemplativa e viver à custa das ajudas dos outros, ao modelo dos pregadores Cínicos. Mas a conduta dos novos conversos cristãos não é meramente uma questão de piedade pessoal. Eles são chamados para representar a fé cristã, vivendo de uma forma que pode ser aprovada por estranhos (v. 12). Embora encontrem aborrecimento e ostracismo em face de sua fé cristã, eles devem viver honradamente aos olhos de seus vizinhos não cristãos e manifestar amor por eles.

4,13 – 5,11 A vinda do Senhor
Esta não é a "seção escatológica", como se Paulo agora dissesse: "Eu gostaria agora de voltar a um novo tópico e explicar algumas coisas sobre o retorno de Jesus". A carta, e a teologia de Paulo, estão permeadas de escatologia em toda parte. Este é o horizonte de todo o seu pensamento. Contudo, é importante notar o lugar desta explicação do que ocorrerá antes e no momento da parousia: essas instruções estão na Parte Dois, que é prática, e não há especulações doutrinárias sobre o "que acontece quando morremos" ou sobre o "ensino a respeito do fim".

Essa seção é um *"cuidado pastoral para uma comunidade em luto"*. Alguns membros da igreja morreram, e a congregação aparentemente estava angustiada a respeito de seu destino. Seriam eles excluídos de participarem da glória do retorno de Cristo, ou sua morte antes da parousia indica que eles não eram crentes? A resposta de Paulo é clara: aqueles que morreram não serão deixados, visto que Deus os trará "com" Jesus em seu retorno. Não está claro o que isso significa exatamente. Se os "santos" de 3,13 é uma referência aos cristãos que morreram, eles estão no céu agora e retornarão com Jesus. Este modo de conceber os eventos escatológicos se confronta com os seguintes versos, nos quais os crentes mortos serão ressuscitados e vão ao encontro de Jesus – mas Paulo está interessado com o cuidado pastoral, e não com a clareza conceitual. O propósito de Paulo não é dar *informação* sobre "onde estão os mortos", mas dar *segurança* de que todos os crentes serão incluídos no triunfo final de Deus. Ao comunicar esta segurança, Paulo pode utilizar mais de uma imagem, mesmo imagens conflitantes, ao expressar sua fé.

Paulo reafirma a seus leitores, ao citar uma "palavra do Senhor", não um dito tradicional do Jesus histórico, mas uma revelação do Jesus ressurreto expresso no imaginário apocalíptico tradicional. Isto pode ser um dito de um profeta cristão anônimo pós-pascal, ou uma revelação que veio diretamente para Paulo. A igreja de Antioquia, à qual Paulo e Silvano pertenceram uma vez, tinha tais profetas em sua liderança (At 11,27-29; 13,1-3). O conteúdo do oráculo retrata Jesus retornando, à imagem da visita de um governador helenístico – este é o significado primário de *parousia*. Os súditos leais saem para saudar o rei, a rainha ou o governador, e o (ou a) conduzem à sua cidade. Esta recepção e procissão de retorno à cidade é expressa pelo termo ἀπάντησις (*apantēsis*, encontrar o Senhor "NRSV").[9] O ponto principal de Paulo é: aqueles que morreram não perderão esse último triunfo de Cristo, mas ressuscitarão primeiro, para juntar-se aos crentes vivos que sairão para encontrar com o Senhor que está retornando. Paulo espera estar entre eles, quando os santos marcharem para a glória.

5,12-22 Vida na Comunidade Cristã
Líderes congregacionais devem ser respeitados (5,12-13). Contudo, é a comunidade como um todo que deve exercitar o cuidado pastoral, encorajar os membros fracos e advertir os ἄτακτοι (*ataktoi*, os que agem desordenadamente). São estes os que ignoram a liderança da igreja? Aqueles que deixaram seus empregos e se tornaram uns bisbilhoteiros? A comunidade tem liderança carismática,

---

[9] Isso é muito diferente do mal-entendido moderno expresso na doutrina do "arrebatamento", em que os crentes são arrebatados para a atmosfera e então levados para o céu. Aqui, o retrato é o de Jesus que vem à terra, seus seguidores saindo para saudá-lo e juntar-se a ele em seu retorno triunfal para reinar neste mundo. Ἀπάντησις, *apantēsis* é encontrado, no Novo Testamento, apenas em Mt 25,6 e At 28,15; o verbo cognato é encontrado em Mc 14,13 (cf. Lc 17,12). Em cada caso, o significado é, claramente, "saia para encontrar-se com ele e voltar com ele".

e mestres e profetas inspirados pelo espírito. Suas instruções não devem ser nem desdenhadas nem cegamente obedecidas. A comunidade como um todo é capacitada pelo Espírito de Deus, deve testar supostas revelações e decidir o que é válido e o que não é (ver sobre 1 Jo 4,1-3 Vol. II).

5,23-28 Saudações finais, súplica e bênção
Paulo espera que a carta seja lida em voz alta para a congregação durante o culto. Ele conclui, retomando o tom de adoração da longa ação de graças 1,2-3,13, com a confiante oração de que o Deus que os chamou completará seu propósito para eles na aparição de Cristo. A carta era mais do que uma comunicação pessoal a amigos. A súplica energicamente redigida de 5,27 os instrui a ler a carta para toda a igreja como parte do culto. Aqui inicia uma tradição que foi continuada em 1 Co 14,37-40, e ao longo da formação do corpus paulino. Disputas a respeito do que é a fé apostólica autêntica são colocadas pelos escritos apostólicos, de modo que já em nosso mais antigo documento do Novo Testamento começa uma trajetória que conduz ao cânon do Novo Testamento.

11.2 Interpretando Filipenses

Em algum momento depois de escrever 1 Tessalonicenses, Paulo deixou Corinto e estabeleceu um novo centro missionário em Éfeso, onde trabalhou por três anos. Durante seu ministério em Éfeso, Paulo escreveu 1 e 2 Coríntios, e provavelmente também Filipenses, Filemom e Gálatas, embora a data e a ordem relativa dessas cartas sejam questionadas. Em Éfeso, ele entrou em conflito com as autoridades, e parece ter sido aprisionado por um tempo, talvez mais de uma vez.

A autoria e destinatário de Filipenses são isentos de problemas. A carta foi escrita por Paulo à igreja em Filipos.

[FOTO 31 – Ruínas de uma prisão em Filipos. O encarceramento de Paulo pode ter sido em um cenário como este. Crédito da Foto: David Padfield.]

11.2.1 Filipos: Cidade e Igreja

Filipos já era uma cidade antiga no tempo de Paulo, fundada em ca. 356 a.C. por Filipe II da Macedônia, pai de Alexandre o Grande. A cidade estava localizada sobre a Via Egnatia, a principal via de tráfego ligando o leste e o oeste do império romano, cerca de dezesseis quilômetros da cidade portuária de Neápolis (ver Foto 33).

[FOTO 32 – A Via Egnatia em Filipos. Crédito da Foto: David Padfield.]

Embora manifestasse o típico espectro das religiões helenísticas, incluindo os mais antigos deuses da fertilidade adorados pela nativa população trácia, o culto imperial romano era muito forte em Filipos. Em 42 a.C., Otávio e Antônio derrotaram Cassio e Brutus, os assassinos de Júlio César, nas planícies de Filipos, finalizando a República Romana e fundando o Império. Otávio se tornou o deificado César Augusto, e Filipos orgulhosamente se tornou uma colônia romana que era um ponto focal da combinação do patriotismo e da religião expressos no culto a César. Muitos dos 10 mil habitantes da cidade eram cidadãos romanos, com o mesmo status legal como se vivessem na própria Roma (ver Fotos 33-34).

[FOTO 33 – Ruínas do fórum romano em Filipos. Crédito da Foto: David Padfiel.]

[FOTO 34 – Fórum romano em Filipos. Crédito da Foto: David Padfield.]

A igreja em Filipos foi a primeira congregação cristã na Europa. A história de sua fundação é anedótica, mas fidedignamente recontada em At 16,16-40: Paulo, Silas e Timóteo são guiados pelo Espírito a Filipos, onde eles pregam, batizam e fundam uma nova comunidade cristã. Atos indica que eles estavam acompanhados do autor da "fonte nós" (possivelmente Lucas), que começa em At 16,11 e continua com a narrativa da fundação da igreja em Filipos. Lídia, uma temente a Deus (ou talvez uma judia), torna-se a primeira conversa e a líder de uma igreja doméstica (At 16,14-15,40). Paulo e Silas entram em conflito com as autoridades, são açoitados e aprisionados à noite. Na prisão, acontece um terremoto e a conversão do carcereiro romano juntamente com sua família (16,25-34). Nenhuma dessas ocorrências ou pessoas é mencionada em Filipenses, mas 1 Tessalonicenses confirma os maus tratos aos missionários em Filipos, antes de irem para Tessalônica. Durante a visita que Paulo fez para fundar a igreja e depois de sua partida, a igreja desenvolveu diversos líderes: Lídia, Evódia, Síntique, Clemente, o anônimo "fiel companheiro de jugo", e o "resto dos colaboradores", 4,2-3.

11.2.2 Data e proveniência: o cenário da vida de Paulo

As questões de data, lugar de origem e cenário da vida de Paulo e seu ministério estão inter-relacionados e serão discutidas em conjunto. Tradicionalmente, Filipenses tem sido incluída nas quatro Epístolas da Prisão, escrita em Roma, no último período da vida de Paulo (At 28). A seguir, apresentam-se alguns argumentos em favor de proveniência romana.[10]

1. *Tradição:* Atos retrata Paulo na prisão em dois lugares, Roma (At 28,16-31) e Cesareia (At 23,31 – 26,32). Ocasionalmente, Cesareia tem sido apresentada como o lugar de origem[11], mas a distância envolvida, e os planos futuros de Paulo, fazem de Cesareia um local

---

[10] UDO SCHNELLE, *The History and Theology of the New Testament Writings* (trans. M. Eugene Boring; MinNeápolis: Fortress, 1998), 130-133.

[11] Para argumentos recentes em favor de Cesareia, ver GERALD F. HAWTHORNE, *Philippians* (WBC 43; Waco: Word Books, 1983), xli–xliv and MARION L. SOARDS, *The Apostle Paul: An Introduction to His Writings and Teaching* (New York: Paulist Press, 1987), 33-34; 113-114.

improvável. O Prólogo Marcionita (ca. 200 d.C.?) já sugeria uma proveniência romana, uma tradição que continua com Eusébio (*HE* 3,15.1), uma anotação no Códice Vaticano, do quarto século, e nos tempos modernos.

2. *Referências a "Roma"*: As referências à guarda imperial/*praetorium* (Fp 1,13) e à "casa do imperador" (Fp 4,22) seriam apropriadas a Roma.

3. *Falta de referência à coleta* indica um tempo depois da viagem a Jerusalém para entregar a coleta.

4. *"Desenvolvimentos" na Cristologia Paulina, escatologia e eclesiologia* apontam para um período posterior na carreira de Paulo. Portanto, a cristologia avançada (pré-existência), o desvanecimento de sua expectativa inicial quanto à proximidade da parousia e a referência a "bispos" e "diáconos" (Fp 1,1) representa um tempo depois da missão ao Egeu. As cartas da missão ao Egeu retratam uma igreja conduzida por uma liderança carismática sem estrutura sólida. Filipenses ilustra um ponto transicional em direção ao desenvolvimento pós-paulino dos oficiais da igreja, refletido nas Pastorais e em Ignácio.

5. *As condições humanas e moderadas da prisão* descritas em Atos permitiriam que os amigos de Paulo cuidassem dele, conforme indicado em Filipenses, e escrevesse esta carta, e assim aponta para uma prisão em Roma.

Muitos estudiosos, contudo, não estão convencidos por esses argumentos, e consideram o caso de Éfeso mais convincente:[12]

1. *Os argumentos em favor de Roma não são convincentes.*

Sobre (1) acima: o próprio Paulo se refere a diversos aprisionamentos não mencionados em Atos (2 Co 6,5; 11,23-25). A incompletude demonstrável na narrativa de Atos significa que o historiador não precisa tentar encaixar as cartas em lugares específicos mencionados em Atos. A tradição de uma origem romana de algumas ou todas as

---

[12] O caso clássico feito por GEORGE S. DUNCAN, *St. Paul's Ephesian Ministry: A Reconstruction with Special Reference to the Ephesian Origin of the Imprisonment Epistles* (London: Hodder & Stoughton, 1929). Cf. também VICTOR PAUL FURNISH, *II Corinthians* (AB 32A; Garden City: Doubleday, 1984), 122-123; mais recentemente JOHN REUMANN, *Philippians: A New Translation with Introduction and Commentary* (AB 33b; New Haven: Yale University Press, 2008). Argumentos contra um aprisionamento efesino e em favor da tradicional origem romana de Filipenses e Filemom, com bibliografia adicional, são listados em SCHNELLE, *New Testament Writings*, 131.

"cartas da prisão" é provavelmente uma inferência a partir de Atos, em vez de uma tradição independente.[13]

Sobre (2) acima: o *praetorium* se refere à residência oficial do governador nas cidades provincianas, como e.g. em Jerusalém (Mc 15,16; João 18,28), e não apenas a um quartel general romano na capital. Contudo, isso pode se aplicar apenas a províncias imperiais, e a Ásia era uma província senatorial. "A casa do imperador" era também um termo genérico que incluía os milhares de escravos e livres a serviço do imperador, que administravam suas propriedades em todo o império, e que veio a significar algo como "serviço civil". "A casa de César" era representada em cada cidade principal do império. Essas referências, portanto, não apontam necessariamente para Roma, mas indicam que Paulo e sua mensagem tinham se tornado conhecidos, e em alguns casos respeitados, mesmo por funcionários do governo.

Sobre (3) acima: a falta de referência à coleta em Filipenses não requer uma proveniência romana, pós-Jerusalém. Outra explicação viável inclui a composição da carta antes (em vez de depois) da coleta ter se tornado uma questão intensa na missão ao Egeu (ver §10.1.9). A coleta é mencionada em todas as cartas não disputadas, exceto 1 Tessalonicenses, Filemom e Filipenses. A natureza da carta a Filemom faz inapropriada a discussão. Em 1 Tessalonicenses falta referência à oferta porque ela foi escrita logo no início da missão ao Egeu, e este pode ser o mesmo caso de Filipenses. De qualquer forma, nada é provado pelo argumento do silêncio, que pode pender para ambos os lados.

Sobre (4) acima: o "desenvolvimento" da teologia de Paulo manifesta em seus escritos existentes uma base frágil para mapear a cronologia das cartas. Paulo claramente adapta sua teologia de uma situação e carta para outra como apropriada a situações de mudança, mas isso não "se desenvolveu" a partir do menos sofisticado para o "mais sofisticado". Ele já tem uma cristologia de pré-existência elaborada desde cedo na missão ao Egeu (e.g. 1 Co 10,4.9), e sua última carta ainda espera que a parousia aconteça em breve, quer se trate de Romanos (Rm 13,11-12) quer se trate de Filipenses (Fp 1,6; 2,16; 4,5). Como traduzir e entender a referência a "bispos" e "diáconos" é por si só um ponto controverso (ver abaixo). Embora os termos sejam entendidos,

---

[13] Sobre a natureza problemática das primeiras tradições cristãs relacionadas a data, autoria e origem dos documentos do Novo Testamento, ver §19.5 Vol. II.

eles se referem a uma situação única em Filipos, e não a um desenvolvimento progressivo no próprio pensamento de Paulo, como se ele estivesse implementando algo novo. De qualquer forma, as cartas da missão ao Egeu indicam alguma estrutura no interior de suas congregações carismáticas, sem usar as designações específicas correntes em Filipos (cf. 1 Ts 5,12-13; 1 Co 12,28; 16,16). Delinear "o" desenvolvimento do pensamento de Paulo é enveredar por um complexo de questões inter-relacionadas. Dependendo do assunto, Filipenses pode ser localizada em mais de um ponto na presumível "trajetória" de tal desenvolvimento (ver 13.1.2).

Sobre (5) acima: o quadro das condições moderadas da prisão de Paulo em Roma (At 28,16-31) expressa a visão geral de Lucas de como Paulo foi tratado pelas autoridades romanas. Ainda que seja precisa em detalhes, não sabemos se esta foi a única vez em que ele foi aprisionado sob tais circunstâncias, de forma a permitir que escrevesse cartas. Se Paulo foi um cidadão romano, sua situação como prisioneiro em Éfeso não seria mais severa que em Roma.

Assim, os argumentos em favor da proveniência romana para Filipenses não são convincentes.

2. *O fator distância e o tempo de viagem envolvido favorecem Éfeso em detrimento de Roma.* A carta aos Filipenses pressupõe sete[14] viagens entre Filipos e o lugar de prisão de Paulo: (1) Eles ouvem que ele está em prisão. (2) Eles enviam um donativo através de Epafrodito (4,18; cf. também 2,25; 4,14). (3) Epafrodito permanece com Paulo, mas os Filipenses ouvem que ele está muito doente (2,26-30). (4) Paulo envia Epafrodito de volta a eles, com a carta transmitindo gratidão (2,25.28). (5) Paulo enviará Timóteo a Filipos, (6) que retornará com novas da igreja para Paulo. (7) Se Paulo for libertado no futuro próximo, conforme ele antecipa, ele virá a Filipos (1,26; 2,23-24). As sete viagens, já realizadas ou previstas para um futuro próximo, tornam difícil imaginar a carta como escrita de Roma. Os aproximadamente 1280 km de Roma a Filipos requereriam de cinco a sete semanas, uma viagem para aproximadamente três meses, ida e volta, enquanto de Éfeso a Filipos requereria duas ou três semanas para ir e voltar.

---

[14] Se Filipenses é uma composição de mais de uma carta, o número de viagens cresce. REUMANN (como muitos outros) argumenta em favor de três cartas, as quais implicam doze viagens (Reumann, *Philippians*, 7).

3. *Os planos futuros de Paulo:* Paulo espera ser libertado e visitar os Filipenses no futuro próximo (1,21-26; 2,24). Mas depois de Roma, Paulo planejou ir mais a oeste, para a Espanha, e não retornar para visitar igrejas no leste, onde ele considerou completo seu trabalho (Rm 15,22-24).

4. *A provável relação das cartas aos Filipenses e a Filemom coloca Éfeso e não Roma como o local da escritura de ambas as cartas.* A Carta aos Filipenses parece ter uma íntima relação com a Carta a Filemom: em ambas as cartas, Paulo está na prisão, em circunstâncias moderadas que lhe permitem receber donativos e ser servido por seus amigos, bem como continuar alguns aspectos de seu ministério. Quanto a ser Filemom escrita a partir de Éfeso, ver §11.3.4.

5. *A tradição protocristã testifica de um aprisionamento em Éfeso.* O "Prólogo Marcionita" (ca. 200 d.C.?) declaram que houve um aprisionamento em Éfeso, e que Colossenses foi composta lá – embora Filipenses e Filemom sejam atribuídas a Roma. Isso indica que havia uma tradição mais antiga de um aprisionamento em Éfeso, a qual posteriormente foi parcialmente acomodada à tradição de Atos do aprisionamento em Roma.[15] No terceiro século de nossa Era, Orígenes argumentou que Filipenses foi escrita entre 1 e 2 Coríntios, i.e., não de Roma, mas de Éfeso. Os *Atos de Paulo e Tecla*, embora lendários, continuam a tradição de que Paulo foi aprisionado em Éfeso, assim como os *Atos de Tito* e o *Comentário de Daniel* escrito por Hipólito. Todos esses podem ser inferências de 1 Co 15,32, em vez de uma tradição independente, mas mostram que os autores cristãos do segundo e terceiro séculos não hesitavam em reafirmar essa tradição.

6. *Paulo faz declarações sugestivas e compatíveis com um aprisionamento em Éfeso.* Em 1 Co 15,32, escrevendo de Éfeso, Paulo relata que "lutou com animais selvagens" em Éfeso, i.e., sendo condenado à arena. Embora a expressão seja metafórica, trata-se de uma metáfora para uma realidade – ele estava aprisionado em Éfeso, acorrentado a um guarda,[16] e sentia que já havia recebido a sentença de morte (cf. 2 Co 1,8-9; 4,7-12). Em Fp 1,19-20, Paulo escreve a respeito de sua perspectiva de

---

[15] JOHN KNOX, *Marcion and the New Testament: An Essay in the Early History of the Cânon* (Chicago: University of Chicago Press, 1942), 43-44.

[16] Ignácio, em seu caminho a Roma para ser martirizado, fala de seus guardas como "leopardos". Certamente, esta é uma metáfora, mas aponta para a realidade de seu aprisionamento e morte iminente (*IgnRom* 5).

execução iminente, sugerindo que ela vem da mesma situação da qual ele fala na carta aos coríntios. Em Rm 16,3.7, escrita em Corinto, Paulo relata experiências na prisão, aparentemente recentes, as quais apontam para a Ásia (=Éfeso). Algumas das afirmações de Paulo aos Filipenses implicam uma data anterior para a carta não compatível com uma proveniência romana, mas se ajustam bem tendo Éfeso como o local de escrita. Em 4,10, a declaração de que "agora, finalmente, vós reavivastes vossa preocupação comigo" implica algum tempo desde que recebeu seu último donativo. Para Éfeso, isso seria um ano ou mais; para Roma, isto significaria dez anos ou mais, e parecia implicar um estranho conjunto de circunstâncias: os Filipenses repetidamente ajudaram Paulo em seu ministério no Egeu, e então não tinham feito nada por ele por dez anos, tempo durante o qual ele foi aprisionado diversas vezes na área do Egeu, e então, de repente, enviaram-lhe um donativo em Roma. Uma proveniência efesina implica continuidade apropriada, e uma proveniência romana, não. Assim também a declaração de Fp 1,30 – os Filipenses uma vez viram Paulo em angústia quando ele estava com eles, e agora ouvem sobre suas angústias – implica proximidade temporal entre o aprisionamento de Paulo quando ele estava com eles na fundação da igreja (Atos 16) e o aprisionamento que ele agora sofre, e não dois incidentes separados por doze anos. Se Filipenses foi escrita de Roma, Paulo deve ter voltado ao menos duas vezes durante esse intervalo, mas este comentário soa como se ele não tivesse estado em Filipos desde a visita em que ele fundou a igreja – portanto, de Éfeso.

7. *O grupo de pessoas com Paulo enquanto ele escreve Filipenses (e Filemom) se correlaciona melhor com Éfeso do que com Roma.* Enquanto Paulo escreve Filemom, com ele estão Timóteo, Marcos, Lucas, Aristarco, Epafras e Demas (Filemom 1,23). À parte das próprias Cartas da Prisão, e a possível identificação do autor da "fonte nós" de Atos com Lucas, não há evidência de que Filipenses e Filemon foram escritas em Roma. Epafras é provavelmente uma forma reduzida de Epafrodito (Fp 2,25; 4,18), de modo que Epafras é uma firme ligação entre as duas cartas.[17] Assim, toda a evidência que indica que Filemom foi escrita em Éfeso também aplica-se a Filipenses (cf. §11.3).

---

[17] WILLIAM M. RAMSAY, *The Cities of St. Paul: Their Influence on His Life and Thought* (Grand Rapids: Baker, 1907), 207. Cf., mais recentemente, Crossan and Reed, *In*

Em 2 Co 1,1, Timóteo está viajando com Paulo saindo de Éfeso e indo por toda a Macedônia, i.e., ele esteve com Paulo em Éfeso. Em Fp 1,1, Timóteo está com Paulo enquanto ele escreve, indicando a mesma situação de 2 Co 2,13; 7,7-16, depois que Tito já havia sido enviado a Corinto. A intenção de Paulo de vir a Filipos caso sua vida seja poupada (Fp 2,24) corresponde ao fato de que Paulo foi à Macedônia depois de deixar Éfeso (2 Co 1,8-9; 2,12-13; 7,5). Então, o plano de Paulo de seguir Timóteo desde Éfeso até Filipos tão logo quanto seja possível (Fp 2,19-24) corresponde à presença dos dois, Paulo e Timóteo, na saudação de 2 Co 1,1. Em 1 Co 4,17; 16,10; At 19,22, a viagem de Timóteo saindo de Éfeso e passando pela Macedônia até Corinto corresponde à esperança de Paulo de enviar Timóteo aos Filipenses, em Fp 2,19. Todas as referências a Timóteo se encaixam no ministério em Éfeso, mas não há evidência de que Timóteo já esteve em Roma (à parte das referências nas Cartas da Prisão, se entendidas como escritas em Roma). A possibilidade de que Filipenses seja uma combinação de mais de uma carta torna difícil mapear uma cronologia do aprisionamento de Paulo em Éfeso.[18]

8. *Mudanças na situação de Paulo e estratégias retóricas em suas cartas sugerem que Filipenses é relativamente antiga.* Os dados a seguir, combinando circunstâncias diferentes e mudanças no pensamento de Paulo, sugerem que Filipenses foi escrita no início da missão ao Egeu:

- *A coleta.* Na cronologia aqui seguida, de 1 Coríntios em diante Paulo se refere à oferta em cada carta. Esta ainda não havia se tornado uma questão ativa quando Filipenses foi escrita.
- *A "doutrina" da justificação pela fé.* Não há referência a esta convicção, a qual se tornou pedra de esquina na teologia paulina, em 1 Tessalonicenses ou Filemom. Em Fp 3,7-10, ela emerge brevemente pela primeira vez, em resposta às pretensões do apostolado rival, que não era ainda uma ameaça real.

Search of Paul, 274-276. Epafras (Fm 23; cf. Cl 1,7; 4,12) é a forma menor do nome Epafrodito (Fp 2,25; 4,18), como Silas/Silvano, Prisca/Priscila. Filipenses indica que Epafrodito é de Filipos; a deuteropaulina Colossenses chama-o de "um de vós", i.e., de Colossos (4,12). Mas se Paulo não é o autor de Colossenses, Colossos não é o destino. Tanto autor quanto leitores pertencem ao mundo fictício da carta. Colossenses não pode então ser usada como evidência de que a Carta à Filemom foi enviada para Colossos.

[18] REUMANN, *Philippians*, 16-18, faz uma tentativa detalhada. A estrutura é frágil.

Esta teologia se tornou mais explícita em 1 e 2 Coríntios, embora ainda não fosse uma questão fundamental, então emerge como ênfase maior em Gálatas e Romanos. Filipenses parece colocar-se cedo nessa evolução gradual.[19]

- *Defesa de seu apostolado.* Paulo defende seu apostolado na primeira linha de toda carta não disputada, à exceção de 1 Tessalonicenses, Filemom e Filipenses. Desde o dia de seu chamado, Paulo estava consciente de sua comissão de ser um apóstolo. Contudo, ele não julgou crucial enfatizar seu apostolado até que fosse confrontado pelos apóstolos rivais durante a missão ao Egeu. Em 1 Tessalonicenses, Filipenses e Filemom, Paulo não manifesta profunda sensibilidade em relação a seu status apostólico, mas pode ser que, bem cedo na missão ao Egeu, a ameaça dos apóstolos/missionários rivais ainda não fosse tão séria. Começando com 1 Coríntios, Paulo afirma seu apostolado nas palavras de abertura da carta, e se pode traçar um grau crescente de clareza e intensidade no debate sobre o apostolado, desde 1 Coríntios e ao longo de 2 Coríntios, Gálatas e Romanos. Por este critério, Filipenses parece ser anterior a 1 Coríntios.

- *Uso Explícito da Escritura.* Desde cedo, a mente de Paulo se saturou com a linguagem e imagens da Escritura, manifesta na forma inconsciente com que ele faz alusões a frases bíblicas em cada carta, da primeira à última. A primeira carta, 1 Tessalonicenses, contém ao menos 19 de tais alusões, e Filipenses e Filemom contém ao menos 11. *Contudo, nenhum apelo explícito à Escritura é feito nessas cartas.* Isto ocorre pela primeira vez em 1 Coríntios, que está massivamente permeada pela Escritura – 97 referências, 20 das quais são explícitas à autoridade da Escritura. Parece que assim como Paulo começou a fazer apelo explícito à sua autoridade apostólica em 1 Coríntios, ele fez o mesmo em relação à autoridade bíblica. Ambos os movimentos parecem ter ocorrido em resposta à missão rival, com sede em Jerusalém, que combatia tanto o apostolado de Paulo quanto a validade de seu evangelho como representando a fé bíblica. Esses fenômenos apoiam a visão de que aos Filipenses e Filemom foram escritas relativamente cedo na Missão ao Egeu, depois de 1 Tessalonicenses, mas antes de 1 Coríntios, ca. 52-53 d.C.

11.2.3 Gênero

Os manuais de retórica do mundo helenístico discutem um tipo de carta conhecido como "carta de amizade" (ver acima §10.2), com

---

[19] Cf. Schnelle, *Apostle Paul*, 465-458, para uma diferente leitura desses dados que colocam Filipenses no final.

o qual Filipenses exibe algumas similaridades e pontos de contato. Embora Paulo não siga forçosamente um modelo retórico convencional, a carta manifesta o calor e o toque pessoal da ἐπιστολὴ φιλική (epistolē philikē, carta de amizade). A fraseologia de Paulo seria reconhecível aos filipenses como expressões do ideal helenístico da amizade. A palavra-chave κοινωνία (koinōnia, compartilhar, ter em comum, 1,5; 2,1; 3,10; 4,15) representa esse ideal – era axiomático para este ideal que verdadeiros amigos tivessem tudo em comum. A alegre amizade expressa em Filipenses não é sentimentalidade, mas o vínculo por compartilhar um tópico, pelo qual Paulo e os Filipenses estão dispostos a sofrer.

11.2.4 Unidade Literária

É inerentemente provável que Paulo tenha escrito mais de uma carta aos Filipenses. Ele tinha boa amizade com a igreja, mantendo um profundo e contínuo relacionamento que torna improvável que lhe tenha escrito apenas uma carta. A referência em 3,1 a "escrevendo as mesmas coisas" pode muito bem se referir a uma ou mais cartas anteriores, em vez do que já tinha escrito na carta canônica. Os cristãos filipenses enviavam repetidamente dinheiro para ele já desde muito cedo durante seu ministério no Egeu. É improvável que a "carta da gratidão", que é nossa Filipenses seja a única carta que lhes tenha escrito. 2 Co 8,1-5 reflete informação sobre as igrejas macedônias que Paulo tem em Éfeso, o que indica a comunicação viva com as igrejas da Macedônia. No início do segundo século, a carta do Bispo Policarpo de Esmirna aos Filipenses se refere "às cartas" que Paulo lhes escreveu – mais de uma carta aos Filipenses eram conhecidas, e talvez circulassem. Assim, se a Filipenses canônica é apenas uma carta ou uma combinação de cartas, provavelmente ela não representa toda a correspondência de Paulo com Filipos, e isto é outra indicação de quão fragmentado é o nosso conhecimento. Nem tudo que Paulo escreveu foi incluído no corpus paulino quando editado pela igreja (1 Co 5,9!). Isso nos faz lembrar outra vez que recebemos nosso Novo Testamento das mãos da igreja.

Portanto, é muito provável que Paulo escreveu mais de uma carta aos Filipenses. A questão permanece, contudo, se a carta canônica é uma dessas cartas ou uma combinação editorial de mais de uma.

Há alguma evidência para a última possibilidade. Teorias de partição apelaram aos seguintes dados:[20]

- A frase em 3,1, "Finalmente, meus irmãos e irmãs,..." parece assinalar a conclusão da carta, mas é apenas a metade do texto, que continua por outros dois capítulos.
- A forte mudança de tom em 3,2, "Acautelai-vos dos cães, acautelai-vos dos maus obreiros...", a qual continua com defensiva e sarcasmo contra os inimigos, parece fora de lugar numa carta permeada de alegria e que afirma grande confiança nos Filipenses. Nada nos dois primeiros capítulos prepara para essa explosão inesperada. Portanto, 4,4 parece ser a continuação natural de 3,1, com 3,2-4,3 como uma inserção discordante.
- Na forma atual do texto, que é uma carta de gratidão pelo donativo dos filipenses, a expressão de gratidão vem muito tarde (4,10-20), quando teria sido mais apropriada no início da carta. A real ação de graças pelo donativo dos filipenses está faltando na seção de ação de graças da carta atual, 1,3-11.
- A forma atual da carta parece ter duas diferentes advertências finais, 4,4-7 e 4,8-9.
- A seção 4,10-20 parece ser uma unidade fechada escrita e coerente em si mesma, uma carta de ação de graças separada.

Esses e outros dados convenceram diversos eruditos de que a Filipenses canônica é uma combinação editorial de duas ou três cartas. Esta conclusão, contudo, está longe de ser unânime. Neste livro, interpretaremos Filipenses como uma única carta, escrita da prisão no início do ministério de Paulo em Éfeso, porém abertos à possibilidade de que ela representa mais de uma carta.

11.2.5 Estrutura e Esboço

1,1-2	Saudação
1,3-11	Ação de Graças
1,12-26	Paulo na prisão; no entanto, o evangelho floresce
1,27-30	Síntese e apelo
2,1-4,1	Chaves para a unidade: humildade e obediência

---

[20] Somente um sumário da evidência e argumentos pode ser dado aqui. Para uma discussão mais completa de como tais argumentos trabalham, ver Excurso 1– A unidade de 2 Coríntios e as Teorias da Partição das Cartas Paulinas, §12.2.

2,1-4	Chamado à unidade
2,5-11	O evento-Cristo como paradigma
2,12-18	Humildade e obediência como o mandado missional da igreja
2,19-3,1	Timóteo e Epafrodito como modelos
3,1b-4,1	O próprio Paulo como modelo
4,2-9	Apelo por unidade
4,10-23	Agradecimentos e conclusão

11.2.6 Síntese teológico-exegética

1,1-2 Saudação
Paulo se refere a si mesmo como apóstolo em cada carta não disputada, à exceção de 1 Tessalonicenses, Filipenses e Filemom. Nessas cartas, a legitimidade de seu trabalho não está em disputa. Ao referir-se a si mesmo e Timóteo como δοῦλοι, literalmente (*douloi*, escravos), ele não está sendo ostensivamente humilde. O status de um escravo dependia do de seu mestre; Paulo é um escravo de Cristo. A referência a ἐπίσκοποι καὶ διάκονοι (*episkopoi kai diakonoi*, supervisores/bispos e assistentes/diáconos) é única nas cartas não disputadas. A igreja de Filipos parece ter desenvolvido alguma estrutura além da liderança puramente carismática encontrada em Corinto, mas as palavras não devem ser entendidas no sentido último de oficiais eclesiásticos. Contudo, traduções do tipo "supervisores e ajudadores" são provavelmente muito informais. Como em Rm 16.1, "diáconos" parece se referir a um ofício definido e comissionado ou função de liderança ministerial, e "bispo" provavelmente se refere ao líder de uma igreja doméstica específica. Provavelmente eles eram responsáveis por administrar as finanças da igreja. Uma vez que Paulo recebeu um donativo através de sua mediação (4,10-18), ele faz uma referência específica a eles na saudação. Paulo não está dando instruções sobre a organização geral da igreja, como se outras igrejas tivessem ou devessem ter tais oficiais. Essa evolução gradual na tradição paulina chega mais tarde, nas Pastorais.

1,3-11 Ação de Graças
Esta seção apresenta notas que serão desenvolvidas no corpo da carta: a gratidão de Paulo pelo apoio à sua pregação missionária nos

primeiros dias de seu trabalho na Macedônia e Acaia (1,5; 4,15-16) e especialmente o profundo tema da permanente alegria, que ressoa ao longo da carta, embora escrita em uma prisão (1,4.18; 2,2.17.18.28.29; 3,1; 4,1.4.10). A carta não se destina a instrução escatológica, mas a esperança no breve retorno do Senhor aparece frequentemente (2,10-11.16; 3,20-21; 4,5), e é antecipada na ação de graças (1,6.10).

1,12-26 Paulo na prisão; no entanto, o evangelho floresce
A estrutura do corpo da carta não é clara. Ela não segue o padrão típico bipartido kerygma/parênese, fundamental para o pensamento de Paulo e algumas de suas cartas (ver §10.2.3). Na atual forma da carta, quer seja de Paulo ou não, esta seção inicial do corpo da carta coloca a própria situação de Paulo num contexto teológico maior: o progresso do evangelho na missão da igreja como um todo. Paulo celebra pelo fato de que o evangelho continua a ser pregado, mesmo por aqueles com motivos não tão genuínos.

A situação de Paulo é grave. Ele podia ser condenado à morte. De fato morrer e estar com Cristo seria melhor do que continuar sua vida neste mundo. Contudo, Paulo quer ser poupado para continuar sua missão, e acredita que o será, e espera ver seus amados irmãos e irmãs novamente em Filipos. Nada disso é uma meditação individualista sobre a relativa felicidade de "morrer e ir para o céu" versus os valores da vida terrena. A questão principal para Paulo é a missão cristã. Ele avalia tudo a partir da perspectiva do evangelho do ato salvífico de Deus em Cristo e o papel que lhe foi atribuído nessa missão.

1,27-30 Síntese e apelo
Esses versos, uma longa sentença em grego, representam uma dobradiça na estrutura da carta, passando do indicativo para o imperativo e se concentrando em diversos temas que são elaborados posteriormente:

- Conduzir-se como cidadãos do reino ao qual vocês pertencem, o que significa viver de maneira coerente com o evangelho. Πολιτεύεσθε (*politeusthe*, NRSV "viva sua vida") significa viver de acordo com o reino político ao qual se pertence. Filipos era uma colônia romana, onde a cidadania romana era a norma valorizada e predominante. Os judeus da Diáspora nessas cidades tinham sua própria πολίτευμα (*politeuma*, unidade política), que

garantia status e proteção. Os cristãos pertenciam, em última instância, a outro reino, o reino de Deus já revelado em Cristo, o qual deveria se manifestar em breve. Eles são uma "colônia do céu" (NRSV "nossa cidadania está no céu"), um posto avançado do reino de Deus presente e por vir (cf. 3,20). Isso poderia trazer aborrecimento e perseguição, como trouxe a Paulo.
- Há ameaças e oposição, contra as quais os cristãos filipenses devem lutar, resistir, e mesmo sofrer pela fé.
- O apelo à unidade trabalhado no restante da carta se torna explícito aqui pela primeira vez. Diferentes respostas à ameaça de perseguição eram provavelmente uma das questões polêmicas. O "um só Espírito" não é meramente uma atitude ruidosa, mas o Espírito de Deus que unifica a igreja (cf. 1 Co 12,4-13).
- A vitória de Deus a ser manifestada em breve revelará que eles estavam do lado certo.
- O próprio Paulo é um exemplo de tal sofrimento, mas – como será mostrado a seguir – ele está apenas seguindo o paradigma maior fornecido pelo evento-Cristo.

2,1-4,1 – Chaves para a unidade: humildade e obediência

2,1-4 Chamado à unidade
Paulo chama a igreja à unidade, de modo que ela possa apresentar uma frente unida a seus oponentes e oferecer um testemunho unificado ao mundo (2,14; 12-16a). "Humildade" e "obediência" estão concretamente encaixadas no evento-Cristo (2,5-11), e devem ser demonstradas na própria experiência dos filipenses, assim como já haviam sido manifestas na vida de Paulo (2,16b-17 [até 3,1b-4,1] e seus colaboradores, Timóteo e Epafrodito (2,19-30).

2,5-11 O evento-Cristo como paradigma
Paulo aqui cita um hino pré-paulino. Ele o faz, contudo, não para apresentar reflexões especulativas sobre Cristologia, mas como a base para seu apelo a uma vida cristã prática. Ele desafia os crentes filipenses a renunciar a opção atrativa de tentar alcançar o status que os protegeria de sofrimento. Suas decisões individuais afetam a unidade da congregação e sua missão. Divisão é trazida por espírito partidário e egoísmo. O exemplo de Cristo torna isso impossível para seus seguidores. Esta não é uma questão de idealismo ético, algo como

"nós deveríamos ser mais humildes como Jesus o foi", mas um chamado que conduza a vida das pessoas para a ação de Deus em Cristo. Embora a estrutura precisa do hino seja questionada, o drama para o qual ele aponta aparece claramente em três atos:

- A cortina se abre, no primeiro ato, no mundo celestial, onde o Cristo pré-existente compartilha a realidade divina.[21] A ação rapidamente se move para este mundo; contudo, nem aqui e nem em outro lugar Paulo ou o Novo Testamento cedem à curiosidade ou especulação sobre a natureza do mundo transcendente e os eventos que ocorrem lá. O Novo Testamento é um livro deste mundo. A primeira e única ação do Cristo pré-existente é expressa em um verbo: o ser pré-existente, existindo na forma da realidade divina e igualdade com Deus, não considerou esse status divino como algo a que se apegar, mas esvaziou-se a si mesmo, i.e., despiu-se de seu status divino (ἐκένωσεν, *ekenōsen*; sobre a Cristologia kenótica, ver Vol. II §20.1.2).
- Tendo despido a si mesmo do modo divino de ser, Cristo entrou no modo humano de ser, assumindo a forma de um servo. Aqui, a existência humana como tal é vista como existência servil. A vida humana, embora exaltada, é escravizada a fim de transcender poderes sobre os quais a própria humanidade não tem controle. Humanos não decidem nascer e nem podem decidir não morrer, e nesse ínterim estão sujeitos a poderes superiores além de suas forças. Ao tornar-se humano, Cristo entra neste reino de escravidão, e assim se torna ele mesmo um servo.[22] "Assumindo a forma de um servo... à semelhança de homens... na forma humana"

---

[21] Μορφή (*morphē*, forma) tem um enorme campo semântico, mas aqui "forma" não denota uma mera aparência externa; o termo aqui se refere à realidade intrínseca, e não à maneira da aparência, mas o modo de ser. Cf. ERNST KÄSEMANN, "A Critical Analysis of Philippians 2,5-11," *JTC* 5 (1968), 45-88, que corretamente insiste, contudo, que a discussão de Paulo não é dirigida às naturezas divino e humana de Cristo, mas à decisão de Cristo de esvaziar-se e tornar-se um servo obediente; o ponto de Paulo não é o que Jesus *foi*, mas o que ele *fez*.

[22] Deve ser enfatizado que isto não significa que, entre os humanos, Jesus adotou uma atitude modesta, que ele serviu os outros como um escravo, como o servo sofredor de Isaías 53 ou o servo humilde do Quarto Evangelho, que lava os pés dos discípulos em João 13. Nesse hino, a existência humana *per se* é a existência escrava. Nenhum outro ser humano escolhe livremente essa existência. Encontramo-nos aqui sem nenhuma posição no assunto. Para nós, a existência humana é *Geworfenheit* (Martin Heidegger). Mas o Pré-existente *decidiu* entrar neste reino. A escolha humana não é ser ou não um escravo, mas a quem servirá (segundo Paulo em Rm 6,12-12).

significa que ele realmente se tornou um ser humano, e não que meramente ele assumiu a aparência humana. O mesmo vocabulário é usado para sua humanidade quanto para sua divindade. Na dimensão humana, Cristo é obediente, i.e., a Deus. Essa obediência desconhece fronteiras; antes, se estende até à morte, mesmo uma morte vergonhosa na cruz (a frase final é frequentemente considerada uma adição paulina ao hino).

- Ao entrar no mundo humano, Cristo desistiu de seu divino poder. Ele não podia e não "ressurgiu dos mortos" pelo seu próprio poder sobre-humano, ou fez mais do que qualquer outro ser humano podia fazer. Ele se comprometeu em obedecer a Deus, e Deus não permitiu que a cruz fosse o fim de tudo. Deus agiu, e não apenas restaurou o status original de Cristo, mas o ressuscitou (literalmente, o superexaltou), de modo que toda criação deveria confessar Jesus Cristo como Senhor. A cena do reconhecimento universal de que Jesus é Senhor não é uma alternativa ou uma competição com a adoração do Deus único, mas é "para a glória de Deus, o Pai". A cena não é colocada numa estrutura temporal, mas a construção subjuntiva grega com ἵνα (hina) não pode ser tomada no sentido do português de "deve-se" implicando esperança e obrigação, mas não realidade – como se toda a criação devesse fazer isto, dobrando-se em adoração a seu Criador e Redentor.

Esse drama divino-humano-divino em três atos tem nuanças nas quais Jesus é apresentado como o ser verdadeiramente humano, feito à forma/imagem de Deus, como Adão (v. 6). Mas diferentemente do primeiro par humano, que se rebelou contra Deus porque queria ser semelhante a Deus (Gn 3,5), Cristo não se apegou à divindade, mas foi obediente de uma forma verdadeiramente humana. Em Filipos, orgulhosa colônia de Roma onde a propaganda imperial e o culto ao imperador eram onipresentes, o Único que é verdadeiramente Deus age como divindade numa forma radicalmente diferente do "Divino César".

2,12-18 Humildade e obediência como mandato missionário da igreja
Paulo citou o hino não para "ensinar Cristologia", mas para chamar os filipenses à constância e unidade que os equipariam para a missão. Como Cristo obedeceu, então eles também deviam obedecer, à medida que o próprio Paulo já estava modelando essa obediência (o ponto central será elaborado em 3,1b-4,1). Tal obediência é um convite a abandonar as atitudes e atos egoístas, mas não de forma severa: o

vocabulário de alegria espontaneamente reaparece quatro vezes nos versos 17-18.

2,19-3,1a Timóteo e Epafrodito como modelos
Esse parágrafo de transição fornece informação para os Filipenses a respeito dos planos de viagem de Paulo e seus colaboradores, mas não é meramente incidental que ele os descreve em termos de orientar suas vidas pela "mente de Cristo" retratada no hino anterior. Eles também se despojaram de suas antigas posições e não buscaram seu próprio bem-estar, mas entraram em outra dimensão de serviço. A linguagem anterior de "escravidão" (v. 22) e "morte" (v. 27,30) reverbera apesar desse relato. Timóteo e Epafrodito modelam a vida cristomórfica para a qual Paulo convida os filipenses. Tal autossacrifício ocorre não apenas nos hinos, mas concretamente nas vidas.

3,1b-4,1 O próprio Paulo como modelo
O acentuado tom de advertência e abusiva linguagem introduzida aqui, numa carta que de outro modo fala de alegria e afeição, tem sido tomada como evidência de que Filipenses é uma carta composta. Outra possibilidade é que os "cães, maus trabalhadores, aqueles que mutilam a carne" não são oponentes reais no trabalho entre os filipenses, mas um inimigo retórico construído por Paulo. Tais pessoas são oponentes reais em outro lugar, na missão ao Egeu, de modo que elas estão na mente de Paulo como uma ameaça potencial em Filipos, mas que não parecem estar realmente perturbando a congregação de Filipos, ao menos não ainda. Paulo as usa como um papel retórico para suas próprias credenciais e a representação de si mesmo como o terceiro modelo do padrão de humildade/obediência como a base para seu chamado à unidade.[23] Os tementes a Deus que se tornaram cristãos estavam sob pressão para tornar-se judeus plenos, membros de uma comunidade religiosa legalmente reconhecida, como a forma de evitar sofrimento (cf. 1,29-30: permaneçam firmes; vocês foram chamados para sofrer. Tenham a mim como exemplo. Eu já fui um judeu pleno, com supremas credenciais, mas sou agora um sofredor

---

[23] Esse ponto é desenvolvido em CAROLYN OSIEK, *Philippians, Philemon* (ANTC; Nashville: Abingdon, 2000), 79-95.

pelo evangelho). A retórica extravagante e áspera encontrada nesse capítulo era convencional e esperada; não para desdenhar o oponente, suposto ou real, mas para ser um reconhecimento da fragilidade da própria posição.[24]

A linguagem abusiva dos versos 2,19 não é uma escolha aleatória, mas a reversão irônica das alegações dos rivais de Paulo. "Cães" são imundos (mas seus desafiadores enfatizaram seu próprio ritual de pureza). "Obreiros" era um termo quase técnico para ministros e missionários cristãos. Seus rivais alegavam ser tais obreiros, mas Paulo os categoriza como obreiros do mal. Eles requeriam circuncisão (*peritomē*) como a marca da aliança, mas num sarcástico jogo de palavras Paulo satiriza sua postura como "mutilação" (*katatomē*). No v. 19, os oponentes tornam o seu "estômago" (leis dietéticas) em algo divino, e sua "vergonha" (genitais, i.e., circuncisão) em algo glorioso. Esses judeus locais e missionários judeus cristãos, que potencialmente ameaçam a fé da igreja, orgulham-se de suas qualificações bíblicas e tradições judaicas como autênticas representantes da fé.[25] Paulo responde que ele também tem tais qualificações, que, de fato, ele tinha excelentes credenciais, mas voluntariamente abriu mão delas, assim como o Cristo pré-existente abdicou de suas insígnias celestiais. A identidade de Paulo, e o evangelho que ele prega, significa aceitar e participar da própria justiça de Deus, que se tornou real aos seres humanos através do evento-Cristo. Aqueles que veem a si mesmos dessa forma estão livres dos esforços de se estabelecer à sua própria imagem. Isto é o que Deus fez na cruz de Cristo. O esforço humano para uma autoimagem e o prestígio próprio é o inimigo da cruz de Cristo, e a razão para o espírito de divisão que assolou a igreja de Filipos.

3,20 "Cidadania celestial" não é uma espécie de apelo gnóstico para separar alguém das "coisas terrestres" e ser indiferente a esta vida. O substantivo πολίτευμα (*politeuma*), frequentemente traduzido como "cidadania", tem uma dupla conotação. Uma vez que Filipos era

---

[24] Ver, e.g. JOHNSON, "Anti-Jewish Slander," 419-41.
[25] Outros entendem "seu deus é o ventre, sua glória é sua vergonha" (3,19) como apontando para indivíduos *gnostizantes* libertinos, que veem a si mesmos como já pertencentes ao mundo celestial, defendendo uma mistura de espiritualidade e moral frouxa, de modo que Paulo está lutando em duas frentes (E.g. Pokorn and Heckel, *Einleitung*, 277-278, e a literatura que eles mencionam.

uma colônia romana, com muitos cidadãos romanos, os cristãos eram lembrados de que sua lealdade última devia ser ao reino de Deus, e não a qualquer império terreno. O termo tem também um significado mais específico relevante à situação em Filipos e ao contexto atual. *Politeuma* é usado para as associações judaicas da Diáspora separadamente incorporadas, que tinham status legal privilegiado nas cidades romanas. Judeus e judeus cristãos associados aos novos conversos cristãos, especialmente aqueles que antes haviam feito parte do grupo dos tementes a Deus, que assistiam à sinagoga (e que podem ter continuado a assistir), os encorajaria a tornarem-se judeus plenos, de modo que eles desfrutariam da proteção legal por pertencerem à *politeuma* judaica. Nesse contexto de advertir seus leitores contra aqueles que encorajam a circuncisão, essa tentação de abandonar a fé cristã pela conversão ao judaísmo era predominante na mente de Paulo.

4,2-9 Apelo por unidade

Cuidadosamente, Paulo preparou o terreno e trabalhou até este ponto. Ele traz seu apelo por unidade ao clímax ao nomear especificamente dois líderes que estão exercendo uma influência de dissensão na congregação: Evódia e Síntique. Eles não são adversários de Paulo; seus nomes estão (ambos!) inscritos no céu, no Livro da Vida, e se esforçaram com Paulo no trabalho do evangelho. Especificamente Paulo os designa, ao lado de Clemente, como "cooperadores", um termo semioficial para ministros e líderes de igreja. Eles podem, à semelhança de Febe de Cencreia (Rm 16,1), atuar como διάκονοι (*diakonoi*, diáconos), e seriam incluídos no grupo de diáconos saudados em 1,1. Eles podem ser patronos de igrejas domésticas que exerceram liderança nas congregações que se encontravam em seus respectivos lares. Se assim é, eles podem ser incluídos entre os ἐπίσκοποι (*episkopoi*, supervisores) saudados em 1,1. As inconscientes pressuposições das gerações passadas de intérpretes assumiram que a liderança da igreja devia ser toda do sexo masculino, de modo que a disputa entre Evódia e Síntique era simplesmente um desacordo pessoal menor entre duas mulheres. Agora vemos que Paulo as considera como líderes da igreja, e, portanto, com maior potencial para criar discórdia. Seu apelo a elas está no modelo do Cristo pré-existente, os colaboradores de Paulo, Timóteo e Epafrodito, e o próprio Paulo, de exercer sua liderança na direção correta e manter a unidade da congregação.

4,10-23 Agradecimentos e conclusão
Paulo conclui com a nota com a qual ele começou a carta, seu agradecimento pelo contínuo apoio à sua missão ao Egeu, desde os primeiros dias na Macedônia. Em algumas situações tais como a de Corinto, Paulo recusou apoio da igreja e insistiu em se sustentar por conta própria (1 Co 9,3-18), de modo que não fosse visto como estando sujeito a patronos poderosos. Foi como uma marca do relacionamento especial entre ele e a congregação de Filipos que ele aceitou alegremente seu apoio financeiro, e então agradece a Deus por isto e por eles.

11.3 Interpretando Filemom

11.3.1 Gênero

Filemom é uma *carta*, e não um ensaio sobre "Perspectivas Cristãs sobre a Escravidão" ou algo parecido. Ela é de fato um exemplo da forma da carta helenística que desfila pelo Novo Testamento, sendo mais parecida com outros exemplos existentes de cartas do primeiro século do que qualquer outro documento do Novo Testamento. Embora seja a mais pessoal dentre as cartas que temos de Paulo, é, contudo, uma carta apostólica e eclesiástica, e não uma nota particular individualista. A carta é dirigida não apenas a Filemom, Áfia e Arquipo, mas à "igreja em tua casa" (v. 2). O pronome pessoal da segunda pessoa do plural é encontrado nos versos 3, 22 e 25, e o singular é encontrado no restante da carta. O endereço pessoal no singular é moldado pela comunidade plural. O apelo pessoal a Filemom não é feito apenas sobre a base de um para um, entre Paulo e Filemom; a congregação é abordada, e o apelo de Paulo a Filemom é feito dentro do contexto e da audiência de toda a igreja. Embora Paulo não use a palavra "apóstolo", sua autoridade apostólica é evidente (versos 8 e 21). Que a carta foi preservada na coleção paulina, e depois canonizada, revela que ela sempre foi lida como um documento eclesiástico. Paulo pode muito bem ter escrito cartas pessoais, mas nós não as temos no Novo Testamento.[26] Se ela fosse apenas uma correspondência pessoal, nós não a teríamos.

---

[26] 1 e 2 Timóteo e Tito não são exceções; ver §16.1. Terceira João é uma carta eclesiástica escrita para um líder de uma igreja individual, e preservada no Novo Testamento apenas em conjunção com as cartas eclesiásticas de 1-2 João.

11.3.2 Autoria

Que Filemom é uma carta autêntica de Paulo é uma questão que permaneceu praticamente sem disputa na igreja antiga. A autoria de Paulo tem sido desafiada apenas por uns poucos críticos nos primeiros dias do Iluminismo, quando todos os documentos antigos foram questionados, e por F. C. BAUR e uns poucos de seus seguidores no século dezenove, a "escola de Tübingen". A carta é agora universalmente aceita como uma carta autêntica de Paulo.

11.3.3 Ocasião

Como uma carta, Filemom deve ser interpretada dentro da linha histórica da qual é uma parte e o mundo narrativo que ela projeta. A história refletida na carta tem sido construída tradicionalmente pela combinação de dados oriundos de Filemom, Colossenses (com a qual está intimamente relacionada, de alguma forma), Efésios e Atos. Uma vez que Colossenses e Efésios são frequentemente consideradas deuteropaulinas, e Atos não é preciso do ponto de vista histórico, é melhor inicialmente considerar Filemom de forma isolada. A própria carta apresenta os seguintes dados:

- Paulo está preso (v. 1,9-10,13,23). O local não é dado. Com ele, estão Timóteo (v.1), Epafras, Marcos, Lucas, Aristarco e Demas (v. 23-24). Apenas Epafras é chamado de "companheiro de prisão".
- Filemom é o líder de uma igreja doméstica (v. 2). O local não é dado. Paulo e Filemom aparentemente se conhecem bem. Paulo influenciou a conversão de Filemom, pode ter estado diretamente envolvido (v. 19), e provavelmente trabalhou com ele como um missionário ("colaborador" v. 1).
- Onésimo aparentemente é escravo de Filemom. Isso tem sido ocasionalmente contestado,[27] com base no verso 16, que pode significar que Onésimo é o irmão biológico de Filemom. Segundo esse pensamento, Filemom o tratou mais como um escravo do que como um irmão, e agora, uma vez que Onésimo se converteu, é necessário que o trate tanto como um irmão natural quanto como um irmão na fé (cf. Jo 15,15). Na América pré-guerra civil, essa interpretação era defendida, às vezes, a fim de evitar que se

---

[27] A. D. CALLAHAN, "Paul's Epistle to Philemon: Toward an Alternative *Argumentum*," *HTR* 86 (1993), 357-376.

encontrasse apoio à escravidão no Novo Testamento. Contudo, o impulso irresistível da carta argumenta em favor da interpretação tradicional: Onésimo é escravo de Filemom.

- Onésimo está ausente da casa de seu senhor, caiu em desfavor e precisa de alguém que interceda por ele. A natureza desse problema não é clara. Não é dito que ele é um fugitivo ou que cometeu algo ilegal.[28] Embora esta seja a visão tradicional e possa estar correta, ela não é defendida na igreja antiga até Crisóstomo, no quarto século, que explorou o potencial homilético dessa visão que, aparentemente, ele introduziu.[29] Que Onésimo possa estar endividado com Filemom (v. 18-19) pode significar que ele o privou de seus serviços por algumas semanas (se ele é um fugitivo ou Paulo o deteve), que tenha roubado algo ou tenha sido acusado de roubo ou furto, ou que tenha, de alguma forma, administrado mal a propriedade de seu senhor (cf. e.g. Mt 18,23-25). No entanto, se Onésimo roubou algo ou, por outro lado, prejudicou ou ofendeu seu senhor, devia-se esperar alguma referência a seu arrependimento.
- Onésimo entrou em contato com Paulo, que o converteu (v. 10). Não há indicação de que, como um fugitivo, ele tenha sido pego e lançado na prisão com Paulo. Se fosse este o caso, as autoridades deveriam tê-lo devolvido a seu senhor. Paulo, provavelmente um cidadão romano, está aparentemente encarcerado num tipo de prisão que lhe permitia receber visitas e escrever cartas. Escravos fugitivos apreendidos eram tratados com mais rigor. A carta não fornece informação sobre como Paulo e Onésimo se encontraram – se foi algo fortuito ou se Onésimo procurou Paulo. Se Onésimo não é um fugitivo, mas está em problema com seu senhor, ele pode ter procurado um amigo de seu senhor (*amicus domini*) a fim de que intercedesse por ele. Temos uma carta desse tipo, de Plínio, o Jovem, a Sabiniano, pedindo em favor de um servo livre que o

---

[28] JOHN DOMINIC CROSSAN, *God and Empire: Jesus against Rome, Then and Now* (New York: HarperCollins, 2007), 161-62, aponta que havia dois modos de fuga, permanente e temporária, dependendo da intenção do escravo. Fuga permanente era um crime com terríveis punições: marca ou desfiguração, condenação às minas, ou execução pública por fogo, arena ou cruz. Se Onésimo fez isso, teria sido uma tolice vir a Paulo na prisão, pondo em risco sua própria vida e garantindo a execução de Paulo. Mas a fuga temporária de refúgio, para buscar a intercessão de um amigo era perfeitamente legal.

[29] WHITE traça três possibilidades, e opta pela Terceira: (1) um escravo fugitivo retornou; (2) problemas entre Onésimo e Filemom, busca Paulo como um intermediário; (3) Onésimo é enviado com um presente a Paulo na prisão (como Epafrodito havia feito pelos filipenses), Paulo o deteve, o que deve ter criado embaraço. WHITE, *Jesus to Christianity*, 194-97.

havia ofendido.³⁰ É provável que Onésimo tenha ouvido Filemom falar de Paulo como um respeitado amigo e colaborador, e o buscou a fim de que intercedesse por ele.
* Paulo escreve a Filemom e à igreja em sua casa, e envia a carta com Onésimo. Não há referência a alguém o acompanhando ou visitando outras igrejas na rota.

O mundo narrativo projetado pela carta produz um quadro coerente em si mesmo, embora não especifique seu lugar de origem nem o local de seus destinatários.

O cenário tradicional: Ao combinar essa informação com dados de outros documentos do Novo Testamento e elementos tradicionais, o seguinte cenário emerge, o qual se tornou a visão tradicional: Onésimo é o escravo de Filemom, que vive em Colossos (Cl 4,9). A igreja ali foi fundada por Epafras, um companheiro de Paulo, embora o próprio Paulo nunca tenha estado lá (Cl 1,7; 2,1; 4,12). Paulo, ao fim de sua carreira, está aprisionado em Roma. Onésimo furta algo de seu amo e foge, segue para Roma, onde fortuitamente encontra Paulo. Paulo o converte e o envia de volta. A carta a Filemom foi escrita no mesmo tempo de Colossenses e Efésios, e foi enviada juntamente com elas, na companhia de Tíquico (Cl 4,7.9; Ef 6,21-22). Alguns estudiosos continuam afirmando precisamente esse quadro.³¹

Uma intrigante *variante dessa visão tradicional* foi defendida por EDGAR J. GOODSPEED e seu aluno JOHN KNOX, que desenvolveu os argumentos de eruditos da geração passada.³² Na construção de GOODSPEED

---

³⁰ Citado por completo em Latim e em Inglês por EDUARD LOHSE, *Colossians and Philemon. A Commentary on the Epistles to the Colossians and to Philemon* (trans. William R. Poehlmann and Robert J. Karris; Hermeneia; Philadelphia: Fortress, 1971), 196-197. O ensaio de PETER LAMPE foi tem sido influente para direcionar a opinião dos estudiosos da hipótese do "escravo fugitivo" para a visão de que Filemom é uma carta de intercessão similar a de Plínio. PETER LAMPE, "Keine 'Sklavenflucht' des Onesimus," *ZNW* 76 (1985), 135-137.

³¹ E.g. LUKE TIMOTHY JOHNSON, *The Writings of the New Testament: An Interpretation* (Rev. ed.; MinNeápolis: Fortress, 1999), 383-391.

³² EDGAR J. GOODSPEED, *An Introduction to the New Testament* (Chicago: University of Chicago Press, 1937), 109-124; 210-239; EDGAR J. GOODSPEED, *The Meaning of Ephesians* (Chicago: University of Chicago Press, 1933), 1-75. JOHN KNOX, *Philemon among the Letters of Paul: A New View of Its Place and Importance* (rev. ed.; New York: Abingdon, 1935, 1959); JOHN KNOX, "Introduction & Exegesis of Philemon," in *The Interpreter's Bible*, ed. George Arthur Buttrick, *The Interpreter's Bible* (Nashville: Abingdon, 1957), 555-561.

e KNOX, Filemom respondeu positivamente ao apelo de Paulo, fez o que estava "mais" implícito em seu pedido (Fm 21) e concedeu liberdade a Onésimo. O jovem cristão, mais tarde, foi a Éfeso, a capital da província, onde ele continuou o trabalho da missão paulina, e eventualmente se tornou o bispo de Éfeso. Trabalhou coletando e editando as cartas paulinas, e compôs Efésios como uma carta de apresentação para a coleção (ver §15.2.1). Onésimo ainda estava ali por volta de 110 (aproximadamente 55 anos depois), quando Ignácio de Antioquia, a caminho para seu martírio em Roma, encontrou-se com ele em Esmirna. GOODSPEED considera a antiga tradição, que identifica o Bispo Onésimo de Éfeso com o Onésimo de Filemom, como historicamente válida, embora não demonstrável. Nem a construção de GOODSPEED nem a de KNOX foram amplamente aceitas, sendo consideradas muito imaginativas, especulativas e inventivas, dependentes da visão de que Paulo é o autor tanto de Filemom quando de Colossenses, e de que foram escritas no mesmo período. O estudo crítico tem avançado desde os dias de GOODSPEED; cada um dos elementos de seu cenário deve agora ser reexaminado (ver §§15.1, 15.2).

11.3.4 Data, Origem e Destinatários

Data, origem e destinatários estão todos ligados e devem ser tratados conjuntamente. Na própria carta, não há indicação do local da igreja e da casa a que é dirigida. Se *Colossenses* foi escrita por Paulo ou contém confiável tradição histórica sobre esse ponto, então a recente exegese crítica está correta em interpretar os dados como significando que Onésimo é o escravo de Filemom de Colossos e que Arquipo é um membro da igreja colossense. A carta é, assim, dirigida a Filemom e a igreja em sua casa, com Áfia e Arquipo (Cl 4,9.17). Filemom era um converso pessoal de Paulo (Fm 19), e trabalhou com ele como um evangelista e missionário (Fm 1; cf. o mesmo termo quase-técnico "cooperadores", usado para Filemom bem como para Marcos, Aristarco, Demas e Lucas, v. 24, e "companheiro", no v. 17). De acordo com Colossenses, Paulo não foi a Colossos (Cl 1,4.9; 2,1), portanto Filemom teria sido convertido por Paulo em outro lugar, ou Fm 19b significa simplesmente que Filemom se tornou um cristão sob a influência da missão paulina. Se Colossenses e Efésios são deuteropaulinas e derivam sua informação sobre Onésimo e suas conexões inteiramente da carta a Filemom (e da tradição oral sobre Paulo), não podemos usá-las para localizar a igreja à qual Filemom e Onésimo pertenciam.

Paulo está na prisão enquanto escreve (versos 1, 9, 13, 23). Presumivelmente, os destinatários sabiam onde. É provável que Paulo tenha sido encarcerado em algum momento durante o curso de seu trabalho em Éfeso (ver §11.2.2). Se for este o caso, há boas razões para considerar tanto Filipenses quanto Filemom como tendo sido escritas de Éfeso. Esta é agora a visão da maioria dos críticos. (1) Se Onésimo é de Colossos, é mais fácil retratar Onésimo como viajando de Colossos a Éfeso (192 km, 6 dias) do que a Roma (1600 km, muitas semanas). (2) Argumenta-se que Roma teria sido o objetivo mais provável de um "escravo fugitivo" que presumivelmente queria ficar o mais longe possível de seu senhor, mas Éfeso era também uma cidade grande e a alguma distância de Colossos, e forneceria um refúgio seguro para um fugitivo. Em todo caso, não está claro se Onésimo era um fugitivo nem se ele é de Colossos (ver acima). (3) A origem romana depende de como Paulo é retratado em Atos. (4) Paulo espera ser libertado e visitar Filemom no futuro próximo (v. 22). Mas, depois de Roma, Paulo planejou ir para o oeste da Espanha, e não retornar para visitar igrejas no leste (Rm 15,22-24). (5) Se o Onésimo de Filemom é o mesmo Onésimo que, mais tarde, tornou-se o bispo de Éfeso (ver acima), a "conexão efesina" se encaixaria no cenário presumido: Filemom envia Onésimo de volta a Paulo *em Éfeso*, para ajudá-lo em sua obra missionária, de modo que ele se torna uma figura de liderança na igreja efesina. Uma vez que, depois da morte de Paulo, provavelmente Éfeso continuou como o centro da escola paulina, onde as cartas de Paulo foram reunidas, editadas e distribuídas, esse cenário centrado em Éfeso ajudaria a explicar a inclusão da pequena carta de Filemom na coleção.

Se escrita de Éfeso, sua data é aproximadamente 54, e está entre as primeiras das cartas que atualmente temos de Paulo. Se escrita de Cesareia, sua data é aproximadamente 58. Se a carta foi escrita de Roma, está entre as últimas das cartas de Paulo e deve ser datada de aproximadamente 61 (ver 13.3.3).

11.3.5 Escravidão no Mundo Antigo e na Igreja Primitiva

Qualquer que seja a razão, o escravo Onésimo se separou de seu senhor em termos problemáticos, tornou-se um cristão sobre a tutela de Paulo e agora retorna com uma carta do apóstolo, a qual solicitava reconciliação e aceitação. Nós, leitores modernos, achamos difícil de imaginar esta cena; devemos nos esforçar contra lançar sobre a leitura do texto nossas sensibilidades, segundo as quais é impossível pensar em "cristãos proprietários de escravos", e difícil de imaginar cristãos que não protestavam contra a escravidão enquanto uma instituição social. Contudo, tal imaginação histórica é a pressuposição necessária para a compreensão desse texto.

Iniciamos com um breve resumo da natureza da escravidão no mundo helenístico. A escravidão era uma instituição social quase universalmente aceita no mundo do Novo Testamento. Estimativas da proporção da população escrava no Império Romano variam entre vinte e cinco por cento a cinquenta por cento. Em algumas partes do mundo, a maioria da população era escrava.[33] A escravidão significava que uma pessoa era propriedade de outra. Era uma questão de propriedade e de direitos de propriedade. Desse modo, escravos podiam ser comprados e vendidos, emprestados e dados a outras pessoas como presentes. Escravos não tinham status social e possuíam poucos direitos legais. Embora a maioria dos escravos fosse tratada humanamente, eles podiam ser abusados e estavam sexualmente disponíveis a seus proprietários. Uma pessoa podia se tornar uma escrava por ter nascido de pais escravos, por ter sido abandonada quando criança, por ter sido raptada por piratas, como um prisioneiro de guerra, ou por ter se vendido como escravo a fim de pagar dívidas. No primeiro século, os escravos, em sua maioria, nasceram como escravos, e tinham um lugar bem definido nos negócios domésticos e na estrutura social. Muitos escravos eram bem educados e constituíam um elemento significativo da classe administradora (por exemplo, nas histórias de Jesus, em Mt 18,23-35; 24,45-51 e Lc 16,1-13 – algumas traduções frequentemente amenizam o quadro ao traduzir a palavra como "servo", em vez do termo mais adequado "escravo"). Era vantajoso para o proprietário fornecer educação a seus escravos, uma vez que isso aumentava tanto sua utilidade quanto seu valor. Escravos podiam ser resgatados da escravidão por outras pessoas, ou podiam acumular

---

[33] RAYMOND F. COLLINS, *I & II Timothy and Titus: A Commentary* (NTL; Louisville: Westminster John Knox, 2002), 302: "... a grande maioria – talvez em excesso de noventa por cento em alguns dos centros urbanos do império".

dinheiro suficiente para comprar sua própria liberdade. Escravos tinham direitos legais limitados, e.g., se seu proprietário os tratava muito duramente, eles podiam exigir ser vendidos a outra pessoa. Alguns escravos recebiam salário, com o qual compravam sua liberdade. Alguns escravos chegavam a possuir seus próprios escravos.

A escravidão não era uma questão de raça. Escravos não podiam ser reconhecidos como tais na rua. Embora a vida de um escravo não fosse fácil usualmente, os leitores modernos não deveriam considerá-la com base nos quadros terríveis de escravização dos africanos pelos europeus e americanos nos séculos dezoito e dezenove. Não havia, com frequência, um abismo profundo entre livres e escravos. A maioria dos escravos era tratada de maneira humana por seus proprietários, de modo que os leitores modernos não devem assumir que todo escravo quisesse ser livre.[34]

Embora uns poucos filósofos ensinassem a qualidade essencial de todos os seres humanos, escravos e livres, mesmo eles não defendiam a abolição da escravidão enquanto instituição, e praticamente todos aceitavam a escravidão como uma parte necessária da ordem social e econômica. A questão era dificilmente levantada no mundo antigo, assim como, numa cultura capitalista, a questão da legitimidade da instituição de propriedade privada é assumida, e a questão da injustiça provocada pela propriedade privada é raramente levantada. No mundo do primeiro século, alguns membros da seita judaica dos Essênios rejeitavam a escravidão como tal (*Ant* 18,1.5 §21; Filo *De Vita Contemplativa* 9 §70-71; cf. *Bona Persona* 12 §79), assim como rejeitavam outras instituições sociais tais como o casamento. Eles não rejeitaram nem a escravidão nem o casamento como uma instituição social para o público em geral, mas como a prática de alguns membros de sua própria seita. Não havia protestos contra a instituição da escravidão como tal no mundo helenístico. A guerra de gladiadores contra Roma liderada pelo gladiador e escravo fugitivo, Espártaco, em 73-71 a.C.,

---

[34] Sobre a escravidão no mundo helenístico, cf. S. SCOTT BARTCHY, *Mallon Chresai: First-Century Slavery and the Interpretation of 1 Corinthians 7.21* (SBLDS 11; Missoula, Mont.: Society of Biblical Literature, 1973); David L. Balch and Carolyn Osiek, *Families in the New Testament World: Households and House Churches* (Louisville: Westminster John Knox, 1997), 174-192, e especialmente JENNIFER A. GLANCY, *Slavery in Early Christianity* (Oxford: Oxford University Press, 2002), e a bibliografia que eles fornecem.

não foi uma tentativa de revolução social, assim como a guerra da independência travada pelos colonos americanos foi para sua própria liberdade, nem uma tentativa de abolir a instituição da monarquia como tal em outras partes do mundo. Os primeiros cristãos não formaram uma seita que se retirou do mundo, mas colocaram sua fé em prática dentro da sociedade.

Sabemos que o evangelho e a teologia de Paulo proclamavam que entre aqueles que foram batizados em Cristo, as distinções sociais entre homem e mulher, judeu e gentio, escravo e livre já não contavam dentro da comunidade cristã (Gl 3,27-28). A carta a Filemom nos dá nossa única janela para uma casa cristã do primeiro século com escravos, nosso único quadro do que esta fórmula batismal significava na prática. Entre as coisas que aprendemos estão:

1. Um proprietário podia se converter sem que os escravos da casa se tornassem cristãos. Não sabemos se havia outros escravos na casa de Filemom que tenham se tornado cristãos. Sabemos que isso não ocorreu com Onésimo até seu encontro posteriormente com Paulo. O que quer que as "conversões domésticas" possam significar, elas nem sempre removem a opção da escolha pessoal quanto a tornar-se ou não um cristão.

2. Quando o chefe de uma casa se tornava cristão, ele ou ela não era pressionado para libertar escravos quando se convertia. Filemom, o proprietário de escravos, era colaborador de Paulo, um líder em sua própria congregação, amado e respeitado na igreja. Se tornar-se um cristão significava para Paulo ou Onésimo que um cristão não podia ou não devia ser um proprietário de escravos, esse princípio fundamental da fé teria sido conhecido muito antes de a carta a Filemon ter sido escrita, e não viria diretamente pela primeira vez na carta a Filemom.

3. Quando um escravo ou um senhor se convertia, isso não era simplesmente uma transação pessoal entre o indivíduo e Deus. O novo cristão agora vivia num mundo diferente (2 Co 5,17); seu antigo mundo simplesmente não podia continuar como antes. Agora que Onésimo se tornou um cristão, ele é um irmão com quem Filemom não podia se relacionar meramente em termos seculares (Fm 16). Se isso já *devia* ter acontecido quando *Filemom* se tornou um cristão não é abordado nesta carta.

4. Esta mudança fundamental que ocorria quando escravos ou senhores se convertiam não significa um movimento de protesto contra a escravidão enquanto instituição. Cain Hope Felder, um erudito afro-americano do Novo Testamento, insiste que a carta de "Paulo a Filemom não foca sobre a questão da escravidão... sua mensagem é sobre reconciliação".[35] Ele também aponta que isso não significa que Paulo "aprova a instituição da escravidão". A instituição da escravidão foi um dado elemento na fábrica social do império romano, bem como foi um elemento dado na construção social do Antigo Testamento, como a propriedade privada na capitalista América do Norte do século 21. O assunto da "escravidão" nunca passou na mente de Paulo ou na de seus leitores como uma "questão" que alguém possa "aprovar" ou "reprovar". O mesmo é verdade em relação a Jesus de Nazaré. Perguntar se Paulo e Jesus "aprovaram" ou não a escravidão é forçar uma perspectiva moderna sobre um tempo e cultura diferentes.

Isso não significa que Paulo privatiza ou individualiza as questões éticas envolvidas. Paulo escreve não apenas para Filemom, mas para a igreja. A questão não é entre Filemom e Onésimo apenas. Uma analogia de 1 Co 6,1-11 é útil neste ponto. Lá, Paulo não estava interessado em reformar o sistema romano da justiça civil, mas isso não significava que ele não estivesse preocupado com questões de justiça entre cristãos. Em vez disso, o que era tratado nos tribunais civis devia ser decidido pelos cristãos em sua própria vida corporativa.

5. Aqui não estamos acusando nem defendendo o ponto de vista de Paulo para com as instituições sociais de seus dias. É muito fácil que ele receba golpes baixos, em sua "aceitação" da escravidão, de nossa segurança na perspectiva de livres. E como deveríamos responder à "aceitação" de Jesus da escravidão? Nossa tarefa não é nem condenar nem justificar, mas entender. Duas importantes considerações devem ser feitas nesse ponto. Uma tem a ver com o *poder político*. A igreja primitiva não o possuía. Ela era uma minoria, suspeita aos olhos da sociedade. A segunda tem a ver com o fato escatológico. Embora não haja expressões da escatologia paulina nessa breve carta (mesmo o termo típico "esperança" da tríade comum fé/esperança/ amor, do verso cinco, não aparece), sabemos que a missão de Paulo é

---

[35] Cain Hope Felder, "The Letter to Philemon," in *The New Interpreter's Bible*, ed. Leander Keck, *The New Interpreter's Bible* (Nashville: Abingdon, 2000), 886-887.

constantemente executada dentro do horizonte da parousia esperada. Qualquer um que trate a escatologia seriamente deve permitir que ela influencie sua compreensão da responsabilidade social cristã. Para Paulo, o mundo simplesmente não duraria tempo suficiente para valer a pena engajar-se em esforços para mudar suas instituições sociais (cf. 1 Co 7,17-31). Apesar de tudo, não deveríamos imaginar que Paulo ou outros dos primeiros cristãos pensassem o seguinte: "Nós gostaríamos de abolir a escravidão, mas não temos poder político, e Cristo virá em breve, de qualquer forma, de modo que nós teremos apenas que nos ajustar ao status quo". A opção de expressar a fé cristã em termos de uma responsabilidade política ativa em favor de instituições sociais mais justas não aparecia em sua tela mental. Cristãos modernos precisam entender esse ponto de vista a fim de entender o Novo Testamento. Mas nós que vivemos numa situação política diferente, com uma escatologia diferente, não podemos adotá-la acriticamente como nosso próprio ponto de vista. Reconhecer e entender que Jesus, Paulo e a igreja primitiva não deram passos claros contra as maldades sociais institucionalizadas não é razão para condenar os crentes do primeiro século, e remodelá-los à nossa própria imagem, ou usar a resposta à sua situação social como justificativa para a inação à nossa própria inércia.

6. A questão permanece: o que Paulo espera de Filemom em relação a Onésimo, uma vez que agora ambos são cristãos? O que Paulo quer dizer com "o que convém" (τὸ ἀνῆκον, *to anēkon*, mais bem traduzido como "a coisa apropriada"), com que Paulo recomenda Filemom (v. 8)? Alguns argumentam que este seja um pedido sutil para que Filemom "faça a coisa certa" e liberte seu escravo.[36] É possível que, nesse caso, Paulo esteja solicitando a alforria do escravo, não porque ele afirme a abolição como um princípio geral (1 Co 7,21-24!), mas porque ele acredita que Onésimo seja um assistente útil (versos 11-14), quer pessoalmente (prisioneiros precisavam de ajuda na prisão, a qual não fornecia alimento e roupas), ou como um ajudante em seu trabalho missionário, o qual ele continuava a dirigir mesmo de sua prisão.

---

[36] Mais insistente a esse respeito é o cuidadoso e útil estudo de PETERSEN, *Rediscovering Paul*. PETERSEN argumenta que Filemom deve libertar Onésimo, e se ele não o faz, é dever da comunidade expulsá-lo – o líder em cuja casa a igreja se reunia! (pp. 99-100; 268-70, 287).

Muito embora Paulo não violasse os direitos de propriedade de Filemom sem seu consentimento, ele queria Onésimo de volta, quer libertando-o e solicitando que ele retornasse a Paulo como um homem livre, um ajudante voluntário no trabalho missionário de Paulo, ou enviando-o de volta ainda como escravo de Filemom, a contribuição de Filemom à missão paulina, ou mesmo dando-o a Paulo como um escravo. Numa sociedade patrono/cliente, um Onésimo liberto ainda seria vinculado à casa de Filemom como seu cliente/liberto.[37] Não sabemos os resultados dessa carta, mas o fato de que ela foi preservada indica que Filemom respondeu ao apelo de Paulo, de alguma forma, e que Onésimo se juntou a Paulo novamente como seu colaborador no evangelho. Para possíveis discussões posteriores, ver a introdução a Efésios.

11.3.6 Estrutura e Esboço

A carta segue a típica adaptação paulina da forma padrão de uma carta helenística (ver 10.2.3):

1-7	Abertura da carta
1-3	Saudação
4-7	Ação de Graças
8-22	Corpo da Carta
8-21	Um pedido de Paulo
22	A vinda antecipada de Paulo ("Parousia Apostólica")
23-25	Encerramento da carta
23-24	Saudações
25	Bênção Final

11.3.7 Sumário Exegético-Teológico

A carta não é uma composição casual. Paulo escreve tanto para persuadir Filemom quanto para recomendar Onésimo. O documento se parece tanto com uma carta convencional de pedido quanto com uma carta de recomendação. Artisticamente composta e com senso de humor, a carta representa o indireto, mas poderoso apelo de Paulo a

---

37 Portanto e.g. Balch and Osiek, *Families*, 178.

Filemom para que este recebesse seu escravo de volta como um irmão cristão. O preâmbulo (1-3) cumprimenta tanto o indivíduo Filemom quanto a igreja que está em sua casa (o pronome de segunda pessoa do v. 2 está no singular, mas o do v. 3 no plural). A seção de ação de graças (4-7), embora siga a forma convencional, também é sincera, e prepara o caminho para o pedido que vem em seguida: Filemom é conhecido como uma pessoa amável que cuida de "todos os santos" (v. 6), incluindo a comunidade de fé à qual o escravo Onésimo agora pertence. O fato de "os corações dos santos" terem sido animados por Filemom (v. 7) prepara para o apelo por Onésimo, o próprio "coração" de Paulo (v. 12).

Como apóstolo, Paulo podia proferir uma ordem, mas prefere apelar com base no amor cristão (v. 8-9) – não uma ligação emocional com Filemom ou sentimento por Onésimo, mas a nova realidade que perpassa a comunidade cristã à qual tanto Filemom quanto Onésimo agora pertencem. Paulo fala como um "ancião"[38] e como um "prisioneiro". Ele faz seu apelo como fiador de Onésimo, como alguém que está em cadeias (cf. também v. 23).

11.4 Para leitura adicional

BEST, E. *A Commentary on the First and Second Epistles to the Thessalonians*. Black's New Testament Commentaries. London: Adam & Charles Black, 1972.

DUNCAN, G. S. *St. Paul's Ephesian Ministry: A Reconstruction with Special Reference to the Ephesian Origin of the Imprisonment Epistles*. London: Hodder & Stoughton, 1929.

FELDER, C. H. "The Letter to Philemon." In *The New Interpreter's Bible*, edited by Keck, Leander. The New Interpreter's Bible, 881-905. Nashville: Abingdon, 2000.

FITZMYER, Joseph A. *The Letter to Philemon: A New Translation with Introduction and Commentary* (Anchor Bible 32C. New York: Doubleday, 2000).

GLANCY, J. A. *Slavery in Early Christianity*. Oxford: Oxford University Press, 2002.

---

[38] Paulo se denomina como πρεσβύτης (*presbutēs*, ancião), mas a palavra também pode ser equivalente a πρεσβευτής (*presbeutēs*, embaixador), o representante de Cristo, cf. 2 Co 5,20; Ef 6,20.

HAWTHORNE, G. F. *Philippians*. The Word Biblical Commentary. Vol. 43, Waco: Word Books, 1983.

KNOX, J. "Introduction & Exegesis of Philemon." In *The Interpreter's Bible*, edited by Buttrick, George Arthur. The Interpreter's Bible, 555-61. Nashville: Abingdon, 1957.

_____. *Philemon among the Letters of Paul: A New View of Its Place and Importance*. rev. ed. New York: Abingdon, 1935, 1959.

MALHERBE, A. J. *The Letters to the Thessalonians: A New Translation with Introduction and Commentary*. Anchor Bible. Vol. 32B, New York: Doubleday, 2000.

OSIEK, C. *Philippians, Philemon*. Abingdon New Testament Commentaries. Nashville: Abingdon, 2000.

PETERSEN, N. R. *Rediscovering Paul. Philemon and the Sociology of Paul's Narrative World*. Philadelphia: Fortress Press, 1985.

REUMANN, J. *Philippians: A New Translation with Introduction and Commentary*. Anchor Bible. Vol. 33b, New Haven: Yale University Press, 2008.

RICHARD, E. J. *First and Second Thessalonians*. Sacra Pagina. Collegeville, Minn.: Liturgical Press, 1995.

WANAMAKER, C. A. *The Epistles to the Thessalonians: A Commentary on the Greek Text*. New International Commentary on the New Testament. Grand Rapids: Eerdmans, 1990.

12

PAULO E OS CORÍNTIOS

12.1 Interpretando 1 Coríntios

12.1.1 Corinto: Cidade e Igreja

Umas duas horas de visita como turista ou uma rápida olhada num mapa do Mediterrâneo imediatamente revelará por que Corinto se tornou uma importante cidade política, religiosa e comercialmente. A cidade se encontra no estreito istmo que separa o Egeu e o Adriático, o antigo equivalente do canal do Panamá;[1] sua localização estratégica como um cruzamento de leste a oeste gerou uma cidade grande, próspera e sofisticada.

Os romanos destruíram a cidade em 146 a.C., quando Corinto se uniu à coalisão que atacou Esparta, uma aliada de Roma. Corinto continuou a existir como uma cidade grega até ser refundada por Júlio César como uma colônia romana, em 44 a.C.; no tempo de Paulo, era mais romana do que grega. Nos dias de Paulo, a cidade de aproximadamente 200 mil habitantes era a capital da província romana da Acaia, um centro urbano totalmente romano promovendo o culto a César, e, ao mesmo tempo, um caldeirão da cultura mediterrânea. O amplo espectro da religião helenística encontrou expressão em diversos templos e cultos (ver Foto 35).

---

[1] Tentativas antigas de construir um canal falharam; o atual canal foi concluído em 1883.

[FOTO 35 – Templo em Corinto, Acrópolis. Crédito da Foto: M. Eugene Boring.]

[FOTO 36 – Bema Coríntio. Crédito da Foto: M. Eugene Boring]

A evidência arqueológica para sinagogas em Corinto é posterior aos tempos do Novo Testamento, mas Atos e a evidência de outras literaturas contemporâneas indicam uma florescente comunidade judaica em Corinto no tempo de Paulo. Os jogos ístmicos, que perdiam apenas para os jogos olímpicos, eram realizados em Corinto, e aconteciam a cada dois anos, o segundo e quarto ano de cada Olimpíada. Havia também concursos de oratória, teatro e música. Corinto era atrativa a filósofos e suas escolas, mas juntamente com as correntes intelectuais sofisticadas também havia pessoas rudes que desdenhavam a cultura. A má reputação da cidade quanto à depravação sexual era proverbial, mas também exagerada por outras cidades que competiam com Corinto comercialmente. A descrição muito difundida de "1000 prostitutas sacerdotais" disponíveis nos templos locais demonstrou ser falsa.[2] A cidade não era melhor ou pior do que outros portos marítimos maiores. Em suma, Corinto era o tipo de lugar que Paulo teria escolhido para um centro missionário, e ele fez assim.

O pluralismo da população da cidade se refletia no grupo dos novos conversos. A maioria dos membros da igreja de Corinto era pobre e sem status, mas a congregação incluía uns poucos ricos e poderosos (cf. 1 Co 1,26 – "não muitos", mas alguns). Entre esses, estavam o líder da Sinagoga, Crispo (cf. 1 Co 1,14; At 18,8), Gaio, cuja casa era grande o suficiente para fornecer um lugar de encontro para toda a igreja, e Erasto, um proeminente oficial da cidade (cf. Rm 16,23, escrita mais tarde, de Corinto).

A igreja tinha um pano de fundo predominante gentio, o que teria incluído experiências passadas de fenômenos espirituais extraordinários (cf. 1 Co 12,2). A igreja também incluía uma minoria de judeus cristãos, e provavelmente muitos "tementes a Deus", que teriam seguido o líder de sua sinagoga para uma nova comunidade.

12.1.2 Cenário Histórico de 1 Coríntios

Uma discussão completa das relações e interações de Paulo com a igreja de Corinto deve esperar nosso estudo de 2 Coríntios. Aqui, traçaremos brevemente os eventos que conduzem à escrita de 1 Coríntios. Depois de um ministério efetivo de ao menos dezoito meses (At 18,11), Paulo deixa Corinto. Em seguida, ouvimos falar dele em Éfeso (1 Co 16,8; At 18,18-19,40). Nesse meio tempo, Corinto é visitada por outros mestres cristãos, incluindo Apolo e defensores do cristianismo petrino (1 Co 1,12; 3,4-6,11.22; 4,6), e Apolo se junta a Paulo em Éfeso (1 Co 16,22). Apolo presumivelmente trouxe para Éfeso notícias da igreja em Corinto. Respondendo a esses relatórios, Paulo escreveu

---

[2] HANS CONZELMANN, *Korinth und die Mädchen der Aphrodite: Zur Religionsgeschichte der Stadt Korinth* (8; Göttingen: Vandenhoeck & Ruprecht, 1967), 247-61.

uma carta aos coríntios (1 Co 5,9). Esta carta se perdeu, apenas um fragmento dela foi preservado em 2 Coríntios. Os coríntios enviaram uma carta a Paulo, que também se perdeu, a qual incluía uma lista de questionamentos (1 Co 7,1), e Paulo ouve mais relatórios orais sobre as questões nas quais eles não tocaram em sua carta (1 Co 1,11; 16,17). Paulo envia Timóteo a Corinto (1 Co 4,17), e compõe a segunda carta aos Coríntios, que é nossa 1 Coríntios, em resposta à sua carta e outras questões das quais ele tinha ouvido.

12.1.3 Integridade Literária

Certos fenômenos no texto de 1 Coríntios deram origem a teorias de que o documento canônico é uma combinação editorial de mais de uma carta. Parece haver tensões, por exemplo, nas diferentes respostas que Paulo dá à questão de comer carne sacrificada aos ídolos nos capítulos 8 e 10 (ver abaixo). A maioria dos eruditos agora considera 1 Coríntios como uma unidade, explicando as tensões como o resultado da estratégia composicional da carta. A questão é diferente, contudo, em relação a 2 Coríntios (ver abaixo).

12.1.4 Estrutura e Esboço

A estrutura típica da carta paulina é bipartida: uma seção teológica explicando o ato salvífico de Deus, seguida de uma seção parenética que chama os seres humanos a uma resposta (ver acima §10.2.3). O corpo de 1 Coríntios também é bipartido, embora a estrutura da carta não seja determinada pela estrutura indicativo/imperativo do pensamento de Paulo, mas pelas circunstâncias que levaram à escrita da carta. Na parte 1, Paulo dá suas próprias instruções em relação a quatro situações na igreja das quais ele ouviu falar, mas sobre as quais eles não haviam lhe perguntado. A parte 2 da carta é estruturada pela resposta de Paulo às questões sobre as quais eles lhe haviam escrito, com cada tópico começando com a fórmula περὶ δέ (*peri de*, "a respeito de").

Introdução Epistolar
1,1-3   Saudação
1,4-9   Ação de graças

Corpo da carta, parte um: Paulo responde às questões sobre as quais ele ouviu
1,10-4,21   "Sabedoria" e "Sinais" vs. o Escândalo da Cruz
1,10-17   Facções
1,18-2,5   A mensagem da cruz destrói todas as pretensões de sabedoria humana
2,6-16   A verdadeira sabedoria para o maduro
3,1-22   Divisões e líderes
4,1-21   Missão apostólica
5,1-13   Imoralidade–Um homem que vive com sua madrasta
6,1-11   Litígios
6,12-20   Liberdade cristã e sexo casual

Parte dois: Paulo responde a questões suscitadas pela carta dos coríntios
7,1-40   περὶ δέ (*peri de*, a respeito de) casamento, divórcio, sexo e vida de solteiro
7,1-16   Conselho para aqueles que são ou foram casados
7,17-24   Princípio geral: permanecer como Deus o chamou
7,25-40   περὶ δέ (*peri de*, a respeito de) conselho para os solteiros
8,1-11,1   περὶ δέ (*peri de*, a respeito de) leis dietéticas e a participação na sociedade pagã
8,1-13   Alimentos, conhecimento e amor
9,1-27   Ter direitos, insistir neles, abrir mão deles
10,1-22   O exemplo bíblico de Israel
10,23-11,1   Faça tudo para a glória de Deus e pelo bem da missão cristã
11,2-34   Questões adicionais a respeito do culto
11,2-16   Traje adequado no culto cristão
11,17-34   Corrigindo abusos na Ceia do Senhor
12,1-14,40   περὶ δέ (*peri de*, a respeito de) dons espirituais
12,1-11   Um Espírito, muitos dons
12,12-30   Um corpo, muitos membros
12,31-13,13 O caminho mais excelente
14,1-40   Profecias e línguas
15,1-58   A Ressurreição
15,1-11   A ressurreição de Jesus como o fundamento e centro da fé cristã
15,12-34   A futura ressurreição de todos
15,35-58   A ressurreição do corpo

16,1-24   Instruções e saudações finais
16,1-4   περὶ δέ (peri de, a respeito de) A coleta
16,5-11   Planos de viagem
16,12   περὶ δέ (peri de, a respeito de) Possível visita de Apolo
16,13-24   Mensagens e saudações finais.

12.1.5 Sumário Exegético-teológico

1.1-9 Introdução Epistolar

1,1-3 Saudação

Em contraste com a situação refletida em 1 Tessalonicenses, o apostolado de Paulo está em questão em sua carta a Corinto, onde a liderança na congregação tinha se tornado um ponto de disputa. Pela primeira vez em sua correspondência, Paulo expande a saudação convencional com sua autodesignação como *apóstolo*, i.e., "um representante autorizado", e como alguém chamado pelo Jesus ressurreto (ver §§10.1.3, 13.3). Ele não foi chamado "para ser" um apóstolo, mas ele é um apóstolo chamado – um apóstolo porque foi chamado. Paulo não se voluntariou; ele foi incorporado. Isso não distingue Paulo dos cristãos coríntios, pois eles também são chamados (mesma palavra grega). Ele é um apóstolo porque foi chamado; eles são santos porque são chamados. Eles não são tratados como um grupo de indivíduos, nem como uma congregação independente, visto que o seu chamado os uniu à igreja como um todo, todos aqueles que, em todo lugar, invocam o nome de Jesus Cristo.

1,4-9 Ação de graças

Novamente, a breve e convencional seção de ação de graças é expandida, mas não de maneira tão elaborada como em 1 Tessalonicenses. A ação de graças tipicamente antecipa os temas principais da carta. Paulo os convida a um claro discernimento em relação aos dons espirituais, mas pode dar graças pelo fato de os coríntios serem enriquecidos em palavra (λόγος, *logos*) e conhecimento (γνῶσις, *gnōsis*), embora em vista de e.g. 1 Co 4,8 se perceba alguma ironia no tom de voz de Paulo. A despeito das falhas e problemas dos novos conversos – os quais Paulo vai criticar duramente – ele os considera como chamados à comunidade cristã através do Cristo ressurreto, que os sustentará até sua salvação final no iminente dia do Senhor. Como em

1 Tessalonicenses, a vida cristã é descrita como um intervalo entre a ressurreição de Jesus e a parousia. Escatologia não é um assunto reservado para a última seção da carta, mas a permeia do início ao fim. Assim como escatologia não é uma questão do fim do mundo ou da vida cristã, assim também o plano de Deus que culmina no eschaton forma a estrutura para a vida toda.

Corpo da Carta, Parte um: Paulo responde às questões sobre as quais ouviu falar

1,10-4,21 "Sabedoria" e "Sinais" vs. O Escândalo da Cruz

1,10-17 Facções
Desde que Paulo fundou a igreja, três ou quatro grupos competindo entre si emergiram, cada um, talvez, relacionado a uma igreja doméstica particular. (1) Alguns se identificaram com Paulo e sua teologia. (2) Alguns foram atraídos por um talentoso mestre cristão, chamado Apolo, o qual visitou Corinto. Não sabemos nada diretamente sobre Apolo, mas em Atos ele é retratado com segurança como um judeus cristãos de Alexandria, um centro intelectual da filosofia platônica. Ele é um mestre "poderoso nas Escrituras", que foi instruído mais adequadamente no "caminho do Senhor" por Priscila, Áquila e Paulo (At 18,24-28). (3) Seguidores de Pedro (em aramaico, *Cefas*), ou talvez o próprio Pedro tenha, também, vindo a Corinto. A versão petrina da fé estava presumivelmente mais intimamente relacionada à vida e ao ensino do Jesus pré-pascal e ao cristianismo judaico de Jerusalém do que era o caso na teologia paulina. O grupo petrino pode ter enfatizado histórias dos sinais miraculosos realizados pelo Jesus terreno – o que falta inteiramente na teologia de Paulo – e, talvez, já estivesse citando um dito segundo o qual Jesus fez de Pedro a rocha sobre a qual a igreja seria erigida (Mt 16,16-19). Esses líderes cristãos em Jerusalém e Antioquia, que se opuseram à sua missão aos gentios, podem ter adotado Pedro – um *verdadeiro* apóstolo – como seu patrono, com ou sem o consentimento ou aprovação de Pedro. À luz da resposta dos coríntios às reivindicações apostólicas petrinas e sua admiração por Apolo como intérprete bíblico, Paulo começa, pela primeira vez, a enfatizar seu próprio apostolado e os fundamentos bíblicos de seu evangelho (ver 11,2). (4) Provavelmente havia um quarto grupo que se designava como *"nós somos de Cristo"*. O grupo-Cristo é o mais difícil

de identificar. Aparentemente, eles alegavam uma relação direta com o Cristo exaltado, e não mediado por qualquer figura humana.

Paulo declara o significado redentivo da morte de Jesus e lhes relembra de que seu batismo não os dividiu em diferentes grupos, antes os uniu com Cristo e uns com os outros (cf. 12,13).

1,18-2,5 A mensagem da cruz destrói todas as pretensões da sabedoria humana

Por que será que Paulo parte do problema das facções para a escandalosa mensagem da cruz? As facções eram apenas a expressão superficial de um problema mais profundo. A questão subjacente era o fascínio dos coríntios com a "sabedoria eloquente" (σοφία λόγου, *sophia logou*), literalmente "sabedoria logos", i.e., a sabedoria que coloca a fé cristã num sistema lógico ou mitológico abrangente e persuasivo. Paulo não começa com uma ideia filosófica, na qual encaixa o evento-Cristo, mas com o próprio e vergonhoso evento da cruz, como a sabedoria de Deus, que subverte todas as pretensões humanas. Os oponentes e detratores de Paulo em Corinto podem ter incluído uma facção proto-gnóstica, que considerava o evangelho de Paulo muito simples (ver acima [Proto]-Gnosticismo, §9.2.2).

2,6-16 A verdadeira sabedoria para o maduro

Esta seção parece ser, à primeira vista, um reverso do que Paulo já disse, mas, provavelmente, ele está tomando a linguagem dos defensores da "sabedoria", e usando-a contra eles, com uma boa dose de ironia. Os coríntios supunham que Paulo apenas lhes havia dado instrução preliminar e elementar destinada a iniciantes, e seus mestres, posteriormente, complementaram-na com ensino avançado, apropriado para os crentes sofisticados, que alguns deles se tornaram. Paulo responde que proclama, de fato, uma sabedoria para indivíduos maduros, mas que eles não a podiam receber por permanecerem no estágio infantil (3,1). Esta sabedoria não é para uma elite sofisticada, mas é dada pelo Espírito a todos – todos os cristãos batizados recebem esta sabedoria, e não apenas um grupo espiritual seleto.

3,1-22 Divisões e líderes

Paulo retoma aqui seu argumento de que as divisões na igreja de Corinto não deveriam ser aplaudidas como uma variedade benéfica ou competição saudável que é boa para os negócios da igreja, mas são uma manifestação de falsas reivindicações da sabedoria humana – e não uma expressão de uma espiritualidade superior, mas de uma sabedoria terrena e carnal. Surpreendentemente, ele não adota seus padrões e argumenta contra os grupos de "Pedro e Apolo" (nem jamais aborda diretamente o grupo "Cristo"), pressionando em favor das reivindicações do grupo paulino, mas abraça Pedro e Apolo como seus companheiros, irmãos e colegas de ministério. Paulo se vê como o insubstituível fundador e pai em face de seu papel apostólico. Em Corinto, eles são companheiros de trabalho que complementam o trabalho um do outro, construindo sobre o fundamento que ele lançou. O próprio Cristo é o fundamento (uma crítica indireta às reivindicações do grupo petrino de que Jesus fez de Pedro o "fundamento-rocha" da igreja?) cf. Mt 16,17-18). O trabalho deles, como o seu, será avaliado no juízo final. Como a comunidade de Qumran, Paulo considera a comunidade de fé em si como o templo verdadeiro e santo de Deus. O Espírito de Deus habita no templo-comunidade como um todo, e não nos líderes carismáticos individuais.

4,1-21 Missão apostólica
Na visão de Paulo, os coríntios têm uma escatologia exageradamente realizada, celebrando o "já" da fé cristã, que tende avaliar o ministério cristão pelos padrões deste mundo, de honra e prestígio. Paulo alinha o ministério autêntico, seu e dos outros apóstolos, com a cruz de Cristo, com a dimensão escatológica do "ainda não". Pelos padrões da era presente, ele se sai mal (4,8-13), mas assim como a parousia futura de Cristo vindicará o ministério do fraco e crucificado, assim também a própria presença futura de Paulo em Corinto manifestará o poder de Deus (4,14-21).

5,1-13 Imoralidade – um homem que vive com sua madrasta
Paulo introduz um novo tema – novamente, um tema que eles não haviam considerado como um problema e sobre o qual não haviam perguntado. Na visão de Paulo, há continuidade com o tema precedente, no qual o problema não é meramente a conduta individual do casal envolvido, mas a atitude arrogante da igreja, baseada num equívoco teológico do evangelho e da missão da igreja.
"Viver com" indica uma relação sexual de longo prazo. A situação exata, embora clara para os coríntios, não é clara para nós. A alusão

a Lv 18,7-8, que se coloca como o pano de fundo, torna óbvio que a mulher não era a mãe biológica do homem. A relação não era incestuosa no sentido de manter relações sexuais com um parente de sangue. Aparentemente, o pai já havia morrido, deixando para trás uma esposa jovem; filho e madrasta estavam vivendo juntos como marido e mulher. Essa relação era uma violação dos padrões da comunidade, como uma infração tanto da Torá Judaica quanto da lei gentia.

Paulo não aborda o casal, mas a igreja como um todo. Esta decisão não tem a ver meramente com a igreja propriamente dita. O problema da congregação é sua presunção em considerar-se livre das considerações "do que as pessoas pensam". Esta atitude foi provavelmente uma combinação da "sabedoria humana" deles, envolvendo a superioridade "espiritual" proto-gnóstica aos "padrões terrestres" convencionais, e sua compreensão da própria pregação de Paulo a respeito da liberdade cristã.[3] Para Paulo, contudo, isso representava um grosseiro mal-entendido que não levava em conta sua responsabilidade de representar a missão da igreja ao mundo como um todo.

Paulo ordena que o homem seja expulso da comunidade (nada é dito da mulher, que podia não ser um membro da igreja), que ele fosse entregue a Satanás, i.e., que ele fosse entregue de volta à situação à qual ele pertencia antes de entrar na igreja. Embora a expulsão do homem seja necessária para não impedir a missão da igreja, e mesmo que o homem a considere corretiva e disciplinar, o objetivo final é sua salvação na parousia (cf. 3,10-15). A própria igreja não deve "sair do mundo" (5,10) em reclusão ou estilo monástico, mas deve cumprir sua missão em meio a uma sociedade pecadora. Isso requer que ela discipline seus próprios membros.

6,1-11 Litígios

Os coríntios continuaram sua prática normal pré-conversão de resolver questões legais levando-as ao tribunal. Novamente Paulo ilustra que a escatologia apocalíptica não é meramente um apêndice final à sua teologia, mas a permeia completamente, nem é uma questão de

---

[3] A frase "em nome do Senhor Jesus" (1 Co 5,4) provavelmente pertence a "o homem que fez uma coisa dessas", como nas notas marginais da NRSV. O homem alegou que ele estava agindo em nome do Senhor, tendo em vista a nova criação anunciada por Paulo.

especulação, mas a base para decisões concretas. Crentes participarão do juízo final como os próprios juízes, compartilhando o papel de Deus e de Cristo. Eles chegarão a ajudar a presidir o julgamento de anjos caídos (cf. 2 Pd 2,4). Paulo introduz essas imagens apocalípticas não como um elemento em seu "ensino sobre o fim do mundo", mas para tornar prático o ponto de vista de que os cristãos coríntios são capazes de controlar suas próprias disputas sem ir ao tribunal, diante de juízes pagãos. A eclesiologia de Paulo é também exercida sobre a questão concreta: os crentes podem precisar anular seus direitos individuais por amor à missão da igreja (isso é elaborado nos capítulos 8-11). Aqui, também, a apocalíptica paulina e sua teologia da cruz são combinadas como a base para a ética cristã distintiva.

6,12-20 Liberdade cristã e sexo casual
Com exceção do judaísmo, havia pouca conexão no mundo helenístico entre religião e ética. Havia inúmeras formas de ensino ético, alguns com elevados padrões de moralidade, mas a ética geralmente possuía um fundamento de senso comum ou filosófico, e não um fundamento religioso. Era uma ideia não familiar para a maioria dos conversos coríntios que sua nova fé cristã significava uma transformação de suas compreensões éticas passadas, e Paulo achava necessário instruí-los em "meus caminhos em Cristo" (4,17). Apelando tanto à Escritura quanto à sua compreensão da igreja como o corpo de Cristo, Paulo explica que os cristãos não podem continuar sua prática anterior de sexo casual. Alguns coríntios aparentemente apelaram à própria doutrina de Paulo a respeito da liberdade cristã como a base racional para sua prática. Uma vez que não se usavam aspas ou equivalentes no mundo antigo, às vezes é difícil reconhecer o material citado. Há boa evidência, contudo, de que aqui e em outros lugares, Paulo cita *slogans* coríntios que eram distorções de seu ensino. Assim, "todas as coisas me são lícitas", "os alimentos são para o estômago e o estômago é para os alimentos" são provavelmente tais *slogans*, bem como "todo pecado que uma pessoa comete é fora do corpo" (6,17). O último *slogan* pode representar uma compreensão proto-gnóstica do pecado, i.e., que os atos de uma pessoa não afetam o verdadeiro eu espiritual, mas apenas a casca do corpo externo. Embora Paulo possa usar linguagem que expresse a distinção dualística grega entre corpo e espírito, radicalizada e explorada pelo pensamento gnóstico, sua própria ética sexual afirma a

unidade da integridade de uma pessoa como a criação de Deus. Como tal, e como parte do templo de Deus, a comunidade de fé na qual o Espírito de Deus vive, cada crente é um templo do Espírito. Tal compreensão deve dirigir a ética sexual de alguém.

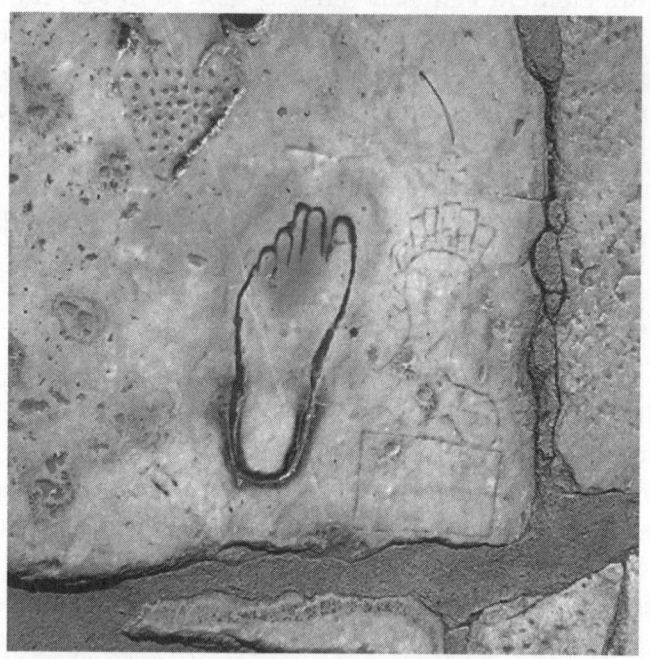

[FOTO 37 – Esta pegada esculpida numa calçada em Éfeso foi idealizada inicialmente para ser um sinal apontando o prostíbulo local; a pegada é agora considerada como parte de um grupo de sinais de significado desconhecido. Crédito da foto: M. Eugene Boring.]

Corpo da Carta, Parte dois: Paulo responde a questões levantadas pela carta dos coríntios

7,1-40 περὶ δέ *(peri de, a respeito de) casamento,
divórcio, sexo, e vida de solteiro*

A fórmula περὶ δέ (*peri de,* a respeito de) frequentemente marca um novo ponto de partida; ela é repetida em 7,25; 8,1; 12,1; 16,1; 16,12, cada vez marcando uma nova subseção que lida com uma questão levantada pela carta dos coríntios enviada a Paulo. Esta parafernália associada às cartas é uma boa lembrança de que Paulo não está tentando aqui um ensaio sobre "A visão cristã sobre sexo e casamento", mas está respondendo a questões específicas colocadas diante dele.

7,1-16 Conselho para aqueles que são ou que foram casados

"É bom que um homem não toque em mulher" é quase certamente um slogan coríntio citado por Paulo, ou uma máxima corrente da filosofia proto-gnóstica ou helenística, ou uma interpretação gnóstica equivocada do próprio ensino de Paulo. O slogan representa um ponto de vista que interpretava, equivocadamente, que Paulo diminuía o valor do sexo, por este pertencer ao mundo carnal e material. Esta visão proibia o sexo mesmo entre casados que fossem verdadeiramente "espirituais". Paulo rejeita isso. "Ter", em 7,2, tem sentido sexual, assim como em 5,1. Paulo não está dando aqui uma permissão, com relutância, a casais engajados em contrair matrimônio por status, mas precisamente o oposto (sua menção àqueles que nunca foram casados não começa até chegar 7,25). Casais casados devem ter uma vida sexual normal, sem que um parceiro seja subordinado ao outro; ao contrário, um sendo preocupado com o outro. O próprio status de solteiro de Paulo não é a norma, mas um dom particular. Mas nem o status de casado é a norma. A dignidade e o valor da vida de solteiro são afirmados como uma das formas de viver a serviço de Deus. Nesse contexto, "o solteiro" (v. 8) provavelmente se refere a viúvos, e as instruções seguintes são dirigidas à questão do novo casamento de viúvos e viúvas.

[FOTO 38 – casal em relevo, segundo século, Bereia. Crédito da foto: David Padfield.]

Paulo não apenas apresenta sua própria instrução, mas apela aos "mandamentos do Senhor". Esta aparente distinção entre seu próprio ensino e os ditos do Senhor não deve ser imposta. Por um lado, "palavras do Senhor" se referem não apenas aos ditos do Jesus histórico mas incluía ditos do Jesus ressurreto pregado por profetas cristãos (incluindo o próprio Paulo). Por outro lado, Paulo considerava seu próprio ensino apostólico uma ordem do Senhor dada através do Espírito (cf. 7,6.10.12.25.40; 14,37).

7,17-24 Princípio geral: Permanecer como Deus o chamou.

Os casamentos não devem ser dissolvidos com base na "espiritualidade" de um parceiro; os escravos não deviam assumir que sua conversão os deixou livres das estruturas da sociedade. A relação entre escravos e senhores dentro da comunidade cristã é transformada "em Cristo", mas Paulo não toca na questão da escravidão enquanto uma instituição social. Paulo insiste que o chamado de Deus e o serviço a Deus são independentes do status social (cf. Filemom!).

7,25-40 περὶ δέ (peri de, a respeito de) Conselho para os solteiros

Assim como em relação aos casados e os escravos, assim também em relação aos solteiros – é melhor permanecer como estão. Aqui, a tese de Paulo é apoiada, em primeiro lugar, pela sua apocalíptica. Em face da proximidade da parousia e o colapso das estruturas biológicas e sociais à medida que o fim se aproxima,[4] não é um bom tempo para contrair matrimônio e iniciar uma família – embora Paulo não o proíba. Sua instrução particular é totalmente condicionada pela sua escatologia apocalíptica, como é o caso de ir ao tribunal, conforme foi discutido acima. A perspectiva mais inteligível dentro da qual a vida da fé deve ser vivida é apresentada em 7,29-31. Os crentes não devem escapar para um subjetivismo interior, nem tampouco devem conceber a igreja como uma comunidade monástica separada das

---

[4] Algumas correntes do pensamento apocalíptico entendiam que os processos normais da natureza sucumbiriam ao aproximar-se o fim. A novilha levada ao templo para ser sacrificada gerou um cordeiro no pátio do templo (Josefo, *Guerra* 6.289-92); pouco antes do final, "as mulheres menstruadas darão à luz monstros... as crianças de um ano de idade falarão com suas vozes... mulheres grávidas darão à luz a crianças prematuras em três e quatro meses, e estas viverão e saltarão" (2 Esdras 5,8; 6,20-21).

preocupações terrenas. Firmemente enraizados na vida cotidiana deste mundo, eles vivem suas vidas de uma forma não dominada nem controlada pelas circunstâncias seculares.

8,1-11,1 περὶ δέ *(peri de, a respeito de) Leis dietéticas e a participação na sociedade pagã*

8,1-13 *Alimentos, conhecimento e amor*
Os coríntios perguntaram a Paulo sobre o problema de comer carne sacrificada a ídolos. A complexa e multifacetada questão foi proposta pelo fato de que a carne vendida no mercado geralmente era sacrificada a deuses pagãos nos templos, e pelo fato de que as leis dietéticas na Bíblia proibiam comer certos tipos de alimentos tais como carne de porco, e que nenhuma carne podia ser comida a menos que o animal fosse devidamente abatido (Lv 7,26-27; 17,10-26). Estas prescrições bíblicas teriam sido importantes não apenas para a minoria dos judeus cristãos que podem ter pertencido à igreja de Corinto, mas aos cristãos gentios que fundamentaram esses regulamentos naquilo que era agora a Escritura autoritativa do cristianismo primitivo. Comer tal alimento configuraria uma violação da vontade de Deus revelada na Escritura? Comer carne ritualmente dedicada a algum ídolo significaria reconhecer a religião pagã? Isso significaria, de alguma forma, participação na devoção a deuses pagãos? A questão não era apenas religiosa, mas também social e econômica. Muito da vida social e de negócios girava em torno das corporações, incluindo jantares nos quais comer tal carne e confissão perfunctória de deuses pagãos era parte do programa. Havia alguma diferença entre ir a jantares privados onde tal carne pudesse ser servida e a participação nas reuniões públicas, profissionais e de negócios envolvendo carne oferecida a ídolos? Esperava-se que os cristãos se afastassem de tais associações, as quais não apenas representariam consequências econômicas e sociais graves, mas também prejudicariam a missão cristã? Esta não era uma questão trivial, e muito menos, simples.

Alguns na igreja coríntia argumentavam que sua nova fé lhes ensinava que há apenas um só Deus, que os ídolos pagãos não são realmente nada, que o próprio Paulo lhes ensinou que estavam livres das leis dietéticas bíblicas, de modo que eles estavam livres para comer o que quisessem. "Todos nós possuímos conhecimento" e "nenhum ídolo da terra existe realmente" parecem representar os *slogans* desse grupo, citado por Paulo em 8,1.4. Outros na igreja tinham profundos escrúpulos sobre a participação em tais atividades, considerando que comer carne sacrificada a ídolos era algo perigoso à fé e uma equivocada mensagem à comunidade. Em princípio, Paulo concorda com o grupo "forte", mas argumenta que a força propulsora da vida cristã não é o conhecimento, mas o amor. Proceder apenas com base na própria consciência, sem considerar o efeito sobre o "fraco", é um pecado contra os membros da igreja, e um impedimento à missão da igreja, bem como um pecado contra o próprio Cristo.

9,1-27 Ter direitos, insistir neles, e abrir mão deles
É nesse contexto que Paulo constrói seu próprio apelo como apóstolo. Ele não está interessado aqui com seu status pessoal, mas quer instruir a igreja a respeito da função peculiar dos "direitos" de um indivíduo no interior da comunidade cristã. O cristão individual tem todo direito de comer carne sacrificada a ídolos, mas pode ser convocado a abrir mão desse direito por amor ao irmão ou à irmã, ou à missão cristã como um todo. Assim, portanto, como apóstolo, Paulo tem direito ao apoio da igreja, mas em Corinto ele abriu mão voluntariamente desse direito e sustentou a si mesmo por meio do trabalho manual, a fim de promover a missão cristã. É provável que defensores tanto do ponto de vista do "fraco" quanto do ponto de vista do "forte" tenham invocado textos da Escritura a fim de apoiar seu caso. Paulo, por sua vez, estabeleceu seu próprio ponto ao apelar à Bíblia, dando uma interpretação alegórica da instrução encontrada em Deuteronômio 25,4, que trata sobre o cuidado e a alimentação do boi enquanto é usado no serviço de debulhar, de modo a aplicá-la à questão do apoio a missionários cristãos.[5] O ponto central, contudo, está em 12b, "Todavia, não fizemos uso desse direito". Paulo tem conhecimento, Paulo é livre, mas a verdadeira liberdade significa ser livre do interesse em relação ao direito e à imagem de alguém, e adaptá-la às várias situações por amor da missão cristã (9,19-23; cf. 10,31-33).

---

[5] Sobre a interpretação cristã do Antigo Testamento, ver acima §9.2.2. Aqui, a interpretação de Paulo é puramente alegórica. Contrasta o uso que Jesus faz do *qal wahomer* (e.g. Mt 6.30; 12.11-12).

10,1-22 O exemplo bíblico de Israel
Os israelitas libertaram-se de sua escravidão anterior. Em sua nova liberdade muito rapidamente se adaptaram às formas pagãs, comendo e bebendo como os gentios – e receberam o juízo de Deus (Êx 32). Em 1 Coríntios 10, as instruções de Paulo parecem mais restritas que no capítulo 8. Ali, comer carne sacrificada a ídolos não é errado em princípio, mas deveria ser evitado por amor do irmão ou da irmã mais frágil. Aqui, sentar à Mesa do Senhor e participar das refeições cultuais pagãs parecem ser atitudes reciprocamente excludentes. Ali, um ídolo significava nada; aqui, deuses pagãos representam poderes demoníacos. Tais discrepâncias têm algumas coisas a ser consideradas como evidência de que 1 Coríntios é composta de mais de um documento. É mais provável, contudo, que Paulo aqui está traçando a linha contra o real envolvimento na adoração pagã. Comer carne sacrificada num jantar privado ou num banquete corporativo não é a mesma coisa de participar publicamente de cultos pagãos.

10,23-11,1 Façam tudo para a glória de Deus e pelo bem da missão cristã
O caráter da comunicação da carta de Paulo é aparente em sua alusão aos slogans adicionais de alguns dos coríntios. "Todas as coisas são lícitas" (10,23) representa uma distorção e aplicação inadequada do próprio ensino de Paulo. "Por que minha liberdade deveria estar sujeita ao juízo da consciência de outra pessoa? Se eu participo com gratidão, por que eu deveria ser denunciado por aquilo por que dou graças?" (10,29b-30). Esta pergunta retórica não representa a própria visão de Paulo, mas o protesto daqueles que sentem sua liberdade usurpada pelas instruções de Paulo. Ao concluir essa subseção, apelando para seu próprio exemplo e de Cristo (11,1), Paulo apresenta a autodoação por amor aos outros como a força propulsora do discipulado cristão.

11,2-34 Questões adicionais a respeito do culto
O próximo tema, que começa com um περὶ δέ (*peri de*, a respeito de), assinalando uma questão na carta aos coríntios, a qual Paulo responde, não é encontrado até 12,1. Ele é precedido por dois itens a mais sobre os quais eles não haviam perguntado, mas sobre os quais ele ouviu (11,18). A preocupação com o que é apropriado ou não no culto

parece ser o fio condutor. Assim, Paulo discute trajes adequados, a conduta das mulheres e abusos na Ceia do Senhor, nesse contexto.

11,2-16 Traje adequado no culto cristão
Partindo do pressuposto de que a passagem foi escrita por Paulo, ela ilustra sua convicção de que a igreja de Corinto precisa da tradição que os guiará em seu esforço de avaliar sua nova situação. A poderosa manifestação do Espírito Santo no meio deles provocou uma ruptura em muitas convenções culturais, algumas das quais eram opressivas. Quando Paulo estava com eles, ele transmitiu-lhes tradições, instruções dadas horizontalmente a partir da igreja mãe, a fim de guiar os coríntios em sua nova liberdade e entusiasmo para a experiência direta (vertical) do Espírito. Eles parecem estar convencidos de que a "nova era" havia chegado (cf. 4,8-9), de que já são "iguais a anjos", de que as distinções convencionais de gênero desta "época" não mais se aplicam a eles. Não está claro se a questão tinha a ver com o penteado ou com o uso do véu, justamente porque não podemos estar certos do significado cultural de cada um na Corinto dos dias de Paulo. Está claro que as mulheres desempenhavam um papel de liderança na adoração congregacional, conduzindo a oração e a pregação no poder do Espírito ("profetizando"). Uma vez que em público as mulheres usavam seu cabelo de maneira diferente da maneira como o usavam em suas próprias casas, é possível que as pequenas congregações que se reuniam em casas privadas, onde todo mundo é "irmão" e "irmã", provocassem um relaxamento de convenções. Também, alguns coríntios parecem ter ficado completamente cegos com a ideia de "anjos" e "autoridade", os quais provavelmente desempenharam um papel na discussão, de modo que Paulo está aqui refletindo um vocabulário que eles introduziram no debate. Novamente, é importante manter em mente o formato (gênero) carta do texto. Paulo não está escrevendo um ensaio sobre "O papel da mulher no culto", ou "vestimenta apropriada na igreja", mas respondendo a uma situação específica. Os leitores originais conheciam as particularidades daquela situação. Os leitores modernos não. E deveriam resistir ao impulso de ler a partir de sua própria agenda. A referência original não está clara para nós. O que está claro é que eles devem julgar por si mesmos (11,13; cf. 10,15), mas sua decisão também deve concordar com a tradição da igreja maior à qual pertencem (11,2.6). Aqui novamente, sua responsabilidade

primária não é com seu senso particular de liberdade, real e verdadeira como seja, mas com a missão da igreja no mundo – eles decidem para si mesmos, mas não por si mesmos. Os cristãos não deveriam tomar decisões sobre o que vestir ou o estilo de cabelo de modo que os de fora acabassem excluídos pela peculiaridade dos cristãos nesses assuntos. Paulo deseja que os de fora façam perguntas sobre o evangelho, e não a respeito de se os cristãos usam chapéus ou estilos de cabelo nada convencionais – ainda que, em princípio, eles sejam livres para agir assim.

11,17-34 Corrigindo abusos na Ceia do Senhor

As refeições eucarísticas da igreja de Corinto degeneraram a ponto de fazerem "mais mal do que bem". O problema não estava com a má teologia eucarística em si, mas em permitir que a mesa de comunhão da igreja continuasse representando o tipo de distinções sociais normais no mundo helenístico.[6] O centro do culto era a Eucaristia, celebrada no contexto de uma refeição real, a reunião congregacional em casas particulares de pessoas ricas o suficiente para oferecer o espaço para tais encontros. De alguma forma, o cenário da igreja se parecia com o de um jantar privado, com dez ou doze convidados se reclinando à sala de jantar, e o restante reunido no átrio. Era completamente normal, em tais ocasiões, que aqueles de maior status recebessem a melhor comida na sala de jantar, enquanto aqueles que estavam abaixo na escala social, incluindo escravos da casa, recebessem porções menores no átrio (cf. "primeira classe" e "classe econômica" num avião moderno). Quando Paulo os acusa de não discernir o corpo de Cristo, isto não significa que eles vissem o pão e o vinho da eucaristia como meramente comidas normais. De fato, parece que eles tinham uma teologia "altamente" sacramental. O que eles falharam em discernir foi a natureza da igreja como o corpo de Cristo, permitindo que os padrões sociais convencionais prevalecessem na comunidade cristã, onde todas as coisas foram feitas novas (2 Co 5,17). Este problema de elitismo será discutido a seguir, na discussão a respeito dos dons espirituais.

---

[6] Cf. THEISSEN, GERD. *The Social Setting of Pauline Christianity: Essays on Corinth*. Philadelphia: Fortress, 1982.

12,1-14,40 περὶ δέ *(peri de, a respeito de)* Dons Espirituais

12,1-11 Um Espírito, muitos dons
Paulo aborda os cristãos coríntios como gentios que estavam familiarizados com fenômenos espirituais antes da conversão. Discurso inspirado, tanto inteligivelmente (profecia) quanto não inteligivelmente (glossolalia) é um denominador comum de todas as religiões. Tais fenômenos ocorrem onde quer que pessoas sejam intensamente religiosas. A questão em Corinto tinha a ver com o valor relativo de tais discursos diretamente inspirados pelo Espírito, comparados a outros dons, talvez surgindo de um incidente real na adoração em Corinto, no qual alguém declarou: "uma maldição sobre Jesus". Alguns entendem essa frase como a expressão de cristãos excessivamente espirituais que desdenharam do Jesus terreno, em contraste com o Cristo exaltado e espiritual.[7] Outros a consideram o exagero hipotético do próprio Paulo, ilustrando o que pode e o que não pode ser feito em nome do Espírito. Ninguém que lance "uma maldição sobre Jesus" fala pelo Espírito. Todo aquele que faz a confissão fundamental cristã "Jesus é Senhor" fala pelo Espírito, o qual não pertence a uma elite espiritual, mas ao corpo de Cristo como tal. Não apenas aqueles que têm os dons sensacionais da glossolalia e da profecia são inspirados pelo Espírito, mas todo crente batizado é energizado pelo Espírito para o bem comum outorgado pelo Criador, cujo Espírito energiza o universo (v. 6).

12,12-30 Um corpo, muitos membros
Πνεῦμα *(pneuma)* significa "vento", "ar" ou "espírito", e é incorporado aqui na metáfora do corpo. Σῶμα *(sōma,* corpo) era uma metáfora comum no mundo romano para o corpo político, sendo às vezes usada para encorajar pessoas dos estratos mais baixos da sociedade a estar contentes com seu status, uma vez que isso era necessário para o bom funcionamento da sociedade como um todo. Ao adotar e adaptar esta metáfora, Paulo enfatiza a igualdade, não privilegiada estratificação. Além disso, Paulo se refere ao corpo de *Cristo*, e não ao corpo de

---
[7] Ver o sumário e a bibliografia de várias opções para interpretação desse texto difícil em JOUETTE M. BASSLER, "1 Cor 12,3–Curse and Confession in Context," *JBL* 101, nº 3 (1982), 415-418.

cristãos. A igreja representa a contínua presença de Cristo no mundo. É um corpo vivo, animado pelo Espírito. Assim como cada membro de um corpo humano participa na respiração vivificante, porque está incorporado ao corpo, assim também cristãos individuais participam da vida do Espírito ao serem incorporados ao corpo no batismo (12,13). "Membro" assim significa um órgão que funciona num corpo vivo, e não uma "associação" no sentido de ter o nome de alguém numa lista e pagar pelos seus deveres.

Num corpo humano, a variedade não é meramente tolerada, ela é necessária. Cada membro precisa dos outros, e o corpo necessita de todos eles. Ao declarar que a igreja é o corpo de Cristo, Paulo não está declarando um ideal, ele afirma um fato. Os coríntios devem reconhecer o que já aconteceu e então agir de acordo com os fatos. Isso inclui afirmar e valorizar a contribuição daqueles membros que não têm os dons mais espetaculares. A lista de Paulo dos dons espirituais não é definitiva nem exaustiva. Ele não cataloga "os" dons do Espírito, mas dá uma lista ilustrativa que não é inteiramente consistente (12,8-11; 28-31; cf. Rm 12,6-9). Ao listar esses dons, posicionados em certa ordem, Paulo não está violando sua afirmação de igualdade, mas respondendo à situação de Corinto. Eles priorizaram a glossolalia. Esse é o último item na lista de Paulo.

12,31-13,13 O caminho mais excelente
Esta famosa passagem não é um poema independente que idealiza o amor em geral. Não é um poema de fato, mas uma prosa lírica, que louva o amor como a expressão concreta da vida cristã em meio aos conflitos de uma igreja do primeiro século que estava fascinada com a "espiritualidade" e os "dons espirituais".[8] O "caminho mais excelente" não denota um dom único que encabeça todos os outros, mas o dom abrangente que se manifesta nos demais, transcendendo qualquer um dos dons que os coríntios superestimavam. Sem amor, qualquer outro dom espiritual resulta em nada (13,1-3). Tal amor age

---

[8] Alguns cristãos de Corinto ficaram especialmente perplexos com a glossolalia ininteligível, a qual eles não entenderam como outras línguas humanas, mas como a linguagem celestial dos anjos – eles já participaram da adoração do mundo celestial (ver 7,1; 11,2-6; 10). O *Testamento de Jó* (100 a.C. – 100 d.C.) refere-se a tal discurso extático como "a língua dos anjos".

de diferentes maneiras (13,4-7). Paulo esboça a natureza do amor cristão por aquilo que ele faz e por aquilo que ele não faz, com quinze verbos de ação – frequentemente obscurecidos pelas traduções portuguesas como uma lista de adjetivos que representam qualidades ou atitudes.[9] Tal amor é o dom último, o próprio amor de Deus que se move através das vidas humanas. Diferente de outros dons, que são temporários e provisórios, tal amor dura para uma nova era que já está raiando (13,8-13).

Paulo também contrasta o amor com γνῶσις (gnōsis, conhecimento), outro dom valorizado pelos coríntios. Ele também alega conhecer, mas apenas parcialmente, ἐκ μέρους (ek merous, em fragmentos). Paulo enfatiza que o atual conhecimento de Deus e de suas obras, embora real, inspirado e revelado, é, contudo, fragmentário e indireto, e será completo apenas no eschaton.

14,1-40 Profecia e línguas
O ponto principal de Paulo nessa seção é que, dentre os dons carismáticos da fala, a profecia é mais valiosa do que as línguas – revertendo, assim, a avaliação dos coríntios. Paulo enfatiza a dimensão da existência cristã e o culto cristão. As línguas não são entendidas pela congregação. Elas edificam o indivíduo e deveriam, portanto, ser praticadas particularmente. Profecia, que nem é pregação cristã ordinária nem predição do futuro, mas discurso inspirado direto, é mais valiosa do que as línguas porque não é incompreensível pela congregação, de modo que ela fortalece e encoraja a igreja. Embora a adoração seja dirigida a Deus, Paulo também está preocupado com a impressão que ela deixa nos visitantes e os de fora: as línguas dão uma impressão equivocada e confirmam os incrédulos em suas crenças, enquanto a

---

[9] A elaboração de Paulo sobre este ponto era necessária. Ao contrário de uma tradição popular de interpretação, esse amor não pode ser delineado apenas designando-o como ἀγάπη (agapē) ao invés de alguma outra palavra grega para amor. Ἀγάπη é usado de forma intercambiável com outras palavras gregas para amor (por exemplo, Sabedoria 8,2, João 5,20; 16,27; 21,15-17). Ela é encontrada muitas vezes em Cantares de Salomão para o amor sexual. Ἀγάπη (agapē) e o verbo cognato ἀγαπάω (agapaō) podem ser usados no sentido "negativo" (por exemplo, Jo 3,19; 2 Tm 4,10; 2 Pd 2,15). O amor cristão como um cuidado ativo e altruísta para com os outros é uma espécie distinta de amor, mas a distinção não é uma questão de vocabulário.

profecia podia guiá-los à conversão (14,13-25). Assim, aqui também, como em 5,1-13 e capítulos 8-10, Paulo está interessado em subordinar a alegria individual da liberdade cristã e as "experiências espirituais" à missão da igreja.

A injunção de que as mulheres guardem silêncio na igreja (14,34-36) geralmente (mas não universalmente) não é considerada de Paulo. Ele pode estar citando o argumento de líderes do sexo masculino da congregação de Corinto, de modo que as palavras deveriam ser colocadas entre aspas, como em 8,1.4.8 e 10,23. Desse ponto de vista, Paulo cita esta visão apenas para oferecer sua refutação.[10] Mais provavelmente, as palavras são uma interpolação pós-paulina, adicionadas por escribas mais tarde a fim de trazer o ensino de Paulo à tona, com instruções desenvolvidas posteriormente na escola paulina, como 1 Tm 2,11-12.[11] Tais considerações não afetam o status dessas palavras como parte da Santa Escritura para a comunidade cristã, mas afetam o modo como elas são interpretadas. Elas são vistas não como o ensino do próprio Paulo, mas os esforços de mestres paulinos que surgiram posteriormente para adaptar sua instrução a novas situações (ver Efésios e as Pastorais).

Quando Paulo conclui sua discussão da fala carismática com a ordem solene e enfática de que os coríntios reconhecessem o que ele está escrevendo para eles como a ordem do Senhor (14,37), isso não é autoritarismo pessoal, mas o esforço de Paulo de ajudar a igreja a discernir entre a variedade de alegações de discurso inspirado. Paulo acredita que o Cristo ressurreto ainda se dirige diretamente à igreja através de porta-vozes inspirados, mas adverte contra a aceitação não crítica das mensagens proféticas entregues no culto, a menos que elas sejam avaliadas e recebidas por toda a congregação (ver 1 Jo 4,1-3).

---

[10] Assim, e.g. PAUL J. ACHTEMEIER, JOEL B. GREEN e MARIANNE MEYE THOMPSON, *Introducing the New Testament: Its Literature and Theology* (Grand Rapids: Eerdmans, 2001), 346.

[11] Para evidência e argumentos em favor dessa visão, agora amplamente aceita por todo o espectro teológico, ver e.g. BART D. EHRMAN, *Misquoting Jesus: The Story Behind Who Changed the Bible and Why* (San Francisco: HarperSanFrancisco, 2005), James D. G. Dunn, *Jesus and the Spirit* (Philadelphia: Westminster, 1975), 435; Gordon D. Fee, *The First Epistle to the Corinthians* (NICNT; Grand Rapids: Eerdmans, 1987), 699-708. Dunn, *Beginning from Jerusalem*, 824, passou a considerar a passagem como original, instruções de Paulo para que as esposas dos profetas não participem da avaliação congregacional da profecia.

A confissão cristã universal (12,3) é um critério através do qual as tais novas revelações devem ser testadas; os escritos apostólicos são outro critério. Ao fazer de suas próprias cartas uma norma através da qual a igreja pode discernir onde a Palavra de Deus é ouvida, e onde não, Paulo aqui toma um passo decisivo na formação do cânon, a Bíblia cristã.

15,1-5 A Ressurreição

Aqui inicia um novo tópico, introduzido na própria iniciativa de Paulo, e não nas questões dos coríntios (ver 7,1). Para Paulo, a ressurreição não é um assunto entre outros, mas o fundamento para a fé. Embora a escatologia permeie sua teologia e suas cartas do começo ao fim, ele caracteristicamente reserva a instrução escatológica para a parte final do corpo de suas cartas.

15,1-11 A ressurreição de Jesus como o fundamento e centro da fé cristã

Conforme 11,23, *entreguei* e *recebi* são palavras técnicas na comunidade judaica para a transmissão da tradição sagrada. Para aqueles que duvidavam da ressurreição (cf. v. 12), Paulo relembra que o evangelho original que lhes proclamou estava centrado na morte e ressurreição de Jesus, e que ele lhes ensinou a formulação do credo cristão primitivo, o qual também lhe foi ensinado (15,3-5), presumivelmente na sua conversão. Esse credo cristão primitivo retorna, portanto, aos primeiros dias do cristianismo, antes do ano 35 de nossa Era, e provavelmente deriva da igreja de Jerusalém ou Antioquia (ver §9.2). A lista de aparições não é a evidência que Paulo oferece a fim de convencer os descrentes – nem aqui e nem em outro lugar Paulo tenta provar a ressurreição por meio da evidência – mas pretende deixar claro aos crentes a natureza da fé na ressurreição. Nesse parágrafo, Paulo está interessado em relembrar que a ressurreição de Jesus era fundamental à sua conversão, que é a fé cristã tradicional, e que a proclamação de Paulo está de acordo com a proclamação dos outros apóstolos e da igreja como um todo.

15,12-34 A futura ressurreição de todos

Para Paulo e a primeira geração de cristãos, a ressurreição não era um evento peculiar que aconteceu apenas com Jesus. A vinda do Cristo e a ressurreição faziam parte dos eventos escatológicos. A ressurreição de Jesus era o exemplo inicial da ressurreição geral, o primeiro feixe da colheita que em breve deveria acontecer (15,20). Aqueles que negavam a ressurreição não estavam necessariamente negando a ideia geral da vida após a morte. O que eles rejeitaram era a ideia de que Deus ressuscita *corpos* mortos, o que soava mal no cenário da sofisticada filosofia pagã. A visão grega padrão era dualística – o corpo mortal morre, mas o espírito interior, a pessoa real, não morre, mas deixa a casca mortal na qual está encapsulada e é libertada para a vida eterna no mundo espiritual. A visão padrão judaica, absorvida pelo cristianismo, não era dualística, mas via a pessoa humana em termos holísticos. A pessoa inteira, a unidade do corpo e alma, era a criação de Deus, mas não era imortal. Quando a pessoa morria, não havia uma "parte" que sobrevivia. A esperança da pessoa não estava em uma teoria da imortalidade da alma, mas na ação de Deus, que ressuscita os mortos. Paulo considera todo o tema a partir de sua perspectiva judaico-cristã, na qual negar a ressurreição significava negar a realidade da esperança além-túmulo. O argumento de Paulo faz um entrelaçamento entre a ressurreição de Jesus passada e a futura ressurreição dos crentes. Nesse caso, existe uma morte real, para a qual a única esperança está no fato de que Deus ressuscita os mortos. Que Jesus realmente morreu é algo necessário à verdade do evangelho. A morte de Jesus na cruz não foi uma simulação na qual a alma imortal de Jesus foi libertada, mas a morte de *Jesus*. O ato de Deus ao ressuscitar Jesus envolvia tanto Jesus quanto "todos". A tipologia Adão/Cristo em 15,22 começa no sentido exclusivo de "todos em Cristo", e não "todos humanos", mas a comparação com Adão já se move do sentido exclusivo "todos em Cristo" para o sentido inclusivo "Em Cristo, todos", que Paulo vai elaborar em Rm 5,12-21.

15,35-58 A ressurreição do corpo
O ponto de toda esta seção é que a existência futura dos crentes ressurretos no mundo transcendente de Deus não será a continuação da existência de carne e sangue deste mundo, nem uma existência "espiritual" fantasmagórica de espíritos desencarnados, mas envolverá uma transformação *inimaginável*. A esperança cristã envolve a

"redenção de nossos corpos" ao lado de toda a criação (Rm 8,23), e não um escape *deles*. Em toda a discussão, "corpo" significa algo como "pessoa", o eu completo, como em "alguém", "alguma pessoa".[12]

Os "espiritualistas" coríntios levantaram a questão: "Como os mortos são ressuscitados?" Esta não era uma busca por informação, mas uma questão retórica levantada por aqueles que viam o corpo como o obstáculo que se levantou entre eles e sua entrada à existência puramente espiritual que já haviam experimentado. A resposta de Paulo, "Tolos!", não é mera frustração, nem pretendia indicar o nível intelectual do questionador. Na Bíblia, o tolo é o arrogante, aquele que falha em levar Deus em consideração, alguém que vive como se todas as questões tivessem de ser estabelecidas em termos de sua inteligência (Sl 14,1; 92,6). Na ciência do tempo de Paulo, essa analogia da semente que se torna uma flor (15,36-38) não é uma questão de transformação "natural", mas a atitude de Deus de dar à semente um novo "corpo", uma nova forma de existência. Em sua visão de mundo, o ato de Deus, e não um processo natural, é o ponto. Observando uma semente, alguém poderia imaginar uma flor. Portanto, para Paulo o intervalo entre a vida neste mundo e a forma de vida na era vindoura está além de nosso poder de imaginação. A pessoa ressuscitada ("corpo") não é carne nem sangue (15,50), mas um "corpo espiritual". Isso não significa um corpo composto de espírito em vez de carne, mas algo como "um eu constituído pelo poder transcendente de Deus, o Espírito, um "eu" que nós não temos como imaginar". O ponto central de Paulo é que as mentes humanas não podem entender a natureza da realidade transcendente da ação de Deus na ressurreição, no entanto a pessoa ressuscitada compartilha do poder do mundo transcendente de Deus, assim como o presente corpo terreno compartilha da fraqueza deste mundo.

Quando escreveu 1 Coríntios, Paulo ainda esperava estar vivo na parousia (15,51; cf. 1 Ts 4,15-17). Toda discussão está focada não no destino de indivíduos, mas na vinda triunfal do reino de Deus,

---

[12] Na Língua Portuguesa, não é possível estabelecer tão bem a relação entre "corpo" e "pessoa" como acontece em inglês. Nesse idioma, as palavras traduzidas como "corpo"/**body**, "alguém"/some**body** e "alguma pessoa"/any**body** possuem uma relação semântica captada facilmente pela repetição do termo "body"/corpo. É impossível representar fielmente essa relação na língua portuguesa. N. do T.

quando todos os poderes que escravizam a vida humana serão destruídos (pecado, lei, morte). A seção conclui com ações de graças e adoração, grato louvor ao Deus da esperança que torna possível viver na esperança e confiança, sabendo que o trabalho a este Deus não é em vão (15,56-58).

16,1-24 Instruções e saudações finais

16,1-4 περὶ δέ *(peri de, a respeito de) A coleta*
Paulo estava engajado em reunir uma oferta substancial das igrejas predominantemente gentias da Galácia, Ásia Menor, Macedônia e Grécia para os cristãos pobres em Jerusalém. A oferta se destinava não apenas a atenuar a pobreza das pessoas necessitadas, mas servir como um símbolo da unidade entre judeus cristãos e gentios (Rm 15,25-32; 2 Co 8-9; Gl 2,10) e representar a peregrinação escatológica das nações para Sião, que trariam dádivas à cidade santa como parte do drama escatológico (cf. Is 2,2-3; 45,14; 60,5-7.10-14). Era parte do arranjo de Paulo feito no Concílio de Jerusalém representar o endosso de sua missão gentia pelas de igreja de Jerusalém (Gl 2,10). Ele estava veementemente decidido a cumprir esse ato como o clímax e validação de sua missão e a unidade da igreja.

A referência de Paulo ao primeiro dia da semana (domingo) como o dia de encontro regular dos cristãos é a mais antiga referência desse tipo. O sétimo dia (sábado) era o sábado judaico. O domingo não se tornou um feriado para a cultura em geral até depois de Constantino, no quarto século. Os primeiros cristãos se encontravam num "dia útil", antes ou depois do trabalho.

16,5-11 Planos de viagem
Paulo escreve de Éfeso, na primavera de 54 d.C., antes do Pentecostes (cf. "Cronologia", §13.3). Ele planeja chegar a Corinto depois do outono seguinte, passando alguns meses na rota através da Macedônia, e então o inverno em Corinto. Paulo está preocupado com o fato de que Timóteo, seu representante, pudesse não ser bem recebido (16,10). A visita seguinte do próprio Paulo, a qual ele não prevê aqui, acabou sendo um desastre (2 Co 1,1-11; 7,12).

16,12 περὶ δέ *(peri de, a respeito de)* Possível visita de Apolo

16,13-22 *Mensagens e saudações finais*
Nos comentários de encerramento, incidentalmente Paulo menciona as igrejas de Jerusalém, Galácia, Macedônia, Ásia e Éfeso, outra lembrança de que os coríntios não são uma congregação independente, mas parte de uma rede de igrejas que está se tornando mundial. A carta conclui com cinco elementos que mais tarde se tornaram os itens-padrão na liturgia, indicando que Paulo antecipou a carta que está sendo lida no culto, provavelmente antes da celebração da eucaristia: o ósculo santo, o *anátema* (o solene ritual de pronunciamento contra aqueles que pervertem a vida e a mensagem da igreja), a invocação *Maranata*, orando pela presença do Senhor na Eucaristia e pela parousia final, a *bênção* "graça e paz sejam convosco" e o *amém* final.

12.2 Interpretando 2 Coríntios

O lugar de 1 Coríntios dentro do cenário narrativo do ministério de Paulo na região do Egeu é relativamente claro. Este não é o caso de 2 Coríntios, uma vez que nossa percepção da sequência dos eventos na interação de Paulo com os cristãos coríntios, depois que ele deixou Corinto, depende de julgamentos sobre a unidade literária de 2 Coríntios. Antes de continuar, devemos primeiro discutir se 2 Coríntios é uma única carta ou uma combinação editorial de mais de uma carta.

EXCURSO 1

A Unidade de 2 Coríntios e
Teorias de Partição das Cartas Paulinas

Não há dúvida de que o corpus paulino existente é o produto de trabalho editorial depois de as cartas individuais terem deixado as mãos de Paulo (ver acima §2.3). Esse fato gerou várias hipóteses quanto à natureza e extensão dessa edição. Isso certamente incluía títulos adicionais aos documentos, e os arranjos de ordem, bem como incluía combinar as cartas individuais num corpus único. Esse processo editorial também incluía combinar mais de uma das cartas de Paulo ou fragmentos sobreviventes em uma única carta? Tais teorias de partição foram propostas em relação a quase todas as cartas paulinas. As questões mais insistentes e importantes giraram em torno de 1 e 2 Coríntios, Filipenses e 1 Tessalonicenses. Uma vez que o caso mais intenso das teorias de partição tem sido indicado como o de 2 Coríntios, exploraremos aqui as evidências e argumentos a favor e contra a unidade original da carta, detalhadamente. Se a teoria para a partição pode ser sustentada aqui, a possibilidade de combinação editorial em outras cartas é ampliada. Caso acredite-se que 2 Coríntios é uma unidade original, é provável que este seja o caso para cada uma das outras cartas também.

Este excurso tem múltiplos propósitos: (1) capacitar o estudante a apreciar a complexidade da questão e ver a força e fraqueza relativas das várias propostas, sem supor que elas podem ser rapidamente resumidas ou dispensadas; (2) ver algo da história do problema, o qual tem sido estudado e discutido em laboriosos detalhes por diversos eruditos em diversas correntes da academia. As teorias de partição não são meramente propostas idiossincráticas de determinado erudito recente; (3) ao focar nos detalhes de uma questão histórica, o estudante tem a oportunidade de refletir sobre a natureza da fé cristã como a revelação de Deus na história, e as implicações teológicas de se estudar a Bíblia historicamente. A questão poderia ser declarada como segue: a natureza da fé cristã em si constitui um chamado para estudar a Bíblia historicamente, e aceitar a certeza e ambiguidade relativas resultantes? Ou pode o estudo responsável da Bíblia reputar essas questões como irrelevantes ou alegar decidi-las dogmaticamente, em termos do que a teologia ou a ideologia de alguém requer? Uma compreensão da questão requer algum estudo diligente. Uma vez que não podemos entrar em detalhes na unidade literária de cada livro do Novo Testamento, fornecemos aqui uma amostra bastante extensa desse tipo de estudo ao examinar 2 Coríntios, e faremos, então, apenas breves referências às questões similares em outras cartas; (4) a questão da unidade literária de 2 Coríntios não apenas tem dimensões históricas e literárias, mas coloca uma questão teológica significativa na qual se pergunta se supomos que recebemos os documentos do Novo Testamento diretamente de seus supostos autores ou das mãos da igreja através da transmissão da tradição cristã.

2 Coríntios é uma unidade original?

O que à primeira vista pode parecer uma questão de sim-ou-não, tende a ser mais complexa. Nem a afirmação nem a negação da "unidade" de 2 Coríntios são significativas sem uma clarificação dos termos, uma vez que "unidade" nesses casos não é um termo unívoco. A alegação de que 2 Coríntios é uma única carta não pode significar que ela foi toda escrita de uma só vez. A extensão por si só e o jeito de escrever uma carta antiga (ver §10.2.2) excluem essa hipótese. Em todo caso, ela deve ter sido escrita ao longo de um período de alguns dias. Quando considerada da perspectiva de escrever cartas, a questão é então se o autor via o documento como uma única carta, composta de acordo com um único plano. *A questão se torna mais clara ao considerá-la a partir da perspectiva dos destinatários: mesmo que 2 Coríntios tenha sido escrita por um período de alguns dias ou semanas, teria ela sido recebida pelos leitores coríntios em uma ocasião como uma única carta em sua forma atual, ou teriam eles recebido uma série de cartas que, mais tarde, foram combinadas em um único documento?*

Capítulos 10-13

Uma vez que o foco da questão da unidade de 2 Coríntios frequentemente é se 10,1-13,13 era originalmente parte da mesma carta dos capítulos 1-9, começamos com os argumentos que têm sido dados para considerar os capítulos 10-13 como parte de uma carta separada:

1. *Diferente tom.* Os capítulos 10-13 possuem uma significativa diferença de tom em relação aos capítulos anteriores que é difícil considerá-los como parte da mesma carta. Os capítulos 1-9 expressam a alegria e alívio do apóstolo, que está agora de volta com boas relações com a congregação que ele fundou, e fala repetidamente de seu conforto (7,4; 6-7.13), alegria (7,4.7.9.13b), zelo (7,7.11.12), obediência (7,15), sua confiança (7,16) e orgulho (7,4) nele. Os capítulos 10-13, por outro lado, estão repletos de recriminação e sarcasmo, repetidamente expressando a frustração e a raiva de Paulo. Sua obediência não é completa (10,6). Eles não o amam adequadamente (12,15b), e suspeitam de que ele não os ama (11,11; cf. 12,13). Eles estão se voltando para um evangelho diferente (11,2-4). Em 7,8-12, eles se arrependeram, e o arrependimento é copiosamente analisado; em 12,20, eles ainda precisam arrepender-se. Os numerosos contrastes entre os capítulos 10-13 e o restante de 2 Coríntios podem ser mais bem apreciados pelo leitor que fizer um quadro em duas colunas comparando os detalhes dessas duas seções. Os modelos seguintes podem ser multiplicados:

1,24 pela fé, já estais firmados

13,5 Examinai-vos a vós mesmos se realmente estais na fé; provai-vos a vós mesmos

7,4 muito me glorio por vossa causa; sinto-me grandemente confortado e transbordante de júbilo em toda a nossa tribulação.

10,2 eu vos rogo que não tenha de ser ousado, quando presente, servindo-me daquela firmeza com que penso devo tratar alguns que nos julgam como se andássemos em disposições de mundano proceder.

7,16 Alegro-me porque, em tudo, posso confiar em vós.

11,3 Mas receio que, assim como a serpente enganou a Eva com a sua astúcia, assim também seja corrompida a vossa mente e se aparte da simplicidade e pureza devidas a Cristo.

8,7 Como, porém, em tudo, manifestais superabundância, tanto na fé e na palavra como no saber, e em todo cuidado, e em nosso amor para convosco, assim também abundeis nesta graça.

12,20 Temo, pois, que, indo ter convosco, não vos encontre na forma em que vos quero, e que também vós me acheis diferente do que esperáveis, e que haja entre vós contendas, invejas, iras, porfias, detrações, intrigas, orgulho e tumultos.

2. *O mesmo vocabulário é usado diferentemente nas duas seções principais.* Por exemplo, nos capítulos 1-9, repetidamente Paulo usa o grupo de palavras καυχάομαι (*kauchaomai*, orgulhar-se, ter confiança em, ser orgulhoso de) num sentido positivo de sua relação com os coríntios: ele tem confiança neles e eles nele, ele está orgulhoso deles (2 Co 1,12.14; 5,12; 7,4.14; 8,24; 9,2-3). Nos capítulos 10-13, o mesmo grupo de palavras é usado consistentemente de uma forma negativa, sarcástica e irônica (2 Co 10,8.13.15.16.17; 11,10.12.16-18.30; 12,1.5-6.9). Isso sugere que a última carta (1-9) tenta remover um pouco das feridas do uso austero dessas palavras na primeira carta (10-13).

3. *Há diferenças sintáticas-chave entre os dois capítulos.* Nos capítulos 1-9, a primeira forma plural predomina, enquanto os capítulos 10-13 são escritos primariamente na primeira pessoa do singular. Esta mudança não é encontrada em nenhuma outra carta paulina.

4. *As duas principais seções da carta refletem duas diferentes situações em Corinto.*
   - Em 7,7-16, os cristãos coríntios apoiam o evangelho paulino. Em 10,1-11, eles apoiam os rivais de Paulo.
   - No capítulo 8, a delegação de Éfeso ainda não havia chegado. No capítulo 12, os colaboradores de Paulo que vieram de Éfeso já estão atuando na cidade.
5. *Há outras descontinuidades principais entre os capítulos 1-9 e 10-13:*
   - Os capítulos 8-9, se por acaso fazem parte da mesma carta, encorajam os coríntios a contribuírem generosamente com a coleta para a Jerusalém que Paulo está administrando. O sarcasmo e amargura dos capítulos 10-13 anulariam esse apelo. A tarefa de Tito dificilmente teria sido possível se ele tivesse que organizar e promover uma coleta, enquanto trazia uma carta que incluía 10-13.
   - Em 8,11; 9,2.12-15, Paulo os elogia e dá graças por sua resposta; em 12,16-18, eles o acusam de tirar vantagem deles.
   - Em 8,16-17, os coríntios consideraram Tito como de confiança; em 12,17-18, tanto Tito quanto Paulo são suspeitos.
6. *As duas seções projetam diferentes mundo narrativos.* As referências à(s) visita(s) de Tito a Corinto não parecem se encaixar em apenas uma carta. Nos capítulos 1-9, Tito havia feito anteriormente apenas uma visita a Corinto, sozinho; em 12,18a, há uma referência a uma segunda viagem de Tito, com um irmão conhecido.

Considerações como estas convenceram a maioria dos eruditos de que os capítulos 10-13 de 2 Coríntios não foram escritos ao mesmo tempo que os capítulos anteriores. Isso significa, é claro, que nosso atual documento do Novo Testamento é o produto de um processo editorial que juntou partes das cartas escritas por Paulo em tempos diferentes, e imediatamente suscita a questão: se a unidade original de 2 Coríntios não é mais assumida, existem partes de outras cartas que podem ser reconhecidas em acréscimo à separação dos capítulos 10-13? Os capítulos 10-13 são em si uma unidade, e não houve propostas para encontrar elementos de mais do que uma carta nessa seção (com a possível exceção de 13,11-13; ver abaixo). Mas, são os capítulos 1-9 uma unidade original?

Capítulos 8-9

Os eruditos críticos há muito notaram que os capítulos 8 e 9 se destacam de seu contexto: 8,1 não segue naturalmente a partir de 7,16, e há uma quebra acentuada entre 9,15 e 10,1. Se o capítulo 8 foi escrito para seguir o capítulo 7, é difícil entender, e.g., por que não há menção no capítulo 7 da vontade de Tito de retornar a Corinto, e por que o capítulo 8 não dá uma indicação de que ele já chegou de lá. Igualmente, quadros diferentes da situação entre as igrejas da Macedônia são dados nos capítulos 7 e 8. No primeiro, Paulo está preocupado com as disputas (cf. μάχαι, machai, 7,5), mas 8,1-5 retrata uma cena muito mais positiva, sugerindo que algum tempo se interpôs entre a composição dos dois capítulos. Além disso, 9,1 parece ser um novo começo, introduzindo o assunto da coleta como se ele não fosse o tópico de toda a seção anterior. Mesmo uma leitura superficial com a questão em mente indica que o capítulo 9 é paralelo ao capítulo 8, em vez de segui-lo logicamente – temos uma duplicação item por item do capítulo anterior, e não um desenvolvimento dele. Uma análise sintática e retórica detalhada parece confirmar que cada capítulo manifesta a estrutura retórica de uma carta independente, completa em si mesma.[13] Que os capítulos 8 e 9 representam duas diferentes cartas é também sugerido pelas tensões entre eles: no capítulo 9, os coríntios estão participando avidamente da coleta, de modo que Paulo pode se orgulhar deles aos macedônios; no capítulo 8, seu interesse parece ter ficado para trás e necessita ser reavivado. Tal evidência convenceu diversos eruditos de que os capítulos 8 e 9 foram originalmente compostos como cartas breves e separadas, escritas para facilitar a coleta da oferta para Jerusalém entre as igrejas da Acaia, das quais a igreja de Corinto era a principal congregação.

2,14 – 7,4

Uma breve quebra na linha de pensamento ocorre em 2,14. Paulo está descrevendo sua profunda aflição com o que lhe aconteceu em Éfeso, e sua ansiedade em relação ao que estava acontecendo na igreja de Corinto. Ele parte para encontrar-se com Tito enquanto ele retorna de Corinto com o relatório, e ao não encontrá-lo em Trôade, prossegue para a Macedônia, procurando Tito na rota que seguramente ele vai tomar. Então a narrativa cai abruptamente, e uma defesa extensa e profundamente teológica do apostolado de Paulo é dada, a qual continua até 7,14. Nesse ponto, a feliz reunião com Tito na

---

[13] Cf. especialmente HANS DIETER BETZ, *2 Corinthians 8 and 9: A Commentary on Two Administrative Letters of the Apostle Paul* (Hermeneia; Philadelphia: Fortress, 1985), e a extensa bibliografia que ele oferece. O argumento retórico é uma faca de dois gumes, contudo J. D. H. AMADOR, "Revisiting 2 Corinthians: Rhetoric and the Case for Unity", *NTS* 46 (2000), 92-111 argumenta em favor da unidade de toda a carta com base em sua estrutura retórica.

Macedônia é finalmente recontada. Muitos leitores notaram como 7,5 conecta bem com 2,13, de modo que se alguém pula o material interveniente, não apenas ele não faz falta, como também a carta agora faz mais sentido. Além disso, a ação de graças e a descrição de Paulo como um prisioneiro condenado sendo guiado ao longo do processo triunfal de 2,14-17 é um quadro mental perturbador que é muito difícil de entender como relacionado ao parágrafo anterior, e a transição de 7,4 para 7,5 é igualmente problemática. Mais importante, a situação proposta em 2,14-7,4, e a relação de Paulo com a comunidade coríntia, é um conflito com o restante de 1,1-7,16, de modo que 2,14-7,4 aparece como uma seção discreta, a "primeira apologia". Nesta seção, Paulo está defendendo apaixonadamente sua compreensão do apostolado e contrastando-a com a dos rivais, tentando convencer a igreja de Corinto de sua visão. Há diversas alusões aos conflitos (2,17; 3,1; 4,2-3; 5,12), refletindo a discórdia entre Paulo (e seus seguidores no interior da congregação) e aqueles que entendem a igreja e o apostolado diferentemente. Diversamente da raiva sarcástica dos capítulos 10-13, em 2,14-7,4 Paulo está ainda tentando arrazoar com os coríntios, buscando oferecer um argumento teológico positivo que os convencerá a permanecer com ou a retornar à sua compreensão do evangelho. Em 5,20, "reconciliai-vos com Deus" é dirigido aos coríntios. Esse desafio é difícil de entender em qualquer lugar na cronologia, mas dificilmente poderia ter estado em sua carta final para eles. Já em sua *Primeira Apologia*, Paulo apela para que eles se reconciliem com Deus, e uns com os outros, e consigo mesmo. Tudo isso, contudo, também está em contraste com a seção que estrutura 2,14-7,4, na qual o conflito já terminou, a igreja rejeitou a liderança rival e está tão firmemente posicionada ao lado de Paulo que está em perigo de ir longe demais e punir a oposição muito severamente (1,3-7; 2,5-11; 7,5-16). O cenário é uma carta alegre de reconciliação; na seção enxertada, a batalha ainda está em andamento, e parece inapropriada numa carta de reconciliação. Em acréscimo, a imagem de Paulo em 2,14 é a de uma vítima conquistada no fim da marcha triunfal, que será executada em sua conclusão. Esta é a própria teologia cruciforme e irônica do ministério cristão de Paulo. O significado e contexto atual de 2 Coríntios, contudo, reflete a visão pós-paulina do editor, de que a vida e missão de Paulo foi uma marcha triunfal do evangelho do leste para o oeste, uma visão também encontrada em *1 Clemente* e Atos.[14] Assim, para muitos estudiosos, 2,14-7,4 parece ser uma parte de uma carta diferente que foi inserida secundariamente à sua estrutura atual.

---

[14] Cf. RICHARD I. PERVO, *Dating Acts: Between the Evangelists and the Apologists* (Santa Rosa, CA: Polebridge Press, 2006), 319-321.

6,14 – 7,1

Como a *Primeira Apologia* (2,14-7,4) da qual ela é uma parte na forma presente do texto, esse breve e polêmico parágrafo é inapropriado no contexto maior de uma carta de reconciliação. Ela também se destaca em relação ao seu contexto imediato, interrompendo a continuidade do pensamento, de modo que 6,13 é naturalmente seguido por 7,2. Esse parágrafo representa uma questão crítica diferente das discussões discutidas anteriormente, contudo, questões acadêmicas têm sido levantadas não apenas quanto a se ela era originalmente parte da carta, mas se Paulo a escreveu, de fato. Há uma densidade de vocabulário não paulino, nove palavras nessa breve seção não encontradas em nenhum outro escrito paulino,[15] incluindo uma palavra diferente para Satanás. Há também frases que contrastam com o uso costumeiro de Paulo, tais como καθὼς εἶπεν ὁ θεός (*kathōs eipen ho theos*, conforme Deus falou). Parte do vocabulário teológico de Paulo, que reflete sua própria e profunda conceitualidade teológica, é usada de uma forma não paulina (ou mesmo antipaulina). Quando se refere aos crentes cristãos, Paulo sempre usa πιστεύων (*pisteuōn*), o particípio da palavra para fé. Em 6,15, contudo, ele usa o adjetivo πιστός (*pistos*), o qual usa em outro lugar apenas no sentido de "fiel, digno de confiança". O imperativo de 7,1 apresenta dois exemplos a mais: (1) Paulo nunca indica em outro lugar que os crentes têm em sua própria força o poder para "purificar-se da impureza" ou para "aperfeiçoar-se na santidade", o que poderia facilmente ser compreendido como o tipo de justiça pelas obras a que Paulo se opunha; (2) de modo semelhante, "carne e espírito" (σάρχ, *sarx*, corpo na NRSV) é usado de uma forma não paulina. Para Paulo, carne e espírito são realidades do mundo transcendente que se opõem, campos de força nos quais a vida cristã é vivida. A carne é o poder sobre-humano do pecado, como o Espírito é o poder sobre-humano de Deus, que liberta do pecado. É difícil ver Paulo chamando os cristãos para "purificar" carne e espírito – a carne não pode ser "purificada", e o espírito não tem necessidade de purificação. Em todo caso, o teor geral da passagem parece ser fundamentalmente

---

[15] "Incompatibilidade" (ἑτεροζυγοῦντες, *heterozugountes*); "companheirismo" (μετοχή, *metochē*); "acordo" (συμφώνησις, *symphōnēsis*); "Beliar" (Βελιάρ, *Beliar*); "acordo" (συγκατάθεσις, *sygkatathesis*); "andar" (ἐμπεριπατέω, *emperipateō*); "boas-vindas" (εἰσδέχομαι, *eisdechomai*); "Todo-Poderoso" (παντοκράτωρ, *pantokratōr*). Deve-se notar que três das nove palavras são de uma citação da Escritura, que não concordam com a LXX.

não paulina, visto que Paulo não convida os cristãos a separar-se dos descrentes, mas a viver responsavelmente entre eles. A passagem manifesta diversos traços não paulinos, e, de alguma forma, está mais próxima do vocabulário e conceitualidade da comunidade de Qumran do que do vocabulário das cartas de Paulo (cf. os comentários técnicos para detalhes). Assim, embora muitos tenham explicado os dados textuais como a inserção que um editor pós-paulino fez de um fragmento não paulino, outros veem o próprio Paulo como incorporando, a essa altura, uma unidade tradicional que ele mesmo não compôs, mas que achou útil a seu argumento. Embora os fenômenos sejam explicados, o texto não parece se encaixar dentro desse contexto de 2 Coríntios.

1,1-2,13; 7,5-16; 13,11-13

Finalmente, argumenta-se que quando todos os materiais inseridos são removidos, temos uma carta de reconciliação coerente – a carta de Paulo a Corinto escrita depois de receber as boas novas de Tito, de que a igreja havia se arrependido e retornado ao evangelho paulino, seu último escrito a eles antes de sua visita final. Nas várias teorias de partição, esta carta fornece o cenário no qual o editor, posteriormente, inseriu elementos de outras cartas paulinas (e o fragmento não paulino de 6,14-7,1) a fim de produzir nossa atual 2 Coríntios canônica.

Pode uma provável ordem histórica ser estabelecida?

Agora podemos ver que estabelecer uma cronologia para a correspondência coríntia depende do julgamento que se faz de como as muitas cartas estão envolvidas. Se 2 Coríntios é uma unidade, então Paulo escreveu quatro cartas a Corinto, e 2 Coríntios em sua totalidade é a última carta que Paulo escreveu a Corinto:

Primeira visita de fundação
    Carta A, mencionada em 1 Co 5,9 (perdida)
    Carta B, nossa 1 Coríntios

Segunda visita a Corinto (2 Co 2,1; 13,2)
    Carta C, a carta severa mencionada em 2 Co 2,2-4; 7,8 (perdida)
    Carta D, ou nossa 2 Coríntios

Diversos eruditos defendem a unidade de 2 Coríntios, e, portanto, a cronologia tradicional, nos terrenos críticos,[16] com os seguintes argumentos:

1. O ônus da prova recai sobre os que afirmam as teorias de partição, e eles não provaram essa teoria. Em todo o estudo histórico, a visão tradicional deve ser afirmada a menos que haja prova em contrário. 2 Coríntios aparece no Novo Testamento, e em todos os manuscritos como um único documento. Este princípio já foi enunciado por JOHANNES WEISS em 1917: "A despeito de tudo, no entanto, deveríamos, pelo menos, ter alcançado o ponto em que deve ser considerado um axioma o fato de que um documento deve ser lido no sentido e na forma em que ele está até que a *prova* de que isso é impossível seja demonstrada" (grifo meu).

Esta abordagem, no entanto, tem intrinsecamente um problema duplo: (1) Os defensores de qualquer ponto de vista tradicional sempre vão ganhar a discussão sobre esta base, pois sempre se pode afirmar que prova positiva não foi apresentada em contrário. (2) O que pode ser considerado "prova absoluta" continua a ser um julgamento subjetivo, conforme fica claro a partir das conclusões opostas de WEISS e SCHNELLE: WEISS considerava 2 Coríntios uma composição editorial de quatro cartas diferentes; SCHNELLE apresenta um forte argumento para a sua unidade.

2. O perigo da ladeira escorregadia às vezes é oferecido como um argumento para a unidade, ou seja, uma vez que a unidade do documento é abandonada, as teorias de partição abrem a porta para todos os tipos de excessos. SCHMITHALS, por exemplo, encontrou um total de treze cartas na correspondência coríntia.[17] Praticamente todos os estudiosos consideram isso um excesso, ultrapassando as provas, mas o princípio da ladeira escorregadia argumenta que a única proteção segura contra tais excessos é nunca se aventurar na pista na posição de primeiro lugar. O Método histórico, no entanto, deve assumir o risco e tentar evitar as teorias radicais que excedem as provas. Isso é mais bem feito a partir da discussão crítica dos resultados propostos, e não por proibições a priori. A questão básica em tais estudos é saber se se examinam as provas e, em seguida, postula-se a teoria mais plausível para explicar os dados.

---

[16] O mais útil, regular e completo comentário sobre a unidade de 2 Coríntios é a coleção de ensaios de REIMUND BIERINGER e JAN LAMBRECHT, eds., *Studies on 2 Corinthians* (BETL 112; Leuven: University Press, 1994).

[17] WALTER SCHMITHALS, *Die Briefe des Paulus in ihrer ursprünglichen Form* (ZWKB Zürich: Theologischer Verlag, 1984), 19-85.

3. A dificuldade em considerar 2 Coríntios como uma composição unificada tem sido exagerada. Uma exegese histórica mais cuidadosa é capaz de mostrar as continuidades de pensamento onde as teorias de partição se mostraram apenas disjunções.
4. Algumas diferenças e tensões em 2 Coríntios são óbvias, mas estas podem ser mais bem entendidas como uma abordagem de Paulo do que como uma situação da carta. Assim, MATERA argumenta (refletindo Bieringer, et al), que no capítulo 7:

> Paulo está lidando com duas crises, uma que já foi resolvida (a crise da dolorosa visita e do ofensor) e outra que ainda não foi resolvida (a crise ocasionada pela presença de apóstolos intrusos e o problema contínuo da imoralidade), mas que Paulo espera resolver apelando para a boa vontade gerada pelo arrependimento dos Coríntios, em função do seu papel na primeira crise.[18]

Analogamente, SCHNELLE pode argumentar que as diferenças entre os capítulos 8 e 9 devem-se ao fato de que Paulo se dirige aos próprios coríntios no capítulo 8, e às outras igrejas na Acaia, no capítulo 9. (Isso, no entanto, também é usado como um argumento para considerar os caps. 8 e 9 como cartas originalmente separadas).

5. O suposto processo editorial para a produção de 2 Coríntios é muito especulativo e difícil de imaginar. De fato, há dificuldades aqui, visto que o redator deve ser imaginado como eliminando os inícios e conclusões de todas exceto uma carta, e fazendo inserções em pontos do texto para os quais não parece haver nenhuma razão clara. A *Primeira Apologia* 2,14-7,4 é inserida no meio do relatório de Paulo a respeito de seu encontro com Tito, e então esse relatório recebe uma inserção, 6,14-7,1, que é difícil de explicar.

Os defensores das teorias de partição respondem que as mesmas dificuldades se aplicam se uma pessoa afirma uma composição unificada; porém, em seguida, o próprio Paulo deve ser responsável pelas transições complicadas. As aporias são então explicadas como digressões paulinas ao invés de inserções editoriais, ou como respondendo aos novos relatórios de Corinto depois de parte da carta já ter sido escrita. Defensores recentes da unidade

---

[18] FRANK J. MATERA, *II Corinthians: A Commentary* (NTL; Louisville: Westminster John Knox, 2003), 30.

de 2 Coríntios assumiram esse desafio, e apresentaram vários cenários que possibilitaram que Paulo tivesse composto 2 Coríntios como um único documento. O avô de tais teorias é o famoso comentário de LIETZMANN de que a mudança de tom entre os capítulos 1-9 e 10-13 é o resultado de uma "noite sem dormir", depois de já ter ditado os capítulos 1-9. Explicações recentes são mais elaboradas, retratando a composição de 2 Coríntios como um processo incremental que durou algumas semanas enquanto Paulo viaja pela Macedônia após encontrar-se com Tito. Ele é interrompido, sai pela tangente, começa de novo e repete a si mesmo e dá novas versões do que ele já disse. Em seguida, ele recebe novas informações de Corinto: a reconciliação relatada por Tito que evocou o início da carta acabou por ser prematura, e a igreja está seguindo os missionários rivais. Isso leva Paulo a escrever os capítulos finais, os quais demonstram ira e sarcasmo.[19] Uma das maiores dificuldades com esse cenário é que é o próprio Paulo quem envia a carta com a dura conclusão em anexo da proposta de reconciliação, que agora já não se aplica. Como devemos imaginar que os leitores coríntios entenderam esta carta, supostamente composta por tempo mais prolongado por um Paulo que apresenta diferentes estados de espírito, mas que eles receberam como única comunicação que os aborda de maneiras conflitantes? Outra dificuldade é que, em tal hipótese, a última imagem que recebemos da carta de Paulo é a de uma igreja alienada em rebelião, enquanto a próxima imagem que temos das cartas de Paulo é a de que ele está confortavelmente em casa em Corinto, enquanto faz seus planos futuros e compõe a Carta aos Romanos (Rm 15,19-16,27). Em relação à carta como uma unidade, portanto, torna-se uma dificuldade à compreensão a cronologia da relação de Paulo com a igreja de Corinto. A seguinte cronologia proposta, baseada em uma variação da hipótese de partição, proporciona uma construção mais plausível desta história. Na medida em que é persuasiva, a cronologia construída sobre esta base é em si um argumento para a teoria da partição.

Cronologia da correspondência de Paulo com os coríntios: uma proposta

Em 1 Tessalonicenses, o documento mais antigo do Novo Testamento, Paulo e seus colaboradores estão em Corinto, escrevendo à nova congregação em Tessalônica. Se nos limitarmos à informação encontrada nas cartas de Paulo,

---

[19] Para versões mais detalhadas desse cenário, as quais os autores reconhecem como especulativas, ver e.g., SCHNELLE, *New Testament Writings*, 79-90; DUNN, *Beginning from Jerusalem*, 842-857.

quando observamos o contato de Paulo com os Coríntios, ele está em Éfeso, escrevendo de volta à igreja de Corinto, cerca de três anos depois de ter escrito 1 Tessalonicenses, aproximadamente dois anos depois de deixar Corinto (1 Co 16,8).

Paulo se refere a quatro cartas diferentes que ele escreveu aos Coríntios durante este período. Duas cartas, portanto, ou estão perdidas ou parcialmente incorporadas nas cartas existentes. A possibilidade de que 2 Coríntios seja composta, portanto, abre a porta para postular até mesmo mais de quatro cartas de Paulo a Corinto. Essa possibilidade, por sua vez, abre a porta para várias construções diferentes dos eventos entre 1 Coríntios e a forma final de 2 Coríntios. A seguinte cronologia das relações de Paulo com a igreja de Corinto parece ser ao escritor atual a construção mais plausível:

1. A fundação da igreja por Paulo [e Timóteo e Silvano?] (1 Co 1,14; 2,1, cf. At 18,1-17)

   Paulo se torna intimamente familiarizado com Priscila e Áquila, e eles se tornam seus colaboradores em Corinto (At 18,2-3). Paulo se considera o único "pai" da igreja (1 Co 4,14-16).

   Paulo tem um ministério eficaz em Corinto por pelo menos um ano e meio (At 18,11).

   Paulo deixa Corinto e [depois de uma viagem a Jerusalém e Antioquia?] trabalha em Éfeso (1 Co 16,8, Atos 18,18-19,40).

2. Apolo e defensores do cristianismo petrino visitam Corinto (1 Co 1,12; 3,4-6.11.22; 4,6; cf. At 18,24-9,1).

   Essas visitas ocorrem enquanto Paulo está em Éfeso, ou na rota da Síria de volta a Éfeso.

   O grupo petrino já introduz a questão do apostolado autêntico, defendendo um exercício apostólico mais oficial, já que representa a contra missão, ou talvez apenas uma compreensão mais antioquena/petrina do apostolado em continuidade com Jerusalém-Antioquia? Será que estas visitas resultam em alguma suspeita de Paulo?

   Daí em diante, Paulo estará lutando em duas frentes relacionadas: uma local, a fim de ajudar a igreja a ser uma igreja autêntica, entendendo a sua fé e vivendo uma vida adequada ao evangelho; e outra, ecumênica, a fim de compreender sua relação com a fé apostólica, a igreja mais ampla e sua missão.

3. Apolo se une a Paulo em Éfeso (1 Co 16,12).

   Presumivelmente, Apolo trouxe notícias de Corinto a Éfeso, um fator nas cartas de Paulo para eles.

4. Paulo escreve a **CARTA A** (1 Co 5,9)
   Esta carta foi presumivelmente escrita de Éfeso (1 Co 16,8).
   A não ser que um fragmento dela esteja conservado em 2 Coríntios 6,14 ao 7,1, esta carta está perdida.
5. Os Coríntios enviam uma carta a Paulo, que incluiu uma lista de perguntas (1 Co 7,1), e Paulo ouve relatos orais de Corinto sobre assuntos que eles não tinham relatado na sua carta, 1 Co 1,11; 16,17.
   Suas perguntas não são apenas de curiosidade, nem simplesmente um pedido dos coríntios por instrução. Já existe algum conflito em Corinto, e, na primeira correspondência existente com Corinto, o próprio Paulo já é suspeito lá.
   Paulo recebe relatórios dos "da casa de Cloé" (escravos, associados ou empregados), e dos portadores da carta, Estéfanas, Fortunato e Acaico.
   Paulo exorta Apolo a visitar Corinto, mas ele não está disposto (1 Co 16,12).
6. Paulo escreve a **CARTA B** – nossa 1 Coríntios (54 ou 55 d.C., de Éfeso, 16.8)
7. Timóteo visita Corinto e retorna a Paulo.
   Timóteo e 1 Coríntios parecem ter sido bem recebidos (1 Co 4,17; 16,10; 2 Co 1,1, cf. At 19,22).
   Timóteo pode ter sido enviado antes da carta de Paulo, ou 1 Co 4,17 pode ser um aoristo epistolar, com Timóteo como o portador da carta.
8. Novas dificuldades surgem em Corinto: suspeitas a respeito do apostolado de Paulo tornam-se mais abertas e problemáticas.
   Não está claro se isso ocorre com o aquecimento das tensões internas da igreja, ou se existem missionários rivais já visitando Corinto.
9. Paulo envia Tito de volta a Corinto em vez de trazê-lo junto consigo.
   Por algum(ns) motivo(s), Paulo mudou seus planos originais de chegar em Corinto vindo de Éfeso pouco depois do Pentecostes (1 Co 16,5-7), e enviou Tito com instruções sobre a coleta (2 Co 2,13-17; 8,6-23). (Esta visita de Tito é diferente e ocorre antes daquela mencionada em 2 Co 7,6). Paulo toma conhecimento a partir do relato de Timóteo e/ou Tito a respeito das novas dificuldades em Corinto.
10. Paulo envia uma carta lidando com a questão da oferta, e sensível à questão do apostolado (**CARTA C**, 2 Co 8, nosso fragmento mais antigo de 2 Coríntios)
    As similaridades quanto ao vocabulário, imagens e preocupações sugerem que esta carta foi escrita como um acompanhamento de 1 Coríntios (este não é o caso para o restante de 2 Coríntios, que faz pouca referência a 1 Coríntios, e usa novo vocabulário e imagens). 1 Coríntios, escrita em Éfeso, já havia lidado tanto com a questão da oferta quanto do apostolado.

Os Coríntios começaram a coleta no ano anterior, e agora precisam completá-la.

Esta carta não é só sobre a coleta, mas manifesta alguma sensibilidade sobre a questão do apostolado, embora isso ainda não seja uma questão crítica, e Paulo se dirige à congregação num espírito cooperativo.

Paulo envia Tito, o irmão famoso, e outro irmão.

11. O desafio ao apostolado de Paulo se intensifica, Paulo se torna cada vez mais consciente do problema, e responde com a **CARTA D** (2 Co 2,14-7,4, A *Primeira Apologia*)

Paulo ainda não percebe a situação como crítica, e tenta convencer os coríntios, explicando a natureza do verdadeiro apostolado, que corresponde à cruz.

1 Coríntios já havia indicado alguma suspeita contra o apostolado de Paulo em Corinto, talvez relacionada com o grupo de Pedro, e oferece uma leve defesa do apostolado de Paulo. Agora, na *Primeira Apologia*, as perguntas são mais nítidas e são mais persistentes, e há uma sensação de alguma alienação.

Paulo escreve apaixonadamente sobre a reconciliação de Deus com o mundo em Cristo, e apela aos coríntios para que se reconciliem. Paulo faz uma defesa completa da natureza do verdadeiro apostolado. Já "Cartas de recomendação", "morte" e "vida" são palavras de efeito. Isso provavelmente significa que os falsos apóstolos com suas cartas já tinham chegado, mas Paulo ainda não havia percebido o quão polarizada a situação tinha se tornado.

A primeira referência aos rivais é o τινες (*tines*, alguns, certas pessoas) 3.1, que têm cartas de recomendação. Em 2 Co 5,12, "os que se gloriam na aparência externa e não no coração" já estão presentes, os mesmos "alguns" que têm cartas de recomendação.

A *Primeira Apologia* é mais uma defesa de seu próprio apostolado do que um ataque contra os novos "apóstolos". Paulo não percebe a gravidade da nova situação até a sua visita.

12. A visita dolorosa – não em Atos (2 Co 2,1.5-8; 7,12; 12,14; 13,1).

Paulo faz uma viagem a Corinto para tentar trazer a igreja de volta para a órbita da missão paulina. Ele é grosseiramente ofendido, insultado e humilhado por alguém (local? missionários visitantes?) e, sentindo-se derrotado, deixa Corinto. Não sabemos a natureza do evento, mas doeu profundamente em Paulo. Apenas durante a visita dolorosa a situação explode, e Paulo responde explosivamente em 2 Co 10-13. O incidente incluiu uma polêmica com/sobre os recém-chegados "apóstolos", mas pode não ter sido limitada a esta questão. Aquele que procedeu mal com Paulo aparentemente associou-se aos apóstolos/missionários rivais, mas o confronto pode ter envolvido mais do que reivindicações à autoridade apostólica.[20] Paulo finalmente percebe as reivindicações e natureza dos novos "apóstolos". Esses indivíduos recém-chegados não são companheiros, como Apolo e Pedro, mas "falsos apóstolos", que "fazem deles escravos": 2 Co 10,7.10; 11,04.12-15.20-23, "ministros de Satanás" (11,15). Eles são missionários judeus cristãos que consideram as igrejas missionárias de Paulo como defeituosas e carentes de correção. Houve suspeitas internas em relação à legitimidade do apostolado de Paulo, as quais agora são usadas pelos recém-chegados.

Os cristãos coríntios (em sua maioria) respondem favoravelmente aos novos mestres.

13. **CARTA E** – A Carta Severa (2 Co 10-13; cf. 2,1-4,9; 7,8-12)

Após a dolorosa visita de Paulo a Corinto, ele volta a Éfeso e escreve uma carta impetuosa, a qual ele envia de volta a Corinto com Tito (ou talvez à frente dele). Apesar de sabermos que Paulo enviou esta carta, não podemos ter certeza de que ela tenha sido preservada. Ela está perdida ou parcialmente preservada em 2 Co 10-13. Alguns estudiosos que escreveram grandes obras sobre 2 Coríntios argumentam que os caps. 10-13 não podem ter pertencido à mesma carta de 1-9, mas também não podem ser a carta severa de 2,1-4 e 7,8-12;[21] eles estão unidos nesse ponto com aqueles que argumentam em favor da unidade da carta.

Entre os argumentos de que 10-13 precede a **Carta F**, e de que, portanto, deve ser identificada com a Carta Severa estão:

(1) Sabemos que houve tal carta, de modo que o propósito não é pura especulação.

(2) A discussão da coleta no cap. 8 não reflete qualquer suspeita da integridade de Paulo no que diz respeito à oferta, mas esta situação mudou nos capítulos 10-13 (cf. 12,16-18).

---

[20] MARGARET THRALL discute as várias possibilidades, e sugere que houve um roubo de alguma das ofertas de dinheiro, e que o suposto ladrão negou a acusação. Foi a palavra de Paulo contra a dele, e que a igreja não ficou do lado de Paulo. Incapaz de tomar alguma medida contra o homem de quem ele suspeitava, Paulo retornou a Éfeso e, enfurecido, escreveu a carta (hoje perdida) (Margaret E. Thrall, *A Critical and Exegetical Commentary on the Second Epistle to the Corinthians* (2 vols.; ICC; Edinburgh: T. & T. Clark, 1994), 68-69). Isto, é claro, é tão especulativo quanto as teorias que ela rejeita. DUNN, *Beginning from Jerusalem*, 831 semelhantemente lista várias possibilidades, diz que estamos "no escuro", desesperadamente perdidos".

[21] C. K. BARRETT, *A Commentary on the Second Epistle to the Corinthians* (HNTC; New York: Harper & Row, 1973); Furnish, *II Corinthians*; THRALL, *Second Epistle to the Corinthians*, que detalha os argumentos a favor e contra (1.13-20).

(3) Os capítulos 10-13 pressupõem a realidade atual de uma grave crise entre Paulo e a igreja de Corinto, enquanto que a última carta de reconciliação, nos caps. 1-7, relembra a resolução da crise. Esta é talvez a evidência mais forte para sua identificação, visto que se os caps. 10-13 foram escritos depois da carta de reconciliação, então a pior crise vem após a reconciliação, e não antes dela, e os caps. 10-13 representa a última palavra de Paulo sobre a situação.

(4) Em 12,14 e 13,1 Paulo dá a impressão de que está chegando a Corinto imediatamente, de modo que, quando não age assim, acaba sendo acusado de não manter sua palavra. Ele responde essa acusação em 1,15-17, que deve, portanto, ser posterior aos caps. 10-13.

(5) É mais plausível que Paulo, escrevendo de Éfeso, podia falar de Roma como estando "além das fronteiras" de Corinto (10,16); mas este não seria o caso se tivesse deixado Éfeso e estivesse escrevendo da Macedônia. Paulo deve ter escrito os caps. 10-13 de Éfeso, antes da carta de reconciliação, escrita da Macedônia.

(6) As declarações dos caps. 10-13 referentes ao futuro são mencionadas como passado na **carta F**, por exemplo, 13,10 / 2,3; 13,2 / 1,23; 10,6 / 2,9.

(7) Na carta de reconciliação, Paulo parece usar intencionalmente, num sentido positivo, algumas palavras que ele tinha usado num sentido fortemente negativo nos capítulos 10-13 (por exemplo, "jactância"), retirando assim um pouco da sua exasperação.

(8) Fixar 10-13 como a carta severa encaixa a intensificação progressiva do conflito sobre o apostolado, que observamos a partir de 1 Coríntios e continua nas cartas C a E, atingindo seu clímax na Carta Severa, antes de ser resolvido, conforme refletido na carta de reconciliação.

(9) O argumento principal e mais convincente, no entanto, é que Paulo diz que escreveu "no meio de muito sofrimento e angústia de coração e com muitas lágrimas" (2,4) uma carta que lhes causou dor e os levou ao arrependimento; uma carta tão intensa que ele sentiu muito pesar por tê-la escrito, mas não se arrepende, pois os levou ao arrependimento. Para muitos estudiosos, 2 Co 10-13 parece ser parte de tal carta. Se a Carta Severa não é representada por 10-13, então temos de postular uma deflagração posterior de problemas em Corinto, depois da carta de reconciliação, que é abordada por 10-13, e que é a última palavra de Paulo sobre o assunto antes de o vermos alegremente estabelecido em Corinto novamente.

Isto parece implausível para muitos eruditos, mas não para todos: além de desafiar cada um dos argumentos apresentados acima, aqueles que entendem os capítulos 10-13 como parte de uma carta separada escrita *após* os capítulos 1-9 consideram decisivo que a visita dolorosa e problemas relacionados não dizem respeito à questão principal dos capítulos 10-13. Eles argumentam que a visita dolorosa, e, assim, a carta severa, possuem o foco central no fato de que Paulo foi ofendido por um membro da igreja de Corinto, enquanto que os capítulos 10-13 se dirigem principalmente ao problema dos missionários rivais de fora.

A carta severa, conforme descrita nos capítulos 2 e 7 não fala nada a respeito dos apóstolos/missionários rivais, e os capítulos 10-13 não falam nada da pessoa que ofendeu Paulo. Assim, a carta de reconciliação encontrada nos capítulos 1-2 e 7 não faz nenhuma referência aos falsos apóstolos que são objetos dos capítulos 10-13. Os que defendem a identificação dos caps. 10-13 como a Carta Severa consideram provável que estes são dois lados da mesma moeda, que os apóstolos/missionários rivais de fora encontraram seguidores entre os cristãos de Corinto, incluindo um membro-chave que ofendeu Paulo terrivelmente durante a visita dolorosa.

14. A igreja se arrepende, reafirma sua lealdade ao evangelho paulino, e pune o ofensor. 2 Co 2,6; 7,9-11

    A crise na Galácia ocorreu mais ou menos nesse tempo, e Paulo escreve a Carta aos Gálatas.

15. Paulo, que já havia sido ameaçado e preso em Éfeso no início do seu trabalho ali, agora vai para a Macedônia e Acaia, encontrando Tito no caminho (2 Co 1,8-9; 2,12-13; 7,6-16; At 19)

    Paulo vai a Trôade e tem uma ótima oportunidade missionária, porém abre caminho para um encontro com Tito em algum lugar na Macedônia.[22]

---

[22] Dois esforços diferentes para manter a unidade da carta focam neste segmento da história. (1) No primeiro ponto de vista, Tito traz "notícias mistas": os coríntios tinham obedecido a Paulo e punido o infrator; mudando seus planos de viagem, Paulo enfrentou a acusação de falta de sinceridade, e um grupo intruso de judeus cristãos chegou. "A resposta de Paulo a esta mistura de questões é a nossa 2 Coríntios." (PHILIP TOWNER, "Corinthians, Second Letter to", em NIDB, 748). Estas "notícias mescladas", contudo, é uma postulação necessária para manter a unidade de 2 Coríntios, mas a carta em si não diz nada a respeito de tais notícias mescladas, apenas a boa notícia do arrependimento dos coríntios; (2) numa variação da hipótese, Tito traz as boas novas, e Paulo compõe 2 Co 1-9, mas antes de enviá-la, ele recebe a notícia de uma recente rebelião em Corinto, dita os capítulos 10-13, e acrescenta-os à composição anterior e envia o documento como a nossa 2 Coríntios (SCHNELLE, *New Testament Writings*, 86-87; DUNN, *Beginning from Jerusalem*, 834-857).

16. **CARTA F** – a Carta de Reconciliação (1,3-2,13 + 7,5-16 + 13,11-13)
Esta carta foi enviada por meio de Tito e possivelmente os "dois irmãos" de 8,16-24.
Esta carta tornou-se a estrutura para a nossa atual 2 Coríntios. Ela foi escrita dez ou onze meses após a **carta B**, a 1 Coríntios canônica.

17. **CARTA G**, nossa 2 Co 9, enviada para dar novos estímulos à coleta
Esta pequena carta é um adendo à Carta de Reconciliação, fornecendo instruções finais para a coleta, o que está novamente em andamento e prossegue em ritmo acelerado.

18. Última visita de Paulo a Corinto
Paulo tem uma relação positiva com a Igreja, fica três meses, recebe a coleta, prepara-se para levá-la a Jerusalém, e escreve Romanos de lá. Rm 15,25-29, cf. At 20,2-3, ca. 55 ou 56.

19. *1 Clemente* 3,2-3 retrata a situação em Corinto, antes da edição e circulação da correspondência restante de Paulo, que se tornou a canônica 2 Coríntios. Por volta do final do primeiro século de nossa Era, a igreja de Corinto teve outra crise de liderança, resultando na expulsão de líderes estabelecidos. Clemente escreve a partir de Roma para incentivar a igreja a restabelecer seus líderes. No decorrer de sua carta, ele se refere à carta (singular) que Paulo lhes escrevera (47,1 "recebam a carta do bendito Apóstolo Paulo"), citando várias vezes 1 Coríntios, mas inconsciente de 2 Coríntios, embora isso fosse o mais apropriado para a ocasião. A maioria dos estudiosos duvida de que Clemente conhecesse 2 Coríntios, o que significa que ela ainda não havia circulado em Roma, embora várias outras cartas paulinas estivessem à disposição da Igreja Romana (cf. 17,2.4).

Resumo: Teorias, Métodos e Teologia

Uma vez que a questão surgiu pela primeira vez no início do estudo crítico da Bíblia, com a teoria de Semler, em 1776, iniciando a discussão, a análise acadêmica gerou uma série de entorpecimento mental de hipóteses e suas variações, com argumentos detalhados a favor e contra cada ponto.[23] Os resultados podem ser resumidos como se segue, com os defensores representativos de cada ponto:

---

[23] Cf. o sumário e bibliografia em Betz, *2 Corinthians 8 and 9*, Thrall, *Second Epistle to the Corinthians*, e Bieringer and Lambrecht, eds., *Studies on 2 Corinthians*.

- *Uma carta:* os capítulos 1-13 foram compostos por Paulo em sua presente ordem e enviados aos coríntios como uma carta coerente.²⁴
- *Duas cartas:* os capítulos 10-13 fazem parte de uma carta separada antes dos capítulos 1-9, e devem ser identificados como parte da Carta Severa,²⁵ ou fazem parte de uma carta separada escrita após os capítulos 1-9, sendo que a Carta Severa se perdeu.²⁶
- *Três ou mais cartas:* quando os capítulos 1-9 não mais eram considerados como uma unidade, teorias começaram a multiplicar-se e tornar-se mais divergentes. R. H. STRACHAN argumenta classicamente em favor de uma combinação de três cartas, abstraindo a *Primeira Apologia* 2,14-7,4 como a primeira carta, a Carta Severa dos capítulos 10-13; em seguida, a carta de reconciliação da Macedônia, capítulos 1-9 (menos 6,14-7,1).²⁷ A teoria popular mais recente defende cinco cartas (mais a interpolação 6,14-7,1), separando os capítulos 8 e 9 como cartas individuais escritas depois de a crise ter sido resolvida, especialmente conforme argumentou GÜNTHER BORNKAMM.²⁸ A cronologia acima confirma a hipótese de cinco cartas, mas com o capítulo 8 como a primeira das cinco.

---

²⁴ R. BIERINGER, "Plädoyer für die Einheitlichkeit des 2. Korintherbriefes," in *Studies on 2 Corinthians*, ed. R. Bieringer and Jan Lambrecht, *Bibliotheca Ephemeridum theologicarum Lovaniensium* (Leuven: University Press, 1994); SCHNELLE, *New Testament Writings*, 79-88. Alguns comentários recentes defendem esta visão, e.g. MATERA, *II Corinthians*; JAN LAMBRECHT, S. J., *Second Corinthians* (SP; Collegeville, Minn.: Liturgical Press, 1999).

²⁵ Esta posição foi classicamente defendida por ALFRED PLUMMER, *Second Epistle of St. Paul to the Corinthians* (ICC Edinburgh: T & T Clark, 1966) (primeira edição, 1915), foi defendida nas introduções críticas padrão do Novo Testamento durante uma geração (e.g. James Moffatt, *An Introduction to the Literature of the New Testament* (3rd ed.; ITL; Edinburgh: T & T Clark, 1949)), e foi defendida recentemente por, e.g HANS-JOSEF KLAUCK, *2. Korintherbrief* (3rd ed.; NEchtB 8; Würzburg: Echter Verlag, 1994).

²⁶ BARRETT, *Second Epistle to the Corinthians*; Furnish, *II Corinthians*; Thrall, *Second Epistle to the Corinthians*.

²⁷ R. H. STRACHAN, *The Second Epistle of Paul to the Corinthians* (MNTC; London: Hodder & Stoughton, 1965).

²⁸ A tabela de BIERINGER, circulante em 1994, lista 31 eruditos apoiando essa visão, mais do que para qualquer outra posição. Trabalhos recentes adicionais podem ser acrescentados à lista. Naturalmente, as opiniões dos estudiosos devem ser avaliadas e não meramente contadas, de modo que é importante notar que entre os defensores desta visão estão incluídos vários estudiosos que têm escrito importantes e influentes obras sobre 2 Coríntios.

12.2.1 Estrutura e Esboço

Os principais elementos estruturais são claros, mesmo a partir de uma leitura superficial: os capítulos 1-7 tratam do ministério de Paulo entre os coríntios; capítulos 8 e 9 da coleta e os capítulos 10-13 da disputa de Paulo com os apóstolos/missionários rivais em Corinto. As divisões secundárias não são tão claras, e podem muito bem refletir a história da composição ou redação da forma atual da carta, em vez de um esboço integrado.

1,1-2	Saudação
1,3-2,13 (+7,5-16; 13,11-13)	Reconciliação e Shalom Escatológica
1,3-11	Bênção e Ações de Graça
1,12-2,13, 7,5-16	Relações recentes com a igreja: alienação e reconciliação
2,14-7,4 (-16)	*Primeira defesa* de Paulo — a natureza do ministério autêntico
2,14-17	Procissão triunfal de Deus, a humilhação de Paulo
3,1-4,6	Dois tipos de ministério, duas alianças
4,7-15	Ministério: tesouro em vasos de barro
4,16-5,10	Ministério: visível e invisível
5,11-21	O ministério da reconciliação – o de Deus e o de Paulo
6,1-7,4	Reconciliação na e através da igreja
7,5-16	O arrependimento da igreja, a alegria de Paulo
8,1-24	A coleta – nota (1)
9,1-15	A coleta – nota (2)
10,1-13,10 (-13)	Verdadeiros e falsos apóstolos
10,1-11	Resposta à visita dolorosa

10,12-18	Vanglória e limites
11,1-6	"Outro Jesus, um evangelho diferente"
11,7-33	O discurso do "tolo"
12,1-13	Visões, revelações e o "espinho na carne"
12,14-13,13	Apelo final e exortações

12.2.2 Síntese Exegético-Teológica

As principais unidades da carta que constituem o esboço podem muito bem ser o resultado de sua história de composição: cada seção principal pode ter sido originalmente uma carta separada, ou parte de uma. Quer escrita como uma carta ou editada a partir de mais de uma, recebemos a carta como uma unidade das mãos da igreja. A forma atual da carta fez algum tipo de sentido teológico em sua forma canônica, e olhamos para a sua mensagem teológica a partir do ponto de vista de sua forma final, observando que ela pode ter sido composta a partir de elementos que já existiam anteriormente.

1,1-2 Saudação

A versão teológica da saudação convencional de Paulo (ver §10.2.3) aqui enfatiza que a congregação coríntia é parte da igreja maior. Isso não quer dizer que 2 Coríntios é uma carta circular dirigida a todas as outras igrejas da Acaia, ou que parte dela é dirigida aos próprios coríntios, e outras partes a outras igrejas da Acaia (cf. 6.11, onde os destinatários são todos "coríntios").

1,3-2,13 (+7,5-16, 13,11-13) Reconciliação e Shalom Escatológica

1,3-11 Bênçãos e ações de graça
A ação de graças padrão (ver §10.2) aqui assume a forma de uma bênção, louvor a Deus pelo conforto e encorajamento gerados pela boa notícia trazida por Tito de que a igreja de Corinto havia recuperado a sua confiança na missão e apostolado de Paulo. Aqui, como em outros lugares, a ação de graças sinaliza os principais temas da carta. Na NRSV e na ARA, Deus é chamado de "o Deus de toda

consolação". O substantivo παράκλησις (*paraklēsis*) e o verbo cognato παρακαλέω (*parakaleō*, frequentemente traduzido por "consolação" e "conforto" na NRSV) se encaixam perfeitamente na fé e vocabulário bíblicos. Não há sequer uma palavra portuguesa que sirva como uma tradução adequada. Às vezes é traduzida como "conforto" ou "encorajamento", mas todas essas palavras portuguesas têm conotações inadequadas. A palavra é usada para expressar a salvação prometida por Deus a Israel, a "esperança de Israel", a ação última de Deus que trará a paz e a justiça divinas, o cumprimento das promessas de Deus, a vinda do reino de Deus. Aqueles que lamentam a situação atual do mundo de Deus e anseiam pela redenção futura serão "consolados" (Mt 5,4); cf. Lc 2,22-32, onde o desejo do idoso Simeão pela salvação futura prometida a Israel e a todos os povos é chamado de "anseio pelo consolo (παράκλησις, *paraklēsis*) de Israel". Quando Paulo continua falando a respeito do "conforto" ou "consolo" que ele recebe em face do relatório de Tito,[29] sua alegria, terrena e humana, está em continuidade com o ato messiânico de Deus, que, em última instância, significa a reconciliação do mundo, uma antecipação do que é a reconciliação que ocorreu entre os coríntios e Paulo. Após a rejeição humilhante de Paulo pelos defensores dos novos mestres infiltrados em Corinto, ele voltou a Éfeso, onde enfrentou riscos de morte e luta por sobrevivência, provavelmente um aprisionamento do qual esperava ser condenado à morte (1,8-9).

*1,12-2,13; 7,5-16 Relações recentes com a Igreja:
Alienação e Reconciliação*

Ele se libertou desta crise, compôs a Carta Severa respondendo aos maus tratos em Corinto (2,3-4,9), e a envia a Corinto com Tito, planejando encontrá-lo em Trôade a fim de receber notícias sobre a situação em Corinto. Em Trôade, Paulo teve oportunidade para uma missão frutífera, mas não conseguiu suportar o suspense, por isso foi ao encontro de Tito na rota pela Macedônia (2,12-13). Na forma atual da carta, a intensa linha de pensamento é interrompida por uma defesa prolongada do ministério de Paulo (2,14-7,5). Paulo descreve seu

---

[29] Formas de παρακαλέω, παράκλησις (*parakaleō, paraklēsis*, conforto, consolo, encorajamento) ocorrem 29 vezes em 2 Co, 6 vezes na bênção de 1,3-11; 4 vezes em 7,6-13 (evidência adicional de que 7,5-16 é a continuação de 2,13).

conflito interno na Macedônia, na busca de Tito, e seu grande alívio e alegria ao saber que os coríntios tinham renovado seu apoio à missão paulina e disciplinado o líder da oposição (7,5-16).

Importantes aspectos teológicos desta carta/seção:

- Aqui, como em outros lugares, Paulo interpreta os acontecimentos de sua vida e missão neste mundo à luz da ação salvífica de Deus em Jesus Cristo. Paulo acredita em algo que realmente aconteceu, e que faz toda a diferença. Se este evento aconteceu, o mundo e a vida são diferentes, e Paulo se esforça para ver a sua vida e missão à luz deste.
- Paulo havia mudado seus planos de viagem anunciados aos Coríntios, dando origem à suspeita de que ele era indigno de confiança, e que falava de forma contraditória, dizendo tanto "sim" quanto "não" (1,15-17). Sua resposta não é apenas no nível de sua própria sinceridade e lealdade (1,12); ele afirma sua própria confiança na fidelidade de Deus que se fez conhecida no evento-Cristo. Embora a rejeição humana representada na crucificação fizesse parecer que Jesus também havia sido rejeitado por Deus, que ele era o divino "Não", a ressurreição revelou que o evento-Cristo foi a vontade soberana de Deus, o eterno "Sim", não apenas para as promessas feitas a Israel, mas para todas as esperanças humanas baseadas na fidelidade do Criador (1,18-20).
- Quando a igreja coríntia reconquistou sua confiança na missão apostólica de Paulo através da Carta Severa e do trabalho pastoral de Tito, eles disciplinaram severamente o líder da oposição que havia apoiado os apóstolos/missionários rivais. Paulo não tripudia sobre essa "vitória", mas expressa seu perdão e cuidado pastoral por seu antagonista (7,8-13). Sua carta não apenas afirma o ato divino de reconciliação na cruz e a ressurreição de Jesus (5,11-21), mas manifesta a realidade dessa reconciliação na forma como trata outras pessoas que o ofenderam.

2,14-7,16 Primeira Defesa de Paulo:
A Natureza do Ministério Autêntico

Esta carta/seção inclui afirmações e imagens de Paulo que lidam com as dimensões mais profundas de sua teologia: a antiga e a nova aliança (cap. 3); Cristo como a imagem de Deus (4,5); transformação dos crentes à imagem de Cristo (3,18); o destino humano como a substituição do santuário terreno com a morada celestial (5,1-10); a avaliação das obras humanas quando estivermos diante do juízo escatológico de Cristo (5,10); estar "em Cristo" e a "nova criação" (5,17); a reconciliação de Deus com o mundo através da morte de Cristo (5,19-21). Como sempre, Paulo fala da profundidade da sua convicção teológica, mas ele não está "ensinando teologia", mas respondendo a acusações específicas feitas por pessoas com quem ele se preocupa, e que, ele teme, estão sendo enganadas por seus novos mestres. As acusações têm a ver com Paulo enquanto ministro e com o caráter de seu ministério. Esta carta/seção 2,14 – 7,4 é uma defesa do ministério autêntico.

2,14-17 Procissão Triunfante de Deus, Humilhação de Paulo
A nota de agradecimento originalmente pode ter sido o início habitual de uma carta. Ela retrata o progresso da vida de Paulo no imaginário de uma procissão triunfal, uma exibição da vitória romana, na qual os prisioneiros eram forçados a marchar. O próprio Paulo não é retratado triunfante, mas como um prisioneiro no cortejo liderado por Deus. Seu ministério é marcado não com a glória do Cristo triunfante, mas com a vergonha do Jesus crucificado. O comentário "como muitos" (2,17; cf. 3,1; Fp 3,18) é a primeira indicação da presença de missionários rivais em Corinto.

3,1-4,6 Dois Tipos de Ministério, Duas Alianças
Os novos mestres vêm de outros lugares com impressionantes cartas de recomendação (3,1). Eles se apresentam como modelos de ministério autêntico que manifestam, em sua aparência, fala e conduta, o triunfo de Cristo, e levantaram questões sobre a competência de Paulo. Ἱκανός (*hikanos*, competência; suficiência) era uma palavra-chave em seu vocabulário (4 vezes nesta breve seção). Ao contrário de seus rivais, Paulo não fala nada de si mesmo. Sua competência não é visível aos olhos, mas pertence e é validada pelo mundo invisível de Deus. Sua única "carta de recomendação" é a própria igreja de Corinto, escrita não em tábuas de pedra, mas nos corações de Paulo e de seus colaboradores. Se as pessoas querem provas da validade da missão de Paulo, que observem a igreja de Corinto, fundada por Paulo e seus colaboradores, na qual os mestres intrusos já haviam se infiltrado.

At 3,7, o contraste entre as cartas de recomendação dos oponentes e aquelas escritas por Paulo toma um rumo inesperado. As cartas dos apóstolos/missionários rivais foram escritas em papiro, em contraste com a "carta" de Paulo, escrita nos corações dos coríntios. O leitor moderno espera, portanto, algo como corações-versus-papiro, mas Paulo escreve algo como corações-versus-tábuas de pedra. Como "tábuas de pedra" se encaixam no presente quadro? A referência, é claro, tem a ver com as tábuas de pedra da lei de Moisés (Êx 34). Parece que os novos mestres em Corinto enfatizaram a lei de Moisés, gerando um contraste com o ensino de Paulo, e que Paulo contrastou seu próprio ministério da nova aliança profetizada por Jeremias (Jr 31,31-33) com a antiga aliança representada por Moisés. Pode ser que os oponentes tenham questionado a afirmação de Paulo de que era um apóstolo que havia encontrado o Senhor ressurreto e fora comissionado por ele, visto que a presença física de tal apóstolo deveria manifestar a glória do Senhor, assim como o próprio rosto de Moisés refletiu seu encontro com Deus (Êx 34,27-35). Paulo entrelaça alusões a Êx 34 e Jr 31. Ambos são textos da aliança, uma escrita em pedra, e a outra, no coração humano: Deus é o escritor em *ambos* os casos.

Paulo usa tal linguagem alusiva de uma forma que pressupõe que seus leitores gentios cristãos estão familiarizados com o Antigo Testamento, as Escrituras Judaicas que agora fazem parte da Bíblia Cristã (como, por exemplo, em 1 Co 5,6-8). A linguagem da nova aliança era uma parte regular da liturgia eucarística da igreja (1 Co 11,23-26), de modo que Paulo pode estar apelando a algum elemento de sua tradição comum a fim de se opor à ênfase dos novos mestres no que diz respeito à antiga aliança. Pode ser que o contraste entre as cartas externamente visíveis e as cartas que Paulo escreve sobre os corações humanos, visíveis apenas pela fé, sugira o contraste encontrado em Jr 31,31-33. A combinação desses fatores pode ter gerado a mudança de Paulo em termos de linguagem e imagens da nova aliança como a validação do seu ministério. Em todo caso, Paulo não está aqui lançando uma discussão abstrata e anacrônica quanto a se a nova aliança substitui a antiga ou à relação entre a parte do Antigo Testamento da Bíblia cristã com a seção do Novo Testamento. Contudo, uma vez que 2 Co 3 frequentemente emerge nas discussões modernas a respeito da relação do Cristianismo com o Judaísmo e a relação do Novo Testamento com o Antigo Testamento, o leitor contemporâneo tem de se lembrar de como a linguagem do *novo* é usada na Bíblia. Para Paulo, em tais contextos, "novo" refere-se à nova criação escatológica de Deus, que já foi iniciada e antecipada no evento-Cristo, mas ainda não se cumpriu (ver §§1.2, 1.3).

A *Aliança* não era uma grande categoria na teologia de Paulo. Paulo usa a terminologia da aliança apenas em 2 Coríntios e Gálatas, escritas por volta da mesma época em sua missão, tanto para refletir uma situação de crise quanto os pontos de vista de seus oponentes. A resposta de Paulo pode ser descrita em cinco afirmações:

1. Deus fez uma aliança com Israel para ser um povo eleito especial entre todos os povos do mundo (que também são povos de Deus pela criação). A eleição e aliança de Israel não são para privilégio, mas para missão.
2. Israel não fez jus às responsabilidades da aliança, e, nesse sentido, quebrou o pacto, mas Deus não a revogou. A infidelidade de Israel não anula a fidelidade de Deus (Rm 3,2).
3. A antiga aliança estava associada com leis externas e escritas que enunciavam as responsabilidades de Israel.
4. A lei em si era santa e boa, mas foi obstruída pelo vil poder do pecado, que a perverteu de seu bom propósito original e função (Rm 3,31; 7,7-25).
5. Através do evento-Cristo, Deus derruba o poder do pecado e renova o pacto de tal forma que a lei de Deus não é mais uma restrição externa que regulamenta e condena, mas uma energia interna que realiza a vontade de Deus no crente pelo poder do Espírito. Esse Espírito não é apenas uma atitude interna (como na frase "o espírito da lei, não a letra da lei"), mas o dom escatológico do Espírito Santo em ação na vida da igreja. A nova aliança é distinguida por uma série de contrastes com base em Jr 31,31-33 e Ez 16,59-62; 34,25-26. Paulo enfatiza esses contrastes a partir dos pares letra-versus-Espírito, morte-versus-vida, glória-versus-mais glorioso, condenação-versus-justificação, temporária-versus-permanente.

Paulo responde as acusações de seus rivais de que sua aparência é inexpressiva argumentando que ela corresponde à natureza do surpreendente ato escatológico de Deus na cruz de Cristo, que subverte todas as expectativas humanas, quadros de referência, bem como os critérios deste mundo. Paulo valida seu ministério ao ver sua pequena e inexpressiva história como inserida na linha da história cósmica do plano de Deus desde a criação (4,6), através da aliança com Israel e o decisivo evento reconciliatório de Deus em Cristo, a renovação escatológica da aliança (3,7-14) para a consumação, a nova criação já florescendo na vinda de Cristo e no dom do Espírito (3,18; 5,17-21).

4,7-15 Ministério: tesouro em vasos de barro
Os rivais de Paulo aparentemente insinuaram que o grande drama escatológico da salvação proclamada foi desmentido por sua aparência física. A resposta de Paulo: o valor inestimável do evangelho é, de fato, apresentado num frágil – e, de alguma forma, quebrado – vaso de barro. O corpo de Paulo carrega as marcas de inúmeras agressões. Estas não eram cicatrizes no rosto, braços e peito que se possam ostentar com orgulho, mas vergonhosas marcas nas costas. Paulo valida seu ministério como um serviço autêntico do evangelho, e não a partir de sinais externos os quais pode apontar, mas através da inserção de sua história dentro da história de Deus, da qual a história de Jesus é o centro definidor (4,10-12,14) bem como pelo seu apelo a essa história conforme representada nas Escrituras (4,13 = Sl 115,1 LXX; outras versões Sl 116,10, traduzido de forma diferente).

4,16-5,10 Ministério: visível e invisível
Esse contraste entre o externamente-visível e o invisível-porém-real continua. A imagística do abandonar a tenda terrena e temporária e receber um edifício eterno e celestial está em tensão com a imagem da ressurreição de 1 Co 15 e com o parágrafo anterior dessa carta (2 Co 4,14). O contraste aqui é uma continuação do tema principal, uma defesa de seu ministério. O corpo cheio de cicatrizes, seu trabalho para ganhar a vida, sua fraqueza e inexpressivo "gemido" (5,2), não são indícios de que seu ministério é inválido, visto que todo ministério autêntico é validado a partir do ponto de vista do mundo celestial, o qual Paulo anseia, mas que ainda não lhe pertence. Da mesma forma, a afirmação sobre o juízo final em que todos compareceremos perante o tribunal de Cristo (5,10) insiste que a validação de um ministério ainda não pode ser visto (em termos dos adversários), mas aguarda a validação final de Deus.

5,11-21 O Ministério da Reconciliação, o de Deus e o de Paulo
O ministério de Paulo não é validado ou caracterizado por "sucesso" demonstrável. Ele é uma extensão da ação de Deus de reconciliar

o mundo através do evento-Cristo. Não é nenhuma surpresa que, "a partir de um ponto de vista humano", Paulo não se pareça com um pastor bem-sucedido. Jesus morreu uma morte vergonhosa na cruz, mas assim como a verdade do que aconteceu lá não pode ser conhecida "a partir de um ponto de vista humano" (κατὰ σάρκα, *kata sarka* 5.16), assim também os autênticos ministros de Cristo não podem "gloriar-se na aparência exterior" (5,12). Deus estava agindo na morte de Jesus para a reconciliação do mundo. Com a ressurreição de Jesus, a nova criação escatológica irrompe neste mundo. Os indivíduos são transformados pela fé na ressurreição e no poder do Espírito Santo, mas a "nova criação" não é meramente pessoal.[30] Algo que acontece ao *mundo* na ressurreição de Jesus, e não apenas à subjetividade dos crentes. Paulo pensa em termos cósmicos e apocalípticos: como a ressurreição, a nova criação devia ocorrer no final. Mas, no evento-Cristo, esse poder escatológico já invade o presente. Jesus é a vanguarda do novo mundo de Deus. Aqueles que estão "em Cristo" já participam desta nova realidade, mas continuam a viver suas vidas em um mundo ainda dominado pelos poderes remanescentes do pecado e da morte, ainda que os dias desses poderes estejam contados (cf. Rm 6 e 8, e a sobreposição dos "fins dos séculos", em que os cristãos vivem atualmente [1 Co 10,11]). O ato reconciliatório de Deus em Jesus continua no ministério de Paulo, e tem o mesmo caráter, anunciando e mediando o amor reconciliador de Deus das formas mais inesperadas.

Como em outros lugares em Paulo, as dimensões "práticas" do ministério evocam uma profunda reflexão teológica e estão baseadas nela. A coleta em 8,9-10, o apelo aos coríntios para se reconciliarem uns com os outros, com o próprio Paulo e com Deus está baseado na ação de Deus em Cristo para a reconciliação do mundo. Esta é uma via de mão dupla: a teologia não é abstrata, doutrinal, especulativa, mas trabalha no mundo; o ensino prático sobre as questões deste mundo está baseado tanto na teologia profunda quanto nas formas como essa

---

[30] Contrastar, e.g., RSV e NVI "Portanto, se alguém está em Cristo, nova criatura é; as coisas antigas passaram, e eis que tudo se faz novo!" e a NRSV: "Portanto, se alguém está em Cristo, há uma nova criação: tudo que é antigo passou; e eis que tudo se faz novo!" e a TNIV: "Portanto, se alguém está em Cristo, a nova criação chegou: o antigo é passado, e o novo está aqui" (2 Co 5,17).

teologia é formulada. Paulo está aqui pedindo a reconciliação entre os coríntios e ele mesmo com base na reconciliação universal que Deus já realizou no evento-Cristo.

6,1-7,4 Reconciliação na e através da Igreja

Esse ato reconciliatório de Deus continua não apenas no ministério de Paulo, mas se estende para a vida da igreja de Corinto. "Trabalhar juntos" (6,1) significa não apenas "com Deus", mas "com Paulo e uns com os outros". A Igreja é a comunidade da reconciliação, dando testemunho da ação reconciliadora de Deus para com o mundo, e manifestando essa reconciliação em sua própria vida. Assim, os cristãos de Corinto, apesar das suspeitas em relação a Paulo e de terem sido enganados por seus novos líderes, nunca são tratados como inimigos, mas como parceiros de Paulo no ministério da reconciliação. Depois de mais uma vez catalogar suas paradoxais "qualificações" através das quais "elogia a si mesmo", qualificações que refletem a realidade da cruz/ressurreição do evento de reconciliação (6,4-10), Paulo conclui esta carta/seção com sua pungente declaração de amor e confiança naqueles que, como ele, foram reconciliados com Deus através do próprio ato de amor de Deus. Paulo mostrou que as recentes relações entre ele e os coríntios – boas e más – fazem parte de uma história cósmica. Não é apenas a história de Paulo e Corinto, é a história cósmica da reconciliação de Deus com o mundo através de Jesus Cristo.

Toda a seção 2,14-7,4, embora corretamente considerada a defesa que Paulo faz de seu ministério, não é, portanto, sobre *Paulo*. Aqui estamos no polo mais distante da insegurança egocêntrica que deve convencer os outros de sua própria importância. A seção inteira pode ser chamada melhor de "o ministério da reconciliação", baseado em um profundo entendimento do ato reconciliador de Deus em Jesus, que cria uma comunidade reconciliada e reconciliadora com uma missão para o mundo.

7,5-16 O arrependimento da igreja, a alegria de Paulo

Na forma atual da carta, a alegria de Paulo em face do arrependimento dos coríntios e sua reconciliação com eles é o cenário que fecha a defesa do ministério autêntico.

8,1-24 A coleta – Nota (1)

Paulo começou a organizar a coleta durante sua visita de fundação, e deu instruções para isso em 1 Co 16,1-4. As dificuldades entre Paulo e os coríntios, e a suspeita que tiveram dele, parecem ter causado entusiasmo para a retenção da oferta. Esta nota visa dar um novo impulso para o envio de Tito (8,6), juntamente com o "irmão conhecido entre todas as igrejas para a sua proclamação das boas novas", os quais foram escolhidos pelas congregações da Macedônia (8,18), e por outro dos assistentes de Paulo, escolhido e nomeado por ele mesmo. Esse cuidado tomado de ter a supervisão de um representante (uma vez que se tratava de uma grande soma de dinheiro), não é apenas uma prudência natural, mas também sugere que os coríntios já pudessem estar desenvolvendo as suspeitas de que Paulo podia estar enchendo seus próprios bolsos, sob o pretexto de ajudar os irmãos pobres de Jerusalém. Caracteristicamente, Paulo convida à participação não apenas a partir de razões humanitárias e do exemplo dos cristãos Macedônios (8,1-5), mas por um uso alegórico das Escrituras e, especialmente, apelando para uma imagem cristológica profunda: o Cristo preexistente "se fez pobre", de modo que pelo seu ato de esvaziamento voluntário, os coríntios podiam "tornar-se ricos" (8,9; cf. Fp 2,6-8). Aqui, também, Paulo baseia as dimensões práticas da vida da Igreja nas convicções fundamentais do evangelho. Assim como a sua proclamação de reconciliação e a da Igreja estão baseadas na ação reconciliadora de Deus em Cristo, assim também a generosidade cristã é uma extensão da autodoação de Cristo. A cristologia da preexistência e encarnação não é especulação abstrata, antes acontece neste mundo na autodoação amorosa entre os cristãos. O serviço cristão aos outros não se resume a "boas obras" moralizantes, mas na continuação da própria autodoação de Jesus.

O julgamento do leitor moderno quanto a se esta missão de Tito e seus companheiros obteve êxito depende de como se entende a unidade literária de 2 Coríntios e a cronologia dos acontecimentos entre 1 e 2 Coríntios (ver acima).

9,1-15 A coleta – Nota (2)

O capítulo 9 parece ser uma unidade autossuficiente que dá instruções adicionais sobre a coleta. Ele tem sido compreendido como [um fragmento de] uma carta separada, abordando um público diferente do restante de 2 Coríntios (todas as igrejas na Acaia em distinção de Corinto), ou meramente uma renovada discussão para os mesmos leitores, talvez depois de uma pausa no ditado. Quando Paulo escreve, ele está na rota da Macedônia, onde é encorajado pela resposta generosa das igrejas daquele lugar. A relação conturbada entre os coríntios e Paulo causou o atraso na coleta. Paulo envia "os irmãos" na frente para facilitar a conclusão da coleta antes de ele chegar com a delegação da Macedônia. Embora 8,1-6 seja uma indicação de que Paulo elogiou a generosidade dos macedônios como um modelo para os coríntios,[31] aqui ele relata que havia usado os coríntios como um modelo para incentivar os macedônios, e por sua vez, agora aponta para a expectativa dos macedônios com respeito à oferta dos coríntios como um estímulo ainda maior para que os coríntios agissem bem em relação aos elogios de Paulo acerca deles. A imagem final transcende as relações Acaia/Macedônia, quando a mente de Paulo pensa na recepção da oferta, em Jerusalém, aonde os judeus cristãos da igreja-mãe vão para agradecer a Deus, não somente pela oferta que receberam, mas pela graça de Deus que foi derramada sobre as igrejas dos gentios.

10,1-13,10 Verdadeiros e Falsos Apóstolos

10,1-11 resposta à Visita dolorosa
Nesses capítulos, Paulo responde ao incidente terrivelmente doloroso que ocorreu em sua recente visita a Corinto, com profundo sarcasmo que reflete o que foi dito sobre ele: ele escreve cartas poderosas de longe, mas a sua presença pessoal é desprezível e seu discurso não manifesta o poder do Espírito. Os pronomes singulares de 10,7.11 e o verbo no singular de 10,10 (no texto grego) pode referir-se ao indivíduo que tinha ridicularizado Paulo e levou a igreja a rejeitá-lo durante a visita dolorosa (cf. 2,1; 7,12).[32] Paulo os ameaça com juízo apocalíptico em sua próxima visita se eles não se arrependerem (cf. 1 Co 5,3-5).

---

[31] Se isto é antes, depois, ou na mesma carta, depende de como se compreende a unidade da carta, e (se ela é composta de mais de uma parte) a cronologia relativa das várias partes.
[32] Em cada caso, a NRSV muda para o plural no interesse de uma linguagem de gênero inclusiva, mas falta a sutileza da referência de Paulo a uma pessoa em particular (cf. RSV, REB e BJ).

10,12-18 Vanglória e Limites

Paulo entende que foi comissionado pelo Cristo ressuscitado como apóstolo dos gentios e porta-voz de Cristo às igrejas que ele fundou, uma comissão reconhecida pelos líderes judeus cristãos em Jerusalém (Gl 2, At 15). Essa autoridade foi contestada pelos novos mestres em Corinto. Paulo os considera intrusos, que invadiram igrejas que eles não fundaram, os quais desdenham e desafiam a autoridade legítima de Paulo, o qual se vê obrigado a defender-se contra estranhos nas igrejas que ele fundou e apascentava. A questão não é o ego e orgulho ferido de Paulo, mas a natureza e legitimidade do apostolado. A linguagem da "vanglória" havia se tornado destaque na disputa. O ponto de Paulo é que a "vanglória" legítima não é uma questão de realizações pessoais. Ela só pode ocorrer "no Senhor" (10,17, citando Jr 9,23-24; cf. 1 Co 1,31). Seus adversários concordam com isso, mas pensam em termos do poderoso Senhor da glória. Paulo pensa em termos do Jesus crucificado.

11,1-6 "Outro Jesus, um evangelho diferente"

Paulo define a cristologia de seus adversários em contraste com a sua própria, que enfatiza a vulnerabilidade e fragilidade do Jesus crucificado, cuja vida terrena foi destituída do poder divino (cf. 1 Co 1,18-2,5; 2 Co 13,4; Fp 2,5-11). Os falsos apóstolos parecem, assim, ter enfatizado o poder do Jesus operador de milagres, cuja vida terrena estava cheia de poder divino – uma visão que não tinha lugar no entendimento de Paulo. Seus próprios rivais realizavam milagres, falavam no poder do Espírito, e podem ter usado relatos de milagres de Jesus como um meio de comunicar seu "evangelho diferente". Uma vez que cristologia e discipulado são sempre conceitos correlativos, sua visão de um Jesus poderoso significava que seus representantes na terra deviam igualmente manifestar esse poder divino triunfante, e isso é o que eles alegavam fazer. Eles rejeitaram Paulo como um apóstolo autêntico, uma vez que sua aparência, comportamento e discurso claramente não demonstravam esse poder. Ele proclamou o Jesus "crucificado em fraqueza" (13,4), e acreditava que um discipulado e apostolado autênticos eram marcados pelo sinal da cruz. Nem Paulo nem seus adversários tinham uma forma teológica de combinar essas imagens da vida cheia de poder de Jesus com a fraqueza de sua morte na cruz, e esses dois paradigmas cristológicos só poderiam aparecer como alternativas entre as quais alguém deve escolher. Os rivais de Paulo defendiam um Jesus poderoso e minimizavam seus sofrimentos e morte. Paulo proclamou Jesus "crucificado em fraqueza" (13,4) e não tem nada a dizer sobre os milagres de Jesus. Antes do Evangelho de Marcos, essas duas cristologias e pontos de vista do discipulado lutavam uma contra a outra. Em 2 Co 10-13, ouvimos um lado de um debate cristológico no interior da igreja.

11,7-33 "O discurso do tolo"
A linguagem forte de Paulo ("falsos apóstolos", "obreiros fraudulentos", "ministros de Satanás") expressa sua convicção de que uma linha decisiva tinha sido atravessada. Paulo era tolerante e aberto a outras versões da fé cristã, e deixou isso claro aos coríntios (1 Co 3,21-23). Mas, embora haja mais de uma forma de afirmar a fé autêntica, não significa que qualquer uma seja aceitável. Na visão de Paulo, os novos mestres em Corinto estavam não apenas representando uma versão diferente da fé comum, mas estavam na verdade negando sua própria base no Jesus crucificado.

Assim, Paulo responde às suas impressionantes credenciais não pela tentativa de apresentar credenciais ainda mais impressionantes no mesmo quadro de referência ("esse mundo", "segundo a carne"), mas ao catalogar suas experiências, que correspondem ao escândalo da cruz. Eles "se vangloriavam", e ele vai "se vangloriar" também – na forma literária do "discurso do tolo", o que se apresenta como paródia de sua própria lista de realizações. Embora ele tenha as mesmas credenciais judaicas de seus adversários (11,22), suas "realizações" são uma lista de açoites, prisões e desastres que manifestam não sua força, mas sua fraqueza. Em uma cultura de honra/vergonha em que a honra era tão importante quanto o dinheiro é na nossa, essa inversão de valores foi tão perturbadora quanto a ideia de um Messias crucificado, e é o seu correlativo.

12,1-13 Visões, revelações e o "espinho na carne"
Paulo é sempre relutante em trazer suas experiências espirituais pessoais, e nunca o faz, exceto sob a pressão das circunstâncias. Aparentemente, seus adversários exibiram seus dons carismáticos de fala e de cura, e relataram experiências relacionadas em que eles, como os profetas bíblicos, receberam visões e revelações que validaram suas

reivindicações apostólicas. Paulo também teve essas experiências, ainda que raramente, e fala delas relutantemente (cf. sua abordagem similar aos fenômenos carismáticos na discussão de 1 Co 12-14). Ele tinha realmente experimentado tais fenômenos, mas eles não eram a prova de seu apostolado. Ele também recebeu um "espinho na carne" – algum tipo de aflição física que não podemos identificar – como um lembrete de que o poder de Deus se aperfeiçoa na fraqueza.

12,14-13,13 Apelo final e exortações

Entre as objeções e suspeitas dos coríntios estava a maneira como Paulo lidou com suas finanças. Ele se recusou a receber salário por sua pregação e ensino, mas aceitou o dinheiro dos macedônios. Esta foi uma rejeição ofensiva em um mundo em que as relações honra/vergonha e patrono/cliente eram forças que moviam o trabalho da sociedade. Os novos apóstolos em Corinto exploraram essa recusa de Paulo, insinuando que, se ele fosse realmente um apóstolo autêntico, aceitaria o pagamento esperado por seu trabalho missionário, e que seu sustento pelo seu próprio trabalho manual foi humilhante para a Igreja e seu ministério. A coleta que Paulo estava promovendo (caps. 8-9) também suscitou a questão se ele estava rejeitando um salário regular, mas aumentando sua própria renda sob o pretexto de uma oferta para os irmãos pobres de Jerusalém.

Quando Paulo escreve 2 Co 10-12, ele está se preparando para um confronto final com os coríntios recalcitrantes (13,1), mas esse é um terno ajuste de contas que um pai amoroso deve, por vezes, ter com seus filhos desobedientes. Ele se vê como o "pai" dos coríntios, uma vez que fundou a igreja e é responsável por ela (1 Co 4,15; 2 Co 11,2-3; cf. Fm 10). Ele ama a Igreja e quer protegê-la, de modo que, como o "pai da noiva", ele pode apresentá-la a Cristo como uma igreja santa e pura na parousia (11,2). Ele sabe que o poder de Deus que executa juízos age, de fato, através de seu ministério, e espera que não tenha de ser o instrumento desse poder em sua próxima reunião com a igreja.

12.3 Para leitura adicional

BARRETT, C. K. *A Commentary on the First Epistle to the Corinthians*. Harper's New Testament Commentaries. New York & Evanston: Harper & Row, 1968.

_____. *A Commentary on the Second Epistle to the Corinthians*. Harper's New Testament Commentaries. New York: Harper & Row, 1973.

BETZ, H. D. *2 Corinthians 8 and 9: A Commentary on Two Administrative Letters of the Apostle Paul*. Hermeneia–A Critical and Historical Commentary on the Bible. Philadelphia: Fortress, 1985.

BIERINGER, R., and J. Lambrecht, eds. *Studies on 2 Corinthians*. Vol. 112, Bibliotheca Ephemeridum theologicarum Lovaniensium. Leuven: University Press, 1994.

FEE, G. D. *The First Epistle to the Corinthians*. New International Commentary on the New Testament. Grand Rapids: Eerdmans, 1987.

FURNISH, V. P. *II Corinthians*. Anchor Bible. Vol. 32A, Garden City: Doubleday, 1984.

_____. *The Theology of First Corinthians*. New Testament Theology. Cambridge. Cambridge University Press, 1999.

HAYS, R. *First Corinthians* (Interpretation. A Bible Commentary for Teaching and Preaching. Louisville: Westminster John Knox, 1997).

LAMBRECHT, J., S. J. *Second Corinthians*. Sacra Pagina. Collegeville, Minn.: Liturgical Press, 1999.

MATERA, F. J. *II Corinthians: A Commentary*. The New Testament Library. Louisville: Westminster John Knox, 2003.

STRACHAN, R. H. *The Second Epistle of Paul to the Corinthians*. London: Hodder & Stoughton, 1965.

THRALL, M. E. *A Critical and Exegetical Commentary on the Second Epistle to the Corinthians*. The International Critical Commentary. 2 vols Edinburgh: T. & T. Clark, 1994

13
As Últimas Cartas de Paulo

13.1 Interpretando Gálatas

Ninguém hoje duvida de que Paulo é o escritor de Gálatas. Se ele não escreveu qualquer outro livro do Novo Testamento, ele escreveu Gálatas. Não há também qualquer problema com a unidade da carta ou grandes problemas com seu texto. A cópia de Gálatas em nosso Novo Testamento é praticamente idêntica à original que Paulo enviou às igrejas da Galácia.

Os problemas dizem respeito aos *destinatários* da carta (sua identidade e localização: quem e onde estavam os gálatas), *a data relativa* (como ela se encaixa na vida e missão de Paulo), seu problema colocado pelos *missionários rivais* a quem a carta responde (quem eram e qual era a sua mensagem), e seu *tipo* literário (é uma carta, mas que tipo de carta ela é?).

13.1.1 Quem eram e onde estavam os gálatas?

No início do terceiro século a.C, tribos guerreiras de origem celta da Europa Central se espalharam tanto rumo ao oeste até a Gália (atual França e Bélgica) e Grã-Bretanha, quanto para o sul e para o leste até a Ásia Menor (atual Turquia), onde se estabeleceram no planalto central em torno da atual Ankara. A região colonizada por esses "gauleses" era conhecida como "Galácia". Ao longo de gerações de lutas políticas e militares, finalmente perderam sua independência e, em 25 a.C, foram incorporados, juntamente com várias regiões vizinhas, à extensa província romana da Galácia. Nos dias de Paulo, "Galácia" poderia assim referir-se à região original dominada por gauleses étnicos, ou à grande província romana, incluindo a Galácia étnica e vários outros grupos étnicos e regionais (partes da Frígia, Licaônia e Pisídia).

Quando Paulo aborda os "insensatos Gálatas" (Gl 3,1), os leitores originais certamente conheciam sua identidade, lugar e história. Muitos eruditos argumentam persuasivamente que 3,1 faz referência apenas aos gálatas étnicos. Contudo, a carta não dá uma indicação explícita aos leitores seguintes se Paulo escreve a gálatas étnicos que residem na região tradicional da Galácia (a Teoria da Galácia do Norte) e/ou igrejas de regiões antigas da Pisídia e Licaônia que foram incorporadas à província romana da Galácia (a "Teoria da Galácia do Sul"). Em relação às outras cartas paulinas, Gálatas fornece apenas indícios indiretos e ambíguos quanto ao momento em que foi escrita. Estas questões são mais importantes do que podem parecer à primeira vista, tanto para interpretar a carta quanto para a construção da cronologia da missão de Paulo.

Onde estavam as igrejas da Galácia? Se as cartas de Paulo se referissem às igrejas em cidades específicas tanto do sul da Galácia (província) quanto do norte da Galácia (a região), isso resolveria o problema. Infelizmente, ele nunca faz isso. A partir das cartas de Paulo, nunca saberíamos que ele esteve nas igrejas do "sul da Galácia". Atos 13-14 refere-se à fundação de igrejas em Antioquia da Pisídia, Icônio, Listra e Derbe, mas nunca se refere a essas cidades como Galácia. Atos menciona a Galácia apenas duas vezes. Em At 16,5, Paulo, Silas e Timóteo atravessam a região da Frígia e da Galácia na "segunda viagem missionária", mas nada é dito a respeito de fundar igrejas. Em At 18,23, no entanto, na "terceira viagem missionária", Paulo passa pela mesma região "fortalecendo os discípulos, o que evidentemente indica que Paulo já havia fundado igrejas lá. Esses dados sugerem que as igrejas da Galácia estavam na Galácia étnica do norte.[1]

---

[1] Esta era a visão uniforme dos intérpretes antigos e modernos até 1748, quando JOACHIM SCHMIDT propôs pela primeira vez que as igrejas de At 13-14 eram as igrejas da Galácia (Werner Georg Kümmel, *Introduction to the New Testament* (trans. Howard Clark Kee, 2nd ed.; Nashville: Abingdon, 1975), 296). Esta teoria já foi adotada por

Os destinatários pertenciam à população urbana, helenizada e falante de grego, e não à população rural, que ainda falava, em sua maioria, a ancestral língua celta. Eles eram gentios conversos do paganismo (cf. Gl 4,8-9). Não há evidência de que havia judeus no norte da Galácia até muito tempo depois.[2] Isto é crucial para a compreensão da carta.

13.1.2 Data e Origem: como ela se encaixa na vida e missão de Paulo?

Quando as igrejas da Galácia foram estabelecidas? Gálatas tem sido considerada como a carta *mais antiga* e a *mais recente* dos escritos existentes de Paulo[3]. A teoria da Galácia do Sul torna possível, mas não exige uma data mais antiga tanto para o início das igrejas quanto para a redação da carta; algo em torno de 48 d.C em diante. Na teoria da Galácia do Norte, as igrejas não poderiam ter sido estabelecidas até depois do Concílio de Jerusalém e o início da missão ao Egeu. Isso torna possível datar a carta em qualquer momento a partir de ca. 51 a ca. 57, desde antes de 1 Coríntios até depois de 2 Coríntios. As cartas de Paulo oferecem os seguintes dados:

---

inúmeros intérpretes, muitas vezes (mas nem sempre), no interesse de harmonizar Atos com as cartas paulinas. Se o relato de Paulo de seu encontro com os líderes de Jerusalém em Gl 2,1-10 pode ser identificado com a "visita da grande fome" a Jerusalém, At 11,29, e os destinatários podem ser identificados com as igrejas fundadas na "primeira viagem missionária" de At 13-14, então Gálatas pode ser datada antes do Concílio de Jerusalém de Atos 15, e os conflitos entre Gálatas e Atos são reduzidos. Deste ponto de vista, Gálatas poderia ser a primeira das cartas de Paulo, ca. 48 d.C.

[2] Ver evidência e bibliografia em J. Louis Martyn, *Galatians: A New Translation with Introduction and Commentary* (AB 33A; New York: Doubleday, 1997), 16. Que Gálatas foi escrita para igrejas em uma área com nenhum judeu só pode ser verdadeiro com base na hipótese da Galácia do Norte. Assim, Gálatas deve ser lida de forma inteiramente diferente se ela foi direcionada às igrejas fundadas em At 13-14, as quais possuem judeus cristãos, e judeus nas sinagogas vizinhas. Paulo tem uma abordagem diferente em Romanos, onde a igreja tinha muitos judeus cristãos, e onde havia um grande elemento judeu na população romana.

[3] Mais Antiga: F. F. Bruce, *The Epistle to the Galatians. A Commentary on the Greek Text* (NIGNTC; Grand Rapids: Eerdmans, 1982), 55; mais recente: John Knox, "Galatians, Letter to the", em *IDB*, 2.342-343 sugere que Gálatas foi escrita da prisão em Roma, embora em outros lugares favoreça uma data um pouco antes de Romanos (John Knox, *Chapters in a Life of Paul* (London: Adam & Charles Black, 1950), 85, 88.

13 • AS ÚLTIMAS CARTAS DE PAULO

- **1 Co 16,1** Paulo indica aos Coríntios, aproximadamente em 55, que deu as instruções às igrejas da Galácia acerca da coleta (presumivelmente em uma carta hoje perdida). Esta é a primeira referência às igrejas da Galácia nas cartas de Paulo, indicando que na ocasião em que ele escreve 1 Coríntios as igrejas existem, estão participando da coleta para Jerusalém, e não há indicação de problemas entre os gálatas e Paulo.
- **Gl 1,6** Os gálatas "rapidamente" abandonaram o evangelho paulino pelo ensino dos missionários rivais. Isso pode representar uma cronologia real ou pode ter apenas força retórica, e, portanto, oferece pouca informação sobre o lapso de tempo entre o estabelecimento das igrejas, a deserção dos gálatas e a redação carta.
- **Gl 1,11-2,21** As igrejas da Galácia foram estabelecidas depois de todos os eventos descritos na seção "autobiográfica" de Paulo, i.e., depois do Concílio de Jerusalém, do encontro subsequente com Pedro em Antioquia e do início da missão ao Egeu, durante ou depois da "segunda viagem missionária" (ver acima §10.1.9). Gl 2,5 indica que Paulo permaneceu firme em defesa da missão aos gentios para que a verdade do evangelho pudesse [então] estender-se aos gálatas; se ele tivesse cedido aos defensores da circuncisão no Concílio de Jerusalém, os gálatas nunca teriam ouvido falar da mensagem cristã.
- **Gl 4,13** Paulo pregou para eles não como parte de seu plano missionário, mas por causa da ἀσθένειαν τῆς σαρκός (*astheneian tēs sarkos*, literalmente "fraqueza da carne"), geralmente entendida como uma doença crônica ou condição física (cf. traduções inglesas), mas pode referir-se a ferimentos que Paulo carregava em face de espancamentos ou acidentes (cf. Gl 6,17, 2 Co 11,24-26). A expressão grega τὸ πρότερον (*to proteron*, antes, anteriormente), não indica que Paulo tinha pregado na Galácia mais de uma vez antes de escrever a carta.
- **Gl 1-6** A presença da carta no Novo Testamento indica que ela foi preservada pelos cristãos da Galácia, independentemente se eles voltaram ou não ao evangelho de Paulo através da carta.
- **1 Pd 1,1** Perto do final do primeiro século de nossa Era, o autor de 1 Pedro aborda igrejas da Galácia, juntamente com as de outras áreas da Ásia Menor.
- **2 Tm 4,10** Uma ou duas gerações depois do tempo de Paulo, o autor das Pastorais retrata Crescente, um dos cooperadores de Paulo, como tendo deixado (abandonado?) Paulo e ido para a Galácia. Seria essa uma indicação de que havia uma igreja permanente na Galácia, mas que já não era Paulina? Ou é um reflexo fictício da Carta aos Gálatas, mostrando que na época de Paulo os gálatas foram afastados de Paulo, e aqueles que desertaram Paulo puderam ir para a Galácia? Em 2 Tm 1,15, "Toda a Ásia"

se afastou de Paulo, o que indica o mundo fictício projetado pelo Pastor no tempo de Paulo. Isso não significa que a Igreja da Ásia no tempo do Pastor já não era Paulina.

As cartas, portanto, não fornecem dados claros que permitam que Gálatas seja datada com base nas outras cartas paulinas, embora indiquem que as igrejas da Galácia foram fundadas e a carta foi escrita depois do Concílio de Jerusalém. Os estudiosos têm tentado datar a carta mais precisamente no tempo da missão do Mar Egeu, ao localizá-la em uma linha de desenvolvimento de eventos ou ideias: (1) a coleta, (2) a oposição a Paulo e (3) a doutrina da justificação pela fé, independentemente das obras da lei.

(1) *A Coleta*. J. LOUIS MARTYN apresenta o que parece, à primeira vista, um argumento claro e convincente da data de Gálatas em relação às outras cartas:[4] as cartas que não mencionam a coleta (1 Tessalonicenses, Gálatas, Filipenses) são relativamente antigas; cartas que tratam da coleta (1-2 Coríntios, Romanos) são relativamente recentes. (Filemom, que não menciona a coleta, é muito curta e muito diferente para ser levada em conta). Assim, Gálatas surge mais cedo na missão ao Egeu, antes de 1 Coríntios. Três problemas estão presentes neste argumento: (a) assume-se que qualquer carta escrita durante o período enquanto o projeto da coleta estava em andamento devia discutir a coleta. Isso é inerentemente improvável, uma vez que uma carta escrita para discutir determinada crise não precisa mencionar a coleta, mesmo que o projeto já houvesse sido iniciado; (b) o argumento assume a unidade de 2 Coríntios. Mas se 2 Coríntios é uma composição de mais de uma carta, então mais de uma das cartas de Paulo a Corinto não mencionam a coleta, embora o projeto já estivesse em andamento; (c) o argumento de MARTYN assume também a visão de que Paulo aceitou a responsabilidade pela coleta no Concílio de Jerusalém (Gl 2,10), abandonou o projeto por um tempo durante o início da sua missão ao Egeu, e que só no final dessa missão, depois de escrever Gálatas, ele decidiu iniciar um novo projeto de coleta por conta própria. Na visão de MARTYN, essa ideia não ocorreu a Paulo quando ele escreveu Gálatas, portanto a carta

---

[4] MARTYN, *Galatians*, "Comment #24 The Collection for the Jerusalem Church and the Chronological Place of Galatians," 222-227.

deve ser antiga. É melhor ver o interesse de Paulo na coleta como sua continuação do projeto original mesmo depois de ele ter iniciado a missão ao Egeu, como um símbolo da continuidade e solidariedade com a igreja de Jerusalém (ver acima sobre 2 Co 8-9). As referências à coleta não oferecem uma maneira segura de fixar a data relativa de Gálatas.[5]

(2) *Oposição a Paulo por parte dos apóstolos/missionários rivais*. É possível organizar as cartas autênticas de Paulo em uma escala de intensificação da oposição à sua missão e/ou sua crescente consciência dessa oposição. Nesse sistema, a Carta aos Gálatas surge justo no clímax desse desenvolvimento, o que a colocaria no final da missão ao Egeu, pouco antes de romanos.

(3) *A doutrina explícita e exclusiva da justificação pela fé sem as obras da lei*. Este é o mais importante e, em alguns aspectos, o mais polêmico dos argumentos para uma data relativamente tardia para Gálatas. Todos concordam que a explicação mais desenvolvida que Paulo dá a respeito dessa doutrina é encontrada em Romanos, sua última carta antes do fim da missão ao Egeu e a viagem a Jerusalém que o levou à sua detenção e prisão. É importante notar a semelhança entre Gálatas e Romanos não só na sua estrutura geral e temas, e mesmo em vocabulário, mas também na *linha de pensamento*. Os primeiros dois terços de cada carta constituem um denso argumento teológico, com o último terço dedicado à parênese, conectado, em cada caso, pelo termo chave οὖν (*oun*, portanto) desempenhando o mesmo papel estrutural que fundamenta a vida cristã no argumento teológico precedente:

---

[5] Como a ausência de referências à coleta em Gálatas deve ser explicada ainda não está claro, mas a data precoce de Gálatas em hipótese alguma é a única possibilidade. Paulo já havia dado instruções aos Gálatas a respeito da coleta, 1 Co 16,1. Eles podiam já ter concluído a coleta e/ou tê-la entregado a Jerusalém, ou sua deserção de Paulo pode significar que a sua participação na coleta não seria por um projeto de Paulo, mas diretamente através dos apóstolos/missionários rivais. Em todo caso, o acalorado argumento de Paulo em resposta à crise posterior representada pelos gálatas não era o contexto apropriado para discutir a coleta (cf. 2 Co 10-13, entendida como a Carta Severa, que não menciona a coleta, embora ela já estivesse em curso).

Gl 1,1 – 4,31	5,1	5,2 – 6,18
teologia	"portanto"	parênese
Rm 1,1 – 11,36	12,1	12,2 – 16,27
teologia	"portanto"	parênese[6]

Udo Schnelle explica isso em detalhes:[7]

Quadro 10: Comparação da Estrutura de Gálatas e Romanos de Schnelle		
Gl 1,15-16	Rm 1,1-5	Separado como apóstolo
Gl 2,15-21	Rm 3,19-28	Justificação pela fé
Gl 3,6-25.29	Rm 4,1-25	Abraão
Gl 3,26-28	Rm 6,3-5	Batismo
Gl 4,1-7	Rm 8,12-17	Escravidão e liberdade
Gl 4,21-31	Rm 9,6-13	Lei e promessa
Gl 5,13-15	Rm 13,8-10	Livre para amar
Gl 5,17	Rm 7,15-13	Conflito entre querer e fazer
Gl 5,16-26	Rm 8,12-27	Vida no Espírito

Conforme a elaboração de Schnelle,

Somente aqui encontramos a alternativa "pela fé, e não pelas obras da lei"; apenas aqui encontramos uma compreensão reflexiva e ponderada da lei. As diferenças na maneira como a lei é entendida em Gálatas e Romanos derivam do fato de que Gálatas está mais condicionada por sua situação particular. São precisamente *essas ideias particulares em desenvolvimento que emergem primeiro em Gálatas*, as quais são mais bem desenvolvidas em Romanos (grifo meu).[8]

Torna-se claro que datar Gálatas em relação às outras cartas paulinas é importante para entender tanto a carta em particular quanto a teologia paulina como um todo. Se Gálatas é anterior, isso significa

---

[6] Ver acima a estrutura das cartas paulinas, subseção "Corpo" §10.2.3.
[7] Schnelle, *New Testament Writings*, 94; Schnelle, *Apostle Paul*, 270.
[8] Schnelle, *Apostle Paul*, 270. [Em port. *Paulo Vida e Pensamento*. São Paulo: Academia Cristã/Paulus, 2012].

que a doutrina explícita da justificação era um elemento integrante da teologia de Paulo desde o início de sua carreira, e que permaneceu adormecida enquanto escrevia aos Tessalonicenses, aos Coríntios e aos Filipenses, ressurgindo, posteriormente, em Romanos. Nesta visão, os elementos centrais da teologia paulina sempre estiveram explicitamente presentes em sua teologia, com vários componentes abrindo caminho às cartas particulares quando a ocasião pedia isso. A visão alternativa, com base numa data mais recente para Gálatas, é que a teologia de Paulo é essencialmente ocasional. Embora a realidade fundamental e provocadora de mudança do evento-Cristo tenha sido essencial para a sua teologia desde o momento de sua conversão em diante, o que isso significava teologicamente não se tornou evidente até que Paulo tenha analisado a questão em termos de situações particulares. Embora os traços preliminares do que se tornou sua doutrina de justificação pela fé sem as obras da lei estejam presentes nas primeiras cartas, na Carta aos Gálatas isso emerge, pela primeira vez, como uma estrutura coerente em resposta à crise gerada pelos missionários rivais, e é então refinada de um modo mais refletido para uma liderança diferente na Carta aos Romanos.

Embora alguns dos argumentos sejam absolutamente conflitantes, o peso da evidência sugere que Gálatas foi escrita relativamente tarde na missão de Paulo ao Egeu, por volta do mesmo tempo de 2 Co 10-13 e um pouco antes de Romanos, i.e., desde Éfeso ou na Macedônia, na rota para Corinto.

13.1.3 Resultados: A história à qual a carta pertence

J. LOUIS MARTYN comparou a leitura de Gálatas a entrar para uma peça teatral no terceiro ato. Muita coisa já aconteceu, mas o espectador deve juntar o que já aconteceu a partir de referências nas cenas que ele vê. A história seguinte emerge:

Fundação da Igreja por Paulo. A igreja foi fundada por Paulo e seus companheiros missionários perto do início da missão ao Egeu, com base na mensagem apostólica do "Jesus Cristo crucificado" (3,1). Eles não se consideravam "igrejas filhas" da "igreja mãe", representada por Jerusalém e a missão antioquena do período inicial de Paulo. Eles sabiam que suas igrejas haviam sido fundadas durante a missão ao Egeu, em que Paulo agiu na convicção de que ele foi enviado diretamente pelo Cristo ressuscitado, sem apelar a qualquer autorização de Antioquia e Jerusalém. Embora, como sempre, Paulo tenha sido ajudado por seus colaboradores, ele se considerava a figura apostólica fundadora, o "Apóstolo dos Gentios", e as igrejas começaram como congregações de antigos pagãos (4,8-9), convertidas diretamente à compreensão paulina da fé.

Assim como suas outras congregações, os Gálatas foram ensinados a ver a si mesmos como incorporados no plano contínuo de Deus na história, incorporados na história de Israel, e a adotar as Escrituras judaicas como seus textos sagrados autorizados. Não houve exigências rituais; desde o início, as igrejas da Galácia se viram como aceitas por Deus para fazerem parte do povo santo da aliança, independentemente da circuncisão e da adoção de outras marcas de identidade que distinguiam os judeus dos gentios (leis alimentares, a observância do sábado e outros dias santos judaicos). Durante esse período inicial do ministério entre os Gálatas, Paulo treinou vários mestres que continuaram a instruir as igrejas na compreensão paulina da fé, depois de sua partida (6,6).

Um período em que eles estavam "correndo bem" (5,7). No início eles trataram bem a Paulo (4,13-14), e havia uma relação cordial e calorosa entre Paulo e os Gálatas. Eles experimentaram o poder do Espírito Santo (3,1-5), e por um tempo as coisas continuaram a "transcorrer bem" no caminho do serviço cristão e discipulado (5,7a), sob a liderança dos mestres que Paulo tinha treinado e nomeado. Eles concordaram em participar da coleta para Jerusalém (1 Co 16,1).

A chegada de missionários rivais e a resposta de Paulo. Novos missionários chegaram, apresentando-se como autorizados pela "igreja mãe", em Jerusalém (cf. Gl 4,26), alegando que complementariam o evangelho incompleto de Paulo. Eles se viam como pregadores do evangelho e defensores da fé bíblica, instruindo os novos cristãos da Galácia em suas responsabilidades de manter as leis bíblicas conforme interpretadas por Jesus e os apóstolos autênticos judeus de Jerusalém, incluindo Tiago, irmão de Jesus[9]. Eles destituíram os mestres que

---

[9] N.B. Embora os oponentes de Paulo nas igrejas muitas vezes tenham sido rotulados de "judaizantes", esta designação refere-se corretamente apenas aos cristãos gentios que adotaram costumes judaicos, e não aos líderes judeus cristãos que estão insistindo para que os cristãos gentios adotassem práticas judaicas. O termo

Paulo havia indicado e os substituíram por si mesmos e seus próprios seguidores (Gl 6,6 é provavelmente um apelo para restabelecer o mestre que Paulo tinha instalado). Paulo ouve da deserção dos Gálatas, e escreve a presente carta. Que tipo de carta é?

13.1.4 Tipo da Carta

Gálatas é uma carta. Ela não é um ensaio sobre "justificação pela fé" ou "fé versus obras". Que tipo de carta é? Como as cartas de Paulo se encaixam nos tipos conhecidos de cartas helenísticas continua a ser um ponto controverso (ver acima §10.2.2). Desde a publicação do comentário de HANS-DIETER BETZ sobre Gálatas, em 1979, o debate frequentemente tem focado em saber se BETZ estava certo ao argumentar que Paulo seguiu o modelo retórico padrão de uma carta apologética. A análise detalhada de BETZ[10] está resumida como se segue.

I.	Prescrição Epistolar	1,1-5
II.	Preâmbulo	1,6-11
III.	Narração	1,12-2,14
IV.	Proposição	2,15-21
V.	Prova	3,1-4,31
VI.	Exortação	5,1-6,10
VII.	Pós-escrito epistolar (conclusão)	6,11-18

Diversas objeções e contrapropostas foram feitas, e o assunto ainda está em discussão.[11] O esboço abaixo está igualmente em débito com a análise de BETZ, mas sem assumir ou argumentar que Paulo está seguindo um modelo retórico rigoroso de maneira consciente.

---

significa "viver como um judeu", e não "persuadir outras pessoas a viverem como judeus" Também é importante lembrar que nenhuma evidência do Novo Testamento apresenta Tiago como insistindo na circuncisão para os cristãos gentios.

[10] Ver HANS DIETER BETZ, *Galatians: A Commentary on Paul's Letter to the Churches in Galatia* (Hermeneia; Philadelphia: Fortress, 1979), especially 16-23;

[11] Cf. PHILIP H. KERN, *Rhetoric and Galatians: Assessing an Approach to Paul's Epistle* (SNTSM 101; Cambridge: Cambridge University Press, 1998); and the various essays in Mark D. Nanos, ed. *The Galatians Debate: Contemporary Issues in Rhetorical and Historical Interpretation* (Peabody, MA: Hendrickson, 2002), e a bibliografia que eles oferecem.

13.1.5 Estrutura e Esboço

Em geral, o corpo da carta segue o esquema paulino duplo (ver acima §10.2.3), dividido em argumentos teológicos (caps. 1-4) e parênese (caps. 5-6).

1,1-10	Introdução epistolar
1,1-5	Saudação
1,6-10	Declaração da tese: não há outro evangelho
1,11-5,1a	PARTE 1: Argumento teológico – Paulo defende sua missão e apostolado
1,11-2,21	Argumento autobiográfico: a relação mínima e independente de Paulo para com os apóstolos de Jerusalém
3,1-4,31	Sete argumentos teológicos contra os missionários rivais e a favor do Evangelho de Paulo
3,1-5	Os Gálatas já haviam experimentado o poder do Espírito.
3,6-9	Abraão foi justificado por crer em Deus antes de ser circuncidado
3,10-14	A lei não acrescenta algo positivo ao que vós já tendes, mas traz uma maldição
3,15-29	A lei veio 430 anos depois da aliança, e não podia acrescentar nada ao que Abraão e sua descendência e herdeiros já haviam recebido pela fé
4,1-11	Vós já fostes libertos da escravidão aos rudimentos do mundo para tornar-se filhos de Deus
4,12-20	Vós já aceitastes a mim e a minha mensagem como um anjo de Deus; como eu poderia agora me tornar vosso inimigo (como alegam os missionários rivais)?
4,21-31	Ao apelar a Abraão, os missionários rivais interpretam mal a Escritura
5,1a	Conclusão: Cristo os libertou
5,1b-6,10	PARTE 2: Parênese – Liberdade cristã: a fé opera através do amor
5,1b-12	Vocês já são livres; portanto, não retornem à escravidão
5,13-15	Liberdade e Amor
5,16-21	Obras da carne e Fruto do Espírito
6,1-10	Vida em comunidade plena do Espírito
6,11-18	Conclusão pelo próprio punho de Paulo

13.1.6 Síntese exegético-teológica

1,1-10 Introdução epistolar

1,1-5 Saudação
Paulo expande a fórmula de saudação típica helenística (ver §10.2. em diante), com uma declaração insistente, quase estridente, de que ele é um apóstolo chamado diretamente por Deus, e não indiretamente por uma comissão ou autoridade humana. O aparente egocentrismo não é do feitio de Paulo. Como em 2 Co 10-13, são os missionários rivais que fizeram a agenda de Paulo. A validade do apostolado de Paulo é o ponto em disputa.

Embora Paulo geralmente desenvolva a fórmula de saudação com calorosas palavras sobre os destinatários, estranhamente aqui ele os cumprimenta bruscamente como as "Igrejas da Galácia." O pronunciamento habitual "graça e paz" expande-se para uma doxologia litúrgica que louva a Deus como aquele que, através do Senhor Jesus Cristo, nos libertou dos poderes escravizadores da presente era má – estabelecendo, assim, o tom para o corpo da carta.

1,6-10 Declaração da tese: não há outro evangelho
Entre a saudação e o corpo da carta, a forma de carta convencional normalmente incluía uma introdução. Em todas as outras cartas, Paulo desenvolve uma introdução através de uma ação de graças a Deus pelos destinatários da carta. Aqui, a ação de graças, é visivelmente substituída por um impacto que Paulo causa ao dizer que os Gálatas estão se convertendo a um evangelho diferente da mensagem que ele havia pregado originalmente. Paulo coloca a questão em termos do Evangelho, e não como apostolados rivais. O Apóstolo é validado pelo Evangelho, e não vice-versa. O evangelho é o poder salvador e libertador de Deus, desencadeado no mundo pelo evento-Cristo. A autoridade do apóstolo reside apenas no fato de ser agente e intérprete do evangelho. A possibilidade de um anjo do céu pregar um evangelho diferente é retórica – nem Paulo nem um anjo fariam isso – mas o radicalismo da imagem demonstra a prioridade da mensagem sobre o mensageiro. Embora Paulo, agressivamente, defenda sua missão e apostolado, o evangelho não é sobre Paulo.

1,11-5,1a PARTE 1: Argumento teológico – Paulo defende sua missão e apostolado

O argumento teológico de Paulo repousa sobre dois pilares, orientados, respectivamente, para o próprio Paulo e aos Gálatas: (1) *Eu* sou um apóstolo autêntico, então o que vocês receberam de mim é tudo de que precisam a fim de pertencer ao povo de Deus (1,11 – 2,21); (2) vocês já têm o que os missionários rivais alegam estar lhes oferecendo, conforme provado por sua própria experiência e pela Escritura (3,1 – 5,1a).

1,11-2,21 Argumento autobiográfico: a relação mínima e independente de Paulo com os apóstolos de Jerusalém

Esta é a seção mais extensa e organizada de todas as cartas de Paulo em que ele lida com sua própria vida. Ele é forçado a relatar a cronologia de sua história de vida relevante para sua missão em face da crise precipitada pelos novos mestres da Galácia, os quais alegavam que Paulo recebera sua autoridade missionária dos apóstolos de Jerusalém, e que ele não havia sido fiel mesmo a isto – ele não contou a história completa aos gálatas, quando fundou as igrejas da Galácia. Em particular, em contraste com os verdadeiros apóstolos, ele não lhes falou a respeito das exigências rígidas que a nova fé cristã lhes impôs. O fato de Paulo narrar sua vida é uma refutação em quatro partes dessa acusação.

(1) *1,11-20*. Paulo era um autêntico apóstolo e missionário, *antes* mesmo de ter conhecido qualquer um dos apóstolos de Jerusalém. Deus é a fonte suprema da autoridade de Paulo, manifestada em seu encontro com o Cristo ressuscitado. Do começo ao fim, o foco de Paulo está na autoridade, e não no conteúdo. A negação de que ele recebeu o evangelho a partir de seres humanos não contradiz suas afirmações em outros lugares, onde deixa transparecer que o conteúdo de sua mensagem do evangelho é uma tradição apostólica comum, mediada pela instrução da igreja, conforme retratado em 1 Co 11,23-26; 15,3-5; 1 Ts 1,5; 2,12-13; 4,1-2; cf. At 9,1-19. Esses textos combinam chamado divino e instrução humana.

Paulo enfatiza que sua posição atual para com a lei não é o resultado de ignorância ou indiferença. Ele era completamente treinado na lei e um defensor dedicado das tradições do Judaísmo (1,11-14; cf. sua autodesignação como um fariseu, Fp 3,5). Em seguida, no encontro com o Cristo ressuscitado, Deus lhe revelou a verdadeira identidade do Jesus crucificado (1,15-16). A "revelação de Jesus Cristo" (1,12) tem dimensões tanto subjetivas quanto objetivas, a revelação é ao mesmo tempo de Jesus Cristo e sobre ele. Uma vez que em 1,15-16 Deus é o sujeito que revela Jesus Cristo para Paulo, o genitivo é principalmente um genitivo objetivo: Deus revelou a identidade de Jesus Cristo a Paulo. O ponto principal de Paulo aqui tem a ver com a cronologia: após esta revelação, ele não foi imediatamente para Jerusalém, mas realizou uma missão na Arábia, e só foi a Jerusalém para visitar Pedro três anos depois. Durante esta visita, que durou apenas 15 dias, ele não viu nenhum dos outros apóstolos, e era desconhecido para as igrejas da Judeia, embora tenha visto Tiago, irmão de Jesus. Paulo jura diante de Deus que esta é toda a verdade (1,20).

(2) *1,21-24*. Paulo teve apenas um contato mínimo com os líderes de Jerusalém durante sua carreira missionária. Após a visita de Pedro, Paulo foi para a Síria e Cilícia, por quatorze anos. Antioquia estava localizada na Síria, e Tarso, cidade natal de Paulo, de acordo com Atos (9,11.30; 11,25; 21,39 e 22,3), foi a capital da Cilícia. A Galácia não é mencionada. Ela teria servido bem a seus propósitos caso ele pudesse ter afirmado que estabeleceu as igrejas da Galácia durante este tempo, conforme alega a teoria do Sul da Galácia. Mas Paulo ainda não tinha ido à Galácia, e as igrejas ainda não existiam. Durante esse período, Paulo era um missionário sob os auspícios da igreja de Antioquia, mas, compreensivelmente, não torna isso explícito.

Seu ponto principal é que durante todos esses anos de trabalho missionário, ele esteve em Jerusalém apenas uma vez, e dificilmente seria nomeado pelos líderes de Jerusalém. O seu relatório da segunda visita a Jerusalém, que se segue imediatamente, não altera esse quadro.

(3) *2,1-10*. A missão e a mensagem de Paulo eram bem conhecidas, e embora não derivadas ou autorizadas pelos líderes de Jerusalém, estão de acordo com a dos apóstolos de Jerusalém e é reconhecida por eles. O relato de Paulo do Concílio de Jerusalém enfatiza que ele não foi como delegado da igreja de Antioquia, nem foi chamado pelos apóstolos de Jerusalém, mas foi com base na revelação divina. Tito, um cristão gentio incircunciso, foi aceito pelos líderes de Jerusalém como um autêntico cristão e missionário. A missão de Paulo foi reconhecida, e foi feito um acordo segundo o qual Paulo iria para os

gentios e Pedro para os judeus. Tiago, Pedro e João deram a mão direita a Paulo (κοινωνία, *koinonia*), a mão da comunhão, e não apenas sentimentos amistosos, mas a plena comunhão na unidade da única Igreja. Ele recebeu o aperto de mão dos companheiros, e não a imposição de mãos, o que poderia significar que ele foi encomendado por eles. A legitimidade da missão de Paulo foi reconhecida. Paulo estava contente por aceitar ou continuar a responsabilidade de reunir uma oferta das igrejas dos gentios para os cristãos pobres da Judeia.

(4) *2,11-21*. Paulo contendeu com Pedro, o principal apóstolo de Jerusalém, quando Pedro desviou-se da verdade do evangelho. Este é o significado da cena geralmente chamada de "incidente em Antioquia". Definir essa cena com a frase "quando Cefas veio a Antioquia" indica que Paulo está estabelecido em Antioquia. Isso está de acordo com a informação que temos de outros lugares de que, durante este período, Paulo está servindo, juntamente com Barnabé, como missionário, comissionado pela igreja de Antioquia. Neste contexto, no entanto, Paulo hesita em retratar sua situação nesses termos (cf. At 11,20-26; 13,1-4; 14,26-28). Pedro chega a Antioquia, vindo de Jerusalém.

Nós não sabemos o propósito de sua visita, mas ele ficou algum tempo, e aprovou a prática da igreja de Antioquia, em que judeus e cristãos gentios comiam juntos nas refeições comuns, incluindo as celebrações eucarísticas. Então, "certas pessoas da parte de Tiago", que aparentemente objetaram que tal conduta dos judeus era um obstáculo para a missão de judeus praticantes, dos quais se supunha que Pedro era o líder e o modelo (2,9). Aparentemente, o Concílio de Jerusalém havia previsto duas missões – separadas, porém iguais – aos judeus e gentios, mas não abordou a questão de como congregações mistas conduziriam sua vida comum.[12] Paulo entende que aceitar a missão aos gentios significa aceitar cristãos gentios numa única Igreja de judeus e gentios, que tal igreja deve estar unida na mesa da comunhão, com a qual Pedro, líder da missão judaica, havia concordado ao unir-se a cristãos gentios em volta da mesma, e que Pedro agiu como hipócrita ao se afastar de sua antiga conduta.

---

[12] O Decreto Apostólico de At 15,29 é, aparentemente, posterior ao Concílio de Jerusalém. Paulo não demonstra nenhuma consciência desse fato em suas cartas, e afirma, explicitamente, que nenhum requerimento extra foi imposto às suas igrejas (Gl 2,6.10; cf. acima, §10.1.7).

O propósito de Paulo ao relatar este incidente em que a conduta de Pedro "obriga os gentios [cristãos] a viverem como judeus" é enfrentar a crise da Galácia, gerada pelos missionários rivais, visto que isso é precisamente o que eles estão tentando fazer nas igrejas gentias da Galácia. Paulo fala sobre a liderança de Pedro na cena em Antioquia ao abordar a cena na Galácia diretamente. Sua voz modula desde uma abordagem a Pedro nesse momento a uma abordagem instantânea aos gálatas. É difícil determinar onde em Gl 2,14-16 Paulo ainda está relatando o que ele disse a Pedro em Antioquia. Porém nos versos seguintes ele se dirige diretamente às igrejas da Galácia.

Para Paulo, a "verdade do evangelho" está em jogo, e não o seu status ou autoridade pessoal (2,5.14). Aceitar a Deus (que permite a aceitação mútua dos cristãos em torno de uma mesa comum) não é uma questão de qualquer tipo de realização humana, incluindo as "obras da lei", mas é o resultado da "fidelidade a Jesus Cristo".[13] O anúncio da morte e ressurreição de Cristo, com o qual Paulo começou esta carta (Gl 1,1-5), é a ação de Deus para mudar o mundo do qual tudo depende.

A descrição que Paulo faz de si mesmo como estando crucificado com Cristo, e o Cristo ressurreto que continuamente vive nele, não é uma questão da própria "espiritualidade" de Paulo ou piedade "mística" pessoal, mas do reconhecimento do ato de Deus em Cristo como todo-suficiente, que não precisa de nenhum suplemento. Adicionar rituais religiosos rigorosos, conforme a tentativa dos novos mestres na Galácia, é "anular a graça de Deus". O ponto principal de Paulo ao longo desta acalorada seção não é uma discussão geral sobre o valor da experiência religiosa pessoal contra a lei e rituais religiosos, nem se trata de uma polêmica liberal contra o "legalismo" – e certamente nem contra o Judaísmo – mas uma afirmação do evangelho, a boa notícia de que o que Deus fez em Cristo não precisa de complemento humano.

3,1-4,31 Sete argumentos teológicos contra os missionários rivais e a favor do evangelho de Paulo

A linha geral da argumentação do capítulo 3 começa com a promessa que Deus fez a Abraão e à sua descendência. Os mestres rivais

---

[13] Na discussão sobre se tais textos referem-se à fé do crente e/ou à fidelidade de Cristo, ver abaixo sobre Rm 3,21-25.

argumentaram que aqueles que queriam pertencer ao povo da aliança de Deus deviam pertencer ao grupo estabelecido através de Abraão, i.e., eles deviam ter nascido judeus ou deviam converter-se ao judaísmo através da circuncisão e da observância da lei. Paulo argumenta que Cristo é o cumprimento da promessa feita a Abraão. Aqueles que estão em Cristo são os verdadeiros filhos de Abraão, os que recebem a promessa. Todos os que são batizados recebem essa promessa, a distinção entre judeus e gentios é abolida, assim como a distinção entre homem e mulher, escravos e livres. As ἔργα νόμου (*erga nomou*, obras da lei) não mais existem como marcadores de fronteira que definem a identidade do povo de Deus da aliança. Esta não é uma questão de abertura e tolerância humanas em geral, "liberal" versus "conservador", "inclusivo" versus "exclusivo". A questão é como o propósito de Deus, encarnado no povo da aliança, continua na história. A distinção judeu/gentio foi a delimitação óbvia e necessária para a existência do povo da aliança. Para fazer parte do "Israel de Deus", era necessário ser ou tornar-se um judeu. Não é frequentemente citado que a distinção homem/mulher e escravo/livre fosse igualmente parte do conceito de "povo de Deus". Anteriormente, as mulheres e os escravos estavam em Israel em virtude de sua relação com os homens de Israel, i.e., a incorporação na família israelita patriarcal. Para Paulo, estar em Cristo significa estar no Israel de Deus, pois a promessa era para Cristo. Enquanto o texto de Gl 3,27-28 tem sido central nas discussões modernas para a inclusão cristã, para Paulo *o ponto principal desse argumento é Gl 3,29: "Se sois de Cristo, então sois descendência de Abraão, herdeiros segundo a promessa"*.

Esse argumento é desenvolvido em sete etapas.

3,1-5 Os Gálatas já haviam experimentado o poder do Espírito

Os gálatas já experimentaram a realidade do poder do Espírito Santo entre eles com base na pregação de Paulo do Cristo crucificado. Eles sabem por experiência própria que já receberam o Espírito Santo. Eles não têm que esperar por um suplemento de sua fé "incompleta", oferecido pelos missionários rivais. Este argumento a partir da experiência da igreja no Espírito é o mesmo argumento de At 10-11: o Espírito age sem esperar que a doutrina e a teologia se mantenham.

3,6-9 Abraão foi justificado por crer em Deus antes de ser circuncidado
É surpreendente o fato de que Paulo aqui esteja apelando ao Antigo Testamento, em sua argumentação contra a lei. Ele não apela aos ensinamentos ou ao exemplo de Jesus, às palavras do Senhor celestial ou à sua própria experiência. Embora ele argumente contra a compreensão da lei como um complemento necessário à fé em Cristo, isso de modo algum sugere que Paulo rejeite a lei como tal. A Escritura judaica, conhecida mais tarde como o Antigo Testamento cristão, continuou a ser a Escritura, com autoridade para Paulo. A questão era como entendê-la.

A relação da lei com o evento-Cristo, da lei com o Evangelho, da lei com a fé, continuou a causar perplexidade em Paulo. Parece que Paulo nunca desenvolveu uma "doutrina da lei", consistente e sistemática, mas apenas respondeu situacionalmente, como uma dimensão de sua estratégia de missão, de ser "todas as coisas para todas as pessoas" (1 Co 9,27). Parece que seu pensamento mudava à medida que ele enfrentava situações diferentes, e que isso explica algumas das diferenças. Pode ser que ele tenha lutado com o problema e nunca o tenha resolvido abstratamente, mas estava convencido de que sabia o que fazer em cada situação.

Em Gálatas, Paulo responde ao apelo que os missionários rivais fazem a Abraão, argumentando, a partir da própria Torá, que Abraão foi justificado pela confiança em Deus (Gn 15,6), de modo que aqueles que acreditam como Abraão é que são abençoados juntamente com ele.

3,10-14 A lei não acrescenta algo positivo ao que vós já tendes, mas traz uma maldição.
O argumento de Paulo, apoiado por textos da própria Torá:

- A lei não se baseia na fé, mas exige o cumprimento dos mandamentos da lei, a fim de receber a prometida bênção da vida (Lv 18,5).
- A lei pronuncia uma maldição, e não uma bênção, para aqueles que não estão à altura de suas exigências, realizando o que é requerido. Aqui, como em outros lugares, Paulo pode estar citando um texto usado pelos missionários rivais (Dt 27,26). Eles usaram esse texto para incitar a obediência à lei; Paulo cita o texto a fim de mostrar que aqueles que entram no reino da lei estão sujeitos à sua maldição.

- Cristo nos redimiu dessa maldição ao recebê-la em nosso lugar, uma vez que a lei pronuncia uma maldição sobre o que for pendurado no madeiro (Dt 21,23).
- Assim, ninguém é justificado diante de Deus por cumprir as obras da lei, visto que aquele que é justo viverá pela fé em Cristo/fidelidade a Cristo (Gn 15,6; ver Rm 3,21-31).

> 3,15-29 A lei veio 430 anos depois da aliança, e não podia acrescentar nada ao que Abraão, seus descendentes e herdeiros já haviam recebido pela fé

Assim como os missionários rivais chegaram à Galácia depois que os crentes já tinham experimentado a vida nova em Cristo e o poder do Espírito através da pregação original de Paulo, e não poderiam acrescentar nada ao que os gálatas já tinham, assim também na história da salvação, a lei veio 430 anos depois da promessa feita a Abraão, a qual ele já havia recebido por sua confiança em Deus. Paulo faz um jogo com o duplo sentido de διαθήκη (*diathēkē*, aliança, vontade, cf. §1.1, Hb 9,15-17), argumentando que, uma vez que uma escolha é estabelecida, ela não pode ser modificada pela adição posterior de outra pessoa.

Em resposta à defesa da lei feita pelos missionários rivais, Paulo apresenta uma visão completamente negativa. A lei chegou atrasada em cena, e não acrescenta nada à promessa original (3,15-18). Foi adicionada, não como um meio de salvação, mas "por causa das transgressões" (3,19). Esta frase difícil tem sido interpretada de várias maneiras, mas provavelmente significa que Deus deu a lei para identificar a pecaminosidade humana inata como a violação da vontade de Deus, e que a lei foi dada para coibir este pecado humano inerente, como um freio sobre o mal em todo o mundo. A lei não foi, de fato, dada diretamente por Deus, mas "por meio de anjos", o que na opinião de Paulo é um sinal de inferioridade (3,20; sobre a visão de Paulo sobre os anjos, cf. Rm 8,38; 1 Co 6,3; 2 Co 11,14; Gl 1,8). A lei foi nosso tutor ou disciplinador (παιδαγωγός, *paidagōgos*,[14] mal traduzido como

---

[14] O termo *paidagōgos* é uma palavra composta do verbo *agō* (que significa *conduzir*) mais o substantivo *pais* (que significa criança). Portanto, pedagogo é aquele que conduz a criança. Em geral, esta tarefa era desenvolvida por um escravo, que atuava como uma espécie de tutor, que conduzia o jovem aprendiz até o *didaskalos*, que era, de fato, o professor da criança. N. do T.

"professor" nas primeiras traduções inglesas), i.e., o escravo encarregado de levar a criança para a escola, responsável por sua segurança até que estivesse madura. Este é um papel negativo, que inibia a liberdade da criança, até que ela fosse capaz de tomar decisões responsáveis – e não mais precisasse de tal proteção.

Paulo não argumenta que o batismo substitui a circuncisão. Seu argumento afirma que o que os missionários rivais alegam que os Gálatas ainda não têm porque ainda precisam ser circuncidados e guardar a lei, eles, de fato, já possuem, porque foram batizados em Cristo: eles são membros plenos do povo santo de Deus, no qual não há mais qualquer distinção entre judeu e grego, homem e mulher, escravos e livres. Uma vez que já pertencem a Cristo, eles já são filhos de Abraão e herdeiros da promessa feita a ele.

4,1-11 Vós já fostes libertados da escravidão aos rudimentos do mundo para tornar-se filhos de Deus

Os στοιχεῖα τοῦ κόσμου (*stoicheia tou kosmou*) são os rudimentos do mundo que oprimem a humanidade, as condições escravizadoras da existência humana como tal (ver Rm 8,38-39; 1 Co 15,20; Fp 2,5-11). Ao dizer "nós" (4,3), Paulo inclui a si mesmo. Os poderes do mal puseram abaixo a boa lei de Deus, assim como haviam tomado o controle da boa criação de Deus. Todos os seres humanos, sejam judeus ou gentios, estavam sob a mesma escravidão opressiva. O fato de Deus ter enviando a Cristo "na plenitude dos tempos" é uma questão do calendário apocalíptico de Deus, estabelecido pelo próprio Deus no plano divino para a história da salvação. Não é uma questão de Deus esperar ou preparar boas condições históricas (estradas romanas, língua grega generalizada, etc.), como preparação para a missão cristã. O evento salvífico é pensado em termos apocalípticos: a humanidade escravizada, o ato libertador de Deus no evento-Cristo. Como em Fp 2,5-11, o Cristo preexistente entra nos limites da existência humana, a fim de permitir o ato divino de libertação, portanto aqui Cristo entra na situação humana por ter nascido sob a lei. A invasão divina a partir do mundo transcendente é um ato de libertação apocalíptica. Ex-escravos agora estão livres; não mais escravos, eles são adotados como filhos (υἱοί, *huioi*, "filhos" na linguagem inclusiva de gênero). Na força do Espírito, eles se dirigem a Deus na linguagem íntima e familiar "Abba". Como em 3,1-5, Paulo apela à experiência corporativa que os gálatas têm do Espírito como prova de que eles já pertencem integralmente ao povo de Deus, sem se sujeitar às prescrições adicionais da lei bíblica feita pelos missionários rivais. Os novos missionários exortaram os gálatas a avançar para além dos princípios incompletos que lhes foram dados no evangelho de Paulo, e a tornar-se membros plenos do povo de Deus, acrescentando todos os requisitos da lei de Deus. para Paulo, isso não é um avanço, mas um retorno à escravidão anterior.

4,12-20 Vós já aceitastes a mim e a minha mensagem como um anjo de Deus; como eu poderia agora agora ter me tornado vosso inimigo (como alegam os missionários rivais)?
Paulo apela novamente à estreita relação pessoal inegável que ele tinha desfrutado com os novos conversos da Galácia. Ao dizer "Eu me tornei como vocês são" (4,12), Paulo indica que, embora conhecesse a disciplina rigorosa da lei e tradição judaicas, ele vive livre da lei entre as igrejas gentias (cf. 1 Co 9,21-22). Em sua primeira visita não planejada, em face de uma injúria ou problemas de saúde que resultaram na conversão dessas igrejas, eles o receberam como um anjo de Deus. Agora eles parecem estar impressionados com a maneira de falar dos novos mestres. Os missionários rivais "desejam excluí-los", i.e., *eles* não se tornaram como os gálatas, mas mantiveram sua "distância profissional", impressionando os gálatas com suas credenciais, enquanto Paulo enumerou a si mesmo entre seus conversos como um irmão e discípulo companheiro dentro da comunidade de fé, onde tais distinções foram abolidas (3,27-28). "De novo, sofro as dores de parto" (4,19) revela o coração pastoral de Paulo. Ele não é a figura autoritária, distante e egocêntrica que, às vezes, fizeram dele. Apesar da crítica afiada, ele os ama com um coração de mãe. Como ele já trabalhou para lhes dar o nascimento, a crise atual é a renovação das dores de parto, e ele agora deve "reconvertê-los", com toda a dor e trabalho envolvido.

4,21-5,1a Ao apelar a Abraão, os missionários rivais interpretam mal a Escritura.
Os missionários rivais apelaram à aliança bíblica com Abraão, e argumentaram que Abraão não apenas creu, mas obedeceu à ordem de Deus para ser circuncidado, um requisito essencial para pertencer ao povo da aliança. O intérprete moderno pode ler Gn 17,1-14 e refletir

sobre a forma como os novos missionários da Galácia compreenderam isso: a circuncisão não era opcional, a circuncisão não era temporária, mas uma "aliança eterna" (Gn 17,13; cf. a repetição de "para sempre" em, por exemplo, Lv 16,29-31; 17,7; 23,14.21.31.41; Dt 5,29). A Escritura repetidamente enfatizou esses requisitos como válidos "ao longo das gerações", para aqueles que querem ser incluídos no povo de Deus. Os missionários rivais definem a agenda, e Paulo deve responder com uma leitura diferente da história de Abraão, à luz da fé cristã. Ao utilizar o método alegórico comum entre vários intérpretes judeus de seu tempo (ver acima, §§5.1, 7.4), Paulo argumenta que devemos entender a história em termos de *duas* alianças. Paulo não está discutindo o "Antigo Testamento" e "Novo Testamento", como partes da Bíblia cristã, nem está falando sobre o "judaísmo" e "cristianismo". As duas alianças das quais ele fala são o "Antigo Testamento", nesse sentido, i.e., do tempo de Abraão. "De acordo com a carne... através da promessa" refere-se a dois reinos de existência. "Carne" não se refere a uma pessoa "menor", a natureza física em contraste com uma "superior", a natureza espiritual, mas ao mundo, conforme determinado pelas capacidades, recursos e valores humanos (cf. 1 Co 3,1; 2 Co 5,16; 10,2; Rm 8,5-13). A "Promessa" (identificada com "Espírito" no v. 29) refere-se ao mundo como determinado por Deus. A interpretação simbólica que Paulo faz de Hagar e Sara como representando as duas alianças pode ser descrita da seguinte forma:[15]

---

[15] Via de regra não se percebe que a teologia da aliança não é frequente no Novo Testamento, e que Paulo usa essa terminologia apenas em 2 Coríntios e Gálatas, escritas no mesmo período em sua missão, e ambas refletindo uma situação de crise. Ele, então, se afasta do vocabulário da aliança em Romanos, que é mais reflexiva e foi escrita pouco depois, e que já não reflete as situações de crise em Corinto e Galácia. Embora ele tenha ouvido ou recitado as palavras em cada celebração eucarística (1 Co 11,23-24), Paulo parece ter feito da terminologia da aliança uma parte de seu próprio vocabulário teológico, em resposta polêmica ao uso que seus adversários fazem da palavra. "Aliança" é um conceito problemático para explicitar a relação de Deus com judeus e gentios, judeus e cristãos e o plano abrangente de Deus para a história. A linguagem e conceitualidade da Aliança levanta a questão: no presente, há um pacto ou dois? A linguagem da Aliança está em perigo ou de tornar-se um supersessionismo (o que Paulo rejeitou) ou retratar Deus como fazendo dois pactos distintos, um com Israel e um com a igreja (o que Paulo também rejeitou). Pouco depois de Gálatas (em Romanos), Paulo vai formular sua compreensão em categorias, a qual evita o uso da terminologia da Aliança.

Hagar	Sara
Criança escrava nascida de mãe escrava	Criança livre nascida de mãe livre
"Segundo a carne"	"Segundo a Promessa/Espírito"
Igreja presente em Jerusalém ou "mãe"	Jerusalém celestial, nossa mãe
Filhos da carne, como Ismael	Filhos da promessa como Isaque
Persegue outro grupo	É perseguida por outro grupo
Lança fora e não herda	Recebe a herança

Paulo conclui com um apelo às Escrituras, citando a ordem de Sara para expulsar Hagar e Ismael da família como a palavra da "Escritura". Paulo entende isso como uma autorização aos gálatas para lançarem seus novos mestres para fora da igreja (cf. 1 Co 5,1-13, especialmente a ordem final). Paulo tinha uma tolerância considerável em relação a um amplo leque de entendimentos da fé cristã, mas também reconhecia que não era apenas uma perspectiva diferente, mas um evangelho diferente que estava sendo proclamado (cf. 1 Co 3,21-23; 2 Co 10-13).

5,1a Conclusão: Cristo os libertou

A conclusão de Paulo para todo o argumento teológico, feita no modo indicativo, declara o ato apocalíptico de Deus, que é um ato de libertação: "Cristo vos libertou" (5,1a).

5,1b-6,10 PARTE 2: Parênese – Liberdade Cristã: A fé opera através do amor

5,1b-12 Vós já sois livres, portanto não volteis à escravidão
O indicativo "Cristo vos libertou" é seguido pelo imperativo "Ficai firmes nessa liberdade. Não retorneis voluntariamente a um estado de escravidão". Aqui Paulo vê a graça e a lei como dois reinos incompatíveis, não se pode estar nos dois ao mesmo tempo. O status de alguém diante de Deus, o lugar no povo santo da aliança, não pode

ser uma combinação do que Deus faz e do que fazemos, "a parte de Deus" e "a nossa parte". Lei e graça são duas formas mutuamente excludentes de se relacionar com Deus.

Isso não significa, porém, que quando uma pessoa se recusa a ser circuncidada, isso a qualifica como aceitável a Deus. "Porque, em Cristo Jesus, nem a circuncisão, nem a incircuncisão têm valor algum, mas a fé que atua pelo amor" (5,6). A alegação de ser "livre da lei" pode tornar-se o mesmo tipo de reivindicação por status quanto praticar "obras da lei". O ponto principal de Paulo é que nem a prática da lei e nem a não prática da lei podem ser questões de realização humana. Paulo resume a essência da vida cristã como "a fé energizada pelo amor". Este não é um princípio geral suave, mas requer o escândalo da cruz, que não pode ser abandonado. Paulo não está falando apenas de uma gentileza humana em geral versus "legalismo", mas de uma vida formada e energizada pelo próprio amor de Deus, revelado no ato escandaloso da crucificação (cf. 2,20-21).

5,13-15 Liberdade e Amor
Liberdade não é apenas liberdade *de*, mas liberdade *para*. É provável que os missionários rivais tenham argumentado em favor da necessidade da lei, tanto como orientação moral, bem como um freio indicando as inclinações humanas para o mal. "Se estamos livres da lei, o que pode nos guiar ao conhecimento da vontade de Deus, e o que pode nos impedir de ser vencidos pelo mal?". Paulo responde que os crentes são, de fato, livres, mas a liberdade não deve tornar-se uma base de satisfação a partir da qual a "carne", o poder do pecado residente na vida e cultura humanas, possa operar. A ação libertadora de Deus não somente torna os crentes livres dos poderes opressivos, mas liberta-os para uma vida de serviço mútuo e para os outros. Paulo usa a metáfora ousada e paradoxal da escravidão. Neste contexto em que ele tem insistido que os cristãos são libertados da escravidão, ele então os direciona a tornar-se escravos uns dos outros. O "uns dos outros" é crucial. O serviço de que ele fala não é hierárquico, em que alguns são escravos e outros são mestres: todos são escravos, todos são mestres.[16]

---

[16] Cf. as palavras de abertura de MARTINHO LUTERO, em *Da Liberdade do Cristão* (1520): "um cristão é um senhor livre, e sujeito a ninguém. Um cristão é um servo perfeitamente obediente, sujeito a todos".

A liberdade cristã da lei não significa que os crentes estão à deriva, sem uma bússola moral. Em um movimento surpreendente, Paulo cita a própria lei (Lv 19,18) como o fornecimento de seu próprio resumo e realização. Quando lido à luz da definição do evento-Cristo, o amor de Deus revelado na morte de Jesus na cruz fornece uma diretriz e poder para viver a vida de liberdade, para a qual Deus chamou seu povo.

5,16-21 Obras da Carne e Fruto do Espírito

Os missionários rivais na Galácia eram pessoas moralmente sérias. Eles não eram apenas enfadonhos, rígidos, do tipo legalista que os liberais gostam de caricaturar. Eles reconheceram o poder do mal no mundo, representado na tradição judaica pelo "desejo da carne", o que não era entendido, como no estilo grego, como a "natureza inferior" do indivíduo, manifestada principalmente em pecados sexuais. Eles viram o poder do mal no mundo, e acreditavam que Deus tinha dado a Torá como uma forma de combatê-lo. A halaká (הלכה, derivado do verbo "andar") foi a positiva dádiva de Deus, o conjunto de material legal colocado no mundo, como o meio de resistir ao poder do mal. Ser "livre da lei" era moralmente perigoso, na medida em que isso retirava o escudo protetor contra o poder do mal.

A resposta de Paulo: a incursão de Deus no mundo através do evento-Cristo não apenas libertou os crentes da escravidão à que haviam se sujeitado – incluindo a lei, que havia sido obstruída pelos poderes do mal – mas tinha fornecido o dinamismo do próprio Espírito Santo de Deus como guia e poder para a comunidade de crentes.

Contrapondo-se às "obras da carne", Paulo coloca o "fruto do Espírito". Carne e Espírito não são "partes" internas ou "aspectos" da vida do indivíduo, mas os campos de força em que toda a vida humana é vivida. No batismo, o crente é de fato libertado da lei, mas não é deixado sem poder e orientação moral. No batismo, o crente é colocado na comunidade de fé, onde o Espírito de Deus prevalece. Dois contrastes são importantes: (1) "obras da carne" é plural, as manifestações do poder do mal; o "fruto do Espírito" é singular, o amor de Deus em suas diversas manifestações. (2) O contraste não é entre dois tipos de obras, carne e Espírito, mas entre obras e fruto. As obras podem ser praticadas, e o desafio é ser mais disciplinado e trabalhar mais. O fruto é uma questão de crescimento orgânico e espontâneo, o resultado da natureza da árvore. Paulo não desafia os gálatas a se esforçarem mais para viver de acordo com os ideais cristãos; ele fala no indicativo, declarando o que acontece na comunidade pelo poder do Espírito. Algo derrotou os poderes do antigo modo de vida. A verdadeira morte está entre cristãos e o velho mundo. A crucificação de Cristo foi o preço da libertação. Os cristãos estão unidos com Cristo nessa morte.

6,1-10 Vida em Comunidade, plena do Espírito
O perfil das "obras da carne" que Paulo apresenta em 5,19-21 não havia enfatizado irregularidades sexuais num sentido individualista, mas os pecados que destroem a comunidade. A vida sujeita à força da carne busca individualisticamente o "êxito" deste mundo; a vida no Espírito cria comunidade. Paulo agora dá instruções finais sobre o significado de uma vida assim.

Ao dizer "vós que recebestes o Espírito", Paulo fala de todo corpo de crentes. Membros errantes devem ser restaurados; nenhum cristão pode viver a sua própria "vida espiritual" desconsiderando outros na comunidade como algo do tipo "não é da minha conta". Levar as cargas uns dos outros não é apenas responsabilidade do forte, mas uma promessa para o fraco – eles não estão sozinhos nessa caminhada, mas são apoiados por uma comunidade cuidadosa e compassiva, membros de uma família em que há cuidado mútuo. *Esta* é a "lei de Cristo". Esta frase pode refletir um lema dos mestres rivais, que apontaram a necessidade de os cristãos continuarem a obedecer à lei, tendo a Cristo como intérprete último de seu significado. Paulo toma esta frase, afirmando que o amor mútuo da comunidade guiada pelo Espírito significa um viver pela "lei de Cristo", o amor como a síntese da lei (5,14 = Lv 19,18). A declaração de que "todos devem levar suas próprias cargas" não contradiz "carregar os fardos uns dos outros", pois aqui Paulo está apontando para o julgamento futuro escatológico, em que cada um será responsável – perante Deus pelo que fez – inclusive ter ou não ter compartilhado os fardos de seus companheiros cristãos.

Portanto, Paulo deixa claro em suas instruções finais que sua oposição às "obras da lei" não é um apelo à irresponsabilidade ou preguiça, e que confiar na fidelidade de Deus para a salvação não significa que os crentes não têm nada a fazer. Eles estão "trabalhando para o bem de todos": a doutrina da salvação pela graça sem obras meritórias não corta o nervo da ação social para o bem da comunidade humana.

A Igreja está no mundo para representar o cuidado de Deus para o mundo inteiro, quer o mundo responda ou não.

6,11-18 Conclusão pelo próprio punho de Paulo

Paulo foi ditando para um escriba. Em 6,11, ele deixa claro que pegou a pena com sua própria mão para escrever uma palavra conclusiva que resume os contrastes que ele traçou na carta, a escolha que confronta os gálatas. De um lado, ele agrupa o mundo convencional de normas humanas ("carne"), o mundo do esforço humano e da ambição, com foco na reivindicação por circuncisão feita pelos missionários rivais. Por outro lado, Paulo coloca a cruz e a nova criação. Aqui, a cruz não é apenas o evento que medeia o perdão de Deus, mas a incursão apocalíptica que faz tremer o mundo, e que traz o velho mundo ao fim e inaugura a nova criação escatológica prometida (cf. Is 65,17-25; 2 Co 5,17; Rm 8,19-23; Ap 21,1-5). Deve-se especialmente notar que, em suas palavras finais sobre a questão chave da carta, Paulo não coloca "circuncisão" no velho mundo e "incircuncisão" no novo. No velho mundo, as distinções religiosas como a circuncisão e incircuncisão têm valor; na nova criação, que já está raiando, nem a circuncisão nem a incircuncisão importam.

Igualmente impressionante é a afirmação de que aqueles que vivem por esta regra – os que foram batizados em Cristo, para quem estas antigas distinções humanas não importam mais (3,27-28) – recebem a bênção que pertence ao "Israel de Deus". Em contraste ao ensino dos missionários rivais, os cristãos gentios da Galácia já pertencem ao Israel de Deus, sem a circuncisão e observância da lei. O contraste final: se alguém ainda quer falar de marcas corporais que o identificam como pertencente a Israel, Paulo, o apóstolo judeus cristãos aos gentios, aponta não para sua circuncisão, mas as cicatrizes recebidas no serviço do Cristo crucificado.

Para leitura adicional, ver página 534

13.2 Interpretando Romanos

O APÓSTOLO DOS GENTIOS escreve sua mais longa e cuidadosamente ponderada carta às congregações cristãs da cidade capital do império. Conforme já se observou, Romanos também era a carta mais influente, "talvez a expressão mais importante do evangelho e teologia já escrita".[17]

13.2.1 A Igreja em Roma: a primeira geração

Não sabemos quando, como e por quem a igreja em Roma foi iniciada. Quando Paulo escreve à igreja de Roma, ela já existe há "muitos anos" (1,13; 15,22-23), i.e., pelo menos desde a década de 40. A tradição de que ela foi fundada por Pedro não tem base histórica. Embora Pedro tenha ido posteriormente à Roma e morreu ali (cf. introdução 1 Pedro, §17.2 Vol. II), ele não estava em Roma na ocasião em que Paulo escreveu a carta. Nem o próprio Paulo esteve lá. De todas as cartas paulinas não disputadas, somente Romanos foi escrita a uma igreja que ele não fundou. Quando Paulo escreve, ele saúda 26 pessoas por nome, as quais ele encontrou em outro lugar, mas que agora estão em Roma (Rm 16,3-20), e se refere a cinco igrejas domésticas diferentes, sugerindo um número relativamente elevado de cristãos, número esse que chegou a muitas centenas na época da perseguição de Nero, alguns anos mais tarde.

Nós sabemos pouco a respeito da composição e história das congregações romanas. A comunidade cristã começou como crentes messiânicos dentro das sinagogas.[18] Eles seriam judeus étnicos e prosélitos, mas também tementes a Deus que se identificavam com a comunidade judaica e participavam da sinagoga. Por gerações, houve uma grande comunidade judaica em Roma, que, por vezes, viveu uma existência precária. A maioria pertencia às classes sociais mais baixas, vivia e trabalhava nas camadas mais pobres da capital, e mais de uma vez havia sido forçada a deixar a cidade. Eles tinham empreendido grandes esforços, típicos do judaísmo da Diáspora nos centros urbanos, a fim de ajustar-se ao seu ambiente social e político, em particular para demonstrar que eram leais súditos de Roma,

---

[17] DUNN, *Beginning from Jerusalem*. Histórias da teologia e interpretação bíblica apontam regularmente a redescoberta da mensagem de Romanos em momentos decisivos da história cristã, especialmente sua influência sobre Agostinho, Tomás de Aquino, Lutero, WESLEY e BARTH.
[18] Ver especialmente BROWN and MEIER, *Antioch and Rome*, section "The Beginnings of Christianity in Rome," pp. 92-104, e LAMPE, *Paul to Valentinus*, 7-16, 69-84, 153-183

sem comprometer sua fé ou sua identidade. O mais impressionante neste aspecto é que algumas sinagogas que podem ser datadas do primeiro século são nomeadas com nomes de líderes romanos, incluindo o próprio imperador. Há sinagogas nomeadas em homenagem a Augusto, Marcus Agripa, Herodes o Grande, e Volumnio. Isso não poderia ter sido feito sem a aprovação oficial, e demonstra os esforços da comunidade judaica de integrar-se na sociedade romana e garantir seu status jurídico.[19] Apesar desses esforços, mais uma vez os judeus foram forçados a deixar a cidade sob o imperador Cláudio, em 49 d.C. (cf. o caso de Priscila e Áquila, At 18,2). Isso significa que o elemento judaico-cristão na liderança das igrejas, presumivelmente um contingente considerável, foi forçado a sair, e que as congregações cristãs seriam compostas principalmente de cristãos gentios – muitos dos quais presumivelmente tinham feito parte do grupo dos tementes a Deus antes de tornarem-se cristãos. Nesse meio tempo, o número de membros das igrejas romanas seria aumentado por cristãos gentios de outros lugares, que tinham se mudado para a capital, conforme evidenciado pela lista de nomes em Romanos 16. Quando o decreto de Cláudio foi rescindido após a sua morte, em 54 d.C., muitos desses judeus cristãos (incluindo Priscila e Áquila), retornaram a Roma, achando que as congregações a que pertenciam agora tinham um caráter cristão gentio predominante. Mesmo assim, as congregações romanas permaneceram enraizadas nas tradições judaicas de suas origens. Uma ou mais geração depois do tempo de Paulo, o autor cristão gentio de *1 Clemente*, escrevendo como um representante da igreja romana, mostra que o cristianismo romano permaneceu orientado para a Escritura judaica e tradições judaicas pós-canônicas, que continuaram a ser importantes para as congregações romanas. Tácito parece pensar que o cristianismo romano é oriundo da Judeia (*Anais* 15,44.2-5). Esta história, e essas tensões, se refletem na carta de Paulo. Em Roma, a relação entre judeus e cristãos, judeus cristãos e cristãos gentios, não é apenas uma questão teológica profunda e complexa, mas uma questão prática da vida da igreja.

---

[19] Cf. Dunn, *Beginning from Jerusalem*, que cita Karl P. Donfried & Peter Richardson, eds., *Judaism and Christianity in First-Century Rome* (Grand Rapids: Eerdmans, 1998), 17-29.

13.2.2 Integridade Literária

As gerações de críticos passada têm argumentado algumas vezes que Rm 16 não pertence ao texto original de Romanos, mas fazia parte de uma carta a Éfeso adicionada a Romanos, durante o processo editorial que produziu o corpus paulino. Esta conclusão foi apoiada por dois argumentos principais: (1) O capítulo é apropriado a Éfeso, mas não a Roma. Em Éfeso, Paulo tem muitos amigos e contatos, mas nunca foi a Roma. Romanos 16 contém saudações a 28 indivíduos, 26 por nome, 16 destes com uma nota adicional. Como ele poderia saudar muitas pessoas na igreja romana? Em particular, algumas das pessoas que foram saudadas foram finalmente localizadas em Éfeso (cf. 1 Co 16,19; At 18,18-19.24-28; 2 Tm 4,19 [Áquila e Priscila]; Rm 16,5 [Epêneto]). A polêmica contra o falso ensino em Romanos 16,17-20 se encaixa em Éfeso, onde Paulo viveu e trabalhou, mas não com a igreja de Roma, com a qual ele não estava pessoalmente familiarizado, nem se encaixa com o tom do restante de Romanos. (2) A tradição manuscrita de Romanos manifesta grande variedade em relação à forma como o documento é encerrado:[20]

a) 1,1-16,23 + 16,25-27: $\wp^{61vid}$ ℵ B C

b) 1,1-14,23 : Marcião (de acordo com Orígenes)

c) 1,1-15,33 + 16,25-27 + 16,1-23: $\wp^{46}$

d) 1,1-16,23 + 16,24: D 06 (original grego) F 010gr G

e) 1,1-16,23 + 16,24 + 16,25-27: D 06 F 0101 em Pel

f) 1,1-14,23 + 16,25-27 + 15,1-16,23 + 16,24: n l sy^h

g) 1,1-14,23 + 16,25-27 + 15,1-16,23 + 16,25-27: A

Estes dados foram tomados como evidência de que Romanos originalmente circulou sem o capítulo final, o qual foi adicionado, secundariamente, em uma variedade de constelações, com a doxologia final e a bênção de 16,24 ocorrendo em vários locais e combinações. A análise textual revelou quinze formas textuais diferentes da parte

---

[20] A tabela foi retirada de SCHNELLE, *New Testament Writings*, 116.

final de Romanos.²¹ Rm 16,17-20 e 16,25-27 agora são muitas vezes considerados interpolações pós-paulinas.

A opinião da maioria agora, no entanto, é que Rm 16, com ou sem as interpolações, pertence à carta original endereçada a Roma. (1) No que diz respeito à primeira categoria de evidência: a saudação de Paulo a tantas pessoas em uma igreja à qual ele nunca foi é mais bem explicada pela história da igreja, de onde surge uma das razões pelas quais Paulo escreve esta carta. Judeus cristãos anteriormente banidos de Roma, a quem Paulo havia conhecido em outros lugares, como Priscila e Áquila, já haviam retornado. No decorrer de seu trabalho missionário, Paulo conheceu muitos cristãos, e ele agora saúda a maior número possível, a fim de alicerçar as relações entre si mesmo e esta igreja – da qual ele é pessoalmente desconhecido – já que está pedindo a eles que apoiem sua futura missão. (2) A complexa tradição manuscrita do final de Romanos é o resultado do efeito cascata da edição do corpus paulino feita por Marcião. Marcião retirou todas as seções das cartas de Paulo que soavam pró-judaicas ou refletiam as Escrituras judaicas, por considerá-las acréscimos não paulinos tardios (ver acima §2.2.1). Isso significa que uma edição truncada de Romanos circulou sem a parte final, com seus elementos de tom judaico, incluindo a designação específica de Jesus como "servo da circuncisão" (15,8). No processo de transmissão e edição, a versão mais curta Marcionita aparentemente interagiu com a edição original mais longa, gerando uma variedade de conclusões. A maioria dos estudiosos agora vê Rm 16, não apenas como parte da carta original, mas tão importante para a compreensão da carta como um todo.²²

13.2.3 Tipo da Carta, Ocasião e Propósito

Romanos é a mais sistemática e claramente organizada das cartas de Paulo, mas não é a teologia sistemática de Paulo, e nem é um

---

[21] JEWETT, *Romans*, 4.
[22] Ver praticamente todos os comentários de Romanos, bem como as considerações exaustivas em LAMPE, *Paul to Valentinus*, 153-164, e em, D. C. PARKER, *An Introduction to the New Testament Manuscripts and their Texts* (Cambridge: Cambridge University Press, 2008), 270-274.

"compêndio da doutrina cristã", na famosa frase de MELÂNCTON.[23] Não é uma declaração completa da fé de Paulo. Por exemplo, embora a carta discuta um dos significados do batismo cristão, ela não menciona a Eucaristia. Se tivéssemos apenas Romanos, não saberíamos que as igrejas paulinas tinham uma tradição e prática eucarísticas. Apesar de Romanos considerar a morte de Jesus teologicamente importante, a carta não menciona explicitamente a cruz ou a crucificação, embora ela seja pressuposta em 6,6, "o nosso velho homem foi crucificado com ele". Se tivéssemos apenas Romanos, poderíamos não compreender o papel crucial que a cruz desempenha na teologia de Paulo. Romanos é uma carta, o que significa que, também, deve ser entendida como um documento composto para uma ocasião particular e leitores em particular, dentro de uma cronologia particular, e projetando um mundo narrativo particular. Uma maneira útil de abordar a carta é vê-la à luz dos locais-chave na vida e na missão de Paulo, que lançam luz sobre o(s) seu(s) objetivo(s) e influenciam o seu conteúdo.

Galácia. Em algum momento no passado recente, provavelmente enquanto esteve na Macedônia e pouco tempo antes de chegar a Corinto, onde está escrevendo Romanos, Paulo escreveu a carta de fogo para as igrejas da Galácia. As questões da carta ainda estão em sua mente: o papel da lei mosaica na vida cristã, a circuncisão como o sinal da aliança, os crentes cristãos, incluindo os gentios, como "filhos de Abraão". Enquanto Paulo escreve a Roma, ele tem a oportunidade de pensar sobre estas questões de uma forma mais reflexiva – Roma não está ameaçada por estes mestres, por isso Paulo não está escrevendo para confrontar diretamente uma situação real. Mas os cristãos romanos provavelmente já haviam ouvido falar de Paulo e seu evangelho, incluindo suas referências sarcásticas aos líderes de Jerusalém ("os assim-chamados 'pilares'"; cf. Gl 2,2.6.9). Havia ligações estreitas entre a Igreja de Jerusalém e a igreja de Roma, a qual pode ter sido, até certo ponto, um produto da missão de Jerusalém. Na Carta aos Romanos, Paulo pode escrever sobre as mesmas questões que ele tinha tratado em Gálatas, mas com menos calor e mais luz. Ele não se limita a reafirmar sua posição anterior em um tom de voz mais suave, mas repensá-la e ajustá-la. Em certo sentido,

---

[23] *Christianae religionis compendium,* Philipp Melanchthon, *The Loci Communes of Philip Melanchthon* (trad. Charles Leander Hill; Boston: Meador, 1944), 69.

Romanos é o primeiro comentário sobre Gálatas, e escrito pelo próprio autor original.

Corinto. Quando Paulo escreve a Roma, ele está em Corinto, onde a missão ao Egeu completou seu círculo. Perto do início da missão ao Egeu, Paulo escreve de Corinto para a nova igreja em Tessalônica, que é sua primeira carta e nosso documento mais antigo do Novo Testamento. Como ele agora encerra a missão ao Egeu (Rm 15,19), então escreve de Corinto o que é, provavelmente, a sua última carta existente, o que viria a se tornar seu testamento – embora não especificamente escrito como tal.

Paulo chegou a Corinto vindo de Éfeso, onde havia sofrido perseguição, risco de morte e prisão, passando pela Macedônia, onde ouviu da boca de Tito que os problemas entre ele e a igreja de Corinto haviam sido resolvidos (At 19,23-20,3). Ele agora se estabelece em Corinto por um período relativamente confortável de três meses, presumivelmente apoiado por seus anfitriões (Febe, Gaio e Erasto, Rm 16,2.23), que também parecem ter fornecido os serviços de um escriba profissional (Tércio, Rm 16,22). Não há referência em Romanos, como nas cartas escritas anteriormente, ao trabalho empreendido para sustentar a si mesmo (1Ts 2,9; 1 Co 4,12; 9,3-18; 2 Co 11,7-11), uma "ostentação" em relação à sua estratégia de missão da qual ele aparentemente recuou, como parte de sua reconciliação com Corinto.

Corinto também foi o cenário do debate de Paulo sobre os dons espirituais e fenômenos carismáticos (cf. 1 Co 12-14; 2 Co 11,16-12,10). Estas experiências estão ainda presentes em sua mente enquanto ele escreve a Roma. As semelhanças entre Romanos e 1 Coríntios quanto às instruções de Paulo sobre os dons carismáticos, usando a metáfora do corpo de Cristo, animado pelo pneuma/ar/Espírito, podem ser tanto o resultado do ambiente em que ele escreve a carta como a situação para a qual ele a escreve (comparar, por exemplo, 1 Co 12-13 e Rm 12,3-21). Em certo sentido, Romanos é o primeiro comentário sobre 1 Coríntios, e escrito pelo próprio autor original.

Jerusalém. Durante os três meses em Corinto, Paulo também esteve ocupado em fazer os arranjos finais para entregar a coleta para Jerusalém. Várias pessoas irão acompanhá-lo, os delegados das igrejas e seus próprios colaboradores (At 20,4; 1 Co 16,3; 2 Co 8,23). Antes de vir para Roma, ele irá para Jerusalém. Os líderes da igreja de Jerusalém estão duvidosos dele e de seu evangelho gentio às igrejas gentias.

Ele quer assegurar-lhes que não abandonou a fé ancestral, na qual a promessa de Deus a Israel é irrevogável, e que as igrejas gentias se encaixam nela, mas não violam este plano de Deus realizado ao longo da história. Ele quer que a coleta seja um símbolo tangível da unidade de judeus e gentios na mesma Igreja, e teme que ele, sua mensagem e sua oferta não possam ser aceitáveis (Rm 15,25-32). O argumento de Romanos é um ensaio geral para Jerusalém.

Espanha. Os planos de Paulo são levar a coleta a Jerusalém e depois ir a Roma. Mas a capital não é seu objetivo final. Ele quer passar algum tempo lá, fortalecendo a igreja. Ele é cuidadoso ao dizer a esta igreja, a qual ela não fundou e que não pertence à "sua" órbita missionária, que também deseja ser fortalecido por eles (Rm 1,11-12). Mas seu objetivo final é a Espanha, o limite ocidental do mundo que ele conhece. Uma das razões para escrever Romanos é estabelecer para a igreja romana a natureza do evangelho que ele prega, pois de antemão ele deixa claro que quer seu apoio à missão na Espanha (Rm 15,24.28).

Roma. Embora o que Paulo tenha a dizer seja influenciado por estes outros cenários de sua vida e missão, o conteúdo da Carta aos Romanos é influenciado principalmente pela própria Roma. Pode ser o caso de que, apesar de Paulo não ter ido lá, ele é bem informado sobre os problemas e dificuldades particulares com os quais a igreja romana está lidando, e direciona sua instrução apostólica para as particularidades da situação romana. Certamente Paulo tem em vista a situação geral romana – um encontro de comunidade cristã em diferentes congregações domésticas, provavelmente de origem e herança judaicas, que agora, por causa da história descrita acima, está lutando com a relação de uma minoria cristã judaica para uma maioria cristã gentia. Os judeus cristãos e gentios cristãos estão tendo dificuldades uns com os outros, e ambos os grupos estão lutando com a natureza da sua relação com o tronco paterno do judaísmo romano.

Como um apóstolo judeus cristãos aos gentios, se preparando para uma reunião crucial em Jerusalém, a capital mundial do judaísmo, antes de visitar a capital do mundo gentio, ele sente uma responsabilidade especial para com esta igreja que ele não fundou, mas a qual, ele sabe, desempenha um papel-chave na igreja mundial – embora não pudesse saber que papel crucial esta igreja e esta carta desempenhariam nas gerações cristãs futuras. Com pressentimentos de que poderia não sobreviver ao fatídico encontro em Jerusalém, ele quer deixar uma declaração do evangelho paulino num arquivo na capital do mundo gentílico, porém apenas no caso de ele não ser capaz de pregar lá em pessoa. Esta é a carta de Paulo aos Romanos.

13.2.4 Estrutura e Esboço

A macroestrutura da carta é clara, organizada na estrutura bipartida correspondente à teologia de Paulo, com uma extensa discussão doutrinária (capítulos 1-11), seguida por uma seção predominantemente parenética (caps. 12-16; ver acima, §10.2.3). Na primeira parte, uma clara divisão se estabelece em 9,1, com os caps. 9-11 compreendendo uma seção discreta sobre o papel de Israel no plano de Deus para a história. Os primeiros oito capítulos são bifurcados por um diferente ponto de inflexão na argumentação em 3,21, à medida que Paulo se volta da condição humana da pecaminosidade universal para o ato salvífico de Deus. Nos caps. 5-8, a expressão "em / através de Jesus Cristo, nosso Senhor" ocorre em intervalos regulares, marcando unidades distintas (5,1.11.21; 6,23; 7,25; 8,39). O conjunto é formado pela saudação de abertura, louvor, declaração de tese e a seção final de planos de viagem, saudações e bênção.

1,1-17	Introdução Epistolar
1,1-7	Saudação
1,8-15	Ação de graças
1,16-17	A tese da carta
1,18-11,36	Parte 1 – A justiça de Deus na História
1,18-8,39	A Revelação da justiça de Deus
1,18-3,20	A necessidade da justiça de Deus: *o pecado humano universal*
1,18-32	A revelação da ira de Deus
2,1-16	Julgando os outros... condenando a si mesmos.
2,17-3,8	Os judeus e a lei
3,21-5,21	A realidade da justiça de Deus: *a graça divina universal*
3,21-31	O ato salvífico de Deus em Cristo
4,1-25	A resposta humana de fé
5,1-11	Salvação como passado, presente e futuro
5,12-21	Cristo e Adão
6,1-7,6	Objeção e Resposta

6,1-14	Vós fostes batizados
6,15-23	Vós sois escravos libertos com um novo Senhor
7,1-6	Vós fostes libertos da lei ao serdes participantes na morte de Cristo
7,7-25	A lei não é pecado, mas (como nós) é vítima do pecado
7,7-13	A lei como vítima
7,14-25	O problema não é com a lei, mas "comigo"
8,1-39	Liberdade no Espírito
8,1-17	O poder do Espírito
8,18-39	Vívida expectativa de redenção junto com o cosmos
9,1-11,36	A justiça de Deus e o papel de Israel no plano de Deus para a História
9,1-29	A liberdade de Deus
9,30-10,21	Cristo é o *telos* da lei
11,1-36	Deus, a fonte e o objetivo de todas as coisas
12,1-15,33	Parte 2 – A justiça de Deus, a vida cristã como resposta à graça de Deus
12,1-2	Do indicativo ao imperativo
12,3-8	Vida em comunidade
12,9-13,14	O amor na prática
13,1-7	Vida cristã como subordinação às autoridades superiores
14,1-15,13	A igreja inclusiva como prolepse do reino presente e vindouro de Deus
14,1-15,13	A igreja inclusiva
15,14-33	Apóstolo aos gentios e estratégia missionária
16,1-27	Saudações, avisos e doxologia

13.2.5 Síntese exegético-teológica

1,1-17 Introdução Epistolar

1,1-7 Saudação

Embora companheiros de missão estejam com ele quando escreve (16,21-23), somente aqui nas assim-chamadas cartas paulinas autênticas o nome de Paulo aparece sozinho como o remetente. Para esta igreja que ele não fundou, nunca visitou, e onde é relativamente desconhecido, estas palavras de abertura duas vezes referem-se a sua missão apostólica (versos 1,5). No entanto, na mais extensa saudação de todas as suas cartas, Paulo não se expande em seu próprio papel, mas elabora a natureza do evangelho. Assim, nas palavras de abertura ele sinaliza o grande tema e o propósito da carta: expor o evangelho paulino a uma igreja que não o conhece. Este evangelho não é meramente a mensagem pessoal de Paulo, mas é o evangelho prometido pelos profetas de Israel na Escritura, e resumido numa profissão de fé oriunda da tradição. Esta profissão de fé (vs. 3-4) retrata a Cristo a partir de uma dupla afirmação, o Messias legítimo de Israel, o Filho humano de Davi, nascido "segundo a carne", que, "segundo o Espírito de santificação" foi designado (por Deus) como Filho de Deus em poder, pela ressurreição dos mortos. Esta afirmação cristológica em dois estágios aparentemente deriva da tradição do cristianismo judaico, e foi reconhecida pela igreja romana – e pode, de fato, ter sido um elemento comum em sua liturgia. Embora ela não represente a Cristologia em três estágios, afirmada por Paulo ao articular a sua própria compreensão do evento-Cristo (ver Fp 2,5-11), nas linhas de abertura ele mostra que pode afirmar a fé comum da Igreja, expressa de outras formas. Ele é sincero nisso, mas também diplomaticamente lança as bases para a discussão da carta, afirmando que há apenas uma igreja, de cristãos judeus e gentios.

1,8-15 Ação de Graças

A ação de graças de Paulo é também sincera e mais do que uma formalidade habitual. Ele quer vir a Roma para pregar o evangelho a eles e compartilhar algum dom espiritual (χάρισμα, *carisma*, ver 1 Co 12), e um tanto defensivamente explica por que ainda não foi até lá. Embora reconheça a independência deles em relação à sua pessoa, Paulo é grato em saber que completamente à parte dele, a fé dos romanos já é conhecida em todo o mundo, e que, quando ele vier, não apenas terá algo para lhes dar, mas também algo a receber, em uma troca mútua de dons espirituais e encorajamento. Somente na conclusão da carta se torna claro que ele quer apoio financeiro deles para a missão que deseja realizar na Espanha (15,22-24).

1,16-17 A tese da carta

- *Sobre* o que Romanos *fala*? Paulo responde a essa pergunta com antecedência, nesta declaração proposicional que antecipa e resume o argumento da carta.

Aqui, ele segue a forma da retórica clássica, em que o argumento do discurso é precedido por uma breve declaração da tese a ser desenvolvida, o *propositio* que precede a *probatio*.[24]
- O evangelho é o poder de Deus para a salvação de *todo* aquele que crê, quer judeu quer gentio.
- Este evangelho é o poder salvífico de Deus, porque é a revelação da justiça de Deus (δικαιοσύνη θεοῦ, *dikaiosynē theou*). Esta frase complexa[25] pode referir-se a (1) uma qualidade de Deus, um aspecto da natureza eterna de Deus (cf. 3,26, onde o contrário seria um Deus injusto), (2) o ato de Deus, presente e futuro, em estabelecer a justiça no mundo (Mt 5,6; 6,33, onde ela é identificada com o reino de Deus, o ato escatológico de Deus em estabelecer a justiça) (3) o *status de* Deus para o indivíduo, o status não-culpado de alguém que tenha sido acusado perante o tribunal. Esse status pode ser (a) *declarado*, *imputado*, uma declaração de anistia ou inocência que torna verdadeiro o status legal de alguém, e/ou (b) *aprovado*, mais do que uma declaração de status, uma transformação do ser em que uma vida injusta é regenerada para se tornar uma vida justa, e um mundo injusto é transformado para se tornar um mundo justo.
- Este evangelho não é uma nova realidade descontínua a partir do que se passou antes, mas está em continuidade com e para o cumprimento das Escrituras de Israel. Hc 2,4 é aqui citado como a base bíblica para a sua teologia, com muito mais Escritura para vir adiante (Romanos cita a Bíblia mais do que qualquer outra carta paulina).
- O evangelho paulino não é uma continuação da proclamação de Jesus. Ele repousa sobre o ato de Deus no evento-Cristo como tal, e não sobre o conteúdo da vida e ensino de Jesus.
- O contraste é entre a justiça de Deus e a justiça humana, e não entre dois tipos de justiça humana (pelas obras da lei, pela fé). O texto-chave em Romanos não lida com a justificação dos pecadores, mas em justificar Deus, especialmente se o seu contexto e significado em Habacuque é levado em conta. A preocupação básica de Habacuque está com a teodiceia.

---

[24] Cf. JEWETT, *Romans*, 29-30, etc., que defende a ideia de que Paulo estrutura Romanos de acordo com o padrão retórico clássico: *exordium* (1.1-12); *narratio* (1.13-15); *propositio* (1,16-17); *probatio*, uma prova dividida em quatro argumentos distintos que consistem de dez perícopes cada (1,18-4,25; 5,1-8,39; 9,1-11,36; 12,1-15,13) e uma *peroração* (15,14-16; 16, 21-23, com 16,17-20 e 25-27 consideradas interpolações posteriores).
[25] Ao se interpretar esta frase central na teologia paulina, deve-se ter em mente que a Língua Portuguesa não tem um termo que corresponda ao adjetivo δίκαιος (*dikaios*, justo), ao verbo δικαιόω (*dikaioō*, justificar) e ao substantivo δικαιοσύνη (*dikaiosunē*, justiça).

Cada uma destas declarações iniciais é descompactada no argumento que se segue.

1,18-11,36 Parte 1 – A justiça de Deus na História

1,18-8,39 A Revelação da justiça de Deus

1,18-3,20 A necessidade da justiça de Deus:
O pecado humano universal

O objetivo geral desta seção, e seu lugar no argumento da carta como um todo é claro: todas as pessoas, não religiosas e religiosas, gentios e judeus, se rebelaram contra seu Criador, espalharam injustiça no mundo, e ficaram sob a ira de Deus, sem esperança de justificar-se. Paulo primeiro elabora a pecaminosidade dos gentios, que não têm a lei escrita de Deus dada por meio de Moisés (1,18-32), e então a pecaminosidade de pessoas religiosas que condenam a imoralidade dos outros (2,1-16), incluindo especialmente judeus que se orgulham de possuir a lei de Deus (2,17 – 3,7). Ele conclui com uma mescla de textos da Escritura que declaram que todos os seres humanos, sem distinção, são pecadores culpados e necessitados da graça de Deus. A lei não é um meio de salvação. Ela apenas traz o conhecimento do pecado, "para que toda a boca seja silenciada, e todo o mundo seja responsabilizado diante de Deus" (3,19-20). Embora a linha principal do argumento seja inconfundível, ela dá algumas voltas e contém algumas expressões não imediatamente claras para o leitor moderno.

1,18-32 A revelação da ira de Deus

A *ira de Deus* não se refere a explosões emocionais, mas é a expressão bíblica para a resposta imparcial e justa da santidade de Deus para o pecado humano (153 vezes na LXX, incluindo a tradição de Sabedoria [por exemplo, Sir 5,7; 48,10]). O evangelho da ação de Deus no evento-Cristo torna verdadeiro tanto o ato (ira) de Deus como o ato justificador (justiça) de Deus. *Revelado* não se refere à divulgação de informações, mas em cada caso, significa *colocar em prática*. Esta revelação é tanto o presente e o futuro; julgamento e salvação entram em vigor como a realidade do já/ainda não do ato de Deus em Cristo.

Paulo ilustra a natureza do pecado com um tradicional catálogo de vícios. Essas listas eram uma técnica comum de antigos moralistas (cf. também 1 Co 5,10-11; 6,9-10; Gl 5,19-21; Ef 4,31; 5,3-5; Cl 3,5,8; 1 Tm 1,9-10; 6,4-5; 2 Tm 3,2-4 e Tt 3,3). Não se trata de catálogos definitivos, mas amostras ilustrativas da natureza do pecado, o que representa a imoralidade como convencionalmente considerada no contexto do autor. Paulo fala da perspectiva de seu *pano de fundo* no judaísmo da Diáspora, onde a idolatria gentílica foi considerada como um guia inevitável à imoralidade. Em contraste com o contexto gentio, os atos homossexuais eram considerados particularmente pecaminosos, pois representavam a perversão intencional da vontade do Criador e "a troca de papéis sexuais naturais", um argumento explicitamente desenvolvido na Sabedoria de Salomão (cf. 11,15-16; 12,24-27; 14,12.26). Paulo está nessa tradição que considera os atos homossexuais como escolhas intencionais feitas por pessoas heterossexuais que tenham intencionalmente pervertido a maneira como Deus os criou – um pecado contra o Criador. O conceito de homossexualidade como uma orientação sexual não escolhida pela pessoa, mas recebida como parte da criação de Deus, era desconhecido para Paulo. Dado tal contexto cultural, é compreensível que Paulo considere os atos homossexuais como ilustrando o pecado primordial, a rejeição do Criador e a perversão da boa criação de Deus (1,20-21). Para Paulo, o pecado não é a transgressão de uma lista de regras, mas o fato de a criatura rejeitar a Deus como Criador, a recusa de honrar a Deus como Deus, a vontade de poder que coloca a vontade e compreensão humanas no lugar de Deus.

2,1-16 Julgando os outros... condenando a si mesmo

Até 2,1 o argumento se volta da condenação dos pecados flagrantes dos gentios a esses tipos morais e religiosos que se juntam a Paulo em condenar os males flagrantes da sociedade, assumindo que o fato de julgarem os outros os torna imunes ao próprio juízo de Deus. Paulo não está aqui abordando uma "atitude de julgamento", o oposto do que seria a virtude iluminada liberal de "tolerância". Paulo tem em vista o pecado mais fundamental que supõe a condenação de injustiças sociais isenta de uma responsabilidade diante de Deus. Embora os detalhes do argumento sejam ambíguos ou pouco convincentes, Paulo implacavelmente persegue seu ponto principal: o julgamento final de Deus é universal e imparcial (2,11). Mas se todos os seres humanos são, em última instância, julgados pelo mesmo padrão divino, qual é o papel da lei no plano de Deus, e qual é o significado de Deus ter escolhido Israel para ser um povo especial chamado por Deus, a quem foi dada a lei? Este problema profundo incomodou tanto Paulo quanto seus leitores, e ele voltará a lidar com ele como o foco principal da carta. Aqui, Paulo aborda dois pontos: (1) Todos os seres humanos vivem sob a lei de Deus, seja a lei do Criador revelado na natureza (1,18-32), cujos efeitos são escritos no coração de todas as pessoas (2,14-15) ou a lei de Moisés revelada no Monte Sinai (2,17-29). (2) O que conta, no entanto, não é apenas ter a lei, mas viver por ela, pois esta é a base do juízo de Deus – e ninguém pode pretender ter feito *isso*.

2,17-3,8 Os judeus e a lei

Às vezes, assume-se que o argumento alterna dos gentios para os judeus em 2,1, mas Paulo não aborda explicitamente os judeus até 2,17. O ponto é ressaltado: não apenas ter a lei, mas cumpri-la, é o que conta. Mesmo a circuncisão, o sinal de pertença ao povo da aliança, não isenta alguém do juízo de Deus, a menos que guarde a lei (2,25). Pessoas incircuncisas que guardam a lei de Deus são aceitas por Deus. Pessoas circuncidadas que transgridem a lei de Deus estão sujeitas ao juízo de Deus. Adotando o estilo diatribe, em que protestos são colocados na boca do opositor pressuposto, Paulo pergunta: "Que vantagem tem o judeu? Ou qual é o valor da circuncisão?" Espera-se a lógica assumida do argumento para evocar a resposta "Nenhuma!", Mas Paulo surpreendentemente responde: "Muita, em todos os sentidos!" Ele muda o argumento para outro nível. Ao invés de permanecer no nível das ações humanas de fé, e perguntar como os seres humanos podem ser justificados, ele responde em termos da fidelidade de Deus (ἡ πίστις τοῦ θεοῦ, *hē pistis tou theou*) e ser justificado em Deus (δικαιωθῇς, *dikaiōthēs*).[26] O evangelho de Paulo acerca da graça incondicional de Deus – ainda a ser tratado nesta carta – também gera a objeção quanto a se a versão de Paulo do evangelho cristão é verdade, "façamos o mal para que venha o bem". Paulo dará uma resposta na íntegra (6,1-23) depois que ele der uma declaração mais completa de seu entendimento

---

[26] Estas ainda não são as respostas completas e satisfatórias às questões legítimas e preocupantes que Paulo levantou, com as quais ele lidaria mais tarde (3,1=9,1-5; 3,3=9,6; 3,5=9,14; 3,7=9,19; 3,9=9,30-10,21. Ver elaboração de N. T. WRIGHT, "The Letter to the Romans," em *The New Interpreter's Bible*, ed. Leander Keck (Nashville: Abingdon, 2002), 454.

a respeito da graça. Aqui, com desdém ele rejeita tal mal-entendido intencional: "A condenação é merecida" (3,8).

3,9-20 Todos... estão debaixo do pecado

O substantivo "pecado" ocorre aqui pela primeira vez em Romanos. Embora o texto grego diga simplesmente "debaixo do pecado" (assim na KJV, NVI, BJ), a NRSV, TINV, REB, e outras versões estão corretas na tradução "sob o poder" ou "domínio" do pecado. Exceto quando citando a tradição, Paulo nunca se refere a "pecados" como transgressões individuais, mas sempre se refere ao pecado no singular como um poder personificado e escravizador. A pecaminosidade humana é vista aqui não como um acúmulo de erros, mas como sujeição a um poder que arrasta todos os seres humanos, como uma inundação irresistível (Paulo elabora em 6,15-7,25). A distinção judeu/gentio, como a distinção justo/injusto, desaparece na situação comum de toda a humanidade em escravidão ao poder do pecado. Paulo recita uma coleção de passagens bíblicas que ele reuniu para mostrar que a compreensão da pecaminosidade humana universal, que ele defende, não é uma nova doutrina cristã, mas é repetidamente documentada nas Escrituras judaicas. Também não é a sua visão do pecado humano uma inferência a partir da observação da situação humana (que sempre nos é apresentada como uma mistura do bem e do mal). Esta perspectiva sobre a situação humana é uma questão de revelação, derivada da Escritura e do evento-Cristo. Embora a revelação tenha sido dada nas Escrituras de Israel, ela revela a situação da humanidade como um todo: Ninguém é justo (Eclesiastes 7,20). Para Paulo, todos os seres humanos, mesmo com a lei de Deus e suas melhores intenções, abandonados à própria sorte, estão condenados.

3,21-5,25 A realidade da justiça de Deus: A graça divina universal

A grande virada no argumento ocorre em 3,21, νυνὶ δέ (*nuni de*, mas agora...), quando Paulo contrasta as ações humanas (tanto os esforços não religiosos quanto religiosos para guardar a lei divina), que levam à condenação, com o próprio ato de Deus, que conduz à salvação. O contraste não é entre duas teorias, a "lei" e a "graça", mas entre a situação humana vista em si mesma e a situação humana vista à luz do ato salvífico de Deus em Cristo. Da mesma forma, o contraste não é meramente cronológico, "antes de Cristo" e "depois de Cristo", como se, com o advento de Cristo, Deus houvesse mudado o plano divino da salvação, pois Paulo irá mostrar mais adiante que a confiança na fidelidade de Deus sempre foi o caminho da salvação (4,1-25). Assim também, Paulo não apresenta uma cronologia em que os seres humanos procuram, em vão, assegurar a sua própria aceitação diante de Deus só para acabar no desespero que os preparou para a vinda de Cristo. A situação descrita na seção anterior, em que toda a humanidade está sob a ira de Deus, é vista apenas retrospectivamente do ponto de vista da fé cristã.

3,21-31 O ato salvífico de Deus em Cristo

A justiça de Deus, i.e., o ato justificador de Deus que tanto *declara* que os seres humanos estão em correta relação com Deus quanto afeta a justiça neles, é revelado em outra base que não a lei. Esta justiça vem διὰ πίστεως Ἰησοῦ Χριστοῦ, *dia pisteōs Iēsou Christou*, uma frase ambígua, que pode, legitimamente, ser traduzida tanto como "fé em Jesus Cristo", quanto como "a fidelidade de Jesus Cristo".[27] A frase tem sido intensamente discutida em estudos recentes,[28] com um número crescente de intérpretes argumentando que, pelo menos em alguns textos, a compreensão correta é o genitivo subjetivo "fé/fidelidade de Jesus Cristo" em vez do genitivo objetivo "fé em Jesus Cristo". A decisão não precisa ser universal, como se a palavra πίστις (*pistis*, fé/fidelidade) e sua relação com o substantivo seguinte, no genitivo (Deus, Cristo), devesse sempre ter o mesmo significado. A frase pode muito bem ser entendida como "a fidelidade de" (Cristo ou Deus), em alguns contextos. Em outros contextos, o genitivo objetivo deve ter o significado de ("fé em..."). Neste último caso,

---

[27] A frase πίστις [Ἰησοῦ] Χριστοῦ (*pistis [Iēsou] Christou*) ocorre 5 vezes em Paulo, com o análogo πίστις τοῦ υἱοῦ τοῦ θεου (*pistis tou huiou tou theou*, fé em/fidelidade do Filho de Deus) em Gl 2,20. Cf. πίστις θεοῦ (*pistis theou*) de Rm 3,3, que deve ser um genitivo subjetivo, "a fidelidade de Deus", e é traduzido assim por tradutores modernos.

[28] Para resumos da discussão, e bibliografia listando defensores de cada lado da questão, ver RICHARD B. HAYS, "PISTIS and Pauline Christology," in *Looking Back, Pressing On*, ed. E. Elizabeth Johnson and David M. Hay, *Pauline Theology* (Atlanta: Scholars Press, 1997), 35-60; JAMES D. G. DUNN, "Once More, PISTIS CRISTOU," in *Looking Back, Pressing On*, ed. E. Elizabeth Johnson and David M. Hay, *Pauline Theology* (Atlanta: Scholars Press, 1997), 61-91; JEWETT, *Romans*, 277-78.

no entanto, isso não quer dizer que Deus foi à procura de justiça humana, e, não encontrando, estava disposto a tomar o ato humano de fé como um substituto. A discussão moderna tende a conceber a distinção *genitivo subjetivo/genitivo objetivo* de modo demasiado rígido e como uma representação de uma falsa alternativa, fé humana ou fidelidade divina, ou as duas coisas. Antes, ambos são assumidos no evento salvífico da fidelidade de Deus realizada na fidelidade de Jesus, para quem a resposta humana é a confiança humana no ato salvífico de Deus. Paulo está tentando dizer, do início ao fim, que a salvação não é uma questão de realização humana, se esta é concebida como "obras da lei" ou como uma "decisão de fé", mas como uma questão da fidelidade de Deus às promessas da aliança ao enviar o Messias, e a fidelidade de Jesus ao obedecer a Deus. A fidelidade de Jesus em ir para a cruz é percebida e tornada real como o ato salvífico de Deus apenas para aqueles que têm fé. Este ato salvífico de Deus pode ser apreendido e expresso apenas em termos metafóricos. Nenhuma metáfora é adequada. A pluralidade de metáforas evita que a linguagem soteriológica seja entendida literalmente ou em sentido objetivo. Tais metáforas são expressas em linguagem referencial, mas não objetiva – a linguagem se refere a algo que vai além de seu mundo linguístico, mas esse "algo" não pode ser concebido de forma objetiva, como um evento observável na realidade tempo/espaço por um espectador neutro, do qual inferências lógicas podem ser feitas. Os intérpretes geralmente concordam que Paulo aqui toma uma afirmação da profissão de fé oriunda da tradição – ou hinos que afirmam o ato salvífico de Deus – que retrata a ação de Deus em uma variedade de metáforas, incluindo o tribunal (*justificação*; o pecador é absolvido pelo juiz), o mercado de escravos (*redenção*; o escravo é comprado e posto em liberdade) e o culto sacrifical (*sacrifício de expiação*; a pessoa alienada é reconciliada com Deus pelo ato sacrifical).

4,1-25 A resposta humana de fé

Em 1,2 e 3,21, Paulo havia declarado que o evangelho da justificação pela fé não era uma inovação cristã, mas foi testemunhado pela "lei e os profetas" da Escritura Judaica, o Antigo Testamento cristão. Ele agora ilustra isso pelos exemplos de Abraão e Davi.

4,1-12 Os exemplos de Abraão e Davi

Abraão não é apresentado como um exemplo aleatório, mas como o patriarca que está à frente da comunidade da aliança. A importância de ser, de alguma forma, um participante nesta comunidade abraâmica já havia se tornado uma questão-chave na disputa com os mestres judeus cristãos rivais nas igrejas da Galácia (ver acima sobre Gl 1,7; 3,6-18), e foi, sem dúvida, proeminente entre o segmento judaico cristão da igreja romana. Como Abraão se tornou aceitável a Deus? Durante a disputa com os falsos mestres da Galácia, Paulo relê a história de Abraão através de seus olhos cristãos, e focado num texto (Gn 15,6) que apresenta Abraão como já declarado justo por Deus, com base em sua fé, e não com base na sua própria realização.[29] Esta declaração foi feita antes de ele ter sido circuncidado, antes que ele tivesse guardado a lei. Assim também Davi, assumindo que ele é o autor do Sl 32,1-2, não fala de justiça humana, mas do perdão de Deus.

4,13-25 A promessa de Deus recebida por meio da fé

Promessa e *lei* são apresentadas aqui como duas maneiras fundamentalmente diferentes e mutuamente excludentes de se relacionar com Deus. Promessa é uma questão de iniciativa e ação de Deus; lei é uma questão de seres humanos preencherem certos requisitos. A promessa não é uma exigência, mas a livre escolha de Deus. Ela não exclui a resposta humana e a atuação responsável, mas exclui fazer uma reivindicação legal através da ação humana, quer seja a ação humana de guardar a lei ou a ação humana de crer em Cristo. *Fé*, no sentido paulino, não pode ser entendida como *obra*, uma conquista humana substituída pela guarda da lei (ver 3,21-31). O evangelho paulino da salvação é orientado para a promessa de Deus, e não para as ações humanas, sejam elas obras ou fé. Abraão ilustra o significado da fé como

---

[29] Gn 15,6 tem sido interpretado por algumas correntes da tradição judaica do primeiro século de uma forma que combinou Abraão, fé e justiça de uma maneira similar a Paulo (Cf. 1 Mc 2,52; Filo; Manuscritos do Mar Morto). É esta corrente de interpretação judaica que Paulo desenvolve à luz do ato salvífico de Deus, na cruz de Jesus. Assim, o judaísmo não deveria ser estereotipado como defendendo invariavelmente "justificação pelas obras". O novo elemento em Paulo e no cristianismo primitivo não é uma *ideia*, um argumento sobre "fé versus obras", mas um *evento* no qual essa teologia foi instaurada pelo ato salvífico de Deus em Cristo.

confiança radical no poder de Deus para dar vida. A promessa é radical. Deus não é meramente aquele que supre a nossa falta depois que fizemos o nosso melhor, sem, contudo, chegarmos à altura ("ninguém é perfeito"), mas o Criador que inicia e assume a responsabilidade pelo todo, o Deus que *justifica o ímpio, cria a partir do nada* e *ressuscita os mortos* (4,5.17). Este é o Deus único (3,30), o Deus de todos os povos, o Deus que prometeu a Abraão que ele seria pai de muitas nações (incluindo os leitores cristãos gentios), e que cumpre esta promessa no evento da morte de Cristo, e a ressurreição (4,25).

5,1-11 Salvação como passado, presente e futuro
5,1-8,39 A Justiça de Deus se torna real na vida humana. O ato salvífico de Deus é uma realidade no passado, presente e futuro. Embora a teologia de Paulo não seja estruturada pelo seu uso dos tempos gregos, é impressionante que quatro vezes, nesta breve seção, o modelo passado/presente/futuro seja usado para traçar o ato salvífico de Deus (5,2.8-9.10). O "quando" da salvação está localizado no *passado* como algo que já aconteceu: a salvação ocorreu no evento do passado comum da humanidade, em que Cristo morreu por nós, e, no caso da história de cada pessoa, quando chegaram à fé.

A salvação é algo que está *atualmente em andamento* (estamos no processo de ser salvos, um processo que inclui o sofrimento). E a salvação é uma realidade *ainda a ser realizada* (seremos salvos na parousia). Aqui, também, vê-se a salvação a partir da dialética do já/ainda não. As metáforas modulam a partir do quadro legal da justificação retirado do tribunal do juízo na imagem de reconciliação tirada do mundo das relações pessoais e do conflito social. A cristologia e soteriologia de Paulo estão resumidas no v. 8: a morte de *Cristo* representa o amor de *Deus* por nós. Mesmo aqui, Paulo não especifica uma teoria da expiação; Paulo acredita que é a morte de Cristo pelos pecadores que medeia a graça salvadora de Deus, sem explicitar uma teoria sobre como isto ocorre.

5,12-21 Cristo e Adão
Para Paulo, tanto o pecado quanto a salvação são realidades corporativas. Os seres humanos não são indivíduos solitários que podem ou não desenvolver relação com os outros; ser humano significa que nossas vidas já estão ligadas na rede da humanidade mesmo

antes de tomarmos decisões individuais. Paulo apresenta isso como nossa vida unida em Adão. A história da "queda", em Gn 3 – a rebelião de Adão contra Deus e sua expulsão do paraíso – não desempenha qualquer papel na teologia do Antigo Testamento, mas no contexto de Paulo, i.e., do judaísmo do primeiro século, o pecado de Adão era visto às vezes como algo que trouxe o pecado e a morte ao mundo (por exemplo, 2 *Esdras*, 2 *Baruque*; *Apocalipse de Moisés*; textos rabínicos). Paulo não está construindo um argumento original de que o pecado e a morte foram trazidos ao mundo através de Adão, mas pressupõe que esta compreensão do pecado é conhecida de seus leitores, na igreja romana. Paulo não vê o "pecado original" no sentido de uma doença biologicamente transmitida ou, como compreenderam gerações posteriores, o ato de um ancestral remoto. O ato de Adão lançou um poder sobre o mundo, ao qual todos os seres humanos estão sujeitos. Ser humano é ser sujeito ao pecado e a morte. Paulo não vê a morte como o fim natural da vida humana. Ao contrário, como o pecado, a morte é um poder transcendente que supera e escraviza a vida humana. Os leitores modernos (e pós-modernos) podem pensar em algo como "mal sistêmico", uma rede gigante de pecado e morte em que já estamos envolvidos antes de tomarmos decisões conscientes, e da qual não podemos livrar-nos. O significado não é que Deus pune todas as gerações pelo que Adão fez, mas que a história de Adão é a história que representa todas as histórias.

Assim também com a história de Cristo. Adão era um "tipo", um protótipo e paradigma, daquele que viria (Cristo), de modo que o ato de cada um, tanto Adão quanto Cristo, era o ato que representaria a humanidade como um todo. (A palavra hebraica אָדָם *adam* significa "humanidade"; não é apenas o nome de um indivíduo, mas o representante da raça humana). Contra a imagem de desobediência humana universal, representada por Adão, Paulo apresenta Jesus como a única pessoa na história da humanidade que percebeu, em sua própria existência, o que significa ser verdadeiramente um humano. Ele era verdadeiramente obediente a Deus. Aqui, não é apenas a morte de Jesus, mas também como ele viveu sua vida, que é o evento salvífico (cf. Fp 2,8, onde toda a vida de Jesus é caracterizada por "obediência"). A obediência de Jesus foi o ato salvífico de Deus que inverteu a velha história humana e criou uma nova humanidade. Jesus não é apenas paralelo a Adão; as consequências para a humanidade resultantes da desobediência de Adão à vontade de Deus são mais do que contrabalançadas pela obediência de Cristo à vontade de Deus – é só observar a repetição do "não" dos versos 15-16. Onde o pecado abundou, a graça super/hiperabundou (v. 20).

6,1-7,6 Objeção e resposta
Paulo afirma seu argumento. Ele mais uma vez adota o estilo diatribe, o que representa uma objeção real ao argumento apresentado, o protesto clássico de afirmar que a salvação é pela graça: se a salvação é um dom incondicional da parte de Deus, se os pecadores são livremente aceitos pela graça de Deus, então por que não continuar no pecado para que a graça abunde (cf. 3,5-8)? Paulo não retira ou dilui sua afirmação radical, mas numa resposta tripartida mostra que a resposta à graça de Deus não pode ser uma libertinagem ao estilo *proceda ao seu bel-prazer*. Paulo considera a objeção em si como um tipo de legalismo no qual a graça é compreendida como indulgência ao pecado. Tal visão busca por sanções para evitar que isso aconteça – mas isso é uma falta de compreensão do caráter da graça.

6,1-14 Vós fostes batizados
A resposta inicial de Paulo é surpreendente para o leitor moderno: ele não responde com um argumento teórico, mas apontando para um evento. Algo aconteceu que torna impossível ao crente continuar no pecado. Esse evento libertador da morte e ressurreição de Cristo não aconteceu apenas para Jesus. Os cristãos são incorporados nesta nova realidade pelo batismo, de modo que suas vidas não são mais determinadas pela antiga realidade adâmica. A morte liberta do pecado. A história dos crentes se funde com a história de Cristo, pois eles estão "em Cristo", e sua morte é deles.[30] Os crentes estão mortos para o pecado (indicativo, 6,2.7). Eles devem, portanto, considerar-se mortos, e não permitir que o pecado continue a governá-los (imperativo, 6,11.12).

A linguagem do início ao fim é uma reminiscência do evento do êxodo. Assim como Israel esteve em escravidão no Egito, foram libertos pela ação de Deus, passaram pelas águas e estavam a caminho

---

[30] Sobre a fórmula paulina ἐν Χριστῷ ver §13.3.2. Ver Gl 2,20, co-crucificado com Cristo, onde o "Eu" não se refere apenas a Paulo, mas a todos aqueles que estão em Cristo.

da herança prometida, assim também os cristãos foram resgatados da escravidão, passaram pelas águas do batismo, e estão a caminho da prometida herança escatológica (cf. 1 Co 10,1-14, onde esta ideia está explícita).

No batismo, os crentes estão mortos e sepultados com Cristo, mas Paulo para um pouco antes de afirmar claramente que também ressuscitamos com ele. A ressurreição de *Jesus* está no passado, mas a dos crentes ainda está no futuro. Esta é a "reserva escatológica" de Paulo, a dialética do *já/ainda não* da existência cristã (cf. 1 Co 6,14; 2 Co 4,10.14; Fp 3,8-12; Gl 5,5; Rm 8,17-18.23). Os crentes já estão unidos com a morte de Cristo, sepultados com ele, e ressurgem para andar em uma nova vida – mas eles ainda vivem em um mundo de morte e sua ressurreição ainda está por vir.[31]

6,15-23 Vós sois escravos libertos com um novo Senhor

Paulo reafirma a objeção de 6.1, e mais uma vez responde com um absoluto μὴ γένοιτο (*mē genoito*, absolutamente não).[32] Mais uma vez, ele não responde com um argumento teórico, mas apontando para um evento: o ato de Deus em Cristo venceu o poder escravizador do pecado, e os crentes foram libertos do antigo senhor, a fim de servir a um novo. Para Paulo, como para Jesus (Mt 6,24; Lc 16,13), a existência humana, como tal, não pode nunca ser autônoma. Os seres humanos não são independentes, mas sempre se veem como subordinados a um poder superior. A questão não é se os seres humanos *serão* escravos, mas de quem o *serão*? Paulo lembra a seus leitores que, para eles, a questão já está decidida. A ação de Deus em Cristo liberta-os do poder dominante do pecado, de modo que eles podem servir o seu

---

[31] Uma ala da posterior escola paulina atenuou essa dialética e claramente afirmou que os crentes já estão ressuscitados com Ele (cf. Cl 3,3), ou até mesmo subiram com ele (Ef 2,6). Esta interpretação de Paulo pareceu muito *gnosticista* aos seus outros seguidores, os quais consideravam a visão de que a ressurreição do crente já ocorreu como um perigoso falso ensino (cf. 2 Tm 2,18).

[32] Esta enérgica negação é encontrada 14 vezes em Paulo (Rm 3,4.6.31; 6,2.15; 7,7.13; 9,14; 11,1.11; 1 Co 6,15; Gl 2,17; 3,21; 6,14; em outras partes do Novo Testamento apenas em Lucas 20.16). Traduzido como "Deus proibiu" pela King James, esta expressão tem sido variavelmente traduzida, nas versões modernas, como "de modo nenhum!", "certamente não!", "absolutamente não!" "fora de questão!" e outras coisas do gênero.

verdadeiro Senhor, "cujo serviço é perfeita liberdade". Mais uma vez, o indicativo "vós fostes libertos" (6,18.22) deve tornar-se um imperativo. A dádiva torna-se uma tarefa.

7,1-6 Vós fostes libertos da lei ao serdes participantes na morte de Cristo
Como a morte liberta do pecado, assim também a morte liberta da lei. Isso é ilustrado em 7,1-3 pelo relacionamento conjugal: a morte de um dos parceiros termina a reivindicação legal. Esta é apenas uma ilustração; na realidade pressuposta por Paulo, não é a lei que morre, mas, como em 6,1-11, o crente morre ao estar unido com a morte de Cristo.

A lei é entendida como um poder que "que domina sobre" a vida humana. A vida que o Criador pretende dar não pode ser estabelecida como uma relação jurídica entre o Ele e a criatura. Conclusão: a vida cristã é guiada não pela lei, mas pelo Espírito.

7,7-25 A lei não é pecado, mas (como nós) é vítima do pecado
Em tudo isso, um fio perturbador tecido no argumento ocasionalmente vem à tona, e, antes de prosseguir, Paulo agora lida especificamente com essa questão: é a própria lei um poder maligno a partir do qual os crentes são libertos pelo ato salvífico de Deus? No paradigma do êxodo, nunca muito abaixo da superfície do pensamento de Paulo, após a libertação da escravidão e a travessia das águas que os separavam da antiga vida, Israel é trazido ao Sinai, onde recebem a lei como uma bênção de Deus. Aqui, no entanto, a lei é apresentada ao lado do pecado e da morte, como aliados que, juntos, dominam este mundo, a antiga era que chegou ao fim pelo ato de Deus em Cristo. Paulo considera o Pecado, a Lei e a Morte como poderes quase pessoais que usurparam a criação de Deus e a mantêm em escravidão, impedindo que o mundo e a vida humana cumpram o propósito que Deus lhes designou na criação. Assim, ele usa os termos de forma intercambiável: estar sob o pecado, ou a lei, ou a morte, é estar sob o poder deste triunvirato escravizador. O pecado e a morte são claramente os adversários do bom preceito de Deus. Mas, e a lei? Também é má? Em sua disputa acirrada com os Gálatas, Paulo chegou perto de considerar a lei como um poder mal e escravizador. A discussão que se segue não é uma digressão ou parêntese, mas é requerida pelo seu argumento.

7,7-13 A lei como vítima

Paulo é enfático: a lei não é pecado, mas como a lei de Deus, é santa, justa, boa e espiritual. A lei serve o propósito de Deus, tornando a vontade de Deus conhecida e revelando o pecado pelo que ele é (7-8). No entanto, embora a lei seja uma boa criação de Deus, foi requisitada pelo poder do pecado, e tem sido usada para trazer alienação de Deus, e leva à morte (9-13).

7,14-25 O problema não é com a lei, mas "comigo"

Como a lei, "Eu" sou vendido sob o pecado. Tanto a lei quanto "Eu" estamos do mesmo lado, como criaturas de Deus que, como cúmplices involuntários, foram pervertidas pelo poder do pecado. O pecado recrutou a lei e usou-a para o seu mau propósito, de modo que ela não funciona de acordo com a sua verdadeira natureza (7-13). Assim também, o pecado "me" tornou cativo (23). "Não eu", mas "o pecado em mim" é análogo a "não a lei", mas "o pecado que prevaleceu-se da lei" (7-13). Assim como o pecado usa a lei, então o pecado me usa, mas nem a lei nem o "eu" são inerentemente maus.

No contexto da linha de pensamento de Paulo, a luta descrita em 7,14-25 não é, portanto, uma digressão sobre a luta interna comum a todos os seres humanos conscientes entre as boas intenções e o desempenho real. Assim também, o contínuo debate sobre se Paulo está descrevendo uma experiência pré ou pós-conversão está deslocado. Também não é autobiográfico. Ele não está descrevendo sua jornada espiritual pessoal. A discussão de Paulo não é sobre "mim", mas sobre a lei. Ao explicar que a lei não é pecado, Paulo descreve a natureza da vida humana como um *eu* dirigido pelo pecado, bloqueado entre a lei comandada pelo pecado e a lei conforme Deus a planejou. Se a questão, no entanto, é saber se Paulo está descrevendo a natureza da existência pré-cristã ou o esforço pós-conversão do crente de fazer a vontade de Deus, é melhor considerar 7,14-25 como a natureza da vida humana pré-conversão sob o poder do pecado e da lei, mas essa situação só pode ser vista na sua verdadeira realidade a partir da perspectiva pós-conversão de vida no Espírito.

8,1-39 Liberdade no Espírito

Aqui, Paulo retorna à linha principal de seu argumento, e retorna à linha de pensamento iniciada em 5,1 ao seu clímax. A primeira seção, 8,1-17, fala da vida presente do crente como fortalecida pelo Espírito (usada 15 vezes). A segunda seção, 8,18-39, repetidamente usa a terminologia da "espera" e "esperança". Ambas as seções concluem com a mesma nota: "glorificado". A Primeira seção assim enfatiza o "já" da dialética paulina da salvação, com a segunda seção aderindo a dimensão do "ainda não".

8,1-17 O poder do Espírito
A lei continua a ser o assunto principal, agora vista à luz de Cristo. O espírito da lei, equiparado à "vida em Cristo Jesus" (ver §13.3 para o entendimento de Paulo acerca da vida "em Cristo"), representa a verdadeira lei de Deus (v. 7), que é espiritual (7,14). O binômio Espírito/Lei prevalece sobre a tríade Pecado/Morte/Lei, a lei ordenada pelo poder transcendente do mal. Uma vez que a intenção de Deus ao dar a lei foi frustrada pela fraqueza da carne pecaminosa, i.e., a vida humana dominada pelo poder transcendente do mal, Deus interveio ao enviar seu Filho ao mundo em semelhança de carne pecaminosa, e condenou o pecado em seu próprio campo. Assim, aqueles que estão em Cristo são resgatados da ameaça legal do domínio da lei, e já não estão mais condenados pela lei, mas, pelo poder do Espírito, vivem segundo a vontade de Deus.

8,18-39 Vívida expectativa de redenção junto com o cosmos
Assim como a lei não era inerentemente má, mas vitimada pelo poder do pecado, assim também o próprio mundo (incluindo a "carne") é a boa criação de Deus, e, embora agora sob o domínio do pecado, será finalmente redimida. Paulo não imagina almas individuais sendo salvas fora do mundo, mas o próprio mundo a ser resgatado da escravidão atual. Como parte da criação como um todo, os crentes "esperam" e "gemem" (8,19.23.25), em antecipação, como em seus atuais sofrimentos esperam a renovação final já em andamento, e parcialmente experimentada no poder do Espírito, que é, ao mesmo tempo, prenúncio e garantia do ato final de Deus. "Esperança", para Paulo, não significa "talvez", mas "a certeza de confiança". O objeto da esperança é real, mas não ainda não. Esta certeza é expressa em termos da ação unilateral soberana de Deus, como presciência, eleição e predestinação. A salvação é um ato de Deus, e nada pode frustrá-la.

9,1-11,36 A justiça de Deus e o papel de Israel no plano de Deus para a História

Se o argumento de Paulo tinha sido sobre a posição do indivíduo diante de Deus, seu discurso poderia ter ido diretamente a 8,39 – 12,1, passando pela questão do "pecado humano" (capítulos 1-3), "a graça de Deus" (capítulos 4-8) "portanto, o estilo de vida cristão" (caps. 12-16). Nesse esquema individualista, os capítulos 9-11 são vistos como uma digressão complexa sobre eleição e predestinação, que pode ser ignorada. Esta é uma leitura equivocada de Romanos, baseada nas visões individualistas modernas de salvação. "Justificação pela fé" não é o resultado de especular o problema abstrato e universal de como as pessoas são salvas, mas ponderar o lugar de Israel no plano de Deus, apesar de a maioria dos judeus rejeitar que Jesus é o Messias, um resultado da reflexão sobre a tarefa missionária da Igreja e o plano de Deus para a história universal. O tema principal de Romanos não é a posição do indivíduo diante de Deus, mas o plano de Deus para a história, que inclui tanto judeus como gregos; os capítulos 9-11 são parte integrante e o clímax do argumento que vai de 1,16 a 11,36. A seção de 9,1-11,36 pode ser delineada em três partes: a liberdade de Deus (9,1-29); Cristo, o fim da lei (9,30-10,21); Deus a fonte e o objetivo de todos (11,1-36).

9,1-29 A liberdade de Deus

Paulo não está escrevendo um ensaio filosófico sobre a soberania divina versus a liberdade individual. Ele escreve uma carta que aborda uma questão particular. Ele não começa com um problema abstrato, mas com uma questão concreta, a realidade histórica de seu próprio tempo: Israel, o povo da aliança, em sua maioria não aceitou o Messias prometido. Isso significa que Deus mudou o plano divino para a história ou voltou às promessas feitas a Abraão e Israel? O argumento de Paulo deseja refutar esta objeção. A lei não é pecado (7,7-25), portanto Israel não é rejeitado. A lei deve ser vista em duas perspectivas (Pecado/Lei e Espírito/Lei), portanto Israel deve ser visto como Israel/Carne (o Israel empírico) e Israel/Promessa (o Israel constituído pela escolha e promessa de Deus, não por gentios, nacionalismo ou cultura). Paulo argumenta que Israel foi chamado à existência pela liberdade da palavra de Deus e não por uma questão de nascimento e hereditariedade. A palavra de Deus – a promessa de Deus

– não falhou (9,6). Ao longo da discussão, Paulo não está lidando com a predestinação individual, mas com a escolha de Deus de um povo da aliança. Paulo está concentrado no estabelecimento da ἐξουσία de Deus (9,21, *exousia*, direito; autoridade, liberdade). Deus escolhe, e tem o direito de escolher, porque Deus é Deus, o Criador. Se Deus pode ser chamado a prestar contas por algum padrão externo superior a Deus, mesmo que esta norma tenha a ver com as ideias de justiça e imparcialidade da criatura, então Deus não é Deus. Paulo não "responde" ou "explica" que Deus é justo e correto. Ele não permite a pergunta, não permite que a criatura chame o Criador a prestar contas (9,20-21). Porque Deus é Deus, Ele tem o "direito" de fazer o que quer. Se Deus "deve" ou "deveria" fazer outra coisa, então Deus é algo menos do que Criador. Para que Deus mostre misericórdia, Deus deve ser livre. Paulo estabelece essa liberdade, para além da qual não há recurso. A graça não pode ser extraída ou compelida, caso contrário, já não é graça. Mas, enquanto Deus *puder* fazer o que agrada a Ele, Deus, *de fato*, tolera criaturas desobedientes, a fim de mostrar misericórdia para com todos, judeus e gentios (9,22-24).

O uso da primeira pessoa do plural (9,24 "nós", "nos") mostra que toda a discussão de Paulo está no modo da linguagem confessional dos membros, e não a linguagem especulativa do espectador que examina friamente a questão a uma certa distância. Ele confessa a fé que esses têm na comunidade cristã, e não tenta assumir a posição "objetiva" de quem não é judeu nem gentio, nem crente nem descrente. Esta linguagem confessional pressupõe que as Escrituras devem ser lidas a partir do ponto de vista da fé cristã. Paulo vê, em Oseias (1,10; 2,23) e Isaías (1,9; 10,22-23), que o plano de Deus para a história – a inclusão misericordiosa de judeus e gentios na mesma comunidade da aliança – já estava prometido nos profetas (cf. declaração inicial de Paulo em 1,2).

9,30-10,21 Cristo o telos da lei
A tese desta seção complexa e problemática é que Cristo é o fim e/ou objetivo da lei (τέλος pode ser traduzida de ambas as formas). Paulo ainda está pensando sobre a questão concreta da lei e Israel, o povo da aliança, no plano de Deus para a história. O tema não é a incredulidade de Israel como tal, mas percepções diferentes sobre o

papel da lei no plano de Deus. Ao declarar que Cristo é o fim da lei, Paulo não quer dizer que a lei está agora ultrapassada e não tem validade – Paulo vai de fato deixar claro esse ponto, citando a lei (10,6-8 cita Dt 30,11-14). Ele também não quer dizer que Jesus cumpriu perfeitamente a lei, ou que o ensino de Jesus explicou o verdadeiro significado da lei, ou que o objetivo da lei era o de prever a vinda de Cristo. Em vez disso, Paulo começa com a convicção da fé cristã na realidade do evento-Cristo, como o objetivo do plano de Deus testemunhado pela lei (1,2; 3,21) . Da mesma forma, "justiça de Deus", aqui, não significa uma qualidade de Deus, justificando a justiça que Deus confere (como em Fp 3,9), mas o ato justificador de Deus no evento-Cristo como um todo.

Do ponto de vista de Paulo, então, o problema de Israel, pelo qual Israel é responsável, é sua rejeição da mensagem deste evento salvífico. O problema de Israel não é que eles não tenham tentado (9,31; 10,3). Também não é que eles tenham tentado, de uma forma "legalista", a fim de justificar-se por suas próprias obras, como se o tempo todo eles devessem simplesmente ter confiado em Deus. Paulo não está contrastando duas abordagens humanas a Deus, "obras" e "fé", mas contrastando duas respostas ao ato salvífico de Deus em Cristo: a crença e a descrença.

O problema também não é que eles não tenham ouvido, e não tiveram a oportunidade de responder. O argumento de Paulo em 10,14-21 é que, como no caso do Israel bíblico, Deus lhes enviou mensageiros, mas eles não responderam com fé. A presente rejeição de Israel não é, portanto, que Deus tenha sido infiel, mas que Israel não creu na revelação definitiva de Deus. Isso prepara o terreno para a fase final do argumento de Paulo: Deus não rejeitou o seu povo, e a presente rejeição de Israel não é final.

11,1-36 Deus, a fonte e o objetivo de todas as coisas
Mais uma vez, o texto não é uma discussão abstrata do "papel de Israel no plano de Deus", mas uma carta abordando uma situação concreta na igreja de Roma, abordando cristãos gentios que estão interpretando mal a rejeição judaica da mensagem cristã, e os eventos recentes em Roma, no sentido de que Deus teria anulado a promessa de Israel e rejeitado o povo da aliança. Paulo responde que (1) ele mesmo é a prova viva do contrário; (2) assim como no tempo de Elias,

quando parecia que todo o povo havia apostatado, Deus tinha de fato preservado um remanescente de 7000 (cf. 1 Rs 18,20-19-18). "Remanescente" aqui não significa "sobra" ou "resíduo", mas uma referência bíblica àqueles que sobrevivem como testemunhas da graça de Deus e a garantia do futuro. Israel tropeçou, mas não caiu. O tropeço fez com que outros, os cristãos gentios, alcançassem e passassem Israel, mas o corredor cambaleante não foi tirado da corrida, nem o seu lugar foi tomado por outros. Ao contrário, vendo a sua liderança, o corredor se recupera e é incitado por sua aparente vitória. Na linha de chegada, todos ganham! De fato, a imagem não funciona como numa corrida real na qual deve haver vencedores e perdedores, mas o significado de Paulo é claro: o sucesso na propagação do evangelho entre os gentios deixará Israel "enciumado", e faz com que eles continuem a corrida e juntem-se aos gentios na vitória escatológica de Deus – a reconciliação do mundo e a ressurreição dos mortos.

A imagem se desloca para a oliveira, símbolo de Israel, enraizada na antiga aliança de Deus. Os "ramos" judaicos que não aceitaram Jesus como o Messias foram quebrados, e os crentes gentios foram enxertados. Eles são enxertados "entre eles", e não "em seu lugar" (como traduzido em algumas versões). Mas Deus pode e vai enxertar novamente os judeus incrédulos em sua própria oliveira. A presente desobediência de Israel não frustrará finalmente o propósito de Deus. Tanto judeus quanto gentios serão incluídos. O "todos" do pecado universal e da desobediência é compensado pela graça de Deus para "todos" (3,21; 5,12.18; 11,32).

Na visão de Paulo, Deus é o responsável final. Deus pode remover e adicionar segundo sua vontade. Quando Deus finalmente (escatologicamente) age (v. 26), esta é uma questão de fidelidade unilateral de Deus à aliança (11,26); é a escolha de Deus, que é irrevogável. Cristãos gentios não entram no povo de Deus como uma comunidade separada e paralela, nem substituem Israel. Judeus e gentios juntos constituem o único povo de Deus, a plenitude da nova humanidade (5,12-21). Uma vez que o Deus soberano pode incorporar a presente rejeição e a desobediência de Israel no propósito divino final – o mesmo Deus que incorporou a rejeição humana expressa na crucificação de Jesus na expressão máxima do amor e da graça de Deus – não há literalmente nada que possa impedir o triunfo do propósito de Deus para a sua criação.

De nossa perspectiva, séculos mais tarde, podemos ver que Paulo estava equivocado, tanto no "como" quanto no "quando" do cumprimento final do propósito de Deus. A expansão do cristianismo gentio não deixou os judeus "enciumados", fazendo com que eles aceitassem o evangelho. Ao contrário, o programa que Paulo projetou não aconteceu em seu próprio tempo. No entanto, para aqueles que compartilham a fé de Paulo (não necessariamente os detalhes de sua teologia), a afirmação fundamental expressa nesta teologia continua válida: o soberano Senhor da criação não está, em última instância, frustrado em face da desobediência humana, e, finalmente, transforma mesmo esta para a realização de sua vontade.

Aqui, ao final desta perturbadora e profunda cadeia do pensamento teológico, Paulo reconhece que os caminhos de Deus estão além da compreensão humana, que não há "explicação" para o mistério do plano de Deus. Qualquer tentativa de expressá-lo, mesmo com base no mistério revelado (11,25-32), resulta inevitavelmente em lógica fraturada e justaposição de contrastes, declarações irreconciliáveis: todos são salvos/apenas alguns são salvos; a salvação é incondicional, uma questão do amor incondicional de Deus/só os crentes são salvos, uma questão de decisão e responsabilidade humanas. Ao fazer tais declarações grandiosas, Paulo ilustra a abertura que é típica desta teologia. Ele reconhece que está teologicamente acima da razão, e que os crentes sabem agora apenas de maneira fragmentada (cf. 1 Co 13,12). Esta consciência de que todas as teologias humanas são finalmente incapazes de compreender o mistério divino não deixa Paulo em silêncio, mas liberta-o para pensar profundamente sobre o significado de sua fé e expressá-la de forma conflitante e fragmentária. A incapacidade da mente humana para compreender os propósitos de Deus não o leva ao desespero, mas ao louvor. A longa seção teológica iniciada em 1,17 não conclui com uma ondulada síntese analítica, mas descansa em adoração diante do Criador, de quem, por quem e para quem são todas as coisas.

12,1-15,33 Parte 2 – A justiça de Deus, a vida cristã como resposta à graça de Deus.

12,1-2 Do indicativo ao imperativo
Este parágrafo chave faz a transição entre a exposição indicativa dos atos salvíficos de Deus, nos caps. 1-11, ao imperativo da vida cristã

nos caps. 12-16. A resposta do crente não é oferecer a Deus coisas ou ações específicas, mas oferecer a si mesmo como um *sacrifício vivo*, a fim de tornar a vida um contínuo ato de adoração. A ética cristã não é uma questão de obedecer a regras, mas de fazer a *vontade de Deus*. Esta é uma questão de discernimento permanente de caso para caso, e não prescrições que podem ser conhecidas com antecedência. É uma questão de "Ética Luminosa",[33] de conformar-se com o raiar de uma nova era, e não com a escuridão que já está passando (12,2 está em paralelo com 13,11-14).

12,3-8 Vida em comunidade
Tais decisões éticas não são meramente uma questão de discernimento individual, mas de participação no corpo de Cristo ao qual o cristão foi adicionado no batismo. Este corpo é avivado pelo sopro/ Espírito de Cristo; o Espírito não apenas guia como também capacita o cristão individual dentro da realidade corporativa (ver 1 Co 12; Paulo escreve isso estando em *Corinto,* onde trabalhou essas questões com as congregações de Corinto).

12,9-21... (13,1-7)... 13,8-14 O amor na prática
Como em 1 Co 12-13, Paulo conclui sua discussão sobre a vida no Espírito, apontando para o ἀγάπη (*agapē,* amor) como o supremo dom do Espírito. A parênese de 12,9-21, formada por 21 itens, são todas expressões de amor cristão (como 13,8-10), que Paulo declara ser o "cumprimento da lei". Mesmo na seção "prática" de Romanos, Paulo não se esquece de que a congregação romana suspeita de seu ensinamento sobre a função da lei, e deixa claro que a ética cristã não é uma alternativa para cumprir a lei de Deus, mas seu modo.

13,1-7 Vida cristã como subordinação às autoridades superiores
Incorporado nesta seção parenética está um parágrafo sobre a responsabilidade cristã quanto à obediência às autoridades governamentais, que destoa claramente o contexto – o leitor pode seguir diretamente para 12,21-13,8 sem sentir que alguma coisa está faltando. Assim, alguns intérpretes têm considerado este parágrafo como uma interpolação posterior, ou como uma citação de Paulo de um fragmento

---
[33] KECK, *Romans,* 289.

da tradição da sinagoga helenista.³⁴ Se, como é provável, a escrita é de Paulo, não se trata de uma discussão abstrata de "Igreja e Estado", mas um exemplo concreto da responsabilidade cristã de "viver em paz com *todos*" (12,18), incluindo governantes pagãos, que, mesmo sem perceberem, são servos do Criador que estabelece o governo e a sociedade organizada como a pré-condição da vida humana. A instrução não estabelece o direito divino dos governos em particular, mas do governo como tal. Ela não se opõe à revolução, mas à anarquia. Paulo não prevê um futuro de longas gerações no qual a igreja deve trabalhar sua relação com o Estado. Os cristãos podem ainda se engajar na desobediência civil pela falta de consciência, mas devem estar dispostos a aceitar as consequências legais.

14,1-15,33 A igreja inclusiva como prolepse
do reino presente e vindouro de Deus
Esta seção final é muitas vezes dividida em duas partes: as instruções de Paulo para os grupos dos "fracos" e dos "fortes" (14,1-15,13), e os seus planos finais de viagem (15,14-33). Elas são mais bem compreendidas como uma unidade inter-relacionada, com a visão de Paulo sobre a natureza da Igreja e sua própria estratégia de missão apelando a um determinado tipo de vida em comum na comunidade cristã.

14,1-15,13 A igreja inclusiva
O propósito de Deus é reunir a humanidade fragmentada no reino escatológico de Deus. A igreja é antecipação e modelo deste reino. É dentro desta grande visão da natureza da igreja que Paulo aborda os diferentes grupos de cristãos na cidade capital. Como é possível que pessoas com convicções religiosas profundamente diferentes vivam juntas como uma comunidade de fé?
Paulo designa os grupos como o dos "fortes" e o dos "fracos", deixando claro que ele toma a sua posição entre os "fortes" (14,14; 15,1). Os "fortes" comem carne, bebem vinho, e não observam dias santos, enquanto os "fracos" – não é uma autodescrição; certamente eles se

---

³⁴ E.g. WALKER, *Interpolations*, 221-31; WAYNE A. MEEKS, *The First Urban Christians: The Social World of the Apostle Paul* (New Haven: Yale University Press, 1983), 208. [Em port.: *Os Primeiros Cristãos Urbanos: O mundo social do apóstolo Paulo*. São Paulo: Academia Cristã/Paulus, 2013].

consideravam "fortes" – não comiam carne, nem bebiam vinho, e eram rigorosos na observância de dias santos. Essas convicções certamente estão relacionadas com as diferenças de prática religiosa que criaram tensões entre judeus cristãos e cristãos gentios, e a resposta de Paulo é um aspecto de sua teologia sobre a ideia de uma única Igreja de judeus e gentios. No entanto, sua discussão indica que os problemas em Roma não podem ser reduzidos a questões entre judeus e gentios. A abstinência de vinho, por exemplo, não fazia parte da prática religiosa judaica, mas a questão fez desempenhar um papel nas tensões internas da Igreja romana (14,21). A variedade de tradições religiosas e tabus, judeus e gentios, está representada. Cada grupo é motivado por Paulo a *receber* (= bem-vindos) outros como membros autênticos do único Corpo de Cristo. Seu apelo é cristologicamente fundamentado, e não meramente para ser um "tolerante" individualista, que pode ser mera indiferença. Cada pessoa deve estar inteiramente convicta por si mesma (14,5.22), embora ninguém viva para si mesmo, e a questão não possa ser resolvida em termos de "viva e deixe viver". Mas como pode uma igreja com diferenças fundamentais sobre questões de vida em comum viver como uma comunidade de fé? Paulo aborda um grupo por vez.

Os "fortes" não devem *desdenhar* os "fracos". O termo é traduzido às vezes como "desprezar", mas ἐξουθενέω (*exoutheneō*) não significa "desprezar" no sentido de ter aversão ou detestar, e a tentação dos cristãos liberais não é a de desprezar seus irmãos e irmãs mais conservadores, mas desdenhar deles como pessoas ainda não esclarecidas.

Os "fracos" não devem julgar os "fortes". Mais uma vez, a ideia não é que os conservadores são advertidos a não criticarem os liberais, mas são instruídos a não avaliá-los em termos de suas próprias convicções teológicas. Os conservadores tendem a dizer que as crenças e práticas dos liberais são inaceitáveis a Deus, porque eles não conseguem entender como, em termos de sua própria teologia, Deus *pode* aceitar pessoas que acreditam em coisas que nem são bíblicas nem provenientes da tradição, e as praticam. A resposta de Paulo é: você não tem que entender como Deus pode aceitá-los; Deus os aceitou, por isso você não pode pronunciar julgamentos sobre o servo alheio. Deus é o juiz de todos. Ele decide quem permanecerá no juízo; e Deus é capaz de fazê-los permanecer, independentemente de os conservadores poderem ou não encaixá-los em sua teologia.

Cada grupo é chamado a acolher o outro, pois Deus recebe a ambos. A carga, no entanto, está sobre o "forte" (15,1). Precisamente porque são os "liberais", eles são livres para ajustar-se à fé e prática mais conservadora de uma forma que o conservador não pode, em sã consciência, retribuir. Os liberais não estão livres para insistir em seu caminho (1 Co 13,5!) de uma forma que seus irmãos e irmãs conservadores não possam. Para tais liberais, a liberdade autêntica significa a disposição de ser mal interpretados como mais conservadores do que realmente são, para o bem da unidade da Igreja e da sua missão.

15,14-33 O apóstolo aos gentios e a estratégia missionária

Paulo escreve de Corinto, e está a caminho de Jerusalém com a coleta das igrejas dos gentios da Macedônia e Acaia. Então planeja vir a Roma, como o trampolim para a sua missão na Espanha. Ele alega já ter "pregado totalmente" de Jerusalém a Ilíria, de modo que "não há mais qualquer espaço" para a sua missão em todo o Mediterrâneo oriental. Isso não significa, é claro, que Paulo havia pregado a cada indivíduo. Como apóstolo dos gentios, ele pensou sua missão não em termos de indivíduos, mas de nações gentias, e desenvolveu um plano para seu empreendimento missionário. Frases tais como a salvação de "todos os gentios" e "todo o Israel" (Rm 11,25-26) não significam que ele esperava que todos os indivíduos em cada grupo se convertessem antes da parousia. O que ele fez foi comprometer-se com uma missão que iria gerar uma comunidade inclusiva, a representante do reino escatológico de Deus. Assim como Cristo não era meramente um indivíduo, mas as primícias da ressurreição, assim também a igreja é as primícias da realidade escatológica, e deve refletir neste mundo, antes da parousia, a realidade abrangente que está por vir. Na parousia, Paulo queria ser capaz de apresentar, como uma oferta sacerdotal, o dom de uma igreja que representava todas as nações, uma amostra da obra salvífica que Deus já havia alcançado na terra, uma prolepse da grande unificação de todos os povos a ser realizada na vinda do reino de Deus.

16,1-27 Saudações, avisos e doxologia

Paulo surpreendentemente conduz a profunda teologia dos caps. 1-11 e a ética relacionada dos caps. 12-15 a um encerramento com uma extensa lista de saudações. Vinte e seis membros da igreja romana são saudados pelo nome, sem contar as igrejas nas casas saudadas como grupos. Febe, a portadora da carta, é elogiada, e saudações de oito dos colaboradores de Paulo que estão com ele em Corinto são enviadas, listando um total de 35 nomes em Romanos 16. A teologia que abrange o cosmos e toda a história, da criação ao eschaton, portanto, não é menos pessoal, mas corresponde à teologia narrativa orientada para as pessoas do próprio Novo Testamento, o qual de fato refere-se pelo nome a 423 indivíduos diferentes!

13.3 Questões Contínuas e Abrangentes

Aqui, não tentaremos uma apresentação abrangente e sistemática da teologia de Paulo, e não apenas por causa de limitações de espaço.[35] O próprio Paulo nunca ofereceu uma declaração abrangente e sistemática de sua teologia, mas expressou suas convicções teológicas em conexão com as situações que motivaram a produção de cada carta. Sua teologia é, portanto, mais bem estudada como elementos constitutivos de cada carta, no desenrolar da narrativa da missão paulina. Tentei facilitar essa compreensão sobre as convicções teológicas básicas de Paulo na *síntese exegético-teológica* de cada carta. Há também, no entanto, alguns aspectos-chave, controversos ou problemáticos da teologia de Paulo, que atravessam o corpus de cartas como um todo, e, portanto, são mais bem tratados em uma única discussão.

13.3.1 A "Nova Perspectiva" sobre Paulo

Desde a Reforma, intérpretes cristãos de Paulo, muitas vezes entenderam o judaísmo como o contraste do cristianismo, o "legalismo estreito" da "justiça pelas obras", que serviu de cenário escuro para o

---

[35] Dois excelentes tratados sistemáticos da teologia de Paulo, com diferentes ênfases e perspectivas, são JAMES D. G. DUNN, *The Theology of Paul the Apostle* (Grand Rapids: Eerdmans, 1998) [em port.: *A Teologia do Apóstolo Paulo*. São Paulo: Paulus, 2ª ed., 2008] e SCHNELLE, *Apostle Paul*. [Em port.: *Paulo Vida e Pensamento*. São Paulo: Academia Cristã/Paulus, 2013].

evangelho da salvação pela graça pragado por Paulo. Paulo foi escolhido para o papel de Lutero; católicos romanos representavam a continuação da presumida compreensão judaica a respeito da salvação pelas obras. Duas mudanças radicais tornaram impossível a persistência desses estereótipos do judaísmo ou do catolicismo romano. O Holocausto fez com que os estudiosos do Novo Testamento se tornassem muito mais sensíveis ao antijudaísmo de suas interpretações, e o Vaticano II revelou que o catolicismo romano não podia mais servir como o contraste para uma leitura protestante de Paulo. Desenvolvendo orientações passadas, o autor responsável principal por essa "nova perspectiva sobre Paulo" foi E. P. SANDERS.[36] Com base na análise detalhada dos textos que representam o judaísmo do primeiro século, SANDERS argumenta que o contexto judaico de Jesus e Paulo era uma religião de "nomismo da aliança", uma religião da graça e do perdão com um chamado ao arrependimento e vida ética com base no ato gracioso de Deus de estabelecer a aliança, e não uma religião que tenta ganhar o favor de Deus pelas "obras da lei". Embora os velhos estereótipos tenham sido definitivamente quebrados, outras questões geradas pela "nova perspectiva" continuam a ser vigorosamente discutidas por estudiosos paulinos.

13.3.2 A Centralidade da Participação "em Cristo"

Deus agiu em Cristo para livrar os seres humanos de todos os inimigos que ameaçam a vida autêntica, neste mundo e no mundo vindouro. A salvação humana está em relação com este acontecimento salvífico.

---

[36] E. P. SANDERS, *Paul and Palestinian Judaism: A Comparison of Patterns of Religion*. Philadelphia: Fortress Press, 1977. A questão da "nova perspectiva" – uma designação cunhada por JAMES D. G. DUNN – gerou uma acalorada discussão. Ver e.g., Dunn, James D. G., ed. The New Perspective on Paul: Collected Essays, WUNT 195. Tübingen: Mohr Siebeck, 2005 [em port.: *A Nova Perspectiva sobre Paulo*. São Paulo: Academia Cristã/Paulus, 2013]. Alguns dos *insights* da nova perspectiva foram antecipados pelo famoso ensaio de Krister Stendahl's "The Apostle Paul and the Introspective Conscience of the West," em *Paul Among Jews and Gentiles* (Philadelphia: Fortress, 1976). Perspectivas críticas sobre a "nova perspectiva" são encontradas em FRANCIS WATSON, *Paul, Judaism, and the Gentiles: Beyond the New Perspective*, ed. rev. (Grand Rapids: Eerdmans, 2007), e R. BARRY MATLOCK, "Sins of the Flesh and Suspicious Minds: Dunn's New Theology of Paul," *JSNT* (1998): 67 – 90.

A expressão mais frequente e característica de Paulo para essa relação é ἐν Χριστῷ, (*em Christō*, em Cristo).[37]

Dados: a frase "em Cristo", ou alguma variação dela ("no Senhor"; "em Jesus"; "no amado"; "nele"; "em quem"), é encontrada no Novo Testamento 171 vezes; apenas em Paulo e na literatura influenciada por ele:

Quadro 11: Uso de Paulo de "em Cristo"

1 Tessalonicenses	7	(0 pronominal)
1 Coríntios	23	(1 pronominal)
2 Coríntios	13	(4 pronominais, 3 em 1.19-20)
Filipenses	20	(1 pronominal)
Filemom	5	(0 pronominal)
Gálatas	9	(0 pronominal)
Romanos	21	(0 pronominal)
	98	ocorrências nas cartas paulinas não disputadas (6 pronominais = 6 %)
***		
2 Tessalonicenses	4	(0 pronominal)
***		
Colossenses	19	(12 pronominais)
Efésios	35	(13 pronominais)
***		
1 Timóteo	6	(0 pronominal; todos "em Cristo Jesus")
2 Timóteo	3	(0 pronominal; todos "em Cristo Jesus")
Tito	0	(0 pronominal)
	165	ocorrências na tradição paulina e deuteropaulina
1 Pedro	3	(todos "em Cristo")
Apocalipse	2	(0 pronominal)
	170	ocorrências no Novo Testamento

---

[37] A figura central na interpretação moderna da "participação em Cristo" como o centro da teologia paulina é ALBERT SCHWEITZER (cf. ALBERT SCHWEITZER, *The Mysticism of Paul the Apostle* (trad. William Montgomery; London: A&C Black, 1931) [em port.: *O Misticismo de Paulo o Apóstolo*. São Paulo: Fonte Editorial]. Para uma exposição recente de Paulo a partir deste ponto de vista, cf. SCHNELLE, *Theology of the New Testament*, 204-205; 276-278, e outras páginas [em port.: *Teologia do Novo Testamento*. São Paulo: Academia Cristã/Paulus, 2013].

Comentários e Interpretação (ver Quadro 11): "Em Cristo" é uma frase estranha. Embora Paulo não tenha criado a expressão – ao que parece, ela foi um elemento constituinte em algumas tradições batismais pré-paulinas (1 Co 1,30; 2 Co 5,17; Gl 3,27-28) – foi Paulo quem a introduziu na principal corrente da conceitualidade e vocabulário protocristãos. As raízes do conceito parecem estar em algumas correntes de teologia representadas nas Escrituras Judaicas. No pensamento hebraico, não existe uma linha firme entre o indivíduo e a comunidade da qual ele ou ela é um elemento constituinte. Uma pista para o uso que Paulo faz dessa expressão é que o próprio Paulo pode falar de seres humanos como "em Adão" (1 Co 15,22), com "Adão" sendo não apenas o indivíduo da história do Gênesis, mas a humanidade constituída por ele (ver Rm 5,12-21). As pessoas, individualmente falando, não são seres humanos em virtude de suas qualidades individuais, mas por pertencerem à raça humana, com seu pecado e mortalidade. No batismo, os crentes são incorporados na nova humanidade constituída por Jesus Cristo. Eles não mais ou não apenas são/estão "em Adão", mas "em Cristo".

O próprio Paulo nunca usa a frase explícita "em Jesus" (embora cf. Ef 4,21; Ap 1,9), embora seja claro a partir do seu "em Cristo Jesus" (por exemplo, Rm 6,11; 8,1; 1 Co 1,2; Gl 5,6; Fp 1,1) que a expressão aponta tanto para o indivíduo histórico Jesus de Nazaré, crucificado e ressuscitado, quanto para o Cristo exaltado. Paulo usa a frase para apontar a uma realidade experimentada e transcendente, inseparavelmente ligada à pessoa do Jesus crucificado e ressuscitado, uma realidade que resiste à clareza conceitual e linguística. Assim, Paulo usa várias expressões que se sobrepõem e se equivalem. Ele e todos os cristãos estão em Cristo (Rm 16,9; 2 Co 1,21), e Cristo neles (Rm 8,10). Estar "em Cristo" é estar "no Espírito" (Fp 2,1), que é o mesmo que "o Espírito em vós" (Rm 8,9-10). A expressão paralela "com Cristo" aponta para a mesma realidade. Para além desta vida, o crente irá compartilhar a comunhão plena e constante com Cristo (Fp 1,23, "partir e estar com Cristo"), mas esta realidade não é apenas futura e transcendente: ela penetra na vida do crente no presente, que é crucificado, morto e sepultado com Cristo (Rm 6,4-8; Gl 2,19), e cuja vida já está determinada pelo poder da ressurreição (Rm 6,8-11; Fp 3,10). Embora a reserva escatológica de Paulo o tenha deixado hesitante em dizer claramente que os crentes já estão "ressuscitados com ele", é claro que, para Paulo, o evento da morte e ressurreição de Jesus não foi algo que aconteceu apenas a Jesus, mas o evento crucial de toda a história humana, um evento do qual os crentes participam. Para aqueles "em Cristo", a história de Jesus se tornou sua própria história.

Embora a frase seja multidimensional e multifacetada, a realidade fundamental para a qual a metáfora aponta é espacial: estar "em Cristo" é estar localizado em uma nova esfera de ser. Neste sentido, é algo "místico" – o crente não apenas admira Cristo ou segue-o, mas está unido com ele. No batismo (Gl 3,27-28) os de fora se tornam membros, e os não-membros do corpo de Cristo são incorporados a um corpo transcendente de crentes, a comunidade cristã animada pelo Espírito/sopro de Cristo, que ainda é muito mais uma realidade deste mundo. Assim, a linguagem de Paulo "em Cristo" é paralela à sua linguagem da "nova criação" (2 Co 5,17; Gl 6,15), e análoga ao modo como o mundo criado é a esfera do ser na qual todos os seres humanos vivem suas vidas; com a ressurreição de Jesus, a vanguarda da nova criação de Deus já está presente, já se encontra no mundo atual. É neste mundo renovado que os crentes já vivem, embora o velho mundo ainda esteja muito presente com eles.

13.3.3 Apostolicidade e os desafiantes do apostolado de Paulo: detratores, rivais e oponentes[38]

Apóstolo, Apostolado e Apostolicidade

Como Jesus, Paulo era uma figura controversa. Quer alguém o amasse ou odiasse, o apoiasse ou se opusesse à sua missão, não podia ignorá-lo. As controvérsias em que Paulo estava envolvido não eram unidimensionais; questões teológicas estavam misturadas com uma variedade de questões pessoais, sociais e culturais. No entanto, a teologia foi o principal problema, e sua compreensão de seu próprio apostolado era um importante ponto de diferença entre Paulo e seus rivais.

---

[38] Para um estudo abrangente e detalhado, marcado por um rigor metodológico, e com extensa bibliografia, ver especialmente GERD LÜDEMANN, *Opposition to Paul in Jewish Christianity* (trad. M. Eugene Boring; Minneapolis: Fortress, 1989) e JERRY L. SUMNEY, *Identifying Paul's opponents: The Question of Method in 2 Corinthians* (JSNT-Sup 40; Sheffield: JSOT Press, 1990). Cf. também os ensaios de STANLEY E. PORTER, ed. *Paul and His Opponents* (PS 2; Leiden: Brill, 2005).

Não havia um ofício pré-formado de apóstolo no qual os apóstolos cristãos pudessem ser formados. A palavra portuguesa "apóstolo" é simplesmente a transliteração da palavra grega ἀπόστολος (*apostolos*) que significa basicamente "enviado", e foi usada em uma variedade de sentidos no mundo helênico pré-cristão do primeiro século.[39] Autores do Novo Testamento adotaram o termo para designar um enviado como representante comissionado, seja de uma congregação (2 Co 8,23; Fp 2,25), ou como um representante autorizado do Cristo ressuscitado. O primeiro sentido é mais bem traduzido por "delegado" ou "missionário", com a palavra "apóstolo" sendo reservada para o último sentido, de representante autorizado do Cristo ressuscitado. Mesmo assim, nos primeiros anos da igreja, havia inúmeros indivíduos que afirmavam ser apóstolos, com os Doze sendo um grupo distinto (cf. a distinção entre os Doze e "todos os apóstolos", em 1 Co 15,5-7).

Por volta da metade do século IV, a apostolicidade era uma marca essencial da verdadeira Igreja, expressa no Credo Niceno-Constantinopolitano (325 d.C., revisado em 381) como "Eu creio em uma única santa igreja católica e apostólica". No final do primeiro século, um entendimento claro e hierárquico da igreja já havia sido defendido por Clemente de Roma: Deus enviou Cristo, Cristo enviou os apóstolos, os apóstolos nomearam bispos e diáconos (*1 Clemente* 42). Mesmo em *Clemente*, a aparente linha direta da cadeia de comando em que a autoridade de Deus é representada na igreja pelos bispos apostólicos e diáconos é mais complexa do que à primeira vista parece, uma vez que a autoridade de Deus é mediada não apenas pela transmissão da autoridade que vem de Cristo, através dos apóstolos, mas está ligada com o evangelho, o Espírito Santo e a proclamação da vinda do Reino de Deus. "Autoridade é a interpretação do poder", e o poder reside no evangelho, e não apenas no ofício do apóstolo.[40] No entanto, o paradigma manifesto da cadeia de comando em *Clemente* é de vital importância em Paulo e no Novo Testamento em geral. Para todos, Deus é a autoridade final, mas *que* Deus? Quem é Deus, e como se sabe o caráter

---

[39] Cf. Karl Heinrich Rengstorf, "ἀποστέλλω κτλ.," em *TDNT*, 1.398-447; J.-A. Bühner, "ἀπόστολος" em *EDNT*, 1.142-146

[40] Cf. John Howard Schütz, *Paul and the Anatomy of Apostolic Authority* (Introdução de Wayne Meeks, 2007 ed.; NTL; Louisville: Westminster John Knox, 1975), 4 e outras páginas.

e a vontade deste Deus? Em todo o Novo Testamento, a identidade e o caráter de Deus não são questões de descoberta humana, mas a revelação divina. Para os cristãos, Jesus é a autorrevelação definitiva e representante autorizado de Deus. Embora os primeiros cristãos raramente tenham pensado o papel fundamental de Jesus no plano de Deus em termos especificamente apostólicos, todos os cristãos atribuíram a Jesus o papel de apóstolo de Deus, o único autorizado e enviado por Deus, aquele que representa Deus. Lidar com Jesus é lidar com Deus.[41] A próxima questão, que se segue inevitavelmente, é: *que* Jesus? Jesus é o representante autorizado de Deus, mas quem representa Jesus?

Uma vez que a autoridade do Cristo ressuscitado foi ofertada às igrejas através dos apóstolos, a identificação dos apóstolos autorizados tornou-se uma questão importante na formação da teologia cristã. Paulo alegou ser um apóstolo comissionado diretamente pelo Senhor ressuscitado. Esta alegação foi contestada.

Oponentes ao apostolado de Paulo

Provavelmente os primeiros 16 anos de sua missão, i.e., a partir de sua conversão/chamado até o rompimento com o programa de missões de Antioquia-Jerusalém e o surgimento da missão ao Egeu, toda a oposição ativa contra Paulo, refletida em suas cartas, era de fora da comunidade cristã. Se houve oposição a Paulo por parte de outros líderes ou grupos cristãos, as cartas que temos hoje não fazem qualquer referência a ela. Como outros protocristãos, Paulo frequentemente sofreu nas mãos das autoridades políticas (cf. 1 Ts 2,2.14-16, e a pequena amostra de 2 Co 11,32-33, mencionada apenas incidentalmente como uma ilustração de um outro ponto). Como um judeus cristãos, Paulo continuou a submeter-se à disciplina das autoridades da sinagoga, e sofreu em suas mãos (2 Co 11,24).

---

[41] Somente Hb 3.1 explicitamente chama Jesus de *apóstolo*, mas o Quarto Evangelho repetidamente fala de Jesus como tendo sido enviado, e o Jesus joanino fala de Deus como "aquele que me enviou" como quase um título divino (e.g. Jo 3,17; 4,34; 5,23.30.36.37; 6,29.38.39.44; 7,18; 8,16.42; 12,44.45.49.57; 17,3.18). Nota-se que o Jesus joanino liga o fato de o Pai ter lhe enviado com o fato de que ele mesmo enviou o Espírito ou os discípulos, i.e., o modelo joanino da autoridade apostólica é o mesmo de *1 Clemente*, embora com um vocabulário diferente. Cf. também Mt 10,40; 18,5-6; Lc 10,16; Jo 12,44.

Primeiro percebemos oposição a Paulo a partir do interior da comunidade cristã, após o início da missão ao Egeu. A partir de 1 Coríntios, vemos uma crescente oposição ao apostolado de Paulo e/ou aumento de seu reconhecimento de que há um apóstata rival que desafia a legitimidade de seu próprio ministério apostólico e busca "corrigir" as deficiências da versão paulina da fé cristã. Paulo nunca menciona Jerusalém ou Antioquia como a fonte dos missionários rivais. A razão pode ser que ele deseja manter as linhas de comunicação abertas entre sua missão e a igreja de Jerusalém, e não quer condená-la nem responsabilizá-la pelas ações dos missionários que estão incomodando suas igrejas. De fato, Paulo evita descrever qualquer configuração que possa alinhar os apóstolos/missionários rivais com os líderes de Jerusalém e a igreja de Jerusalém. Do início ao fim, ele afirma que ele, seu evangelho e as igrejas que ele havia fundado pertencem à igreja mãe, em *koinonia* com a Igreja de Jerusalém e os Doze, e que, se esse não fosse o caso, ele teria "corrido em vão" (cf. 1 Co 15,1-11; Gl 2,2).

13.3.4 A "Vida de Paulo": Questões Cronológicas[42]

Fontes e Método

Na tarefa do estabelecimento da cronologia paulina, todos concordam que a grande questão metodológica é como combinar as duas fontes principais (e se se combinam): as cartas consideradas como verdadeiramente paulinas e o livro de Atos. A questão não é tão simples como parece à primeira vista. Por um lado, julgamentos críticos devem ser

---

[42] Para esboços e breves discussões sobre a cronologia paulina, ver KNOX, *Chapters in a Life of Paul*, 47–110; SOARDS, *Apostle Paul*, 10-11, 34-35; HANS DIETER BETZ, "Paul," em *ABD* 5.186-201; MARTYN, *Galatians*, "Comment #17 – Chronology and Geography," 180-186; SCHNELLE, *Apostle Paul*, 47-56; DUNN, *Beginning from Jerusalem*, 497-518; JÜRGEN BECKER, *Paul: Apostle to the Gentiles* (trans. O. C. Dean; Louisville: Westminster John Knox, 1993), 17-32; Wayne A. Meeks and John T. Fitzgerald, eds., *The Writings of St. Paul* (2nd ed.; New York: Norton, 2007), xix–xxvii; JOHN A. DARR, "Chronologies of Paul," em Russell Pregeant, *Encounter with the New Testament* (Minneapolis: Fortress, 2009), 205-214. Discussões completas sobre estas questões e métodos envolvidos, com reconstruções, são encontrados em ROBERT JEWETT, *A Chronology of Paul's life* (Philadelphia: Fortress, 1979), GERD LÜDEMANN, *Paul, Apostle to the Gentiles: Studies in Chronology* (trans. F. Stanley Jones; Philadelphia: Fortress, 1984), and Riesner, *Paul's Early Period*, 1-228.

feitos sobre a exatidão histórica de Atos em tais assuntos; por outro lado, a forma atual de algumas das cartas de Paulo pode ser a combinação editorial de mais de uma carta, o que obviamente dificulta questões de cronologia.

Os esforços para a construção da história da vida de Paulo com base nas cartas não disputadas só provaram ser insatisfatórios para a maioria dos estudiosos. Embora seja possível passar um pente fino nas cartas de Paulo (com perguntas biográficas e cronológicas em mente), anotar todos os dados e organizá-los em ordem cronológica sem apelar a Atos,[43] poucos estudiosos têm ficado satisfeitos com esta abordagem minimalista. Em particular, as próprias cartas de Paulo oferecem quase nenhuma informação que indique sua localização na história do mundo.[44] Quando Atos é incorporado na construção, permanece a questão de como e que material existente de Atos não encontrado nas cartas deve ser utilizado. A antiga e acrítica abordagem tentou usar Atos como a principal fonte, adotando a narrativa de Atos como a história simples e inserindo as cartas naquilo que pareciam ser os pontos apropriados, na tentativa de harmonizar os conflitos "aparentes" entre Atos e as cartas em uma narrativa congruente. A abordagem da maioria hoje é usar as cartas como a principal fonte, complementada por material de Atos que sobreviva ao exame histórico-crítico.

Há, de fato, inúmeros locais onde as cartas e a narrativa de Atos fornecem materiais complementares que se encaixam muito bem em um único quadro. Não há dúvida de que algumas informações históricas confiáveis sobre Paulo venha de Atos, informação que o próprio Paulo não menciona nas cartas não disputadas existentes. Apenas Paulo, por exemplo, nos diz que ele era da tribo de Benjamim (Rm 11,1; Fp 3,5), e somente Atos indica que ele também era conhecido como Saulo (At 13,9). Uma vez que o primeiro rei israelita, Saul, era da tribo de Benjamim, o nome patronímico teria sido muito apropriado. Com toda a probabilidade, o Paulo histórico ostentava o nome grego Paulo e o nome judeu Saulo – um dado biográfico obtido apenas

---

[43] Cf. Knox, *Chapters*; Lüdemann, *Chronology*.
[44] O único contato datável com a história externa em todas as suas cartas é a referência à fuga de Paulo de Damasco, durante o reinado de Aretas IV, porém mesmo aqui os dados são ambíguos (2 Co 11,32).

através da combinação de material das cartas e Atos. Em outras questões biográficas e históricas, como ou se as duas fontes se combinam, não é algo tão claro.

Uma questão importante e complexa é a relação das viagens de Paulo, conforme indicada em suas cartas, e as "três viagens missionárias", conforme delineadas no livro de Atos [ver Mapa 2 acima, §10.1.9]. Essa questão fica muito clara quando se tenta correlacionar as visitas de Paulo a Jerusalém mencionadas em suas cartas com aquelas retratadas em Atos. Paulo deixa explícito que visitou Jerusalém apenas três vezes; sua (mínima) relação com a liderança de Jerusalém era importante para ele teologicamente, por isso ele é enfático e claro. Para o mesmo período, a narrativa de Atos retrata Paulo como fazendo cinco visitas a Jerusalém (ver Quadro 12):[45]

Quadro 12: Visitas a Jerusalém

Visitas a Jerusalém nas Cartas	Visitas a Jerusalém em Atos
P1 = Gl 1,18-24	A1 = 9,26-30
P2 = Gl 2,1-10	A2 = 11,27-30
	A3 = 15,1-29
	A4 = 18,22
P3 = Rm 15,25-32	A5 = 21,17-23,30

Em cada caso, as primeiras e últimas visitas correspondem. P1/A1 é primeira visita de Paulo a Jerusalém depois de sua conversão, quando ele teve conhecimento de Pedro (e, de acordo com Atos, dos outros apóstolos). P3/A5 é a viagem a Jerusalém para entregar a coleta, durante a qual Paulo é preso e finalmente enviado a Roma. A questão fundamental é determinar qual das visitas de Atos corresponde a P2, a "visita à conferência" descrita em Gl 2. Diferentes decisões sobre esta questão, bem como pensamentos semelhantes convidam outras ambiguidades, e resultam em alguma variedade na forma como a cronologia paulina é compreendida.

Um segundo fator importante é a forma como a cronologia relativa das cartas de Paulo é compreendida. Se alguém começa com sete

---

[45] David J. Downs, "Chronology of the NT," em *NIDB*, 1.634.

cartas incontestáveis e tentativas de organizá-las em ordem cronológica, quatro caem em uma progressão clara, de 1 e 2 Coríntios a Romanos. A localização relativa de Gálatas, Filipenses e Filemom não é tão clara, aparecendo em diferentes pontos na variedade de construções (ver introduções para cada livro).

A terceira variável em tais discussões é a ambiguidade de algumas expressões de tempo nas fontes relevantes. Por exemplo, a passagem-chave em Gl 1,13-2,10; 1,13-2,10 contém uma dupla ambiguidade. (1) Não está inteiramente claro se as expressões "e depois de três anos" (1,18) e "depois de 14 anos" são consecutivas ou cumulativas. A segunda significa "14 anos depois da minha conversão" ou "14 anos depois da primeira visita", gerando um total de 17 anos? (2) No mundo helenístico, partes de anos eram muitas vezes consideradas como anos, de modo que "três anos" poderia significar de um ano e meio a três anos, a depender do contexto; e, da mesma forma, "14 anos" pode significar de 12 a 14 anos. Teoricamente, o período aqui descrito poderia, assim, ser de um pouco mais de treze anos a mais de 17 anos, de modo que outros fatores devem ser introduzidos para determinar a extensão exata de tempo que Paulo pretendia expressar.

Um quarto fator importante é a correlação da cronologia relativa a eventos datáveis externos à história protocristã, a fim de estabelecer uma cronologia absoluta. Os eventos chave são:

- O governo de Aretas IV em Nabateia e Damasco. O rei nabateu Aretas, aparentemente, tinha controle sobre Damasco desde 37 até sua morte em 40-41; portanto a referência de Paulo à sua fuga de Damasco deve ter ocorrido durante este período.[46]
- O proconsulado de Gálio em Corinto. Fragmentos de uma inscrição descoberta em Delfos, em 1905, indicam que Gálio era procônsul em Corinto em 51-52 de nossa Era. Em At 18,12-17, Paulo é levado perante Gálio. At 18,11 diz que Paulo passou 18 meses em Corinto. Assumindo a precisão relativa

---

[46] MARTYN, *Galatians*, 182: "Se alguém está interessado em fixar datas absolutas, o ponto mais seguro, a partir do qual se pode assumir uma posição, pode ser Gl 1,18. Considerando que a viagem a Jerusalém, mencionada ali foi iniciada em Damasco, como parece quase certo, podemos razoavelmente compará-la à referência a uma partida de Damasco, mencionada em 2 Co 11,32-33. E, uma vez que a última referência inclui o aviso de que esta partida aconteceu quando Aretas foi rei em Damasco, podemos colocar a primeira viagem de Paulo a Jerusalém entre 37 e 39".

de Atos em ambos os pontos, a data de alguns eventos na missão ao Egeu, antes e depois deste ponto relativamente fixo, pode ser calculado com alguma confiança.
- Cláudio expulsa os judeus de Roma. Suetônio (*Divus Claudius* 25,4) menciona brevemente que Cláudio expulsou os judeus de Roma, aparentemente em 49 – embora esta data também não seja totalmente indiscutível. Foi por essa ocasião que Priscila e Áquila vieram a Corinto, onde encontram Paulo (At 18,2).

Resultados

Uma vez que estas variáveis podem ser avaliadas e combinadas de diferentes formas, diferentes contornos da vida e ministério de Paulo foram construídos. Embora o esboço geral da vida de Paulo seja claro, a cronologia detalhada – às vezes importante para interpretar as cartas – é uma questão complexa sobre a qual os estudiosos não estão unidos. Algumas das principais e representativas elaborações são apresentadas no quadro 13:[47]

---

[47] Apenas as cartas paulinas não disputadas são listadas. Eruditos que afirmam a autoria paulina de 2 Tessalonicenses uniformemente situam a carta em proximidade com 1 Tessalonicenses. Os eruditos que afirmam a autoria paulina de Colossenses, Efésios e as Pastorais geralmente as situam nos anos 60, depois da chegada de Paulo a Roma. BRUCE representa eruditos que têm grande confiança na acurácia de Atos, harmonizando Atos e Gálatas com base na "Teoria da Galácia do Sul", e identificando a conferência de Jerusalém de Gálatas 2 com a "visita da fome" de Atos 11,30. Ver F. F. BRUCE, *Apostle of the Heart Set Free* (Grand Rapids: Eerdmans, 1977), 475.
SCHNELLE, *New Testament Writings*, 15-28; SCHNELLE, *Apostle Paul*, 47-56, representa a abordagem de uma corrente rigorosamente crítica, afirmando apenas as sete cartas não disputadas como escritas por Paulo, a data tardia de Gálatas e a "Teoria da Galácia do Norte", mas regularmente defendendo posições tradicionais. Ele identifica a conferência de Gl 2 com a de At 15, e argumenta em favor da unidade literária de cada uma das cartas paulinas, e situa Filipenses e Filemom no aprisionamento romano.
DUNN, *Beginning from Jerusalem*, 497-518, argumenta em favor da "Teoria da Galácia do Sul" e em favor de uma data antiga para Gálatas, mas não que Gálatas foi escrita antes do Concílio de Jerusalém. Ele não harmoniza Paulo e Atos ao equiparar a "visita da fome" de At 11,29 com a visita a Jerusalém de Gl 2.
JEWETT identifica a visita da conferência de Gl 2 com visita de At 18,22. Cf. JEWETT, *Chronology*.
LÜDEMANN, *Chronology*, 262-263, desenvolve as visões de Knox, *Chapters*, 47-110, com pequenas mudanças. A "Primeira Viagem Missionária" de Paulo se estendeu à Macedônia, de modo que 1 Tessalonicenses foi escrita precocemente, antes do concílio

13 • As Últimas Cartas de Paulo

Quadro 13: Esboços sugeridos da vida e ministério de Paulo

	Bruce	Schnelle	Dunn	Jewett	Lüdemann	Fitzmyer	Betz	Martyn	Boring
Morte de Jesus	30	30	30	30	30		27		30
Conversão	33	33	32	34	33	36	28	35	33
Visita a Jerusalém – At 9	35	35	34/35	37	36	39	31	38	35
Na Cilícia e Síria Gl 1,21; At 9,30	35-46	36-42	34/35-47	37-46	37	40-44	31-43	38-48	36-
Visita a Jerusalém – At 11	46								
1ª Viagem Missionária	47-48	45-47	ca. 45-47	43-45	37	46-49			-47
(Gálatas)	48?								
Visita a Jerusalém At 15	49= Concílio	48= Concílio	47/48= Concílio			49= Concílio	43/44= Concílio após 44	48	48
Início da Missão ao Egeu	49-52	48-52	50-55		39	50-58	51-53	48-?	48-52
Paulo em Corinto	50-52	50/51	50-52	46-57	41	51-53	51		50-52
1 Tess.	50	50	50	50-51	41	51			50
(Gálatas)			51	50			52-55		
Visita a Jerusalém-Antioquia Atos 18	52	51/52	51/52	51= Concílio	50= Concílio	52-54	52-54/55		51/52
Paulo em Éfeso	52-55	52-55	52/53-55	52-57	51-53	54-58			52-56
(Gálatas)				53		54			
1 (-2) Cor.	55	55	52-55	55	52	57	54/55		54/55
(Filipenses)	?			55	?	56-57	55/56?		52/53
(Filemom)	?			55	?	56-57	55/56?		52/53
Paulo na Macedônia, Corinto	55-57	55-56	56/57	56	53-54	57	56		56
2 Coríntios	56	55		56	53	57	55-56		56
(Gálatas)		55			53				56
Romanos	57	56	56/57	56-57	54-55	58	56		57
Visita a Jerusalém Atos 21	57	56		57	55	58	59		57
Chegada em Roma	60	59	60	60-61		61	61		60
(Filipenses)	?	60	61-62						
(Filemom)	?	61	61-62						
Morte de Paulo	65?	64	62-64	62		63-64	63-64		63/64

13.4 Para leitura adicional

Gálatas

BETZ, H. D. *Galatians: A Commentary on Paul's Letter to the Churches in Galatia.* Hermeneia–A Critical and Historical Commentary on the Bible. Philadelphia: Fortress, 1979.

MARTYN, J. L. *Galatians: A New Translation with Introduction and Commentary.* The Anchor Bible. Vol. 33A, New York: Doubleday, 1997.

BRUCE, F. F. *The Epistle to the Galatians. A Commentary on the Greek Text.* The New International Greek Testament Commentary. Grand Rapids: Eerdmans, 1982.

HAYS, R. "The Letter to the Galatians," in The New Interpreter's Bible, edited by Leander Keck (Nashville: Abingdon Press, 2000), 11.181-348.

Romanos

BARTH, K. *The Epistle to the Romans.* Translated by Hoskyns, Edwyn C. London: Oxford University Press, 1953 [em port.: *A Carta aos Romanos*. São Paulo: Fonte Editorial, 2000].

DUNN, James D. G. *Romans.* Word Biblical Commentary. 2 vols. Vol. 38A-B. Dallas: Word, 1998.

JEWETT, R. *Romans: A Commentary.* Hermeneia–A Critical and Historical Commentary on the Bible. Minneapolis: Fortress, 2007.

KÄSEMANN, E. *Commentary on Romans.* Translated by Bromiley, Geoffrey W. Grand Rapids: Eerdmans, 1980.

KECK, L. *Romans.* Abingdon New Testament Commentaries. Nashville: Abingdon, 2005.

WRIGHT, N. T. "The Letter to the Romans." In *The New Interpreter's Bible,* edited by Leander Keck. Nashville: Abingdon, 2002, 10.393-770.

---

de Jerusalém; a visita da conferência, de Gl 2, é identificada com a visita de At 18,22. Os números dados assumem a morte de Jesus no ano 30; LÜDEMANN acredita que ela ocorreu no ano 27; neste caso, algumas datas são três anos mais cedo.

A visão de FITZMYER é citada a partir de JOSEPH A. FITZMYER, S.J., "Paul," em *The New Jerome Biblical Commentary,* ed. Raymond E. Brown, Joseph A. Fitzmyer, S.J., e Roland E. Murphy (Englewood Cliffs, N.J.: Prentice-Hall, 1990), 1333-1337. A visão de BETZ foi retirada de BETZ, "Paul," 186-201. A visão de MARTYN foi retirada de MARTYN, *Galatians,* 182-183.

Estudos Gerais e Questões Contínuas

BECKER, J. *Paul: Apostle to the Gentiles*. Translated by Dean, O. C. Louisville: Westminster John Knox, 1993.
BETZ, H. D. "Paul." In *The Anchor Bible Dictionary*, edited by Freedman, David Noel, 5.186-201. New York: Doubleday, 1992
BRUCE, F. F. *Apostle of the Heart Set Free*. Grand Rapids: Eerdmans, 1977.
BULTMANN, R. *Theology of the New Testament*. Translated by Grobel, Kendrick. 2 vols New York: Scribner, 1951 [em port.: *Teologia do Novo Testamento*. São Paulo: Academia Cristã, 2008].
DUNN, J. D. G. *The Theology of Paul the Apostle*. Grand Rapids: Eerdmans, 1998 [em port.: *A Teologia do Apóstolo Paulo*. São Paulo: Paulus, 2008].
HAY, David, Elizabeth Johnson, Jouette Bassler et al, eds, *Pauline Theology*. 4 vols. Minneapolis: Fortress Press, 1991-1997. (Vols 1-3 Fortress Press; Vol 4 Atlanta: Scholars Press).
JEWETT, R. *A Chronology of Paul's life*. Philadelphia: Fortress, 1979.
KNOX, J. *Chapters in a Life of Paul*. London: Adam & Charles Black, 1950.
LÜDEMANN, G. *Opposition to Paul in Jewish Christianity*. Translated by Boring, M. Eugene. Minneapolis: Fortress, 1989.
_____. *Paul, Apostle to the Gentiles: Studies in Chronology*. Translated by Jones, F. Stanley. Philadelphia: Fortress, 1984.
MEEKS, W. A. *The First Urban Christians: The Social World of the Apostle Paul*. New Haven: Yale University Press, 1983 [em port.: *Os Primeiros Cristãos Urbanos*. São Paulo: Academia Cristã/Paulus, 2013].
MEEKS, W. A., and J. T. Fitzgerald, eds. *The Writings of St. Paul*. 2nd ed, Norton Critical Edition. New York: Norton, 2007.
PORTER, S. E., ed. *Paul and His Opponents*. Vol. 2, Pauline Studies, vol. 2. Leiden: Brill, 2005.
SANDERS, E. P. *Paul and Palestinian Judaism: A Comparison of Patterns of Religion*. Philadelphia: Fortress Press, 1977 [no prêlo: Academia Cristã].
SCHNELLE, U. *Apostle Paul: His Life and Thought*. Translated by Boring, M. Eugene. Grand Rapids: Baker Academic, 2005 [em port.: *Paulo Vida e Pensamento*. São Paulo: Academia Cristã/Paulus, 2013].
SCHÜTZ, J. H. *Paul and the Anatomy of Apostolic Authority*. New Testament Library. Introduction by Wayne Meeks, 2007 ed. Louisville: Westminster John Knox, 1975.
SCHWEITZER, A. *The Mysticism of Paul the Apostle*. Translated by Montgomery, William. London: A&C Black, 1931 [em port.: *O Misticismo de Paulo o Apóstolo*. São Paulo: Fonte Editorial].
SUMNEY, J. L. *Identifying Paul's opponents: The Question of Method in 2 Corinthians*. Journal for the Study of the New Testament. Supplement Series. Vol. 40, Sheffield: JSOT Press, 1990.

14

ÉFESO E A ESCOLA PAULINA

14.1 O que aconteceu depois de Romanos?

Os principais contornos do fim da vida de Paulo são praticamente certos: Paulo vai a Jerusalém, é preso e enviado à Roma, onde é finalmente executado pelos romanos no início dos anos 60 d.C. Uma visão mais detalhada dos últimos anos da vida de Paulo depende de como se consideram os resultados do estudo crítico dos documentos relevantes do Novo Testamento.

A visão tradicional, representada, por exemplo, na *Bíblia de Estudo NIV*,[1] baseia-se nos pressupostos de que (1) Atos é inteiramente história precisa; (2) todas as treze cartas atribuídas a Paulo foram de fato escritas por ele, e nenhuma é composta; (3) não há conflitos históricos entre Atos e as cartas paulinas; (4) Atos, a fonte secundária, é fundamental para essa elaboração. Cartas e eventos que podem ser encaixados na estrutura de Atos são inseridos nos pontos relevantes. Eventos e cartas que não podem ser inseridos em Atos são considerados como tendo ocorrido depois que a história de Atos é concluída.

---

[1] Kenneth L. Barker e Donald W. Burdick, eds., *The NIV Study Bible* (10th anniversary ed.; Grand Rapids: Zondervan, 1995), 1664 "Timeline of Paul's Life" e Introduções à Atos, Filipenses, Filemom, Colossenses, Efésios e às Cartas Pastorais. Alguns elementos da visão tradicional são apoiados por alguns eruditos críticos, e.g., aqueles que argumentam em favor da proveniência romana de Filipenses e/ou autoria paulina de Colossenses, Efésios, ou as Pastorais.

O resultado dessas pressuposições produz a seguinte cronologia para o fim da vida de Paulo:

- Romanos foi escrita da Grécia (Corinto), de acordo com At 20,3.
- Conforme relatado em At 20-28, Paulo vai a Jerusalém, é preso e detido por dois anos; depois é enviado a Roma, onde passa outros dois anos preso, esperando julgamento.
- Durante esta "primeira prisão em Roma", Paulo escreve Filipenses, Filemom, Colossenses e Efésios.
- Depois que a história de Atos se conclui, Paulo é solto por volta de 62 d.C., e empreende uma missão adicional por mais ou menos cinco anos, possivelmente incluindo uma missão à Espanha. Durante este período, ele escreve 1 Timóteo e Tito.[2]
- Paulo é detido novamente em Roma por volta de 67 d.C. Durante essa "segunda prisão em Roma", ele escreve 2 Timóteo, sua última carta.
- Paulo é martirizado em Roma, aproximadamente em 68 d.C.

A composição do final da vida de Paulo com base em estudo crítico aponta que (1) Atos tem algumas tradições históricas, mas reflete o propósito teológico do autor, e não pode ser utilizada de forma acrítica na reconstrução da história real; (2) deve ser feita uma distinção na forma como as cartas indiscutivelmente paulinas são utilizadas e a forma como aquelas que provavelmente não foram diretamente escritas por Paulo são usadas; (3) há conflitos insolúveis entre as cartas não disputadas e Atos; (4) as cartas são incontestáveis fontes primárias, e fundamentais para a composição. Material em Atos que parece ser histórico com base numa filtragem crítica pode ser usado para complementar o quadro a partir das cartas não disputadas; (5) Informação possivelmente relevante de fontes não canônicas deve ser usada com o mesmo cuidado crítico empregado no uso das fontes canônicas.

O resultado dessas pressuposições produz a seguinte cronologia para o fim da vida de Paulo:

---

[2] Alguns estudiosos tentam encontrar um lugar para 1 Timóteo e Tito durante a missão de Paulo ao Egeu, e então situam 2 Timóteo durante o aprisionamento de Paulo em Roma (cf. LUKE TIMOTHY JOHNSON, *The First and Second Letters to Timothy* (AB 35A; New York: Doubleday, 2001), 136-137.

- Depois de escrever Romanos, Paulo foi de Corinto a Jerusalém a fim de entregar a coleta, acompanhado pela delegação das igrejas da missão ao Egeu.
- Se a coleta foi recebida pela igreja de Jerusalém e como isso se deu não é algo claro. Atos é relutante em mencionar a coleta. A única referência é o comentário incidental em 24,17, na defesa de Paulo perante Félix. A Igreja de Jerusalém manteve sua distância de Paulo. Se eles aceitaram a coleta de fato, aparentemente isso foi algo feito à parte, fora da vista do público. O mais provável é que eles se recusaram a aceitar a oferta e o que ela simbolizava: a unidade dos cristãos judeus e gentios.
- Paulo foi preso em Jerusalém pelas autoridades romanas como um desordeiro. Não há indicação em Atos ou nas cartas possivelmente escritas em Roma de que a igreja de Jerusalém apoiasse Paulo ou viesse em sua defesa durante seu prolongado encarceramento em Jerusalém e Cesareia.
- Paulo foi enviado para Roma num transporte para prisioneiros, onde foi encarcerado em condições moderadas. Durante este tempo, a igreja romana, que tinha ligações estreitas com Jerusalém, também manteve a sua distância. Provavelmente não temos cartas deste período, de modo que Romanos é o nosso último documento da mão de Paulo – embora alguns estudiosos coloquem Filemom, Filipenses e Colossenses como cartas da prisão em Roma (ver introduções aos livros individuais).
- Depois de um período de prisão em Roma, Paulo foi executado por volta de 62-64 d.C., possivelmente em conexão com a perseguição de Nero aos cristãos romanos.

14.2 A Tradição da Escola Paulina Continua

Após a morte de Paulo, uma rede informal de mestres cristãos olhou para Paulo como o principal (ou exclusivo) líder apostólico da igreja, e tentou interpretar e adaptar sua mensagem para outros contextos. Os seguintes fatores são importantes:

1. O próprio Paulo não foi individualista, mas o líder principal de uma equipe de missão paulina. Sua formação como fariseu (Fp 3,5; Gl 1,14) preparou-o a pensar em termos de uma tradição escolar continuada. Apesar de ter tido uma experiência intensamente pessoal de conversão, ele sempre entendeu isso como seu chamado apostólico em um contexto eclesiástico. Paulo não trabalhava sozinho, mas teve

vários companheiros.³ Podem-se enumerar cerca de quarenta; só a breve carta a Filemon menciona nove, seis dos quais estão com ele, quando escreve, e três entre os destinatários. Ele sempre usou o termo "cooperadores", ou "companheiro", em um sentido quase técnico (Rm 16,3.9.21; 1 Co 3,9; 2 Co 1,24; 8,23; Fp 2,25; 4,3; 1 Ts 3,2; Fm 1,24).

2. Dentro das congregações paulinas, os *mestres* formaram um grupo identificável (1 Co 12,29-29; cf. Ef 4,11). Sua tarefa seria a de inculcar e elaborar as tradições que Paulo tinha comunicado durante a fundação das igrejas (1 Co 11,2.23; 12,28; Gl 6,6; Rm 12,7; cf. 2 Ts 2,15; 3,6).

3. Em suas cartas às igrejas, Paulo caracteristicamente juntou seu nome ao nome de outros. Isso era extremamente incomum. Dentre as centenas de cartas antigas existentes, o único outro exemplo conhecido é Cícero, *Epistulae ad Atticum* 11,5.1. Todas as cartas de Paulo, exceto Romanos incluem corremetentes nas saudações iniciais.⁴ Quando Paulo diz "nós", nem sempre ele o faz no sentido de "nós editorial" ou "toda a igreja, todos os cristãos", mas refere-se ao grupo de evangelistas e mestres ao seu redor. Este uso frequente da primeira pessoa do plural deve ser levado a sério, como uma indicação dos cooperadores de Paulo.

4. O conteúdo das cartas de Paulo reflete sua pertença a uma escola que transmitiu suas tradições.⁵ A numerosa adoção e interpretação de tradições não são itens meramente acidentais que ele apreendeu enquanto "atendia as igrejas" ou em que ele pensava enquanto compunha suas cartas. Alguns textos destacam-se a partir de seu contexto e não como algo herdado da tradição pré-paulina, mas como formulações, por assim dizer, pré-cartas internas da escola paulina. 1 Co 13 é um exemplo, cf. também 1 Co 7,12.25; 9,14; 11,23-26; 15,3-5; 1 Ts 4,15-17. Alguns desses textos parecem ser argumentos *midráshicos* não compostos *ad hoc*, bem como não compostos por um indivíduo isolado (por exemplo, 1 Co 10,1-13; Gl 4,21-31). Quando Paulo se tornou um cristão, ele foi ensinado na tradição; como missionário e

---

³ Cf. especialmente E. EARLE ELLIS, *The Making of the New Testament Documents* (Leiden: Brill, 2002), 36-42.
⁴ Gl 1,2 não menciona nomes, mas inclui "todos os membros da família de Deus que estão comigo", como coemissores. Referência a coemissores continuou na escola paulina em Colossenses e 2 Tessalonicenses, mas não em Efésios e Pastorais.
⁵ ELLIS, *Documents*, 53-142 identifica muitas tradições pré-formadas e os critérios para identificá-las.

evangelista, ele estava envolvido na transmissão e interpretação de uma tradição. Assim, algo como uma "escola paulina" já existia durante a vida de Paulo.

5. Vertentes da tradição paulina lutavam ou floresciam em vários locais, mas Éfeso parece ter se tornado o centro principal da escola Paulina. De acordo com Atos, Éfeso tornou-se um centro de esforços missionários de Paulo, onde passou mais tempo do que em qualquer outra estação de missão. De 52 a 55 d.C., ele e vários cooperadores estabeleceram igrejas não só em Éfeso, mas nas regiões vizinhas da Ásia Menor. Até o final do primeiro século, existiram várias vertentes do movimento cristão presentes em Éfeso. Nos anos após a morte de Paulo, a escola Paulina em desenvolvimento encontrou não apenas as vitais religiões greco-romanas de Éfeso, mas outras versões do cristianismo, e subgrupos dissidentes dentro de suas próprias fileiras.

6. A escola paulina continuou e desenvolveu a prática de Paulo de fazer da carta um meio de instrução e direção apostólica. Quando a escola paulina emitiu documentos em nome de Paulo, pretenderam continuar seu ensinamento apostólico. Eles continuaram usando a forma de carta que o próprio Paulo tinha usado como seu primeiro modo de ensinar e comunicar-se com as igrejas sob seus cuidados.[6] Não é o caso de dizer que determinado número de comunidades cristãs adotaram independentemente a forma de carta em preferência a outras possibilidades. Foi Paulo que fez da forma carta o meio exclusivo de comunicar a fé apostólica; esta prática foi continuada e desenvolvida por discípulos de Paulo após sua morte. Não se trata meramente de que a reputação de Paulo como um escritor de cartas tenha sobrevivido, a própria forma carta foi vista como um meio adequado para a comunicação da fé cristã.

7. A escola paulina adotou não apenas o gênero carta como tal, mas traços particulares da forma epistolar distintiva de Paulo, incluindo a estrutura básica da forma de carta paulina, sua forma única

---

[6] Isso não foi apenas, ou principalmente, "para questões de autoridade" (JOHNSON, *Timothy*, 139), conforme frequentemente assumido tanto pelos defensores quanto pelos críticos da pseudonímia. A questão não era reivindicar a autoridade de Paulo para *suas* opiniões, mas estender o ensino de Paulo para um novo tempo e lugar, e fazer isso não através da composição de regras eclesiásticas como a *didaquê*, mas na continuidade da forma e função da narrativa ocasional da carta paulina.

de saudação, e muito do vocabulário e conceitualidade teológicos de Paulo. Portanto, pessoas, lugares, incidentes e detalhes das cartas de Paulo, bem como a tradição oral lendária que já estava em desenvolvimento sobre ele foram trabalhados nas cartas deuteropaulinas como um meio de projetar o imaginário do mundo narrativo representado pelas cartas da escola paulina. Colossenses é a primeira dessas, e a que mais se aproxima dos próprios escritos de Paulo.

8. As cartas de Paulo foram coletadas e combinadas em um único corpus (ver acima §2.3). Paulo não fez isso sozinho. Mesmo que ele tenha mantido cópias de sua correspondência, é difícil imaginá-lo transportando tudo consigo durante suas viagens e prisões, e que elas tenham sobrevivido aos naufrágios que ele teve (não apenas At 27-28, mas cf. 2 Co 11,25). Embora originalmente cada carta tenha sido enviada individualmente a uma única congregação ou grupo de igrejas, depois da morte de Paulo elas circularam apenas como um corpus. Nenhuma carta de Paulo chega a nós de forma isolada. Em nossos primeiros manuscritos, as cartas já estavam combinadas em uma coleção, um corpus paulino. Não sabemos quando, como e por quem as cartas de Paulo foram coletadas, editadas e "publicadas" (e circularam pelas igrejas em geral). Teoricamente, isso poderia ter sido um processo aleatório e informal, enquanto as cartas eram copiadas, trocadas entre as igrejas, e as várias coleções iam surgindo aqui e ali. Não devemos supor que a coleta foi feita de uma vez, que não havia uma única coleção, ou que todas as coleções incluíam os mesmos documentos. Os títulos uniformes e outras características de todos os manuscritos existentes, no entanto, indicam que em algum momento uma única coleção foi produzida, a qual se tornou a edição definitiva para todas as cópias posteriores.[7] Uma coleção de sete cartas, formulada no modelo em que Paulo escreveu às sete igrejas, parece ter existido antes do final do primeiro século,

---

[7] Cf. G. ZUNTZ argumenta que o corpus paulino se formou por volta de 100 d.C., pelo fato de que uma coleção é conhecida de Ignácio, mas não de Clemente de Roma. KURT e BARBARA ALAND, por outro lado, argumentam que as referências em *1 Clemente* a Romanos, 1 Coríntios e Hebreus apontam para uma coleção de cartas de Paulo antes de 100 d.C. (cf. dados em PARKER, *New Testament Manuscripts*, 250). DAVID TROBISCH, *Paul's Letter Collection: Tracing the Origins* (Minneapolis: Fortress, 1994), 17-18, argumenta que o próprio Paulo reuniu e disseminou uma coleção com seus próprios escritos, mas a teoria não convenceu a maioria dos estudiosos.

e formou o padrão para o corpus em sete partes de Apocalipse 2-3 e para a coleção de cartas de Inácio.[8]

9. O objetivo de reunir as cartas era torná-las disponíveis à igreja como um todo. Paulo sempre escreveu a congregações ou grupos de congregações em uma determinada área. Ele não escreveu a indivíduos, nem à igreja como um todo, e nunca esperou que seus escritos ocasionais, focados sobre uma determinada situação, fossem lidos na igreja em geral. Depois de sua morte, e de suas cartas terem circulado, a forma foi ampliada para atender a igreja como tal. Isto envolveu uma reinterpretação de suas cartas no sentido de que elas já não apenas abordavam uma congregação particular, mas a igreja em geral.

10. As cartas não apenas foram reunidas, elas foram editadas (ver acima, §2.3). Uma carta isolada não precisa de título. Quando várias cartas foram combinadas em um corpus, os títulos tinham que ser dados a cada documento – o próprio Paulo não escreveu "1 Coríntios", como o título de qualquer carta que ele compôs. Da mesma forma, as cartas tinham de ser colocadas em alguma ordem. O arranjo mais comum nos manuscritos existentes é baseado no tamanho, da maior para a menor. Algumas cartas podem ter sido editadas nas igrejas a que se destinavam, e/ou cartas particulares podem ter sido editadas por mestres da escola paulina no processo de formação do corpus paulino (ver as introduções aos livros, especialmente Filipenses, 2 Coríntios e Romanos).

11. Novas cartas foram compostas em nome de Paulo. A existência da escola paulina parece ser confirmada pela existência de escritos deuteropaulinos, o que representa quatro autores ou grupos diferentes. Assim como os próprios escritos de Paulo não devem ser considerados como produções individuais, assim também os documentos deuteropaulinos não são produtos de indivíduos empreendedores que, particularmente, decidiram tentar impingir algo "Paulino" ao restante da igreja. Eles representam o grupo de mestres paulinos comprometidos em representar a voz contínua de Paulo. Isso é análogo aos discursos de Paulo em Atos, embora apresentados em um gênero literário diferente (veja Vol. II §23.3). Durante sua vida, Paulo enviou

---

[8] Para detalhes e bibliografia, ver GAMBLE, *Books and Readers*, 58-63, que argumenta que o códice foi introduzido no uso cristão a fim de conter esta coleção, o qual era mais extenso do que o rolo de papiro normal podia conter.

suas cartas não apenas em seu próprio nome, mas incluindo o nome dos seus cooperadores Timóteo, Tito e Silvano, como remetentes das cartas, mesmo que ele fosse o autor principal (ver acima). Como, em certo sentido, ele havia escrito no nome deles, eles continuaram a escrever em seu nome (ver as introduções a Colossenses, Efésios, 2 Tessalonicenses, e as Pastorais, e a digressão sobre a pseudepigrafia abaixo Excurso 2, pág. 543).

12. Os mestres e autores da escola paulina não se limitaram a repetir Paulo, assim como Paulo não se limitou a repetir-se. Os autores deuteropaulinos tanto respeitaram a missão e mensagem apostólicas de Paulo quanto as transformaram de forma criativa a fim de falar de outras situações. As cartas de Paulo aos Coríntios lidam com os mesmos problemas de diferentes maneiras; Romanos é uma reafirmação um pouco depois e mais reflexiva dos mesmos temas tratados em Gálatas, ajustando a mensagem anterior a uma situação posterior e diferente. Assim, também, os seguidores de outras épocas de Paulo interpretaram-no novamente em novas situações, em continuidade com o que ele tinha feito. As raízes e a base do seu trabalho estavam no Paulo autêntico, que eles tinham das cartas paulinas e a tradição da igreja – e, nas décadas após a morte de Paulo, a partir de seus associados pessoais e discípulos.

13. Os produtos literários da escola paulina representam intercâmbio, discussão e debate entre os mestres que continuaram a tradição paulina, trabalhando com textos e materiais compartilhados. As sobreposições óbvias e paralelos entre Colossenses e Efésios, por exemplo, não devem ser explicados ao modelo cortar-e-colar da área de trabalho de um autor, simplesmente usando o material do outro ou copiando-o; as questões de relações literárias são mais complexas e diversificadas do que normalmente representadas no modelo "quem usou quem?"[9]

---

[9] Para uma discussão detalhada dessa questão, cf. ERNEST BEST, "Who Used Whom? The Relationship of Ephesians and Colossians," *NTS* 43, nº 1 (1997), que considera todas as possibilidades lógicas, investiga os paralelos em detalhes, e conclui que os fenômenos do texto não são mais bem explicados num modelo diacrônico consistente de um autor que usa o texto de outro. "Este papel favoreceria a visão de que as similaridades e as dessemelhanças das duas cartas podem ser explicadas mais facilmente quando se assumem diferentes autores que eram membros da mesma escola paulina e discutiam juntos a teologia paulina que eles herdaram" (96).

14. Os seguidores de Paulo nem sempre estiveram de acordo sobre a interpretação adequada de Paulo (na época e agora). Não havia uma tradição pós-paulina monolítica, e disputas emergiram a respeito de quem eram os herdeiros legítimos de Paulo e como ele deveria ser mais bem representado em outra situação. O Novo Testamento inclui *mais de um* desenvolvimento pós-paulino, mas nem todos os escritos posteriores, escritos em seu nome, foram aceitos como representando a fé apostólica. Como na formação do cânon do Novo Testamento, em geral, a regra era *mais do que uma coisa*, mas *não qualquer coisa*. Já 2 Ts 2,2 mostra que houve uma disputa sobre quais cartas autenticamente representavam Paulo.

15. As cartas deuteropaulinas, portanto, continuam o modelo bíblico de reinterpretação: 1-2 Crônicas reinterpretam 1 Samuel – 2 Reis; Daniel reinterpreta Jeremias, a contínua tradição de Isaías, do Deuteroisaías e o Tritoisaías reinterpretando o Isaías de Jerusalém do oitavo século; Mateus e Lucas reinterpretam Marcos e Q.

16. Sabemos pouco sobre o pessoal da liderança de grupo. Estes teriam sido originalmente associados pessoais de Paulo, então seus associados não tinham conhecido Paulo pessoalmente. Não sabemos nada sobre como uma pessoa se tornava membro deste grupo, como foi estruturado, que tipo de autoridade desenvolveu, que redes de comunicação existiam entre as várias congregações e seus líderes. Embora os portadores da segunda geração da tradição paulina provavelmente não tenham sido formalmente organizados, associações informais ainda assim podiam ser firmes e rígidas, conforme ilustradas por seitas e denominações modernas que não têm uma organização central, mas ainda estão intimamente unidas, conscientes da linha que separa os de dentro dos de fora, e sensíveis a desvios e conflitos dentro do grupo.

17. Os documentos canônicos que emanavam da escola paulina, bem como aqueles que diziam representar Paulo, mas não foram incluídos no cânon, indicam uma série de questões que continuaram a ser disputadas dentro da escola paulina, incluindo:

- *A linguagem e a teologia do Espírito Santo.* Isso tinha sido importante para Paulo, mas podia levar a excessos e mal-entendidos. Alguns autores paulinos posteriores continuaram e elaboraram a terminologia de Paulo (por exemplo, Efésios); outros estavam hesitantes, e minimizaram (Colossenses, as Pastorais).

- *Estrutura e liderança da igreja.* A liderança carismática da primeira geração das igrejas paulinas (cf. 1 Co 12) não poderia continuar indefinidamente após a morte de Paulo e o atraso da parousia, mas os seguidores de Paulo não eram unânimes sobre o papel dos cargos eclesiásticos nas igrejas emergentes.
- *Interpretação Bíblica.* Paulo se apropriou das Escrituras Judaicas e as reinterpretou cristologicamente, mas o paulinismo da segunda geração estava dividido quanto a como entender as Escrituras Judaicas como a Bíblia Cristã, e se isso era possível.
- *Relação com o pensamento gnóstico.* Para alguns paulinistas, as correntes filosóficas e religiosas proto-gnósticas em circulação na Ásia Menor pareciam ser um veículo apropriado para a fé cristã. Outros viam o perigo disso, e rejeitavam tais abordagens "especulativas" para reconfigurar a teologia.
- *Escatologia.* Paulo formulou sua teologia em face da iminência da parousia. Como os seus seguidores deveriam repensar a escatologia em face da contínua demora do retorno de Cristo?
- *Ecumenismo e apostolicidade.* Paulo lutou contra algumas outras versões da fé cristã representadas pelos "falsos apóstolos" (2 Coríntios, Gálatas). Como a escola paulina deveria se relacionar com outras correntes do cristianismo primitivo? Deveriam todos os cristãos não paulinos e sua teologia ser considerados adversários, ou como irmãos e irmãs na única igreja? Neste último caso, eles deveriam ser considerados como em necessidade de correção e outras instruções, ou como versões complementares da mesma fé. Quão ampla era a rede ecumênica a ser lançada?

EXCURSO 2

Pseudepigrafia[10]

Terminologia. Embora nossa cultura nos condicione a desvalorizar e desconfiar de qualquer coisa que tenha o prefixo *"pseudo"*, nenhum juízo de valor está implícito nos termos técnicos *pseudônimo* e *pseudepigrafia*. Referir-se a um documento como pseudônimo ou pseudoepígrafo simplesmente significa que ele não foi escrito pela pessoa apresentada como autor no documento.

---

[10] Uma literatura extensa foi desenvolvida sobre o assunto. Para uma seleção que represente uma ampla gama dessa visão, e bibliografia adicional, ver ERNEST BEST, *A Critical and Exegetical Commentary on Ephesians* (ICC; Edinburgh: T & T Clark, 1998), 10, nota 7.

Isso é diferente de anonimato, em que o nome de um autor é secundariamente atribuído a um documento que não faz nenhuma reivindicação de autoria específica. Por exemplo, 1 Timóteo apresenta-se como escrita por Paulo. Se Paulo não a escreveu, o documento é pseudônimo. O Evangelho de Mateus, por outro lado, não faz nenhuma reivindicação de que tenha sido escrito por Mateus. Se Mateus não o escreveu, então foi dado a um documento anônimo um título designando Mateus como o autor, mas esta não é uma questão de pseudonimato. Da mesma forma, *autêntico* em tais contextos não é um juízo de valor, mas simplesmente significa que um determinado documento foi escrito pelo autor a quem o documento é atribuído. Em relação às cartas paulinas, *deuteropaulino* é usado como sinônimo de *pseudepigráfico*, ou seja, não escrito pelo próprio Paulo, mas pertencente à tradição paulina. *Fictício* refere-se ao mundo projetado pelo próprio documento, o mundo imaginário representado pelo texto do documento. Uma parábola de Jesus, por exemplo, projeta um mundo fictício em que há personagens e eventos particulares, mas *fictício*, em tais contextos é um termo técnico-literário que não garante que o que o documento tem a dizer, em seus próprios termos, é verdadeiro ou falso. Em todo caso, discutir questões de autoria de livros do Novo Testamento usando termos como "fraude", "mentira", e "falsificação" é impróprio, e não faz avançar a causa da compreensão.[11]

Abordagem. Juntamente com o uso de linguagem inflamada, uma abordagem típica dos defensores da visão tradicional da autoria tem sido afirmar

---

[11] Esta visão, defendida aqui e por muitos eruditos críticos, é resistida por todos os lados, e.g., BART D. EHRMAN, *Jesus Interrupted: Revealing the Hidden Contradictions in the Bible (and Why We Don't Know About Them)* (New York: HarperOne, 2009), 112-137, sobre a pseudepigrafia do Novo Testamento. "Eis por que as pessoas escreveram ficções – para pessoas tolas" (115). CARSON e MOO argumentam que se as cartas que alegam autenticidade apostólica não foram, de fato, escritas por seus supostos autores, elas são mentirosas, e, uma vez que condenam a mentira, elas são também hipócritas. D. A. CARSON and DOUGLAS J. MOO, *An Introduction to the New Testament* (2nd ed.; Grand Rapids: Zondervan, 2005), 346, 349.
Alguns autores sugeriram um vocabulário alternativo para *pseudoepígrafo* que não seja tão inclinado ao abuso e à má compreensão. I. HOWARD MARSHALL, por exemplo, um erudito evangélico que chegou à conclusão de que as Pastorais não foram escritas por Paulo, propôs que substituíssemos "alografia" e "alonímia" por "pseudepigrafia" e "pseudonímia". Sua sugestão é baseada na palavra grega ἄλλος (*allos*, "outro"), e significa que o autor real é outro autor que não o proposto. A sugestão não foi compreendida, e ficamos emperrados com uma terminologia que vai continuar necessitando de explicação. Ver I. HOWARD MARSHALL, *The Pastoral Epistles* (ICC; Edinburgh: T. & T. Clark, 1999), 57-92.

a tradição e declarar que o ônus da prova recai sobre aqueles que a desafiam.[12] Os argumentos contra a tradição são, então, examinados aos poucos, e a conclusão a tirar é a de que o caso não foi comprovado. Uma vez que na natureza do caso, os juízos históricos são questões de probabilidade e não de prova absoluta, esta linha de argumento vai sempre levar à vitória para o que é declarado ser o ponto de vista tradicional. Um ponto de partida mais neutro que ofereça provas e argumentos para cada lado, e depois pergunte o que parece ser mais provável, é necessário.

Importância. É certo que, depois da morte de Paulo, seus discípulos e defensores escreveram cartas em seu nome e as difundiram entre as igrejas (*3 Coríntios*, *Epístola aos Laodicenses*, *Epístolas de Paulo e Sêneca*). A questão é se tais cartas estão no Novo Testamento. Esta não é uma questão marginal. Dentre as quatorze cartas do Novo Testamento tradicionalmente atribuídas a Paulo, muitos eruditos críticos consideram que sete foram escritas pelo próprio Paulo, seis são pseudoepígrafas (deuteropaulinas), e uma (Hebreus) é anônima, porém posteriormente foi atribuída a Paulo. O problema é, naturalmente, importante para o Novo Testamento como um todo. Dos 27 livros do Novo Testamento, 18 reivindicam autoria específica, enquanto os outros são anônimos. Destes 18, somente as sete cartas não disputadas de Paulo são consideradas pela maioria dos críticos como escritas pelo autor tradicional – todos os outros são pseudônimos.[13] Uma avaliação cuidadosa da pseudonímia tanto histórica quanto teologicamente é, portanto, obrigatória para quem leva o Novo Testamento a sério. O ponto de partida para essa avaliação é importante.

Perspectivas antigas e modernas. Se começarmos em nosso mundo, temos conhecimento de vários gêneros de escritos pseudônimos. Mesmo em nosso cenário moderno ocidental, simplesmente não colocamos a questão como "verdade ou mentira", mas temos um espectro um tanto diferenciado de como vemos a autoria: cheques falsificados, plágio, falsificações literárias

---

[12] Portanto, e.g. HAROLD W. HOEHNER, *Ephesians: An Exegetical Commentary* (Grand Rapids: Baker Academic, 2002), 2-61.

[13] Portanto, para o Novo Testamento como um todo:
Autênticos (= escrito pelo autor alegado pelo próprio documento): Romanos, 1-2 Coríntios, Gálatas, Filipenses, 1 Tessalonicenses, Filemom, Apocalipse (por "João", não o apóstolo).
Anônimos: Mateus, Marcos, Lucas, João, Atos, Hebreus, 1-3 João (2-3 João pelo anônimo "ancião").
Pseudônimos: Efésios, Colossenses, 2 Tessalonicenses, 1-2 Timóteo, Tito, Tiago, 1-2 Pedro, Judas.

(e.g., os diários de Hitler), livros e discursos escritos por escritores-fantasma para celebridades e figuras políticas, publicações acadêmicas na sua maioria escritas por assistentes anônimos, pseudônimos (Mark Twain = Samuel Clemens, George Eliot = Mary Ann Evans), ofícios escritos por uma secretária "sobre a minha assinatura", cartas publicadas escritas como um dispositivo literário transparente.[14] Alguns desses exemplos envolvem direitos legais, leis de direitos autorais e questões éticas, enquanto outros são uma parte aceitável da nossa cultura. Eles têm diferentes perspectivas sobre a natureza da verdade que expressam. Nós reconhecemos isso, e não misturamos as questões. Como era no mundo antigo?

A Bíblia da igreja primitiva, o Antigo Testamento cristão, oferece numerosos exemplos de ambos os escritos – anônimos e pseudônimos.[15] No processo de coleta, o livro de Salmos, originalmente escrito anonimamente, foi reunido sob o nome de Davi e montado com o seu nome para toda a coleção. Os materiais anônimos de sabedoria foram reunidos sob o nome de Salomão e, mais tarde, considerados como escritos por ele (*Provérbios*). Então, obras pseudônimas foram escritas em nome de Salomão (por exemplo, *Sabedoria de Salomão*). Textos apocalípticos fornecem exemplos claros: textos foram escritos em nome de Adão, Enoque, Abraão, Elias, e outros. No judaísmo helenístico e da Diáspora, a pseudepigrafia era a *regra*, de modo que aqueles que escreviam em seu próprio nome podiam ser facilmente apontados como exceções (por exemplo, Jesus ben Sirac, Josefo, Filo).

No mundo helenístico do Novo Testamento, as autoridades reverenciadas pelas gerações passadas foram mantidas atuais *não* pela publicação

---

[14] Na seção "Cartas ao Editor" de um jornal ou revista, uma parte intitulada "DE George Washington ao Povo Americano", tentando reinterpretar a relevância contemporânea do parecer original do primeiro Presidente para a nova nação "evitar alianças confusas", poderia incluir: "À medida que andava pelo Potomac procurando minha prótese dentária, eu refletia sobre o crescente isolacionismo na política americana. Eu dizia a Marta, outro dia, isolacionismo é uma boa filosofia política para os Treze Estados, mas se houver um dia em que alguém poderá viajar da Europa aos Estados Unidos em meio dia, e se houver uma comunicação global eletrônica e instantânea, pode ser que precisemos reconsiderar nosso isolacionismo...". Anacronismo e outros traços podem deixar claro que a carta é uma declaração política contemporânea em nome de George Washington.

[15] Uma documentação abundante é fornecida em D. G. MEADE, *Pseudonymity and Cânon: An Investigation into the Relationship of Authorship and Authority in Jewish and Earliest Christian Tradition* (WUNT 39; Tübingen: Mohr, 1986), 17-102. MEADE argumenta que a pseudonímia na Bíblia é uma alegação a fim de atualizar a tradição autoritativa, e não uma alegação acerca das origens literárias.

de comentários sobre seus escritos, nos quais "portanto" e "agora" eram claramente distinguidos, mas pela composição de novos documentos em seu nome – não o que eles *disseram* uma vez para as gerações passadas, mas o que *dizem* para o presente. A maioria das pessoas educadas teria tido a prática de assumir o papel de um autor famoso, e escrever ao seu estilo, incluindo a criação de detalhes "realistas" a fim de mostrar que eles estavam escrevendo "em caráter".[16] No tempo de Paulo, coleções de cartas de Platão circulavam, contendo textos autênticos e não autênticos. Da mesma forma, dos 280 trabalhos atribuídos a Pitágoras, aproximadamente 80 foram escritos pelo próprio Pitágoras. A coleção de epístolas Cínicas era principalmente composta por cartas escritas em nome de famosos mestres Cínicos do passado. Após o tempo de Paulo, mas contemporâneo com a tradição paulina posterior, as sete cartas autênticas de Inácio às igrejas do Mar Egeu e Roma foram complementadas por outros escritos em nome do bispo-mártir reverenciado, e todas circularam juntamente como escritos de Inácio até tempos modernos.[17] A pseudepigrafia foi, às vezes, explicitamente afirmada na tradição cristã primitiva. Por exemplo, tanto o Cânon Muratoriano quanto o agostiniano incluíram a Sabedoria de Salomão em sua Bíblia, embora negassem que ele tivesse sido escrito por Salomão.

Nos primeiros dias da igreja, a tradição cristã foi repassada anonimamente, em nome do Senhor, em vez de ser atribuída a determinados mestres cristãos.[18] As coleções de ditos de Jesus e histórias de sua vida circularam sem qualquer "autor" ou o nome de "editor" anexado. Paulo entrega uma tradição cristã anônima para suas igrejas, em nome do Senhor, sem dar o nome dos mestres cristãos de quem a recebera (cf., por exemplo, 1 Co 11,23-32; 1 Ts 4,15-17). Em tais casos, a linha entre o que ele recebeu e suas próprias

---

[16] Lewis R. Donelson, *Pseudepigraphy and Ethical Argument in the Pastoral Epistles* (HUT Tübingen: Mohr, 1986), 64-65 tem bons exemplos de tais detalhes usados para comunicar a presença real do remetente aos destinatários. Abraham J. Malherbe, *The Cynic Epistles: A Study Edition* (SBLSBS 12; Missoula, Mont.: Scholars Press, 1977), permite ao leitor moderno ver muitos exemplos pormenorizados dos detalhes "reais" incluídos nas cartas que obviamente eram pseudoepígrafas, e conhecidas como tal.

[17] Aquelas escritas pelo próprio Ignácio não foram desemaranhadas das cartas deuteroignacianas até a última parte do século dezenove, pela obra de Theodor Zahn (1873) e Adolf Harnack (1878) em alemão, e especialmente por J. B. Lightfoot (1885) em inglês (cf. Michael W. Holmes, *The Apostolic Fathers: Greek Texts and English Translations* (3rd ed.; Grand Rapids: Baker Academic, 2007), 171-181.

[18] Ver Oscar Cullmann, "The Tradition," em *The Early Church*, ed. A. J. B. Higgins (London: SCM Press, 1956), 59-104.

adições é tênue. Não apenas não havia o *conceito* de direitos autorais, "propriedade intelectual", bem como não havia mecanismos de citação (aspas, parênteses, notas de rodapé, etc.). Isso não é porque eles eram "primitivos" e não podiam distinguir o material citado de adições atualizadas e composições posteriores, mas porque eles tinham uma perspectiva diferente sobre todo o processo.

Um novo desenvolvimento ocorreu por volta de 50 d.C., quando Paulo começou a escrever cartas às igrejas em seu próprio nome, como uma forma de instrução apostólica. Porque elas eram *cartas*, levavam seu nome. À medida que as cartas paulinas circulavam nas igrejas, elas formavam um gênero separado ao lado da diversidade de tradição anônima oral e escrita. As cartas de Paulo geralmente se apresentavam como não escritas apenas por Paulo. Elas incluíam seus cooperadores na linha de abertura, e continuavam na primeira pessoa do plural, que é mais do que um "nós editorial". Embora este "nós" não indique coautoria, ele demonstra que, já durante a vida de Paulo, suas cartas estavam associadas a seus discípulos e companheiros e eram enviadas também sob seus nomes.

Com a morte da primeira geração de líderes apostólicos, seguida pela devastadora guerra da Palestina, que destruiu o lugar da igreja primitiva e espalhou seus líderes, juntamente com a demora da esperada parousia, a nova geração se deparou com novas questões: como passar adiante a fé apostólica? Como a geração seguinte pode estar segura de que é a fé apostólica que eles estão passando a frente? As igrejas paulinas adotaram o duplo procedimento de coletar, editar e disseminar as cartas de Paulo, e compor novas cartas em seu nome. A escrita anônima permaneceu, representada no Novo Testamento pelos Evangelhos e Atos. Com exceção das cartas de Paulo, nenhuma literatura cristã existente foi escrita sob o nome de seu autor real até perto do final do primeiro século da era cristã. Portanto, durante a terceira geração cristã, e depois dela, alguns líderes da igreja começaram a escrever em seus próprios nomes (por exemplo, *1 Clemente*, o Apocalipse, Inácio), enquanto outros continuaram a promover a sua compreensão da fé apostólica, escrevendo em nome das figuras reverenciadas da primeira geração (por exemplo, Barnabé, Paulo, Tiago, Tomé).

Assim, a produção de documentos pseudepigráficos não era apenas uma questão de indivíduos empreendedores que queriam impingir suas próprias opiniões sobre a igreja, atribuindo-as a algum autor famoso do passado. A pseudepigrafia do Novo Testamento estava ligada a uma determinada situação histórica transicional entre a presença dos apóstolos na igreja da primeira geração e a presença de um ministério autoritativo e documentos do segundo século.[19] Os autores viram que era importante que a igreja de cada geração visse a si mesma como parte da permanente comunidade de fé na história, e não o grupo de crentes espontaneamente gerados em determinado tempo e lugar (cf. Dt 5,1-5; 26,5-9; 29,13-14 e textos pseudoepígrafos como 2 Pd 1,12-21), mas continuando a ser abordados por seus líderes apostólicos.

A pseudepigrafia tornou disponíveis os escritos de Paulo à igreja em geral. Todas as cartas de Paulo tinham sido originalmente escritas para determinadas congregações e situações. Alguns estudiosos modernos que afirmam a autoria pseudônima para as cartas particulares ainda escrevem como se as cartas deuteropaulinas fossem dirigidas para a única congregação no endereço. Mas cartas como 2 Tessalonicenses e Colossenses, se não escritas por Paulo, foram escritas depois que as cartas de Paulo estavam sendo difundidas e, como coleção pós-paulina, foram direcionadas à igreja em geral. Eles imitaram tanto a autoria quanto o destinatário das cartas originais, incluindo sua particularidade e colorido local. Não somente o autor pseudônimo, mas também os leitores envolvidos pertencem ao mundo fictício projetado pela carta. Se as Pastorais não foram escritas por Paulo, não foram escritas a Timóteo e Tito. Colossenses e 2 Tessalonicenses, se não escritas por Paulo, não foram escritas a Colossos ou Tessalônica, mas à igreja em geral. Elas deviam ser lidas como, por exemplo, 1 Coríntios foi lida nos anos 80 e 90: foi escrita por Paulo para uma situação particular, mas agora agora é considerada como tendo uma mensagem para toda a comunidade cristã. Se Efésios não foi escrita por Paulo, ela é uma exceção a este respeito, faltando os detalhes para associá-la com um endereço específico, seja histórico ou fictício.

As cartas deuteropaulinas refletem uma luta pela herança paulina. A alegação específica de que Paulo está escrevendo, e advertências contra cartas escritas em seu nome não ocorrem nas cartas não disputadas, mas só nas pseudônimas (2 Tessalonicenses 2,2.15; 3,17). Isso reflete um momento

---

[19] DAVID A. DE SILVA, *An Introduction to the New Testament: Contexts, Methods, & Ministry Formation* (Downers Grove: InterVarsity Press, 2004), 685-89, é cautelosamente positivo quanto à pseudonímia, ao defender que a primeira (e a segunda) gerações depois da morte dos apóstolos estavam numa situação diferente da geração posterior. Por volta do tempo de Tertuliano, no início do terceiro século, novas composições alegando vir da pena de Paulo foram corretamente rejeitadas como falsificações (*de Baptismo* 17), como seriam hoje – a não ser que transparentemente fossem um artifício literário. O exemplo de Tertuliano se encaixa na situação passada, assim como se encaixaria na atual. O incidente não pode ser usado para provar que todos os protocristãos da segunda e terceira gerações rejeitavam a pseudonímia, em princípio. Visto corretamente, não podemos iniciar a partir da situação posterior e trabalhar retornando, mas a partir do problema da situação pós-apostólica imediata.

pós-paulino, quando várias cartas estavam circulando em seu nome. Só então é que isso se tornou um perigo. Somente aí, e não antes, os autores teriam de reclamar: "Este, e não o das outras cartas, é o verdadeiro Paulo".

Para alguns leitores modernos, o principal problema é teológico. Documentos pseudoepígrafos podem ser a Sagrada Escritura, os veículos legítimos da Palavra de Deus? *Para alguns*, isso é uma questão de conflito com sua tradição eclesiástica, que, oficialmente ou não, considera que afirmar visões tradicionais de autoria é teologicamente importante e necessário. Antes de 1962, esta foi a postura da Igreja Católica Romana, mas a crítica histórica responsável é agora não apenas afirmada, mas autorizada na comunidade Católica Romana. A maioria dos estudiosos católicos romanos agora argumenta que as Cartas Pastorais, por exemplo, são pseudônimas.[20] *Para outros*, a ideia de documentos pseudoepígrafos no cânon está em conflito com suas ideias de como Deus trabalha: "Deus não deixaria falsificações tornarem-se parte da Bíblia". Independentemente da adequação da linguagem de "falsificação" (ver acima), os cristãos que acreditam que a revelação definitiva de Deus aconteceu na vida, morte e ressurreição de um carpinteiro que se tornou um pregador itinerante, e foi crucificado, podem ser cautelosos ao afirmar que sabemos de antemão como Deus trabalha, o que Deus faria e não faria.

Tais discussões gerais, é claro, não determinam se determinados livros do Novo Testamento foram ou não foram escritos diretamente por Paulo ou por seus discípulos após sua morte. Estas decisões devem ser tomadas caso a caso, examinando cada livro. Em cada um dos livros do Novo Testamento, cuja autoria é contestada, vou dar um breve resumo dos argumentos prós e contras, com um tratamento completo na discussão das Pastorais.

14.3 Para leitura adicional

BEKER, J. C. *Heirs of Paul: Paul's Legacy in the New Testament and in the Church Today*. Minneapolis: Fortress, 1991.

---

[20] Cf. os ensaios de Raymond E. Brown, *The Critical Meaning of the Bible* (New York: Paulist Press, 1981), e a crítica completa de Brown, Fitzmyer e Murphy, eds., *New Jerome Biblical Commentary*, que fornecem a história da apropriação da crítica histórica na Igreja Católica Romana, e ilustram amplamente como crentes cristãos na autoridade bíblica, que afirmam a Bíblia como a Palavra de Deus, podem utilizar as percepções e métodos do estudo bíblico crítico.

DONELSON, L. R. *Pseudepigraphy and Ethical Argument in the Pastoral Epistles.* HUT. Tübingen: Mohr, 1986.

MEADE, D. G., *Pseudonymity and Canon: An Investigation into the Relationship of Authorship and Authority in Jewish and Earliest Christian Tradition.* WUNT 39. Tübingen: Mohr, 1986.

TREBILCO, P. R. *The Early Christians in Ephesus from Paul to Ignatius.* Wissenschaftliche Untersuchungen zum Neuen Testament. Vol. 166, Tübingen: Mohr Siebeck, 2004.

15

Colossenses, Efésios e 2 Tessalonicenses

15.1 Interpretando Colossenses

A questão mais disputada quanto à interpretação de Colossenses está relacionada à *autoria*. Se escrita por Paulo, provavelmente a carta vem de sua última prisão, em Roma. Se não foi escrita por Paulo, é o mais antigo produto existente da escola paulina, a mais próxima dos próprios escritos de Paulo tanto em material quanto em relação a data. Embora a maioria dos eruditos críticos, atualmente, considerem Colossenses como deuteropaulina, uma minoria significativa continua argumentando em favor de alguma versão de autoria paulina. É melhor não perguntar simplesmente "Paulo escreveu Colossenses ou não?", mas explorar os possíveis diferentes cenários para a composição da carta. Há cinco desses:

15.1.1 Cinco cenários para a origem e interpretação de Colossenses

1. Paulo a Colossos

Paulo escreveu aos colossenses, uma igreja que ele não fundou diretamente, mas que começou a partir da atividade missionária de Epafras, um cooperador (1,7, lendo "nosso conservo"). Paulo escreveu como prisioneiro (4,3.10), mas não está claro se a prisão é em Roma, Éfeso ou outro lugar. A carta pode ter sido escrita no mesmo tempo de Filemom (cf. a composição tradicional, §11.3.3). Contudo, nesse cenário, as diferenças entre Filemom e Colossenses podem ser mais bem explicadas se Colossenses tiver sido escrita depois de Filemom: Onésimo foi libertado, e agora retornou ao local da prisão de Paulo e está trabalhando com ele, e agora visita as igrejas do vale do Lico sob a liderança de Paulo; desta vez com Tíquico (não mencionado em Filemom). As diferenças entre as listas no (Quadro 14, pág. 556) podem ser explicadas com base no fato de que a situação havia mudado entre o tempo em que Filemom foi escrita e a composição de Colossenses. Vemos assim que mesmo "a" visão tradicional dissolve-se em inúmeras variações: Paulo escreveu aos colossenses a partir de Roma, Éfeso, Cesareia, ou alguma prisão desconhecida, ou no mesmo tempo que Filemom, ou um pouco mais tarde. Os estudiosos que consideram que Paulo escreveu a carta não estão de acordo sobre qual destas opções está correta.

2. Timóteo a Colossos

Alguns estudiosos estão convencidos de que Colossenses não pode ter sido escrita diretamente pelo próprio Paulo, mas consideram que a carta reflete tão intimamente a própria situação de Paulo que ela deve ter sido escrita durante a vida de Paulo. Segundo esta visão, o autor real da carta mais provável seria Timóteo – seu nome em 1,1 é tomado com a máxima seriedade. Paulo ouve das dificuldades causadas pela atratividade da "filosofia" herética nas igrejas do vale do Lico, e comissiona Timóteo a compor uma resposta "sobre a assinatura" dos dois. Alguns estudiosos influentes adotaram e elaboraram esse ponto de vista, que tenta fazer justiça tanto à situação concreta abordada quanto aos dados pessoais incluídos na carta.[1] Note-se que este argumento não afirma realmente a autoria paulina, mas atribui a carta a um discípulo de Paulo – como na hipótese deuteropaulina – mas diz respeito à carta como escrita durante a vida de Paulo. O próprio Paulo viu e aprovou a carta, embora não a tivesse escrito.

---

[1] E.g., EDUARD SCHWEIZER, "Der Kolosserbrief–weder paulinisch noch nachpaulinisch?", em *Neues Testament und Christologie im Werden. Aufsätze*, ed. Eduard Schweizer (Göttingen: Vandenhoeck & Ruprecht, 1982), 150-63; CARL R. HOLLADAY, *A Critical Introduction to the New Testament* (Nashville: Abingdon, 2005), 394; DUNN, *Beginning from Jerusalem*, 1038-104; ULRICH LUZ, "Der Brief an die Kolosser," em *Die Briefe an die Galater, Epheser und Kolosser*, ed. Jürgen Becker and Ulrich Luz, *Das Neue Testament deutsch* (Göttingen: Vandenhoeck & Ruprecht, 1998), 185-190.

3. Um Paulinista a Colossos

Neste cenário, esta carta deuteropaulina ainda é vista como uma carta real, escrita por um mestre na escola paulina, para uma situação concreta em Colossos (e igrejas vizinhas em Laodiceia e Hierápolis).

[FOTO 39 – Hierápolis, mostrando os penhascos calcários formados pelas nascentes de água quente. Crédito da Foto: M. Eugene Boring]

No entanto, se não foi escrita por Paulo, existem dificuldades em ver a carta como abordando uma situação particular em Colossos e arredores, logo após a morte de Paulo. Teria a escola paulina em Éfeso emitido diretrizes em nome de Paulo a determinadas igrejas, como se ele ainda estivesse vivo, apesar de tanto o autor quanto os leitores certamente saberem de sua morte? O leitor moderno deve perguntar: se o autor não é o Paulo histórico, o público-alvo a ser considerado deveria ser os colossenses históricos? Será que ambos não pertenceriam ao mesmo mundo fictício projetado pela carta?

4. Um Paulinista à Igreja Universal

Se Colossenses não foi escrita para a situação particular de Colossos e suas igrejas vizinhas, teria sido ela endereçada à igreja em geral – a primeira carta "católica"? De fato, Colossenses manifesta certa "catolicidade": ela é dirigida não só a Colossos, mas às outras igrejas no vale do Lico, e mais além para todos que não conheceram Paulo pessoalmente (2,1). Isso envolveria o cristianismo da segunda geração, em geral, e não apenas os Colossenses. Algumas passagens particularmente enfatizam a natureza universal da carta (1,6.23.28; 3,11). No entanto, a principal dificuldade com relação à Colossenses como uma "Carta Católica" é que ela parece tratar de alguma situação local concreta. Embora isso possa ser um aspecto do mundo literário fictício projetado pela carta, isso significaria que muitos leitores não ameaçados pela "heresia de Colossos" achariam a carta difícil de entender e irrelevante para o seu próprio tempo e lugar.

5. *Um paulinista às igrejas paulinas na ásia menor*

O cenário final, e o cenário favorecido neste livro, é que esta primeira das cartas deuteropaulinas foi escrita no nome de Paulo dez ou quinze anos depois de sua morte, aparentemente para resolver uma situação de risco particular, em Colossos, Hierápolis e Laodiceia. A ameaça realmente existe no próprio tempo do autor, e em uma área maior do que o vale do Lico, ou seja, na esfera pela qual a escola paulina sente-se responsável: Éfeso, as regiões vizinhas da Ásia Menor e outras igrejas na órbita da missão paulina. O autor escreve em nome de Paulo a uma congregação que, provavelmente, não existe mais (ver a seguir), mas a própria carta indica que ela foi escrita para um público maior e deve ser divulgada (2,2; 4,13.16). A carta é ouvida nas igrejas paulinas da Ásia Menor, no final dos anos 70 ou 80, como instrução autoritativa de Paulo sobre um tema atual em seu próprio tempo e lugar. Tanto Paulo quanto os colossenses já se foram, mas a voz de Paulo continua a ser ouvida, instruindo as igrejas paulinas em toda a área em que tinha centrado sua missão.

15.1.2 Autoria

A evidência mais convincente de argumento histórico em favor da autoria paulina é a relação de Colossenses com a indubitavelmente autêntica Carta a Filemom. Oito (possivelmente nove) das dez pessoas mencionadas em Colossos são também mencionadas em Filemom. O quadro abaixo traça as similaridades e diferenças.

Quadro 14: Nomes Mencionados em Filemom e Colossenses

Filemom	*Colossenses*
Timóteo, v. 1	1,1 ("da parte" dele também, em ambas as cartas)
Epafras, v. 23, "companheiro *de prisão*", conhece os leitores; "igreja na casa" não indicada	1,7; 4,12; um residente de Colossos que veio a Paulo; *não* um prisioneiro
Marcos, v. 24	4,10, o primo de Barnabé, um judeus cristãos ("um do grupo da circuncisão")
Lucas, v. 24	4,14, o medico amado, um gentio
Aristarco, v. 24	4,10, um *prisioneiro* em Cl, *não* em Fp 4,14
Demas, v. 24	4,14
	4,11 **Jesus o Justo**
Endereçada a **Arquipo, Filemom e Áfia**, v. 1	4,17 Arquipo é exortado a completar seu ministério. Não há referência a Filemom e Áfia
Onésimo, v. 10	4,9 portador da carta ("um de vós")
[Tíquico–não mencionado em Filemom ou nas outras cartas paulinas não disputadas]	4,7 **Tíquico** é portador da carta (cf. At 20,4; Ef 6,21; Tt 3,12; 2 Tm 4,12)

Algumas diferenças entre as duas listas podem ser observadas: Epafras é um prisioneiro em Filemom, mas não em Colossenses. Aristarco é prisioneiro em Colossenses, mas não em Filemom; Jesus, conhecido por Justo, é mencionado como estando com Paulo em Colossenses, mas está ausente em Filemom (a menos que a emenda conjectural seja aceita). Arquipo é *abordado* em Filemom, mas em Colossenses, fala-se dele na terceira pessoa, como se ausente. Filemom e Áfia não são mencionados em Colossenses. Tíquico não é mencionado em Filemom, mas é apresentado como o portador da carta em

Colossenses (e Efésios; ele só é mencionado em At 20,4 e as cartas disputadas da tradição paulina posterior, Ef 6,21-22; 2 Tm 4,12; Tt 3,12). Além disso, Colossenses é consistentemente mais completa em suas descrições: Marcos é aquele sobre quem eles receberam instruções, o primo de Barnabé e lhes fará uma visita; Lucas é o médico amado.

Assim, embora haja similaridades que parecem ligar as duas cartas, há também diferenças que as distanciam uma da outra. Em todo caso, a lista de Colossenses é mais detalhada, *fornecendo informação desnecessária caso a carta tenha sido escrita para cristãos colossenses históricos*. Há uma conexão entre Filemom e Colossenses, mas ela parece ser literária, e não histórica. (1) As duas cartas não foram escritas, ao mesmo tempo, ainda que ambas sejam de Paulo. Em Fm 22, Paulo espera visitar a igreja de Filemom em breve, mas não há nenhuma sugestão disso em Colossenses. (2) "Se *Marcos* for ter convosco, acolhei-o" (Cl 4,10) reflete o que se diz de *Timóteo* em 1 Co 4,17; 16,10, i.e., isso reflete dados do corpus paulino. O autor da carta não pode referir-se a Timóteo desta forma aqui, uma vez que a carta retrata-o como estando com Paulo quando este escreve (Cl 1,1). (3) Embora as duas cartas não possam ter sido escritas ao mesmo tempo, a mesma lista de pessoas em torno de Paulo é apresentada. Embora isso não seja impossível, não é provável. (4) A lista em Colossenses parece ser uma elaboração da lista de Filemon. O autor parece conhecer as pessoas mencionadas apenas a partir do texto de Filemom. Ele, então, expande essa lista com elementos tradicionais. Há uma inclinação ecumênica para esta elaboração, à medida que a escola paulina expande seus horizontes. As conexões com os judeus cristãos, Barnabé e Marcos mostram que as igrejas paulinas não estão em descontinuidade com as primeiras igrejas fundadas por judeus cristãos, mas a ênfase em Epafras como alguém "que é dentre vós" mostra que as igrejas da Ásia não foram fundadas a partir da missão em Jerusalém, a qual se opôs a Paulo, e que o próprio Paulo, ao contrário dos missionários judeus cristãos rivais, não é um estranho, mas tem ligações locais na Ásia.

Considerando todos esses aspectos, a explicação mais plausível é que Colossenses foi composta por um autor na escola paulina, que adotou, adaptou e elaborou o material de Filemom e da tradição paulina.

Linguagem[2]

Como é esperado em um documento que venha da escola paulina, Colossenses tem numerosos exemplos do vocabulário e fraseologia típicos das cartas paulinas autênticas. Estas características incluem a saudação χάρις ὑμῖν καὶ εἰρήνη (graça e paz), a fórmula ἐν Χριστῷ (em Cristo) e suas variações, e menores semelhanças terminológicas, como ἐν μέρει (com respeito a). Onze palavras aparecem no Novo Testamento apenas em Colossenses e nas cartas paulinas. Algumas passagens são verbalmente idênticas com as cartas autênticas (por exemplo, as primeiras doze palavras gregas de Cl 1,1 são idênticas com 2 Co 1,1 [Cf. 1 Co 1,1; a lista em Cl 4,11-14 é idêntica a Fm 23-24; a tríade fé/esperança/amor de Cl 1,4-5 é encontrada em 1 Ts 1,3; 5,8; 1 Co 13,13). Se Colossenses não foi composta por Paulo, a carta parece ter sido composta por alguém que tinha estudado cuidadosamente uma coleção das cartas de Paulo, e foi influenciado pelo vocabulário de Paulo.

Mais impressionante para o leitor atento, no entanto, são as diferenças entre a linguagem de Paulo e a de Colossenses. Este breve documento contém 86 palavras que não são encontradas nas cartas não disputadas de Paulo: 34 palavras só aparecem em Colossenses, (*hapax legomena* NT), 28 palavras são encontradas em outras partes do Novo Testamento, mas não nas cartas paulinas não disputadas, e um adicional de 25 palavras encontradas somente em Colossenses e Efésios. Parte desse vocabulário distintivo pode ser explicada pela resposta do autor à situação única à qual Colossenses se dirige (a "heresia de Colossos"). A grande maioria desta lista, no entanto, não pode ser explicada em relação à situação particular abordada por Colossenses, e representa o vocabulário próprio do autor e material tradicional não encontrado nas paulinas não disputadas.

Uma lista extensa de palavras tipicamente paulinas, especialmente aquelas usadas para expressar sua posição teológica distintiva sobre pontos de vista divergentes, falta em Colossenses. Estas palavras incluem ἁμαρτία (*hamartia* pecado), no singular, δικαιοσύνη

---

[2] Para uma análise detalhada, ver Lohse, *Colossians and Philemon*, 84-91. Sobre estilo, ver a análise detalhada de Walter Bujard, *Stilanalytische Untersuchungen zum Kolosserbrief als Beitrag zur Methodik von Sprachvergleichen* (SUNT 11; Göttingen: Vandenhoeck und Ruprecht, 1973).

(*dikaiosynē* justiça, justificação), ἐλευθερία (*eleutheria* liberdade), νόμος (*nomos* lei), πιστεύω (*pisteuō*, crer), σώζω, σωτηρία (*sōzō, sōtēria* salvar, salvação). Embora Paulo aborde seus leitores diretamente nas cartas não disputadas, com o familiar "irmão" (ἀδελφοί *adelphoi*, irmãos e irmãs), ele nunca age assim em Colossenses (ou Efésios). É bem verdade que algumas cartas paulinas não disputadas também não trazem palavras-chave da teologia paulina (e.g., 1 Tessalonicenses não traz a terminologia da "justificação"; "cruz" não ocorre em Romanos). Nem Paulo nem qualquer outra pessoa são forçados a usar todo o seu vocabulário teológico em toda carta. No entanto, é surpreendente que, em oposição ao falso ensino em Colossos, o autor se abstém de usar todo um conjunto de palavras que em outros lugares representam os fundamentos do pensamento paulino. O autor evita usar um conjunto de palavras que, em outros lugares, representam os fundamentos do pensamento de Paulo.

Além disso, a lista de palavras paulinas típicas que faltam em Colossenses inclui um grande aglomerado de palavras sem conteúdo substancial e teologicamente sem importância, como conjunções e partículas – o tipo de palavras que um autor usa inconscientemente a fim de construir frases e sentenças. Há pelo menos dezessete tais palavras e frases, incluindo ἄρα (*ara* portanto, 25 vezes em Paulo), διό (*dio* portanto, 22 vezes em Paulo), διότι (*dioti* para, 9 vezes em Paulo), εἴ τις (*ei tis* se alguém..., 31 vezes em Paulo), ἔτι (*eti* ainda, 15 vezes em Paulo), οὐδέ (*oude* nem, 31 vezes em Paulo), οὔτε (*oute* nem, 33 vezes em Paulo), οὐκέτι (*ouketi* não mais, 14 vezes em Paulo). Embora seja verdade que os autores possam intencionalmente alterar seu vocabulário e estilo de uma situação para outra, esta lista de palavras, totalizando dezenas de ocorrências nas cartas não disputadas de Paulo, mas totalmente ausente de Colossenses, não pode ser explicada com base nisso, e aponta para um autor diferente.

Estilo

As cartas de Paulo eram um substituto de sua presença pessoal, e refletem a abordagem direta do pregador à congregação (ver §10.2.2). Isso é verdade mesmo em relação a Romanos, sua carta mais reflexiva, escrita a uma igreja que ele nunca visitara pessoalmente. As cartas não disputadas contêm anacolutos, que são construções sintáticas quebradas, frequentes no discurso oral, mas raras na comunicação escrita.

As cartas de Paulo eram realçadas com perguntas retóricas, diálogos com um parceiro imaginário (diatribes) e abordagem direta aos ouvintes a partir do termo ἀδελφοί (irmãos e irmãs). Nenhum desses traços é encontrado em Colossenses. Há, por exemplo, apenas uma única pergunta na carta (2,20-21). Embora o autor use ἀδελφοί (adelphoi) como um termo para "cristãos" (1,2; 4,15), ele nunca fala diretamente ao leitor/ouvinte com essa abordagem. Ao contrário do estilo vivaz de Paulo, as sentenças são continuadas e vagamente unidas por conjunções e pronomes relativos. Estes elementos se perdem nas traduções para o português por uma questão de legibilidade; mas, no texto grego, 1.1-8 constitui uma frase, como ocorre em 1,9-20 (em cuja passagem o hino dos versos 15-20 está inserido). Assim também 1,21-23 e 1,24-29 compreendem, cada um, uma única sentença. Desse modo, após a saudação padrão de 1,1-2, todo o capítulo 1 consiste de mais ou menos quatro sentenças. Não há nada como isso nas cartas não disputadas de Paulo.

A carta como um todo é caracterizada por um solene estilo hínico-litúrgico, eivado de linguagem tradicional. Outros elementos estilísticos característicos de Colossenses são expressões que utilizam mais de uma palavra do mesmo tronco. Traduções para o português geralmente variam estes elementos por causa das peculiaridades da língua portuguesa. Alguns exemplos, traduzidos, ao que parece, literalmente, ilustram o estilo: "capacitados com poder" 1,11; "sua energia sendo energizada" 1,29; "cresce o crescimento" 2,19. Da mesma forma, a multiplicação de sinônimos é encontrada muitas vezes, e.g., "orando e pedindo a" 1,9; "resistência e paciência" 1,11; "santo, inocente, e irrepreensível" 1,22; "das idades e das gerações" 1,26. Este estilo completo, um pouco florido, manifesta-se particularmente na série de expressões genitivas independentes. Os exemplos seguintes são novamente representados um tanto literalmente a fim de representar o estilo grego: "na palavra da verdade do evangelho" 1,5; "no reino do Filho do seu amor" 1,13; "as riquezas da glória deste mistério" 1,27. Algumas composições típicas de Colossenses não são encontradas, de fato, nas cartas inquestionavelmente autênticas, e.g., ὅ ἐστιν (ho estin, que é) utilizada idiomaticamente pelo escritor colossense, de modo que o "que" não precisa coincidir com o gênero de seu antecedente.

Algumas palavras e frases paulinas são usadas de forma diferente das cartas não disputadas, como a característica frase paulina "em Cristo" ou alguma variação da mesma ("no Senhor", "no amado"; ver Quadro 11, §13.3).

O leitor de português que já trabalhou com cuidado a partir das cartas não disputadas de Paulo, e tornou-se familiarizado com o vocabulário e o estilo, reconhece que ele ou ela está em um mundo linguístico diferente quando se começa a traduzir Colossenses (ou as outras deuteropaulinas). Por uma questão de legibilidade, essas peculiaridades são inevitavelmente suavizadas em traduções ao português, e devem ser examinadas detalhadamente no texto grego.

Elementos distintivos da teologia de Colossenses

É claro que a teologia de Colossenses não é absolutamente descontínua com a de Paulo. O ponto central do programa da escola paulina era continuar a defender a teologia de Paulo em uma nova situação. Como um membro da escola paulina, o autor adota e adapta vários dos principais temas teológicos e perspectivas do fundador apostólico da escola. Por exemplo, a dialética característica do indicativo/imperativo é completamente paulina e.g., 3,3 "estais mortos" / 3,5 "portanto, condenados à morte", e 3,10 "vós vos revestistes ..." / 3,12 "Revesti-vos"). Como nos próprios escritos de Paulo, a carta como um todo é estruturada de acordo com essa dialética: caps. 1-2 é a seção "doutrinária"/indicativa, que constitui a base para os caps. 3-4, a seção parenética/imperativo (cf. Gl 1-4 / 5-6 e Rm 1-11 / 12-16). No entanto, o autor adota e adapta a teologia paulina de uma maneira que distingue Colossenses das cartas não disputadas, conforme ilustrado nos exemplos seguintes:

O papel apostólico de Paulo
Paulo teve debates ferozes sobre a validade de seu apostolado (1 Co 9; Gl, 2 Co 10-13), mas Paulo nunca insinuou que ele era o único apóstolo legítimo. Apostolado, para ele, significava que ele pertencia ao grupo dos representantes autênticos, comissionado pessoalmente pelo Cristo ressuscitado, incluindo Pedro, Tiago e outros (1 Co 15,1-11). Este grupo continha alguma variação, e Paulo nunca insistiu que seu caminho era o único caminho.

Em Colossenses, estes debates da primeira geração ficaram no passado. Paulo é o único apóstolo mencionado em Colossenses. Nos círculos para os quais esta carta foi escrita, Paulo é o único apóstolo e autoridade exclusiva. O entendimento do apostolado de Paulo em Colossenses difere daquele das cartas não disputadas (ver mais na *síntese exegético-teológica* abaixo).

Tradição, Escritura e "Ortodoxia"
Ao opor-se ao falso ensino ou expor seus próprios pontos doutrinais, Paulo apelou muitas vezes à Escritura, entendida à luz do evento-Cristo.³ Apesar de Colossenses ser dirigida contra o falso ensino da "filosofia", o autor nunca cita a Escritura ou faz alusão a ela, assim como ele nunca deixa explícito que a igreja é incorporada à história contínua de Israel como o povo de Deus. Em vez disso, o autor apela para elementos reconhecidos da tradição cristã, como base para estabelecer um ensino sólido e refutar a heresia.

O próprio Paulo usou material tradicional retirado do Cristianismo pré e para-paulino, utilizando esses materiais para fins parenéticos, polêmicos e edificantes. O autor de Colossenses, no entanto, utiliza elementos tradicionais como a própria base da vida cristã, de uma maneira não característica de Paulo (ver mais na *síntese exegético-teológica* abaixo). Colossenses reflete contato literário direto com Filemom (cf. e.g., o Quadro 14 acima), mas é indiretamente influenciada tanto na forma como no contato por outras cartas paulinas também. Não podemos dizer quantas cartas já haviam sido reunidas em Éfeso no momento em que Colossenses foi composta, mas, além de Filemom, a influência de Romanos, 1-2 Coríntios, Gálatas e Filipenses parece provável. No entanto, a carta não é meramente uma colcha de retalhos de frases a partir das cartas paulinas, como no caso das cartas apócrifas escritas posteriormente a Laodiceia, mas uma reinterpretação criativa da tradição paulina.

Cristologia e eclesiologia
Em Colossenses, como em Paulo, a eclesiologia é uma função da cristologia. A igreja é constituída pela vitória cósmica de Cristo, e ela mesma já participa desta esfera cósmica. Assim, a imagem paulina

---

³ As cartas mais recentes Gálatas, 1 Coríntios, 2 Coríntios e Romanos caem nessa categoria. As recentes 1 Tessalonicenses, Filipenses e Filemom não abordam a questão da falsa doutrina, e não contêm argumentos bíblicos.

da Igreja como corpo de Cristo (1 Co 12, Rm 12) assume um novo significado em Colossenses. Nas cartas não disputadas, Paulo usa "igreja" para referir-se principalmente à congregação, não à igreja universal,[4] a diversidade dos membros da congregação cristã é comparada a todo o corpo de Cristo; Cristo se identifica com o corpo inteiro, e os crentes são membros particulares (olhos, ouvidos, nariz, mão, pé, 1 Co 12,14-30). Em Colossenses, a igreja é identificada com o corpo cósmico de Cristo, da qual o próprio Cristo é a cabeça; Cristo é identificado como a cabeça do corpo, e não com o corpo inteiro, como em Paulo (1,18). A esfera do governo de Cristo se estende por todo o universo, e a igreja como o corpo de Cristo já participa desta regra (1,13.18). Assim como o corpo de Cristo é tanto a realidade cósmica quanto o corpo de carne e sangue de Jesus, assim também a Igreja é a comunidade cristã composta de seres humanos comuns, e ainda é uma realidade cósmica divina.

Escatologia

Paulo afirmou a dialética do já/ainda não, inerente à confissão cristã de que Jesus é o Cristo (ver Rm 5,1-11). O Cristo veio, mas o mundo continua em seu estado não redimido, ansioso pela vitória final de Deus na parousia – a qual Paulo, desde a primeira à última carta, esperava ocorrer em breve. O crente é identificado com o evento-Cristo na sua cruz. Paulo manteve a "reserva escatológica" (Rm 6,1-4; Fp 3,7-16; Gl 2,19-20), contrariando o "já" da escatologia realizada dos Coríntios, em 1 Co 4,8-13). Para Paulo, o crente *já* está "crucificado com ele", mas *ainda não* "subiu com ele".

Colossenses mantém essa dialética, mas dramaticamente desloca o centro de gravidade. O Senhor cósmico já é o governante do universo (1,15-20; 2,9-10; 3,1-2.11), e não tem que esperar a vitória apocalíptica final (e.g., 1 Co 15,20-28). Haverá uma futura consumação – Colossenses decididamente não reduz tudo ao presente ou à interioridade da própria existência do crente – mas o eschaton não traz a ressurreição dos mortos e a redenção do cosmos. Isso já aconteceu no evento-Cristo

---

[4] Ἐκκλησία (*ekklēsia*, igreja) 44 vezes nas cartas não disputadas; 19 vezes no plural: num sentido abrangente, apenas 1 Co 10,32; 12,28; 15,9; Gl 1,13; Fp 3,6. Colossenses usa ἐκκλησία apenas no singular, duas vezes para a igreja universal identificada com o corpo de Cristo (1,18.24), e duas vezes para a congregação local (4,15-16).

centrado na morte de Jesus, na ressurreição e na derrota/reconciliação dos poderes cósmicos. O eschaton traz a revelação da realidade presente e latente. Assim, Colossenses vai além da teologia de Paulo, segundo a qual a vida do crente está unida à de Cristo no momento da crucificação, atenua a reserva escatológica de Paulo e apresenta os cristãos como *já* "ressuscitados com ele" (3,1-4). A expectativa da proximidade da parousia desapareceu completamente, e a vida cristã está centrada na atual união do crente com Cristo.

O Espírito Santo
Para Paulo, ser cristão é participar na vida do Espírito Santo, o sopro divino que anima o corpo de Cristo (e.g., 1 Co 12,13). Estar "em Cristo" é estar na esfera do Espírito (Rm 8,8-10). Ninguém pode fazer a confissão cristã a não ser pelo poder do Espírito (1 Co 12,3); ninguém que não tenha o Espírito pertence a Cristo (Rm 8,9). As cartas não disputadas de Paulo se referem ao Espírito Santo mais de 90 vezes. Isso está em nítido contraste com Colossenses, que tem apenas duas referências ao "espírito", as quais provavelmente se referem ao espírito humano, em vez de o Espírito divino (1,8; 2,5; há duas referências adicionais a "espiritual" 1,9; 3,16). Para o autor de Colossenses, ser cristão é viver na esfera de Cristo, capacitado por ele (1,11.29; 2,12), mas isso não é expresso como em Paulo, em termos do Espírito Santo.

Conclusão

A evidência da linguagem, estilo e teologia convenceu muitos estudiosos de que a carta é deuteropaulina. Considerações sobre data, situação, destinatários, a ocasião e a fonte da carta e as fontes utilizadas pelo autor tendem a confirmar este julgamento. Este ponto é ainda reforçado quando se estuda a relação de Colossenses e Efésios.[5]

---

[5] Se Paulo escreveu Colossenses e Efésios, ele as escreveu ao mesmo tempo. Mas os tipos de mudanças entre Colossenses e Efésios tornam difícil imaginar uma situação histórica plausível em que Colossenses e Efésios tenham sido escritas ao mesmo tempo. Cf. ANDREW T. LINCOLN, *Ephesians* (WBC 42; Dallas: Word, 1990), xlvii-lviii; lvi-lxviii.

15.1.3 Data

Se Colossenses foi escrita por Paulo, a última data possível (*terminus ante quem*) seria a data da morte de Paulo, do início até meados da década de sessenta (cf. Cronologia Paulina acima, §13.3.4); se não foi escrita por Paulo, esse mesmo período constitui a data mais antiga possível (*terminus a quo*). A primeira atestação de Colossenses, fora do Novo Testamento, está em *Contra as Heresias* 3,14.1, de Irineu, por volta de 185 d.C. Dizer que a carta deve ter sido escrita por volta de 185 não é útil, no entanto, para determinar a data em que Colossenses foi escrita, uma vez que nenhum estudioso agora data Colossenses tão tardiamente como o segundo século. A carta também não contém quaisquer referências ou alusões a acontecimentos políticos ou seculares contemporâneos que ajudariam a estabelecer a sua data.

Se, conforme se argumentou aqui, a carta é deuteropaulina, ela é anterior a Efésios, que a utiliza como uma fonte importante, e pode ser considerada como seu primeiro comentário. É também anterior às Pastorais, que representam a escola paulina em uma data muito mais tardia. Embora possamos adotar a possível relação Colossenses ⇒ Efésios ⇒ Pastorais com alguma confiança, isso é pouco para estabelecer uma data absoluta. Se Colossenses reflete a consciência de uma coleção de cartas paulinas (ver acima), ela não deve ser datada logo depois da morte de Paulo.

Há um evento datável que pode lançar luz sobre a data (e interpretação) de Colossenses. De acordo com Tácito (*Anais* 14,27.1), Laodiceia foi destruída por um terremoto em 60/61 d.C., aparentemente o mesmo evento mencionado por Orósio, historiador do quinto século, que afirma que Laodiceia, Hierápolis e Colossos foram todas destruídas por um terremoto. Laodiceia foi rapidamente reconstruída pelos moradores, sem a ajuda do Império. O destino de Colossos não é claro – se, de fato foi destruída e, em caso afirmativo, se foi reconstruída. A cidade havia sido historicamente proeminente durante séculos antes, mas parece ter desaparecido da história depois de 61 d.C., e a igreja de Colossos não desempenha nenhum outro papel na história cristã primitiva. O lugar nunca foi escavado (embora o governo turco esteja atualmente fazendo planos para começar a escavação em Colossos). Portanto, a hipótese mais provável é de que possivelmente um mestre da escola paulina em Éfeso compôs uma carta nos anos 70 ou 80 d.C., aparentemente dirigida a "Colossos", e que todos os leitores sabiam que essa carta já não existia mais. Eles poderiam ler a carta como realmente tratando de uma igreja e dos problemas que um dia existiram, ou talvez, mais provavelmente, eles perceberam que o fato de a carta estar endereçada a "Colossos" fazia parte de um cenário fictício, e leram a carta como uma mensagem de seu amado apóstolo-mártir às igrejas contemporâneas da Ásia Menor.

15.1.4 Estrutura e Esboço

Colossenses manifesta o contorno bipartido básico que se tornou tradicional em círculos paulinos (ver acima §10.2.3). Os dois primeiros capítulos constituem a seção indicativo-teológica que fornece a base para a seção imperativo-ética dos dois capítulos finais.

1,1-11	Introdução Epistolar
1,1-2	Saudação
1,3-11	Ação de Graças
1,12-2,23	Parte Um: Instrução Teológica – O Cristo Universal
1,12-23	Fundamentação Teológica: Redenção e Reconciliação em Cristo
1,12-14	Redenção
1,15-20	O Hino Cristológico
1,21-23	Reconciliação
1,24-2,5	A Missão e Ofício Apostólicos
2,6-23	A "Heresia Colossense"
3,1-4,6	Parte Dois: Instrução Ética – Viver como Cristãos
3,1-4	A Base: Ressuscitados com Ele
3,5-17	A Antiga e a Nova Vida
3,18-4,1	A Vida bem Ordenada no Lar Cristão
4,2-6	Missão e oração
4,7-18	Conclusão epistolar
4,7-9	Em relação ao apóstolo
4,10-17	Saudações
4,18	Despedida

15.1.5 Síntese Exegético-Teológica[6]

1,1-11 Introdução Epistolar

1,1-2 Saudação

O primeiro verso é exatamente o mesmo de 2 Co 1,1. A fórmula com que Paulo visivelmente se apresenta como apóstolo reflete antigas disputas e se tornou tradicional na linha de abertura (ver acima, §11.2.2). Timóteo não representa autoridade apostólica para a igreja, mas é um *irmão*, como os destinatários.

1,3-11 Ação de Graças

A convencional seção epistolar de ação de graças já havia sido modificada por Paulo para tornar-se um elemento substancial da carta (ver acima §10.2.3). Aqui, a ação de graças é desenvolvida em uma série de quatro frases longas e complexas (3-8; 9-20; 21-23). A ação de graças modula para o corpo da carta, incorporando a confissão fundamental expressa no hino cristológico incorporado em 1,15-20.

A tríade fé/esperança/amor também representa a tradição paulina (1,4; cf. 1 Co 13,13; 1 Ts 1,3; 5,8). Para o autor, a esperança não é uma atitude subjetiva, mas uma realidade objetiva que já se acha no mundo celestial; seu foco é o presente, em vez de o futuro escatológico. Isso corresponde às imagens espaciais para a salvação, que prevalecem no ramo Colossos-Éfeso da escola paulina, em contraste com as imagens temporais de Paulo (Rm 5,2; 8,18-24).

Paulo não fundou a congregação dos leitores. Eles não o conhecem, e ele não os conhece (1,8-9). A autoridade apostólica é representada entre eles pelos discípulos e mestres paulinos como Epafras (1,7; cf. 4,12), e pelas cartas paulinas que estão em circulação após a morte de Paulo (4,15-16). Assim também, a igreja a que pertencem não é meramente sua congregação local, mas a igreja em todo o mundo (1,6; cf. 1,23). O autor quer cultivar a consciência entre os leitores de que eles pertencem a uma comunidade de fé mundialmente difundida, guiada por líderes e cartas paulinas que representam a própria autoridade apostólica de Paulo.

---

[6] O seguinte sumário representa uma leitura da carta como um documento deuteropaulino. Para interpretações baseadas na autoria paulina, ver PETER THOMAS O'BRIEN, *Colossians, Philemon* (WBC 44; Waco, Tex.: Word Books, 1982).

1,12-2,23 Parte Um: Instrução Teológica – O Cristo Universal

1,12-23 Fundamentação Teológica: Redenção e Reconciliação em Cristo

O autor declara o fundamento teológico para a nova vida à qual os leitores são chamados, e a base para resistir ao falso ensino que ameaça a sua compreensão da fé. Este fundamento é o ato todo-suficiente de Deus em Cristo, expresso em redenção e reconciliação. A peça central desta afirmação é o hino cristológico, mas é enquadrada por afirmações soteriológicas de redenção e reconciliação.

1,12-14 Redenção

Os leitores compartilharam uma vez o destino de todos os seres humanos que vivem em seu estado natural, sujeitos aos poderes das trevas que governam este mundo presente (cf. v. 16). Portanto, o ato de Deus no evento-Cristo derrotou esses poderes do mal, e transferiu os crentes colossenses para o reino do Filho amado. Para Paulo, "pecado" é um poder escravizador; ele não fala de "pecados" no plural, exceto quando cita material tradicional. Paulo sempre associou a redenção com o ato de Deus da libertação da escravidão do pecado ou da lei, associando-o ao ato salvífico de Deus no passado e a libertação final do futuro escatológico (Rm 3,24; 8,23; 1 Co 1,30; Gl 3,13). Aqui, um teólogo da escola paulina reinterpreta Paulo de modo que o dom da redenção já é experimentado como o perdão dos pecados. Para os teólogos da tradição paulina, o batismo era o ponto em que a redenção era experimentada e o perdão dos pecados se tornava real. Este perdão dos pecados não é meramente uma transição jurídica, mas o resultado da reconciliação que Cristo realizou em seu corpo de carne; Cristo está agora entronizado como Senhor celestial, mas seu corpo é representado pela igreja, que se estende por todo o mundo, e os crentes já estão incorporados a este corpo. Este é um desenvolvimento do uso que o próprio Paulo fez sobre o imaginário do corpo, em que o corpo, cabeça e tudo o mais, são a congregação local (1 Co 12, Rm 12). O hino cristológico que se segue pode ter sido parte da liturgia batismal, cantado ou recitado quando os crentes eram incorporados ao corpo universal de Cristo no batismo. O hino é, portanto, não apenas sobre Cristo, mas também sobre a natureza da igreja à qual eles pertencem, o que é especificado no verbo 18b.

1,15-20 O hino cristológico

Embora haja alguma diferença em várias reconstruções, a estrutura bipartida básica é clara. Cristo é aquele através de quem Deus criou o universo; Cristo é aquele através de quem Deus reconciliou o universo. Assim, como não há nada independente da criação de Deus, assim também nada está fora do ato reconciliador de Deus.

I. Criação

Este é a imagem do Deus invisível,
   o primogênito de toda a criação.
Pois, nele, foram criadas todas as coisas,
   nos céus e sobre a terra
   as visíveis e as invisíveis
      sejam tronos
      sejam soberanias
      quer principados
      quer potestades.
Tudo foi criado por meio dele e para ele.

Interlúdio

E ele é antes de todas as coisas.
Nele tudo subsiste.
E ele é a cabeça do corpo
Da Igreja.

II. Reconciliação

Ele é o princípio,
   o primogênito de entre os mortos,
      para em todas as coisas ter a primazia.
Porque aprouve a Deus que, nele, residisse toda a plenitude
   e que, havendo feito a paz pelo sangue da sua cruz
      por meio dele, reconciliasse consigo mesmo todas as coisas
         quer sobre a terra
         quer nos céus.

Claramente, o autor não está compondo estes versos *ad hoc*, mas citando um hino proveniente da tradição, credo ou liturgia. Isso corresponde à natureza da conversão dos leitores à fé cristã, que era uma questão de se ensinar a mensagem que havia sido transmitida de forma confiável como tradição (2,6-7). À medida que o autor se prepara para opor-se ao ensino falso, ele não apela ao seu próprio ensino, à razão ou mesmo à Escritura, mas à tradição autêntica transmitida nas comunidades paulinas, a tradição que se identificava com o próprio Cristo, e que lhes havia sido ensinada. O verbo usado em Colossenses para "receber" a Cristo (παραλαμβάνω *paralambanō*, 2,6) significa "receber aquilo que é transmitido na tradição", como em 1 Co 11,23; 15,3. Esta é a principal razão por que Colossenses é permeada com elementos tradicionais (não apenas as citações óbvias, como 1,15-20 e 3,18 – 4,1, mas vários outros ecos do ensino e liturgia tradicionais da Igreja). Contra a "tradição humana", o autor coloca não a "tradição divina", mas o próprio Cristo, indicando que receber a Cristo como Senhor significa aprender a verdadeira tradição transmitida na comunidade paulina, e responder a ela. Isso corresponde à própria visão de Paulo de que o Senhor ressuscitado é encontrado na tradição (ver 1 Co 11,23). Assim, o termo chave πίστις (*pistis*, fé), que em Paulo significava algo como obediência-em-confiança-pessoal, o dom de mudar a vida, que transformou a autocompreensão e a relação com Deus, passou a significar em Colossenses principalmente "*a fé*", o corpo do material que representa o ensinamento cristão autêntico, no qual os leitores são exortados a "permanecer firmes" contra os falsos ensinos (1,23; 2,5.7). A compreensão dos Colossenses do Cristo-presente-e-na-tradição é autenticamente paulina, mas sua ênfase e preponderância em Colossenses são mais apropriadas ao Cristianismo da segunda geração, que recebeu a tradição não diretamente de Paulo, mas de seus discípulos autorizados, que continuaram representando seu ensino como a proteção contra heresia (1,7).

O hino representa o Cristo cósmico como supremo sobre todos os poderes cósmicos. Não é um mero interesse especulativo que gera tais afirmações; o autor responde à "filosofia" atraente aos leitores, ao afirmar que a fé em Cristo não precisa ser complementada por outros poderes cósmicos – eles foram todos criados, sustentados, subjugados e reconciliados "nele". Toda a plenitude de Deus habita nele. Que o próprio cosmos está "nele" é uma ênfase distinta de Colossenses – ele não está panteisticamente "em todas as coisas", mas como aquele "em" quem todas as coisas são criadas e sustentadas: "todas as coisas" são "nele". É este Cristo cósmico, o equivalente funcional de Deus, que é encarnado e cujo sangue derramado na cruz se torna o ato divino que medeia perdão e reconcilia o universo com Deus (1,20).

1,21-23 Reconciliação
A reconciliação cósmica tornou-se pessoal, quando os leitores creram e foram batizados. Uma vez que os leitores já estiveram no mundo da escuridão, portanto eles estavam afastados de Deus. Embora não o percebessem, suas obras más os separavam de Deus. Estas "obras más" não eram os atos chocantes de criminosos ou desajustados sociais, mas as vidas comuns de pessoas comuns que não percebiam que estavam alienadas até serem reconciliadas. Não sabiam que estavam nas trevas até serem transferidas para o reino da luz (Cl 1,12-13).

1,24-2,5 O ofício e missão apostólica
O apostolado de Paulo e seu papel no plano de Deus se tornou uma questão de reflexão teológica na escola paulina. Os sofrimentos de Paulo completam "o que está faltando nas aflições de Cristo, por amor de seu corpo, a igreja" (1,24). Esta difícil frase aparentemente representa a reinterpretação das "aflições messiânicas". Em alguns esquemas apocalípticos, o mundo e o povo de Deus devem suportar um período de intenso sofrimento logo antes do triunfo final de Deus. Aqui, os sofrimentos de Paulo são interpretados como substitutos do sofrimento da igreja como um todo. Este é outro aspecto do processo de tornar mais apocalíptica a teologia paulina (ver abaixo): o *ainda não* dos sofrimentos messiânicos, esperados para o futuro *já* ocorreram no sofrimento de Paulo. Na visão retrospectiva da segunda geração, Paulo sofreu por aqueles que ele não viu, representados no mundo fictício da carta pelos cristãos colossenses.

O apóstolo se tornou servo da igreja "segundo a οἰκονομία (*oikonomia*)" (1,25), uma palavra que pode ser traduzida por *comissão*, *plano* ou *procuradoria*, etc. Embora o significado de 1,24-25 não esteja inteiramente claro, a interpretação mais provável parece indicar que o trabalho de Paulo como um apóstolo sofredor foi incorporado ao padrão do ato salvífico de Deus na história. O apostolado de Paulo é uma parte do próprio evento-Cristo. Os próprios sofrimentos de Paulo são parte do sofrimento salvífico de Cristo, e o completam. Isso não quer dizer que o próprio sofrimento e morte de Cristo fossem inadequados em si mesmos, o que contradiria o argumento de toda a carta, especialmente 1,15-20. Contudo, o papel de Paulo no sofrimento em favor da igreja, embora não depreciasse o ato salvífico, exclusivo e suficiente de Deus em Cristo, é parte do plano salvífico de Deus. Observando a morte de mártir de Paulo, o autor de Colossenses entende que sua vida foi uma dádiva em favor da igreja como um todo. Aqui, Paulo não é apenas apóstolo aos gentios, mas *o* apóstolo para *todos*, conforme foi considerado em algumas correntes do cristianismo paulino da segunda geração. O próprio Paulo jamais considerou seu ministério desta forma. Esta visão parece expressar a reflexão teológica de uma geração posterior, a qual considerava o trabalho de Paulo como um elemento constituinte do ato salvífico de Deus em Cristo.

Como em Colossenses Paulo é o único apóstolo, então o ministério apostólico é o único "ofício" ministerial mencionado. Algumas palavras usadas por colaboradores e representantes de Paulo parecem estar se tornando termos quase técnicos para o ministério: διάκονος (*diakonos*, diácono, servo, ministro) é usada em relação a Paulo (1,23.25), Epafras (1,7) e Tíquico (4,7); e de Arquipo é dito que ele possui διακονία (*diakonia* 4,17, serviço, ministério), mas não há uma ordenação de diáconos. Συνεργός (*synergos*, cooperador), σύνδουλος (*syndoulos*, conservo), e talvez ἀδελφός (*adelphos*, irmão) são usados num sentido quase oficial para os companheiros missionários de Paulo, mas não se referem a igrejas oficiais. O ensino desempenha um papel-chave na vida da igreja, mas não há uma classe de mestres oficiais, e o ensino é de responsabilidade da congregação como um todo (3,16). Isso parece refletir uma situação similar no próprio tempo de Paulo (cf. 1 Co 14,26-33), embora o entusiasmo carismático tenha regredido. Não há referência ao Espírito Santo (ver acima), ou ela é mínima, e nenhuma referência a profecia ou glossolalia. A responsabilidade de liderança e ensino parece repousar sobre membros particulares que continuam a representar os escritos de Paulo, embora este arranjo não tenha ainda sido formalizado em ambientes de trabalho específicos. O próprio Paulo, o principal ou exclusivo apóstolo, continua sendo o mestre da igreja. Sua palavra apostólica é representada nos documentos da escola paulina, tais como a Carta a Colossenses.

2,6-23 A "Heresia Colossense"

Um fator na composição de Colossenses foi o surgimento da "filosofia" (2,8) a qual o autor viu como uma ameaça à fé e vida da comunidade cristã, a assim-chamada "heresia colossense". Os leitores originais conheciam a natureza desse ensino a partir de sua própria experiência, e assim reconheciam que a carta abordava-o desde o início. O hino cristológico de 1,15-20 teria sido visto como um desafio à "filosofia" que trouxe os leitores de volta à fé expressa na tradição apostólica.

O leitor moderno pode ver os contornos da "filosofia"[7] apenas indiretamente, à medida que ela é refratada pelas lentes da caracterização, objeções e advertências do autor. Portanto, a advertência do autor contra a "tradição humana" (2,8) não é uma admoestação geral, mas uma indicação de que os defensores da "filosofia" representavam sua doutrina como tradição antiga, e não como uma inovação. Ela alegava compartilhar sabedoria e conhecimento (cf. 1,9.28; 2,3; 3,16; 4,5). Esta "sabedoria profunda" envolvia conhecimento dos "elementos do universo" (στοιχεῖα τοῦ κόσμου, stoicheia tou kosmou), os quais eram concebidos não como princípios abstratos, mas seres pessoais – poderes angelicais e regentes cósmicos que deviam ser adorados e apaziguados por rigorosas disciplinas e obediência, que permitiam que o devoto participasse da "plenitude" divina (2,8-10.18-20).[8] A própria observância incluía práticas ascéticas, fuga do mundo e rígida disciplina do "corpo de carne", e a observância de dias especiais e regras dietéticas (2,11.16.21.23).

Embora a "filosofia" envolvesse elementos judaicos (2,16 "sábados"; 2,11 "circuncisão", cf. 3,11), claramente não é uma recorrência da controvérsia encontrada em Gálatas. A questão se os judeus cristãos deviam guardar a lei não desempenha um papel em Colossenses. A palavra "lei" é inteiramente ausente em Colossenses. Não há uma exigência dos filósofos rivais de que os cristãos gentios fossem circuncidados, a fim de pertencerem ao povo de Deus.[9] Não há referência a

---

[7] "Filosofia" aqui não denota um sistema conceitual abstrato, mas um culto religioso. Cf. o uso que Josefo faz de φιλοσοφία, filosofia como uma designação para as correntes e movimentos sectários do judaísmo.
[8] A "adoração dos anjos" em 2,18 pode ser entendida como um genitivo objetivo em que os crentes são chamados a adorar seres angelicais, ou como um genitivo subjetivo em que os anjos adoram a Deus e os crentes são encorajados a participar das experiências visionárias em que eles veem a cena e adoram juntamente com os anjos.
[9] Em Colossenses, circuncisão não é uma palavra pesada ou perigosa. O próprio autor parece introduzir o tema da circuncisão como a marca da aliança, entendida no sentido simbólico como batismo. A circuncisão já havia sido compreendida em

Jerusalém, já destruída no tempo do autor. Em contraste como tempo de Paulo, o cristianismo em Jerusalém e seus apóstolos não são ameaça ao cristianismo paulino. A "filosofia" parece ser o efeito residual dos oponentes judeus cristãos de Paulo, uma geração antes, cuja doutrina foi combinada com a religiosidade helenística geral de uma tendência gnóstica. Os aderentes da "filosofia" provavelmente tiveram ritos de iniciação que envolviam experiências espirituais de visão. A difícil frase grega em 2,18 ἅ ἑόρακεν ἐυβατεύων (ha heoraken embateuōn), literalmente "o que ele viu quando entrou", reflete a terminologia usada nos ritos de iniciação aos cultos de mistério.[10] O autor de Colossenses insiste que a fé cristã tradicional é o "mistério" autêntico (Cl 1,26-27; 2,2; 4,3), que é identificado com Cristo, e não os ensinos esotéricos da "filosofia".

A pesquisa atual indica que a "filosofia" colossense era uma combinação sincrética da autêntica tradição cristã e judaica, proto-gnóstica, e nativas religiões populares e filosofias da Ásia Menor. Seus defensores não se viam como que apresentando uma alternativa à fé cristã, mas um antigo, mais profundo e mais inclusivo sistema religioso e filosófico no qual o Evangelho deveria se encaixar. Jesus Cristo não é substituído, mas complementado, e compreendido como uma figura significativa dentro de uma estrutura religiosa impressionante. Os falsos mestres e seus seguidores pareciam ser mais, e não menos religiosos do que aqueles que aderiram à tradição paulina. Portanto, a ênfase da carta é de que a fé em Cristo não precisa de complemento religioso: toda a "plenitude" de Deus reside em Cristo, e os crentes já têm "plenitude" de vida (1,19; 2,9-10). O próprio Cristo é o mistério de Deus (Cl 1,26-27; 2,2; 4,3), e não deve ser incorporado como um elemento entre outros numa rede impressionante de pensamento religioso e observância.

---

sentidos não literais no Antigo Testamento e na tradição judaica (Dt 10,16; 30,6; Jr 4,4; Ez 44,7; 1QS 5,5), e em Paulo (Rm 2,29). Os leitores se alienaram de Deus, vivendo nos "delitos e na incircuncisão de vossa carne", i.e., como pecadores gentios. Então, eles ouviram a mensagem cristã, e foram batizados no reino da salvação. O ponto central do autor é: vós já sois batizados em Cristo, e não precisam de rituais religiosos complementares para tornar-se mais "espirituais".

[10] LOHSE, *Colossians and Philemon*, 130, apresenta a seguinte tradução "como se ele houve tido visões deles [os poderes angélicos e cósmicos] durante o mistério dos ritos".

3,1-4,6 Parte Dois: Instrução Ética – Viver como Cristãos

3,1-4 A base: Ressuscitados com Ele

A breve seção em 3,1-4 é transicional, redeclarando a afirmação principal da seção anterior, a autossuficiência do evento-Cristo, e incorporando as vidas dos crentes nele. Cristo já havia morrido e ressuscitado. O crente é incorporado a Cristo, no batismo (2,12). Embora Paulo hesite seguir a lógica que declara que os crentes já estão ressuscitados com Cristo (a famosa "reserva escatológica"; ver Rm 6,1-11), o autor de Colossenses dá esse passo arrojado: os crentes *já* estão ressuscitados com ele. O ponto aqui é que os defensores da nova "filosofia", com suas visões celestiais e poderosas experiências de espiritualidade, não podem acrescentar nada ao que os crentes batizados já têm.

O contraste entre "as coisas que são de cima" e "as coisas que são da terra" talvez tome um pouco da linguagem dos novos mestres, mas não a utiliza de uma forma dual que desdenhe "as coisas da terra". Esta terra não é um tema do mal em contraste com o espírito divino, mas é a criação de Deus através de Cristo, e não deve ser desdenhada por regras rígidas que soam como espirituais. Tal religião está, de fato, muito ligada à terra (cf. 2,20-21). Esse contraste não é uma questão de atitude subjetiva, mas expressa uma realidade ontológica: no batismo, a vida do crente está realmente fundamentada "em Cristo" e "em Deus". No presente, contudo, esta é uma realidade escondida, que se manifestará no *eschaton*, quando Cristo aparecer em glória. Embora o autor altere a ênfase escatológica de Paulo, ele não reduziu completamente escatologia à experiência atual. Há, ainda, um clímax escatológico futuro para o ato salvífico de Deus (3,4; cf. 1,27; 3,6).

3,5-17 A antiga e a nova vida

O indicativo "vós morrestes" torna-se o imperativo "fazei, pois, morrer". A tradicional lista de vícios do que uma vez foi o comportamento social aceitável agora se tornou inaceitável para aqueles que foram unidos com Cristo (3,5-9). O velho homem morreu, as vestes velhas foram postas de lado, e o novo homem está vestido com as virtudes cristãs conforme compreendidas na tradição paulina (3,10-14). Essas características da nova vida não correspondem às virtudes da cultura greco-romana. Não é o caso de dizer que a escola paulina simplesmente denominou os valores tradicionais da "classe média" como o estilo de vida cristão. Tanto em Jesus quanto em Paulo, o amor a Deus e aos outros tem a prioridade em toda conduta ética (3,14). O novo modo de vida não é uma espiritualidade meramente individualista, mas se expressa na nova comunidade cristã, na qual as antigas distinções culturais e sociais não se aplicam mais (3,10). É uma comunidade que não vive apenas na *Pax Romana*, mas na *Pax Christi* provocada pela vitória de Cristo sobre todos os poderes cósmicos que ameaçam a vida autêntica que Deus quer dar às suas criaturas. Esta comunidade adora reunida, em grato louvor (3,15; cf. 1,2.20).[11] É uma comunidade em que a voz do Cristo vivo continua a ser ouvida, à medida que os crentes ensinam e admoestam uns aos outros, utilizando tais tradições, conforme citadas em 1,15-20, em sua adoração e instrução (3,16-17). A exortação final de fazer *tudo* em nome do Senhor dissolve todas as fronteiras entre o domínio sagrado/"religioso" e as preocupações ordinárias/"seculares" – tudo na vida deve se submeter ao senhorio de Cristo. Isso leva diretamente ao código doméstico.

3,18-4,1 A vida bem ordenada no lar cristão

A partir do século IV a.C., quando Aristóteles listou os deveres dos membros da casa, tabelas de tais deveres tinham formado parte do código moral do mundo helênico. Antes do início do cristianismo, o judaísmo helenístico adotou e adaptou tais códigos. Paulo não os utilizou. Começando com Colossenses, a escola paulina e a tradição epistolar posterior no Novo Testamento adaptaram esses códigos para uma instrução moral cristã (cf. Cl 3,18 – 4,1; Ef 5,21 – 6,9; 1 Tm 2,1-15; 3,1-15; 5,1-21; 6,1-2; Tt 2,1-10; 1 Pd 2,13 ao 3,7).

A presença na Bíblia cristã de códigos domésticos pedindo a subordinação de mulheres, crianças e escravos a seus maridos, pais e senhores – sendo esses muitas vezes a mesma pessoa, *o pater famílias* – provou ser um problema para os intérpretes desses textos nas gerações seguintes, onde prevaleciam costumes sociais diferentes. Por um lado, esses textos eram citados como a aprovação divina do patriarcado

---

[11] Esta paz de Cristo inclui a paz interior da confiança explícita em Deus, no entanto é mais do que isto. Conforme apontado por Jerry L. Sumney, *Colossians: A Commentary* (NTL; Louisville: Westminster John Knox, 2008), 220, essa paz é um reino para o qual os leitores foram chamados, um reino estabelecido pela vitória de Deus em Cristo, e que deve reinar em seus corações.

e da escravidão, embora outros leitores os tenham considerado um embaraço, escândalo, ou evidência da natureza repressiva da fé bíblica. Do ponto de vista moderno, essas críticas são por vezes justificadas, mas não raro unilaterais. As seguintes considerações gerais são importantes para a interpretação de tais textos:[12]

1. Os códigos domésticos são um lembrete de que a fé não remove os crentes da particularidade de sua situação histórica, e de que a vida de fé deve sempre entrar em acordo com as realidades da sociedade e da história, em vez de fugir para o individualismo interno, o afastamento monástico ou o extremismo escatológico. As próprias estruturas históricas nem são justificadas nem condenadas, mas aceitas como a realidade histórica de seu tempo e lugar. Os códigos domésticos, bem como as cartas deuteropaulinas em geral, não devem ser interpretados apenas como um passo para trás a partir da liberdade escatológica da primeira geração, conforme representados por Paulo. Eles são o preço que a igreja primitiva pagou por sua vontade de engajar-se no mundo em vez de retirar-se da sociedade, em comunidades sectárias, como os essênios.

2. Os códigos domésticos, no entanto, representam um ajuste do fervor escatológico da primeira geração, que viu as estruturas atuais deste mundo transitório (1 Co 7,31). As gerações seguintes necessitavam de direcionamento para lidar com um mundo que, segundo sua visão, perduraria algum tempo.

3. O tipo de entusiasmo religioso que ameaçava quebrar todas as convenções sociais em nome da nova vida no Espírito foi considerado, às vezes, como um perigo, tanto para a moralidade pessoal quanto para a missão da igreja. As primeiras comunidades cristãs precisavam de padrões e modelos para a conduta ética que manifestassem a novidade da vida cristã para a qual tinham sido chamados, e mostrassem ao mundo que seu modo de vida não era uma violação escandalosa das normas sociais geralmente aceitas. A formulação e adoção de tais modelos tinham tanto o objetivo interno de fornecer normas éticas

---

[12] Uma discussão útil sobre a interpretação dos códigos domésticos, em geral, e Colossenses, em particular, é fornecida por SUMNEY, *Colossians*, 230-255; cf. também "Christian Existence and Conduct in the Given Structures of Society", em M. EUGENE BORING, *1 Peter* (ANTC; Nashville: Abingdon, 1999), 102-128. Um pouco da discussão acima foi adaptada de M. EUGENE BORING, "Household Codes", em *NIDB*, 2.905-906.

necessárias, mas também um propósito missionário, tanto evangelístico quanto apologético, de mostrar ao mundo que a fé cristã não prejudica a família e a sociedade, antes afirma seus valores mais elevados. Os códigos domésticos instruíram os de dentro e reafirmaram aos de fora que os cristãos não fugiram do mundo, mas assumiram um lugar dentro dele, com responsabilidade.

4. Ordens para ser subordinado afirmam a norma que Deus, o Criador, estabeleceu no mundo, o que é sempre melhor do que o caos. As ordens não estabelecem qualquer norma social particular conforme dada por Deus.

5. Os códigos do Novo Testamento são sempre apresentados no contexto das cartas dirigidas a uma situação particular, não pretendem dar regras válidas para cada tempo e lugar, e devem ser reinterpretados novamente em cada situação. O código familiar de 3,18 – 4,1 enfatiza (entre outras coisas) que não é o rigor ascético defendido pela "filosofia" rival, mas a vida normal da família no mundo helenístico que é o ambiente para a fé cristã.

6. Embora a instrução específica dos códigos domésticos não possa ser diretamente aplicada a situações posteriores e diferentes, a igreja moderna tem muito a aprender, "ouvindo" essas diretrizes dadas aos primeiros cristãos, que lutaram para viver a sua fé cristã dentro dos limites de uma sociedade orientada para um entendimento diferente do que a vida é e sobre o que ela é.

7. Nos códigos do Novo Testamento, especialmente em Colossenses, Efésios e 1 Pedro, a instrução é dada em termos de reciprocidade e não apenas de hierarquia. Os códigos domésticos do Novo Testamento abordam mulheres, crianças e escravos diretamente, como pessoas que podem tomar decisões responsáveis – um movimento radical na sociedade do primeiro século.

8. Sobre instruções mais extensas para escravos, ver acima §11.3.5. Essas instruções são dirigidas não apenas a escravos literais, mas servem de modelo para a comunidade como um todo.

9. Todos os membros da comunidade cristã, fossem senhores ou escravos, homens ou mulheres, jovens ou idosos, são chamados a viver suas vidas conscientes de que têm um Senhor maior do que aqueles presentes na sociedade da qual eles fazem parte. O Senhor celeste chama aqueles em posições de autoridade para agir com um senso de justiça e igualdade (cf. Cl 4,1). A missão atribuída pelo Senhor

celestial para os cristãos de todas as classes sociais tem uma prioridade maior do que os direitos individualistas. Missão, e não submissão, é o foco de códigos domésticos do Novo Testamento. Eles representam a radicalidade da fé cristã, e não a sua diluição ou rendição.

4,2-6 Missão e Oração

O pedido de oração continua o impulso missionário do código doméstico. O herói apostólico, que está na prisão e sofre por causa da igreja (1,24), é retratado como pedindo as orações da igreja. Paulo e a igreja podem ser fiéis na proclamação do Evangelho em palavra e ação, mas só Deus pode abrir uma porta para a Palavra, e a ajuda de Deus é necessária a fim de tornar a mensagem clara. Nem mesmo o apóstolo pode fazer isso por conta própria. A missão de Paulo, continuada na comunidade paulina após sua morte, é dependente de Deus. As pessoas nas igrejas estão conscientes de que precisamos da sabedoria de Deus, a fim de saber como viver e falar com aqueles que estão fora da comunidade cristã, aqueles que não têm consciência de que já se reconciliaram com Deus e estão destinados finalmente a tornar-se membros, incluídos no ato cósmico de reconciliação de Deus (1,18-20).

4,7-18 Conclusão Epistolar

Os detalhes pessoais e saudações nesta seção de uma carta pseudoepigráfica enfatizam a natureza epistolar da comunicação – uma carta específica para pessoas específicas – em vez de um ensaio geral sobre ética. A lista de nomes enfatiza a rede de mestres e missionários da escola paulina como os herdeiros autênticos da mensagem de Paulo.

4,7-9 Em relação ao apóstolo

A função dessa seção é alegar que Paulo é, de fato, representado por seus cooperadores autorizados, que acompanham suas cartas e fornecem uma interpretação contínua autêntica na ausência do próprio Paulo.

4,10-17 Saudações

Para notas e uma discussão adicional acerca das pessoas aqui mencionadas, ver acima, §15.1.2. A referência à troca de cartas com a igreja de Laodiceia indica que as cartas de Paulo são agora compreendidas como abordando um círculo mais amplo do que os seus destinatários originais.

4,18 Despedida
O fato de que as palavras finais serem escritas pela própria mão do apóstolo representa a afirmação da carta de representar a fé apostólica, não sendo uma evidência de sua real autoria (ver 2 Ts 3,17).

15.2 Interpretando Efésios

Na visão tradicional, Paulo escreveu quatro cartas de sua "primeira prisão em Roma", ca. 62 d.C. (ver Introduções a cada livro, e §14.1). Filemom, Colossenses e Efésios foram todas compostas mais ou menos no mesmo período, foram enviadas juntas, e entregues por Tíquico e Onésimo. Colossenses e Filemom foram enviadas às igrejas no Vale do Lico, e Efésios à igreja de Éfeso.[13] A carta aos Filipenses foi escrita mais ou menos no mesmo período.

15.2.1 Efésios: Um texto didático da escola paulina

A maioria dos estudiosos considera Efésios como um documento de ensino, interpretando elementos-chave na teologia de Paulo para a geração posterior à morte dele, e como tendo sido escrito por um mestre da escola paulina na forma de uma carta paulina, a qual circulou entre as igrejas da missão paulina, para a sua instrução e edificação. Este ponto de vista é defendido por todos os estudiosos que consideram Colossenses como uma deuteropaulina, e por alguns que afirmam a autoria paulina de Colossenses.[14] Os principais argumentos para este ponto de vista são os seguintes:

---

[13] Defensores da autoria paulina representam um amplo espectro teológico, incluindo Markus Barth, *Ephesians* (2 vols.; AB 34, 34A; New York: Doubleday, 1974); Heinrich Schlier, *Der Brief an die Epheser. Ein Kommentar* (6th ed.; Düsseldorf: Patmos, 1968); Johnson, *Writings*; Max Turner, "Ephesians, Letter to the," in *NIDB*, 2.269-276; Hoehner, *Ephesians*.

[14] E.g. Ralph P. Martin, *Ephesians, Colossians, and Philemon*. (Interpretation; Atlanta: John Knox, 1991), Holladay, *Critical Introduction*, 394, 413.

O documento não foi escrito para a igreja em Éfeso

As palavras ἐν Ἐφέσῳ (em Éfeso) estão ausentes em todos os manuscritos mais antigos ($\wp^{46}$, ℵ, B), onde consta "aos santos que são também fiéis em Cristo Jesus". O documento original, aparentemente, não indica uma igreja específica como destinatária. No século II, o documento circulava sob mais de um nome, com o texto de Marcião dando-lhe o título de "Aos Laodicenses", presumivelmente com base em Cl 4,16. Não sabemos quando foi chamada pela primeira vez de "Efésios". O primeiro autor a citar explicitamente a carta como aos Efésios foi Irineu, ca. 180 d.C.

Além da referência de 1,1 a Éfeso em manuscritos posteriores, a carta não dá nenhuma indicação de que tenha sido dirigida a Éfeso. Paulo tinha passado um tempo considerável em Éfeso e era bem conhecido daquela congregação. No entanto, o fato de que Efésios não contém referências pessoais ao tempo de Paulo entre os leitores indica que o autor conhece os leitores apenas de ouvir falar, e que eles o conhecem apenas por sua reputação e escritos (1,15; 3,2-4). Os que se esforçam para explicar isso em termos da visão tradicional da autoria paulina, frequentemente argumentam que havia passado alguns anos desde que Paulo esteve em Éfeso, e que ele aborda, principalmente, os recém-chegados que se uniram à Igreja na sua ausência, e não o conheciam pessoalmente. No entanto, isso não se encaixa no *modus operandi* de Paulo em outras cartas. Na visão tradicional, Efésios foi escrita por volta do mesmo período de Filipenses, da prisão em Roma, no início dos anos 60. Segundo essa visão, Paulo também não tinha visitado a igreja em Filipos há alguns anos, embora Filipenses esteja repleta de referências pessoais e calorosas saudações, em contraste com o tom impessoal de Efésios. Parece que, se escrita por Paulo ou não, a carta não foi escrita para Éfeso ou qualquer outra igreja específica.

Um perfil do público leitor pretendido pode ser obtido a partir da própria carta (cf. a *síntese exegético-teológico* abaixo). A carta pressupõe que seus destinatários são membros da igreja, e que eles permanecem na tradição paulina. Ela não é dirigida a todos os cristãos em todos os lugares, nem às pessoas em geral. Os leitores não são todos membros da mesma congregação local, mas da igreja ao longo de todo o território da missão paulina – identificada com a realidade cósmica da igreja universal. Eles são abordados como gentios, que não são ou previamente foram membros de uma sinagoga. Eles não são perseguidos ou estão enfrentando qualquer crise particular. Embora sejam advertidos contra o serem sacudidos por várias doutrinas, eles não estão ameaçados por uma heresia específica.

A relação entre Efésios e Colossenses

Efésios compartilha com Colossenses muitas características que destacam essas duas cartas do restante do *corpus* paulino. Muitos argumentos usados para defender que Colossenses é pseudônima também se aplicam a Efésios, e não serão repetidas aqui (ver acima, em Colossenses, §15.1.2). Analisar e avaliar a relação específica entre Efésios e Colossenses é crucial para chegar a uma decisão sobre a autoria de Efésios, e do seu lugar na emergente literatura do cristianismo primitivo. Os contatos literários – tanto as semelhanças quanto as diferenças – devem primeiro ser trazidos a um maior destaque, e, então, deve-se fazer um esforço para fornecer uma explicação plausível.

Similaridades
A estrutura comum de Colossenses e Efésios é evidente:
Embora Efésios (2423 palavras no texto grego) seja acima de cinquenta por cento mais extensa do que Colossenses (1582 palavras), a macroestrutura das duas cartas exibe conteúdo muito semelhante, e os blocos de material que elas compartilham estão precisamente na mesma ordem (ver Quadro 15). Colossenses segue cuidadosamente a estrutura paulina bipartida, visível nas cartas não disputadas. Efésios adota e desenvolve esse esquema (ver §§10.2.3 e 15.1.4), omitindo apenas o hino de 1,15-20 (embora utilize algo do seu material em outro lugar), as instruções contra a falsa "filosofia" de 2,6-23, e a lista de saudações pessoais em 4,10-17. As duas cartas têm a mesma estrutura, com Efésios preenchendo o esboço de Colossenses com material adicional. A imagem geral pode ser explicada com base na autoria comum, seja por Paulo, ou depois por um mestre na escola paulina. O autor compôs Colossenses para uma igreja, e então a expandiu para um público diferente ou mais amplo. Porém, quando as similaridades são examinadas mais detalhadamente, e as diferenças, maiores ou menores, são levadas em conta, esta explicação torna-se mais difícil.

Quadro 15: Comparação entre Colossenses e Efésios

Colossenses
1,1-11 Introdução Epistolar
  1,1-2 Saudação
  ———————
  1,3-11 Ação de graças
1,12-2,23 Parte Um: Instrução Teológica – O Cristo Universal
  1,12-23 Fundamentação Teológica: Redenção e Reconciliação em Cristo
  1,12-14 Redenção
    1,15-20 O hino cristológico
  1,21-23 Reconciliação
  1,24-2,5 O Ofício e Missão apostólica
  2,6-23 A "Heresia Colossense"
  ———————

3,1-4,6 Parte Dois: Instrução Ética – Vivendo como Cristãos
  3,1-4 A Base: Ressuscitados com Ele

  3,5-17 A Antiga e a Nova Vida
  3,18-4,1 A Vida bem Ordenada no Lar Cristão
  ———————
  4,2-6 Oração e Conduta
4,7-18 Conclusão Epistolar
  4,7-9 Em relação ao Apóstolo
  4,10-17 Saudações
  4,18 Despedida

Efésios
1,1-11 Introdução Epistolar
  1,1-2 Saudação
  1,3-14 Bênção
  1,15-23 Ação de graças
2,1-3,21 Parte Um: Instrução Teológica – a Igreja Universal
  2,1-22 Fundamentação Teológica: Salvação e Reconciliação em Cristo
  2,1-10 Salvação
  ———————
  2,11-22 Reconciliação
  3,1-13 O Ofício e Missão Apostólica
  ———————
  3,14-21 Oração: Intercessão e Doxologia
4,1-6,20 Parte Dois: Instrução Ética – Vivendo como Cristãos
  4,1-16 A Base: Chamados para a Única Igreja
  4,17-5,20 A Antiga e a Nova Vida
  5,21-6,9 O Lar Cristão, Cristo e a Igreja

  6,10-20 Conflito Armado com os Poderes
  6,18-20 Oração
6,21-23 Conclusão Epistolar
  6,21-22 Em relação ao Apóstolo
  ———————
  6,23 Despedida

Microestrutura. Internamente, os principais blocos de material e elementos individuais estão arranjados na mesma ordem. Assim, por exemplo, a parênese de Cl 3,5-17 é expandida em Ef 4,17 – 5,20 pela inserção de outro material, mas a ordem colossense é mantida exatamente igual:

Despir-se do velho homem	Cl 3,9	Ef 4,22
Revestir-se do novo homem	Cl 3,10	Ef 4,23
Imagem de Deus, o Criador	Cl 3,10	Ef 4,24
Escolhidos/selados por Deus	Cl 3,12	Ef 4,30
Perdoar uns aos outros	Cl 3,13	Ef 4,32
Revesti-vos/vivei em amor	Cl 3,14	Ef 5,2
Salmos, hinos e cânticos espirituais	Cl 3,16	Ef 5,19
Sempre dai graças	Cl 3,17	Ef 5,20

Assim também, embora o *Haustafel* de Éfeso (5,21 – 6,9) tenha muito material não encontrado em Cl 3,18 – 4,1, e tenha uma orientação diferente, a ordem esposas/maridos, filhos/pais, escravos/senhores é exatamente seguida. Dos vários códigos domésticos, apenas Colossenses e Efésios têm precisamente esta ordem comum.

Vocabulário e estilo. Já destacamos as diferenças evidentes de vocabulário e estilo entre Colossenses e as cartas paulinas não disputadas (ver acima §15.1.2). Efésios compartilha alguns desses traços: (1) sentenças de comprimento extraordinário, complexidade e redundância (por exemplo, 1,3-14 é uma frase em grego, como é 4,11-16). (2) Tanto Colossenses quanto Efésios compartilham uma preferência por longas cadeias no genitivo, e construções que empregam particípios ou pronomes relativos para unir longas séries de orações. (3) Cerca de metade de Efésios tem contatos verbais com Colossenses; cerca de 1/3 das palavras de Colossenses são encontradas em Efésios; cerca de 1/4 das palavras de Efésios são encontradas em Colossenses. (4) Efésios compartilha com Colossenses 28 palavras não encontradas nas cartas não disputadas, incluindo ἄφεσις (*aphesis* perdão, libertação, remissão), συζωοποιέω (*syzōopoieō*, gerar vida juntamente com) e συνεγείρω (*synegeirō*, ajudar a levantar-se, levantar juntamente com. (5) Termos teológicos importantes e costumes são compartilhados por Colossenses e Efésios que as distinguem das cartas paulinas não disputadas, e.g., Cristo é o cabeça da igreja, que é o seu corpo (Cl 1,18; 2,19; Ef 1,22; 4,15-16; 5,23); uma plenitude divina da qual a igreja compartilha (Cl 1,19; 2,9; Ef 1,10.23; 3,19; 4,13); a essência da fé cristã como um mistério profundo (Cl 1,26-27; 2,2; 4,3; Ef 1,9; 3,3.4.9; 5,32; 6,19). (6) Uma comparação dos parágrafos correspondentes sobre temas semelhantes revela conexões verbais marcantes. Por exemplo, Ef 3,1-13 sobre o sofrimento apostólico tem muito vocabulário comum com Cl 1,24-29.

(7) Embora Paulo se dirija diretamente aos seus leitores nas cartas não disputadas com o familiar "irmãos" (ἀδελφοί, adelphoi, irmãos e irmãs), ele nunca faz isso em Efésios (ou Colossenses).

Diferenças entre Colossenses e Efésios
Embora Efésios concorde com Colossenses em muitos aspectos, nos quais ambas diferem das cartas paulinas não disputadas, há também marcantes diferenças.

Pneumatologia. Colossenses é muito reservada em relação ao uso da terminologia πνεῦμα (*pneuma*, Espírito; ver acima), própria de Paulo. Efésios retorna à própria expressão entusiástica de Paulo acerca do Espírito como a manifestação da presença e do poder de Deus na vida da Igreja (cf. 1,3.13.17; 2,18.22; 3,5.16; 4,3.30; 5,18; 6,17). Houve, aparentemente, alguma tensão dentro da escola paulina sobre o valor da linguagem *pneuma*. Essa terminologia poderia ser mal interpretada em termos do dualismo helenístico comum corpo/espírito, no qual a existência corporal é denegrida, ou no sentido da posse do Espírito e êxtase como expressão de religião autêntica – ambas as visões são estranhas ao pensamento bíblico. Assim, Colossenses (e as Pastorais) evitam tal terminologia. Efésios recupera ou mantém a própria visão de Paulo, em distinto contraste com Colossenses.

Eclesiologia, ofícios da igreja. Efésios estende a teologia paulina da igreja, especialmente em quatro direções: (1) *Catolicidade.* Paulo tinha usado o termo *igreja* (ἐκκλησία, *ekklēsia*), principalmente para a congregação local, e não tinha conceitos eclesiológicos desenvolvidos para a igreja como um todo. Em Colossenses, a igreja é uma realidade cósmica, mas o termo pode ser usado ainda para a igreja nas casas, a congregação local (Cl 4,15-16). Em Efésios, no entanto, as nove ocorrências de "igreja" se referem ao corpo cósmico e ecumênico de Cristo, e nunca à congregação local. (2) *Eclesiologia como cristologia:* Em Efésios, como em Colossenses (mas, em contraste com Paulo), a metáfora do corpo para a igreja não inclui a cabeça; Cristo é a cabeça do corpo, da igreja. (3) *Eclesiologia e cosmologia,* presente e futuro. Esta imagem de Cristo como cabeça modula as imagens eclesiológicas para as cosmológicas: como cabeça da igreja cósmica, Cristo é a cabeça de toda a criação como tal, τὰ πάντα (*ta panta*, todas as coisas, o Universo, Cl 1,16-17.20; Ef 1,10.23; 3,9; 4,10). Existe uma conexão integral entre o uso eclesiológico e cosmológico de τὰ πάντα: no senhorio de

Cristo já reconhecido pela Igreja e na salvação já experimentada, há uma antecipação do destino de todo o universo. Cristo já é a cabeça do universo, embora desconhecida e não reconhecida pelo mundo, mas a igreja já ilustra aquilo em que o universo vai se tornar. (4) *Ofícios na Igreja*. Em Colossenses, Paulo é o único apóstolo, mas a revelação é recebida por toda a igreja (Cl 1,26). Em Efésios, Paulo é uma figura-chave, mas a revelação é recebida por um grupo distinto quase oficial, os apóstolos e os profetas, dos quais Paulo é um (2,20; 3,3-5). Em Colossenses, não há qualquer referência a algum líder da igreja, à exceção do próprio Paulo. O autor poderia ter usado amplamente representantes oficiais na igreja a quem se dirige, a fim de ajudar a suprimir o movimento herético a que se opõe. Em Efésios, não só a primeira geração tem uma pluralidade de apóstolos e profetas, a igreja no tempo de seus leitores é abençoada com evangelistas e pastores-mestres para mantê-la estável, em vez de ser lançada para todos os lados por qualquer vento de doutrina (Ef 4,11-16). Sobre esta questão, Efésios fica entre Colossenses e as Pastorais.

Igreja e Israel. À exceção do eco do debate sobre a circuncisão em Cl 2,11, pode-se ler Colossenses sem nunca perceber que, para Paulo, a igreja pertence à história de Israel; ela compartilha a Escritura de Israel como sua própria, e expressa sua própria fé em conceitos derivados da história e religião do Judaísmo. O Paulo de Colossenses nunca confirma ou apoia seu ponto de vista citando a Escritura; há alusões ou ecos mínimos.[15] Para Efésios, por outro lado, ser incluído na aliança de Deus com Israel e pertencer ao contínuo povo de Deus é um elemento central da identidade da Igreja (Ef 2,11-22). Assim, o autor acrescenta repetidamente referências e citações das Escrituras aos contextos de Colossos os quais ele está adotando e expandindo (e.g., Ef 1,22 citando Sl 8,6; cf. Cl 1,18; Ef 4,8 citando Sl 68,18; cf. Cl 3,12-15; o *Haustafel* de Colossos 3,18 – 4,1 é expandido com a citação de Gn 2,24 em Ef 5,31 e Êx 20,12 em Ef 6,2).

Vocabulário e uso. Efésios difere de Colossenses inúmeras vezes usando vocabulário diferente para a mesma realidade ou usando o mesmo vocabulário em um sentido diferente. Entre os exemplos que podem ser citados:

---

[15] Para uma generosa avaliação do número e extensão de tais alusões, ver G. K. BEALE, "Colossians," in *Commentary on the New Testament Use of the Old Testament*, ed. G. K. Beale and D. A. Carson (Grand Rapids: Baker Academic, 2007), 841-870.

O vocabulário, estilo e sintaxe de Efésios é mais semita do que o de Colossenses ou qualquer uma das outras cartas atribuídas a Paulo. Somente Efésios, por exemplo, refere-se aos seres humanos, com a frase completamente semita τοῖς υοῖς τῶν ἀνθρώπων (*tois huiois tōn anthrōpōn*, literalmente "filhos dos homens", 3,5; o único outro exemplo do Novo Testamento é Mc 3,28). A pesquisa sobre Qumran revelou inúmeros pontos de contato entre os Manuscritos do Mar Morto e Efésios. O mesmo não se pode dizer da linguagem de Colossenses (nem de outras cartas da tradição paulina, quer tenham sido escritas por Paulo ou seus discípulos).[16] Embora o *contexto* judaico de Paulo seja a teologia proto-rabínica dos fariseus, o autor de Efésios é influenciado pelo tipo de judaísmo sectário escatológico documentado nos textos de Qumran.

Colossenses se refere ao reino transcendente de Deus, onde Cristo está entronizado, utilizando-se do substantivo ἐν τοῖς οὐρανοῖς (*en tois ouranois*, no céu) três vezes. Efésios usa a mesma frase cinco vezes no mesmo sentido, mas cada vez usa uma palavra um pouco diferente, o adjetivo ἐπουρανίοις (*epouraniois*, para "[lugares] celestiais"), uma frase encontrada apenas em Efésios.

Paulo, Colossenses e Efésios todos fazem referência aos poderes transcendentais do mal. Nas cartas não disputadas, Paulo consistentemente usa *Satanás*, enquanto Efésios sempre usa *o diabo*. Nenhuma dessas designações é encontrada em Colossenses. O termo de Paulo para os poderes espirituais do mal no universo στοιχεῖα τοῦ κόσμου (*stoicheia tou kosmou*) é adaptado em Colossenses (Cl 2,8.20; cf. Gl 4,3.9), mas a frase não é encontrada em Efésios.

Tanto Colossenses quanto Efésios usam μυστήριον (*mustērion*, mistério) como um termo teológico fundamental, mas em diferentes sentidos: para Colossenses, o mistério é o próprio Cristo (Cl 1,26-29; 2,2-3), enquanto que, para Efésios, o mistério é o propósito revelado de Deus de unir judeus e gentios em uma só Igreja (Ef 3,3-6). Da mesma forma, ambos os autores fazem uso teológico significativo de

---

[16] Cf. e.g., "Ocorrências sintáticas semíticas aparecem quatro vezes mais frequentemente na Epístola aos Efésios do que em todas as cartas restantes do corpus paulino", K. G. Kuhn, "The Epistle to the Ephesians in the Light of the Qumran Texts," in *Paul and Qumran: Studies in New Testament Exegesis*, ed. Jerome Murphy-O'Connor (London: Chapman, 1968), 115-131.

πλήρωμα (*plērōma*, plenitude), mas Colossenses usa o termo em um tom cristológico (a plenitude de Deus habita em Cristo, Cl 1,19; 2,9), enquanto Efésios o usa em um tom eclesiológico (Ef 1,23, a igreja é a plenitude daquele que enche o universo; cf. 3,19; 4,13).

Embora Colossenses também seja representada como tendo sido escrita da prisão, e simultaneamente a Filemom, apenas Efésios apresenta Paulo como distintamente ὁ δέσμιος (*ho desmios*), o prisioneiro do Senhor (3,1; 4,1), cada vez com o artigo, como se fosse um título tradicional.

Paulo abordou seus leitores de maneira característica, incluindo aqueles de quem ele era pessoalmente desconhecido, com o termo familiar ἀδελφοί (*adelphoi*, irmãos e irmãs). O termo é encontrado 133 vezes em todo o corpus paulino; 19 vezes em Romanos, a uma igreja que ele nunca tinha visitado; 9 vezes em Filipenses, escrita, de acordo com a visão tradicional, mais ou menos no mesmo período de Efésios; 5 vezes em Colossenses, escrita, de acordo com a visão tradicional, no mesmo período de Efésios. No entanto, ἀδελφοί não ocorre em todo o corpo de Efésios, aparecendo apenas duas vezes na seção convencional de saudações finais.

Tanto Colossenses quanto Efésios usam o *Haustafel* não paulino. Para Colossenses, ele funciona principalmente como instrução sobre as regras para a família cristã, enquanto que, em Efésios, o *Haustafel* tornou-se um texto tradicional interpretado *midrashicamente* como um sermão sobre a igreja (Cl 3,18 – 4,1; Ef 5,21 – 6,9). Em Colossenses, são os escravos que são o alvo do máximo de instrução; em Efésios, a seção mais longa é dirigida a maridos, visto que são eles que podem imitar a Cristo em função de seu papel social.

Colossenses não usa terminologia de *salvação* para o evento-Cristo. Todo o vocabulário relacionado com o verbo σῴζω (*sōzō*, salvar) está ausente, mas é comum em Efésios: o evangelho da salvação (1,13); os crentes foram salvos (2,5.8) e vestem o capacete da salvação (6,17); Cristo é o Salvador (5,23), e o modelo para os maridos cristãos.

O Paulo de Colossenses pediu aos leitores que orassem para que uma porta para a palavra fosse aberta (Cl 4,3); o Paulo de Efésios, no trecho correspondente, pede aos leitores que orem para que a boca de Paulo fosse aberta para proclamar o evangelho claramente (Ef 6,19).

Mesmo em tais variações estilísticas aparentemente pequenas, como o uso do vocabulário comum "em Cristo", há uma distinção entre Efésios e Colossenses. Efésios usa as frases "no Senhor Jesus", "em Cristo Jesus" ou "Jesus", seis vezes, mas elas nunca são encontradas nos numerosos paralelos em Colossenses.

Cada um desses pontos – e isso é apenas uma amostra – parece um pouco menor quando tomado individualmente. O peso cumulativo, no entanto, é considerável. É o padrão total de concordância e discordância que deve ser explicado – diferenças cruciais sobre temas importantes, combinados com inúmeras diferenças estilísticas sobre temas sem importância. Isso é difícil de fazer considerando que Colossenses e Efésios foram escritas pelo mesmo autor, mais ou menos no mesmo período, conforme postula a visão tradicional. As *semelhanças* apontam para uma estreita relação de alguma espécie entre Colossenses e Efésios; as *diferenças* indicam um autor diferente em um momento posterior. A evidência parece apontar que Efésios foi composta, mais tarde, por um autor que estava muito familiarizado com Colossenses, e a adotou como estrutura básica para sua própria composição, ampliando-a com o material de outras cartas paulinas e a tradição oral que circulava na escola paulina. Não devemos, porém, imaginar um "editor", com textos paulinos diante de si, compondo Efésios através de um "recortar-e-colar", mas um mestre da escola paulina que compõe um novo manifesto da teologia paulina, para uso nas igrejas da missão paulina, selecionando, combinando, e reinterpretando a partir do material paulino no qual sua mente estava imersa.

Provavelmente, Efésios reflete o contato pessoal entre esses mestres, discussão e troca de tradições entre si. O autor não está tentando imitar Paulo, mas repensá-lo, assim como Deuteroisaías em relação ao Isaías de Jerusalém. Portanto, a objeção de que apenas um plagiador tolo ou editor teria feito tais mudanças óbvias não vem ao caso. O autor não está tentando levar os leitores a pensar tolamente que eles têm uma carta anterior desconhecida, escrita por Paulo, mas representar Paulo, e pensar os pensamentos de Paulo, *depois* dele.

Tipo, Data e Proveniência

Com exceção da introdução e saudações finais, e a forma da segunda pessoa do discurso, Efésios não se lê como uma carta. Ela tem sido chamada de um tratado, manifesto, meditação, discurso de sabedoria, ou homilia na forma de uma carta. Efésios se lê como um documento de ensino escrito na forma epistolar, que se tornou normativo na escola paulina, expressando uma declaração resumida da teologia de Paulo, que avança parra além das declarações mais antigas na escola paulina, reinterpretando a declaração de Paulo a respeito da fé e vida para a qual a igreja é chamada.

A dependência literária das cartas de Paulo e, especialmente, de Colossenses indica que Efésios foi escrita após o corpus paulino começar a ser divulgado, e após a composição de Colossenses. As primeiras referências positivas a Efésios estão na carta de Policarpo aos Filipenses (ca. 120 d.C.); Inácio a Policarpo (ca. 110 d.C.) provavelmente faz alusão a Ef 5,25.29. Clemente de Roma e 1 Pedro (ca. 95) podem ter conhecido Efésios, o que significa que ela já estava circulando em Roma nos anos 90.[17] Tudo isso sugere uma data no final dos anos 80 ou início dos anos 90 para a composição de Efésios.

Não existem indicações claras da proveniência da carta. As associações com Éfeso e o cristianismo da segunda geração na Ásia Menor sugerem Éfeso como um lugar plausível de origem.

15.2.2 Estrutura e Esboço

A carta está estruturada de acordo com a estrutura dialética bipartida, que se tornou tradicional na escola paulina (§§10.2.3, 15.1.4). A carta se divide claramente em duas partes, 1-3 e 4-6. A parte um, caps. 1-3, termina com uma doxologia/bênção e amém. A parte dois, caps. 4-6, começa com um οὖν (*oun*, portanto), correspondendo a Rm 12,1 e Cl 3,1.

1,1-11	Introdução Epistolar
1,1-2	Saudação
1,3-14	Bênção
1,15-23	Ação de graças
2,1-3,21	Parte Um: Instrução Teológica—A Igreja Universal
2,1-22	Fundamentação Teológica: Salvação e Reconciliação em Cristo

---

[17] *PolFp* 1,3=Ef 2,5.8.9; *PolFp* 12,1=Ef 4,26; *PolFp* 4,1 possivelmente reflitam Ef 6,11. *IgnPol* 5,1=5,26.29. Alguns eruditos encontram alusões a Efésios em 1 *Clemente* (1 *Clem* 46,6/Ef 4,4-6; 1 *Clem* 59,3/Ef 1,17-18 podem representar tradições comuns e melhores do que o conhecimento de Clemente sobre Efésios. Sobre possíveis conexões entre Efésios e 1 Pedro, ver introdução a 1 Pedro abaixo.

2,1-10	Salvação
2,11-22	Reconciliação
3,1-13	O Ofício e Missão Apostólica
3,14-21	Oração: Intercessão e Doxologia
4,1-6,20	Parte Dois: Instrução Ética–Vivendo como Cristãos
4,1-16	A Base: Chamados para a Igreja única
4,17-5,20	A Antiga e a Nova Vida
5,21-6,9	O Lar Cristão, Cristo e a Igreja
6,10-20	Conflito Armado com os Poderes
6,18-20	Oração
6,21-23	Conclusão Epistolar

15.2.3 Síntese Exegético-Teológica

1,1-23 Introdução Epistolar

1,1-2 Saudação
Escrevendo em nome de Paulo e usando a fórmula de saudação epistolar, que já havia se tornado tradicional na escola paulina, o autor saúda a igreja ecumênica. Em contraste com todas as outras cartas não disputadas, à exceção de Romanos, não há associados incluídos como coautores – o foco está inteiramente sobre Paulo, e reivindica-se sua autoridade para o ensino que o documento oferece.

Depois da saudação, Paulo tipicamente incluía uma extensa ação de graças, antecipando o corpo teológico da carta, regularmente introduzida com εὐχαριστῶ (*eucharistō*, dou graças), embora em 2 Co 1,2, ele use a fórmula comum judaica de oração εὐλογητός (*eulogētos*, Bendito...). O autor de Efésios combina as duas formas; 1,3-14 é a benção, e 1,15-23 é a ação de graças. A bênção/ação de graças introdutória do capítulo 1 está inserida numa extensa oração de, 3,14-21, de modo que todo o corpo teológico da carta é essencialmente uma oração.[18] A seção está entrelaçada com elementos litúrgicos que, provavelmente, refletem o culto nas igrejas paulinas da Ásia.

---

[18] Cf. KARL BARTH: "O primeiro e mais básico ato teológico é a oração" (Karl Barth, *Evangelical Theology: An Introduction* (trans. Grover Foley; New York: Holt, Rinehart, and Winston, 1963), 160), refletindo o dito do monge do quarto século, Evagrius Ponticus.

1,3-14 Bênção

Esses versos estão numa sentença grega extensa, solene, litúrgica e alegre. Apesar de seguir em frente, com orações e frases conectadas por conjunções, pronomes relativos e particípios, o autor não vai perambulando. A unidade é cuidadosamente estruturada, estabelecendo as razões por que Deus deve ser louvado e adorado. Esta irrupção de louvor na abertura não pode ser mais bem "sintetizada" do que o foi no "Aleluia de Handel". Alguns pontos-chave podem ser identificados:

Através de um denso uso da frase paulina "em Cristo" e seus equivalentes,[19] o autor louva a Deus pelo que ele fez em Cristo. Os leitores estão em Cristo, de modo que o ato salvífico de Deus está em consonância com o que ele fez através de Cristo em favor dos crentes. A vida dos crentes está inserida na vida de Cristo, e esta vida se estende para o universo e pelas eras. O evento salvífico é visto tanto como espacial quanto temporal, tanto vertical quanto horizontal, tanto "nos lugares celestiais" (1,3) quanto escolhido "antes da fundação do mundo" (1,4).[20] Esses eixos espaciais e temporais, ambos transcendentes, se entrecruzam no evento-Cristo. Como em Colossenses, Cristo é o Ser pré-existente que entrou na história como o ato salvífico de Deus. Os crentes são seres terrenos, mortais e não pré-existentes (assim como no platonismo e no gnosticismo posteriormente), mas suas vidas mortais estão unidas à de Cristo. Assim como Cristo ressuscitou e foi entronizado no mundo transcendente, assim também os crentes (1,3-4). Existe um contraste com a reserva escatológica de Paulo na qual a ênfase está sobre a identificação do crente com a cruz, e a ressurreição está na categoria do "ainda não" (ver Rm 6,1-11). O autor vai além da afirmação em Colossenses de que os crentes já foram ressuscitados com ele (3,1), e apresenta os cristãos como já assuntos e entronizados com Cristo "nos lugares celestiais". Contudo, Efésios não acredita que os cristãos já se retiraram da história misticamente. Eles ainda vivem suas vidas neste mundo, e devem representar a realidade de seu

---

[19] Ver acima, §13.3.2. Ef 1,3-14 usa a frase 11 vezes em doze versos. Efésios como um todo usa a frase duas vezes no mesmo ritmo de frequência verificada nas cartas não disputadas de Paulo.

[20] Esse é o horizonte temporal mais antigo de Efésios, e a única referência à realidade da pré-criação. Está em flagrante contraste com os mitos gnósticos da pré-criação (ver §9.2.2).

chamado vivendo suas vidas, que são diferentes da cultura ao redor (caps. 4-6). Eles ainda estão aguardando o fim, assim como relembram a criação, a aliança com Israel, o evento-Cristo, e seu próprio chamado inicial para ser cristãos. Mas a realidade essencial de sua vida já está unida à de Cristo, e Cristo já foi crucificado, ressurreto e exaltado. Esta é uma explicação e avanço da declaração de Colossenses de que a vida dos crentes está "escondida com Cristo em Deus" (Cl 3,3).[21]

Embora Efésios possa estar num diálogo positivo com o jeito gnóstico de pensar, explorando-o como um veículo da teologia cristã,[22] a teologia de Efésios está em contraste fundamental com o gnosticismo emergente, que concebe o evento salvífico dentro de uma metanarrativa horizontal que afirma a história e este mundo, localizando a vida do crente dentro de uma grande narrativa histórica que se estende desde a criação até o eschaton. Cristo existia antes da criação, e os crentes foram escolhidos "nele" antes da fundação do mundo (1,4), mas em contraste com o gnosticismo, não há uma explicação mitológica do mal em termos do que aconteceu antes da criação. Toda a história prossegue sob o plano soberano do Criador desde a criação até o eschaton, com a vinda de Cristo ao mundo como o ponto central definidor.

De acordo com grande parte da teologia cristã, a abrangente metanarrativa pressuposta por Efésios está compreendida em cinco atos: criação, aliança, Cristo, igreja, consumação (ver acima §1.5). Dentro dessa estrutura comum, a perspectiva distintiva de Efésios está representada nos seguintes aspectos:

---

[21] Tais variações e debates representam discussões e debates dentro da escola paulina e com outras correntes cristãs na Ásia. A comunidade joanina, também localizada em Éfeso, também está no processo de reinterpretar a escatologia apocalíptica da primeira geração, com um deslocamento para a realidade presente sem desistir da esperança futura (ver Vol. II §27.5, discussão sobre João 13,31-17,26). Parece que, às vezes, o debate girou em torno das mesmas imagens. Cf. Ap 3,21, onde a promessa de que os cristãos fiéis seriam entronizados com o Cristo ressurreto é uma imagem da consumação futura. Tal imagem está sendo reinterpretada nas escolas paulina e joanina, na mesma região geográfica. Suas discussões podem ter se influenciado mutuamente. Em Efésios, ouvimos por acaso um lado de uma diálogo/debate sobre como a apocalíptica paulina deveria ser reinterpretada na geração seguinte à morte de Paulo, em diálogo com outros paulinistas e joanitas e outros mestres, às vezes usando os mesmos temas e textos. Em Apocalipse e no Quarto Evangelho, ouvimos variações sobre o mesmo tema dentro da escola joanina.

[22] Cf. especialmente SCHLIER, *Epheser*.

- A aliança com Israel é mantida como um elemento constituinte do todo-abrangente plano de Deus, mas o esquema promessa/cumprimento não é usado para explicar isso. Tampouco as figuras específicas bem como os detalhes da importante história de Israel – não há referência a Abraão, Moisés, Davi ou os profetas de Israel.
- O evento-Cristo é quase identificado com o evento que chama a igreja à existência. O autor não pode pensar em "Cristo" à parte da "Igreja", nem a "Igreja" à parte de "Cristo", de modo que cristologia e eclesiologia são praticamente uma coisa só. A igreja é parte do evento-Cristo e é definida por ele.
- Embora o centro definidor já tenha ocorrido, a consumação do plano de Deus está ainda por vir. O centro de gravidade deslocou-se do "ainda não" para o "já", mas a tensão paulina é mantida. Há ainda uma consumação futura, e a "única esperança" (4,4) ainda é um elemento indispensável da existência cristã. Efésios, de fato, é o único documento paulino a manter a terminologia apocalíptica judaica comum das duas eras (1,21).
- Nesse aspecto, os elementos da história de Israel no passado e a história da igreja no futuro escatológico estão submersos na grande visão. Em Efésios, a criação pode ter sido há milênios, e a consumação milênios no futuro. A expectativa paulina da parousia claramente desapareceu, mas não o quadro histórico e escatológico abrangente de sua teologia.
- A consumação desse plano será a "convergência" de todas as coisas em Cristo (1,10). O destino do universo, que é criação de Deus, mas está atualmente fraturado, deve ser restaurado e colocado sob uma única rubrica. Cristãos são aqueles que já conhecem esse mistério do plano de Deus para o universo. Eles já são participantes, de forma preliminar, mas real, do destino do cosmos como um todo (1,12-13). O evento-Cristo levará à totalidade de um universo fragmentado, em que não só a humanidade dividida vai se reconciliar consigo mesma e com Deus, mas o próprio universo será restaurado. Em contraste com o gnosticismo, mas de acordo com Paulo (e.g. Rm 8,18-24), o evento salvífico de Deus não está interessado em salvar as almas individuais da confusão deste mundo e da história, mas em conduzir toda a criação à sua bondade original.
- Este plano de Deus para a criação não é uma questão de filosofia especulativa. O plano de Deus, este mistério abrangente, é revelado "em Cristo" (1,9-10). O intelecto humano nunca poderia ter chegado a esta verdade, que é uma questão de revelação "em Jesus" (4,21).

1,15-23 Ação de graças

Esse parágrafo é outra frase singular no texto grego, correspondendo à seção de Ação de Graças que tipicamente introduz as cartas de Paulo. Embora haja uma mudança no formato da bênção inicial do parágrafo anterior, o tema da *revelação* continua. O autor retrata Paulo dando graças pelos leitores e orando para que eles recebam a sabedoria e discernimento que vêm do Espírito. A revelação definitiva já foi feita no evento-Cristo, conforme interpretado pelos apóstolos e profetas cristãos (1,8-9; 2,20; 3,3-5). No entanto, a segunda geração não se limita a receber essa revelação indiretamente conforme transmitida do passado. O Espírito estava atuando não apenas na primeira geração cristã, mas continua atuar na vida da igreja (1,17). A apropriação que cada geração faz da revelação do passado é em si uma revelação dada pelo Espírito, e a atividade contínua do Espírito dá novos vislumbres sobre o significado atual da fé.

O Espírito abre os "olhos do coração" do leitor para que perceba a esperança cristã, e reconheça um universo que finalmente se submeterá à soberania de Deus (1,18). Eles entenderão que fazem parte da "herança de Deus", i.e., que pertencem a Israel, o povo de Deus. Seus olhos se abrirão ao poder de Deus, que trabalha entre eles. O autor não faz vistas grossas às imperfeições humana da igreja, mas ora para que seus leitores vejam a igreja como mais do que uma comunidade que funciona através das boas intenções de seus membros. Assim como o universo não é uma entidade independente, mas é dirigido por "Aquele que energiza todas as coisas" (1,11), assim também a igreja existe e desempenha sua missão pelo poder de Deus, e o autor ora para que seus leitores vejam isso" (1,19).

Este poder já havia ressuscitado a Cristo dentre os mortos e o entronizou acima de todos os poderes cósmicos. Os versos 22-23 têm diversos problemas exegéticos, mas o fio condutor é claro: o Cristo que já é cabeça do universo é também a cabeça do corpo, a igreja. Cristo enche a igreja de sua presença e poder. A igreja é uma prolepse do que o universo será. A igreja, enquanto comunidade de amor e harmonia entre os crentes que adora o Criador, é retratada como uma antecipação do que será toda a criação. Embora isso possa ser retratado como um triunfalismo cristão – o universo deve tornar-se uma "grande igreja" – é assim que deve ser. O autor de Efésios alega que o amor de Deus já se manifestou no evento-Cristo, e a igreja finalmente prevalecerá como a verdadeira realidade de toda a criação.

2,1-3,21 Parte Um: Instrução Teológica – A Igreja Universal

2,1-22 Fundamentação Teológica: Salvação e Reconciliação em Cristo

O culto em Israel e no judaísmo frequentemente incluía a recitação dos poderosos atos salvíficos (e.g., Sl 105,106). O autor de Efésios expande aqui os atos salvíficos de Deus ao enviar a Cristo, e ao formar a comunidade cristã, correspondendo a Cl 1,12-13 no modelo que está seguindo (ver acima). Em seu próprio esboço reconfigurado, é difícil separar do corpo da carta essa grande ação de graças litúrgica.

2,1-10 Salvação

Como Paulo, o autor expande o drama da salvação em três atos: *o caminho em que andávamos* (2,1-3; cf. Rm 1-3), *o ato salvífico de Deus* (2,4-8; cf. Rm 4-11), *as boas obras da comunidade cristã* (2,9-10; cf. Rm 12-16).

O caminho em que andávamos. O autor judeus cristãos não distingue seu passado daquele de sua audiência gentílica cristã. Assim como no climático "não há diferença" de Paulo, em relação ao pecado humano de Rm 3,22, assim também o autor de Efésios inclui todos os seres humanos em seu estado pré-cristão como "por natureza, filhos da ira, como também os demais" (2,3). Ele não apresenta o dualismo mente/corpo no qual a carne é má, e a mente tem boas intenções que não pode executar porque é desvirtuada por desejos carnais. A pessoa como um todo, corpo e mente, é enredada na rede do mal controlado por forças demoníacas deste mundo, que controlam seu sistema de valores e o *modus operandi*. Este é o estado de *morte*.

O ato salvífico de Deus. Pessoas mortas não podem desenredar-se do poder escravizador da morte. O ato de Deus ao ressuscitar a Cristo dos mortos incluiu a dádiva da nova vida aos crentes, os quais ressuscitaram e foram entronizados com ele (ver acima). A ressurreição não foi meramente um evento divino espetacular do passado. Ela envolve os crentes porque ocorreu não apenas com Jesus, mas também com eles.

As boas obras da comunidade cristã não são atribuídas apenas à sua própria determinação ampliada. Elas são também o resultado da iniciativa divina. Aqui, como em outros lugares em Efésios, a dialética da soberania divina e a liberdade humana é totalmente prática; uma não compromete a outra. Assim como em seu estado pré-cristão, os seres humanos eram não apenas responsáveis por suas próprias decisões, mas estavam sob o poder do mal, assim também, no presente, os cristãos devem tomar decisões de maneira responsável (cf. as exortações nos caps. 4-6), mas quando o fazem, eles estão realizando as boas obras que Deus já lhes havia preparado (2,10). Os seres humanos não são robôs, nem antes nem depois de se tornarem crentes, mas também não são independentes da soberania de Deus. Como no caso de Paulo, nada disso era visto no momento, mas apenas em retrospecto, através dos olhos da fé.

Embora o autor afirme a estrutura subjacente fundamental da teologia de Paulo, ele o faz usando conceitos, vocabulário e ênfases diferentes. A ênfase paulina sobre a cruz e a morte de Jesus é substituída pela ressurreição e exaltação. O crente não apenas morre com Jesus, mas é ressuscitado com ele. A progressão pode ser esboçada:

- *Paulo*: os crentes morrem com Cristo e são sepultados com ele e recebem nova vida, mas a ressurreição está no futuro (Rm 6,1-11; Fp 3,7-12).
- *Colossensses*: o crente morre, é sepultado, e ressuscita com Cristo, a realidade do que será revelado na manifestação futura e final da glória de Cristo (Cl 3,1-4).
- *Efésios*: os crentes já ressuscitaram e ascenderam com Cristo, sem referência ao morrer com ele ou à futura ressurreição.

Em tudo isso, a luta de Paulo com os cristãos judaizantes sobre a necessidade de guardar a lei judaica não mais desempenha um papel. A questão não é se as "obras da *lei*" são necessárias para a salvação, mas se as obras humanas como tais desempenham algum papel. Aqui, a salvação como dom gracioso de Deus é contrastada com o empenho humano para a salvação como tal. A questão nas décadas de 80 e 90 nas igrejas paulinas da Ásia não é oposição a uma interpretação judaizante da fé cristã, mas sua incorporação a uma religiosidade geral efetiva na qual a salvação é ainda uma questão de atividade humana.[23] Em Colossenses, ainda havia elementos judaizantes nas visões opostas combatidas pelo autor. Este não é mais o caso para o autor judeus cristãos de Efésios, que está de fato preocupado em ajudar a igreja a recuperar sua herança judaica, conforme veremos na seção seguinte.

---

[23] Cf. LINCOLN, *Ephesians*, 120.

2,11-22 Reconciliação

Esses versos projetam outra visão do drama composto de três atos, este tempo pela perspectiva da humanidade dividida e o ato divino de reconciliação. Os leitores gentios eram inicialmente estranhos ao plano divino para o mundo incorporado na história da aliança de Israel, simbolizado pela circuncisão e a lei que colocou Israel à parte do restante da humanidade. O evento-Cristo reconciliou todos os povos, judeus e gentios, com Deus, e consequentemente reconciliou-os uns com os outros.[24]

[FOTO 40 – Inscrição de advertência no Templo: "Nenhum estrangeiro deve ultrapassar o muro de proteção ao redor do santuário. Qualquer um que for pego terá a si mesmo como responsável por sua morte". Crédito da Foto: M. Eugene Boring]

---

[24] Alguns intérpretes viram na parede quebrada de 2,14 uma referência específica ao muro que separava judeus de gentios no templo de Jerusalém. Esse muro, que proibia gentios de entrar nos recantos sagrados foi quebrado, de fato, pelos exércitos romanos que destruíram Jerusalém na guerra de 66-70 d.C. Outros eruditos viram um pano de fundo proto-gnóstico para essa imagem, na qual o muro era uma barreira que separava o mundo celestial do terrestre. Uma delas, ou talvez as duas imagens, podem estar no pano de fundo do pensamento do autor, mas não lhe são necessárias. O ponto fundamental é que, para a fé cristã, a barreira que separava judeus e gentios havia sido abolida.

A divisão Judeu/Gentio representa a fragmentação de toda a humanidade. Uma vez que essa divisão foi abolida na igreja única de judeus e gentios, todas as barreiras nacionais, raciais e culturais que separam as pessoas não existem mais. A reunião da humanidade fragmentada na igreja é outro exemplo de como o autor vê a igreja como um antegozo do plano de Deus em trazer todo o universo sob sua justa liderança. Dentro dessa afirmação abrangente, os seguintes pontos distintivos sobre a maneira como o autor desenvolve sua teologia podem ser notados.

O *sangue de Cristo* (2,13) e a *cruz* desempenham um papel decisivo no evento salvífico, mas o foco não está, assim como em Paulo, na morte de Cristo como o meio de salvação, mas na função da morte de Cristo em trazer os gentios para a aliança de Deus. Paulo, num complexo e diversificado argumento sobre a relação entre judeus e gentios no plano de Deus, insiste que na sua compreensão a fé não aboliu a lei (Rm 3,31). Uma geração depois, Efésios declara, na única referência a νόμος (*nomos*, lei) em toda a carta, que a lei que foi o muro de separação entre judeus e gentios foi abolida pela morte de Cristo (2,15). Isso não significa que o autor rejeita a lei judaica como tal. Ao contrário, os cristãos gentios para quem ele escreve já estão muito propensos a ignorar ou rejeitar sua herança judaica, incluindo as Escrituras Judaicas, agora adequadas como a Bíblia da igreja. O autor quer ajudar seus leitores a apropriar-se de sua herança judaica. Ele quer que vejam que a história da salvação não começou com eles, mas que eles foram incorporados ao contínuo plano de Deus ao qual antes eram estrangeiros. Os cristãos gentios podem até ter olhado com desprezo para seus antepassados judeus e cristãos judeus, mas o autor – que era ele próprio um discípulo judeus cristãos do Paulo judeu cristão – quer corrigir isso. Contudo, há um contraste com Paulo que, uma geração antes, no calor do debate, foi acusado de abolir a lei ao aceitar gentios na igreja sem circuncisão (cf. Gálatas, Romanos, Atos 9-15). Paulo furiosamente negou essa acusação. Aqueles dias se foram e, uma geração depois, um mestre na escola paulina, escrevendo para cristãos gentios, pode declarar sem debate que a lei, como meio de separar judeus e gentios, foi, nesse sentido, abolida. Sua contínua validade como Escritura é aparente para o autor, que faz alusões a ela, e cita passagens a fim de assumir autoridade (e.g., 4,8.25-26; 5,31; 6,2), e que assume o esboço da narrativa bíblica como a estrutura para sua própria teologia.

3,1-13 O ofício e a missão apostólica

Esta seção corresponde a Cl 1,24 – 2,5 no modelo que o autor está seguindo, a qual elabora o papel dos apóstolos e profetas da primeira geração na formação da igreja e a revelação do plano de Deus para a história. No ponto de vista de Efésios, esse plano não foi revelado aos profetas do Antigo Testamento, nem foi incluído no ministério do Jesus histórico,[25] mas foi primeiramente revelado através do Espírito Santo na vida da igreja, através dos apóstolos e profetas cristãos. Isso já ocorreu na primeira geração, a qual é rememorada pelos leitores de Efésios (2,20). Esta não é uma questão de controvérsia, como durante o tempo de Paulo.

A *gestalt* reveladora possui três elementos. Primeiro, há um evento na história – a revelação não vem do nada, mas em relação a algo que ocorreu ou está ocorrendo: algumas igrejas começam a aceitar os gentios no povo de Deus sem a circuncisão e a garantia da observância da Torá. Mas o evento em si é ambíguo: pode se referir a uma nova e definitiva fase no plano de Deus para a história, ou outra falha do povo de Deus em manter os padrões divinamente dados. Nessa situação ambígua, um profeta ou grupo profético dá a palavra de interpretação. Contudo, isso não define a questão, visto que há diversas alegações proféticas. Toda a comunidade de fé deve discernir quando o Espírito está falando. Esta já era a compreensão de Paulo (cf. 1 Ts 5,20-21; 1 Co 12,4-11,27-31; 14,1-40), e era ainda uma questão viva nas igrejas da Ásia, às quais Efésios se destinava (cf. Ap 2,20). Essa fusão de evento + interpretação profética + discernimento pela comunidade conduzida pelo Espírito resultou no coeso corpo de Cristo, composto de judeus e gentios. A comunidade como um todo é capaz de discernir que a revelação havia sido dada de fato, não necessariamente porque

---

[25] O fato de que Cristo "pregou paz" (2,17) não se refere à pregação do Jesus histórico, a qual não desempenha qualquer papel em Efésios. Não foi o exemplo do Jesus histórico que fez com que as igrejas da primeira geração da missão helenística admitissem gentios sem requerer a circuncisão e a guarda da Torá (ver acima §9.2.2). Não há tal exemplo (cf. Mc 7,27; Mt 10,5-6; 15,24, e os esforços da igreja para admitir gentios registrados em At 10-15). Foi a pessoa de Cristo e sua cruz, o evento-Cristo como tal, que, depois da Páscoa, trouxe a unidade entre judeus e gentios. Como Paulo, o autor de Efésios considera a pregação que a igreja faz da mensagem cristã como a pregação do próprio Cristo através do Espírito, que está operando na igreja (cf. Rm 10,14b.17).

tivesse experiência direta de revelações, mas lendo o que Paulo escreveu (3,3). No contexto, provavelmente isso se refere ao próprio texto de Efésios, mas também aponta para a reunião e circulação do corpus dos escritos paulinos pelas igrejas da Ásia como um guia normativo para sua fé.

Na teologia de Efésios, há tanto um estreitamento e alargamento das compreensões anteriores de como a revelação funciona. Por um lado, a ideia de que o Espírito de revelação trabalha através da igreja como um todo está focada num grupo menor: os apóstolos e profetas, que são considerados como "santos" e "o fundamento" (3,5; cf. 2,20). Novos *insights* e revelações devem agora corresponder a esse padrão. Por outro lado, o foco em Paulo como o único apóstolo prevalecente em outras correntes da escola paulina (cf. Colossenses e as Pastorais) é agora ampliado numa direção ecumênica.[26] Paulo é ainda uma figura chave, mas ele é um entre vários apóstolos autorizados, um dentre as pedras de fundação, das quais Cristo é a pedra chave. Este é um aspecto de conviver com sua morte e perda como um centro unificador da igreja. Não há indício de tensão ou conflito entre Paulo e os outros apóstolos, ou de que ele tivesse que se esforçar para ter um espaço no colégio apostólico. A teologia de Efésios não é ainda aquela da igreja protocatólica do segundo século, mas está definitivamente na rota para a Santa Igreja Católica Apostólica una.

3,14-21 Oração: Intercessão e Doxologia

Essa seção é uma inserção ao esboço de Colossenses que o autor está seguindo, substituindo a seção da "heresia colossense" como não mais necessária ou relevante. Uma vez que o corpo da carta começou com uma oração e ação de graças ampliadas (1,3-23), ela também conclui com uma magnificente oração e doxologia, expressando a fé do escritor de que o Cristo vivo continua a trabalhar poderosamente através do Espírito na comunidade como um todo, e não apenas em sua crescente liderança oficial.

---

[26] Cf. o contraste entre a visão de Efésios sobre o ofício universal apostólico de Paulo e 1 Co 9,2, "Se não sou apóstolo para outrem, certamente, o sou para vós outros; porque vós sois o selo do meu apostolado no Senhor". Em contraste com a identificação em Efésios da fundação de uma igreja sobre os apóstolos e profetas, cf. a insistência de Paulo em 1 Co 3,11, "Porque ninguém pode lançar outro fundamento, além do que foi posto, o qual é Jesus Cristo".

4,1-6,20 Parte Dois: Instrução Ética – Vivendo como Cristãos

Duas partes estão ligadas pelo *chamado*: 1,18; 4,1. Na Primeira Parte, o autor expôs o significado teológico do chamado de Deus para a igreja; a Segunda Parte estabelece a necessidade de viver de maneira apropriada a esse chamado. A teologia da Primeira Parte não tem em vista teologias oposicionistas que ela quisesse corrigir ou substituir, mas a *santidade* do povo de Deus. A teologia é para o apoio da prática ética da comunidade cristã, e não para um debate teórico com teologias em competição.

4,1-16 A base: chamados para a igreja única

Uma dimensão maior da nova responsabilidade cristã é viver de tal modo que a unidade do povo de Deus, dada pelo Espírito, não é destruída. Manter a unidade da igreja, vivendo numa comunidade que apresente ao mundo que as paredes que separavam o povo de Deus, de fato, foram destruídas (2,11-21), é uma parte da missão da igreja. Essa unidade é a expressão e continuação do monoteísmo judaico, manifesto em um só Deus, um só Senhor, um só Espírito, um só batismo, uma só igreja (o corpo), uma só fé, uma só esperança. O "único pão", a teologia eucarística paulina de que todos os cristãos se unem em torno de uma só mesa falta aqui, e em outros lugares nas cartas deuteropaulinas – embora possa haver uma alusão a isso na expressão "único corpo" (cf. a identificação de "pão" e "corpo" em 1 Co 10,17; 11,23-24).

A ideia paulina de que todo membro do corpo recebe um dom é reafirmada, embora sem um vocabulário paulino específico. O Sl 68,18 é interpretado como significando que o Cristo ressurreto dá dons a sua igreja. Esses dons são agora compreendidos, num sentido semioficial, como o ministério da igreja. No tempo de Paulo, os apóstolos, profetas e mestres eram todos contemporâneos. O autor de Efésios retoma os apóstolos e profetas como pertencendo à primeira geração, embora a liderança eclesiástica contemporânea seja representada pelos evangelistas e pastores-mestres. Os evangelistas eram aparentemente missionários itinerantes que fundavam novas congregações, embora os pastores-mestres fossem um grupo distinto com a responsabilidade de ensinar e pastorear as congregações (não está claro se os pastores e mestres eram categorias separadas de ministros ou um único ministério de pastor-mestre). Em contraste com os desenvolvimentos posteriores dentro de algumas correntes das igrejas paulinas, a liderança eclesiástica ainda não é uma questão de ordenação, nem há presbíteros, bispos e diáconos dentro do campo de ação do autor de Efésios (cf. 1 Tm 3; Tt 1). Já há um grupo identificável de ministros, mas nenhum processo sólido de seleção e ordenação. Os ministérios dos evangelistas e pastores-mestres, embora distintos, estavam provavelmente sobrepostos.

4,17-5,20 A antiga e a nova vida
Nessa seção, o autor adota e amplia a seção paralela de Cl 3,5-17. Alguns elementos distintos em Efésios são:

- Embora etnicamente gentios (2,11; 3,1), eles não devem mais viver "como os gentios". Os leitores pertencem à nova comunidade cristã que transcende a divisão judeus/gentios. Embora não fossem etnicamente judeus, eles podiam considerar-se cidadãos de Israel e encarar o mundo descrente e sua própria antiga descrença como um jeito "gentio" de viver que devia ser abandonado (cf. 1 Co 12,2; 1 Pd 2,12; 3 Jo 7).
- A ênfase de Paulo sobre o poder do Espírito na vida da igreja como força propulsora do comportamento ético (4,23.30; 5,18) havia sido praticamente eliminada em Colossenses. Efésios retoma a visão distintiva paulina.
- Pela primeira vez na tradição paulina, o lugar exaltado de Cristo no plano divino é expresso na frase "o reino de Cristo e de Deus" (5,5). Jesus proclamou o reino de Deus, assim como fizeram a igreja primitiva e Paulo. Colossenses se refere separadamente ao "reino do Filho" (Cl 1,13) e o "reino de Deus" (Cl 4,11). Efésios combina-os. Embora essa frase seja única em todo o corpus paulino, 2 Tm 4,1 e Ap 11,5 indicam que, na segunda e terceira geração, as figuras de Cristo e de Deus estavam fundidas no pensamento das igrejas da Ásia.
- Efésios expande a parênese de Colossenses ao acrescentar a imagem da igreja como a portadora de luz para um mundo em trevas (5,7-14 é único em Efésios). Essa luz do evangelho não é apenas para expor e reprovar, mas permitir que a própria treva se torne luz, e permitir que os crentes vejam sua situação à luz de Cristo e que eles mesmos se tornem luz. Essa luz que irradia a partir da igreja finalmente transformará toda a criação (ver 1,10.23). Como os próprios leitores foram trazidos da escuridão para a luz, eles podem ter esperança para todo o universo.

5,21-6,9 O lar cristão, Cristo e a igreja

A apropriação e expansão que o autor faz do código doméstico de colossenses são marcadas por duas ênfases distintas (ver acima Cl 3,18 – 4,1 para a discussão geral da interpretação dos códigos domésticos do Novo Testamento):

Mutualidade. O *Haustafel* Colossense começa com "Esposas, sujeitai-vos..."; Ef 5,21 começa com palavras dirigidas a toda a igreja, "Sujeitai-vos uns aos outros". Diferente de Colossenses, Efésios aborda uma situação na qual todos os que são abordados pertencem à igreja (esposas e maridos, filhos e pais, escravos e senhores), e não há instruções para os membros subordinados que têm maridos, pais ou senhores descrentes. Há, de fato, mais instruções para que os maridos amem suas esposas do que para que as esposas sejam submissas a seus maridos (5,25-33 vs. 5,22-24). O lembrete de que Deus não mostra parcialidade é destacada pelo deslocamento dos escravos em Cl 3,25 para os senhores em Ef 6,9.

Paradigma cristológico para a vida em família. Dentro das estruturas sociais dadas, a família cristã deve ser modelada na relação de Cristo para com a igreja. O autor adota a imagem da igreja como noiva de Cristo, a qual é adaptada da imagística bíblica no qual Israel é a noiva de Deus (Os 1-3; Ez 16,8-14). Alternar entre essa imagem cristológica e a vida familiar na terra tem o efeito de erguer o relacionamento conjugal a um nível sagrado (no mundo helenístico este era um contrato secular sem associações religiosas). Embora para Paulo o presente seja o tempo do engajamento com as bodas a ser celebradas no futuro escatológico, o autor de Efésios caracteristicamente lança sua ênfase para o presente: a igreja já é a noiva de Cristo, e o casamento cristão deve refletir isto. A imagem permanece androcêntrica, refletindo a cultura masculina dominante daqueles tempos.

Nesse paradigma, a prioridade é cristológica, e não sociocultural. O autor não argumenta "assim como o marido é a cabeça da esposa, assim também Cristo é a cabeça da igreja", mas a partir de uma realidade cristológica para a vida na comunidade cristã: assim como Cristo ama a igreja e a sustenta, assim também os maridos devem amar suas esposas. Embora a vida na família moderna não deva e nem possa replicar a situação da igreja do primeiro século, o desafio fundamental para os intérpretes modernos que querem tomar esses textos com a seriedade teológica e ética pode ser a insistência de Efésios de que a vida pessoal, familiar e civil é modelada pelo evento-Cristo, em vez de pelas expectativas da cultura moderna.

6,10-20 Conflito armado com os poderes
Esta seção não tem paralelo em Colossenses. As pressuposições teológicas que estão subjacentes e informam a exortação aos cristãos para revestir-se de "toda a armadura de Deus" começam com as imagens bíblicas de Deus como o guerreiro divino que derrota seus inimigos com grande poder e violência (e.g., Êx 15,1-21; Jz 5). Essas imagens foram aplicadas ao libertador escatológico esperado (e.g., Is 11,4-5; 49,2; 59,17). O autor está consciente da transformação causada pela afirmação cristã de que o Messias esperado é Jesus, e que essa libertação foi provocada pela cruz e a ressurreição, e da alegação específica de Paulo de que "o poder de Deus se aperfeiçoa na fraqueza" no Jesus que foi "crucificado em fraqueza" (2 Co 12,9; 13,4). Paulo incluiu especificamente elementos da armadura do guerreiro divino em sua própria exortação, mas com sua ênfase característica na salvação como no futuro – a couraça é fé e amor, e o capacete é a *esperança* de salvação (1 Ts 5,8). A esperança futura de Paulo tipicamente se torna realidade presente para o autor de Efésios, e os cristãos são estimulados a tomar o capacete da salvação (6,17). Para esse autor, os oponentes cósmicos de Deus já estão derrotados, e finalmente serão incluídos na reconciliação do cosmos na consumação da história, mas no presente ainda são hostis e inimigos ativos do propósito universal de Deus para a criação. Assim, os crentes não podem ser passivos, mas são chamados a serem participantes ativos no conflito, com armas defensivas e ofensivas que vêm de Deus e representam o poder de Deus. Essa imagem de participação numa guerra que já está vencida, mas que ainda chama para constante resistência, estava em contínuo movimento em outros círculos cristãos na Ásia próximo do fim do primeiro século (ver Vol. II sobre Apocalipse, esp. Ap 5,12). Efésios, aqui e em outros lugares, pode representar algum intercâmbio teológico com essas correntes contemporâneas da fé cristã.

6,18-20 Oração
A exortação final à oração, adaptada de Cl 4,2-4, torna-se aqui o aspecto final do equipamento do crente. A oração não é uma parte específica do equipamento de ataque ou defesa, mas caracteriza todo o curso de ação através do qual os crentes são equipados para a missão.

Assim como a teologia é executada diante de Deus em oração (cf. acima), assim também a vida cristã como um todo é vivida diante e a partir de Deus, permeada pela oração.

6,21-23 Conclusão epistolar
Muito disso é textualmente reproduzido de Cl 4,7-8, uma clara indicação de dependência literária. Diferente de Cl 4,18, não há alegação de que a saudação final foi escrita pela própria mão do apóstolo (cf. 2 Ts 3,17). Ao final dessa composição, o autor reverte especificamente para a estrutura de carta com a qual começou, inserindo seu texto dentro do mundo literário em que Paulo aborda suas igrejas. O autor não envia seu texto como um ensaio ou lista de instruções, mas como uma carta de Paulo, projetando o mundo narrativo paulino que é a estrutura para a fé cristã dos leitores.

15.3 Interpretando 2 Tessalonicenses

15.3.1 Autoria e Contexto Histórico

Segunda Tessalonicenses é um documento breve; entre os escritos paulinos, somente Filemom é a menor. A carta é composta de apenas três temas, todos inter-relacionados: perseguição, escatologia e os "indolentes". Na visão histórica tradicional, Paulo escreve outra carta para a nova congregação de cristãos em Tessalônica logo depois de escrever 1 Tessalonicenses, principalmente a fim de corrigir o equívoco dos leitores em relação ao seu ensino escatológico inicial. Supunha-se que sua intensa expectativa da proximidade da parousia, ocasionada em parte pela primeira carta de Paulo, teria feito com que alguns da congregação abandonassem seus trabalhos. Eles acabaram se tornando um problema para outros membros, e Paulo escreve para explicar que a segunda vinda não deveria ocorrer tão brevemente, de modo que eles deviam retornar ao trabalho. No processo, ele reafirma seu encorajamento inicial sobre a perseguição contínua.

Um estudo mais cuidadoso tornou problemática essa interpretação: 2 Tessalonicenses tem um tom diferente e mais oficial do que 1 Tessalonicenses, sem palavras ou saudações pessoais. Os dois documentos manifestam uma íntima relação literária a qual é sem paralelos entre as cartas paulinas não disputadas, com muitas similaridades de estrutura e frases, mas também com marcantes diferenças (ver seleção de detalhes abaixo). As duas cartas cobrem praticamente as mesmas questões, sendo a diferença mais óbvia a seção escatológica de 2 Ts 2,1-12. Especialmente, o programa escatológico de 2,1-12 parece difícil de reconciliar com o de uma carta escrita pelo mesmo autor, à mesma igreja, sob o mesmo tema, escrita apenas pouco tempo antes. De acordo com os dados revelados por intenso estudo de 1 e 2 Tessalonicenses, apresentam-se as seguintes posições:

1. Ambas as cartas foram escritas por Paulo, na presente ordem. As similaridades são explicadas pela proximidade de tempo: a estrutura e frases de 1 Tessalonicenses ainda estavam na memória de Paulo quando ele escreveu 2 Tessalonicenses. As diferenças devem-se à mudança de situação dos tessalonicenses no intervalo.[27]

2. Ambas as cartas foram escritas por Paulo, mas 2 Tessalonicenses foi escrita primeiro (a ordem atual e os títulos são adicionais, baseados na sua extensão). É muito difícil entender 2 Tessalonicenses como escrita pelo mesmo autor, pouco depois de ter escrito 1 Tessalonicenses para a mesma igreja. Os problemas, no entanto, são minimizados se 1 Tessalonicenses for vista como uma elaboração e expansão da anterior 2 Tessalonicenses.[28]

3. Ambas as cartas foram escritas por Paulo, mas não para o mesmo destinatário. As similaridades são explicadas como acima, embora as diferenças sejam explicadas em termos da diferença de destinatários, os quais Paulo tinha em mente. Há variações dessa visão:

- 1 Tessalonicenses foi endereçada a uma maioria gentílica cristã, e 2 Tessalonicenses a uma maioria judaica cristã;[29]

---

[27] Cf. e.g. ERNEST BEST, *A Commentary on the First and Second Epistles to the Thessalonians* (BNTC; London: Adam & Charles Black, 1972), 37-59, o qual opta por essa solução depois de ponderar todas as alternativas.

[28] O argumento foi construído primeiro em 1642, por HUGO GROTIUS (*Annotationes in Novum Testamentum*, 1641-50). Em tempos mais recentes, a visão clássica é de T. W. MANSON, "St. Paul in Greece: The Letters to the Thessalonians," *BJRL* 35 (1952-53); cf. um comentário baseado nessa ordem: CHARLES A. WANAMAKER, *The Epistles to the Thessalonians: A Commentary on the Greek Text* (NIGNT; Grand Rapids: Eerdmans, 1990).

[29] ADOLF VON HARNACK, "Das Problem des 2. Thessalonicherbriefes," *SPAW.PH* 31 (1910), 560-578, seguido por apenas alguns eruditos.

- 1 Tessalonicenses foi endereçada a um segmento limitado da igreja, mas 2 Tessalonicenses a toda a comunidade;[30]
- 1 Tessalonicenses foi endereçada a Tessalônica, mas 2 Tessalonicenses para uma igreja diferente em outra cidade;[31]
- Uma variação adicional: ambas as cartas foram escritas por Paulo à igreja em Tessalônica, mas cada carta tem um "grupo primário" diferente no interior da igreja como seu foco primário.[32]

4. Todas as teorias acima assumem a autoria paulina de ambas as cartas. Todos os eruditos críticos estão agora confiantes de que Paulo de fato escreveu 1 Tessalonicenses, mas desde o trabalho de J. C. E Schmidt, em 1801, os problemas têm sido resolvidos a partir da argumentação de que 2 Tessalonicenses é pseudoepígrafa.[33] Em décadas recentes, um número crescente de eruditos se convenceu de que as dificuldades de considerar 2 Tessalonicenses como escrita pelo próprio Paulo são esmagadoras, e de que há evidência que força a compreensão de que ela é pseudoepígrafa. Esta é provavelmente a visão da maioria dos eruditos críticos. Também há variações dessa visão:

- A carta foi escrita por Timóteo e/ou Silvano à igreja em Tessalônica, mas no tempo de Paulo e com sua aprovação, corrigindo a má interpretação do ensino escatológico de Paulo prevalecente em Tessalônica.[34]
- A carta foi escrita por um paulinista à igreja como um todo, opondo-se à crescente interpretação gnóstica da teologia paulina.[35]

---

[30] Martin Dibelius, *An die Thessalonicher I, II* (3rd ed.; Tübingen: Mohr, 1937), 57-58.
[31] Para Filipos, argumentado por Eduard Schweizer, "Der zweite Thessalonicherbrief ein Philipperbrief?," *TZ* 1 (1945), 90-105; para Bereia, argumentado por Maurice Goguel, "L' Enigme de la seconde épître aux Thessaloniciens," *RHR* 71 (1915), 248-272. Nenhuma sugestão encontrou eco na discussão.
[32] Primeira Tessalonicenses foi escrita para aqueles que Paulo converteu e conheceu pessoalmente; Segunda Tessalonicenses, um pouco depois, foi primariamente para aqueles convertidos no entretempo, e que se apropriaram de uma compreensão distorcida de 1 Tessalonicenses. Ver Malherbe, *Thessalonians*, 350-353, 364.
[33] J. E. C. Schmidt, *Vermutungen über die beiden Briefe an die Thessalonicher* (BKENT; Hadamar 1801).
[34] Karl P. Donfried, "2 Thessalonians and the Church of Thessalonica," in *Paul, Thessalonica, and Early Christianity*, ed. Karl P. Donfried (Grand Rapids: Eerdmans, 2002) 49-68.
[35] William Wrede, *Die Echtheit des zweiten Thessalonicherbriefs* (TUGAL 24; Leipzig: J.C. Hinrichs, 1903), 3-36 (ca. 100-110 CE); Willi Marxsen, *Introduction to the New Testament: An Approach to its Problems* (trans. G. Buswell; Philadelphia: Fortress, 1970), 38-39 (soon after 70 CE).

- A carta foi escrita por um membro da escola paulina nos anos 80 ou 90 do primeiro século, às igrejas da missão paulina, reinterpretando a escatologia da primeira geração e objetando os desenvolvimentos teológicos e eclesiológicos nas igrejas paulinas. Interpretar a carta dentro desse contexto pressuposto é algo que provê uma leitura mais plausível para a mesma – esta é a posição defendida por inúmeros eruditos – a qual será desenvolvida nos parágrafos seguintes.

15.3.2 2 Tessalonicenses como um produto da escola paulina

A autoria de 2 Tessalonicenses continua a ser debatida, ao lado das questões inter-relacionadas, i.e., data e cenário. Uma seleção das razões por que 2 Tessalonicenses é aqui considerada como pseudoepígrafa segue abaixo:

Relação Literária

Segunda Tessalonicenses intimamente segue 1 Tessalonicenses tanto na estrutura quanto no conteúdo, conforme fica evidente nos esboços paralelos abaixo:[36]

2 Tessalonicenses	1 Tessalonicenses
1,1-2 Saudação	1,1
1,3-2,17 Ação de Graças/ Corpo da Carta	1,2-3,13
2,13-15 Segunda ação de Graças	2,13-3,10
2,16-17 Bênção	3,11-13
3,1-15 Parênese: A vida a que os cristãos são chamados	4,1-5,22
3,16-18 Encerramento da carta	5,22-28
3,16 Votos de paz	5,23-24
3,17 Saudações	5,26
3,18 Segunda Bênção	5,28

---

[36] Adaptado de J. A. Bailey, "Who Wrote II Thessalonians?," *NTS* 25 (1978), 133. Na tradição paulina, tal estrutura paralela é encontrada apenas em Cl/Ef, provavelmente também pseudoepígrafas.

A estrutura peculiar de 1 Tessalonicenses, com duas ações de graça e duas bênçãos, é precisamente seguida. Segunda Tessalonicenses não introduz tópicos ou temas, mas é dedicada inteiramente a três temas tomados de 1 Tessalonicenses: perseguição, escatologia e os "indolentes". A saudação de 1 Ts 1,1, única entre as cartas paulinas não disputadas, é reproduzida literalmente em 2 Ts 1,1-2, e há numerosos outros ecos de vocabulário e expressões, e.g., "do nosso labor e fadiga; e de como, noite e dia labutando para não vivermos à custa de nenhum de vós (1 Ts 2,9/ 2 Ts 3,8). Algum vocabulário incidental de 1 Tessalonicenses é encontrado em outras partes na tradição paulina apenas em 2 Tessalonicenses (ex., καὶ διὰ τοῦτο, *kai dia touto* também por esta razão [1 Ts 2,13/ 2 Ts 2,11]; o pronome enfático ἡμεῖς (*hēmeis*, nós), parece ocorrer em 2 Ts 2,13 apenas porque é encontrado precisamente no mesmo cenário em 1 Ts 2,13, embora agora tenha uma função diferente; a combinação στηρίξαι καὶ παρακαλέσαι (*stērixai kai parakalesai*, confirmar-vos e exortar-vos), usando precisamente as mesmas formas verbais [1 Ts 3,2/ 2 Ts 2,17]. Seguramente, é concebível que alguns poucos exemplos possam ser coincidentes; o grande número dessas concordâncias incidentais requer explicação.

Há também marcantes diferenças entre 2 Tessalonicenses e 1 Tessalonicenses.

Estilo

Segunda Tessalonicenses difere de 1 Tessalonicenses (e de outras cartas paulinas não disputadas) em significativas questões de estilo. As extensas sentenças (1,3-12; 2,5-12; 3,7-9), repetições de palavras e frases, e a frequência de paralelismo sinônimo, tudo contrasta com Paulo, mas é reminiscente de Colossenses e Efésios. As expressões parentéticas, uso de preposições, de tríades, as ilustrações e os breves imperativos em destaque na seção parenética estão todos ausentes ou são minimizados. Em 1 Tessalonicenses, o "nós" autoral é às vezes o equivalente do "eu" paulino (cf. 1 Ts 2,18; 3,2.5), mas em 2 Tessalonicenses o "nós" é utilizado de maneira mais literal: trata-se da equipe de alguns mestres da escola paulina (cf. 2 Ts 2,15).[37] O característico

---

[37] J. CHRISTAAN BEKER, *Heirs of Paul: Paul's Legacy in the New Testament and in the Church Today* (Minneapolis: Fortress, 1991). See also Hans-Martin Schenke, "Das Weiterwirken

"em Cristo" paulino não ocorre (§13.3, no entanto cf. 2 Ts 3,4.12), como nas Pastorais. Isso está em contraste com as cartas paulinas não disputadas e especialmente com Colossenses e Efésios, onde a terminologia é multiplicada.

Tom

Segunda Tessalonicenses não contém saudações à congregação, nem dados pessoais quer sobre Paulo quer sobre seus leitores, e apresenta um tom um tanto oficial, impessoal e autoritário. É o tom didático em que o mestre aborda um público pessoalmente desconhecido para ele, ao invés do tom caloroso de 1 Tessalonicenses, abordando os amigos crentes que recentemente ele converteu, e cujos sofrimentos ele compartilha. A este respeito, o tom de 2 Tessalonicenses é análogo ao de Efésios (ver acima), como em geral, a relação entre 2 Tessalonicenses e 1 Tessalonicenses é análoga à relação entre Efésios e Colossenses. Em cada caso, o autor adotou uma carta do corpus paulino como modelo para sua própria composição, mas transformou o tom pessoal do modelo para o tom mais geral da carta que aborda um público mais amplo.

Situação Implícita e Data

1. Segunda Tessalonicenses foi escrita depois que as cartas de Paulo e outras atribuídas a ele começaram a circular. O autor de 2 Tessalonicenses não apenas conhece bem 1 Tessalonicenses, e a adota como o modelo para sua versão atualizada de alguns aspectos da teologia de Paulo (ver acima), mas está familiarizado com outras cartas paulinas também. O autor não está tentando compor um sumário da teologia de Paulo, mas apenas aborda três questões inter-relacionadas. No processo, ele ecoa afirmações e fraseologia de diversas cartas de Paulo. Essas alusões não são o produto de um processo editorial tipo "cortar-e-colar", como se o autor tivesse as cartas de Paulo diante de si e citasse palavras e frases delas, mas o tipo de ecos que alguém que esteja familiarizado

---

des Paulus und die Pflege seines Erbes durch die Paulusschule," NTS 21 (1975), 505-518; and Paul K. Jewett, "The Redaction of I Corinthians and the Trajectory of the Pauline School," *JAAR* 46, nº 4 (1978), 389-344.

com o corpus paulino trabalha em sua própria composição. Entre tais alusões: 2 Ts 3,9 é um claro reflexo do argumento de Paulo em 1 Co 9,6 de que ele tinha um direito apostólico de ser apoiado pelas igrejas em vez de trabalhar para viver por suas próprias mãos, mas ele declinou de fazer uso desse direito. Modelos de outros ecos das cartas paulinas, menos distintos, são: 2 Ts 1,4 (= 2 Co 1,24; 7,4.14; 8,24; 9,3, em que se vangloria às outras igrejas a respeito dos leitores); 2 Ts 1,5 (= Fp 1,28, evidência do justo juízo de Deus); 2 Ts 1,12 (= Rm 1,18.32, o julgamento de Deus significa que eles rejeitam a verdade, acreditam na mentira, e praticam a injustiça); 2 Ts 2,10 (= 1 Co 1,18, incrédulos são οἱ ἀπολλύμενοι, *oi apollumenoi*, os que estão perecendo); 2 Ts 3,2 (= Rm 15,31, pedido de oração para que Paulo seja liberto de seus oponentes); 2 Ts 3,13 (= Gl 6,9, não vos canseis de fazer o bem). Segunda Tessalonicenses parece refletir os desenvolvimentos teológicos presentes em Colossenses e Efésios, embora essas cartas não tragam nenhuma consciência de 2 Tessalonicenses. Em particular, Efésios mostra familiaridade com praticamente todas as cartas não disputadas de Paulo e com Colossenses, mas não com 2 Tessalonicenses. Se 2 Tessalonicenses foi escrita por Paulo, imediatamente depois de ter escrito 1 Tessalonicenses, alguns dos ecos de 1 Tessalonicenses poderiam ser explicados, alegando que a primeira carta ainda estava recente em sua memória. Mas a fraseologia das cartas escritas anos mais tarde não deviam aparecer em 2 Tessalonicenses se tivesse sido escrita por Paulo.

2. Segunda Tessalonicenses foi escrita num tempo em que as discussões e disputas estavam ocorrendo nas igrejas paulinas sobre a continuidade com o próprio Paulo e que tradições representavam o autêntico evangelho paulino. O próprio Paulo debatia com outras versões não paulinas da fé protocristã (e.g. especialmente 2 Coríntios, Gálatas, Romanos). Primeira Tessalonicenses não reflete nenhum desses debates. Em 2 Tessalonicenses, há uma insistência para que as igrejas permaneçam fiéis à mensagem original conforme ensinada por Paulo, i.e., de que a compreensão da fé representada na carta era do mesmo Paulo que originalmente a ensinou, a qual foi transmitida por fidedigna tradição (2 Ts 2,5.15; 3,6). Os leitores são advertidos contra outras tradições que alegam ser de Paulo ou novas revelações proféticas através do Espírito (2 Ts 2,2). Dificilmente isso se encaixa no próprio tempo de Paulo, mas está de acordo com a situação próxima do fim do século na Ásia Menor, quando novos, porém questionáveis

vislumbres proféticos, foram difundidos (e.g. Apocalipse e seus rivais proféticos, cf. §26.1., sobre Ap 2-3 Vol. II).

3. Segunda Tessalonicenses foi escrita no tempo em que as igrejas paulinas estavam começando a distinguir as interpretações "heréticas" das interpretações "ortodoxas" do evangelho paulino. Em contraste com Paulo, uma ou duas gerações antes, o autor de 2 Tessalonicenses usa a linguagem da ortodoxia em desenvolvimento. Para Paulo, πίστις (fé), era a palavra-chave que denotava a relação do crente com Deus, obediência-na-confiança-pessoal. Fé, para Paulo, é primeiramente *fides qua creditur*, a fé com a qual alguém crê. Embora ele também pudesse usar o termo no sentido de *fides quae creditur*, a fé que alguém crê – o corpo do material que constitui a fé (Gl 1,23) – na grande maioria dos casos, através do termo "fé", Paulo quer dar a entender o compromisso do crente com Deus e sua confiança nele. Segunda Tessalonicenses usa este termo chave apenas duas vezes, uma delas é no sentido paulino na convencional ação de graças de 2 Ts 1,3, copiada de 1 Ts 1,3. O segundo exemplo, 2 Ts 3,2, é totalmente da composição do próprio autor, e inclui o racional οὐ γὰρ πάντων ἡ πίστις, "porque *a* fé não é de todos" (2 Ts 3,2).[38] Aqui, "fé" é o conteúdo da crença ortodoxa, a correta interpretação de Paulo para uma geração posterior, em oposição às interpretações da teologia paulina que o autor considera ser falsa. Esta não é bem ainda a perspectiva do autor da Carta de Judas, que instrui seus leitores a "batalhardes, diligentemente, pela fé que uma vez por todas foi entregue aos santos" (Jd 3), mas está no caminho para essa compreensão da fé. Isso se parece com o uso da "fé" na tradição paulina posterior representada pelas Pastorais (cf. e.g., 1 Tm 1,19; 3,9; 5,8; 6,10.12.21; 2 Tm 3,8; 4,7; Tt 1,13; 2,2). Semelhantemente, a compreensão do autor da fé paulina ortodoxa como "crença da verdade" contra a demoníaca "mentira" defendida por seus oponentes (2 Ts 2,10.12.13) não é caracteristicamente de Paulo, mas está alinhada com a ortodoxia em desenvolvimento e seu vocabulário ao final do primeiro século de nossa Era, na Ásia Menor.[39]

---

[38] Isso falta comumente nas traduções portuguesas, mas são preservadas e.g., na *Nouvelle Version Second Révisé* francesa, de 1978, e na *La Sainte Bible, Nouvelle Edition de Genève*, de 1979.
[39] Entre todos os documentos do Novo Testamento, decididamente a maior preponderância do vocabulário da "verdade" é encontrada nos escritos joaninos, especialmente nas polêmicas 2 e 3 João. Isso reflete as disputas entre os cristãos joaninos da

4. Segunda Tessalonicenses foi escrita depois de as cartas pseudoepígrafas terem sido escritas e as igrejas terem discernido quais delas representavam Paulo e quais não o representavam. O autor adverte contra as "cartas como se fossem de nós" (2 Ts 2,2) que defendiam uma escatologia realizada ou iminente. Isso reflete o cristianismo paulino da segunda geração, no qual várias correntes da tradição paulina estavam defendendo suas reinterpretações da escatologia de Paulo, escrevendo cartas em seu nome. É muito difícil acreditar que no início da década de 50, pouco depois de escrever 1 Tessalonicenses, Paulo tivesse de advertir suas novas igrejas contra cartas que estavam circulando em seu nome, mas isso se encaixa muito bem com o cristianismo paulino da segunda e terceira gerações da Ásia Menor. Mais especificamente, o autor pode muito bem ter em vista a escatologia realizada de Colossenses e Efésios.[40] Embora não haja alusões textuais específicas a Colossenses e Efésios, o autor de 2 Tessalonicenses parece ter em vista a reinterpretação da escatologia de Paulo representada pelas tradições e posições nelas encontradas. O autor está em diálogo e debate com outros mestres paulinos, e adverte seus leitores contras as cartas escritas em nome de Paulo, representando esse ponto de vista. O autor insiste que sua própria escrita representa o Paulo "real".

Este é o significado da alegação de 2 Ts 3,17: ele assina 2 Tessalonicenses com seu próprio punho, e esta era a marca de toda carta paulina autêntica. Era convencional que se ditasse a carta para um escriba treinado, e que o autor, caso pudesse escrever, adicionasse uma breve nota com seu próprio punho. Duas cartas de Paulo refletem essa convenção (1 Co 16,21; Gl 6,11), assim como a provável pseudoepígrafa Colossenses (4,18). Uma vez que as cartas de Paulo eram ouvidas na congregação à medida que eram lidas pelo leitor, esta prática dificilmente podia servir como um meio de autenticar a carta para os ouvintes, a menos que examinassem por si mesmos a cópia original. Tendo em vista que uma carta era copiada, a caligrafia do autor era a mesma do restante da carta. Assim, no cristianismo paulino da segunda geração,

---

Ásia Menor na virada do século (ver Vol. II §§26.2-4). A escola joanina estava em contato com os cristãos paulinos na mesma região; há alguma sinergia entre os desenvolvimentos joaninos e 2 Tessalonicenses. O vocabulário da "verdade" de 2 Tessalonicenses parece refletir esse desenvolvimento.

[40] Ver, e.g. HUGHES, *Early Christian Rhetoric*, 86-91.

tais notas de encerramento serviam para alegar que a carta autenticamente representava Paulo, e não necessariamente que ele a tivesse escrito diretamente. Em todo caso, a alegação não podia ser tomada literalmente, uma vez que isso desqualificaria qualquer carta paulina, à exceção de 1 Coríntios e Gálatas – e mesmo 1 Tessalonicenses – e teria autenticado a deuteropaulina Colossenses. A questão que os primeiros cristãos tinham de enfrentar não era a autoria literalmente entendida, mas o que a alegação da autoria significa: se o documento representava a fé apostólica. O fato de que 2 Tessalonicenses está incluída no cânon indica sua posição positiva.

15.3.3 Conclusão

A combinação de *similaridades* na estrutura, conteúdo e vocabulário e as *diferenças* em estilo, tom, situação implicada e teologia, indicam que 1 e 2 Tessalonicenses foram escritas por diferentes autores e que 2 Tessalonicenses foi escrita consideravelmente depois de 1 Tessalonicenses. Segunda Tessalonicenses foi escrita num tempo em que três questões teológicas inter-relacionadas se tornaram críticas nas igrejas da missão ao Egeu: a perseguição dos cristãos, a demora da parousia e as mudanças na liderança e estrutura da igreja. Essas três questões, juntamente com outras, foram discutidas em 1 Tessalonicenses, as quais serviram como modelo e ponte de contato para atualizar a teologia de Paulo na situação do autor de 2 Tessalonicenses. Essas três questões apontam para um tempo próximo do fim do primeiro século de nossa Era.

15.3.4 Estrutura e Esboço

Sobre as similaridades com a estrutura de 1 Tessalonicenses, ver acima §15.3.2.

1,1-2	Saudação
1,3-2,17	Ação de graças/corpo da carta
(1,5-10	*Primeira Inserção: Perseguição, Reversão na Vinda de Cristo)*
1,11-12	Ação de Graças Continuada
(2,1-12	*Segunda Inserção: O Dia do Senhor)*

2,13-17   Segunda Ação de Graças e Bênção
3,1-15   Parênese: A Vida para a qual os Cristãos são Chamados
3,1-5   Oração pelos Missionários
3,6-13   Advertência ao "Indolente"
3,14-15   Advertência ao Desobediente
3,16-18   Segunda Bênção

15.3.5 Síntese Exegético-Teológica

1,1-2 Saudação

A saudação é verbalmente idêntica à de 1 Tessalonicenses 1,1, para a qual a expressão paulina "da parte de Deus, nosso Pai, e do Senhor Jesus Cristo" é adicionada. Aqui, a autoria plural reflete a rede de mestres na escola paulina.

1,3-2,17 Ação de Graças/Corpo da carta

O moderado "cumpre-nos dar sempre graças a Deus" (1,3, repetido em 2,13) é um pouco mais oficioso do que o caloroso "damos graças". A maneira como a seção convencional de ação de graças modula no corpo da carta é baseada na estrutura similar de 1 Tessalonicenses 1,2 – 3,13, refletindo o uso pretendido da carta nas reuniões de adoração das igrejas paulinas: a doutrina é comunicada no âmbito da adoração e louvor. A tríade fé/amor/esperança de 1 Tessalonicenses é reduzida para fé e amor – é na questão da esperança cristã, a compreensão escatológica dos leitores, que o autor vê a necessidade de correção e instruções adicionais.

*(1,5-10 Primeira Inserção: Perseguição,
Reversão na Vinda de Cristo)*
O autor omite todos os elementos autobiográficos de 1 Tessalonicenses e vai diretamente para o primeiro tema relacionado com a sua própria agenda, a perseguição que ameaça os leitores. Paulo se manteve firme na manifesta perseguição na vida dos novos convertidos de Tessalônica, os quais enfrentaram o sofrimento com alegria, inspirados pelo Espírito Santo (1 Ts 1,6). A experiência da perseguição os

uniu não apenas consigo mesmos, mas com Jesus e com as igrejas da Judeia (1 Ts 1,6; 2,14), dispondo-os na sucessão do povo de Deus em sofrimento. O autor de 2 Tessalonicenses tem uma diferente perspectiva sobre o *topos* da perseguição: agora não é apenas a perseguição local, em Tessalônica, mas um aspecto da perseguição geral sofrida por todos os crentes. A perseguição é lançada em uma luz apocalíptica e universal. Na parousia, o quadro será revertido pelo Senhor Jesus; aqueles que agora estão aflitos serão consolados, e os perseguidores serão punidos com a destruição eterna. O próprio Paulo não insiste no destino dos incrédulos; 2 Tessalonicenses 1,9 é a única referência à "punição eterna" no corpus paulino. As indicações de perseguição geral, de reversão apocalíptica e castigo eterno são uma reminiscência das imagens do Apocalipse, e sugerem algum tipo de interação entre as tradições paulina e joanina circulando nos arredores de Éfeso, no final do primeiro século.

1,11-12 Ação de Graças Continuada
O autor retoma em seguida o esboço de 1 Tessalonicenses, com os temas da oração de Paulo por eles e o fato de serem contados como dignos de sua vocação (cf. 1 Ts 2,12).

(2,1-12 Segunda Inserção: O Dia do Senhor)
O autor já havia preparado essa seção, colocando a perseguição no âmbito da teologia apocalíptica. Esta é a seção mais distintiva em 2 Tessalonicenses. O tema é a "parousia de nosso Senhor Jesus Cristo e a nossa reunião com ele", e a questão é o tempo da volta do Senhor. Será que ela já teria ocorrido em um sentido espiritual, estaria para ocorrer num sentido literal, conforme assinalada pela perseguição que alguns cristãos estão experimentando? Ou não estaria ela ainda no horizonte, embora ainda a ser aguardada no futuro? O autor se opõe a um mal-entendido sobre o "dia do Senhor", mas a falsa alegação a que ele se opõe não está clara. O verbo usado, ἐνέστηκεν, *enestēken*, pode ser traduzido por "chegou".

A maioria das traduções e intérpretes entende o erro como uma escatologia realizada que não mais olha para frente, para um futuro cumprimento. Colossenses e Efésios tenderam nessa direção, e é possível que o autor de 2 Tessalonicenses visse essas cartas ou sua tradição como tendo colapsado completamente a esperança futura na experiência presente. Esta foi uma forma de chegar a um acordo com a expectativa de Paulo da proximidade da parousia. Paulo não estava enganado; os eventos escatológicos esperados de fato já haviam ocorrido, e foram concebidos como a presença do Senhor na experiência da comunidade de fiéis. Sabemos que tais interpretações foram defendidas na escola joanina contemporânea a 2 Tessalonicenses (ver Vol. II §27.5, sobre João 13-17).

Os erros a que ele se opõe estavam dentro da tradição paulina; a falsa interpretação dos eventos escatológicos vem das revelações proféticas, das tradições orais e/ou das cartas, "como se fossem de nós" (2 Ts 2,2), ou seja, são propagadas em nome de Paulo. O autor paulinista quer reafirmar o ensinamento paulino original conforme encontrado em 1 Tessalonicenses. Assim como o autor do Apocalipse reafirma-o contra a escatologia realizada em desenvolvimento na escola joanina contemporânea, assim também o autor de 2 Tessalonicenses considera esse passo "progressista" na escola paulina um passo na direção errada para a reinterpretação da fé cristã na geração pós Paulo, e reafirma a escatologia apocalíptica futurista.

Por outro lado, se o verbo ἐνέστηκεν *enestēken* é entendido no sentido de "está próximo", o erro oposto é a expectativa exagerada de uma parousia próxima:[41] a expectativa original de Paulo não se cumpriu na primeira geração, mas agora está prestes a ser cumprida, e a perseguição que a igreja está enfrentando é um sinal da proximidade do fim. Esta foi a reinterpretação da escatologia, confirmada por Apocalipse. Nesse caso, o autor de 2 Tessalonicenses se oporia à visão de que os problemas atuais da igreja são um sinal do fim imediato. Contudo, fica claro que o autor reafirma a esperança apocalíptica – o Senhor nem retornou na experiência dos crentes, nem está para vir no futuro próximo.

Este é o ponto do cenário apocalíptico que ele retrata. Seu interesse não está na elaboração de um calendário apocalíptico como tal, mas em refutar falsas expectativas sobre o presente. Seu argumento, baseado em sua combinação de imagens apocalípticas tradicionais que novamente se tornaram correntes nos círculos cristãos da Ásia na década de 90

---

[41] Uma minoria significante defende essa visão, e.g. Traugott Holtz, *Der erste Brief an die Thessalonicher* (EKKNT 13; Neukirchen-Vluyn: Neukirchener Verlag, 1986); Richard, *Thessalonians*.

(cf. Apocalipse), é que certos sinais devem preceder o fim. Uma vez que estes ainda não ocorreram, o fim ainda não chegou, em um sentido espiritual, nem pode estar iminente, em um sentido literal.

Antes que a parousia possa ocorrer, a ἀποστασία (*apostasia*; apostasia, rebelião) deve vir; esse seria um tempo de afastamento geral de Deus. Isso será seguido pelo aparecimento do "iníquo", o "filho da perdição" ["aquele destinado à destruição"], que vai entrar no templo e alegar ser Deus.[42] Claramente, esta figura não é meramente um ser humano comum, alegando poderes divinos, mas assemelha-se ao adversário escatológico de Deus, retratado em um documento do mesmo período, o Apocalipse. Ele vai agir pelo poder de Satanás, e será acompanhado de sinais e prodígios enganadores, e será destruído pelo Senhor Jesus, em sua vinda.

O poder que está atualmente segurando esses eventos apocalípticos deve ser removido (2 Ts 2,6-7). Algum poder ou pessoa, divino ou humano, está restringindo o advento dos eventos finais que vão conduzir à apostasia e à vinda do iníquo.[43] Deus removerá esse poder restritivo no devido tempo, mas o presente dos leitores distingue-se desse tempo futuro escatológico. O "mistério do iníquo" já está em ação, mas os leitores não vivem no tempo do fim ou em seu prelúdio imediato. A falsa escatologia que está sendo promulgada no tempo do autor é uma mentira e uma desilusão enviada por Deus; todos os que creem nela serão condenados quando Cristo aparecer na parousia (2 Ts 2,11). Segunda Tessalonicenses chama as igrejas a crer na verdade salvífica da tradição conforme ensinada por Paulo – embora ele estivesse com os leitores, em 1 Tessalonicenses, e agora em 2 Tessalonicenses (2 Ts 2,10-12).

---

[42] A referência ao templo é, às vezes, alegada como evidência de que 2 Tessalonicenses foi escrita antes da destruição do templo, em 70 d.C., mas o imaginário está inerente na apocalíptica genérica. Em Todo caso, no mundo fictício da carta escrita por Paulo, o templo estava, de fato, ainda em pé, mas no tempo do autor e leitores reais não.

[43] O autor se refere ao poder restritivo tanto impessoal (neutro τὸ κατέχον, *to katechon* 2,6) quanto pessoal (masc. ὁ κατέχων, *ho katechōn*). Ele não está interessado em uma identificação mais precisa (cf. expressão análoga em Mc 13,9, onde "abominação" é neutro, mas o pronome correspondente é masculino "ele"). A questão é que o poder restritivo ainda está no lugar, portanto os eventos escatológicos ainda não ocorreram ou começaram a ocorrer – o Fim ainda está em algum momento no futuro.

2,13-17 Segunda Ação de Graças e Bênção

Após a inserção corretiva sobre escatologia, o autor retorna ao modelo fornecido por 1 Tessalonicenses, com uma seção de segunda ação de graças, a qual é concluída com uma segunda bênção (cf. padrão exibido acima).

3,1-15 Parênese: A Vida para a qual os Cristãos são Chamados

3,1-5 Oração pelos Missionários

A seção de parênese segue o padrão paulino normal. O distintivo pedido de oração pela libertação do mal e pessoas ἄτοποι (atopoi, fora de lugar; desordeiros), provavelmente se refere ao mesmo grupo que não tem "a fé", ou seja, aqueles que, na opinião do autor, afastaram-se da interpretação paulina "ortodoxa" em desenvolvimento. Esse pedido de oração reflete a experiência posterior de Paulo e seu apelo em Rm 15,31. A confiança de que eles farão o que ele lhes ordena prepara o caminho para o parágrafo seguinte, em que "a ordem" ocorre três vezes.

3,6-13 Advertência ao "Indolente"

Os "indolentes" (aqueles que vivem ἀτάκτως, ataktōs, "em desafio à boa ordem", são internos à igreja, um grupo de adversários diferente daquele do parágrafo anterior, os quais não têm "a fé". O autor aqui se ocupa da admoestação aos ἄτακτοι (ataktoi, "desordeiros" de 1 Ts 5,14, onde encontramos com frequência a tradução "indolentes"). Em 1 Tessalonicenses, ela geralmente é vista como uma advertência contra os membros da congregação que tinham parado de trabalhar e se tornaram dependentes da igreja. No entanto, o contexto tem a ver com a liderança da igreja. O autor de 2 Tessalonicenses pode interpretar o texto anterior como se referindo àqueles em seu próprio tempo que não respeitam o tipo de líder leigo e carismático instituído por Paulo.

Na situação de 2 Tessalonicenses, perto do final do primeiro século de nossa Era, o autor parece ter em vista não apenas os membros locais da congregação, que se aproveitam do programa de assistência da Igreja, mas uma questão geral que afeta toda a Igreja paulina: esses líderes emergentes dentro das congregações reivindicavam ou aceitavam apoio financeiro para o seu trabalho, e os missionários cristãos do final do primeiro século, que iam de igreja em igreja, apresentando-se como "apóstolos" (= missionários) e "profetas" (= porta-vozes do Cristo ressurreto), ensinavam, pregavam e esperavam que as igrejas os apoiassem. A situação é retratada em outro documento do final do primeiro ou início do segundo século, respondendo à seguinte situação:

> Quanto aos apóstolos e profetas, que se conduzam de acordo com a ordenança do Evangelho.⁴ Que cada apóstolo seja recebido como o Senhor; ⁵ mas ele não ficará mais do que um único dia, ou, se necessário, um segundo dia; mas se ele ficar três dias, então é um falso profeta.⁶ E quando ele for embora, não deve receber nada, exceto pão para suprir suas necessidades até a próxima parada; mas se ele pedir dinheiro, então é um falso profeta. ... O falso profeta pode ser distinguido do verdadeiro profeta nessa base. ⁹ Nenhum profeta que organize uma mesa no Espírito comerá dela; caso contrário, é um falso profeta. ¹⁰ E todo profeta que ensina a verdade, mas não vive de acordo com seu próprio ensino, é um falso profeta. ¹² ... E não ouçam a ninguém que diga no Espírito: "Dá-me prata" (ou qualquer outra coisa); mas se ele pede em nome de outros que estão em necessidade, então não deve ser julgado... ¹²·² Se o recém-chegado é um missionário itinerante, auxiliem-no, de acordo com vossa capacidade; mas ele não deve permanecer com vocês mais do que dois ou três dias, a menos que seja necessário. ³ Mas se ele tem seu próprio comércio e deseja unir-se a vocês, deixem-no trabalhar e comer do seu pão. ⁴ Mas se ele não tem nenhum ofício, de acordo com sua sabedoria, ensinem a ele como viver um estilo cristão no meio de vós, mas não em ociosidade. ⁵ Se ele não está disposto a fazer isso, ele está fazendo de Cristo uma forma barata de ganhar a vida. Cuidado com essas pessoas. (*Didaquê* 11,3-12,5).

As duas gerações posteriores a Paulo viram o desenvolvimento de um "clero" residente, bispos ordenados, presbíteros e diáconos, alguns dos quais eram aparentemente assalariados e dedicavam seu tempo integral ao trabalho da igreja. As Pastorais representam esse desenvolvimento dentro da escola paulina (ver abaixo §16.1). Segunda Tessalonicenses se opõe a essa classe separada, em desenvolvimento, de ministros apoiados pelas igrejas, apelando para o exemplo do próprio Paulo. 2 Ts 3,9 reflete 1 Co 9,6, apelando para o exemplo de Paulo de ganhar seu próprio sustento, recusando-se a receber salário da igreja. O autor de 2 Tessalonicenses considera tais ministros pagos como "desordeiros" e "perturbadores" (uma tradução melhor de ἄτακτοι do que "indolentes"), embora eles se vissem como defensores das novas estruturas e ordens do ministério cristão.

O autor representa o ponto de vista de que o ministério na igreja não pode ser relegado a um grupo em particular, mas é sempre um ministério "leigo". Na visão do autor, os novos desenvolvimentos na direção de um clero ordenado e pago pela congregação local violam tanto o seu próprio exemplo quanto as suas instruções em suas cartas. O autor não dá nenhuma indicação de como pensa que a liderança da igreja deve funcionar. Ele não repete ou reafirma a admoestação de 1 Ts 5,12-13. Ele afirma a obra do Espírito na vida da Igreja, mas está receoso quanto a supostas novas revelações (2 Ts 2,2); por outro lado, não há nenhuma referência aos dons carismáticos ou revelações proféticas. A igreja deve ser guiada pelo exemplo e instrução do próprio Paulo, que permanecem até o presente através de suas cartas (especialmente 1 Tessalonicenses) e a tradição paulina, mas o autor não dá nenhuma dica de como isso é realmente implementado, ou por quem. Outro membro da escola paulina apresenta uma visão mediadora na qual Deus dá ministérios específicos à igreja, mas a vocação especial de pastores-mestres é equipar toda a igreja para a sua missão no mundo (Ef 4,7-13). Em 2 Tessalonicenses, Efésios e as Pastorais, o leitor moderno pode ouvir um debate em curso entre os seguidores de Paulo sobre o desenvolvimento de novas formas de ministério.

3,14-15 Advertência ao Desobediente
Pode ser que alguns membros de congregações locais estavam seguindo o exemplo e assumindo as reivindicações dos missionários itinerantes, de modo que aqueles que reivindicavam apoio da igreja eram, por um lado, membros da congregação local – os líderes que queriam dedicar tempo integral à tarefa de liderar a igreja (cf. At 6,1-6) e, por outro, visitantes. O autor não considera que eles sejam hereges a ser rejeitados, mas irmãos e irmãs que devem ser cordial e severamente advertidos.

3,16-18 Segunda Bênção
A carta conclui com uma segunda bênção (cf. 3,11-13), insistindo que não haja confusão sobre que cartas representam o Paulo real. Em meio às conflitantes reivindicações à autoridade de Paulo na segunda geração, *esta* carta representa a mensagem autêntica de Paulo aos leitores de seu próprio tempo. Posteriormente, a igreja afirmou essa reivindicação, incluindo 2 Tessalonicenses no cânon do Novo Testamento, mas sem excluir as alternativas representadas por Colossenses, Efésios e as Pastorais.

15.4 Para leitura adicional

BARTH, M. *Ephesians*. Anchor Bible. 2 vols. Vol. 34, 34A, New York: Doubleday, 1974.
BEST, E. *A Critical and Exegetical Commentary on Ephesians*. The International Critical Commentary. Edinburgh: T & T Clark, 1998.
BROWN, R. E. *The Churches the Apostles Left Behind*. New York: Paulist Press, 1984.
HOEHNER, H. W. *Ephesians: An Exegetical Commentary*. Grand Rapids: Baker Academic, 2002.
KRENTZ, E. "Second Thessalonians." In *The Anchor Bible Dictionary*, edited by Freedman, David Noel, 517-23. New York: Doubleday, 1992
LINCOLN, A. T. *Ephesians*. The Word Biblical Commentary. Vol. 42, Dallas: Word, 1990.
LOHSE, E. *Colossians and Philemon. A Commentary on the Epistles to the Colossians and to Philemon*. Translated by Poehlmann, William R. and Robert J. Karris. Hermeneia–A Critical and Historical Commentary on the Bible. Philadelphia: Fortress, 1971.
MACDONALD, M. Y. *The Pauline Churches: A Socio-historical Study of Institutionalization in the Pauline and Deutero-Pauline Writings*. Society for New Testament Studies Monograph Series. Vol. 60, Cambridge: Cambridge University Press, 1988.
MARTIN, R. P. *Ephesians, Colossians, and Philemon*. Interpretation: A Bible Commentary for Teaching and Preaching. Atlanta: John Knox, 1991.
O'BRIEN, P. T. *Colossians, Philemon*. Word Biblical Commentary. Vol. 44, Waco, Tex.: Word Books, 1982.
SUMNEY, J. L. *Colossians: A Commentary*. New Testament Library. Louisville: Westminster John Knox, 2008.

16
As Pastorais e a Luta pela Tradição Paulina Autêntica

16.1 Interpretando as Pastorais

Os principais problemas para a interpretação das Pastorais estão diretamente relacionados com a questão da autoria. As questões de data, contexto histórico, ocasião e propósito, e os principais temas teológicos estão entrelaçados são inseparáveis da questão da autoria, e serão tratados nesta discussão. A extensa lista de dados e argumentos sobre a questão de autoria aqui fornecida não é apenas parte de uma introdução às Pastorais em particular, mas um exemplo de como os argumentos a favor e contra a pseudoepigrafia funcionam, quanto poder de persuasão eles contêm e quanto eles podem ser falhos. Dentre as cartas disputadas, a opinião universal é de que as Pastorais são as que têm menos chances de terem sido escritas por Paulo.[1] Se Paulo não escreveu as Pastorais, sua presença no Novo Testamento suscita a questão de que outros documentos atribuídos a Paulo também possam ser pseudoepígrafos (Colossenses, Efésios, 2 Tessalonicenses). Por outro lado, os estudiosos que acreditam que Paulo escreveu as

---

[1] Ver todos os comentários críticos recentes. A obra clássica de P. N. HARRISON, *The Problem of the Pastoral Epistles* (London: Oxford University Press, 1921), foi reimpressa recentemente. Um tratamento criterioso por um importante erudito evangélico concluiu que as Pastorais são textos pseudoepígrafos pós-paulinos: MARSHALL, *Pastoral Epistles*, 57-92.

Pastorais tendem a acreditar que ele escreveu todos os outros livros que reivindicam autoria paulina. A questão é, portanto, um divisor de águas para a abordagem crítica do Novo Testamento, e não deve ser resolvida na base do dogma da direita, esquerda ou centro, e requer a uma discussão aprofundada.

16.1.1 As Pastorais como cartas reais de Paulo a Timóteo e Tito

Alguns eruditos continuam interpretando as Pastorais como cartas reais de Paulo a Timóteo e Tito.[2] Seus argumentos são os seguintes:
1. Os próprios textos bíblicos reivindicam autoria paulina. A esse respeito, as Pastorais não são como os Evangelhos, Atos, Hebreus e 1 João, para os quais a tradição posteriormente forneceu os nomes dos autores em seus respectivos títulos para os documentos que são eles próprios anônimos. Não apenas a primeira palavra de cada uma das Cartas Pastorais explicitamente afirma que a carta foi escrita por Paulo, cada uma delas representa-se do começo ao fim como do próprio Paulo, incluindo referências narrativas à história pessoal e detalhes incidentais (cf. 1 Tm 1,3; 3,14; 4,13; 5,23; 2 Tm 1,4-6.15-18; 2,2; 3,10-11; 4,9-21; Tt 1,5; 3,12-13).

2. O status canônico das Pastorais defende sua autenticidade. Esse argumento é apresentado tanto de um ponto de vista histórico quanto teológico. Alega-se, de um ponto de vista histórico, que a igreja primitiva não teria aceitado as Pastorais no cânon se não tivesse acreditado que elas foram escritas por Paulo. De um ponto de vista teológico, alguns autores modernos afirmam que a doutrina da inspiração da Bíblia e a realidade da Bíblia como Palavra de Deus são incompatíveis com a autoria pseudônima. A menos que Paulo as tenha escrito, elas não são a Palavra inspirada de Deus. Assim, o importante comentário de CESLAS SPICQ,[3] apesar de sua erudição, constrói essencialmente um

---

[2] Defendido recentemente e.g. by E. EARLE ELLIS, "Pastoral Letters," 658-666, JOHNSON, TIMOTHY, and BEN WITHERINGTON, *Letters and Homilies for Hellenized Christians, Volume 1: A Socio-Rhetorical Commentary on Titus, 1-2 Timothy and 1-3 John* (2 vols.; Downers Grove: IVP Academic, 2006).

[3] CESLAS SPICQ, *Saint Paul: Les Épîtres Pastorales* (4th ed.; Paris: Gabalda, 1969). Um sumário em inglês útil de dois volumes franceses de SPICQ é fornecido em Mark Harding, *What Are They Saying about the Pastoral Epistles?* (New York: Paulist Press, 2001), 19-21. Argumentos teológicos similares são oferecidos por E. EARLE ELLIS,

argumento teológico: se não foram escritas por Paulo, as Pastorais são falsificações, e não podem ser canônicas. Mas elas são canônicas. Portanto, elas devem ser de Paulo.

3. A tradição apoia a autoria paulina. Desde o tempo de Irineu (ca. 180 d.C.) até o início do século XIX, ninguém no cristianismo dominante havia questionado a autoria paulina. As obras de E. C. SCHMIDT (1804) e FRIEDRICH SCHLEIERMACHER (1807) desafiaram 1 Timóteo, argumentando que ela não poderia ser encaixada na vida de Paulo. Em 1812, o *Einleitung in das Neue Testament*, de J. G. EICHHORN, foi a primeira introdução ao Novo Testamento a defender que as três Pastorais eram pseudônimas.

4. Argumentos contrários são inconclusivos. Os defensores da autoria paulina começam com a tradição, examinam os argumentos para a pseudonímia um a um, e não os considera irrefutáveis: não se provou que Paulo não escreveu as Pastorais.

16.1.2 As Pastorais como documentos pseudoepígrafos escritos por um mestre da escola paulina

Aqueles que interpretam as Pastorais como tendo sido escritas por alguém que não o próprio Paulo baseiam sua opinião sobre os seguintes argumentos:

1. O fato de que os documentos alegam autoria paulina pode ser explicado historicamente e teologicamente, e é, portanto, evidência não convincente para a autoria paulina. Para os mestres cristãos da segunda e terceira gerações da igreja, a *fé* apostólica era importante, mas não necessariamente a *autoria* apostólica de textos normativos. Os Evangelhos de Marcos e Lucas, por exemplo, foram aceitos como representando a fé apostólica, embora nunca alegassem que foram escritos por apóstolos. Muitas versões do cristianismo estavam começando a competir, cada uma representando-se como o legado válido da primeira geração. Em tal situação, a pretensão de representar a fé

"Pseudonymity and Cânonicity of New Testament Documents," in *Worship, Theology and Ministry in the Early Church: Essays in Honor of Ralph P. Martin*, ed. Michael J. Wilkins and Terence Paige, *Journal for the Study of the New Testament* (Sheffield: JSOT Press, 1992), 212-224; STANLEY E. PORTER, "Pauline Authorship and the Pastoral Epistles: Implications for the Cânon," *BBR* 5 (1995), 105-123, and CARSON and MOO, *Introduction*, 337-353.

apostólica foi, por vezes, expressa na forma de um documento supostamente escrito por um apóstolo ou apóstolos (por exemplo, a *Didaquê* [*Ensino dos Doze Apóstolos*], a *Didascalia Apostolorum*, a Tradição Apostólica de Hipólito, e as *Constituições Apostólicas*). Todos estes são, é claro, pseudoepígrafos. Para a igreja antiga, no entanto, o assunto não tinha a ver com uma questão histórica do tipo: "quem compôs essas cartas", mas com uma questão teológica do tipo: elas representam ou não a fé apostólica. Paulo não compôs ensaios teológicos ou manuais de ordem eclesiástica, mas cartas. Para a escola paulina, Paulo era *o* apóstolo. A maneira adequada para que seus discípulos atualizassem e continuassem seu ensinamento era compondo cartas em seu nome, a partir das quais sua voz continuasse a se dirigir à igreja.

2. As razões para que a igreja primitiva *aceitasse* a reivindicação das cartas de que representavam Paulo podem ser explicadas historicamente e teologicamente (ver §14.2). O argumento de que todos os Pais da igreja aceitaram a reivindicação de autoria paulina parece forte no início, especialmente porque vários deles eram estudiosos perspicazes, e sensíveis aos pontos mais delicados da linguagem, teologia e estilo, uma vez que sua língua materna era a língua do Novo Testamento, e estavam séculos mais próximos dos acontecimentos do que os críticos modernos. Entretanto, este é um argumento enganoso (ver Excurso 3.1 sobre o uso de dados patrísticos na pesquisa do Novo Testamento). Os Pais da igreja eram primeiro teólogos, e depois, historiadores. Eles não examinavam primeiro as evidências históricas e então decidiam se o documento representava teologia autêntica; muito pelo contrário (ver acima §2.2.2 para avaliação do bispo Serapião do *Evangelho de Pedro*). Um documento que representava a fé apostólica era apostólico, independentemente da autoria. Além disso, os bispos e os mestres do segundo e terceiro séculos não eram indivíduos isolados que fizeram seus próprios julgamentos histórico-teológicos, transmitindo-os à igreja, em seguida. Eles representavam todo o corpo de crentes, e foi o uso de vários documentos na igreja como um todo, e se eles encontravam ressonância no seio da comunidade mais ampla de fé, que determinou se eram aceitos ou rejeitados (ver acima sobre cânon, §2.2.2, especialmente declaração chave de Lutero). A aceitação ou rejeição da autoria apostólica foi uma consequência, não a causa, de tal aceitação ou rejeição. O que se tornou a corrente atual do cristianismo primitivo uniformemente aceitou as Pastorais como representando a fé apostólica.

Desse modo, a sua autoria apostólica foi aceita conforme a reivindicação de autenticidade encontrada nas próprias composições.

3. A cronologia e alusões pessoais pressupostas pelas Pastorais não se encaixam na vida de Paulo conforme atestada de outras formas:

- 1 Tm 1,3: "Permaneça em Éfeso..." Paulo é retratado como tendo deixado Éfeso e indo para a Macedônia, deixando Timóteo como responsável. O apóstolo pretende voltar a Éfeso em breve (1 Tm 3,14; 4,13). Quando foi isso? De acordo com At 19,22, não foi Paulo que viajou para a Macedônia enquanto Timóteo permaneceu em Éfeso, mas o inverso: Timóteo é enviado adiante para a Macedônia enquanto o apóstolo permaneceu em Éfeso.
- Tt 1,5 "te deixei em Creta..." Pressupõe-se que Paulo e Tito conduziram uma extensa missão em Creta, durante a qual várias congregações foram estabelecidas, mas não foram instalados líderes apropriados. Paulo foi para Nicópolis (e outros lugares? Cf. Tt 3,12). Nenhum lugar pode ser encontrado em Atos ou em outras cartas paulinas para uma missão paulina em Creta e viagens relacionadas.
- 2 Tm 1,8 "...seu encarcerado". Paulo está na prisão, mas a situação descrita não se encaixa em nenhuma das possibilidades pressupostas em Atos ou nas cartas, incluindo a prisão final em Roma, de At 28 (sobre a prisão e morte de Paulo, ver §14.1).
- 2 Tm 3,10-11 indica que Timóteo "observou" os sofrimentos de Paulo em Antioquia, Icônio e Listra, ou seja, que ele estava pessoalmente presente. Mas, em Atos, esses problemas são relatados nos caps. 13-14, na "primeira viagem missionária", embora Timóteo não tenha se convertido até 16,1-3, na "segunda viagem".

A maioria dos estudiosos considera impossível encaixar esses e outros eventos pressupostos nas Pastorais no cenário da vida de Paulo, conforme são apresentados em Atos e nas cartas não disputadas. As Pastorais são a nossa única fonte para o extenso trabalho de missão que eles retratam. Se Paulo é o autor, ele deve ter sido libertado da "primeira" prisão romana e desenvolveu projetos de missão ainda não atestados, durante os quais escreveu 1 Timóteo e Tito. Então foi preso novamente e levado para Roma, onde escreveu 2 Timóteo, pouco antes de sua execução.[4]

---

[4] Alguns eruditos, dos quais L. T. JOHNSON é um exemplo recente, argumentam que os espaços na cronologia de Atos e as cartas de Paulo tornam possível o encaixe de

4. As Pastorais manifestam suas próprias inconsistências internas que as tornam difíceis de serem concebidas historicamente. De acordo com 2 Tm 1,15; 4,10-11.16, todos os cooperadores de Paulo, à exceção de Lucas, o teriam abandonado, embora, na mesma carta, Paulo envie saudações de quatro colaboradores e "todos os irmãos" (2 Tm 4,21). Em 2 Timóteo, Paulo está enfrentando a morte e sabe que seu martírio ocorrerá em breve, mas ele pede a Timóteo para trazer livros e uma capa (uma viagem de várias semanas a partir do Egeu a Roma), e que chegue antes que as tempestades de inverno tornem impossível a viagem pelo Mediterrâneo. Esse pedido soa como se Paulo ainda previsse um tempo prolongado na prisão. Em Tt 3,12, Tito deve chegar o mais rápido possível; em 1,5, ele deve viajar pelas cidades de Creta e nomear presbíteros-bispos em cada igreja. Como é convencional nas cartas pseudoepígrafas, tais comentários incidentais atribuem "realismo" ao documento, mas não se encaixam no quadro da história factual.

5. Há tensões entre a autocompreensão de Paulo, conforme apresentada nas Pastorais e as cartas não disputadas. As Pastorais retratam a vida pré-cristã de Paulo de forma diferente do próprio Paulo. Cf. Tt 3,3 "Pois nós também, outrora, éramos néscios, desobedientes, desgarrados, escravos de toda sorte de paixões e prazeres...". Compare, por exemplo, 1 Co 6,9-11, onde Paulo fornece um catálogo de vícios, concluindo "Tais fostes alguns de *vós*". O uso que o Pastor (ver Nota, pág. 633) faz de Paulo como um modelo para a própria conversão dos leitores (1 Tm 1,16) inclui retratar Paulo como se ele tivesse usado a si mesmo como um exemplo de pecador pré-cristão. Esse padrão "antes e depois" tornou-se um esquema típico de pregar nas igrejas helenísticas após o tempo de Paulo. Mas o próprio Paulo viu sua vida pré-cristã como "justa" e "inocente", totalmente diferente da dos gentios que se converteram do paganismo (cf. Fp 3,4-11; cf. At 23,1).

O próprio Paulo não fez distinção entre o chamado para ser um cristão e a nomeação como apóstolo. No entanto, 1 Tm 1,12-17 considera que esses são eventos separados. Uma vez que o Pastor considerava Paulo como um modelo por excelência para o ministério cristão,

---

[1] Timóteo e Tito no mesmo período da missão ao Egeu na década de 50. Segunda Timóteo foi escrita a partir da prisão de Atos 28 (ver JOHNSON, *Timothy*, 55-102; 135-137; 319-330). Com base nessa hipótese, as Pastorais entram em conflito com o estilo, tom e teologia das cartas não disputadas durante esse período.

era necessário separar, de sua conversão, o chamado de Paulo para ser um ministro, porque os novos convertidos não são elegíveis para o ministério até que demonstrem que são fiéis.

Paulo insistiu que era um apóstolo autêntico, juntamente com outros apóstolos que diferiam dele, mas cuja missão e teologia ele afirmava. Ele não reivindicou ser o único apóstolo ou ter um monopólio sobre a fé autêntica e a teologia cristã (cf., por exemplo, 1 Co 3,21-23; 15,3-11, especialmente "se eu ou eles, assim proclamamos e assim viestes a crer"). Assim também, em Fp 1,15-18 (na visão tradicional, escrita no mesmo período de 1 Timóteo e Tito), Paulo se alegra porque o evangelho é proclamado por outros, colaboradores e rivais. O Paulo das Pastorais, no entanto, representa uma tradição paulina tardia que reconhece Paulo como *o* apóstolo, o qual não admite diversas formas de fé apostólica, e rejeita todas as formas não paulinas da tradição.

6. As cartas são inadequadas como cartas de Paulo a Timóteo e Tito. Se Paulo é o autor, escrevendo cartas reais a Timóteo e Tito, estas seriam as únicas cartas pessoais existentes de Paulo a um indivíduo. Todas as cartas de Paulo são para igrejas. Filemom não é exceção; ela também é uma carta para uma igreja (ver acima §11.3.1).

Mas podem as Pastorais ser entendidas como cartas pessoais? É um bom exercício para o estudante moderno ler as Pastorais com essa pergunta em mente – pode o Paulo que conheceu e trabalhou com esses homens por muitos anos escrever-lhes dessa forma? A defesa mais recente da autoria paulina tenta superar esse argumento, defendendo que 1 Timóteo e Tito representam o tipo literário de "correspondência real", em que um governante escreve a subordinados, autorizando-os e dando-lhes instruções. Tais cartas, documentadas em inscrições e fragmentos de papiros, supostamente "fornecem uma analogia à relação social em 1 Timóteo: um superior escreve a um representante ou delegado com instruções sobre a missão do delegado".[5] Mas isso está muito longe do que temos nas Pastorais. Paulo não é uma figura real emitindo ordens, e Timóteo e Tito são amados irmãos e missionários veteranos que passaram por dificuldades com Paulo por muitos anos. O conteúdo e o tom das Pastorais simplesmente não são adequados para tal relação. Alguns exemplos:

---

[5] Ibid., 139; cf. 137-142.

- As saudações são altamente formais e litúrgicas. Cf. 1 Tm 1,1-2; 2 Tm 1,1-2, e especialmente longas, solenes, e adornadas. Tt 1,3.
- 1 Tm 1,3 começa abruptamente com uma ordem, sem a ação de graças convencional.
- Em 1 Tm 1,4, a ordem de abertura instrui um missionário veterano a instruir "certas pessoas" a não ensinar qualquer doutrina diferente da tradição paulina (cf. 3,14; 4,13-15). Deve-se perguntar que função tais instruções teriam em uma carta real, tendo em vista a breve ausência de Paulo. Da mesma forma, as orientações sobre a seleção de bispos e diáconos em 3,1-14 indicam que Paulo espera se unir a Timóteo em breve, mas nesse ínterim dá instruções "sobre como se deve proceder na casa de Deus". Essas não são instruções temporárias e de curto prazo. De qualquer forma, deve-se perguntar por que Timóteo já não sabia dessas coisas e, se não, por que Paulo não lhe teria dito o que fazer antes de deixá-lo no comando? O tom confessional dificilmente é apropriado; em 65 d.C., Timóteo teria mais de 15 anos de experiência como homem de confiança de Paulo. Paulo o havia enviado a Tessalônica e Corinto para resolver problemas e, em seguida, enviou Tito a Corinto, que resolveu o problema. As Pastorais, do início ao fim, contêm instrução elementar apropriada como um manual para treinamento de novos ministros, diretrizes autorizadas para ministros como uma classe, e orientações para a igreja sobre suas qualificações e deveres.
- 1 Tm 4,12 aborda Timóteo como um homem jovem, embora ele tenha sido um adulto maduro e experiente, na hipotética situação da década de 60, que já havia sido provado ao enfrentar muitas crises com Paulo (cf. At 18,15; 19,22; 20,4; Rm 16,21; 1 Co 4,17; 16,10; 2 Co 1,1.19; Fp 1,1; 2,19; 1 Ts 3,2.6). "Ninguém desprezę a tua mocidade" é apropriado como o aconselhamento pastoral de um ministro mais antigo para iniciantes. Não é apropriado para Paulo e Timóteo reais; nem é "meu filho" de 2 Tm 1,2; 1,5 ou 2,22, apropriado para "fugir das paixões da mocidade".
- Em 1 Tm 1,12-17, a extensa descrição da conversão de Paulo e (como um evento separado) sua nomeação para ser apóstolo é compreensível como instrução para as igrejas paulinas da terceira geração. Mas por que o verdadeiro Paulo estaria dizendo ao verdadeiro Timóteo o significado de sua conversão, em uma carta escrita durante uma breve ausência, depois de terem trabalhado juntos por vários anos?
- 1 Tm 2,7 – "Sou um apóstolo; digo a verdade; não estou mentindo" ecoa a paixão de Paulo quando apela a suas igrejas contra as falsas acusações (Rm 9,5; 2 Co 11,31; Gl 1,20). Isso é conveniente a congregações da terceira geração na medida em que se mantém a reivindicação apostólica feita por Paulo

em continuidade com as outras cartas do corpus paulino. É pouco apropriado como parte de uma carta pessoal a um velho amigo e colaborador.
- 1 Timóteo e Tito não contêm notícias da própria situação de Paulo. 1 Timóteo encerra abruptamente, com "a graça seja convosco", sem saudações àqueles que Paulo conhece em Éfeso, onde passou mais tempo do que em qualquer outra igreja. O pronome de segunda pessoa, nas saudações finais, é sempre no plural. As saudações de abertura cuidadosamente evitam o pronome singular (σοι, soi, a ti), e, como cartas dirigidas a indivíduos, não podem ter o plural (ὑμῖν, humin), fazendo com que sejam as únicas cartas na tradição paulina que não têm um pronome de abordagem direta na saudação.
- Assim, as cartas foram escritas para um coletivo, para o ministério e a igreja em geral, não destinadas à leitura privada por Timóteo e Tito, mas para leitura pública na igreja, juntamente com outras cartas do corpus paulino. O autor utiliza a técnica literária de uma carta aberta, para uma igreja que admira Paulo e seus cooperadores, e se reporta a eles como heróis da fé, uma igreja que quer seguir suas instruções para a sua situação posterior. As cartas têm o tom apropriado para a finalidade para a qual elas foram compostas, mas são inadequadas como cartas pessoais.

7. As cartas são apropriadas para a terceira geração de líderes cristãos, em que há uma luta pela verdadeira sucessão da liderança de Paulo. Que Timóteo representa a terceira geração está claro a partir de 2 Tm 1,5. A pressuposta situação da igreja é diferente daquela dos dias de Paulo, e mais parecida com o mundo refletido nos escritos cristãos após o tempo de Paulo: Apocalipse, os Evangelhos e Cartas de João, Inácio, Policarpo (ver abaixo questão de data). No interior das igrejas paulinas da terceira geração, há dissensão sobre o que significa continuar a missão paulina após a morte de seu líder carismático. Quem são os herdeiros legítimos e intérpretes da tradição paulina? Este é o ponto de partida da linha de abertura em cada uma das cartas, especificando que Timóteo e Tito são γνήσιος (gnēsios, "legítimos") e ἀγαπητός (agapetos, "amado", no sentido de "escolhido, autorizado").[6] O que Paulo começou na primeira geração, representada pelas cartas do corpus paulino, é agora continuado

---

[6] "Filho amado" é encontrado no Novo Testamento apenas em referência à comissão recebida por Jesus (Mt 3,17; 17,5), o autorizado e comissionado "filho amado" na parábola de Jesus (Mc 12,6), e em 1 Co 4,17, o modelo de Pastor nas cartas a Timóteo e Tito: falando aos coríntios, Paulo escreve: "Por esta causa, vos mandei Timóteo, que é meu filho amado e fiel no Senhor, o qual vos lembrará os meus caminhos em Cristo Jesus, como, por toda parte, ensino em cada igreja".

por seus representantes autorizados nas Pastorais. Esta é a afirmação de cada um deles em suas palavras de abertura.

8. Adversários heréticos. O Espírito no tempo de Paulo é retratado como prevendo os problemas da Igreja no tempo do Pastor, um momento em que haveria várias reivindicações a ser dirigidas pelo Espírito, e um espectro de ensinamentos alegando a autoridade de Paulo (1 Tm 4,1), num momento em que a igreja necessitava de discernimento dos mestres fiéis da tradição paulina a fim de proteger a comunidade dos erros dos bem-intencionados membros. O Pastor enfrenta adversários que não são estrangeiros, mas mestres na igreja, ou ex-mestres que faleceram. É difícil caracterizar esses adversários, uma vez que o Pastor não entra em debate com eles, mas simplesmente descarta o que eles ensinam como "mitos profanos e de pessoas caducas" (1 Tm 4,7; cf. 4,1-2; 6,3-5,20; 2 Tm 3,1-5; 4,3-4). Isso em si é, seguramente, diferente de Paulo. As poucas declarações diretas sobre a oposição indicam que eles ensinam de forma diferente de Paulo, estão interessados em interpretações especulativas dos mitos e genealogias (1 Tm 1,4; 2 Tm 4,4, cf. Tt 1,14 "mitos judeus"; 3,9 "controvérsias estúpidas, genealogias, dissensões e disputas sobre a lei"). Alguns deles se apresentam como brilhantes mestres da lei (1 Tm 1,7). Eles defendem um entendimento ascético da fé e da vida cristã, "proibindo o casamento e exigindo a abstinência de certos alimentos" (1 Tm 4,2-3). Alguns deles rejeitam a escatologia futura, alegando que a ressurreição já ocorreu (2 Tm 2,18). Alguns são "faladores ociosos e enganadores" que devem ser combatidos, "especialmente os da circuncisão" (Tt 1,10). Não está claro se os judeus, os judeus cristãos ou cristãos gentios, entusiasmados com a Escritura judaica, estão aqui em oposição. Uma vez que o debate interno sobre a admissão de gentios não circuncidados não é mencionado, isso é aparentemente um problema do passado. Inferências indiretas das próprias afirmações do Pastor[*] sugerem que os adversários desprezavam o mundo, não o reconhecendo como a boa criação de Deus (1 Tm 4,4), e rejeitavam o consumo de vinho (1 Tm 5,23). Eles persuadiram as mulheres a abraçar uma vida ascética que rejeitasse o casamento e a família e incentivou-as a ensinar e pregar, tudo

---

[*] O Pastor, provável autor das Pastorais representante da tradição da escola paulina, segundo defendido pelo autor deste livro. O Pastor viveu na terceira geração pós Paulo, por volta do ano 100 d.C.

em violação das normas comunitárias respeitáveis (1 Tm 2,11-15). A insistência sobre a fé no único Deus, e em apenas um mediador entre Deus e a humanidade, e que este mediador é Jesus, o ser verdadeiramente humano, parece apontar para os sistemas gnósticos, que envolviam uma série complexa de mediadores entre o mundo divino e o mundo humano. Isso pode então significar que as "genealogias" dos mestres rivais referem-se a interpretações alegóricas que apontam para o mundo transcendente, ao invés de figuras bíblicas representadas pelas tabelas genealógicas do Antigo Testamento. Não sabemos se todos esses traços caracterizam um único grupo de adversários, ou se mais de um grupo está em questão. Em todo caso, a oposição parece refletir um tempo posterior ao de Paulo, bem como uma agenda diferente.

9. Características Anti-marcionistas. Desde F. C. BAUR, em 1835, alguns estudiosos têm visto 1 Tm 6,20 como uma referência direta a Marcião; "o que é falsamente chamado de 'conhecimento'" é gnosticismo; "contradições" faz alusão ao título da publicação de Marcião, *Antíteses*. Isso é possível, mas problemático por duas razões. (1) Seria necessária uma data para as Pastorais mais ou menos por volta da metade do segundo século, o que a maioria dos estudiosos considera como muito tardia (ver abaixo); (2) Marcião rejeitou a Bíblia judaica, mas (pelo menos alguns) os mestres a quem o Pastor se opõe alegam ser mestres da lei e especialistas em "genealogias" e "mitos judaicos". Pode ser que alguns dos mestres rivais desenvolveram interpretações alegóricas especulativas do Antigo Testamento (como fizeram alguns gnósticos), enquanto outros a rejeitaram por completo (como fez Marcião). O fato de que o Pastor insiste na inspiração divina do Antigo Testamento e defende sua autoridade e importância na igreja sugere que, pelo menos alguns de seus adversários não o fizeram, e pode apontar tendências marcionitas a que o Pastor se opõe.

10. Ordem da Igreja e ofício eclesiástico. Para Paulo, a Igreja é guiada pelo Espírito Santo, residente no corpo de Cristo como um todo. O Pastor faz referência mínima ao Espírito (ver abaixo). Apenas uma vez o Espírito Santo desempenha um papel no ministério da Igreja, o qual mantém a igreja no caminho certo, preservando a tradição transmitida através dos ministros da igreja (2 Tm 1,14). Da mesma forma, o dom carismático da profecia que gerou e capacitou o ministério nos dias de Paulo ainda está presente, mas relacionado ao processo de ordenação. O Pastor vê o Espírito como trabalhando através de canais,

no trabalho de seleção de candidatos para o ministério, conferido pela imposição das mãos na ordenação, e ajudando ministros autênticos a manter a tradição que receberam (1 Tm 1,18; 2 Tm 1,6.14, cf. At 13,1-3).

Portanto, as Pastorais pressupõem tanto uma visão diferente da natureza da liderança eclesiástica quanto uma estrutura de igreja diferente da que existia na época de Paulo. As próprias igrejas de Paulo não eram desprovidas de líderes e não dependiam de uma liderança puramente guiada pelo Espírito Santo (cf. 1 Ts 5,12-13; Fp 1,1; 1 Co 12,28; 16,16; Rm 12,8; 16,1). No entanto, a compreensão da ordem eclesiástica nas Pastorais é consistentemente diferente da ordem das cartas não disputadas. As prescrições para os ministros não são transmitidas na forma de um manual de igreja (como, por exemplo, a *Didaquê* e as *Constituições Apostólicas*), mas na forma de carta apropriada à tradição da escola paulina. O Pastor não está instituindo uma nova estrutura, mas buscando regular uma estrutura existente, uma estrutura que pode não ser aceita por todos os seus leitores. Os deveres e funções dos presbíteros e diáconos são assumidos como familiares; instruções a respeito desses ofícios lidam apenas com o tipo de pessoas que Timóteo e Tito deviam procurar para eles, sem nada a dizer sobre as suas responsabilidades, funções e relações mútuas. As cartas refletem um período de transição, porém elas não estão ocorrendo em todas as áreas ao mesmo ritmo. Em 1 Timóteo (Éfeso), o presbitério e diaconato são assumidos, como ofícios que estavam em vigor por algum tempo. Na carta a Tito (Creta), os anciãos ainda não existem em todas as igrejas, mas são nomeados em cada cidade. O Pastor empresta o apoio da voz de Paulo para o desenvolvimento contínuo de um tipo de estrutura que estava se tornando dominante em pelo menos uma corrente da tradição paulina. As designações dos próprios ofícios ainda não estão firmemente fixadas: "presbítero" pode ser intercambiável com "bispo/supervisor", e pode referir-se a um ofício específico para o qual alguém poderia ser nomeado, mas também podia continuar a ser utilizado em seu sentido normal de uma pessoa idosa. Pelo menos alguns presbíteros oficiais são assalariados; o Pastor usa as mesmas imagens e textos da Escritura que Paulo usara para argumentar em favor do apoio financeiro aos apóstolos e missionários por parte dos anciãos locais (cf. 1 Co 9,7-14; 1 Tm 3,8; 5,17-18, 2 Tm 2,2-4; 1 Pd 5,2). O rol de membros da igreja pode ser descrito como consistindo de "anciãos" e "jovens" (1 Tm 5,1-2), o que pode ser entendido em termos de faixas etárias e/ou líderes oficiais e leigos.⁷ Da mesma forma, "diácono" pode ser usado tanto no sentido oficial de uma classe de ministros cristãos, mas também em seu sentido genérico de "servo, ajudante".⁸ "Viúva" refere-se não só às mulheres cujos maridos morreram, e que são dependentes da igreja para apoio financeiro, mas um grupo específico de mulheres solteiras que estão "registradas", que recebem uma fiança por não se casarem novamente, que se dedicam à oração contínua e boas obras, e que são apoiadas financeiramente pela tesouraria da igreja (1 Tm 5,3-16). Esta parece ser uma fase preliminar do que mais tarde seriam as ordens de freiras e irmãs religiosas. Tudo isso representa um grau de institucionalização da liderança da igreja que ainda não encontramos nas cartas não disputadas de Paulo.

Uma vez que a estrutura precisa da liderança da igreja é assumida, e não explicada, existe alguma variação nas construções "da" ordem eclesiástica pressuposta pelas Pastorais. Algumas suposições estabelecem uma ordem hierárquica clara do tríplice ministério encontrado nas cartas de Inácio e na igreja posterior, em que um bispo monárquico local preside um conselho de presbíteros (anciãos) e diáconos, com uma ordem auxiliar de viúvas e mulheres solteiras mais jovens que se comprometeram com uma vida celibatária no serviço da Igreja. Nessa suposição, há uma distinção firme entre clérigos e leigos, os fundos para apoiar a ordem das viúvas e o bispo e presbíteros responsáveis pelo ensino, pregação e administração, e há um único bispo que preside os presbíteros e diáconos em uma determinada cidade ou região.⁹ Outras suposições apontam para a permutabilidade aparente entre os termos "presbítero" e "bispo" (Tt 1,5.7; cf. At 20,17.28), e as pequenas

---

⁷ Ver também 1 Pd 5,1-5; 1 Jo 2,1-12; Lc 22,26. Isso reflete a referência septuagíntica a toda a comunidade como dois grupos/classes de πρεσβύτεροι/νεανίσκοι (*presbyteroi/ neaniskoi*, anciãos/jovens; cf. Gn 19,4; Êx 10,9; 2 Cr 36,17; Jt 6,16; 1 Mc 1,26; Jl 2,28; Ez 9,6). Ver Paul R. Trebilco, *The Early Christians in Ephesus from Paul to Ignatius* (WUNT 166; Tübingen: Mohr Siebeck, 2004), 530. Ou: dois grupos de anciãos, "sênior" (anciãos) e "júnior" (diáconos, etc.). Cf. o uso atual na América do Norte de "Ministro Sênior" para uma pessoa Jovem, "Ministro Associado" mesmo se de mais idade. Cf. Pervo *Dating* 211: ὁ νεώτερος, *ho neōteros* se refere a "funcionários júnior; seu antônimo é presbítero," referindo-se à Hb 13,7.17; 1 Clem 1,3.
⁸ Ver a explicação claramente documentada em ibid., 447-473.
⁹ Cf., entre outros, Fred D. Gealy, "Introduction to 1 and 2 Timothy and Titus," in *The Interpreter's Bible*, ed. George Arthur Buttrick, *The Interpreter's Bible* (Nashville: Abingdon, 1957), 345-350; 407-418; Schnelle, *Theology of the New Testament*, 597-600.

diferenças entre 1 Tm 3 e Tt 1, argumentando que não era alguma variedade, e que o sistema de ter um único bispo responsável pelas congregações em uma cidade ou bairro ainda não havia sido (totalmente) estabelecido. Os intérpretes modernos devem ser cautelosos ao supor que as igrejas no tempo do Pastor haviam desenvolvido uma estrutura única que estava totalmente uniforme e rígida. Da mesma forma, uma abordagem diacrônica consistente é questionável, como se as Pastorais, *1 Clemente* e Inácio pudessem ser localizadas em vários pontos ao longo de uma única linha de desenvolvimento entre Paulo e a igreja católica emergente do final do segundo século.

O papel de Timóteo e Tito nessa estrutura em desenvolvimento também não é claro. Uma vez que eles escolhem e ordenam bispos, presbíteros e diáconos, e podem ouvir as acusações contra eles (1 Tm 5,19-25; Tt 1,5), eles parecem representar um ofício maior até do que o do bispo. Essa linha de pensamento interpretaria Timóteo e Tito como arcebispos, e o próprio Pastor como o "papa" das igrejas paulinas. No entanto, ela leva a imagem muito longe. No mundo fictício projetado pelas cartas, Timóteo e Tito, como o próprio Paulo, são protótipos para ministros em todos os níveis, pois eles são modelos para os crentes como tais, e não correspondem a qualquer cargo superior no mundo real das igrejas às quais as Pastorais se dirigem. O papel de Paulo é preenchido pelo autor das Pastorais, representando uma corrente da tradição da escola paulina, que é a verdadeira autoridade mediadora (de seu entendimento) da fé apostólica às igrejas paulinas asiáticas da terceira geração.

Qualquer que seja a estrutura exata das congregações às quais as Pastorais se dirigem (e havia, aparentemente, ainda, alguma variedade), ela era diferente daquela dos dias de Paulo. Paulo dependia da liderança carismática em suas igrejas, com uma liderança informal em vez de uma liderança institucionalizada. Paulo não tem uma estrutura firme ou oficiais na igreja de Corinto a quem apelar durante os problemas com os quais ele está lidando em 1 e 2 Coríntios. A Igreja é guiada pelo Espírito, que trabalha através de uma variedade de dons; profetas e mestres são inspirados pelo Espírito, e a congregação como um todo deve discernir a vontade de Deus (1 Co 12-14). As cartas de Paulo não indicam qualquer consciência da ordenação ou ofício de πρεσβύτερος (*presbyteros*, presbítero / ancião), que é central nas Pastorais. Em Paulo, διάκονος (*diaconos*, diácono / servo / ministro) é um termo genérico para serviço, utilizado em diversos sentidos, e está começando a ser usado no sentido específico de pessoas que têm um papel ministerial, mas ainda não está sendo usado para um ofício específico. Em Fp 1,1, Paulo se refere a "bispos" e "diáconos", sem indicação de que eles representam ofícios ministeriais específicos presentes na igreja como um todo. Assim, as Pastorais se encaixam melhor na terceira fase do movimento iniciado durante a missão paulina ao Egeu, nos primeiros trinta anos do segundo século d.C. (ver abaixo §16.1.3).

11. A perspectiva do Pastor sobre o papel das mulheres na igreja reflete o período pós-paulino. Paulo ensinou a igualdade essencial de homens e mulheres na comunidade de fé (Gl 3,27-28), tinha mulheres como cooperadoras e parceiras de ministério, que eram líderes na igreja (Rm 16,1.3.7; Fp 4,2-3), e afirmou suas atividades litúrgicas, de pregação e ensino (1 Co 11,5; 16,19). O único texto nas cartas não disputadas que restringe o papel de liderança das mulheres é, provavelmente, uma interpolação (ver acima sobre 1 Co 14,34-35). O Pastor, no entanto, tem uma visão diferente e reacionária, aparentemente em resposta ao que ele considerava desenvolvimentos prejudiciais e perigosos nas igrejas paulinas de seu próprio tempo. Ele pressupõe que os presbíteros/bispos devem ser do sexo masculino, casados e que sejam os chefes de suas casas (1 Tm 3,1-7; Tt 1,5-9). Ele dá instruções para o serviço no culto, no qual os homens devem orar e as mulheres devem ficar em silêncio, com uma análise teológica racional baseada na ordem da criação e os diferentes papéis de Adão e Eva em sua resposta a Satanás, o enganador (1 Tm 2,1-15). Em particular, as mulheres estão proibidas de ensinar. Essas instruções dificilmente teriam sido dadas a menos que as mulheres estivessem, de fato, participando do culto e ensino. O Pastor instrui os mestres a passar a tradição para outros homens (o interesse da NRSV na linguagem inclusiva de 2 Tm 2,2 é mal interpretado; a intenção do autor é "homens" e não "pessoas"). O grupo de viúvas cresceu e adquiriu influência, e o Pastor busca reduzir tanto o número de mulheres alistadas quanto minimizar sua influência (1 Tm 5,3-16). Tudo isso parece refletir uma situação na qual algumas mulheres já estão ensinando, e servindo como diaconisas (1 Tm 3,11),[10] e foram atraídas para a falsa doutrina a que o Pastor se

---

[10] O significado da referência às "mulheres" em 1 Tm 3,11 é controversa, mas no contexto parece claramente se referir a um ofício, o qual possui qualificações comparáveis

opunha. O grupo herético que "proíbe o casamento" (1 Tm 4,3) pode ter visto a si mesmo dentro da tradição paulina autêntica, e oferece às viúvas e mulheres solteiras a oportunidade de se dedicar à pregação e ensino de uma forma que parecia perigosa ao Pastor. Elas não se casaram novamente, não estavam sob a autoridade de um marido ou *pater familias*, eram sustentadas pela tesouraria da igreja (como os presbíteros engajados na pregação e ensino, 1 Tm 5,17-18), e seu ensino em várias igrejas domésticas eram vistas pelo Pastor tanto como falsa doutrina quanto como trazendo má reputação social à igreja. O Pastor considera seu "ensino" como o único a "perambular de casa em casa", uma questão de "bisbilhotice", e a "dizer o que não devia dizer", com "mitos profanos" e "velhas fábulas" de falsos mestres que foram enganados e enganaram essas mulheres (1 Tm 4,7; 5,13). Parte de sua estratégia para restringir o ensino herético é reduzir o papel das mulheres ao de viúvas e donas de casa. Tanto a situação pressuposta quanto a resposta do Pastor a ela representam um tempo, teologia e voz diferentes do tempo, teologia e voz de Paulo.[11]

12. O ponto de vista pseudepigráfico das cartas é visto em sua perspectiva temporal. De um lado, as cartas representam a si mesmas como oriundas do tempo de Paulo, refletindo suas próprias circunstâncias, associados e preocupações. Paulo se refere incidentalmente a eventos e pessoas que são parte do mundo fictício das cartas, mas no passado dos leitores atuais. Esse é um traço convencional do gênero pseudepigráfico, e não se trata do esforço "desajeitado" de um "falsário" para "imitar" o tempo do próprio Paulo e "enganar" os ouvintes.

Por outro lado, dentro desse quadro fictício, Paulo é retratado como prevendo um momento posterior, que é o tempo presente da audiência atual (1 Tm 4,1-5; 2 Tm 3,1-6; 4,3-4). Essas previsões da

---

ao dos diáconos. Paulo já conhecia diaconisas (Rm 16,1), e o contemporâneo do Pastor, Plínio, o governador da Bitínia, faz menção de duas escravas que ele aprisionou e torturou a fim de obter informação sobre os cristãos, "a quem chamavam de diaconisas" (*Epístola* 10,96).

[11] No tempo do Pastor, pressupunha-se como uma questão de decoro geral que as mulheres deviam ficar em silêncio nas assembleias públicas, uma norma cultural apoiada por declarações de filósofos como Demócrito, Sófocles e Aristóteles (*Pol* 1,13 [1260a,30]). O Pastor reafirma as convenções da sociedade contemporânea que haviam sido desafiadas por Paulo e seus colaboradores, mas as quais ele agora considera um abuso, que submete a igreja às incursões da heresia.

heresia "posterior" são análogas à cena de At 20.29-35, em que o próprio tempo de Paulo estava livre de falsos ensinamentos no interior da igreja, com oposição apenas de fora, mas depois de sua morte, previa-se que os falsos mestres aparecessem mesmo no interior da igreja e seu presbitério. Essa postura de prever o presente dos leitores a partir do ponto de vista do passado modula no endereço atual, à medida que a parede fictícia que separa o tempo de Paulo do tempo dos leitores é rompida, e a voz de Paulo fala diretamente do passado com as preocupações dos leitores do presente. Esta é, de fato, a posição assumida na maioria do conteúdo das cartas, quando, por exemplo, Paulo dá instruções para a nomeação de anciãos, diáconos e viúvas (1 Tm 3,1-13; 5,3-16) e encorajamento para uma igreja sob pressão (2 Tm 1,8-14; 3,10-12).

13. As Pastorais veem a si mesmas como um suplemento das cartas paulinas já em circulação. Elas não deixam isso explícito, como em 2 Ts 3,17, mas o autor conhece o corpus paulino e assume que seus leitores o conhecem, e que eles reconheceriam alusões a ele (e.g., 1 Tm 2,7 ecoa Gl 1,20).[12]

14. O cenário original assumido das cartas e do processo pelo qual elas foram coletadas e incluídas no cânon aponta para uma origem pseudoepigráfica. As cartas pressupõem que elas deviam ser lidas em voz alta para as igrejas, que deviam ouvi-las e levá-las a sério. Como isso aconteceu? Na visão tradicional, deve-se imaginar que as cartas pessoais foram recebidas por Timóteo e Tito, em ocasiões distintas. Eles provavelmente as receberam e as mantiveram entre seus pertences pessoais, até que finalmente elas percorressem seu próprio caminho para a vida da Igreja em geral e, em seguida, para o cânon do Novo Testamento, as únicas cartas pessoais a seguirem esse caminho. A explicação pseudoepigráfica é mais natural. Argumenta-se que elas estão na *forma/formato* de cartas pessoais, mas foram escritas desde o início para ser divulgadas juntamente com o corpus crescente de cartas paulinas, e foram encaminhadas às igrejas, e não apenas aos indivíduos Timóteo e Tito. Os leitores da terceira geração estão acostumados a ler *todas* as cartas paulinas como "não escritas para nós", mas ouvi-las como transmissoras de uma mensagem normativa "para nós". Elas nunca

---

[12] Cf. dados adicionais em ANDREAS LINDEMANN, *Paulus im ältesten Christentum: Das Bild des Apostels und die Rezeption der paulinischen Theologie in der frühchristlichen Literatur bis Marcion* (BHT 58; Tübingen: Mohr, 1979), 134-149.

foram cartas privadas que tinham que percorrer o seu caminho para a leitura pública que a Igreja fazia das Escrituras, mas foram escritas para serem lidas assim desde o início.

15. As Pastorais refletem e interagem com os movimentos posteriores do Novo Testamento e a literatura corrente depois do tempo de Paulo. Depois da guerra de 66-70 d.C., a corrente joanina da tradição estava centrada em Éfeso (ver Vol. II §25.3). Havia interações pessoais e literárias entre as duas tradições. As Pastorais foram influenciadas por questões, receios e conflitos vigentes nas tradições joaninas, que refletiam e adotavam um pouco de seu vocabulário e conceitualidade. Frases como ἦλθεν εἰς τὸν κόσμον (ēlthen eis ton kosmon "ele veio ao mundo", 1 Tm 1,15) não são encontradas em Paulo, mas ocorrem nove vezes no Quarto Evangelho e uma vez em 2 João. A combinação de água, Espírito e novo nascimento em Tt 3,5 não é encontrada em Paulo, mas tem um paralelo próximo com Jo 3,3-5. A doxologia de 1 Tm 6,15 está mais próxima dos hinos do Apocalipse do que das doxologias de Paulo.[13]

16. O estilo e o vocabulário das Pastorais apontam para um cenário pós-paulino. Uma escola e estudantes seminaristas aprendendo a ler o Novo Testamento em grego podem confirmar que depois de um estudante se tornar bastante proficiente na leitura das cartas de Paulo, ler as Pastorais pode ser um desafio totalmente novo por causa de seu diferente vocabulário e estilo. Paulo é um estilo oral, vivo, com anacolutos, digressões e parênteses. As Pastorais representam um estilo escrito composto, que flui sem dificuldades, com sentenças mais longas do que as sentenças das cartas não disputadas de Paulo. Paulo *argumenta*, usando diatribe, dedução, interpretação de textos bíblicos, entrando em diálogo com seus leitores, debatendo com apelos e fazendo apelos. O Pastor possui um estilo um tanto pesado, com falas que tendem para pronunciamentos, não apenas diferente das cartas não disputadas de Paulo, mas particularmente problemático em cartas dirigidas a amigos próximos.

Algumas características gramaticais e sintáticas típicas do estilo de Paulo não aparecem nas Pastorais. Por exemplo, Paulo usa com

---

[13] Para uma extensa discussão de tais contatos literários, ver TREBILCO, *Ephesus*, 351-627. Os vários contatos com as cartas de Paulo, mas a ausência de contatos com Hebreus, sugere que Hebreus não estava circulando nos círculos nos quais as Pastorais se originaram.

bastante frequência o "nós" editorial, dizendo "nós" e usando a forma da primeira pessoa plural do verbo, quando o que, de fato, ele quer dizer é "eu" (e.g., Rm 1,5; 1 Co 9,11-12; 2 Co 10,11.13). Esse uso não é encontrado nas Pastorais, embora a pluralidade da escola paulina esteja por detrás.

O vocabulário do Pastor é muito diferente do de Paulo. Esse contraste não é meramente uma questão de impressão, mas foi precisamente elaborada.[14] As Pastorais contêm um total de 3.484 palavras, com um vocabulário de 902 palavras diferentes, 54 das quais são nomes próprios. Dessas 902 palavras, 175 não ocorrem em outros lugares do Novo Testamento. Mais importante ainda, 335 não são encontradas nas cartas paulinas não disputadas. Ainda que Colossenses, Efésios e 2 Tessalonicenses sejam consideradas como paulinas, as Pastorais ainda teriam 306 palavras distintas. Assim, cerca de um terço do vocabulário das Pastorais é composto de palavras que Paulo jamais utilizou em qualquer uma das outras cartas da tradição paulina. Por outro lado, apenas 50 palavras são compartilhadas exclusivamente pelas cartas não disputadas e as Pastorais – um número muito pequeno, tendo em vista que o autor era um admirador e expoente de Paulo, que conhecia e tinha interiorizado a maior parte do corpus paulino.

Algumas das palavras peculiares às Pastorais são centrais para seu pensamento, ilustrando as diferenças entre elas e as cartas não disputadas:

- "Sã" (doutrina, palavras ou fé) ocorre 9 vezes nas Pastorais como um conceito fundamental, e nunca nas cartas não disputadas (ὑγιαίνω, *hygiainō* ou ὑγιής, *hygiēs* [saudável; a palavra grega está relacionada à palavra "higiene" na língua portuguesa]).
- O "depósito" da fé que deve ser preservado é igualmente fundamental para o pensamento do Pastor. Παραθήκη (*parathēkē*, *depositum* na Vulgata) ocorre 3 vezes, cada uma delas numa combinação com φυλάσσω (*phylassō* guardar, manter). O termo nunca é usado por Paulo. Por outro lado, as próprias palavras de Paulo para a tradição e sua transmissão não são encontradas nas Pastorais (παραδίδωμι, *paradidōmi*, παράδοσις, *paradōsis*). O autor define o significado em 2 Tm 2,2: "E o que de minha parte ouviste através de muitas testemunhas, isso mesmo transmite a homens fiéis e também idôneos para instruir a outros".

---

[14] A obra clássica é a de HARRISON, *Problem*, reimpressa recentemente.

- Διδασκαλία (*didaskalia*, ensino) é um dos termos favoritos do autor, ocorrendo 15 vezes. O restante do Novo Testamento tem apenas seis ocorrências, das quais apenas duas estão em Paulo.

- Σωτήρ (*sōtēr*, salvador) é usado por Paulo apenas uma vez (Fp 3,20), contextualmente apropriado quando ele se dirige à igreja numa colônia romana onde o título era frequentemente empregado a César. "Salvador" se tornou um título padrão nas Pastorais, onde é encontrado dez vezes. Seis delas estão na frase "Deus, nosso Salvador", nunca encontrado em Paulo.

- Ἐπιφανεία (*epiphaneia*, epifania), não recorrente nas cartas de Paulo não disputadas, ocorre seis vezes nas Pastorais como o termo-chave para o evento-Cristo, denotando tanto encarnação quanto parousia.

- Εὐσέβεια (*eusebeia*, piedade; bondade; religião autêntica) era amplamente usado no mundo helenístico para expressar a virtude do respeito aos deuses e sua dádiva de um mundo ordenado, incluindo "lei e ordem" e "valores familiares". Εὐσέβεια e seu cognato Εὐσεβής (*eusebēs*, devoto, pio) são encontrados 13 vezes nas Pastorais, expressando o significado central da vida cristã. Ele ocorre nove vezes na literatura tardia do Novo Testamento (4 vezes em Atos; 5 vezes em 2 Pedro), porém não ocorre nas cartas não disputadas de Paulo.

- Εὐαγγελιστής (*euaggelistēs*, evangelista) e πρεσβύτερος (*presbyteros*, presbítero; ancião) são termos para os líderes da igreja não usados por Paulo, mas usados na tradição paulina posterior, e encontrados como termos-chave seis vezes nas Pastorais.

- Πιστὸς ὁ λόγος (*pistos ho logos*, fiel é a palavra) é encontrada cinco vezes nas Pastorais como um conceito-chave, mas nunca em Paulo.

Por outro lado, algumas palavras tipicamente paulinas são raras, totalmente ausentes, ou são usadas em um sentido diferente nas Pastorais:

- Πνεῦμα (*pneuma*, espírito) é usado 80 vezes em Paulo, mas apenas três vezes para Espírito Santo nas Pastorais, cada vez em citações ou materiais da tradição. Havia tensões dentro da escola paulina sobre o valor do uso contínuo da linguagem de Paulo sobre o Espírito, o que se tornou assunto de desentendimento nas igrejas gentias. O Pastor se posiciona ao lado do autor de Colossenses ao minimizar essa linguagem que foi importante para Paulo, embora outros mestres da escola paulina (e.g., o autor de Efésios) ampliasse a terminologia do Espírito (ver acima §15.2.1).

- Ἐν Χριστῷ (*en Christō*, em Cristo) não ocorre no sentido paulino (98 vezes nas cartas de Paulo não disputadas, incluindo "nele", etc.; respectivamente em cada carta, incluindo 6 vezes em Filemom; ver acima, §13.3.2). A frase exata de Paulo "em Cristo" nunca é encontrada nas Pastorais, tampouco "em quem", "nele". "Em Cristo Jesus" é encontrado 6 vezes em 1 Timóteo e três vezes em 2 Timóteo, mas nunca no sentido paulino de incorporação no corpo de Cristo, nem tampouco em Tito.

- Σῶμα Χριστοῦ (sōma Christou, corpo de Cristo) conceito e terminologia estão completamente ausentes nas Pastorais.
- Ἀδελφός, ἀδελφή (adelphos, adelphē, irmão, irmã) é usado 112 vezes por Paulo como um termo para os membros da igreja, muitos deles como uma abordagem direta para seus leitores, e cinco vezes na carta a Filemom, de apenas uma página. O Pastor usa o termo apenas cinco vezes em três cartas, e nunca numa abordagem direta, como se as cartas fossem escritas para amigos próximos e colaboradores.
- Δικαιοσύνη θεοῦ (dikaiosynē theou, justiça de/da parte de Deus) nove vezes em Paulo como um conceito fundamental, está completamente ausente nas Pastorais.
- Υἱός (huios, filho) é encontrado 80 vezes nas cartas de Paulo não disputadas, principalmente num sentido teológico como um título cristológico ou como uma designação para Israel ou cristãos. O Pastor nunca usa "filho", mesmo no sentido não teológico, mas sempre τέκνον (criança).
- Ἐν ἐσχάταις ἡμέραις (en eschatais hēmerais "nos últimos dias", 2 Tm 3,1) é uma frase nunca usada nas cartas não disputadas, ainda que Paulo acreditasse que estava vivendo nos tempos escatológicos. Frases similares são encontradas na literatura tardia do Novo Testamento (e.g. Tg 5,3; 1 Pd 1,5; 2 Pd 2,20; 3,3; 1 Jo 2,18; Jd 18). Tal vocabulário liga as Pastorais mais intimamente à literatura da terceira geração do que a Paulo.
- Depois de 1 Tessalonicenses, a carta existente mais antiga de Paulo, seu padrão de saudação é χάρις ὑμῖν καὶ εἰρήνη ἀπὸ θεοῦ πατρὸς ἡμῶν καὶ κυρίου Ἰησοῦ Χριστοῦ (Graça a vós e paz da parte de Deus, nosso Pai, e do Senhor Jesus Cristo). Essa saudação se tornou a marca registrada de Paulo, invariavelmente em todas as suas cartas, não encontradas em nenhum outro lugar, exceto em Paulo e nos autores dele dependentes (cf. §10.2.3). Em cada uma de suas cartas, o Pastor adota essa saudação, mas consistentemente com pequenas mudanças: Graça, misericórdia e paz da parte de Deus, o Pai, e de Cristo Jesus, nosso Senhor/Salvador. Ele faz três modificações não encontradas em qualquer uma das cartas não disputadas: ele omite "a vós", ele acrescenta ἔλεος (eleos, misericórdia), em harmonia com as saudações das cartas helenístico-judaicas, e muda "...o Senhor Jesus Cristo" para "...Jesus Cristo, nosso Senhor/Salvador". Essa combinação é consistentemente encontrada nas três Pastorais, e nunca nas cartas não disputadas.

- Ο εὐχαριστέω (*eucharisteō*, dou graças) padrão de Paulo está faltando, e é substituído por χάριν ἔχω (*charin echo* literalmente "Eu tenho gratidão" = "Sou grato"; o que aparece em outros lugares do Novo Testamento apenas em Lc 17,9 e Hb 12,28).

- O contraste entre Paulo e o Pastor inclui não apenas termos teológicos substanciais e frases, mas se estende para a maneira como eles usam partículas *comuns*, palavras sem nenhuma essência, mas que funcionam meramente para conectar elementos na sentença. Diversas dessas partículas encontradas em Paulo ἄρα (*ara* 27 vezes), διό (*dio* 22 vezes), ἐπεί (*epei* 10 vezes), ὅπως (*hopōs* 8 vezes), πάλιν (*palin* 28 vezes), τε (*te* 24 vezes) e as *preposições* ἀντί (*anti* 3 vezes) ἔμπροσθεν (*emprosthen* 7 vezes), σύν (*syn* 30 vezes) não ocorrem nas Pastorais. A palavra de Paulo para "com" (σύν, *syn*) regularmente se torna μετά (*meta*); não há diferença em significado, apenas em vocabulário. Alguns dos conectivos comumente usados por Paulo são *raros* nas Pastorais: μέν (*men* 55/3), δέ (*de* 538/62), οὖν (*oun* 91/7).

Essas considerações fornecem razões importantes para a visão de que as Pastorais são composições pós-paulinas, que emanam da escola paulina. Essa visão encontra apoio eventual a partir da data, testemunho, canonicidade, texto, estrutura e, especialmente, a partir da teologia das Cartas Pastorais.

16.1.3 Data, Testemunho e Canonicidade

Nenhuma das Pastorais é refletida em qualquer outro dos livros do Novo Testamento.[15] Isso é particularmente notório no caso de Efésios, que reflete praticamente todas as outras cartas paulinas. Da mesma forma, reflexos dos escritos de Paulo em 1 Pedro e *1 Clemente* documentam que uma coleção de escritos de Paulo estava circulando em Roma por volta do final do primeiro século de nossa Era, uma coleção que não incluía as Pastorais. As primeiras alusões e citações positivas para as Pastorais estão nos escritos de Atenágoras, Teófilo e Irineu (cerca de 180 d.C.). Há possíveis, porém controversas alusões às

---

[15] O uso de "Deus e Salvador Jesus Cristo" em 2 Pd 1,1 pode refletir Tt 2,13; 2 Tm 1,10. Se for este o caso, as Pastorais são refletidas nos últimos escritos do Novo Testamento, talvez por volta da metade do segundo século d.C., ou tanto as Pastorais quanto 2 Pedro podem refletir independentemente que tal linguagem cristológica estava começando a ser usada na terceira geração cristã.

Pastorais na *Carta aos Filipenses*, de Policarpo (ca. 120-135 d.C.; *Pol. Fp* 4,1; 9,2=1 Tm 6,7.10; *Pol. Fp* 9,2=2 Tm 4,10). Se Policarpo conhecia as Pastorais, isso significaria que elas estavam circulando em pelo menos uma coleção de cartas de Paulo na Ásia Menor aproximadamente em 130. As Pastorais estão ausentes no cânon de Marcião formulado por volta da metade do segundo século. Uma vez que marcionitas posteriormente aceitaram as Pastorais, não havia proibição explícita de Marcião contra a aceitação das mesmas. Isso pode significar que Marcião não as conhecia, ou as conhecia, mas não as considerava como paulinas – mas a questão é discutida. De acordo com Jerônimo, Tatiano (ca. 170 d.C.) aceitava Tito, mas rejeitava 1 e 2 Timóteo. As Pastorais estão incluídas no cânon Muratoriano (provavelmente por volta de 200, em Roma, cf. acima §2.2.1). Em uma lista organizada de outra forma, do maior para o menor, elas seguem Filemom, o que pode indicar que foram adicionadas a uma lista já completa. Esses dados querem dizer que as Pastorais devem ter sido escritas por cerca de 170 d.C., ou no máximo cerca de 130, caso Policarpo as conhecesse. A mais antiga evidência física de sua existência é fornecida por fragmentos de papiro de cerca do ano 200 d.C. Outros manuscritos do mesmo período não as contêm.

Os problemas com os quais o autor lida parecem ser característicos do cristianismo da terceira geração. A resposta do Pastor a esses problemas semelhantemente pressupõem que não apenas Paulo não está mais presente, mas também seus associados diretos também se foram, e a igreja é dependente das tradições paulinas que não mais podem ser validadas pelas pessoas que conheceram Paulo pessoalmente – daí em diante, a disputa é sobre quem é o herdeiro da tradição autêntica. A terceira geração também encaixaria a descrição de Timóteo como um crente da terceira geração (2 Tm 1,5), e a corrente da pressuposta tradição em 2 Tm 2,2. O Pastor vive na terceira fase após Paulo e Timóteo, representando aqueles mestres cristãos que receberam o depósito da fé dos "Timóteos" da segunda geração. Pode-se imaginar o início da terceira geração por volta do ano 100 d.C. Se as Pastorais são consideradas como se opondo ao marcionismo, mesmo em suas fases anteriores, antes da publicação do trabalho de Marcião, elas devem ser datadas pelo menos 25 anos mais tarde. Isso não é impossível, mas a maioria dos eruditos considera improvável. A data mais popular entre os eruditos críticos é "algo em torno do ano 100 d.C".

16.1.4 Procedência

As Pastorais estão repletas de nomes de lugares da Ásia Menor, e refletem a geografia acuradamente, e têm pouco a dizer sobre qualquer outra região. Duas cartas são endereçadas a Timóteo, que veio de Listra, conhecia Icônio pessoalmente, e trabalhou com Paulo na Frígia, Galácia e Ásia provincial (At 16,1-11). Primeira Timóteo 1,3 retrata Paulo como deixando Timóteo temporariamente na responsabilidade da igreja em Éfeso, o que é mencionado novamente em 2 Tm 1,18. Há referências adicionais a Antioquia da Pisídia, Icônio e Listra (2 Tm 3,11), à Galácia, Éfeso, Trôade e Mileto (2 Tm 4,10-13,20). Notáveis similaridades existem entre as Pastorais e a carta de Policarpo, bispo de Esmirna, aos Filipenses, que pelo menos sugere um ambiente comum. No período pós-paulino, Éfeso seria uma candidata mais provável para o local onde a tradição paulina floresceu e as cartas Pastorais foram compostas.

16.1.5 A Teologia das Cartas Pastorais: Continuidade e Mudança

As Pastorais não são um novo começo ou uma alternativa a Paulo – é a isso que elas se *opõem*. Muitos itens nas Pastorais estão em continuidade com Paulo.[16] A forma da carta encoraja uma leitura das Pastorais em continuidade com as cartas autênticas, com as quais elas circularam. Elas não pretendiam deslocar o Paulo "verdadeiro", mas deixá-lo falar em uma nova situação. As Pastorais foram compostas por discípulos de Paulo, que *também* reuniram, editaram e divulgaram as cartas autênticas, através de mestres cristãos que queriam preservar Paulo e apresentá-lo como mestre para a igreja como um todo (cf. 1 Co 4,16-17).

Contudo, as Pastorais não repetem Paulo simplesmente, mas o apresentam como adaptando sua teologia à situação pós-paulina. Além dos temas mencionados incidentalmente acima, alguns outros aspectos teológicos das Pastorais que as distinguem da própria teologia de Paulo são:

---

[16] Ver a impressionante lista em *Timothy*, 81.

Deslocamento da Ênfase da Fé para "a" Fé

O Pastor reafirma e continua as linhas principais da teologia de Paulo, as quais lhe são familiares a partir da tradição e do corpus dos escritos paulinos que já está em circulação. No cenário do Pastor, os elementos essenciais da teologia de Paulo estão sendo solidificados num corpo compacto de material, o "mistério da piedade" (1 Tm 3,16) ou o "plano de Deus" (REB, BJ) (1 Tm 1,4 NAB). Paulo indica que foi incumbido de uma comissão vinda de Deus (1 Co 9,17, οἰκονομία, *oikonomia*). Com base nisso, a escola paulina formulou a frase "plano de Deus" como um termo para resumir os elementos essenciais da teologia paulina. A frase é encontrada apenas nas cartas deuteropaulinas (cf. Cl 1,25; Ef 1,10; 3,1-3,9 [comparar com μυστήριον, mistério]; 1 Tm 1,4; cf. *IgnEf* 20,1). Esse sumário ainda não se tornou uma lista sólida dos itens da fé, como nos credos posteriores, mas estava começando a servir ao mesmo propósito: uma declaração concisa para guiar o fiel na batalha contra as perversões da fé. As declarações sumarizadas nas Pastorais deixam seu esboço claro (Tt 1,1-4; 2,11-15; 3,4-7; cf. Ef 1,9-10):

- Há um só Deus, o Criador. O mundo é a boa criação de Deus.
- Toda a humanidade é pecadora e precisa de salvação, conforme ilustrado na história de Adão e Eva.
- A história da salvação continua através dos personagens bíblicos (Moisés, Davi, inspirando toda a Escritura).
- Os seres humanos não podem salvar a si mesmos através de boas obras.
- Deus enviou Jesus Cristo para salvar a humanidade do pecado. A aparição de Jesus Cristo na história é o centro e o âmago da teologia do Pastor.
- Deus estabeleceu a igreja como a comunidade dos salvos, que devem manifestar o ato salvífico de Deus diante do mundo, ensinando e vivendo de tal maneira que a fé não seja posta em descrédito. O *amor* é o objetivo da fé autêntica (1 Tm 1,5).
- Cristo aparecerá no fim da história a fim de completar a obra salvífica de Deus em favor de todos os povos.

Contra as "especulações" de seus oponentes, que estavam levando a teologia paulina numa direção diferente, o Pastor solidifica as tradições paulinas em torno desse núcleo, e deseja que seja mantida e passada adiante. Isso envolve uma determinada "cadeia de comando" hierárquica na qual o próprio Paulo desempenha um papel crucial.

A sã doutrina se origina com Deus/Cristo Jesus, nosso Salvador.[17] Esse ensino central é revelado a Paulo e confiado a ele. Paulo, então, transmite essas palavras fiéis sobre o evento-Cristo a Timóteo e Tito, os quais devem transmiti-las aos mestres fiéis das escolas paulinas, que, por sua vez, ensinarão outras pessoas (2 Tm 2,2; Tt 1,1-4). Nessa corrente traditiva, Paulo desempenha um papel indispensável. Sua missão apostólica é incorporada ao evento-Cristo como parte do ato salvífico de Deus. A perspectiva teológica do Pastor continua como a ênfase do próprio Paulo em legitimar seu apostolado, mas estreita o foco de tal modo que a função apostólica é exercida apenas por Paulo. Ao fazer assim, o Pastor mantém o paradigma paulino da história da salvação, na qual o conteúdo da vida terrena e o ensino de Jesus desempenham um papel mínimo. O fato de que Jesus apareceu na história, e aparecerá novamente ao fim da história, como salvador, é o centro de sua Cristologia. Ambas as aparições estão envolvidas na palavra-chave ἐπιφανεία (*epiphaneia*, epifania, ver acima). O evento-Cristo é a epifania divina no Jesus humano que apareceu na história, que morreu como um cordeiro por todos, que ressurgiu dos mortos e completará sua obra salvífica ao final da história. O Pastor está consciente das palavras de Jesus, as quais ele pode citar como "Escritura", mas, como Paulo, fundamenta sua teologia na narrativa cósmica em vez de contar histórias sobre o Jesus terreno.[18] O Pastor concorda com Paulo quanto ao fato de que o objetivo de toda instrução teológica não é a doutrina em si, mas o amor (1 Tm 1,5); ele não fundamenta isso na Escritura ou nos dizeres de Jesus, mas no evento-Cristo como tal.

---

[17] O Pastor usa *Salvador* tanto para Deus quanto para Cristo. As imagens de Deus e do Cristo transcendente tendem a se combinar, de modo que as expressões usadas para Deus podem ser aplicadas a Cristo (1 Tm 1,1; Tt 1,4; 2,13). Isso também estava ocorrendo na escola joanina contemporânea na Ásia (Jo 1,11; 20,28; 1 Jo 5,20-21), e nas cartas de Inácio às igrejas da Ásia.

[18] Há indicações de que no tempo das Pastorais havia grupos cristãos que citavam as palavras e histórias da vida de Jesus como autoridade (1 Tm 5,18 cita algumas palavras de Jesus fundamentadas em Lc 10,7/Mt 10,10). A comunidade joanina contemporânea na Ásia Menor, com quem o Pastor tem contato, está usando a tradição de Jesus dessa forma (cf. Trebilco, *Efésios*, 351-403). Mas o Pastor não vê a fé cristã como essencialmente uma questão de seguir os ensinos do Jesus histórico. As "sãs palavras de nosso Senhor Jesus Cristo" (1 Tm 6,3) é equiparada a "o ensino que está em acordo com a piedade", i.e., as "sãs palavras" são o kerygma tradicional da igreja sobre o evento-Cristo, e não as palavras do Jesus histórico.

A ética gerada pela fé é elaborada não por exemplos ou dizeres da vida de Jesus, mas em termos de ideais morais do mundo helenístico. Como Paulo, é crucial para ele que houvesse uma encarnação real, mas não provê conteúdo para a "vida e ensino de Jesus". Como em outras áreas da escola paulina (cf. e.g., em Cl 1,24 acima), é, de fato, a vida e a morte de Paulo que exemplifica o significado da fé cristã e fornece o modelo para a vida cristã.

Fé e *a fé*. O Pastor se refere repetidamente a esse ensino central como *a* fé, no sentido de *fides quae creditur*, o conteúdo da fé que é crida (ver acima sobre 2 Tessalonicenses, §15.3.2). "Fé" é "a verdade" na qual o fiel deve crer. Paulo usou "fé" nesse sentido apenas esporadicamente (2 Co 1,24; 13,5; Gl 1,23; Fp 1,27). Além disso, para Paulo, fé tinha conteúdo, mas a maioria esmagadora de seus 91 exemplos de πίστις (*pistis*, fé) se refere a *fides qua creditur*, a fé pessoal com a qual se crê, a obediente confiança que se tem em Deus. Isso é verdade mesmo em relação aos 41 lugares onde Paulo usa πίστις com o artigo. Para o Pastor, ocorreu uma grande mudança de ênfase. As afirmações de Paulo sobre a fé estavam no contexto de debates sobre o papel da lei no evento salvífico. Para o Pastor, esses debates estão no passado distante, de modo que seu contraste não é entre "fé" e "obras da lei", mas entre "a fé" e "falsa doutrina". Assim virtualmente todos os 13 exemplos de "a fé" referem-se ao corpo da doutrina ortodoxa (cf. e.g., 1 Tm 1,19; 4,1.6; 6,10; 2 Tm 2,18; Tt 1,13).

Frequentemente citado, o ditado de JAMES DENNEY se tornou proverbial: "Paulo era inspirado; o escritor dessas epístolas é, às vezes, apenas ortodoxo".[19] O provérbio é verdadeiro apenas parcialmente. De fato, o Pastor não é o gênio criativo da teologia cristã da primeira geração, mas também não é meramente o instituidor conservador da segunda ou terceira geração. Sua reinterpretação do evangelho paulino para um outro momento requeria um aprofundamento de pensamento teológico que não pode ser facilmente descartado. Mesmo seus movimentos conservadores, razoavelmente problemáticos e censuráveis à sensibilidade moderna, podem ser vistos de forma positiva em sua própria situação. O Pastor protege a comunidade cristã em desenvolvimento de distorções radicais, mas não apresenta apenas o Paulo

---

[19] JAMES DENNEY, *The Death of Christ. Its Place and Interpretation in the New Testament* (London: Hodder & Stoughton, 1909), 203.

domesticado ou o demasiadamente radical. Visto no contexto das heresias do segundo século, as Pastorais deixam de ser ortodoxia prosaica e tornam-se uma reafirmação dinâmica da fé cristã, resgatando Paulo do abuso nas mãos dos hereges e permitindo que a igreja cumpra sua missão em um mundo hostil em curso.

Ao preservar o centro essencial da teologia paulina e reinterpretá-la para uma geração seguinte, o Pastor desenvolve diversos pontos que são distintamente diferentes da própria teologia de Paulo, incluindo os seguintes exemplos.

Espíritos, Anjos e o Espírito Santo

Para Paulo, o Espírito Santo era a realidade divina que guiava e avivava a igreja, e um termo-chave em sua teologia e vocabulário. O Pastor também afirma o Espírito de Deus como o que capacita e dirige a vida da igreja, mas expressa isso de uma forma diferente de Paulo. Ele fala do Espírito de maneira cautelosa, referindo-se ao Espírito Santo apenas cinco vezes em três cartas (versus mais de 90 vezes nas sete cartas de Paulo). O Espírito estava atuando no tempo de Israel, inspirando as Escrituras (2 Tm 3,16), na encarnação e exaltação de Jesus (1 Tm 3,16), na vida e obra de Paulo (prevendo os "tempos vindouros" em que o Pastor vive, 1 Tm 4,1), e na vida de todos os crentes (2 Tm 2,14; Tt 3,5). Contudo, o Pastor desconfia das reivindicações de uma inspiração profética direta e dons carismáticos especiais em seu próprio tempo, e tende a ligar intimamente o trabalho do Espírito na vida da igreja ao ofício ministerial (cf. acima, e 1 Tm 4,14; 2 Tm 1,6-7,14). Essa diferença de Paulo aparece incidentalmente mesmo em pontos relativamente menores. Para alguns dos primeiros mestres cristãos, "Espírito" e "anjo" eram figuras relacionadas ou idênticas (cf. e.g., At 7,51-53; 8,26-29; 10,7.19; 23,8; Hb 1,7.13-14; Ap 1,1.4; 2,7.11.17.29; 3,1.6.13.22). Paulo, contudo, nunca teve uma boa palavra para dizer sobre anjos. Ele pensava neles apenas em termos negativos, como aqueles seres intermediários entre o céu e a terra, que eram hostis aos propósitos de Deus, e que podiam aparecer como espíritos demoníacos conduzindo a igreja ao engano (Rm 8,38; 1 Co 4,9; 6,3; 11,10; 2 Co 11,14; 12,7; Gl 1,8). Em contraste com Paulo, o Pastor fala sobre os anjos de maneira fácil e positiva (1 Tm 3,16; 5,21), como fizeram outros membros da escola paulina (2 Ts 1,7).

Como o Espírito Santo guia a igreja?

A metáfora paulina da igreja como o corpo de Cristo avivado pelo *pneuma* divino é substituída pela imagem da "família de Deus", entendida em termos da família greco-romana, na qual mulheres, crianças e escravos têm seu lugar demarcado, e é governada pelo *pater famílias*. Como tal, a igreja é o "pilar e fundamento da verdade" (1 Tm 3,15). Ao equipar a igreja para seus esforços contra a falsa doutrina, o Pastor vê a igreja como alicerçada em três elementos fundamentais inter-relacionados: cânon, clero e credo.[20]

Cânon. Paulo assumiu que as Escrituras Judaicas continuaram na igreja como autoridade divina, com o evento-Cristo como a chave hermenêutica para seu significado (ver acima §§9.2.2, 11.1.1). A esse respeito, o Pastor acredita que precisa lutar em duas frentes. Por um lado, os falsos mestres querem ser "mestres da lei", aparentemente baseando sua doutrina em interpretações alegóricas que apoiam suas mitologias especulativas. Por outro lado, aparentemente alguns querem descartar as Escrituras Judaicas por completo.[21] Contrariamente às duas visões, o Pastor desenvolve uma doutrina da Escritura, (rei-)vindicando as Escrituras Judaicas como cânon cristão. Embora Paulo tivesse assumido simplesmente a autoridade bíblica, o Pastor insiste nisso, citando e fazendo alusões às Escrituras como autoridade, e instrui os mestres cristãos a ocuparem-se com isso (e.g., 1 Tm 2,13-15; 5,18-19; 2 Tm 2,15; 3,14-17; Tt 2,14). Quando o Pastor retrata Paulo, nos momentos finais de sua vida, pedindo a Timóteo que trouxesse "os livros, bem como os pergaminhos" (2 Tm 4,13), ele não está se referindo a Homero ou Platão. O Pastor deixa explícito que a fé cristã não pode ser entendida iniciando com Jesus e ignorando as Escrituras Judaicas, mas apenas dentro de uma comunidade que inclua as Escrituras Judaicas na Bíblia cristã.

---

[20] É, de fato, anacrônico usar estes termos para o próprio tempo do Pastor. Eles são usados aqui simbolicamente indicando que estes aspectos padrão da existência posterior da igreja e que se mantiveram ao longo da história são desenvolvimentos da estratégia delineada pelo Pastor. Eu não estou sugerindo que um cânon rígido, uma ordem de ministério firmemente institucionalizada, e que credos verbalmente fixados e uniformes existiram no tempo do Pastor.

[21] Se as Pastorais foram escritas perto da metade do segundo século, isso estaria em direta oposição às visões marcionitas. Ver discussão sobre as palavras finais de 1 Tm 6,20-21.

Clero. O Pastor está interessado em promover e ampliar o desenvolvimento das ordens estabelecidas de ministério como um meio de garantir a transmissão da tradição paulina central (ver acima).

Credo. Confissões de fé bem estabelecidas provenientes da tradição circularam nas igrejas paulinas. Isso é indicado não apenas pelas cinco "referências à fidelidade" (1 Tm 1,15; 3,1; 4,9; 2 Tm 2,11; Tt 3,8), mas pela ênfase na transmissão do "depósito da fé" (1 Tm 1,18; 6,20; 2 Tm 1,12.14; 2,2), e pelos elementos das diversas unidades tradicionais fixas (1 Tm 1,5-6; 3,16; 6,7-8; 6,11-12,15-16; 2 Tm 1,9-10; 2,11-13; Tt 3,4-7).

O Pastor, portanto, tem um arsenal tripartido em sua luta contra a heresia. Esses três elementos trabalham de maneira interativa. A fé autêntica não pode ser identificada ou defendida apelando à Bíblia apenas ou à tradição isoladamente ou à hierarquia da igreja. A Bíblia e as crenças devem ser interpretadas pelos mestres autorizados; os mestres não podem meramente falar por conta própria, mas devem interpretar a Bíblia e a tradição. Nem a Bíblia nem a tradição existem independentemente uma da outra. Essa dialética dinâmica e trilateral do cânon, credo e clero não pode ser reduzida a uma fonte de autoridade única, mas à medida que a igreja se move ao longo da história o Espírito Santo trabalha no interior da igreja através da Escritura, tradição e ministério autorizado para manter a igreja em curso. Esta é a fé do Pastor, e sua contribuição para a igreja posterior.

Escatologia

Como em outras ramificações da tradição pós-paulina, a expectativa de Paulo acerca da *parousia* iminente é abandonada pelo Pastor. Escatologia não mais determina decisões cruciais sobre o estilo de vida, tais como noivado, casamento e família (contrastar 1 Co 7,25-29.32-34 com 1 Tm 5,11.14). Não há indicação, contudo, de que a demora da parousia tenha se tornado um problema teológico para ele ou seus leitores. A crença na parousia futura em si não é descartada. A epifania final de Cristo é afirmada, mas transferida para o futuro indefinido, para um tempo que Deus predeterminou, mas não revelou (1 Tm 6,14-15). Por outro lado, espiritualizar a esperança futura e reduzi-la à ideia de que "a ressurreição já ocorreu" é algo a ser rejeitado como falso ensino (2 Tm 2,18). O Pastor discorda de outros mestres da escola paulina que estão favoravelmente mais inclinados para uma escatologia realizada, incluindo os autores de Colossenses e Efésios – embora nenhum deles abandone completamente a esperança futura.

Ética e Vida Cristã

A compreensão do Pastor sobre ética, liberdade e responsabilidade cristãs tem uma ênfase e perspectiva diferentes da de Paulo. Em 1 Co 8-10 e Rm 14, por exemplo, Paulo lidou com os receios de cristãos "fracos" de um modo pastoral que encorajou os cristãos "fortes" a ajustar seu comportamento às convicções de seus irmãos e irmãs "fracos". Os "fortes" são encorajados a desistir de carne e vinho caso sua liberdade se torne uma pedra de tropeço para aqueles que têm uma consciência diferente. Paulo, de igual modo, que afirmou o casamento e a família como tais, fez recomendações contra o casamento em face da crise escatológica que, segundo ele, estava presente (1 Co 7,1-40). Na situação da época do Pastor, ele se refere ao desenvolvimento de tais tendências contemporâneas como expressões da falsa doutrina que ameaça as igrejas (1 Tm 4,1-5), e assume uma posição firme contra elas. Embora algumas correntes da tradição pós-paulina desenvolvessem a imagem de Paulo como o "modelo ascético",[22] o Pastor está mais próximo de Colossenses e Efésios, e reafirma a excelência da criação e a obrigação de desfrutá-la como essencial à perspectiva de vida do crente (1 Tm 4,3; 6,17). É parte da responsabilidade de Timóteo como líder cristão *não* ser um abstêmio (1 Tm 5,23).

Como Colossenses e Efésios, mas diferentemente de Paulo, a ética das Pastorais está preocupada com listas de deveres domésticos para membros da família (Cl 3,18-4,1; Ef 5,22-6,9; 1 Tm 2,8-15; 5,1-16; Tt 2,1-10). A ética do Pastor está preocupada com, mas não controlada por, "o que as pessoas pensam", i.e., ele não quer que os de fora tenham a impressão equivocada da igreja como uma seita de rupturas desencorajando um tipo de vida que viole os padrões comunitários convencionais.

---

[22] Cf. ROETZEL, *Paul: The Man and the Myth*, 135-151; Meeks and Fitzgerald, eds., *Writings of St. Paul*, 291-295, e a literatura à qual ele se refere.

"Protocatolicismo"

Neste livro, estou usando "protocatólico" como um termo neutro se referindo aos desenvolvimentos pós-paulinos para o que se tornou o Cristianismo em voga, a igreja católica dos Pais Apostólicos conforme representada especialmente por Irineu. Estudos antigos, especialmente no contexto luterano alemão, às vezes falavam dos desenvolvimentos do cristianismo pós-apostólico tendendo para o institucionalismo e sacrementalismo como *Frühkatholizismus* (catolicismo primitivo). Às vezes, o termo carregava um tom depreciativo, sugerindo um desvio da preocupação existencial anterior para a fé pessoal vivida na comunidade escatológica que espera o retorno de Cristo, e movendo-se para uma concentração na doutrina correta, na acomodação a um mundo contínuo e o desenvolvimento do cânon, crença e clero. Essa terminologia e perspectiva não são amplamente usadas agora. Os desenvolvimentos nas cartas deuteropaulinas e católicas são, de modo crescente, vistas como tendo sua validade quando interpretados em seus próprios termos e não meramente como um declínio da "idade de ouro" da primeira geração.

16.1.6 Ordem, Estrutura e Esboço

As Pastorais são sempre atestadas como uma unidade. A maioria dos eruditos as considera como tendo sido compostas juntamente, bem como circulado e lidas em conjunto, a fim de complementar-se mutuamente.[23] Como a estrutura de cada uma das Pastorais é percebida depende em parte de como se vê sua origem. Se cada carta é considerada como uma composição distinta de uma determinada situação na vida de Paulo, elas devem ser analisadas independentemente, e sua ordem cronológica presumida. Por outro lado, se (como aqui) as Pastorais são vistas como emanando da escola paulina, juntas ou mais ou menos no mesmo tempo, então elas representam uma situação singular (complexa), e, uma vez que elas eram lidas juntas como uma única comunicação pelos primeiros leitores, elas devem ser estudadas

---

[23] Assim, e.g., JOUETTE M. BASSLER, *1 Timothy, 2 Timothy, Titus* (ANTC; Nashville: Abingdon, 1996), 22-23. JOHNSON, *Timothy*, considera que isso é um grave equívoco que contribuiu para sua má interpretação e para a ideia de sua pseudonímia.

como uma composição única por um único autor, no contexto da escola paulina.

Assumindo que as Pastorais sempre circularam juntas, ainda não sabemos em que ordem elas foram organizadas. Os títulos canônicos são, é claro, secundários, e estão baseados na extensão relativa dos documentos. No mundo fictício das cartas, 2 Timóteo foi obviamente escrita por último, como a declaração final de Paulo. Visto que Tito pressupõe congregações que estão apenas começando a ter anciãos escolhidos, enquanto 1 Timóteo assume uma situação mais desenvolvida considerando a liderança da igreja, pode ser que as cartas tenham sido compostas para ser lidas na seguinte ordem: Tito, 1 Timóteo e 2 Timóteo. A carta a Tito é o frontispício do corpus do Pastor em três documentos. Tito introduz o corpus e prepara o leitor para o todo. O leitor de 1 Timóteo já conhece a carta a Tito, e 2 Timóteo é escrita para leitores que olham para trás, não apenas para a vida e cartas de Paulo, mas também para as cartas Pastorais anteriores.

Esboço de Tito

1,1-4	Saudação
1,5-3,11	Corpo da carta
1,5-9	Anciãos
1,10-16	Advertências
2,1-10	Instruções para a família cristã
2,11-15	Base teológica: A aparição de Cristo
3,1-2	Instruções à igreja como um todo
3,3-8a	Base teológica: conversão e batismo
3,8b-11	Advertência final
3,12-15	Planos de viagem, saudações e bênção

Esboço de 1 Timóteo

1,1-2	Saudação
1,3-20	Introdução
1,3-7	Falsos mestres
1,8-11	A Interpretação certa e errada da lei
1,12-17	A Ação de graças (prolongada)
1,18-20	Desafio a Timóteo

2,1-6,19   Corpo da carta
2,1-15   Instruções concernentes ao culto apropriado
3,1-13   Instruções concernentes à liderança eclesiástica
3,14-16   A grande confissão da igreja
4,1-5   A predição dos "últimos dias"
4,6-6,2   Instruções para ministros
4,6-16   Características e caráter do bom ministro
5,1-6,2   O ministro na casa de deus
6,3-10   Falso ensino
6,11-19   Exortação final a timóteo
6,20-21   Conclusão epistolar

Esboço de 2 Timóteo
1,1-2   Saudação
1,3 – 4,8   Corpo da carta
1,3 – 2,26 Ação de graças, encorajamento e instruções
3,1-9   Os falsos mestres e os últimos dias
3,10 – 4,8 O desafio de Paulo a Timóteo
4,9-18   Instruções Pessoais e Saudações Finais

16.1.7 Síntese Exegético-Teológica

Muito da substância teológica das cartas já foi trabalhada na discussão acima sobre autoria e cenário. Aqui, nos concentraremos no fluxo do argumento e os traços particulares de cada documento.

Tito

1,1-4 Saudação
Se Tito originalmente iniciava o corpus das cartas Pastorais, essa extensa e solene introdução estabelece o tom para as três cartas lidas como uma unidade. O esquema total da teologia paulina, conforme compreendida pelo Pastor, está sintetizado nas palavras de abertura. O plano de Deus que começou antes da história foi revelado por Deus/Cristo no kerygma, foi confiado a Paulo, o qual comissiona seu filho e herdeiro legítimo a nomear mestres e líderes autorizados

que manterão a tradição. Paulo é *o* apóstolo a quem o kerygma foi confiado. Tito é o herdeiro *legítimo*, de modo que aqueles que alegam seguir o evangelho paulino, mas que agem contrariamente a essa tradição, são "filhos ilegítimos".

1,5 – 3,11 Corpo

Após a saudação, o autor imediatamente se lança para o corpo da carta, sem a ação de graças típica de Paulo (o que ocorre apenas na polêmica Gálatas), e incomum nas cartas pessoais de fato.

1,5-9 Anciãos

A cadeia da tradição deve ser continuada pela nomeação, na autoridade de Paulo, dos presbíteros responsáveis de cada cidade. O catálogo de qualificações é mais do que uma caracterização do tipo de pessoas de que a comunidade cristã precisava para sua liderança a fim de atender às expectativas da sociedade e minimizar as críticas contra a igreja. A lista é uma crítica inerente contra o falso ensino a que o Pastor se opõe. De um lado, a lista é antiascética – os presbíteros devem ser casados, pais de família, que podem fazer uso de vinho, mas sem exagero. Ao mesmo tempo, os requisitos são antilibertinos – nenhuma devassidão ou rebeldia são permitidas na casa de Deus, a qual é dirigida por um presbítero que possui disciplina e autocontrole. A qualificação primária é que o presbítero tem uma compreensão firme da "palavra da fé", a sã doutrina que ele deve ensinar (1,9, ecoando as "expressões de fidelidade" de 1 Tm 1,15; 3,1; 4,9; 2 Tm 2,11; Tt 3,8). Ele deve ser capaz de refutar aqueles que o contradizem. O fato de que ele é "despenseiro de Deus" (οἰκονόμος θεοῦ, *oikonomos theou*, 1,7) ecoa o plano de salvação de Deus (οἰκονομία θεοῦ, *oikonomia theou*, "o serviço de Deus", 1 Tm 1,4) com o qual ele foi incumbido.

1,10-16 Advertências

O Pastor não envolve os falsos mestres no diálogo, mas descarta-os com epítetos difamatórios. Os cretenses, entre os quais os destinatários vivem, no mundo fictício das Pastorais, são chamados de "mentirosos gananciosos". Eles devem simplesmente ser reprovados e silenciados. A descrição dos oponentes como "aqueles da circuncisão", que defendem os "mitos judaicos", de igual modo é meramente desdenhoso. Tais comentários podem representar o esforço do Pastor de refletir as controvérsias com os judeus e os judeus cristãos do tempo de Paulo (cf. Romanos, Gálatas), uma parte do "realismo" do mundo fictício que ele quer criar. Ao que parece, o falso ensino a que o Pastor se opõe provavelmente possui elementos judaicos misturados com protognosticismo e outros elementos. Rotular os falsos mestres de "judeus" é culpa-por-associação, parte do arsenal anti-heresia do Pastor. Trata-se de um clamor longe do real e dilacerantes esforços de Paulo em relação aos judeus cristãos à medida que ele envolve oponentes reais no interior da igreja, os quais acreditavam que deviam insistir na circuncisão como o requerimento de acesso ao povo de Deus (cf. Rm 9,1-5). Esses debates retrocederam ao passado, e "judaico" se tornou, lamentavelmente, um epíteto com o qual condenar oponentes.

2,1-10 Instruções para a Família Cristã
Para outros exemplos da adoção e adaptação da tradição helenística do *Haustafel* (código doméstico) pela escola paulina, ver Cl 3,18 – 4,1; Ef 5,21 – 6,9. Análogo a essas instruções mencionados acima para presbíteros, o Pastor aqui tanto ordena um determinado estilo de vida para vários grupos de crentes como implicitamente rejeita o ensino desviante de seus oponentes. As mulheres podem ensinar – conforme provavelmente continuam a fazê-lo em alguns círculos abordados pelo Pastor – mas elas devem ensinar apenas a mulheres jovens, e não à congregação como um todo, e seu currículo deve estar restrito à tranquilidade doméstica, e não ao conteúdo da fé (ver acima a advertência do Pastor sobre mulheres mestras, §16.1.2).

2,11-15 Base Teológica: a Aparição de Cristo
A boa ordem familiar, mantendo um estilo de vida respeitável e inofensivo, conforme desejado pelo Pastor, é parte da missão da igreja, o povo de Deus escolhido e redimido para testemunhar do ato salvífico de Deus em Cristo, o qual é para todas as pessoas. A igreja vive entre as duas epifanias da primeira e segunda vinda de Cristo, e não deve retardar a mensagem de que "a graça de Deus apareceu, trazendo salvação para todos". Os de fora não devem ser excluídos em face de uma falsa pedra de tropeço, ocasionada pela vida familiar não convencional da família cristã, de modo que eles possam ser confrontados pela mensagem de salvação do kerygma cristão.

3,1-2 Instruções à igreja como um todo

O Pastor retorna às instruções de que já havia uma tradição corrente circulando no interior das igrejas paulinas (cf. Rm 13,1-7; 1 Pd 2,13-17; 1 Tm 2,1-2). Mesmo numa sociedade pagã, os cristãos não devem se isolar do mundo, mas conduzir-se como bons cidadãos. Todas as pessoas devem ser tratadas com respeito e mais – com amor, como criaturas amadas de Deus a quem Deus deseja salvar, quer percebam isso ou não (2,11).

3,3-8a Base teológica: conversão e batismo

Na terceira síntese teológica (1,1-4; 2,11-14), o Pastor e outros de dentro se unem às massas de descrentes amados e redimidos por Deus. Falando na *persona* de Paulo, o Pastor apresenta um esboço da história de salvação em termos da própria biografia de Paulo. Esse esquema requer que ele faça da experiência pré-cristã de Paulo a mesma dos gentios descrentes (ver acima). O padrão é: a humanidade pecaminosa/a iniciativa de Deus e a graça em Jesus Cristo, que não salva com base nas boas obras/a resposta do crente no batismo e recebimento do Espírito Santo/vivendo na segura esperança de vida eterna. Essa unidade tradicional é designada como uma das "expressões de fidelidade" (3,8a), representando o âmago da fé paulina conforme transmitida na segunda e terceira geração.

3,8b-11 Advertência final

Esse centro tradicional do evangelho paulino deve ser ensinado e vivido, em contraste com as "tolas controvérsias... e dissensões sobre a lei" desdenhada pelo Pastor.

3,12-15 Planos de viagem, saudações e bênção

As pessoas, lugares e eventos pertencem ao mundo fictício da carta pseudoepígrafa, e não pode se encaixar dentro do que conhecemos sobre a vida e missão de Paulo. Os nomes e tarefas não são meramente aleatórios. Eles retratam Paulo como responsável, delegando responsabilidades e organizando a continuidade da missão apostólica depois de sua partida, e na falta de seus contemporâneos, a exemplo de Tito – que também está autorizado a enviar delegados.

1 Timóteo

A leitura da carta a Tito já havia preparado a audiência do Pastor para 1 Timóteo.

1,1-2 Saudação (ver acima sobre Tt 1,1-4)
Deus e Cristo Jesus modulam para uma figura transcendente que, juntos, dão o evangelho apostólico a Paulo. Declara-se que Timóteo, assim como Tito, é um "filho legítimo", herdeiro autêntico da tradição paulina. "Cristo Jesus nossa esperança" reafirma a escatologia futura do verdadeiro Paulo, contra a escatologia realizada dos falsos mestres.

1,3-20 Introdução

1.3-7 Falsos mestres
A ação de graças convencional é postergada para o v. 12, e o Pastor vai imediatamente para a questão da hora: corrigindo os mestres rivais não identificados, os quais estão substituindo a teologia paulina tradicional do "plano de Deus" (ver acima) com mitos impressivos e especulativos. Depois da morte de Paulo, para quem eles deviam olhar a fim de entender sua fé? As Pastorais representam a resposta de um lado da escola paulina, "deixado para trás" em Éfeso, o centro da escola paulina, abordando essa necessidade em oposição às reivindicações rivais.

1,8-11 A Interpretação certa e errada da lei
Os debates de Paulo sobre o papel da lei agora se volta para o passado distante. Somente aqui o Pastor se reporta à lei. Para ele, o perigo representado pela lei não é que ela seja uma condição de salvação, mas que ela pode se tornar a base da teologia especulativa. O Pastor adverte contra isso como um mau uso da lei, a qual foi estabelecida apenas para os insubordinados e rebeldes, a fim de refrear sua desobediência à lei. O objetivo do ensino cristão saudável é uma vida orientada para o amor, um coração puro, e uma fé sincera, e não o domínio de um complexo sistema de interpretação bíblica.

1,12-17 A ação de graças (prolongada)
O autor agora se volta para a seção convencional de ação de graças, transformando-a no agradecimento de Paulo pela graça de Deus

em sua própria conversão, a qual deve ser vista como um modelo para a conversão cristã em geral (ver acima sobre Tt 3,3-8). A biografia de Paulo, agora considerada em termos lendários e paradigmáticos, é vista como o protótipo do esquema então/agora da conversão gentílica: do pecado, ignorância, blasfêmia e descrença à salvação no povo de Deus. A despeito de sua ênfase na moralidade e valores convencionais, o Pastor afirma e entende a doutrina radical da graça de Paulo, a qual "superabundou", conforme Rm 5,20 – muito mais que o suficiente.

1,18-20 Desafio a Timóteo

"E quanto à profecia?" Os membros das igrejas pós-paulinas na Ásia foram questionados a respeito de como esse dom de falar diretamente a palavra de Deus, pela inspiração do Espírito, está relacionado com as alegações emergentes de um ministério mais institucional. O dom carismático da profecia, importante no tempo de Paulo (cf. 1 Co 12-14), estava vivo e saudável na contemporânea e próxima comunidade joanina, embora aqui também não permanecesse sem disputa. Na escola paulina, sempre era considerado como problemático ou perigoso. Profetas falavam pela autoridade direta de Deus, além das estruturas oficiais em desenvolvimento da liderança eclesiástica (cf. as tensões na *Didaquê* 11,3 – 12,5 e a discussão sobre 2 Ts 3,6-13 acima). O Pastor não rejeita o dom profético, mas usa Timóteo como uma ilustração da relação do carisma e a estrutura da igreja: a profecia autêntica não é um fenômeno competitivo e independente dentro da igreja, visto que as expressões carismáticas autênticas apontam para os mestres legítimos e autorizados, os quais permanecem na tradição paulina (cf. 1 Tm 4,14, a única outra referência à profecia nas cartas Pastorais; cf. a relação do carisma e ordenação em 2 Tm 1,6). O próprio Paulo, então, se torna o modelo para excomungar os mestres desviantes, tais como Himeneu e Alexandre.

2,1 – 6,19 Corpo da Carta

2,1-15 Instruções concernentes ao culto apropriado

O leitor moderno deve novamente ser lembrado de que não estamos lendo um manual de igreja, mas diretrizes para uma situação concreta expressa na forma de uma carta paulina. Quando lidas assim, as instruções de Paulo assumem uma nuance particular em que suas instruções podem ser ouvidas por leitores de outra época de uma maneira edificante que não alegue dar instruções universais o tempo inteiro.

As instruções para orar por todas as pessoas, o número vasto de pagãos (incluindo legisladores pagãos), além das fronteiras da pequena comunidade cristã, tudo está baseado na vontade de Deus, o criador de todos os povos, que deseja salvar a todos (ver Tt 2,11-14). A citação sinótica de Mc 10,45 ("para muitos") é reformulada de modo que Cristo, explicitamente, morreu "por todos". Na situação do Pastor, tais declarações são uma faca de dois gumes. Por um lado, elas mostram que a igreja não deve ser entendida como uma comunidade sectária contra o mundo – em contraste com uma tendência da comunidade joanina contemporânea ao Pastor, que tendia a traçar linhas firmes entre a igreja e o mundo. Para o Pastor, os cristãos devem assumir sua posição como cidadãos responsáveis no mundo, pelo qual se ora (contrastar com Jo 17,9). Por outro lado, a afirmação de que há um só Deus, e um mediador, o homem Cristo Jesus, rejeita as alegações de que o imperador é o mediador divino/humano, Deus e salvador. Os cristãos orarão por ele, mas não a ele. De igual modo, o fato de que há um único mediador, o ser humano Jesus Cristo, é algo que se opõe às alegações gnósticas e docéticas de que há uma grande cadeia de mediadores transcendentes entre Deus e a humanidade, à qual o Cristo divino pertence como um elo entre outros.

Os homens são instruídos a orar; as mulheres devem permanecer em silêncio, vestir-se modestamente, e ser boas donas de casa. Elas não devem presumir que são mestras, conforme encorajado pela facção rival a que o Pastor se opõe. O Pastor enfatiza que apenas Eva foi enganada (em contraste com Gn 3 e Rm 5; mas cf. Paulo em 2 Co 11,3), porque eram particularmente as mulheres que estavam sendo enganadas pelos mestres rivais (2 Tm 3,5-7). Com Gn 3 ainda em mente, o Pastor insiste com os mestres ascetas que o casamento e o nascimento de crianças não são uma maldição de Deus, mas que a vida familiar normal é o modelo da vida dos salvos e redimidos.

3,1-13 Instruções concernentes à liderança eclesiástica

Assim como as mulheres na igreja devem representar a imagem cultural ideal de seu papel na sociedade, assim também deve ser com a liderança masculina da igreja. O Pastor representa Paulo como assumindo que os líderes da igreja devem ser chefes de família que tomam conta da igreja, a casa de Deus, da mesma forma que administram suas casas – responsabilidade que deve ser compartilhada com as mulheres (3,11-12).

3,14-16 A grande confissão da igreja

Essas instruções sobre como os crentes devem se conduzir na "casa de Deus", durante o ínterim indefinido entre a morte de Paulo e o retorno de Jesus, estão fundamentadas na fé comum de toda a comunidade cristã, expressa na tradição litúrgica, um credo ou hino com o qual os leitores já estão familiarizados.

Ele foi revelado na carne,	a
vindicado no espírito,	b
visto pelos anjos,	b
proclamado entre os gentios,	a
crido no mundo inteiro,	a
recebido em glória.	b

A fórmula consiste de um pronome relativo "que", que se refere a Deus/Cristo, seguido de seis linhas, cada uma começando com um verbo na voz passiva, no passado. A fórmula está construída num padrão a-b/b-a/a-b. Cada linha "a" se refere a este mundo histórico, temporal e material ("carne", "nações", "mundo"); cada linha "b" se refere ao mundo divino e transcendente ("espírito"; "anjos", "glória"). Na encarnação e ressurreição, o ato de Deus em Cristo liga esse hiato. O credo/hino como um todo afirma que é neste mundo que o Deus transcendente agiu no evento-Cristo, e que essa é a mensagem proclamada e crida em todo o mundo.

4,1-5 A predição dos "últimos dias"

Essa seção descreve os falsos mestres do tempo do autor. Assim como em At 20,28-30, o próprio tempo de Paulo é traçado como uma era de ouro que manteve a fé pura, com heresias destrutivas emergindo apenas depois da morte de Paulo. Paulo é retratado como relatando a previsão de um profeta cristão sobre os últimos dias, o tempo de prova que precede o Fim. Os rivais do Pastor também apelam à direção do Espírito, mas ele considera seu ensino como inspirado por Satanás (cf. 2 Co 11,13-15). O Pastor não questiona a realidade do fenômeno espiritual; a questão é se é o Espírito Santo ou outro poder espiritual que está em operação.

Como no caso do falso ensino em Colossos (cf. Cl 2,8-23 acima), os oponentes do autor defendem um ascetismo de outro mundo. As marcas de uma vida cristã autêntica incluem renunciar o casamento e a família, e rejeitar certas comidas e bebidas. A visão do Pastor sobre mulheres, casamento e família pode ser vista como uma (super?) reação ao ensino de seus oponentes, o qual era atrativo a muitos, especialmente às mulheres de suas igrejas, dando-lhes liberdade da família patriarcal e a oportunidade de servir como mestras na igreja (cf. 2,9-15; 3,11; 5,2-16; 2 Tm 3,6; Tt 2,3-4).

4,6-6,2 Instruções para ministros

4,6-16 Características e caráter do bom ministro

Aqui, "servo" (διάκονος *diakonos*, diácono) é usado no sentido genérico, "ministro", que pode incluir tanto o ofício ministerial oficial em desenvolvimento e o ministério leigo de todos os crentes. O ensino é uma responsabilidade central do papel do ministro (cf. v. 6, 11, 13, 16). Os mestres rivais – alguns dos quais são mulheres – e seus discípulos consideravam sua doutrina como interpretações profundamente teológicas da Bíblia e da filosofia. A descrição depreciativa do Pastor coloca seu ensino na categoria de fofocas trocadas por donas de casa idosas.

Timóteo é retratado como jovem e inexperiente, necessitando de instrução elementar. Isso corresponde à necessidade de instrução pastoral na igreja do tempo do autor, mas não àquela do Paulo e Timóteo históricos. Os jovens ministros da igreja do Pastor, contudo, que algumas vezes foram chamados para ensinar ou mesmo reprovar os membros da igreja mais velhos do que eles, que precisam ser instruídos a conduzir seu ministério de tal modo que isso não seja desdenhado ou descartado por causa de sua relativa juventude. O Pastor conclama esses jovens "Timóteos" a capacitar a si mesmos e as suas congregações pela dedicação à Escritura e à tradição.

Em 4,14, o carisma do ministério é transmitido através da ordenação pelo presbitério, o conselho de anciãos. Em 2 Tm 1,6, esse dom do ministério é conferido pelas mãos de Paulo. O ponto central é que a autorização apostólica de *Paulo* continua no processo de ordenação regular conduzido pelos anciãos. Isso ainda não é "sucessão apostólica", no sentido de uma cadeia ininterrupta de um clero ordenado que se estende até os apóstolos, mas uma alegação de que a ordenação regular pelos anciãos representa um ministério apostólico. Na imposição de mãos do presbitério, as mãos de Paulo são impostas na ordenação, i.e., ele é afirmado como um representante legítimo da fé apostólica.

5,1-6,2 *O Ministro na Casa de Deus*

Essa seção segue vagamente o padrão geral do código familiar que estava sendo adotado e adaptado nas igrejas paulinas (ver Cl 3,18 – 4,1), mas com extensas digressões e rupturas. Embora Timóteo seja abordado pela segunda pessoa do singular, o Pastor fala às congregações sobre como a vida cristã deve ser conduzida. São dadas instruções sobre elementos constituintes da congregação, correspondendo a membros de uma família ampla: anciãos, mulheres idosas, homens jovens, mulheres jovens, viúvas e escravos. Em dois casos, grupos incluídos nessa lista são nomeados e recebem extensa instrução, as viúvas e os anciãos ordenados. Nesses casos, o grupo natural se transforma num grupo (semi-)oficial. Quem se qualifica como uma viúva "verdadeira" na lista da igreja é algo que ocupa mais atenção do Pastor do que outras questões, indicando que esse é um problema premente (ver acima). O grupo dos anciãos formado a partir dos "homens idosos" de 5,1 se transforma num grupo quase oficial de presbíteros (mesma palavra de 5,1), que estabelece regras, ensina e deve ser pago por seu trabalho, e sobre quem podem ser colocados encargos. Aqui, temos mais do que os códigos familiares de Colossos e Éfeso, mas não ainda uma ordem eclesiástica firme que distingue "clero" e "leigo". Em tudo isso, Timóteo representa o papel daqueles que ordenam (v. 22) e ouvem queixas contra os anciãos. O ofício que ele representa é superior, correspondendo posteriormente àquele do bispo.

6,3-10 *Falso ensino*

O Pastor retorna ao tema com o qual iniciou a carta, estabelecendo uma oposição entre a sã doutrina acerca de Jesus Cristo e os doentios e falaciosos ensinos dos oponentes. Sua péssima teologia e consciência entorpecida resultam em viver apenas pelo amor do ganho, usando seu ensino religioso como um meio de fazer dinheiro.

6,11-19 Exortação final a Timóteo
Em contraste com a religião-do-lucro, Timóteo e aqueles que ele representa devem fugir do dinheiro e sucesso cultural. Eles devem "guardar os mandamentos". "Guardar" aqui significa "preservar intacto". O "mandamento" é o encargo recebido pelos ministros para preservar o depósito de fé que lhes foi confiado para ensiná-lo fielmente aos seus contemporâneos e transmiti-lo às gerações futuras até o retorno de Cristo (ver 6,20; 2 Tm 1,14; 2,2). Isso significa ir contra, e não com, as tendências da cultura. Como Jesus, quando esteve diante de Pilatos, eles devem fazer a boa confissão contracultural. Embora o Pastor seja acusado, às vezes, de estar muito acomodado à cultura pagã, ele insiste que os ministros cristãos e todos os crentes apeguem-se rapidamente à confissão de que Jesus é o "Rei dos reis e Senhor dos senhores" – como "Deus e Salvador", um título usado pelos imperadores romanos.[24]

6,20-21 Conclusão Epistolar
As "contradições do que é falsamente chamada de 'conhecimento'" usam dois termos que se tornaram comuns na heresia de Marcião. "Contradições" também pode ser traduzido por "Antíteses", o título do apêndice ao "Novo Testamento" de Marcião, publicado por volta de 140 d.C., em Roma. *Antíteses* de Marcião lista um grande número de contradições (daí o título do seu livro) entre o deus Criador de segunda categoria do Antigo Testamento e o Deus verdadeiro do Novo Testamento revelado em Jesus. A advertência final do Pastor pode, portanto, ser entendida como "desviar-se do livro de Marcião, chamado *Antíteses*, que se refere ao movimento falsamente chamado de 'conhecimento', 'ciência' ou 'gnosticismo'". Se isso é uma referência direta a Marcião, ou as Pastorais foram escritas até a metade do segundo século ou a terminologia de Marcião já estava atualizada.

---

[24] Tais títulos são documentados por inúmeras inscrições. Particularmente relevante para as Pastorais é uma inscrição de Éfeso, que louva Júlio César como "Deus manifesto, o Salvador comum da vida humana". *SIG* 347 (ver discussão acima 9,2).

2 Timóteo

1,1-2 Saudação

As saudações de 1 e 2 Timóteo são muito similares entre si, mas de alguma forma diferentes daquelas das cartas não disputadas de Paulo. De igual modo, as breves saudações de encerramento (1 Tm 6,21; 2 Tm 4,22; Tt 3,15) são praticamente idênticas, embora diferentes das de Paulo, sugerindo que as cartas Pastorais foram escritas mais ou menos no mesmo tempo, como uma coleção única a circular em conjunto.

1,3 – 4,8 Corpo da Carta

1,3 – 2,26 Ação de Graças, Encorajamento e Instruções

Segunda Timóteo é essencialmente uma caracterização do ministério autêntico conforme representado por Paulo e como esse ministério deve ser continuado após sua morte. O Pastor enfatiza a continuidade tanto na vida de Paulo quanto na de Timóteo: Paulo é fiel à tradição de seus ancestrais judaicos. Timóteo é um crente da terceira geração, que foi ensinado pela avó e pela mãe. O Pastor enfatiza que tanto Paulo quanto Timóteo estão enraizados em sua fé ancestral e nas Escrituras Judaicas. A igreja não é uma inovação, mas está em continuidade com o povo de Deus ao longo das eras. Especialmente: como "filho amado" de Paulo, Timóteo é seu herdeiro que continua o próprio ministério de Paulo. Segunda Timóteo tem diversas características do gênero testamento, em que um patriarca idoso se despede e comissiona seu sucessores. Tais testamentos, regularmente pseudoepígrafos, são encontrados na Bíblia e na literatura judaica extracanônica (e.g., Jacó, em Gn 49; Moisés, em Dt 33; os *Testamentos dos Doze Patriarcas*), e representados na tradição paulina pela despedida de Paulo aos anciãos efésios (At 20,18-38). As "lágrimas" de Timóteo (v. 4) não são uma característica psicológica do Timóteo individual, mas refletem a triste despedida de Atos (20,37-38).

Representados por Timóteo, os leitores das cartas Pastorais são chamados a enfrentar sofrimentos por amor do evangelho (1,8). Embora o Pastor esteja interessado na qualificação da igreja dentro de uma sociedade pagã respeitável, esta não é sua primeira prioridade. Quando necessário, os cristãos devem sofrer e mesmo morrer em face da lealdade à sua fé. Outra vez, o próprio Paulo já havia se tornado o modelo de tais sofrimentos (2,10, "por causa dos eleitos"). Sofrimento e paciência são a dimensão central da vida do crente (1 Tm 6,11; 2 Tm 1,8.12; 2,3.8-10.12; 3,11-12; 4,5; Tt 2,2), e não apenas "viver uma vida calma e pacífica" na sociedade (1 Tm 2,2).

Paulo também se apresenta como *mestre* (1 Tm 2,7; 2 Tm 1,11; 3,10). Nas cartas não disputadas, Paulo reivindica diversos dons carismáticos e funções ministeriais (apóstolo, profeta, falar em línguas, escravo), mas nunca se refere a si mesmo como mestre. No período pós-paulino, é importante que os leitores saibam que assim como recebem a tradição da "sã doutrina", eles são ensinados pelo próprio Paulo, que é o modelo paradigmático do ministro como mestre. Mais uma vez, a cadeia da tradição (Paulo ⇒ Timóteo ⇒ mestres fiéis) é enfatizada como meio através do qual a fé é transmitida (2 Tm 2,5). Os líderes cristãos realmente abordados nas Pastorais pertencem a essa corrente, e sabem de quem (3,14) eles receberam essa instrução. Timóteo deve ser o modelo para mestres que são capazes de "manejar corretamente a palavra [λόγος, *logos*] da verdade", o evangelho paulino,[25] o qual como "sã doutrina" é contrastado com "a palavra deles, que se espalhará como gangrena". O Pastor sempre fala do ensino de Paulo em particular, em contrate com os "ensinos" (plural) de seus oponentes. A instrução catequética que passa adiante o conteúdo substancial da fé requer um tipo especial de mentalidade a respeito do ministério que não seja unilateral. Assim como ocorre com os soldados e os lavradores, tais ministros devem dedicar a vida deles totalmente a esse serviço (2 Tm 2,3-6), e assim devem ser pagos por isso (1 Tm 5,17-18).

A fé pessoal em Deus é representada pela sua confiança de que Deus preservará o evangelho representado pelo depósito da tradição com o qual Paulo foi incumbido. Embora os ministros sejam responsáveis pela fiel preservação e proclamação da fé cristã, eles não estão sozinhos, mas conduzem seu ministério pela fé no poder de Deus, que age neles e com eles (cf. Fp 2,12-13), e "com a ajuda do Espírito Santo" 1,14.

---

[25] A "palavra da verdade" de 2 Tm 2,15 é frequentemente compreendida como se referindo à Escritura. Embora Paulo espere que os mestres cristãos estudem a Bíblia e sejam proficientes em interpretá-la à igreja (1 Tm 4,13; 2 Tm 3,16), este texto se refere à tradição central do evangelho paulino.

A informação de que "todos da Ásia" abandonaram Paulo (1,15) pode ser um apelo retórico para que os leitores se lembrem do Paulo histórico, que resolutamente enfrentou a morte – a despeito de ser deixado pelos amigos e parceiros – como um encorajamento para que seus leitores fizessem o mesmo. Mais precisamente, essas palavras refletem os conflitos relacionados à própria situação do Pastor, quando muitos seguidores de Paulo estavam abandonando-o – os mestres rivais que estão desfrutando de algum sucesso nas igrejas paulinas. Os leitores são encorajados a não "abandonar", mas permanecer firmes, como Onesíforo (1,16-18; 4,3-4).

Na maioria dos casos, o Pastor meramente desconsidera de maneira desdenhosa seus oponentes, sem indicar o conteúdo de seu falso ensino. Em 2,18, vemos (a compreensão do Pastor) de sua escatologia realizada, que ele sintetiza como "a ressurreição já ocorreu". Isso pode ser iluminado pelos últimos textos do cristianismo gnóstico:

> Os discípulos perguntam a Jesus: "Quando ocorrerá a ressurreição dos mortos, e quando virá o novo mundo?" Ele lhes responde: "O que vocês esperam já veio, mas vocês não o reconhecem". (*Evangelho de Tomé*, 51).

> Se alguém não recebe a ressurreição enquanto está vivo, também não receberá nada na morte. (*Evangelho de Filipe*, 73,1-5).

> Vós já tendes a ressurreição. (*De Resurrectione*, conforme citado em Hipólito, Fragmento 1).

Assim como o escritor de 2 Tessalonicenses, que foi seu companheiro de escola paulina (cf. 2 Ts 2,2) e um profeta fora do passo no interior da comunidade joanina (cf. Ap 20,5), o Pastor rejeita essa escatologia hiper-realizada e reafirma a esperança cristã do triunfo de Deus no futuro último, incluindo a parousia, a ressurreição dos mortos, o juízo dos vivos e mortos, a vinda final do reino de Deus e a vida eterna (cf. 4,1.18).

3,1-9 Os falsos mestres e os últimos dias

Embora o Pastor tenha encorajado Timóteo a ensinar num estilo pastoral, "não inclinado à discussão, mas gentil com todos,... corrigindo os oponentes com bondade... de modo que eles possam se arrepender e vir a conhecer a verdade" (2,24-26), ele também tem a visão de que "nos últimos dias" haverá mestres enganadores interessados apenas no dinheiro, que são incorrigíveis, e que devem ser evitados. O Pastor descarta-os com uma longa lista de termos insultuosos – uma lista de dezoito vícios.

3,10 – 4,8 O desafio de Paulo a Timóteo

Ao enfrentar sua morte iminente, Paulo declara que "guardou a fé", o que nesse contexto significa não apenas que ele manteve sua fé pessoal em Cristo, mas que guardou o conteúdo da fé intacta, sustentando a sã doutrina que lhe foi confiada. Ele desafia Timóteo a fazer o mesmo. Paulo guardou a fé; uma transferência da guarda está ocorrendo. Timóteo e seus ouvintes são agora responsáveis.

4,9-18 Instruções pessoais e saudações finais

O Pastor retrata a vida de Paulo como finalizando com uma nota pessoal. O guerreiro da fé e mestre da igreja não está preocupado apenas com a doutrina correta, mas com as pessoas. Depois de sua morte, o grupo maior de cooperadores continua sua mensagem e missão. Segunda Timóteo menciona 23 nomes, mais do que qualquer outra carta da tradição paulina. Desses, apenas oito aparecem nas cartas não disputadas (Timóteo, Tito, Priscila, Áquila, Marcos, Lucas, Demas, Erasto). Uns poucos outros aparecem em Atos ou nas outras cartas deuteropaulinas. Outros restantes aparecem no apócrifo *Atos de Paulo e Tecla*, às vezes em diferentes papéis e relações. Isso não indica dependência literária, mas uma referência ao crescente material lendário sobre Paulo, que estava em circulação na Ásia do segundo século. Esse grande número de nomes aponta para os mestres e missionários das gerações depois de Paulo, e o esforço da escola paulina de encontrar transmissores fiéis de sua tradição.

16.2 Retrospecto: A Luta pela tradição paulina autêntica

Depois da morte de Paulo, a formação das igrejas paulinas posteriores não foi apenas uma questão de religião ou teologia, mas de política e sociologia. Embora esses aspectos sejam inseparáveis historicamente, a história como um todo pode ser analisada a partir de uma ou outra perspectiva. De um ponto de vista sociológico, o desenvolvimento desde Paulo às Pastorais pode ser visto em termos de três estágios:[26]

1. *Paulo*: "Construindo a comunidade";

2. *Colossenses e Efésios*: Estabilizando a comunidade e

3. *As Pastorais*: "Institucionalização de uma proteção da comunidade".

As igrejas iniciadas por Paulo e seus colaboradores em torno do Egeu representam a primeira geração da missão da igreja. Na segunda e terceira gerações, diversos grupos lutaram entre si pela interpretação autêntica de Paulo para seu próprio tempo. Cada um alegava ser a corrente principal, mas de nossa perspectiva eles podem ser maios ou menos classificados em: 1) "esquerda radical", composto de diversos tipos de interpretações gnósticas; 2) os intérpretes da "ala de esquerda", representados de diversas maneiras por Colossenses e Efésios; 3) uma corrente "centrista" da tradição paulina, representada por 2 Tessalonicenses; 4) Os intérpretes da "ala direita", representados pelas Pastorais; e 5) a "direita radical", representada pelas *Pseudoclementinas*. A igreja posterior não apenas incluiria as próprias cartas de Paulo no cânon, como também mais de um tipo de seus intérpretes posteriores – embora nem todos eles. Juntamente com as próprias cartas de Paulo, as alas "esquerda", "centrista" e "direita" foram incluídas, embora não estivessem confortáveis umas com as outras, e mesmo com o Paulo que elas alegavam representar. Tanto a "esquerda radical" quanto a "direita radical" foram excluídas. O processo de discernimento da igreja, que alegava ser dirigida pelo Espírito Santo, não resultou em uma única forma pura de fé, em débito com um único apóstolo, mas em uma pluralidade limitada. Mais de uma versão do evangelho paulino era aceitável – mas não qualquer versão. Aqui, temos uma antecipação da natureza do cânon do Novo Testamento.

---

[26] MARGARET Y. MACDONALD, *The Pauline Churches: A Socio-historical Study of Institutionalization in the Pauline and Deutero-Pauline Writings* (SNTSmanuscript 60; Cambridge: Cambridge University Press, 1988).

16.3 Para leitura adicional

BASSLER, J. M. *1 Timothy, 2 Timothy, Titus*. Abingdon New Testament Commentary. Nashville: Abingdon, 1996.
COLLINS, R. F. *I & II Timothy and Titus: A Commentary*. New Testament Library. Louisville: Westminster John Knox, 2002.
JOHNSON, L. T. *The First and Second Letters to Timothy*. Anchor Bible. Vol. 35A, New York: Doubleday, 2001.
MARSHALL, I. H. *The Pastoral Epistles*. International Critical Commentary. Edinburgh: T. & T. Clark, 1999.

Índice de Autores Citados

Achtemeier, P. J. 417
Aland, B. 22, 52, 58, 539
Aland, K. 22, 52, 58
Alexandria, C. de 263, 264
Alexandria, F. de 96
Amador, J. D. H. 427
Anderson, J. C. 110
Aquino, T. de 102

Bailey, J. A. 609
Barker, K. L. 534
Barrett, C. K. 196, 242, 437, 441
Bartchy, S. 388
Barth, K. 12, 33, 108, 205, 591
Barth, M. 580
Bassler, J. M. 347, 414, 655
Bauer, W. 298
Baumgarten, A. I. 191
Baur, F. C. 298, 382, 634
Beale, G. K. 586
Becker, J. 526
Beker, J. C. 610
Berger 242, 275, 300
Best, E. 541, 543, 607
Betz, H. D. 332, 427, 467, 526, 532
Bickerman, E. 124
Bieringer, R. 431, 441
Boehme, 112
Bonhoeffer, D. 18, 19
Borg, M. 207

Boring, M. E. 12, 16, 19, 46, 55, 136, 141, 171, 172, 213, 225, 235, 242-244, 249, 250, 252, 256, 259, 260, 275, 277, 281, 311, 315, 341, 577
Bornkamm, G. 206, 441
Bornkamm, H. 32
Bornkamm, K. 32
Bousset, W. 254
Brooks, R. 2
Brown, R. E. 108, 109, 318, 485, 550
Bruce, F. F. 460, 530
Brueggemann, W. 1
Buchanan, G. W. 202
Bühner, J.-A. 524
Bujard, W. 558
Bultmann, R. 108, 114, 205, 206, 269
Burdick, D. W. 534

Callahan, A. D. 382
Carson, D. A. 544
Carter, W. 178
Cassius, D. 226
Charles, R. H. 142
Charlesworth, J. H. 142, 184
Chester, A. 137
Childs, B. S. 20, 93, 101, 111
Clairvaux, B. de 101
Cohen, Shaye J. D. 191
Collins, J. J. 2, 109, 172, 173, 189

Collins, R. F.	387
Colpe	138, 242, 275, 300
Conzelmann, H.	397
Coverdale, M.	69, 77
Cromwell	68
Crossan, J. D.	207, 260, 383
Cullmann, O.	108, 273, 547
Danby, H.	150, 168
Darr, J. A.	526
Davies, W. D.	161, 195
Deissmann, A.	327, 329
Denney, J.	650
Derrida, J.	113
Dibelius, M.	608
Dodd, C. H.	216
Donelson, L. R.	547
Donfried, K. P.	608
Doty, W. G.	328
Downs, D. J.	528
Driver, D. R.	20
Duncan, G. S.	364
Dunn, J. D. G.	137, 195, 201, 220, 276, 293, 433, 485, 486, 500, 519, 520, 553
Edward VI	69
Ehrman, B. D.	417, 544
Eichhorn, J. G.	626
Ellis, E. E.	537, 625
Erasmo, D.	56
Farrar, F. W.	101, 107
Felder, C. H.	390
Ferguson, E.	27, 242
Fiorenza, E. S.	115, 208, 284
Fitzmyer, J. A.	108, 109, 532
Fosdick, H. E.	108
Franklyn, P.	81
Frye, N.	112
Funk, R. W.	338
Furnish, V. P.	340, 364

Gamble, H. Y.	288, 540
Gaventa, B. R.	306
Gealy, F. D.	636
Gehring, R. W.	280
Getty, M. A.	109
Glancy, J. A.	388
Goguel, M.	608
Gooder, P.	110
Goodspeed, E. J.	384
Goppelt, L.	108
Green, J. B.	417
Greig, J. C. G.	204
Griesbach, J. J.	57
Grotius, H.	607
Haacker, K.	191
Hanhart, R.	64
Hanson, J. S.	164
Hanson, P. D.	173
Harnack, A. von	268, 607
Harnack, A.	108, 547
Harrison, P. N.	624, 642
Hawthorne, G. F.	363
Hayes, J. H.	110
Hays, R. B.	500
Heckel, U.	218
Heidegger, M.	114
Hengel, M.	153, 163, 290, 293, 303, 310
Hock, Ronald F.	303
Hodges, Z. C.	80
Hoehner, H. W.	545
Holladay, C. R.	553, 580
Holtz, T.	618
Horsley, R. A.	164
Hort, 57	
Hughes	614
James, K.	3, 58, 68, 71, 72, 506
Jewett, R.	334, 488, 495, 500, 526, 530

Jobes, K. H.	63	Marshall, I. H.	544
Johnson, L. T.	351, 379, 384, 535, 538, 580, 655	Martin, R. P.	80, 580, 626
		Martyn, J. L.	195, 460, 462, 465, 529
Jonas, H.	264	Matera, F. J.	432
		Matlock, R. B.	520
Karavidopoulos, J.	58	Matthew, T.	69
Käsemann, E.	206, 376	Meade, D. G.	546
Keck, L.	119, 232, 515	Meeks, W. A.	516
Kee, H. C.	16, 253	Meier, J. P.	318, 485
Kenyon, F. G.	57	Mendelson, A.	191
Kern, P. H.	467	Metzger, B. M.	48, 60, 80
Kimelman, R.	196	Minear, P. S.	179
King Jr., M. L.	31, 228	Mird, K.	193
Klauck, H.-J.	242, 335	Moloney, F. J.	212
Knox, J.	355, 367, 384, 526, 527	Moo, D. J.	544
Kraft, R. A.	298	Moore, S. D.	110
Krodel, G.	298	Murphy, R. E.	109
Kuhn, K. G.	587		
Kysar, R.	195	Nestle, E.	22, 57
		Nestle-Aland	45, 47, 49, 54, 58, 84
Ladd, G. E.	108	Neusner, J.	94, 95, 191
Lambrecht, J.	431	Nickelsburg, G. W. E.	273
Lampe, P.	27, 303, 485, 488	Niebuhr, K.-W.	93
Langdon, S.	35		
Lévi-Strauss, C.	111	O'Brien, P. T.	567
Lietzmann	433	Ogden, S. M.	182
Lightfoot, J. B.	547	Orígenes	101, 102
Lincoln, A. T.	564, 597	Osiek, C.	378
Lindemann, A.	640		
Lohse, E.	384, 558, 574	Painter, J.	317
Löning, K.	276	Parker, D. C.	39, 48, 488, 539
Lüdemann, G.	523, 526, 527, 530	Pervo, R. I.	275, 428
Lutero, M.	32, 67, 69, 79, 86, 481	Petersen, N. R.	341, 391
Luz, U.	553	Plummer, A.	441
Lyotard, J. F.	113	Pokorn, P.	218
		Porter, S. E.	523, 626
MacDonald, M. Y.	672	Pratscher, W.	313, 324
Machen, J. G.	254	Price, S. R.	260, 261
Mack, B. L.	207		
Malherbe, A. J.	332, 355, 608, 547	Radmacher, E. D.	80
Malina, B. J.	355	Rahlfs, A.	64
Manson, T. W.	607	Ramsay, W. M.	368

Reed, J. L.	260	Smith, R.	264, 300
Reimarus, H. M. S.	202	Soards, M. L.	363, 526
Rengstorf, K. H.	524	Sperber, A.	150
Reumann, J.	364, 366, 369	Spicq, C.	625
Rhoads, D.	120	Stendahl, K.	106
Richard, E. J.	352	Stephanus, R.	36
Richards, E. R.	334	Stowers, S. K.	328, 332
Ricoeur, P.	117, 118	Strachan, R. H.	441
Riesner, R.	309	Strecker, G.	298
Robinson, J. M.	222, 264	Stuhlmueller, C.	109
Robinson, T. A.	299	Sumney, J. L.	576, 577
Roetzel, C.	341, 654	Sundberg, Jr. A. C.	27
Rudolph, K.	161		
		Talbert, C. H.	202
Saldarini, A. J.	167	Tate, W. R.	110
Sanders, E. P.	170, 191, 208, 520	Taverner	69
Sandmel	153, 155	Temporini, H.	191
Saussure, F. de	111	Theissen, G.	413
Schechter, S.	195	Thompson, M. M.	417
Schleiermacher, F.	106, 626	Thrall, M.	437
Schlier, H.	580, 593	Tillich, P.	108, 205
Schmidt, E. C.	626	Tischendorf, C. Von	43, 57
Schmidt, J. C. E.	608	Towner, P.	439
Schmidt, J. E. C.	608	Trebilco, P. R.	636, 641
Schmidt, J.	459	Trobisch, D.	539
Schmithals, W.	431	Turner, M.	580
Schneemelcher, W.	21	Tyndale, W.	68, 69
Schnelle, U.	39, 363, 364, 370, 431-433, 439, 441, 464, 519, 521, 526, 530, 636		
		Vaux, R. De	78
		Vielhauer, P.	320
Schubert, P.	338	Vogt, J.	191
Schütz, J. H.	524		
Schweitzer, A.	201, 203, 521	Walker	352, 516
Schweizer, E.	218, 553, 608	Walker, Jr., W. O.	35
Schwemer, A. M.	290, 293, 303, 310, 343	Wall, R. W.	93, 111
		Wanamaker, C. A.	607
Senior, D. P.	109	Watson, F.	520
Shakeaspeare	85	Weiss, J.	204, 232, 431
Silva, D. A. de	549	Westcott, B. F.	42, 57
Silva, M.	63	Whiston, W.	140
Simon, M.	278	White, L. M.	306, 383
Smith, D. M.	197	Willis, W.	213

Wrede, W.	204, 608	Ximenes, C.	56
Wright, N. T.	116, 183, 208, 270, 273, 274, 310, 498	Zahn, T.	547
Wycliffe, W.	68, 69, 70	Zuntz, G.	539

Índice de Passagens Bíblicas

ANTIGO TESTAMENTO

Gênesis

1-3	144, 287
1-11	175
2,7	94
2,24	586
3,5	377
5,18-24	143
5,32	185
6,1-4	186
6,2.4	65, 186
6,18	5
9,9-16	5
12,1-3	4
14,18-20	186
15,6	475, 476, 502
16-21	287
17,1-14	478
17,9-14	279
17,11	314
17,11-13	5
17,13	479
19,4	636
23,7	170
24,16	101
47,31	64
49	668

Êxodo

1,12	185
3,14	65
4,22	186
20,2	13
10,9	636
15,1-21	605
19,6	168, 236
20,2-17	338
20,12	586
20,22	338
23,33	338
24,7	5
24,8	5
25,21	5
26,34	5
30,30-31	182
34	447
34,27-35	447
40,15	182

Levítico

4,3	182
4,3.5	186
7,26-27	409

16,29-31	479	**1 Samuel**	
17,7	479		
17,10-26	409	4	5
17-26	236	10,1	182
18,5	475	14,52	185
18,7-8	404	16,13	182
19,18	482, 483	18,3	3
23,14.21.31.41	479		
24,5-8	5	**2 Samuel**	
26,44-45	5		
		7,14	186
Números		24,1	176
11,27	66	**1 Reis**	
20,2-13	97		
24,17	138	1,8.34.38-39	165
25,1-13	304	5-8	151
		15,19	3
Deuteronômio		18,20-19-18	513
		19,16	182
5,1-5	549	20,35	185
5,29	479		
7,6	236	**2 Reis**	
7,12-13	5		
10,8	5	2,11	187
10,16	574	11,14	170
14,6	96	17,24-28	157
18,15-18	187	23,3	5
21,23	304, 476		
25,4	24, 410	**1 Crônicas**	
26,5-9	549		
27,26	475	21,1	176
29,13-14	549		
29,21	5	**2 Crônicas**	
30,6	574		
30,11-14	512	6,42	187
31,26	5	7,18	4
		13,5	4
Juízes		21,7	4
		23,3	4
2,1	5	34,30-31	3
5	605	36,17	636

Esdras

4,1	185
4,4	170
7,28	189
12,25	189
13,37.52	189

Jó

1-2	176
1,6	65, 186
2,1	65
5,7	185
38,7	65
41,28	185

Salmos

2	183
2,2	182
2,7	186
2,10-20	186
8,6	586
17,21-32	183
17,27	186
18,50	182
22,1	287
32,1-2	502
37,11	287
40,7-9	287
68,18	586, 602
89,19-45	5
89,3	4
105,15	182
105,106	596
106,28-31	304
110,1-7	186
115,1 LXX	449
116,10	449
132,10	187

Provérbios

14,34	94

Eclesiastes

7,20	499

Isaías

1,9	511
2,2-3	421
7,14	139, 287, 288
9,1-7	183
10-14	421
10,22-23	511
11,1-9	183
11,4-5	605
24,21-22	176
40,1-3	286
42,6	4, 6, 274
43,19	5
45,5	266
45,14	421
49,1	306
49,2	605
49,6	274
49,8	6
54,10	5, 6
55,3	4, 6
59,17	605
60,5-7	421
61,1	182
61,8	6
65,17	6
65,17-25	484
66,22	6

Jeremias

1,5	306
4,4	574
9,23-24	454

25,11-12	93	**Oseias**	
31	447		
31,31-33	4, 447, 448	1-3	604
31,31-34	3, 6, 148	1,10	511
33,19-21	5	2,23	511
33,21	4	6,6	194

Ezequiel		**Joel**	
9,6	636	2,28	636
11,19	6		
16,8-14	604	**Amós**	
16,26	185		
16,59-62	448	7,14	185
16,60.62	6		
18,31	6	**Habacuque**	
34,25	6		
34,25-26	448	1,4-5	147
36,26	6	8,17	297
37,26	6	9,9	297
44,7	574	11,4-8	297

Daniel		**Zacarias**	
2,7	178	4,14	189
7,13	189, 218	9,11	5
9,1-27	93	13,7	288
9,25.26	186		
11,31	126	**Malaquias**	
12,2	229		
12,2-3	139	3,1-2	187
12,11	126	4,5-6	187

NOVO TESTAMENTO

Mateus		5,5	287
		5,6	495
1,1	34	5,18	94
1,22-23	65, 287	5,43-48	179
1,23	139, 288	6,2	61
2,23	23, 139	6,10	213
3,1-10	163	6,24	506
3,17	632	6,33	495
5,4	444	7,24-27	213

8,5-13	133	3,21	233
10,5-6	600	3,28	587
10,10	24, 649	5,30	44
10,17	197	5,31	44
10,40	525	5,41	66
11,1-3	163	6,14	139
11,3	181, 190	7,27	600
11,4-6	214	7,34	66
11,7-11	210	8,27-30	217
12,28	214	8,38	357
12,41-42	214	10,45	663
13,16-17	214	12,6	632
13,41	357	12,13	165, 167
15,24	600	12,18-27	229
16,13-20	217	13,9	295, 296
16,16-19	401	13,14	126
16,17-18	403	13,28-29	213
16,27	357	14,13	359
17,5	632	14,22-26	237
18,5-6	525	14,27	288
18,15-20	196	14,36	66
18,23-25	383, 387	14,50	233
19,28	211	14,58	219
22,16	165	15,13-38	44
23,16	274	15,16	365
23,34	197	15,22	66
24,15	126	15,34	287
24,45-51	387	16,1-8	231
25,1-11	213	16,7	231, 233
25,6	359	16,9-20	231
25,31	357	16,14	44
27,16	49	16,20	44
28,16-17	231		
28,18	83	**Lucas**	
		1,1	44
Marcos		1,1-4	316
		1-2	237
1,1	44	1,3	51
1,14-15	210	1,10	194
1,15	213, 214	2,1-2	164
2,15-16	237	2,22-32	444
2,18	162	3,1-2	13
3,6	165, 167		

3,1-9	163	1,11	649
3,18	43	1,14	59
6,15	163	1,1-15,8	43
6,20-23	213	1,1-18	59
6,22	296	1,19-3,30	210
7,18-20	162, 163	3,3-5	641
7,19	181, 190	3,3.7	61
7,34	237	3,17	525
8,2	44	3,19	416
8,3	44	3,31	61
9,26	357	4,1-3	237
9,51-53	157	4,4	157
10,16	525	4,20	156
10,25-37	157	4,34	525
10,7	24, 649	5,20	416
11,1	162	5,23.30.36.37	525
11,1-4	237	6,29.38.39.44	525
11,2.5	253	7,1-5	233
11,21	253	7,8	80
11,49	23	7,10	80
12,8	357	7,18	525
15,17	253	7,38	23
16,1-13	387	7,52	49
16,13	506	8,16.42	525
17,9	645	11,17-24	229
17,12	359	11,24	139
18,18	43	11,49-50	221
22,4	43	12,34	23, 217
22,20	7	12,44	525
22-24	44	12,44.45.49.57	525
22,26	636	13,31-17,26	593
22,30	211	14,25	44
22,31	233	15,15	382
23,46	287	16,1	196
24,21	289	16,2	296
24,36-43	231	16,7	44
24,44	160, 193	16,27	416
24,47	240	17,3.18	525
24,53	43, 44	17,9	663
		18,28	365
João		19,20	66
		19,28	23
1,3-4	37	20,9	23

20,28	649	8,30	330
21,15-17	416	9	239
		9,1	295
Atos		9,1-2	304
		9,1-8	305
1	233	9,1-19	470
1,1-15	240	9,2	236
1,5	237	9,11	302
1-6	237	9,11.30	471
1,12-26	238	9-15	599
1,13	163	9,18	286
1,19-26	280	9,19	239
2,10	274	9,23-25	309
2,17-18	238	9,23-25.29	295
2,38-41	237	9,26-28	238
2,42	238, 280	9,26-30	309, 315
2,46 – 3,1	234	9,28-30	310
2,46-47	237	9,29	158, 304
3,1	194	9,30	239
3,7	446	9,31	239
4,1-22	295	10	239
4,32-37	238	10,1-3	275
5,17-42	295	10,7.19	651
5,36-37	164	10-11	280, 474
5,37	135	10-15	600
6,1	158	11,1-18	238
6,1.9	158	11,19	312
6,1-6	238, 622	11,20	158, 239
6,1-7	278	11,20-26	472
6,5	274	11,25	239, 471
6,8	278, 295	11,25-26	293
6,9	239	11,26	223, 236, 312
7,51-53	651	11,27-29	238, 359
7,58	301	11,29	460, 530
7,60	295	11,30	238, 315
8	239	12,1-11	296
8,1	278	12,17	238
8,1-3	295, 304	13,1-3	238, 307, 359, 635
8,1.14-17	238	13,1-4	472
8,1-13	279	13,4-13	239
8,4-8,39-40	238	13,9	527
8,26-29	651	13,13-48	349
8,26-35	286	13,14-52	297

13,16.26	275	17,1-10	346
13,50-52	296	17,5-9.13	296
13-14	311, 459, 460	17,6	347
13-14,17-18	346	17,7-8	347
14,1-7	349	17,10-18,1	347
14,4.14	307, 315	17,22	242
14,5.19-20	296	18,1-11	349
14,8-20	247, 320	18,1-17	434
14,14	321	18,2	223, 297, 486, 530
14,26-28	472	18,2-3	434
15,1	315	18,5	347
15,1-29	314	18,8	397
15,2	315	18,11	397, 434, 529
15,2.31	315	18,12-17	529
15,3	239	18,15	631
15,4	315	18,18-19,24-28	487
15,5	315	18,18-19.40	397, 434
15,6.22-23	238	18,21-23	322
15,7	315	18,22	530
15,7-11	315	18,23	312, 459
15,13	238	18,24-9.1	434
15,20	99	18,24-19.7	162
15,20.29	318	18,24-25	239
15,23	337	18,24-28	401
15,23.30	324	18,25-26	236
15,28	51	18,27	324
15,29	472	19	439
15,36-41	320	19,8-10	349
16	368	19,9.23	236
16,1-11	647	19,22	369, 435, 628, 631
16,5	459	19,23-20,3	490
16,6	312	19,39	236
16,6-10	320	20,2-3	440
16,11	363	20,3	535
16,11-40	346	20,4	490, 557, 631
16,14-15.40	363	20,7	237
16,16-40	363	20,17.28	636
16-17	346	20,18-38	668
16,19-24	295	20-28	535
16,20-21	297	20,28-30	664
16,20-24	323	20,29-35	640
16,35-40	303	20,37-38	668
17,1-9	348, 349	21,7	239

21,10	163	1,3-4	292
21,17	239	1,3-5	227
21,18	238	1,5	642
21,25	316	1-11	561
21,39	302, 303, 471	1,11-12	491
21,40	66	1,13-15	495
22,2	66	1,16	510
22,3	163, 302, 471	1,16-17	495
22,4	236, 295	1,17	514
22,4-5	304	1,18	529
22,6-11	305	1,18-4,25	495
22,17	309	1,18.32	612
22,25-29	303	1,18-32	496, 498
23,1	629	1,20-21	497
23,8	651	2,1	497, 498
23,26	337	2,11	497
23,27	303	2,1-16	496
23,31	363	2,14-15	498
24,14.22	236	2,17	496, 498
24,15	316	2,17-29	498
25,11	303	2,25	498
25,11-12,21	303	2,29	574
26,10	196, 295, 304	3,2	448
26,19	305	3,4.6.31	506
26,32	303, 363	3,5-8	505
26,9-11	304	3,7	496
26,9-18	305	3,8	499
27,3	239	3,19-20	496
27-28	539	3,21	492, 499, 501, 512, 513
28	363	3,21-31	476, 502
28,1-6	247	3,22	596
28,13	239	3,23-26	292
28,15	359	3,24	568
28,16-31	363, 366	3,26	495
28,19	303	3,30	503
28,20	241	3,31	448, 599
		4,1-25	500
Romanos		4,5.17	503
		4-11	596
1,1-7	337	4,23	228
1,1-12	495	4,24-25	292
1,2	501, 511, 512	4,25	503
1-3	596	5,1	508

5,1-8,39	495, 503	8,19-23	484
5,1-11	563	8,19.23.25	509
5,1.11.21	492	8,23	420, 568
5,2	567	8,38	476, 651
5,2.8-9,10	503	8,38-39	477
5,12.18	513	8,39	492, 510
5,12-21	287, 419, 513, 522	9,1	492
5,20	662	9,1-5	659
6,1	506	9,1-11,36	495, 510
6,1-4	563	9,1-29	510
6,2.7	505	9,5	631
6,2.15	506	9,6	511
6,3-4	292	9-11	95
6,4	228	9,14	506
6,4-8	522	9,20-21	511
6,8-11	522	9,21	511
6,11	522	9,22-24	511
6,11.12	505	9,24	511
6,1-11	507, 575, 592, 597	9,30-10,21	510
6,1-23	498	9,31	512
6,15-7,25	499	10,14-21	512
6,18.22	507	10,14b.17	600
6,23	492	10,3	512
7,1	82	10,6-8	512
7,1-3	507	10,9	228, 292
7,7.13	506	11,1	527
7,7-25	448, 510	11,1.11	506
7,14	509	11,1-36	510
7,14-25	508	11,25-26	518
7,25	492	11,25-32	514
7,25b	35	11,26	513
8,1	522	11,32	513
8,1-17	509	11,36	510
8,5-13	479	12	563, 568
8,8-10	564	12,1	352, 510, 590
8,9	564	12,1-15,13	495
8,9-10	522	12,2	515
8,10	522	12,3-21	490
8,11	228	12,6-8	80
8,17-18.23	506	12,6-9	415
8,18-24	567	12,7	537
8,18-24	594	12,8	635
8,18-39	509	12,9-21	515

12-14	98	16,24	487
12-16	561, 596	16,25-27	34, 49, 488
12,18	516	24,17	536
12,21-13,8	515	25-27	495
13,1-7	660		
13,8-10	515	**1 Coríntos**	
13,11-12	365		
13,11-14	348, 515	1,1-2	34
14	654	1,2	522
14,1-15,13	516	1,2b	35
14,5.22	517	1,11	398, 435
14,14	516	1,12	397, 434
14,21	517	1,14	397, 434
15	322	1,14-15	331
15,1	516, 518	1,18	612
15,8	488	1,18-2,5	454
15,14-16	495	1,23	304
15,14-33	516	1,26	397
15,18-24	320	1,30	292, 522, 568
15,19	490	1,31	454
15,19-16,27	433	2,1	434
15,20	312	2,6	292
15,22-24	367, 386, 494	2,9	23
15,24.28	491	3,1	292, 402, 479
15,25-29	440	3,4-6.11.22	397, 434
15,25-32	421, 491	3,5-9	323
15,26	236	3,8	82
15,31	612, 620	3,9	537
16,1	373, 380, 635, 639	3,10-15	404
16,1.3.7	638	3,11	601
16,2	334	3,21-23	455, 480, 630
16,2.23	490	4,6	397, 434
16,3-5.23	280	4,8	400
16,3.7	368	4,8-9	412
16,3.9.21	537	4,8-13	403, 563
16,3-20	485	4,9	651
16,5	487	4,12	302, 490
16,9	522	4,14-16	434
16,17-20	488, 495	4,14-21	403
16,21	631	4,15	456
16,21-23	495, 493	4,16-17	647
16,22	331, 490	4,17	320, 350, 369, 398, 405, 435, 557, 631, 632
16,23	397		

5,1	407	9,5-6	323
5,1-13	417, 480	9,6	302, 612, 621
5,3	176	9,7-14	635
5,3-5	453	9,11-12	642
5,6-8	447	9,14	537
5,9	371, 398, 435	9,17	648
5,9-11	98	9,19-23	410
5,10	404	9,21-22	478
5,10-11	497	9,27	475
6,1-11	390	10,1-10	287
6,2-3	357	10,1-13	537
6,3	476, 651	10,1-14	506
6,9-10	497	10,1-21	292
6,9-11	629	10,4	97
6,9-20	267	10,4.9	365
6,11	292	10,11	450
6,14	506	10,15	412
6,15	506	10,17	602
6,17	405	10,21	252
7,1	398, 418, 435	10,23	411, 417
7,1-40	654	10,25	316
7,2	407	10,29b-30	411
7,6.10.12.25.40	408	10,31-33	410
7,7-8	303	10,32	563
7,12.25	537	11,1	411
7,17-31	391	11,2.6	412
7,21-24	391	11,2.23	537
7,25	406, 407	11,2.23-25	350
7,25-29.32-34	653	11,5	638
7,26-29	303	11,10	651
7,29-31	408	11,13	412
7,31	577	11,18	411
8,1	406	11,23	418, 570
8,1.4	410	11,23-24	479, 602
8,1.4.8	417	11,23-26	7, 227, 291, 447, 470, 537
8,5	252	11,23-32	547
8,6	292	11,25	7
8-10	316, 654	12	494, 515, 563, 568
9	561	12,1	406, 411
9,1	305	12,2	397, 603
9,2	601	12,3	418, 564
9,3-18	381, 490	12,3.13	292
9,5	303	12,4-11.27-31	600

12,4-13	375	15,35-36	231
12,8-11	415	15,35-50	230
12,13	402, 415, 564	15,35-57	231
12-13	490, 515	15,36-38	420
12-14	98, 456, 490, 662	15,45-47	8
12,14-30	563	15,50	420
12,28	366, 537, 563, 635	15,51	420
12,29-29	537	15,56-58	421
13	537	16,1	236, 406, 461, 463, 466
13,1-3	415	16,1-4	452
13,1-13	292	16,2	237
13,4-7	416	16,3	490
13,5	518	16,5-7	435
13,8-13	416	16,8	397, 434, 435
13,12	514	16,10	369, 421, 435, 557, 631
13,13	558, 567	16,12	406, 434, 435
14,1	420	16,15	280
14,1-40	600	16,16	366, 635
14,12	163	16,17	398, 435
14,13-25	417	16,19	487, 638
14,26-33	572	16,21	331, 614
14,34-35	638	16,22	292, 397
14,34-36	35, 417	19-20	280
14,37	408, 417	21-23	323
14,37-40	360	28-31	415
15	449	92,6	420
15,1-11	526, 561		
15,2-11	323	**2 Coríntios**	
15,3	294, 570		
15,3-4	287	1,1	369, 435, 558, 567
15,3-5	22, 227, 291, 350, 418, 470, 537	1,1-7,16	428
		1,1-11	421
15,3-11	630	1,1.19	631
15,5	233	1,2	591
15,5-7	524	1,3-7	428
15,7	233	1,8-9	367, 369, 439, 444
15,8	305	1,12	445
15,9	304, 563	1,12.14	425
15,20	419, 477	1,15-17	438, 445
15,20-23	230, 290	1,18-20	445
15,20-28	563	1,21	522
15,22	419, 522	1,21-22	292
15,32	367	1,23	438

1,24	537, 612, 650	5,20	393, 428
2,1	453	6,1	451
2,1-4	437	6,4-10	451
2,1-4.9	437	6,5	364
2,1.5-8	436	6-7,13	424
2,3	438	6,11	443
2,3-4.9	444	6,13	429
2,4	438	6,14	435
2,5-11	428	6,14-7,1	35, 430, 432, 441
2,6	439	6,15	429
2,9	438	7,1	435
2,12-13	369, 439, 444	7,2	429
2,13	369, 428	7,4	424, 428, 446
2,13-17	435	7,4.7.9.13b	424
2,14	427, 428, 446	7,4.14	425, 612
2,14-17	428	7,5	369, 427, 428
2,14-7,4	428, 429, 432, 436, 441, 451	7,5-16	428, 445
2,14-7,5	444	7,6	435
2,17	428, 446	7,6-16	439
3,1	428, 446	7,7.11.12	424
3,6	7	7,7-16	369, 426
3,7-14	449	7,8-12	424, 437
3,7-18	292	7,8-13	445
3,12-18	286	7,9-11	439
3,18	445, 449	7,12	421, 436, 453
4,2-3	428	7,14	427
4,4	266	7,15	424
4,5	445	7,16	424, 426
4,6	448	8,1-5	371, 427, 452
4,7-12	367	8,6	452
4,10.14	506	8,6-23	435
4,10-12.14	449	8,9	452
4,13	449	8-9	322, 421, 463
4,14	228, 449	8,9-10	450
5,2	449	8,11	426
5,10	446, 449	8,16-17	426
5,11-21	445	8,18	452
5,12	425, 428, 436, 450	8,23	307, 321, 490, 524, 537
5,16	450, 479	8,24	425, 612
5,17	6, 389, 413, 446, 450, 484, 522, 523	9,2.12-15	426
		9,2-3	425
5,17-21	449	9,3	612
5,19-21	446	9,15	426

10,1	426	12,14	436, 438
10,1-11	426	12,15b	424
10,1-13,13	424	12,16-18	426, 437
10,2	479	12,17-18	426
10,6	424, 438	12,18a	426
10,7.10	437	12,20	424
10,7.11	453	13,1	436, 438
10,8.13.15.16.17	425	13,2	438
10,10	453	13,4	454, 605
10,11.13	642	13,5	650
10-12	456	13,10	438
10-13	21, 306, 436-439, 441, 442, 455, 463, 465, 469, 480, 561	13,11-13	426
		Gálatas	
10,16	438		
10,17	454	1,1	228, 321
11,2	456	1,1-5	473
11,2-3	456	1-2	306, 322
11,2-4	424	1-4	339, 561
11,3	663	1,6	461
11,04.12-15.20-23	437	1-6	461
11,7-11	490	1,7	502
11,8-9	347	1,8	476, 651
11,10.12.16-18.30	425	1,11	470
11,11	424	1,11-2,14	226
11,13-15	665	1,11-2,21	461
11,14	476, 651	1,11-14	470
11,15	437	1,11-20	470
11,16-12,10	490	1,12	471
11,22	455	1,12.16	305
11,23-25	364	1,13	304, 485, 563
11,24	346, 525	1,13-17	304
11,24-25	296, 297	1,13-2,10	529
11,24-26	461	1,14	163, 302, 536
11,25	196, 539	1,15-16	305, 471
11,27	302	1,15-17	309
11,31	631	1,17	293
11,32	527	1,18	315, 529
11,32-33	226, 309, 525, 529	1,18-24	309
12,1.5-6.9	425	1,19	238
12,7	651	1,20	471, 631, 640
12,9	605	1,21	239, 310, 311, 312
12,13	424	1,21-24	471

1,22	305	4,6	292
1,23	613, 650	4,8-9	460, 466
2	454	4,9	61
2,1	315	4,12	478
2,1.3	315	4,13	461
2,1-10	314, 316, 460, 471	4,13-14	466
2,2	310, 315, 316, 526	4,19	478
2,2.6.9	489	4,21-31	287, 292, 537
2,2.9	315	4,26	466
2,3	315	5,1	352
2,4	315	5,1a	470, 480
2,5	461	5,5	506
2,5.14	473	5,6	481, 522
2,6.9	26	5-6	339, 561
2,6.9.12	318	5,7	466
2,6.10	316, 472	5,14	483
2,9	238, 316, 472	5,19-21	483, 497
2,10	316, 421, 462	6,6	466, 467, 537
2,11	311	6,9	612
2,11-14	316	6,11	331, 484, 614
2,11-21	318, 472	6,14	506
2,12	238, 319	6,15	6, 523
2,14-16	473	6,17	461
2,17	506	15,11	316
2,19	522	15,12	316
2,19-20	563	15,22-23	485
2,20	500, 505	15,23-29	316
2,20-21	481	15,30	316
2,21	470	16,4	316
3,1	459, 465, 470		
3,1-5	466, 477	**Efésios**	
3-4	308		
3,6-18	502	1,1	49
3,13	304, 568	1-3	339
3,15-18	476	1,3-23	180
3,19	476	1,9	584
3,20	476	1,9-10	648
3,21	506	1,10	648
3,27-28	284, 292, 389, 474, 478, 484, 522, 523, 638	1,10.23	584, 585
		1,15	228
3,29	474	1,21	594
4,3	477	1,22	584, 586
4,3.9	587	1,23	588

ÍNDICE DE PASSAGENS BÍBLICAS 697

2,11	603	1,5	371, 374
2,11-22	586	1,6	365
2,20	600	1,6.10	374
3,1	603	1,13	364
3,1-3.9	648	1,15-18	630
3,1-13	584	1,19-20	367
3,3.4.9	584	1,21-26	367
3,3-6	587	1,23	522
3,9	585	1,26	366
3,19	584	1,27	650
4,4-6	292	1,28	612
4,7-13	622	1,29-30	378
4,8	586	1,30	368
4,10	585	2,1	371, 522
4,11	537	2,2.17.18.28.29	374
4,11-16	586	2,5-11	375, 454, 477, 494
4,13	584	2,6-8	452
4,17	583	2,6-11	227, 292
4,21	522	2,8	504
4,23-30	603	2,10-11.16	374
4,31	497	2,12-13	669
5,3-5	497	2,14	375
5,5	603	2,16	365
5-6	339	2,16b-17	375
5,14	292	2,19	369, 631
5,18	603	2,19-24	369
5,20	583	2,19-30	375
5,21	576, 588, 604, 659	2,23-24	366
5,22-6,9	654	2,24	367, 369
5,25.29	590	2,25	307, 366, 368, 369, 524, 537
5,31	586	2,25.28	366
5,32	584	2,26-30	366
6,2	586	3,1	371, 372, 374
6,9	576, 588, 604, 659	3,1b-4,1	375, 377
6,19	584, 588	3,2	372
6,20	393	3,2-4,3	372
6,21-22	384, 557	3,4-11	306, 629
		3,5	302, 471, 527, 536
Filipenses		3,6	304, 563
		3,7-10	369
1,1	364, 369, 380, 522, 631, 635, 638	3,7-12	597
1,3-11	372	3,7-16	563
1,4.18	374	3,8-12	506

3,9	512	1,9	560, 564
3,10	371, 522	1,9-10	594
3,12	92, 305	1,9-20	560
3,18	446	1,9.28	573
3,20	348, 375, 643	1,10	594
3,20-21	374	1,10.23	603
4,1.4.10	374	1,11	560, 595
4,2-3	638	1,11.29	564
4,3	537	1,12-13	571, 594, 596
4,4	372	1,13	560, 588, 603
4,4-7	372	1,13.18	563
4,5	348, 365, 374	1,15	581
4,8-9	372	1,15-20	180, 292, 563, 567, 570, 572, 573, 576, 582
4,10	368		
4,10-18	373	1,15-23	591
4,10-20	372	1,16-17.20	585
4,14	366	1,17	595
4,15	348, 371	1,18	563, 584, 586, 595, 602
4,15-16	346, 374	1,18-20	579
4,18	366, 368, 369	1,18.24	563
4,22	364	1,19	574, 584, 588, 595
12-16a	375	1,20	571
		1,21-23	560
Colossenses		1,22	560
		1,23	567, 570
1,1	553, 557, 558	1,23.25	572
1,1-2	560	1,24	571, 579, 600, 650
1,1-8	560	1,24-25	571
1,2	560	1,24-29	560, 584
1-2	339	1,25	571, 648
1,2.20	576	1,26	560, 586
1,3	592	1,26-27	574, 584
1,3-4	592	1,26-29	587
1,3.13.17	585	1,27	560, 575
1,3-14	584, 591	1,29	560
1,3-23	601	2,1	384, 385, 552, 555
1,4	567, 592, 593	2,1-3	596
1,4-5	558	2,2	47, 555, 574, 584
1,4.9	385	2,2-3	587
1,6	567	2,3	573
1,6.23.28	555	2,4-8	596
1,7	369, 384, 552, 567, 570, 572	2,5	600
1,8-9	567, 595	2,5.7	570

2,5.8	588	3,12-15	586
2,6	570	3,14	576
2,6-7	570	3,14-21	591
2,6-23	582	3,15	576
2,8	572, 573	3,16	564, 572, 573
2,8-10.18-20	573	3,16-17	576
2,8.20	587	3,18	570, 576, 578, 584, 586,
2,8-23	665		588, 604, 659, 666
2,9	584, 588	3,18-4,1	654
2,9-10	563, 574, 596	3,19	588
2,9-15	665	3,25	604
2,10	597	4,1	570, 576, 578, 584, 586, 588,
2,11	573, 586		602, 604, 659, 666
2,11.16.21.23	573	4,2-4	605
2,11-21	602	4,3	574, 584, 588
2,12	228, 564, 575	4,3,10	552
2,13	599	4,3,30	585
2,15	599	4,4	594
2,16	573	4,5	573
2,18	574	4,7	572
2,18.22	585	4,7-8	606
2,19	560, 584	4,7,9	384
2,20	586, 595, 601	4,8.25-26	599
2,20-21	560, 575	4,9	384
3,1	588, 590, 592	4,9.17	385
3,1-2.11	563	4,10	557
3,1-4	564, 575, 597	4,10-17	582
3,2-4	581	4,11	603
3,3	506, 561, 593, 601	4,11-14	558
3,3-5	586, 595	4,11-16	584
3,4	575	4,12	369, 384, 567
3-4	339	4,13	588
3,5	561, 587, 601	4,13.16	555
3,5.8	497	4,15	560
3,5-9	575	4,15-16	563, 567, 584, 585
3,5.16	585	4,16	34, 325, 581
3,5-17	583, 603	4,17	572
3,6	575	4,18	331, 606, 614
3-8	567	4,21	594
3,10	561, 576	5,2-16	665
3,10-14	575	5,7-14	603
3,11	555, 573, 665	5,18	585
3,12	561	5,21	584

5,22-24	604	3,2	353, 537, 610
5,23	584, 588	3,2.5	610
5,25-33	604	3,2.6	631
5,31	599	3,3.4	341
6,2	599	3,5	353, 355
6,9	584	3,7-9	610
6,17	585, 588, 605	3,11	355
9-20	567	3,13	356, 616
21-23	567	4,1	352, 356, 357
		4,1-2	350, 470
1 Tessalonicenses		4,1-5,11	355
		4,2-3	363
1,1	610, 616	4,4	350
1,2	356, 616	4,7	355
1,2-3,13	360	4,9	355
1,2.4.5	353	4-5	339
1-3	339	4,13	348, 354
1,3	558, 567, 616	4,14	357
1,3-12	610	4,15	291
1,4	355	4,15-17	420, 537, 547
1,5	470	4,16	313
1,6	349, 350, 616, 617	4,16-17	292
1,8	346	5,8	292, 558, 567, 605
1,8-9	349	5,9	350
1,9	350	5,10	350
1,9-10	228, 279, 292, 349	5,11	348, 354
1,16	356	5,12-13	349, 359, 366, 622, 635
2,1.2.5.9.11	341	5,14	620
2,2	323, 346	5,15	357
2,2.14-16	525	5,19-22	349
2,5-12	610	5,20-21	600
2,7	306, 353, 355	5,24	355
2,9	302, 346, 358, 490, 610	5,27	325, 360
2,11	355	16,25-34	363
2,12	355, 617	17,1	291
2,12-13	470		
2,13	350, 355, 610, 616	**2 Tessalonicenses**	
2,14	295, 349, 356, 617		
2,14-15	296	1,1	353
2,14-16	297	1,1-2	610
2,17	355	1,3	613
2,18	353, 355, 610	1,4	612
3,1	347	1,5	612

1,7	651	2,1	576
1,12	612	2,1-2	660
2,1-12	607	2,1-15	638
2,2	542, 612, 614, 618, 622, 670	2,2	669
2,2.15	549	2,7	631, 640, 669
2,5.15	612	2,8-15	654
2,6-7	619	2,10	669
2,10	612	2,11	660
2,10-12	619	2,11-12	417
2,10.12.13	613	2,11-14	660
2,11	610, 619	2,11-15	634
2,13	610	2,13-15	652
2,15	537, 610	2,18	670
2,17	610	2,24-26	671
3,2	612, 613	3,1	653, 658
3,4.12	611	3,1-7	638
3,6	537, 612	3,1-13	640
3,6-13	662	3,1-14	631
3,8	610	3,1-15	576
3,9	612, 621	3,8	635
3,13	612	3,9	613
3,17	331, 549, 580, 606, 614, 640	3,11	638
		3,14	625, 628, 631

1 Timóteo

		3,15	652
		3,16	292, 648, 651, 653
1,1	649	4,1	633, 651
1,1-2	631	4,1-2	633
1,1-4	660	4,1-5	267, 639, 654
1,3	625, 628	4,1,6	650
1,4	631, 633, 648, 658	4,1,18	670
1,5	648, 649	4,2-3	633
1,5-6	653	4,3	639, 654
1,7	633	4,3-4	670
1,8	668	4,4	633
1,9-10	497	4,7	633, 639
1,12-17	629, 631	4,9	653, 658
1,13-16	304	4,12	631
1,14	669	4,13	625, 628, 669
1,15	641, 653, 658, 670	4,13-15	631
1,16	629	4,14	651, 662, 666
1,16-18	670	5,1	666
1,18	635, 653	5,1-2	635
1,19	613, 650	5,1-16	654

5,1-21	576	1,15	461, 629
5,3-16	636, 638, 640	1,18	647
5,8	613	2,2	625, 638, 642, 646, 649, 653, 667
5,11.14	653	2,2-4	635
5,13	639	2,3-6	669
5,17-18	635, 639, 669	2,3.8-10.12	669
5,18	24, 649	2,5	669
5,18-19	652	2,11	653, 658
5,19-25	637	2,11-13	292, 653
5,21	651	2,14	651
5,23	625, 633, 654	2,15	652, 669
6,1-2	576	2,18	506, 633, 650, 653
6,3-5.20	633	2,22	631
6,4-5	497	3,1	644
6,7-8	653	3,1-5	633
6,10	650	3,1-6	639
6,10.12.21	613	3,1-9	267
6,11	669	3,2-4	497
6,11-12.15-16	653	3,5-7	663
6,14-15	653	3,6	665
6,15	641	3,8	613
6,15-16	292	3,10	669
6,17	654	3,10-11	625, 628
6,20	634, 653, 667	3,10-12	640
6,21	668	3,11	647
		3,11-12	669
2 Timóteo		3,14	669
		3,14-17	652
1,1-2	631	3,16	651, 669
1,2	631	3,16a	61
1,4-6.15-18	625	4,1	603
1,5	631, 632, 646	4,3-4	633, 639
1,6	662, 666	4,4	633
1,6.14	635	4,5	669
1,6-7,14	651	4,7	613
1,8	628	4,9-21	625
1,8.12	669	4,10	416, 461
1,8-14	640	4,10-11.16	629
1,9-10	292, 653	4,10-13.20	647
1,10	645	4,12	557
1,11	669	4,13	652
1,12.14	653	4,19	487
1,14	634, 667	4,21	629

4,22	668	**Hebreus**	
16,1-3	628		
		1,7.13-14	651
Tito		2,11-13	287
		3,1	307
1,1-4	648, 649	8,7	8
1,3	631, 647	8,8.13	7
1,4	649	8,8-12	
1,5	625, 628, 629, 637	9,14	44
1,5.7	636	9,15	7
1,5-9	638	9,15-17	476
1,10	633	10,5	287
1,13	613, 650	10,9	8
1,14	633	12,24	7
2,1-10	576, 654	12,28	645
2,2	613, 669	13,7.17	636
2,3-4	665		
2,11-14	663	**Tiago**	
2,11-15	648		
2,13	645, 649	1,1	337
2,14	163, 652	4,5	23
3,3	497, 629	5,3	644
3,3-8	662		
3,4-7	292, 648, 653	**1 Pedro**	
3,5	641, 651		
3,8	653, 658	1,1	461
3,9	633	1,5	644
3,12	557, 628, 629	1,18-21	292
3,12-13	625	1,21	228
3,15	668	2,12	603
		2,13	576
Filemom		2,13-17	660
		2,21-25	292
1,23	368	3,7	576
1,24	537	3,13	163
9	301	3,18-19	292
10	456	5,1-5	636
16	389	5,2	635
19	331, 385		
23	369	**2 Pedro**	
23-24	558		
		1,1	645
		1,12-21	549

2,1-22	267	1,10	237
2,4	405	1,8	8
2,14-17	24	1,9	522
2,15	416	2,2.20	21
2,20	644	2,7.11.17.29	651
3,3	644	2,20	600
3,15-16	31, 325	3,1.6.13.22	651
3,16	24, 98	3,12	6
		3,21	593
1 João		4,11	292
		5,9-10	292
2,1-12	636	5,12	605
2,18	644	5,12-14	292
4,1-3	360, 417	11,5	603
4,7-10	292	11,15	14
5,20-21	649	16,13	21
		18,20	21
Judas		19,10	21
		20,5	670
3	613	20,6	8
6	176	20,8	66
11-14	24	21,1-5	484
14-15	140	21,2	6
14-16	23	21,6	8
14-23	267	22,13	8
18	644		

Apocalipse

1,1.4   651

PALESTINA DO NOVO TESTAMENTO

FSC
www.fsc.org
MISTO
Papel produzido
a partir de
fontes responsáveis
FSC® C108975